La réforme du Droit des obligations en RD Congo

Mélanges à la mémoire du Doyen Bonaventure Olivier KALONGO MBIKAYI

Sous la direction de
Marie-Thérèse KENGE NGOMBA TSHILOMBAYI

La réforme du Droit des obligations en RD Congo

Mélanges à la mémoire du Doyen Bonaventure Olivier KALONGO MBIKAYI

Préface de Prince Lutumba wa Lutumba

Collection Comptes rendus

L'Harmattan

Collection « Comptes rendus »
Fondée et animée par Eddie Tambwe Kitenge

5-7, rue de l'École-Polytechnique – 75005 Paris

www.editions-harmattan.fr

ISBN : 978-2-343-20899-2
EAN : 9782343208992

Doyen Bonaventure Olivier Kalongo Mbikayi
(1944-2008)

Sommaire

Préface

Il est devenu une tradition dans les universités d'offrir des Mélanges à des personnalités académiques. Le Département de droit privé et judiciaire n'a pas échappé à cette règle et a voulu rédiger des Mélanges à la mémoire du Doyen Bonaventure Olivier Kalongo Mbikayi, Chef de Département honoraire de notre Département et Doyen honoraire qui nous a quitté en janvier 2008.

La supervision de ces Mélanges a été confiée à la professeure Marie-Thérèse Kenge Ngomba Tshilombayi, elle-même Doyenne de la Faculté en fonction mais surtout elle a vu sa thèse de doctorat dirigée par le Doyen honoraire.

Le Doyen honoraire B.O. Kalongo Mbikayi a marqué profondément de son empreinte la discipline de droit des obligations. Cette discipline, il l'a enseigné dans les universités congolaises tant à Kinshasa qu'à travers le pays. Il a donné des conférences, dirigé des travaux allant de la thèse de doctorat aux travaux de fin de cycle, il a abondamment écrit dans le domaine du droit des obligations.

Le présent ouvrage nous offre l'occasion de nous souvenir non seulement de ce maître de la chaire du droit des obligations à savoir le Doyen B.O. Kalongo Mbikayi mais aussi des idées forces qui l'ont caractérisé à savoir: le caractère patrimonial de l'obligation, le respect de la parole donnée tirée de l'article 33 du code civil Livre III, la force obligatoire du contrat, le consentement des parties au contrat *(cum sentire)*, l'autonomie de la volonté dans la formation des contrats, le rôle du juge dans le contrat mais aussi et surtout l'idée de réparation des préjudices par l'auteur du dommage tirée du fameux article 258 du code civil Livre III : « *Tout fait quelconque de l'homme qui cause dommage à autrui oblige celui par la faute duquel il est arrivé à le réparer* ». Il n' a cessé de prôner, concernant cette réparation, la socialisation des risques et de la responsabilité civile pour une meilleure prise en charge des victimes des dommages à travers les techniques modernes de réparation collective que sont l'assurance, la sécurité sociale et le fonds de garantie.

Ces idées forces sont aujourd'hui pérennisées à travers leurs enseignements par ses disciples dont les professeurs Marie-Thérèse Kenge Ngomba Tshilombayi, Prince Lutumba wa Lutumba, Amisi Herady, Tony Mwaba Kazadi, Carlos Kalombo Lukusa, Timothée Mbuyi Betukumesu ainsi que les Chefs de travaux Pascal Muteba Tshimanga et Francis Ilunga

Lubumbashi. Dans cette énumération, il est sans oublier ses disciples de première heure, j'ai cité le Professeur Gilbert Pindi Mbensa Kifu, le Professeur Mukadi Bonyi et le Chef de travaux Tshimanga Biuma qui, tous trois, ont déjà quitté cette terre des hommes.

Dans toutes ses œuvres, le Doyen B.O. Kalongo Mbikayi n'a cessé de revenir sur la nécessité de la réforme du droit des obligations.

C'est ainsi que le thème retenu pour les Mélanges à sa mémoire est la réforme du droit des obligations par la modification du décret du 30 juillet 1888 portant des contrats ou obligations conventionnelles.

Le Département de droit privé et judiciaire se trouve honoré par ces Mélanges à la mémoire du Doyen B.O. Kalongo Mbikayi et promet d'activer d'autres Mélanges qui sont en chantier en vue d'honorer tous ses membres vivants ou morts pour tout leur engagement en faveur de l'émergence du droit.

Les différents apports des auteurs qui ont rédigé dans cet ouvrage concernent tant la matière proprement dite des obligations que des matières influencées par ce droit pour caractériser l'ouverture d'esprit qui a toujours animé le dédicataire de ces Mélanges. Ces apports portent sur les rubriques ci-après :

- Le contrat ;
- La responsabilité civile ;
- La justice et réparation du préjudice;
- La transmission des obligations ;
- La preuve des obligations ;
- La garantie des obligations ;
- Les obligations dans les traités internationaux ;
- Un témoignage sur l'engagement du dédicataire dans le domaine des droits de l'homme.

Mais avant ces contributions, une partie introductive reprendra une conférence inédite du Doyen honoraire B.O. Kalongo Mbikayi présentée en 1985 sur les cent ans de droit civil dans notre pays pour montrer l'esprit de la réforme du droit qui l'animait déjà. L'oraison funèbre du Recteur lors de la cérémonie académique ainsi que l'œuvre scientifique du dédicataire vont aussi y figurer à la fin.

Que la Doyenne de notre Faculté Marie-Thérèse Kenge Ngomba Tshilombayi trouve ici les remerciements du Département non seulement pour avoir accepté la direction de ces Mélanges, mais aussi sa disponibilité dans la parution de l'ouvrage.

Puissent les lecteurs et d'autres chercheurs scientifiques trouver ici l'essentiel sur la métamorphose du décret du 30 juillet 1888.

En ma qualité de Chef de département de droit privé et judiciaire de la Faculté de Droit de l'Université de Kinshasa, je souhaite pleins succès à ces Mélanges B.O. Kalongo Mbikayi.

Prince Lutumba wa Lutumba
Professeur
Chef de Département de droit privé et judiciaire
Faculté de droit de l'Université de Kinshasa

Avant-propos

Réformer le droit des obligations, c'est apporter des améliorations aux règles existantes en la matière. Cette réforme concerne le décret du 30 juillet 1888 portant des contrats ou obligations conventionnelles[1] communément appelé code civil congolais, livre III qui, à ce jour, totalise 132 ans.

La réflexion sur la réforme du décret du 30 juillet 1888 ne date pas d'aujourd'hui. En effet, plusieurs auteurs ont soit relevé dans leurs écrits les dispositions lacunaires, soit proposé tout simplement la réforme du code civil congolais, livre III.

Il en est ainsi d'Antoine Sohier[2], de Marcellin Rae[3], de Roger Vigneron[4] et du Doyen Bonaventure Olivier Kalongo Mbikayi[5]. Ce dernier suggérait déjà dans ses enseignements, articles et ouvrages publiés, la nécessité de la réforme du droit des obligations. A ce propos, l'on note ceci dans son ouvrage intitulé Droit civil. Les obligations. Tome 1 publié à titre posthume en 2012 : « *S'il est admis que les règles des obligations sont techniques et internationales et partant ne se modifient pas beaucoup, il faut néanmoins admettre qu'il faut dans une réforme introduire les acquis du droit comparé* »[6].

Cette idée faisant chemin, les Mélanges rédigés en sa mémoire permettent d'ouvrir un débat pouvant aboutir à des propositions concrètes de réforme du droit des obligations par la modification du décret du 30 juillet 1888 portant des contrats ou obligations conventionnelles. Quelles sont les raisons d'une telle réforme ?

La première raison est la poursuite de l'œuvre de la réforme du droit civil congolais à la suite de la création en 1971 de la Commission de réforme et

---

[1] Décret du 30 juillet 1888 portant « Des contrats ou des obligations conventionnelles », B.O., p. 109.

[2] A. Sohier, *Des obligations et des contrats*, Novelles, Droit colonial, Tome IV et Droit civil du Congo belge, Tome II, Bruxelles, Larcier 1956.

[3] M. RAE, *Des engagements qui se forment sans convention*, Société d'Etudes juridiques du Katanga, Lubumbashi, 1967.

[4] R .Vigneron, « L'évolution du droit civil congolais depuis l'indépendance », in *RJC* ,1965.

[5] Kalongo Mbikayi, *Droit civil,* Tome 1. *Les obligations*, Kinshasa, Editions Universitaires Africaines, 2012 ; Kalongo Mbikayi, *Responsabilité civile et socialisation des risques en droit congolais,* Kinshasa, PUZ, 1977.

[6] Kalongo Mbikayi, *Droit civil,* Tome 1, Les obligations, *op. cit. , p. 15.*

d'unification du droit civil zaïrois[7]. Cette Commission a été transformée en 1976 en Commission permanente de réforme du droit zaïrois aujourd'hui Commission permanente de réforme du droit congolais[8]. Le doyen B.O. Kalongo Mbikayi a été lui-même président de cette Commission de réforme outre le professeur N.A. Bayona ba Meya, le professeur E.J. Luzolo Bambi Lessa et le professeur G. Balanda Mikuin Leliel, actuel président en fonction.

Le droit civil des obligations est une branche du droit civil à côté du droit civil des personnes et du droit civil des biens. Le droit civil lui-même est, il convient de le signaler, une branche du droit privé.

Le droit civil des personnes et le droit civil des biens ont déjà été réformés En effet, le décret du 4 mai 1895 sur les personnes[9] a été remplacé par le code de la famille en 1987 suite aux travaux de cette Commission de réforme.[10]. Le décret du 31 juillet 1912 sur les biens[11] a été remplacé par la loi portant régime général des biens, régime foncier et immobilier et régime des sûretés[12]. Seul le décret du 30 juillet 1888 portant « Des contrats ou des obligations conventionnelles » n'a pas encore été réformé. Il y a lieu de poursuivre cette œuvre commencée en 1971 de réforme et d'unification du droit civil.

La deuxième raison est l'importance du droit civil des obligations par rapport à d'autres branches du droit. Comme le disent si bien les auteurs, « *Le droit des obligations domine l'ensemble du droit, car l'obligation est le type le plus courant de rapport juridique pouvant s'établir à l'intérieur d'une société* »[13]. *La théorie générale des obligations a un caractère unitaire et général et elle constitue « le fondement de tout le droit privé et le tronc commun à toutes les disciplines* »[14].

Cette branche est importante car du point de vue pratique, chacun conclut des contrats, engage sa responsabilité et recours aux modes de preuve pour en cas de contestation de sa prétention. Sur le plan théorique, le droit des obligations fournit à d'autres branches de droit « *les principes moteurs de solution* »[15]. Cela vaut notamment tant pour, le droit de la famille, le droit

---

[7] Loi 71-002 du 12 juin 1971 relative à la création d'une Commission de réforme et d'unification du droit civil zaïrois.

[8] Loi 76-017 du 15 juin 1976 relative à la création d'une Commission permanente de réforme du droit zaïrois telle que modifiée par l'ordonnance 78-425 du 18 octobre 1978.

[9] Décret du 4 mai 1895, BO, p. 138

[10] Loi n°87-010 du 1er août 1987 portant code de la famille, J.O. n° spécial août 1987.

[11] Décret du 31 juillet 1912, BO, p. 799.

[12] Loi n°73-021 du 20 juillet 1973 portant régime général des biens, régime foncier et immobilier et régime des sûretés telle que modifiée par la loi n°80-008 du 18 juillet 1980, J.O. n°15 du 1er août 1980.

[13] Ph. Malaurie, L.Aynes et Ph. Stoffel-Munck, *Droit civil. Les obligations*, Paris, Défrénois, Lextenso éditions, 4ème édition, 2009, n° 6, p. 3.

[14] A. Benabent, *Droit des obligations*, Paris, LGDJ-Montchrestien, 14e édition, 2014, n°7.

[15] Kalongo Mbikayi, *Droit civil. Tome 1, Les obligations*, Kinshasa, Editions Universitaires Africaines, 2012, p. 12.

des biens, le droit des affaires, le droit pénal, le droit public, le droit international ainsi que les droits de l'homme ». Ces « *principes moteurs* » doivent être améliorés. Pour tout dire, en ce qu'il constitue « *la grammaire du droit, le droit des obligations est la voie royale de la compréhension du juridique* »[16].

La troisième raison est la nécessité de l'adaptation du décret du 30 juillet 1888 en tenant compte des réformes intervenues en droit comparé en la matière et de l'évolution jurisprudentielle. En effet, le décret du 30 juillet 1888 dont la réforme est proposée est tributaire de la colonisation belge[17] et en reprend en grande partie les dispositions correspondantes du code civil belge en la matière et du Code Napoléon de 1804 sauf quelques différences à signaler notamment l'article 217 sur la preuve, l'article 260 alinéa 2 sur la responsabilité civile des père et mère et l'article 131 bis sur la lésion.

Bon nombre de pays ont déjà modifié leurs législations en la matière et notamment le droit des contrats. C'est entre autres le cas du Québec, du Sénégal, et de la France[18]. En particulier, il faut relever cette réforme du droit français en 2016 et 2018[19] qui a modifié le Code Napoléon de 1804 après deux siècles, ce code Napoléon ayant largement inspiré le droit congolais des obligations.

Outre la référence au droit comparé, l'on note une grande évolution dans la jurisprudence qui a élaboré et précisé plusieurs notions du droit des obligations.

Certains auteurs en droit comparé ont qualifié ce droit d'un « *droit semi prétorien, semi-législatif* » car la matière est, en partie, organisée par les juges : c'est le cas des grands arrêts de principes qui fondent des décisions judiciaires dont les principes de la réparation intégrale du préjudice et de l'évaluation au jour du jugement, les principes dégagés sur l'interaction entre la faute civile et la faute pénale quant à la réparation du préjudice. Il faudra intégrer l'évolution de la jurisprudence dans la réforme pour éviter le décalage entre la loi et la jurisprudence.

La quatrième raison repose sur la nécessité de favoriser la sécurité juridique et judiciaire. En effet, il faut noter quelques textes épars qui

---

[16] F. Terre, P. Simler, Y. Lequette et F. Chénédé, Droit civil : les obligations, 12è édition, Paris, Dalloz, 2018.

[17] A. Sohier, *Droit civil du Congo belge*, T. II, Larcier, Bruxelles, 1956, pp. 9 et ss. Lire : R. Vigneron, « L'évolution du droit civil congolais depuis l'indépendance, » *RJC* 1965.

[18] Droit français : Ordonnance n° 2016-131 du 10 février 2016 portant réforme du droit des contrats, du régime général et de la preuve des obligations JORF n° 0035 du 11 février 2016, texte n° 26 ; Loi n° 2018-287 du 20 avril 2018 ratifiant l'ordonnance n° 2016-131 du 10 février 2016 portant réforme du droit des contrats, du régime général et de la preuve des obligations, JORF n°0093 du 21 avril 2018 texte n° 1. Droit canadien : Code civil du Québec adopté en 1991 et entré en vigueur le 1er janvier 1994. Droit sénégalais : Loi n° 1976-60 du 12 juin 1976 portant code des obligations civiles et commerciales.

[19] Ordonnance n°2016-131 du 10 février 2016 portant réforme du droit des contrats, du régime général et de la preuve des obligations, JORF du 11 février 2016. Texte n°26.

entament certaines dispositions du code civil, livre III et ramènent l'insécurité juridique. C'est le cas notamment de la nouvelle loi sur les baux à loyer non professionnels[20] ; de la loi portant code des assurances[21] ; de la loi modifiant certaines dispositions du code de la famille en matière de capacité des personnes[22]. La sécurité juridique des transactions doit être assurée car les contractants doivent pouvoir prévoir leurs obligations.

La cinquième raison enfin tient au rôle que joue le contrat dans l'émergence du droit. Le contrat est fondamental dans la vie en société et dans les rapports humains. Il constitue traditionnellement « *la base du droit des affaires et du droit économique* »[23]. D'où la nécessité de la modernisation des dispositions qui le régissent.

Outre le droit des affaires, la théorie générale des contrats intéresse aussi les relations entre les sujets de droit dans différents domaines du droit. L'on peut signaler d'abord le cas des principaux contrats usuels du code civil, livre III que sont, à titre d'exemple, les contrats de vente, de louange de chose, de mandat, d'entreprise, de dépôt, de prêt. Ensuite, le cas dans d'autres branches de droit s'agissant notamment de contrat de mariage, des régimes matrimoniaux, libéralités et successions, de la transmission de la propriété, des sûretés mobilières ou immobilières, du contrat de société, du contrat de travail, du contrat d'édition, du contrat médical, du contrat d'assurance, des marchés publics et des conventions régionales et internationales, des relations internationales et diplomatiques et du droit financier. Enfin, la théorie générale des contrats entre en ligne de compte dans la recherche des éléments constitutifs de certaines infractions tels que l'abus de confiance et le stellionat.

En définitive, il faut réformer le droit des obligations devenu « *vétuste et lacunaire* » avec des règles « *quasi-immobiles* » depuis 132 ans. La société de 1888 est en plusieurs points différente de la société actuelle : contrairement à celle-là, celle-ci connait notamment l'avènement du contrat électronique, l'impact des progrès techniques sur la responsabilité civile avec la socialisation des risques et de la responsabilité civile,–la preuve électronique, les modes alternatifs de règlement des conflits en matière de protection de l'enfant sans attendre le recours au juge pour les réparations ainsi que les nouvelles formes de réparation en cas de crimes internationaux.

---

[20] Loi n°15/025 du 31 décembre 2015 relative aux baux à loyer non professionnels, J.O., n° spécial du 12 janvier 2016.

[21] Loi n°15/005 du 17 mars 2015 portant code des assurances, J.O., n° spécial du 30 avril 2015.

[22] Loi n°16/008 du 15 juillet 2016 modifiant la loi n° 87-010 du 1er août 1987 portant Code de la famille.

[23] G. Farjat, Le droit privé de l'économie, II, Paris, PUF, 1975, cité par Kalongo Mbikayi, Droit civil. Tome 1. Les obligations, op. cit.,p. 11.

Il est donc temps de réformer le droit des obligations. Tel est le thème central de ces Mélanges rédigés à la mémoire du Doyen Bonaventure Olivier Kalongo Mbikayi, qui lui-même avait déjà commencé à réfléchir sur la question.

Marie-Thérèse Kenge Ngomba Tshilombayi
Professeure Ordinaire
Doyenne de la Faculté de Droit/Université de Kinshasa
Avocate près la Cour de Cassation et près le Conseil d'Etat
Membre de la Commission Nationale des Droits de l'Homme

Note biographique du Doyen Bonaventure Olivier Kalongo Mbikayi

I. Né à Lubumbashi, le 13 mars 1944.
Marié à Madame Ntumba Muadi, qui était elle-même Docteure en Psychologie et Professeure à l'ISP/Gombe.
Père de famille.
Décédé en janvier 2008.

II. Etudes et Diplômes obtenus

1. Docteur à thèse en Droit de l'Université Catholique de Louvain-Belgique après une brillante thèse de doctorat défendue le 14 décembre 1970 sur « La responsabilité civile et la socialisation des risques en droit comparé zaïrois, belge et français ».
2. Diplômé de Droit Comparé de la Faculté Internationale pour l'Enseignement du Droit Comparé, Strasbourg, France, 1970, avec la mention Grande distinction.
3. Diplômé d'Etudes Supérieures (DES) de Droit privé à l'Université Lovanium en 1968 avec la mention Distinction.
4. Bachelier en Philosophie et Lettres préparation au Droit, 1964.
5. Licencié en Droit de l'Université Lovanium en 1967 avec la mention Distinction.
6. Humanités Gréco-Latines au Collège Saint-Grégoire le Grand de la Karavia près de Lubumbashi (Gécamines), de 1956 à 1963.
7. Etudes primaires à Lubumbashi (Gécamines), de 1951 à 1956.

III. Fonctions occupées

Revenu au pays en 1971, après avoir soutenu sa thèse de doctorat en droit, le Doyen Kalongo Mbikayi a exercé des fonctions judiciaires et universitaires alliant ainsi la théorie à la pratique du droit. Il avait aussi occupé de hautes fonctions politiques et administratives.

A. Fonctions politiques et administratives officielles

1991-1992	:	Président du Groupe Onatra (Office National des Transports)
1988	:	Ministre des Transports et Communications
1986-1988	:	Directeur du Cabinet du Président de la République.

B. Fonctions judiciaires (Magistrature, Justice et Barreau)

- Président de la Commission Permanente de Réforme du droit congolais de 2004 à 2008.
- Vice-président du Centre d'Arbitrage du Congo de 2003 à 2008.
- Avocat au Barreau près la Cour suprême de justice depuis 2003.
- Membre du Conseil de l'Ordre du Barreau près la Cour d'Appel de Kinshasa/Matete de 2000 à 2008.
- Conseiller émérite et honoraire à la Cour suprême de justice de 1992 à 2008.
- Avocat à la Cour d'Appel de Kinshasa de 1991 à 2008.
- Conseiller à la Cour suprême de justice de 1979 à 1986.
- Président de la Commission permanente de réforme du droit zaïrois de 1983 à 1986. A ce titre, il a défendu devant le Parlement depuis 1976 le projet du Code de la famille élaboré par la Commission de réforme jusqu'à son adoption finale en 1986.
- Directeur Général du Service de Documentation et d'études du Ministère de la Justice de 1979 à 1986. A ce titre, il a assisté par les études et notes scientifique, le Ministre de la Justice, les Magistrats de la Cour Suprême de Justice et du Parquet Général de la République ainsi que les juridictions et offices à la meilleure organisation de la justice.
- Avocat Général de la République près la Cour Suprême, 1976-1979.
- Avocat Général près la Cour d'Appel, 1974-1976.
- Substitut du Procureur Général, 1972-1974.
- Premier Substitut du Procureur de la République, 1971-1972.
- Substitut du Procureur de la République, 1967-1971.
- Conseiller Juridique au Cabinet du Ministre de la Justice, 1967-1968.

C. Fonctions académiques (Université et scientifiques)

- Professeur Ordinaire à la Faculté de Droit de l'Université de Kinshasa de 1976 à 2008.
- Deux fois Doyen de la Faculté de Droit de l'Université de Kinshasa de 1984 à 1986 puis de 1996 à 1999.
- Président du Centre de Recherches et de Diffusion Juridiques de 1996 à 2008.
- Fondateur et Directeur de la Revue de Droit Congolais qu'il a fondée de 1999 à 2008.
- Chef du Département de Droit privé et judiciaire, 1983-1984.
- Secrétaire Académique de la Faculté de Droit, 1971-1974.
- Assistant en formation à la Faculté de Droit de l'Université Catholique de Louvain-Belgique, 1968-1971.
- Assistant à la Faculté de Droit de l'Université Lovanium, 1967-1971.

D. Autres fonctions et activités publiques et privées exercées

- Membre co-fondateur de la Société d'Energie du Kasaï (Enerka) destinée à la promotion des deux Kasaï, 1994.
- Vice-Président du Collège des Fondateurs de l'Université de Mbuji-Mayi au Kasaï Oriental (1998) dont il était membre (1992) et Membre du Conseil d'Administration de cette Université (1997).
- Président de la Mutuelle Coopérative de Développement de la localité de Bakwa Kashila du Kasaï-Oriental.
- Président du Conseil d'Administration des Sociétés TTM et EDENI sprl de 1992 à 1997.
- Président de l'Association sans but lucratif, « Aide à l'Enfance Défavorisée » (A.E.D.) de 1985 à 1987.
- Président du Lions Club Kinshasa-Malebo durant l'année 1983-1984 et membre de cette association philanthropique, 1976.
- Président de la Commission Nationale de Prévention Routière de 1980 à 1981.
- Membre de l'Institut International de Droit d'Expression Française (I.D.E.F.) et membre de l'Institut International de Droit Africain.

IV. Décorations honorifiques et scientifiques

- Grand Officier de l'Ordre National de Léopards, 1987.
- Médaille de mérite civique pour services rendus à la magistrature, 1980.
- Médaille de mérite civique pour services rendus à l'Université, 1980.
- Médaille de mérite scientifique et des arts pour publications scientifiques, 1980.

V. Publications et Activités scientifiques

A. Enseignement

1. Spécialiste de Droit privé, il a enseigné à l'Université de Kinshasa le cours de Droit civil des obligations, le Droit des contrats, la Responsabilité civile approfondie à la Faculté de Droit ainsi que la Législation des assurances à la Faculté des Sciences Economiques.
2. Il a donné les mêmes cours à l'Université Protestante au Congo à Kinshasa.
3. Il a enseigné aussi le Droit civil à l'Université de Mbujimayi, à l'Université Catholique de Bukavu et à l'Université Grands Lacs à Goma.
4. Il a enseigné également le cours d'introduction au Droit civil à l'Institut Supérieur de Commerce.
5. Il s'est spécialisé aux Etats-Unis dans le domaine du Droit du développement à l'Université de Boston (B.U.) à Boston lors de son congé sabbatique d'août 1985 à février 1986.

B. Conférences et sociétés savantes

1. Président de l'Association Belgo-congolaise des sciences juridiques, 1985-2008.
2. Il a participé régulièrement à divers congrès scientifiques nationaux comme internationaux où il a tenu des conférences et exposés scientifiques.
   Il a tenu régulièrement plusieurs conférences au pays.
3. Membre de la Société d'études juridiques du Congo et de l'Association internationale de droit africain, le Doyen B.O. Kalongo Mbikayi a fait plusieurs exposés scientifiques dans le pays comme à l'extérieur notamment aux Etats-Unis d'Amérique, au Canada, en France, en Belgique, en Yougoslavie, au Sénégal, en Côte d'Ivoire, au Congo/Brazzaville et au Burundi.
4. Membre du Comité scientifique de l'Encyclopédie juridique de l'Afrique et de l'Institut International de droit d'expression française (I.D.E.F.).
5. En tant que Président de la Commission Permanente de Réforme du Droit zaïrois et Directeur Général du Service de Documentation et d'Etudes, le Doyen B.O. Kalongo Mbikayi a conduit à travers toutes les régions du pays une équipe des Magistrats de la Cour Suprême et des Professeurs de Droit pour des séminaires de formation des Magistrats dans le cadre des journées judiciaires.

C. Colloques scientifiques

Il a organisé de grands colloques scientifiques à la Faculté de Droit de l'Université de Kinshasa :

1. En mars 1985, le Doyen B.O. Kalongo Mbikayi a organisé les premières journées juridiques de la Faculté de Droit sur le thème « Un siècle de vie juridique au Zaïre : 1885-1985 ».
2. Sur la Responsabilité médicale au Zaïre en 1978.
3. Sur le Régime juridique des entreprises publiques au Zaïre en 1976.
4. Sur le Droit de l'automobile et de la sécurité routière en 1982.

D. Stages et missions scientifiques

1. Il a créé en 1994 à la Faculté de Droit le Centre de Droit du Développement dont il était Directeur.
2. Il a séjourné du 06 août 1985 au 06 février 1986 aux Etats-Unis à la Faculté de Droit de l'Université de Boston grâce à la Bourse Full Bright pour étudier le droit du développement qui a orienté favorablement les travaux de la Commission Permanente de Réforme de Droit zaïrois.
3. Il a effectué deux voyages d'études aux Etats-Unis en 1966 comme leader étudiant et en 1982 comme responsable judiciaire.

4. Le Doyen Kalongo Mbikayi a séjourné deux fois en 1973 et en 1980 aux Services de Documentation et d'études de la Cour de Cassation et du Conseil d'Etat de Belgique pour étudier le fonctionnement de la justice et des Services d'études de la justice en Belgique.
   Il a, à nouveau effectué en novembre 2006 et janvier 2007 des visites d'études auprès de la Cour de Cassation, du Conseil d'Etat et du Conseil Constitutionnel de France et auprès du Conseil d'Etat et de la Cour d'Arbitrage de Belgique en vue de proposer au Congo les réformes de l'appareil judiciaire imposées par la Constitution de 2006.

E. Principales publications du Doyen Kalongo Mbikayi

- **Ouvrages :**

1. *Responsabilité civile et socialisation des risques en droit zaïrois*, Kinshasa, P.U.Z., 1ère édition 1974 et 2ème édition 1979, 304 pages
2. *L'automobile et la sécurité routière en droit zaïrois*, Kinshasa, PUZ, 1982, 431 pages.
3. *Le Code civil et commercial congolais*, mis à jour au 31 mars 1997, Kinshasa, CRDJ, 1997, 645 pages.
4. *Le Code Pénal zaïrois*, mis à jour au 31 mai 1982, Kinshasa, 1983, 398 pages.
5. *Le Code Judiciaire zaïrois*, mis à jour au 31 janvier 1986, Kinshasa, 1986.
6. *Cours de Droit civil des obligations*, Kinshasa, CRDJ, juin 2001.
7. *Droit civil,* Tome 1, *Les obligations*, Kinshasa, Ed. Universitaires africaines, 2012 (à titre posthume).

- **Articles :**

1. « Problèmes d'adaptation des principes moteurs de la responsabilité civile en droit privé congolais », in *Cahiers congolais de la recherche et du développement,* Volume XIII-1, mars-avril 1970, pp. 75-96.
2. « Le juge zaïrois et l'interprétation des principes généraux du droit national », in *Revue Zaïroise de droit*, n° spécial, 1971.
3. « Individualisation et collectivisation du rapport juridique de responsabilité en droit privé zaïrois », in *Annales de la Faculté de Droit*, Volume 1, 1972, pp. 41 et s.
4. « La responsabilité extracontractuelle en droit zaïrois » in Journal of African Law, Volume 17, numéro 1, London Spring 1973, pp. 41-65, publié en ligne par Cambridge University Press : 28 juillet 2009.
5. « Les baux à loyer. Etude de jurisprudence », in *Revue Juridique du Zaïre*, 1974.
6. « Le recours à l'authenticité et le droit zaïrois », in *R.J.Z.*, 1976, n°3, pp. 39-43 et n°1-2-3, 1977, pp.24-41.

7. « La responsabilité civile des maîtres et commettants en droit privé zaïrois », in *RJZ,* n°1, 1973, pp. 7-14.
8. « Le substrat idéologique des mécanismes juridiques de contrôle de l'économie », in *Revue de droit comparé,* Faculté de droit de Belgrade, 1974.
9. « Le régime juridique des sûretés des entreprises publiques au Zaïre », in *RJZ,* 1978.
10. « La responsabilité du tiers complice de l'inexécution d'une obligation contractuelle », in *RJZ,* 1979, n°1-2-3, pp. 1-23.
11. « Les droits des malades », in *Droits de l'Homme au Zaïre,* 1981.
12. « La responsabilité civile de l'automobiliste et du piéton en droit zaïrois », in Kalongo Mbikayi, (sous la direction de), *L'automobile et la sécurité routière en droit zaïrois*, Kinshasa, PUZ, 1982, pp. 31-58.
13. « La responsabilité médicale au Zaïre », Conférences universitaires en 1982.
14. « Le statut juridique des personnes dans le nouveau Code de la famille du Zaïre », Conférence à la MOPAP, le 26 août 1983.
15. « Le droit de la nationalité au Zaïre », in *Juris-classeur français*, 1983, 1-14.
16. « Nationalité et statut personnel dans le droit de la nationalité zaïroise, burundaise et rwandaise », in *Nationalité et statut personnel*, Bruxelles, Bruylant, 1984, pp. 263-279.
17. « La réforme du droit de la famille au Zaïre », Conférence 1984.
18. « La réparation des dommages en droit zaïrois », conférence pour les journées judiciaires, août-septembre 1984.
19. « Le rôle du droit et des juristes dans un pays en quête de son développement intégral », Conférence pour le colloque organisé par le CIESOP, mars 1985, Université de Kinshasa sur le thème « L'Université dans le septennat du social », à paraître dans les Cahiers de l'I.R.S., Université de Kinshasa.
20. « Un siècle de droit civil au Zaïre, 1885-1985 », Conférence aux « Premières journées juridiques de la Faculté de Droit », 14-16 mars 1985, à paraître dans les Annales de la Faculté de Droit, Université de Kinshasa.
21. « La responsabilité civile du journaliste et des éditeurs au Zaïre », Conférence à l'UPEZA en mars 1986.
22. « Plaidoyer pour un droit du développement au Zaïre », Conférence académique, 03 novembre 1986, in *Bulletin de Pédagogie Universitaire,* 1989.
23. « Les objectifs généraux de la réglementation et du contrôle des assurances », Conférence au CAPAR, octobre 1996.
24. « Libertés publiques et délits de presse », in *Liberté de Presse au Zaïre,* Kinshasa, 1996.

25. « Cadres supérieurs et juristes d'entreprises, comment gérer et prévenir le contentieux de votre entreprise », Conférence au séminaire de formation des juristes d'entreprise, Kinshasa, septembre 1997.
26. « La réparation des préjudices subis par les entreprises et les employés en cas de rupture du contrat de travail », Conférence à la chambre juridique de Kinshasa, Kinshasa, décembre 1997.
27. « Droit du malade » in Philosophie et droits de l'homme, Actes de la Vème semaine philosophique de Kinshasa du 26 avril au 1er mai 1981, Faculté de Théologie de Kinshasa, 1982.
28. « Les facteurs socio-économiques actuels de la réparation juridictionnelle du dommage matériel », in *Notes de conjoncture,* n°27, août 1996, p. 19 et ss et in *Revue Juridique du Zaïre*, n° Spécial, 70ème anniversaire, 1977, p. 133 et s.
29. « Le régime juridique des opérations en monnaie nationale et validité de clauses monétaires en droit congolais », in *Revue de droit congolais*, n°001, 1999, p. 9 à 26.
30. « Délit de presse et régimes de responsabilité », in *Revue de droit congolais*, n°1, 1999, p. 39 à 49.
31. « Incidence des progrès techniques sur la responsabilité civile du fait des aéronefs », in *Revue de droit congolais*, n°2, 1999, p. 7 à 31.
32. « La problématique des jugements iniques », in *Revue de droit congolais*, n°003/2000, p. 7 à 17.
33. « De la transaction en matière du travail à travers la jurisprudence de la Cour Suprême de Justice », in *Revue de droit congolais*, n°004 & 005/2000, p. 7 à 20.
34. « Note critique, sub Tripaix Kinshasa Assossa RP 200 du 29 mars 1997 relative à la responsabilité médicale », in *Revue de droit congolais*, n°4-5, 2000, p. 89 à 94.
35. « L'impact de la mondialisation sur les règles de droit des obligations et contrats », Conférence aux journées juridiques du Barreau, 13-16 juillet 2000.
36. « L'avenir du droit civil des obligations », Numéro spécial, Annales de la Faculté de droit de l'UPC, 2001.
37. « Contribution de l'Avocat au procès équitable », in *Revue de droit congolais*, n°006/2001, p. 7 à 23.
38. « L'Etat de droit et le procès équitable », Conférence à la journée du Barreau de Kinshasa/Matete, juillet 2001.
39. « De l'application des normes juridiques internationales relatives à la protection de la famille en République Démocratique du Congo », Conférence à l'Institut des Droits de l'Homme de Kinshasa, décembre 2001.
40. « Le code de la famille, 17 ans après : réception et résistances », in *Revue de droit congolais*, n°007 et 008/2002 & 2003, p. 7 à 20.

Cet article a fait l'objet de conférences suivantes :
« Des résistances au Code de la famille », Conférence à la Faculté de Droit de l'Université de Kinshasa, mars 2002 et Colloque sur les 16 ans du Code de la Famille, janvier 2004.
Ces conférences ont été publiées dans l'article « Le Code de la famille, 17 ans après : réceptions et résistances ».

41. « Les violations de la liberté et de la presse et les entraves à son exécution en République Démocratique du Congo », Colloque d'African Media Institute, février 2004.
42. « L'arbitrage comme alternative au règlement judiciaire des conflits », Conférence à la journée nationale du Barreau, 07-10 juillet 2005.
43. « Le droit du développement », Conférence aux journées juridiques de la Faculté de Droit de l'Université Protestante au Congo, 20 juillet 2007.
44. « La dot dans le contexte socio-économique, actuel point de vue du juriste », Conférence à l'Université de Kinshasa, 04 août 2007.
45. « Le Code de la famille, 20 ans après, réception et résistance », Conférence à l'Université Protestante au Congo, 23 août 2007.

F. Formation de la relève

- Directeur d'une thèse de doctorat à l'Université de Kinshasa ;
- Co-promoteur des thèses de ses assistants en Europe.

Partie liminaire :
Conférence inédite donnée par le Doyen B.O. Kalongo Mbikayi en mars 1985

Cent ans de droit civil au Zaïre : 1885-1985

Conférence inédite donnée par le Doyen B.O. Kalongo Mbikayi en mars 1985 lors des premières journées juridiques de la Faculté de droit sur le thème « Un siècle de vie juridique au Zaïre (1885-1985) » sous son mandat comme Doyen.

Le droit civil est cet ensemble de règles de conduite édictées par l'autorité publique en vue de déterminer le statut juridique de la personne dans la société et régir les divers rapports privés entre citoyens (habitants d'une cité, les civiles). C'est par excellence, le droit qui est le plus ressenti par tout individu parce qu'il le touche dans sa vie privée à plusieurs égards. Le droit civil couvre en effet diverses sous-branches qui correspondent elles-mêmes à la variété des rapports juridiques que peuvent tisser quotidiennement les citoyens d'une société : outre les conditions et les effets de la personnalité et de la capacité, le droit civil réglemente le mariage, le divorce, la filiation, l'adoption, la parenté, les biens, les obligations, les sûretés, les régimes matrimoniaux, les successions, les libéralités et donations.

Comment en cent ans, depuis l'acte de Berlin jusqu'à nos jours, ces rapports privés complexes ont-ils été réglementés pour les citoyens de notre pays ? Je me propose de résumer ma réponse à cette question en examinant l'évolution de notre droit civil en trois étapes :

1° l'étape précoloniale
2° l'étape coloniale de 1908 à 1960
3° l'étape de l'Indépendance à nos jours. C'est dans le cadre de cette étape que nous indiquerons les perspectives actuelles de notre droit civil.

Je signale également que mon collègue Kalambay Lumpungu s'étant chargé d'intervenir sur le droit des biens, je ne m'étendrai guère sur cette matière. Voyons donc à présent quel a été le droit civil à l'époque précoloniale.

I. Le droit civil à l'époque précoloniale

Nous n'envisageons pas ici – il faut le répéter – la situation, les droits traditionnels privés qui existaient dans les diverses communautés coutumières qui vivaient sur le territoire national avant l'Acte de Berlin.

Nous ne nous préoccuperons donc que de la société prééminente devenue avec l'Acte de Berlin, l'Etat Indépendant du Congo. Quelle était la structure du droit civil à cette période ?

La réponse est que l'Acte de Berlin a constitué pour le droit civil zaïrois également, une source historique importante. Les signataires de l'Acte de Berlin avaient en effet imposé à Léopold II, parmi les conditions à la reconnaissance de l'Etat Indépendant du Congo qu'il dote ce territoire d'une législation suffisante qui favoriserait le commerce et procurerait la sécurité aux habitants. Il était naturel que Léopold II ne s'inspire, en matière de droit privé, que d'une législation qu'il connaissait et qui était sienne en 1885 à savoir le droit civil belge lequel prolongeait le fameux code civil Napoléon de 1804.

C'est dire que dès les premiers textes de droit civil qui furent introduits dans l'ordre juridique zaïrois, l'influence du droit civil belge et du droit civil français aura été présente dans notre pays. C'est dire aussi que les idées économiques, sociales, culturelles qui sous-entendaient ces ordres auront libre cours dans notre pays.

L'ordre juridique privé n'est pourtant pas clairement ni nettement encore tracé à cette période. Néanmoins les règles relatives aux obligations et aux personnes seront prises assez rapidement tandis qu'un texte général « *permettra de combler toute lacune de droit qui apparaîtrait* ».

1° Ordonnance du 14 mai 1886

Cette ordonnance de l'Administrateur Général au Congo prise le 14 mai 1886 et approuvée par décret du 12 novembre 1886 prévoyait en son article premier que « Quand la matière n'est pas prévue par un décret, un arrêté ou une ordonnance, les contestations qui sont de la compétence des Tribunaux du Congo seront jugées d'après les coutumes locales, les principes généraux du droit et l'équité ». Et l'article deux continuait « Lorsque la décision du litige entraîne l'application d'une coutume locale, le juge prendra l'avis d'un ou plusieurs indigènes ou non-indigènes, choisis parmi les notables les plus capables »[1].

2° Décret du 30 juillet 1888 sur les obligations « Des contrats ou obligations conventionnelles »

Ce décret comporte 660 articles qui reprennent le contenu du livre III du code civil belge sauf les matières de régimes matrimoniaux, successions et libéralités[2].

---

[1] Ordonnance de l'Administrateur Général au Congo approuvée par décret du 12 novembre 1886, in *Codes Piron*, 8e éd., I, p.49.

[2] Codes Piron, 8e éd., I., p.98.

3° Décret du 04 mai 1895 sur les personnes

Ce décret règle les questions relatives au droit de la famille et est aussi largement inspiré du livre 1er du code civil belge[3].

Il est à noter qu'à cette période précoloniale, la matière des biens n'est pas réglementée. Le premier texte de droit écrit sortira avec le décret du 31 juillet 1912.

En conclusion, durant cette première étape de l'histoire du droit civil, la structure de ce dernier n'est pas nette. Seules les matières des obligations et des personnes sont réglementées en droit écrit (droit législatif). Le droit des biens reste lacunaire et pour cela, il fallait se référer à la technique générale proposée à l'ordonnance du 14 mai 1886 précitée.

II. Le droit civil à l'époque coloniale

Durant cette période, le législateur colonial édicta un droit purement inspiré du droit belge et la structure du droit civil fut bien claire. Néanmoins, il fit montre de prudence et de sagesse car, au lieu d'instaurer un ordre juridique étranger purement et simplement, il maintint les coutumes locales comme source de droit[4].

Nous aboutirons ainsi à un dualisme du droit civil zaïrois : droit écrit et droit coutumier. En effet, l'article 4 de la charte coloniale, qui peut être considéré comme le premier acte qui, tout en limitant le domaine de la coutume, lui donnait son acte de naissance légal et allait contribuer à son lent redressement[5]. Cet article dispose que « Les Belges, les Congolais immatriculés au Congo-belge et les étrangers jouissent de tous les droits civils reconnus par la législation du Congo-belge. Leur statut personnel est régi par leurs lois nationales en tant qu'elles ne sont pas contraires à l'ordre public. Les indigènes non immatriculés au Congo-belge jouissent des droits civils qui leur sont reconnus par la législation du Congo et par leurs coutumes en tant que celles-ci ne sont contraires ni à la législation ni à l'ordre public. Les indigènes non immatriculés des contrées voisines leur sont assimilés »[6].

Il y a coexistence de deux droits d'inspiration bien opposée même si le droit écrit prédomine.

A. Droit écrit

La structure de ce droit écrit est l'émanation du code belge et du code Napoléon de 1804 : la présentation formelle est la même bien que logiquement le livre des obligations devait être le troisième comme dans le

[3] Codes Piron, *op. cit.*, p.49.

[4] Kalongo Mbikayi, *Responsabilité civile et socialisation des risques en droit zaïrois*, P.U.Z., 1979, p.60 et s.

[5] LAMY (E), « Le problème de l'intégration du droit congolais : son origine, son évolution, son avenir », in *Rev. Jur. du Congo*, n° spécial, 40ème anniversaire, 1965, p.146.

[6] Codes Piron, 8ème éd., I, p.16.

code Napoléon. Mais, malgré cette ressemblance, certaines lacunes sont à noter telles que les matières des régimes matrimoniaux, libéralités et successions.

Cette copie du droit belge amène comme conséquence le fait que le droit congolais sera influencé par les idées sociales, philosophiques et économiques ayant cours en Europe en 1885 : liberté, égalité, fraternité prônées par la Révolution française de 1789. Ces idées s'illustrent mieux dans les différentes branches du droit civil tel qu'hérité du code civil belge[7].

En matière des personnes, l'accent est mis sur la famille nucléaire composée du père, de la mère et de leurs enfants mineurs. Les techniques organisées pour la survie de cette famille sont celles-ci : la famille a comme chef un pater familias aux pouvoirs très prononcés ; ce qui entraîne l'institution de l'incapacité juridique de sa femme qui reste soumise au régime de l'autorisation pour l'accomplissement de tout acte juridique, ce qui démontre la situation d'inégalité qui la place par rapport à son mari et cela est flagrant en matière d'adultère où un seul cas suffit pour constituer la cause de divorce, le divorce ainsi prévu par le code est le divorce-sanction qui fait ressortir le caractère contractuel du mariage : de plus, dans cette famille nucléaire, seuls les enfants légitimes jouissent de tous les droits alors que l'enfant naturel, quant à lui, jouit d'une situation défavorable : son père n'a aucune obligation de le reconnaître, s'il le fait, tant mieux ; l'enfant adultérin ou incestueux ne peut jamais être reconnu, légitimé ou adopté ; la succession n'est accordée qu'aux héritiers issus de la famille nucléaire.

Sur le plan du droit des biens, l'idée de propriété individuelle est consacrée par l'article 14 al. 1er du code civil qui dispose que « la propriété est le droit de disposer d'une manière absolue et exclusive, sauf les restrictions qui résultent de la loi et des droits réels appartenant à autrui ». Il s'agit d'une propriété tant mobilière, immobilière que foncière privative et exclusive à son titulaire qui en a l'usus, le fructus et l'abusus : il peut en disposer comme il l'entend sous réserve des lois impératives[8].

Le droit des obligations va consacrer, quant à lui, pour affirmer ainsi l'apogée de l'individualisme le principe de l'autonomie de la volonté en matière des contrats et celui de la responsabilité individuelle. Le premier principe se dégage de l'article 1134 du code napoléon (article 33 du code civil zaïrois livre III) qui dispose que « les conventions légalement formées tiennent lieu de loi à ceux qui les ont faites ». Et l'article 976 du code napoléon ajoute que « toute personne pourra disposer par testament, soit sous le titre d'institution d'hériter, soit sous le titre de legs, soit sous toute autre dénomination, propre à manifester sa volonté ». La seule limitation à cette volonté est constituée par les lois impératives, l'ordre public et les

---

7 Dekkers (R), « L'évolution du Droit civil belge depuis le code napoléon », R.J.C., n° spécial, 40ème anniversaire, p. 7 et s.

8 Kalambay Lumpungu, *Droit civil, Régime général des liens*, Volume I, Kinshasa, P.U.Z., 1984.

bonnes mœurs (article 6 du code napoléon). Et un contrat qui aurait violé des limitations sera sanctionné de nullité. Le second principe est celui de la responsabilité individuelle qui tire sa source dans l'article 1382 du code napoléon (258 du code civil zaïrois) selon lequel « tout fait quelconque de l'homme, qui cause à autrui un dommage, oblige celui par la faute duquel il est arrivé, à le réparer ». La faute a un rôle prépondérant à jouer dans ce système et est une condition essentielle sinon première de la responsabilité qui est individuelle, personnelle et subjective.

C'est ce droit ainsi décrit qui fut consacré au Congo belge par le colonisateur et sera appliqué dans la colonie.

Mais à côté de ce droit, subsiste un droit coutumier qui répond à des conceptions tout à fait différentes de celles du droit écrit.

B. Droit coutumier

Le contenu de ce droit coutumier sera analysé à travers les différentes branches du droit civil.

En matière de droit des personnes, ce droit connaît une notion différente de la famille. En effet, la famille ici est étendue et comprend plusieurs foyers sous l'autorité d'un des chefs des foyers qui est le chef de cette famille élargie. C'est seul ce chef qui peut engager la famille ; son pouvoir émane des ancêtres dont il est le chevron entre les vivants et les morts. Donc, la différence n'est pas seulement à rechercher dans la conception même de la famille mais aussi dans le fait qu'en droit coutumier, contrairement au droit écrit, l'incapacité est la règle et la capacité l'exception, le droit coutumier ignorant la notion de majorité au sens du droit écrit[9]. De plus, dans les coutumes, le mariage n'est pas l'affaire de deux individus, mais une alliance entre deux familles où la polygamie était acceptée alors que le droit écrit ne connaît que la forme monogamique du mariage.

Cette divergence de vue entre les deux droits coexistant sur le territoire national se retrouve aussi en droit des biens. En effet, au Congo, la *summa divisio* en cette nature était répartie entre les terres indigènes et les terres non indigènes. Les premières étaient réglementées par les décrets des 3 juin 1906[10] et 31 mai 1934 et étaient régies par la coutume locale selon l'article 2 du décret du 14 septembre 1886[11] du Roi Souverain qui disposait que « les terres occupées par les populations indigènes sous l'autorisation de leurs chefs continueront d'être régies par les coutumes et les usages ». L'article premier du décret du 3 juin 1906 précité définit « les terres indigènes comme celles que les indigènes habitent, cultivent ou exploitent d'une manière quelconque conformément aux coutumes et usages locaux ». Les secondes,

[9] G. Kalambay, « La situation actuelle des droits civils congolais, droit écrit et droit coutumier et perspectives d'avenir », in *Problèmes sociaux congolais*, 1987, fasc. 78, pp. 103 et 104.

[10] B.O. 1906, p.226.

[11] B.O. 1886, p.138.

c'est-à-dire les terres non indigènes, étaient évidemment régies par le droit écrit tel qu'issu du code napoléon de 1804. Ce qui fait qu'il y avait dualité de régimes fonciers.

Ces deux catégories de terres répondaient à deux philosophies antinomiques : en effet, le droit écrit préconisait la propriété individuelle (article 14 du code civil livre II)[12] où son titulaire a le droit d'en disposer de la façon la plus absolue ; le droit coutumier, par contre, connaît la notion de propriété collective où la terre appartient à toute la communauté familiale, le chef de famille n'en étant que le gestionnaire : c'est un droit de propriété inaliénable et intransmissible car, comme le disait Malengreau « les terres dans la mentalité des indigènes sont la propriété des ancêtres, dont les vivants n'ont que l'usufruit »[13].

Le droit des obligations est une matière technique et par là même présente quelques caractères d'uniformité et d'universalité. Mais il y a néanmoins à noter que des différences de conception apparaissent en matière de droit de la responsabilité qui est subjective et personnelle : la faute de l'auteur du dommage est exigé et c'est le seul patrimoine de ce dernier qui doit supporter le poids de la réparation, le droit coutumier par contre, a mis sur pied un système de réparation collective grâce à la solidarité familiale et clanique : l'individu, auteur du dommage et dont la faute n'est pas exigée, disparaît derrière son groupe. Le droit coutumier poursuit ainsi une fonction indemnitaire : réparer le préjudice causé à la victime, ce qui n'est pas le cas de la responsabilité civile de droit écrit qui vise la sanction de l'auteur fautif du dommage[14].

Nous venons de démontrer le dualisme non seulement sur le plan structurel mais aussi quant aux conceptions de ces deux droits écrit et coutumier. Ce dualisme était soutenu et rendu possible par certains mécanismes mis sur pied par le colonisateur.

C. Mécanismes d'application des deux droits et primauté du droit écrit

En effet, ces mécanismes sont : l'immatriculation, la primauté du droit écrit sur le droit coutumier, la notion d'ordre public colonial, le remplacement progressif des coutumes par le droit législatif et, enfin, le recours à la notion de « principes généraux de droit des pays civilisés ». Nous analyserons ces divers systèmes.

1. L'immatriculation

C'est l'immatriculation qui permit de déterminer, quant aux Congolais, le système de droit applicable : droit écrit ou droit coutumier, il y avait ainsi deux catégories de Congolais[15] :

---

[12] Codes Piron, 8ème éd., I., p.84.

[13] Malengreau (G), *De l'accession des indigènes à la propriété foncière individuelle du code civil*, Zaïre, avril 1947, p.399.

[14] Kalongo Mbikayi, *op. cit.*, pp. 73 à 77.

[15] *Idem*, p. 62.

- Ceux qui sont soumis au droit écrit et qui ont la pleine jouissance des droits civils : les Congolais immatriculés dans la colonie[16].
- Ceux qui sont soumis aux coutumes et à la législation spéciale édictée à leur intention : les indigènes non immatriculés du Congo-belge et des contrées voisines[17] : ils ne jouissent pas de la plénitude des droits civils mais l'al. 2 de l'article 4 de la Charte coloniale leur refuse le recours aux coutumes contraire à la législation et à l'ordre public[18].

Cet article 4 de la Charte coloniale était ainsi libellé :

« Les Belges, les Congolais immatriculés dans la colonie et les étrangers jouissent de tous les droits civils reconnus par la législation du Congo-belge. Leur statut personnel est régi par leurs lois nationales en tant qu'elles ne sont pas contraires à l'ordre public.
Les indigènes non immatriculés au Congo-belge jouissent des droits civils qui leur sont reconnus par la législation de la colonie et par leurs coutumes ne tant que celles-ci ne sont pas contraires ni à la législation ni à l'ordre public. Les indigènes non immatriculés des contrées voisines leur sont assimilés ».

Mais c'est le décret du 17 mai 1952 qui organisera de façon concrète cette institution. Le but de l'immatriculation était de donner au noir la possibilité de participer réellement à ce que le Protocole de Berlin de 1885 appelle « les avantages de la civilisation »[19]. On devait arriver à assimiler certains Congolais aux Européens, les soustraire à leurs coutumes et les soumettre au droit écrit. Pétillon écrit à propos des indigènes Congolais immatriculés « qu'ils étaient censés former l'élite de la population et qu'il convenait de leur assurer plus largement les bienfaits de la législation écrite »[20].

Il faut noter que l'immatriculation n'était pas obligatoire et emportait option en faveur du droit écrit. En réalité, très peu d'indigènes congolais la demandèrent ; ce qui fait que la grande majorité de la population restait régie par le droit coutumier dans ses rapports privés[21]. En cas de conflit entre ces deux catégories de normes juridiques : droit écrit et droit coutumier, c'est le droit écrit qui l'emportait.

---

[16] Petillon (L), *Des habitants (du Congo) et de leurs droits*, Nouvelles, Droit colonial, I, p.200, n°63 et art. 4 al. 1er Charte coloniale in Codes Piron, 8e éd., I, p.16.

[17] Al. 2 art. 4 Charte coloniale in Codes Piron, 8e éd., p.16.

[18] Petillo (L), *op. cit.*, p. 201, n°66 et art. 4 al. 2 de la Charte coloniale, in Codes Piron, 8e éd. I, p.16.

[19] Lotar (L), « Droit civil : immatriculation », *Revue Congo*, avril 1923, T. I., n°4, p.453.

[20] Petillon (L), *op. cit.*, p. 200, n°63.

[21] Lamy (E), *op. cit.*, p.138.

2. Primauté du droit écrit en cas de conflits

Cette préférence au droit écrit s'est manifestée dans l'hypothèse des conflits coloniaux. Il arrivait, en effet, comme il se devait, des cas où surgissaient ces conflits coloniaux qui peuvent être définis comme ceux qui surgissent dans une colonie entre des droits qui légalement coexistent, mais s'appliquent à des groupes différents[22]. Dans le cas du Congo-belge, c'était le conflit pouvant exister à l'occasion des rapports d'ordre juridique entre notamment les indigènes immatriculés, d'une part et les autochtones de statut indigène, d'autre part.

Dans cette matière, la loi n'a donné aucun principe de solution. Cette lacune devait créer une vive controverse dans la doctrine d'où ressortaient trois tendances[23] : celle qui affirmait la primauté de la coutume, celle qui confirmait la primauté de la loi et enfin, la dernière tendance préconisait une solution variant selon le cas d'espèce.

C'est cette dernière tendance qui a prédominé, mais en pratique la loi a toujours été préféré car le législateur avait d'une façon générale soumis la coutume à certaines conditions d'application qui, en définitive, réduisaient fortement son domaine d'application : le cas de l'ordre public colonial.

3. L'ordre public colonial

L'alinéa deux de l'article quatre précité de la Charte coloniale préconisait que « les indigènes non immatriculés du Congo-belge jouissent des droits civils qui leur sont reconnus par la législation de la colonie et par leurs coutumes en tant que celles-ci ne sont contraires ni à la législation, ni à l'ordre public »[24].

L'article 18 du décret sur les juridictions indigènes dispose à son tour que « les tribunaux indigènes appliquent les coutumes, pour autant qu'elles ne soient pas contraires à l'ordre public universel. Dans le cas où les coutumes sont contraires à l'ordre public universel, comme en cas d'absence de coutumes, les tribunaux indigènes jugent en équité. Toutefois, lorsque les dispositions légales ou réglementaires ont eu pour but de substituer d'autres règles à la coutume indigène, les tribunaux indigènes appliquent ces dispositions »[25].

Ces deux dispositions, qui du reste sont complémentaires, visent à écarter de l'ordre juridique dualiste colonial l'application de toutes les coutumes qui seraient contraires à la législation écrite, à l'ordre public et à l'équité tels que conçus par le colonisateur.

---

[22] Verstracte (M), *Aperçu du droit civil du Congo-belge*, Anvers, éd. Coloniales, Zaïre, V. Van Dieren, 1947, p.74.

[23] Pour plus de détails voir Kalongo Mbikayi, *op. cit.*, pp. 68 et 69.

[24] Article 4 de la Charte coloniale, in Codes Piron, 8e éd., p.16.

[25] Codes Piron, 8e éd. II, p.114.

L'ordre public envisagé ici et qui empêchera l'application des coutumes qui lui sont contraires est l'ordre public colonial[26]. On pourrait le définir comme l'ensemble des principes auxquels le droit indigène d'une colonie ne peut être contraire, sous peine d'abrogation, parce que ces principes sont considérés comme essentiels au succès de la politique coloniale[27]. La seule préoccupation du colonisateur en écartant ou en modifiant certaines coutumes indigènes est d'assurer le respect des règles estimées par lui essentielles et nécessaires à l'exercice d'une bonne justice. Les tribunaux ont aussi écarté de nombreuses coutumes sur base de cette notion, assurant ainsi la primauté du droit écrit sur le droit coutumier. Mais il y a lieu d'indiquer une autre technique utilisée par le colonisateur pour restreindre davantage le domaine du droit coutumier : le remplacement de façon expresse de certaines coutumes par une législation écrite destinée à régir des rapports entre indigènes.

4. Le remplacement des coutumes par un droit législatif (écrit)

D'après l'alinéa troisième de l'article 18 précité, les tribunaux coutumiers doivent appliquer les règles de la législation écrite édictées expressément dans le but de remplacer les coutumes. Cette technique, ajoutée à celle de l'ordre public, a permis d'amoindrir le champ d'application de la coutume. Ceci est d'autant plus facile que le législateur colonial décidait seul de l'opportunité de prendre telle ou telle législation en remplacement des coutumes qui pouvaient freiner sa politique coloniale.

Parmi ces textes, nous pouvons citer, notamment : le décret du 9 juillet 1936 sur la protection de la jeune fille impubère qui réprimait les actes entraînant la cohabitation avec des filles non pubères, même si ces comportements sont conformes à la coutume[28] ; l'ordonnance-loi du 31 janvier 1947 prohibant les pratiques de polyandrie[29], le décret du 5 juillet 1948 sur le mariage monogamique des indigènes et la répression de l'adultère et de la bigamie[30] ; le décret du 4 avril 1950 qui a déclaré nuls les mariages polygamiques conclus depuis 1951[31] ; le décret du 10 février 1953 sur la propriété individuelle des congolais qui introduisit notamment des règles successorales en faveur des enfants et du conjoint survivant en matière d'immeubles enregistrés[32].

---

[26] Gohr, *De la compétence judiciaire des tribunaux coloniaux*, Nouvelles, Droit colonial, II, p. 271 ; Haleuryck de Heusch, *La Charte coloniale*, Tome I, p. 163.
[27] *Idem.*
[28] B.O. 1936, p. 941 ; Codes Piron, 8e éd., I, p. 198.
[29] Codes Piron, 8e éd., I, p. 198.
[30] Codes Piron, 8e éd., I, p. 187.
[31] Codes Piron, 8e éd., I, p. 197.
[32] B.O., 1953, p. 430.

Ainsi, l'implantation progressive d'une législation écrite en remplacement des coutumes locales accusait une primauté incontestable du droit écrit : c'était une préoccupation soutenue du pouvoir colonial à tel point qu'il en est même arriver à interpréter dans un sens qui lui était favorable la notion de « principes généraux du droit ».

5. Le recours aux principes généraux du droit « des pays civilisés »

En effet, l'ordonnance du 14 mai 1886 précitée prévoyait en son article premier que « Quand la matière n'est pas prévue par un décret, un arrêté ou une ordonnance déjà promulguée, les contestations qui sont de la compétence des tribunaux du Congo seront jugées d'après les coutumes locales, les principes généraux du droit et l'équité »[33]. Le texte prévoyait en l'espèce une hypothèse de lacune de droit. Le juge congolais a eu rarement recours aux coutumes locales comme source supplétive ; l'allusion à l'équité est presqu'inexistante et chaque fois qu'il estimait devoir y recourir, le juge s'empressait de lui adjoindre les principes généraux du droit sur lesquels il avait jeté son dévolu[34]. Que faut-il entendre par cette expression : principes généraux du droit »

Les avis dans la doctrine sont partagés[35].

Certains auteurs, comme Cattier[36], entendirent par principes généraux du droit les principes qui sont reçus dans la plupart des peuples de haute civilisation et cela se résumerait en des principes généraux du droit romain.

D'autres prétendaient trouver une directive dans le code Napoléon.

Une troisième tendance croyait puiser dans n'importe quelle législation étrangère.

Enfin, d'autres se sont tournés vers le droit comparé où le juriste pouvait déduire le type de chaque institution juridique et les éléments d'un droit commun international[37].

Dans ce tâtonnement, il se dégagea une opinion dominante, celle qui entendait par principes généraux, les principes généraux du droit belge. Cette position fut consacrée par ailleurs par le rapport des Administrateurs généraux au Roi en date du 16 juillet 1891[38]. Ce rapport eut sur la jurisprudence une influence définitive à tel enseigne que « principes » et « règles » du droit belge furent confondus malgré la lumière apportée par

---

[33] Ordonnance de l'Administrateur Général au Congo approuvée par décret du 12 novembre 1886, in Codes Piron, 8e éd., I, p.49.

[34] Kalongo Mbikayi et Buka, « Le juge zaïrois et l'interprétation des principes généraux du droit national », in *Revue Zaïroise de droit*, n° spécial, 1971, p.32.

[35] *Idem.*

[36] Cattier, *Droit et administration de l'E.T.C.*, 1888, p.341.

[37] Voir Verstracte (M), *Droit civil du Congo-belge*, Tome I.

[38] B.O., 1891, p. 174.

Sohier qui préconisait que le juge puisse puiser dans les principes généraux du droit congolais[39].

J'estime pour ma part qu'il doit s'agir des principes généraux du droit national d'autant plus qu'en 1967, le législateur national a marqué sa tendance pour l'intégration de notre droit. Pour des détails plus amples, il y a lieu de se référer à mon article publié avec le Collègue BUKA sur la question[40]. Tels étaient les mécanismes mis sur pied pour maintenir le dualisme juridique et la dichotomie judiciaire qui ont caractérisé toute l'époque coloniale : un droit écrit d'inspiration belge avec ses principes contraires à ceux du droit coutumier, d'origine local et lequel droit coutumier régissait la grande majorité de la population autochtone qui n'était pas immatriculée.

III. Le droit civil à l'époque de l'indépendance

C'est dans ce contexte assez confus que le législateur national trouve l'ordre juridique au moment de l'Indépendance. Il hérite des difficultés d'interprétation et des conflits coloniaux que posent à la fois le dualisme juridique et la dichotomie judiciaire. Et surtout, il hérite d'un amalgame de règles de droit et d'une conception de la justice qui se trouvent dénaturées par la présence coloniale[41]. Quelle sera son attitude ? Faudra-t-il maintenir ces textes ou bien faudra-t-il les abroger ?

Nous analyserons cette attitude en deux périodes : celle d'avant 1967 et celle d'après 1967.

A. Période de 1960 à 1967 : maintien du dualisme

L'article deux de la loi fondamentale du 19 mai 1960 relative aux structures du Congo[42] disposait que « Les lois, décrets et ordonnances législatives, leurs mesures d'exécution ainsi que toutes dispositions réglementaires, existant au 30 juin 1960, restent en vigueur tant qu'ils n'auront pas été expressément abrogés ».

L'attitude du législateur national a été ainsi le maintien du dualisme juridique et de la dichotomie judiciaire créés par le colonisateur car, jusque-là, aucun texte contraire aux textes existant sur le droit civil n'avait été pris. Mais il faut cependant noter qu'avec l'Indépendance, l'institution de l'immatriculation, qui servait de critère de base de distinction entre les personnes soumises au droit coutumier, tomba en désuétude[43]. En effet, l'article deux de la loi fondamentale du 17 juin 1960 relatives aux libertés

---

[39] Kalongo Mbikayi et Buka, *op. cit.*, p. 33.

[40] *Idem*, p. 31 et s.

[41] Kalongo Mbikayi et Ndeshyo Rurihose, « Le recours à l'authenticité et le droit zaïrois », in *R.J.Z.*, 1976, n°3, p. 43.

[42] Moniteur congolais, 2 juin 1960.

[43] Kalamby (G), *op. cit.*, p. 1000.

publiques[44] proclamait l'égalité de tous les habitants du Congo : « Tous les habitants du Congo sont libres et égaux en dignité et en droits. La jouissance des droits politiques est toutefois réservée aux Congolais sauf les exceptions établies par la loi ».

Mais c'est à partir de 1967 que le législateur national prendra conscience du fait qu'il doit régir en toute indépendance la vie congolaise selon une politique législative et des impératifs propres.

B. Période de 1967 à nos jours : préoccupation de l'autorité politique nationale

1. Suppression du dualisme et création d'un droit nouveau unique

C'est en effet dans la Constitution de 1967[45] et dans la réforme judiciaire de 1968[46] que le législateur national opta très nettement pour l'unification du droit national. L'autorité politique prit ainsi conscience de fait qu'il fallait se libérer de l'emprise de l'ancienne métropole et mettre le droit zaïrois à contribution comme instrument de développement et d'unité nationale. Le dualisme juridique apparaissait comme un facteur de discrimination des citoyens contraire à l'égalité de tous devant la loi proclamée par la Constitution et était mal venu à ce moment où le Chef de l'Etat tenait à tout prix à raffermir l'unité nationale et d'élaborer une société originale au mode de vie authentique.

2. Facteurs de transformation

a) La politique de recours à l'authenticité

C'est avec bonheur que la politique du recours à l'authenticité a été affirmée de façon officielle et solennelle. Elle peut se résumer en une phrase « être nous-mêmes et non ce que les autres voudraient que nous soyons ». Il y a une volonté politique de l'affirmation de soi-même, du génie juridique propre grâce à cette politique du recours à l'authenticité. C'est dans cette optique que la Constitution de 1967 a considéré la coutume comme source de droit national au même titre que la loi écrite et les justiciables peuvent l'invoquer devant toutes les juridictions de la République, la Cour Suprême de Justice y comprise[47].

b) Impératif du développement

Mais, ce recours à l'authenticité ne signifie pas méconnaissance des exigences économiques de la vie moderne. L'autorité politique devra, dans l'élaboration du droit nouveau, tenir compte de l'impératif du

---

[44] Moniteur congolais.

[45] Idem n°14 du 15 juillet 1967, p. 549 et s.

[46] Idem, 1968, p. 1343.

[47] Kalongo Mbikayi et Ndeshyo Rurihose, *op. cit.*, p. 44.

développement, car il y des phénomènes nouveaux qui sont entrés dans la mentalité des Zaïrois tels l'urbanisation et l'industrialisation.

c) Industrialisation et urbanisation

En effet, la société zaïroise traditionnelle a connu des mutations profondes qui sont la conséquence de ces deux facteurs[48]. Aussi longtemps qu'ils vivaient en communautés fermées et dans une économie d'autosubsistance, les milieux traditionnels africains étaient très stables. Sous l'autorité du chef du clan, ils vivaient unis et solidaires. Le groupe familial leur procurait toute la protection dont ils avaient besoin. Mais sous l'influence de l'urbanisation et de l'industrialisation, on assiste à un appauvrissement du clan comme unité économique de production et comme centre de gravitation de toutes les activités individuelles[49]. La famille nucléaire isolée va ainsi se substituer au groupe familial étendu. C'est donc un phénomène dont l'autorité politique doit tenir compte dans l'élaboration d'un droit nouveau car la coutume a dû subir des inflexions.

C'est dans cette optique d'élaboration d'un droit nouveau intégré qu'a été mise sur pied la commission de réforme et d'unification du droit civil par la loi n°71/002 du 12 juin 1971[50]. Cette commission doit élaborer des règles de droit civil qui s'inspirent des réalités zaïroises et qui répondent à l'impératif social défini par le Mouvement Populaire de la Révolution, Parti-Etat, des lois qui soient relatives au physique du pays, à son climat, au genre de vie de son peuple[51]. Cela nous amène à étudier les perspectives d'avenir de ce droit nouveau.

IV. Perspectives d'avenir

Ces perspectives manifestent tant dans les droits des personnes, des biens que des obligations et se trouvent dégagées par les projets préparés par la Commission Permanente de Réforme du Droit Zaïrois.

A. Droit des personnes

L'avant-projet du Code de la famille a retenu des innovations importantes dans ce domaine. L'impératif de l'authenticité et celui du développement ont déterminé la méthode de travail dans ce domaine. La commission a dû, pour élaborer son projet, réaliser plusieurs enquêtes sociologiques dans les milieux traditionnels et accomplir plusieurs missions à l'extérieur en vue de

---

[48] Kalongo Mbikayi, *op. cit.*, p. 266.

[49] M. Wembi (A), *La sécurité sociale au Zaïre,* Souverain et Paris, Nauwelaerts, 1966, p. 9 à 11.

[50] Loi 71-002 du 12 juin 1971 relative à la création d'une Commission de réforme et d'unification du droit civil zaïrois.

[51] Kalongo Mbikayi et Ndeshyo Rurihose, *op. cit.*

se pénétrer du droit comparé et de l'expérience des autres spécialement du Sénégal et de l'Ethiopie. En voici les idées forces.

En matière des droits de la personne, plusieurs innovations ont été guidées par la philosophie du recours à l'authenticité.

D'après sa notion authentique, le nom résume la personnalité de chaque individu. C'est pourquoi la Commission d'abord n'a pas voulu consacrer le principe du nom patronymique, laissant la possibilité à chaque père de transmettre son nom principal à l'enfant : c'est une innovation par rapport à la loi du 20 juillet 1973 relative au nom des personnes physiques ; ensuite, le nom à donner à l'enfant doit être puisé dans le patrimoine culturel zaïrois.

Le recours à l'authenticité se manifeste aussi dans le domaine de la capacité des personnes qui a été réduite à 18 ans et dans deux buts : d'abord pour répondre à nos réalités sociologiques qui veulent que le jeune zaïrois atteint sa maturité avant 21 ans, ensuite, il fallait faire correspondre la majorité civile à la majorité politique.

La valeur coutumière de la suprématie de l'homme a été maintenue dans ce sens que se ralliant à la position du droit actuel, l'incapacité juridique de la femme mariée a été maintenue. Mais il y a quand même une innovation dans le sens de l'admission de l'autorité parentale et plus paternelle. Cependant, en cas de désaccord, c'est l'avis du père qui prédominera.

Le rôle prépondérant de la famille étendue en droit coutumier a motivé la création de l'institution du conseil de famille au cas où un enfant mineur devient orphelin de père et de mère, il lui sera constitué un conseil de famille chargé de veiller à ses intérêts en lui désignant un tuteur de son choix. C'est l'idée de solidarité bantoue. De même, au cas où un conjoint venait à décéder, la commission n'a pas perdu de vue que les membres de la famille du défunt ont, d'après la coutume, un droit de regard sur les enfants orphelins de père. C'est ainsi qu'il a été prévu la possibilité de faire désigner un tuteur adjoint dans la famille du mari qui aidera la veuve. Toujours dans le même ordre d'idées, il a été institué la tutelle de l'Etat pour certains enfants trouvés et abandonnés, le régime d'assistance des séniles et infirmes par un curateur.

Quant à la matière complexe et délicate de la famille proprement dite à partir du mariage, elle fait l'objet de recherches fouillées. Ce domaine a connu le plus grand nombre d'innovations.

Le principe de la liberté du mariage a été proclamé conformément à la Constitution.

La Commission a tenu à concilier la conception de droit écrit et de droit coutumier en règlementant les fiançailles en sanctionnant la rupture abusive. Cependant, l'exécution des obligations coutumières issues des fiançailles ne peuvent être poursuivies en justice s'agissant d'obligations naturelles.

Pour ce qui est des conditions de forme du mariage, dans le souci de respect de l'authenticité, la Commission a maintenu le type de mariage traditionnellement pratiqué par nos ancêtres et célébré en famille. Mais, une fois célébré, il doit être enregistré pour être opposable aux tiers : c'est le mariage constatation opposé au mariage célébration qui est prévu pour ceux qui vivent dans les milieux urbains.

Parmi les conditions de fond, la dot a été retenue. Le Président de la République fixera par voie d'ordonnance la valeur maximale de la dot après avis des assemblées régionales. Le versement et l'acceptation de cette dot constituent la preuve nécessaire et suffisante du consentement des parents et membres des familles des fiancés.

Le mariage monogamique a été maintenu.

Une notion nouvelle du ménage a été introduite qui ne comprend pas seulement le père, la mère et enfants non mariés vivant avec eux mais aussi tous ceux envers qui ils ont une obligation alimentaire pourvu qu'ils vivent avec eux et soient inscrit au livret de ménage.

La Commission a supprimé la séparation des corps non conforme à la mentalité zaïroise pour la remplacer par une séparation conventionnelle de fait. Le divorce consacré est le divorce-remède qui n'intervient que quand il y a preuve de la destruction irrémédiable de l'union conjugale contraire au divorce-sanction connu dans le droit actuel qui exige la preuve de certaines fautes déterminées ; dans la procédure préalable, l'accent a été mis sur le rôle de conciliation dans le but de sauvegarder l'institution du mariage. De même, la pension alimentaire a été supprimée, car étant une institution inconnue du droit coutumier qui veut que le divorce mette fin au mariage et partant aux droits et devoirs entre époux.

L'option fondamentale prise par le Président-Fondateur et conforme à la mentalité zaïroise qui veut que tout enfant doit avoir un père a été maintenue en matière de filiation de telle sorte que le vocable enfant naturel n'a plus droit de cité chez nous. La Commission pour concrétiser cela a utilisé le terme affiliation à la place de reconnaissance et une indemnité de rachat est prévue en faveur de la famille maternelle. Et un tel enfant jouit de tous les droits et devoirs reconnus aux enfants nés dans le mariage.

La conception de l'adoption a été révisée dans ce sens qu'actuellement elle vise la protection de la jeunesse et non plus d'assurer une progéniture à des adultes qui n'en ont pas.

La conception actuelle de la parenté a été dégagée à partir d'une conception nouvelle de la famille qui n'est ni nucléaire ni traditionnelle qui favorise le parasitisme. On distingue ainsi diverses catégories de parenté :

- la filiation d'origine à laquelle s'ajoutent la paternité juridique et la filiation ;
- le nouveau système de parenté n'est ni patrilinéaire ni matrilinéaire, il est un mélange de système bilinéaire et du système patrilinéaire avec prédominance de ce dernier ;
- il est apparu la notion d'autorité domestique, rôle joué par celui qui peut être considéré comme chef de la communauté. En effet, la réalité de tous les jours vous apprend que certains membres influents et ayant une vie

plus ou moins aisée, se trouvent en fait à la tête d'une partie de leur famille sans que la coutume leur reconnaisse des pouvoirs sur ceux qui dépendent en réalité d'eux et comptent sur eux pour résoudre leurs problèmes. Du reste, l'obligation alimentaire a été prévue entre parents et alliés.

Les régimes matrimoniaux, libéralités et successions ne sont pas prévus par l'actuel code civil. L'actuel projet s'y est penché et a proposé ce qui suit :

- trois régimes matrimoniaux ont été retenus : la séparation des biens, la communauté universelle et la communauté réduite aux acquêts. Si les époux n'ont pas opéré de choix, c'est le régime légal de la séparation des biens qui devra s'appliquer. Il est prévu que les époux peuvent, dans l'intérêt du ménage, modifier pendant le mariage le régime mais seulement une fois. La Commission a aussi posé le principe de la contribution des époux aux charges du ménage selon leurs facultés et état ; l'époux qui contreviendrait à cette obligation sera condamné à une pension alimentaire et l'autre conjoint peut même obtenir du Tribunal de Paix l'autorisation de percevoir personnellement les revenus de son conjoint.
  La Commission a posé le principe de la gestion maritale des biens du ménage, assurant à la femme la gestion par elle-même des biens réservés ;
- une nette démarcation de la coutume est apparue en matière des successions afin de faire face aux impératifs du développement. En effet, la succession peut être soit testamentaire soit ab intestat. Trois catégories d'héritiers ab intestat ont été prévues :
  - les enfants du de cujus, nés dans le mariage ou hors mariage ;
  - le père, la mère, conjoint survivant, frère, sœurs germains, consanguins ou utérins ;
  - les oncles et les tantes ;
  - selon la doctrine classique, la libéralité est essentiellement un acte gratuit qui n'appelle aucune contrepartie obligatoire de la part du bénéficiaire. Comblant la lacune et innovant, l'avant-projet a prévu que la libéralité n'est pas nécessairement incompatible avec une certaine contrepartie de la part du bénéficiaire. On a voulu par-là rejoindre nos coutumes qui préconisent que toute aide reçue fait naître chez le bénéficiaire une certaine obligation, morale et sociale, de manifester de la reconnaissance à l'égard du bienfaiteur. La Commission a retenu le système de la réserve successorale de manière à ce qu'elle ne soit pas entamée par les libéralités inconsidérées.

Tels étaient les grands traits des innovations apportées par l'avant-projet du Code de la famille qui est encore au niveau des discussions au Parlement.

Cependant, la matière des biens, quant à elle, a déjà fait l'objet de dispositions légales consacrées.

B. Droit des biens

Nous ne nous étendrons pas sur cette matière, car elle fait l'objet de toute une communication (voir la conférence du Professeur G. Kalambay Lumpungu.

Néanmoins, à titre tout à fait indicatif, nous pourrons signaler que la loi n°73-021 du 20 juillet 1973 portant régime général des biens, régime foncier et immobilier et régimes des sûretés telle que modifiée et complétée à ce jour par la loi n°80-008 du 18 juillet 1980[52] cadre parfaitement avec la conception zaïroise de la propriété foncière. Elle proclame, en effet, que le sol et le sous-sol zaïrois constituent la propriété exclusive, inaliénable et imprescriptible de la communauté nationale. Toute propriété privative antérieure qui portait sur ces biens est désormais transformée en une « *concession* » perpétuelle ou temporaire, selon le cas, laquelle s'analyse en un simple droit de jouissance. La seule propriété privative admise dans notre droit ne peut plus porter que sur les immeubles par destination ou par incorporation et sur les meubles.

Le législateur zaïrois s'est ainsi conformé à la conception traditionnelle qui considérait la terre non seulement comme un bien commun dont les diverses ressources devaient profiter à tous, mais aussi comme la demeure sacrée de tous les ancêtres laquelle doit par conséquent rester inaliénable[53] et imprescriptible. Il y a consécration donc de la notion de propriété collective de l'Etat et le souci de sauvegarder les droits collectifs coutumiers[54].

C. Droit des obligations

Les grands principes qui gouvernent cette branche de droit, qui a un caractère technique et universaliste, se trouvent aujourd'hui remis en cause avec l'évolution que connaît la société moderne tant en droit belge qu'en droit zaïrois. Nous examinerons l'évolution des principes de l'autonomie de la volonté dans les contrats et de la responsabilité individuelle pour dégager une perspective d'avenir de notre droit dans ce domaine.

1. Principe de l'autonomie de la volonté dans le contrat

Le principe de l'autonomie de la volonté était l'expression juridique du libéralisme économique du 18ème siècle[55]. Il reposait sur les arguments

---

[52] Journal Officiel de 1974, n°3, p. 69 et Journal Officiel du 15 au 1er août 1980, p.29.

[53] Kalongo Mbikayi et Ndeshyo Rurihose, *op. cit.*, R.J.Z., 1977, p. 26 ; G. Kalambayi Lumpungu, *Droit civil, Régime foncier et immobilier*, Kinshasa, P.U.Z, 1985, p. 57 et s.

[54] *Idem.*

[55] Vigneron, « L'évolution du droit civil congolais depuis l'Indépendance », in *R.J.C.,* 1967, n°53 et 4, p. 22.

suivants[56] : sur le plan philosophique, ce principe reposait sur le postulat de la liberté des individus : vouloir être obligé et n'être obligé que parce qu'on le veut ; sur le plan moral ; le contrat considéré comme œuvre de volonté, doit être conforme aux intérêts des parties contractantes, car on ne peut vouloir que ce qui est conforme à sa volonté « *qui dit contractuel, dit juste* » ; du point de vue économique, l'intérêt personnel a toujours été le moteur essentiel de la vie économique, pour s'exprimer, s'épanouir, la volonté d'entreprendre doit être libérée de toute entrave, toute contrainte étatique sur le plan économique serait néfaste. La conséquence en est que le contrat devenait la source principale des obligations et les lois en matière contractuelle devenaient supplétives.

Mais ce principe a connu un déclin depuis sa consécration en 1804 par le code Napoléon. Les postulats qui étaient à sa base ont profondément battus en brèche. Sur le plan philosophique, il a été constaté que l'homme vit en société et cela crée des rapports d'interdépendances qui sont nécessaires et partant, la liberté absolue n'existe pas. Sur le plan moral, la pratique démontre que souvent les plus forts imposant leurs volontés aux plus faibles, ce qui démontre que les cocontractants ne sont pas toujours dans une position d'égalité. Enfin, en matière économique, la liberté sans frein conduirait à l'anarchie dans la production et dans la distribution des richesses ; la direction de l'économie apparue ainsi comme une nécessité : l'économie dirigée s'est faite aux dépens de l'autonomie de la volonté.

La conséquence en est l'apparition de nouveaux problèmes qui nécessitent des solutions nouvelles et il y a multiplication de lois impératives en matière contractuelle.

a) Lois impératives

C'est le cas notamment en matière de législation des prix[57]. Il y a aussi le fait que certains contrats sont presqu'exclusivement pré-rédigés par le législateur : contrat de travail, contrat d'assurance, et les parties ne peuvent y déroger. D'autres contrats sont même imposés aux parties telles les diverses assurances obligatoires en matière automobile et d'assurance des bâtiments commerciaux pour ne citer que celles-là[58]. Les lois d'ordre public se multiplient et surtout la notion d'ordre public se modifie substantiellement.

b) Imprévision

Cette tendance au déclin du principe de la volonté s'est aussi manifestée par la création de la théorie de l'imprévision. En effet, d'après l'article 33 du code civil, le débiteur doit exécuter de façon stricte ses obligations même si

---

[56] Boris Starck, *Les obligations*, Paris, Librairies techniques, 1972, n°1012.

[57] Vigneron, *op. cit.*, p. 230 ; voir les diverses législations y citées.

[58] Loi n°73/013 du 5 janvier 1973 pour l'assurance automobile obligatoire, J.O., n°5 du 1er mars 1973, p. 299 ; Loi n°74/008 du 10 juillet 1974 pour l'assurance obligatoire des risques d'incendie de certains bâtiments, J.O., n°16 du 15 août 1974, p. 683.

des événements imprévus qui rendent son paiement difficile, beaucoup plus onéreux. Le seul événement qui doit le libérer est le cas de force majeure ou le cas fortuit. Avec la guerre de 1914 et les crises économiques consécutives, les auteurs ont soutenu que cette rigueur était inadmissible. En face de l'ampleur des crises modernes, de la dévaluation des monnaies, le juge doit avoir le pouvoir de réviser les contrats, particulièrement les contrats successifs, s'échelonnant sur un assez long espace de temps et d'en adapter les clauses aux nouvelles conditions économiques. C'est ainsi qu'est née la théorie de l'imprévision qui a été définie comme celle qui permet au juge la modification ou la suppression du contrat lorsque des événements imprévisibles bouleversent gravement les conditions de son exécution[59].

Cette théorie, qui a été rejetée par la jurisprudence civile[60] qui exige la stricte exécution de ses obligations par le débiteur et n'accorde que des délais de grâce aux débiteurs malheureux, est fondée sur la clause *rebus sic stantibus* sous entendue dans les conventions des parties : elles sont censées avoir contracté en vue d'une situation normale. Le deuxième fondement à cette théorie est l'article 33 du code civil, livre III qui exige l'exécution de bonne foi des conventions, or, n'est-il pas contraire à la bonne foi que de ne pas tenir compte d'événements imprévus ?[61] Néanmoins, malgré ce rejet, le législateur a pris certaines lois exceptionnelles pour admettre la révision des contrats par le juge[62]. On pourrait ajouter aussi que sous un régime d'économie dirigée qui subordonnerait les accords entre particulier au contrôle d'organismes officiels ou professionnels tels l'UNTZa ou l'ANEZa, la révision des contrats tendrait à devenir la règle.

Personnellement, en l'absence d'une intervention du législateur, je reste opposé à l'application de cette théorie qui heurte le principe de la force obligatoire du contrat. C'est pourquoi, la Commission Permanente de la Réforme du Droit Zaïrois devra se pencher sur ce problème et prendre une option.

c) Lésion dans les contrats

Toujours selon la philosophie du code Napoléon et partant de notre code civil, de deux choses l'une : soit le contrat est formé conformément à la loi et le juge l'applique dans toute sa rigueur, soit il ne l'est pas et le juge

---

59 Henri, Léon et Jean Mazeaud, *Leçons de droit civil*, T. II, Paris, Montchrestien, 3ème éd., 1966, n° 734 ; dans ce sens Denis Philippe, « La théorie de l'impression », in Publications du Centre de droit des obligations de l'Université Catholique de Louvain, Document n°80/2, éd. Collège Thomas More, p. 8.

60 Inst. Elis. 23/12/1926, Jur. Kat. 1926, p. 91 ; Elis. 17/12/1932, R.J.C. 1933, p. 20 ; Inst. Elis. 25/10/1933, R.J.C. 1931, p. 103.

61 Julliot de la Morandière (L), *Précis de droit civil*, T. II, Paris, Dalloz, 4ème éd., 1969, p. 247.

62 En matière de beaux à loyer : loi du 25 juin 1963, M.C., n°13 du 01/07/1963, p. 120 ; décret-loi du 13 juillet 1965, M.C. n° spécial du 14/07/1965, p. 974 ; O-L du 22/12/1965 et 10/07/1968, M.C., n°2, 15/01/1966, p. 11.

l'annule[63]. Il n'y a pas de moyen terme une évolution pourtant est à noter dans cette conception. En effet, par décret du 26 août 1959, le législateur introduit dans le titre I et du livre III du code civil un chapitre IX bis intitulé de la lésion et constitué par l'article 131 bis[64]. Ce texte est directement inspiré de l'article 1907 ter du code civil belge mais dont la portée a été élargie et dispose : « Sans préjudice de l'application des dispositions protectrices des incapables ou relatives à la validité des conventions, si, par une opération de crédit, d'un contrat de prêt ou de tout autre contrat indiquant une remise de valeur mobilière, quelle que soit la forme apparente du contrat, le créancier abusant des besoins, des faiblesses, des passions ou de l'ignorance du débiteur, s'est fait promettre pour lui-même ou pour autrui un intérêt ou d'autres avantages excédant manifestement l'intérêt normal, le juge peut, sur la demande du débiteur, réduire ses obligations à l'intérêt normal. La réduction s'applique aux paiements effectués par le débiteur, à condition que la demande soit intentée dans les 3 ans à dater du jour du paiement ».

Ainsi, cette notion de lésion, qui peut être définie comme le préjudice pécuniaire résultant pour l'une des parties contractuelles, de la disproportion entre l'avantage qu'elle a obtenu et celui qu'elle a conféré à son contractant[65] est venue porter atteinte au principe de l'autonomie de la volonté en ce que le juge peut réduire ce que les parties ont librement consenti.

Ce décret, qui exige pour son application que soient réunies certaines conditions subjective et objective[66], ne s'applique malheureusement qu'à un certain nombre de contrats énumérés par lui : l'opération de crédit, le contrat de prêt et le contrat indiquant une remise de valeur mobilière. Nous aurions souhaité dans une prochaine refonte du droit civil que le législateur optât pour la formule plus large du code civil suisse en son article 21 qui dispose : « En cas de disproportion évidente entre la prestation promise par l'une des parties et la contreprestation de l'autre, la partie lésée peut, dans le délai d'un an, déclarer qu'elle résilie le contrat et répéter ce qu'elle a payé, si la lésion a été déterminée par l'exploitation de sa légèreté ou de son inexpérience »[67].

2. Responsabilité individuelle

La responsabilité civile prévue par le code de 1804 est une responsabilité individuelle contraire à la responsabilité collective pratiquée par le droit coutumier. La Commission devra opter entre ces deux types de

---

[63] Dekkers (R), *op. cit.*, pp. 8-9.

[64] Codes Piron, 8e éd., I., p. 325.

[65] Kalongo Mbikayi, Cours polycopié de droit civil Obligations, UNIKIN, 1982, 1983, p. 99 et s.
Vigneron (R), « La lésion en droit civil zaïrois, Essai d'interprétation du décret du 26/8/1950 », R.J.C., 1965.

[66] *Idem.*

[67] Code civil suisse, art. 21.

responsabilité dans l'élaboration d'un droit nouveau ; elle n'opérera pas un choix aveugle, car les deux types de responsabilité ont connu une évolution.

Quant à la responsabilité collective pratiquée en droit coutumier, en effet, nous constatons que la société zaïroise traditionnelle a connu des mutations profondes qui sont la conséquence de deux grands facteurs : l'industrialisation et l'urbanisation[68]. Ainsi, la famille nucléaire, isolée, va se substituer au groupe familial étendu comme unité économique de consommation, d'où la responsabilité de type coutumier tend à devenir individuelle.

Inversement, en droit occidental, on a remarqué que la tendance à l'individualisation de la responsabilité civile dans les milieux urbains n'est profitable à personne. L'expérience occidentale nous révèle en effet que l'industrialisation et le développement posent des problèmes nouveaux pour lesquels un système de responsabilité individuelle s'avère insuffisant. En effet, la multiplication des dommages accidentels à la suite de l'emploi des machines et de voitures, de même que le coût énorme de ces dommages, avaient en Occident transformé la conception même de la responsabilité civile[69]. Pour mieux secourir les victimes du développement en occident, on a abandonné progressivement le système classique de la responsabilité individuelle[70], on est arrivé à la socialisation des risques individuels grâce à l'essor des techniques modernes de réparation collective : assurance et sécurité sociale.

Ainsi, le Zaïre, par son système de droit coutumier, était déjà en avance sur le droit occidental en ce qu'il y avait socialisation de la responsabilité par le biais de la solidarité clanique. Les techniques modernes sont des techniques mieux élaborées et systématisées et s'adaptent à la structure moderne de notre société.

Ces techniques de réparation collective sont bel et bien comparables à la technique traditionnelle connue dans notre droit coutumier : celle de la solidarité clanique où toute la collectivité prend en charge la réparation du dommage et se présente ainsi comme un assureur de responsabilité.

Actuellement heureusement que le législateur zaïrois a déjà introduit ces techniques dans notre arsenal juridique. En effet, c'est par le décret-loi du 29 juin 1961 que le législateur national décide d'instaurer au Zaïre un régime unique de sécurité sociale[71] destiné à couvrir le plus efficacement possible divers risques de la vie qui menacent l'individu aujourd'hui. Il faut noter que le législateur a institué pour gérer les divers régimes de sécurité sociale un organisme parastatal unique pour tout le pays : l'Institut National de Sécurité Sociale. Il lui a octroyé en outre le monopole de gestion et celui de toutes les

---

[68] Supra, p. 31, note 48.

[69] Kalongo Mbikayi, *op. cit.*, p. 269.

[70] *Idem.*

[71] M.C. n°17 du 4/8/1961, p. 285, O.L. 23 mars 1964, M.C. n°9 du 1er mai 1964 et O.L. n°68/491 du 20 décembre 1968, in M.C. 1969, p. 124.

assurances sociales, ce qui implique l'exclusion de l'initiative privée mutuelle en cas d'accidents de travail et caisses privées de compensation des allocations familiales[72] et même les groupements familiaux. Ce décret-loi n'a malheureusement pas un champ d'application très étendu : il ne profite qu'à un nombre de personnes bien limité et ne couvre que quelques risques sociaux[73]. Les bénéficiaires d'après l'article 2 sont ceux qui ont un contrat de louage de service : les travailleurs salariés. Il est à souhaiter que la liste s'étende au bénéfice d'autres catégories des citoyens qui restent menacées par les risques de la vie. C'est donc avec raison que le Président Fondateur du M.P.R., Président de la République a eu à déplorer cet état de choses lors de son discours programme du 5 décembre 1984 en proposant que la garantie sociale s'étendent aussi aux indépendants notamment[74]. En outre, il a aussi déploré le fait que la législation examinée ne prévoie que la couverture de quelques risques sociaux : la vieillesse, l'entretien des enfants, les risques professionnels (accidents du travail et maladies professionnelles) et l'invalidité. Le risque chômage est malheureusement écarté[75]. Cette lacune est à combler lors de l'élaboration d'un nouveau droit de la responsabilité civile.

Parallèlement à l'assurance sociale, une autre technique qui connaît un essor tout particulier au Zaïre est l'assurance individuelle. En créant en effet la Société Nationale d'Assurance (SONAS)[76] et surtout en lui octroyant le monopole d'assurance[77], le législateur zaïrois a introduit dans le droit positif des bases solides d'une socialisation plus consciente des risques individuels. Désormais, en effet, les citoyens zaïrois ne peuvent être assurés qu'auprès d'une société unique, une entreprise publique la SONAS et aussi, dans divers domaines, l'assurance a été rendue obligatoire : en matière d'assurance de responsabilité civile en matière d'utilisation des véhicules automoteurs[78] ; assurance obligatoire de la responsabilité des constructeurs[79] ; assurance obligatoire des risques d'incendie de certains bâtiments[80].

---

[72] Kalongo Mbikayi, *op. cit.*, p. 95.

[73] *Idem*, p. 96.

[74] Voir discours du 5 décembre 1984 du Président Fondateur du MPR, Président de la République.

[75] Kalongo Mbikayi, *op. cit.*, pp. 97 à 98.

[76] O.L. n°66/622bis du 23 novembre 1966 portant création de la SONAS. M.C. 1967, p. 149.

[77] O.L. n°240 du 2 juin 1967 portant octroi du monopole de l'assurance à la SONAS, M.C. 1967, p. 496.

[78] Loi n°73/013 du 5 janvier 1973 portant obligation de l'assurance de responsabilité civile en matière d'utilisation de véhicule automoteur, J.L. n°5 du 1 mars 1973, p. 299.

[79] Loi n°74/007 du 10 juillet 1974 particulière portant assurance obligatoire de la responsabilité des constructeurs, J.O. n°16 du 15 août 1974, p. 680.

[80] Loi n°74/008 du 10 juillet 1974 particulière portant assurance obligatoire des risques d'incendie des certains bâtiments, J.O. n° 16 du 15 août 1974, p. 683.

Ces deux techniques ont eu une influence non négligeable sur la responsabilité individuelle[81] non seulement elles entraînent l'élargissement de la responsabilité civile mais aussi elles l'amenuisent : l'assurance tend à multiplier les fautes et les dommages en ce que les conditions de la responsabilité étant assouplies, les juges les retiennent facilement, car il y a un assureur plus garant ; ensuite, les parties, sachant qu'il y a un garant plus solvable, n'hésitent pas d'intenter des procès en responsabilité, ce qui entraîne une extension des cas de procès en responsabilité et, enfin, la conséquence est qu'il y a augmentation des montants d'indemnités allouées aux victimes parce qu'on sait que l'assureur paiera. Cependant, l'essor de la responsabilité collective amenuise le champ d'application de la responsabilité individuelle comme moyen de réparation en ce que tout au long du procès, par le biais de l'action directe de la victime contre l'assureur, des clauses d'interdiction de direction de procès par l'assuré, l'assureur prend la direction de l'affaire : il propose ses moyens de défense, il envoie ses avocats, etc.

La sécurité sociale quant à elle utilise aussi la responsabilité individuelle en ce que l'article 53 du décret-loi de 1961 prévoit le recours de droit commun de la victime ou ses ayants-droit contre le tiers responsable du dommage sur base du droit commun articles 258 et 259 du code civil, livre III ; mais, elle élimine aussi la responsabilité individuelle et cela se remarque surtout en matière d'accidents de travail où la notion de faute a été largement modifiée[82].

Ces divers textes sur ces techniques de réparation collective sont éparses, il faudra dans une œuvre de refonte de droit civil, les rassembler en pensant à changer la formulation de l'article 258 du code civil, livre III qui exige encore la faute comme une des conditions essentielles de la réparation.

Conclusion

Nous voici à la fin de notre exposé. Que faut-il conclure ?
Cent ans de droit civil ! D'où venons-nous ? Où allons-nous ?

A l'heure de grandes mutations du droit civil zaïrois et au moment de procéder à sa codification par le biais de la Commission Permanente de Réforme du Droit Zaïrois, le législateur national se butera à une question préliminaire : celle de l'option. En effet, le droit civil qui régit actuellement notre pays est d'inspiration belge et français sous l'influence du fait colonial. Dès 1885, le Zaïre était entré dans le concert des Etats de droit écrit et, en droit civil, c'est le décret du 30 juillet 1888 sur les obligations qui fut le

[81] Kalongo Mbikayi, *op. cit.*, p. 182.
[82] *Idem*, p. 208.

premier promulgué, les textes sur les personnes et les biens suivirent. Tout cet ensemble de textes reprenait la structure du code Napoléon imprégné de la philosophie libérale basée sur l'individualisme. C'est ainsi que des grands principes contenus dans le code napoléon de 1804 se sont retrouvé codifiés en droit zaïrois : autonomie de la volonté, responsabilité individuelle, incapacité de la femme mariée, enfant naturel, autorité paternelle, famille nucléaire, et j'en passe.

Mais le législateur colonial eût une attitude de sagesse et de prudence, en maintenant le droit coutumier, droit local et de tradition orale en prévoyant le dualisme juridique, par le biais de l'article 4 de la charte coloniale, et la dichotomie judiciaire par le canal du décret du 15 avril 1926 sur les juridictions indigènes. Sur le territoire congolais de l'époque, coexistaient droits écrit et coutumier. Le critère de distinction quant aux personnes à qui devait s'appliquer chacun des droits étaient l'immatriculation : seuls les congolais immatriculés avaient accès au droit écrit. Après l'Indépendance, l'institution de l'immatriculation tomba en désuétude et, actuellement, le droit écrit s'applique à tous les zaïrois à côté du droit coutumier vu l'égalité de tous les citoyens devant la loi. Ce dernier, c'est-à-dire le droit coutumier, est guidé par des principes pratiquement opposés à ceux du droit écrit : responsabilité collective, propriété collective, famille élargie, absence de notion d'enfant naturel, capacité du chef de groupe familial et non de chaque personne prise individuellement.

Après l'Indépendance, le législateur national maintint cet état de choses. Mais, à partir de 1967 et surtout en 1968, il prit une option fondamentale tendant à l'intégration des deux droits. En effet, le code de l'organisation et de la compétence judiciaire de 1968 éleva la coutume au niveau de source de droit après la loi et elle peut même être invoquée en cassation. C'est surtout la proclamation de la politique du recours à l'authenticité par le Président Fondateur du M.P.R., Président de la République qui a démontré la ferme volonté de l'autorité politique d'assurer l'unification du droit civil zaïrois. C'est dans cette optique qu'a été mise sur pied la Commission Permanente de Réforme du Droit Zaïrois dès 1971 qui a pour mission d'élaborer un droit qui réponde aux aspirations du peuple : elle doit créer ; mais quelle doit être sa ligne de conduite ?

Les travaux de la Commission seront guidés par l'impératif de l'authenticité et celui du développement. Elle ne doit pas recourir aveuglement à la coutume mais doit tenir aussi compte des facteurs nouveaux consécutifs au développement : l'industrialisation et l'urbanisme qui ont transformé la société traditionnelle en entraînant l'exode rural.

C'est dans cet esprit que la Commission a élaboré l'avant-projet du code de la famille : l'impératif de l'authenticité a milité en faveur de l'instauration du conseil de famille, de la tutelle de l'Etat, du nom qui doit être puisé dans le patrimoine culturel zaïrois, l'autorité parentale, la suppression de la notion d'enfant naturel, de l'instauration du système de séparation des biens comme régime matrimonial légal. L'impératif du développement a fait que soient maintenus l'incapacité de la femme mariée, le système successoral avec préférence comme héritier de premier rang, la famille nucléaire, etc. Cet avant-projet est actuellement en discussion au Parlement avant sa promulgation par le Président Fondateur du M.P.R., Président de la République

En droit des biens, le législateur de 1973 a déjà pris une option dans le sens de consécration de la propriété collective du sol et du sous-sol zaïrois. Seul l'Etat est propriétaire, les particuliers n'ayant qu'un droit de jouissance sur le fonds qui se traduit par les droits réels de concession perpétuelle et de concession ordinaire. Cette position a rejoint la conception coutumière en la matière.

Le droit des obligations a déjà fait l'objet de certains textes épars inspirés par l'impératif de développement. C'est ainsi qu'il y a eu des législations en matière économique, en matière de baux à loyer notamment qui sont venus porter atteinte au principe de l'autonomie de la volonté, il y a eu l'introduction de la lésion comme vice de consentement.

En matière de responsabilité civile, les législations sur l'assurance et la sécurité sociale ont remis en cause le principe traditionnel de la responsabilité individuelle en socialisant la responsabilité civile. La technique d'assurance plus particulièrement présente un intérêt social plus grand surtout en matière d'assurance de choses car non seulement elle évite une atteinte au patrimoine de l'assuré, mais aussi elle permet l'indemnisation de la victime. C'est pourquoi, dans les domaines où les accidents sont particulièrement nombreux et graves : circulation automobile, incendie des bâtiments commerciaux, le législateur l'a rendue obligatoire. Il serait souhaitable que les autres domaines le soient aussi. Il faudrait que la Commission de Réforme s'attèle à une harmonisation des textes en droit des obligations quant aux articles 33, 258 et 259 du code civil livre III.

Je vous remercie.

Partie 1 :
Le contrat

La réforme des dispositions sur le contrat

■ ***Marie-Thérèse Kenge Ngomba Tshilombayi***
Professeure Ordinaire
Doyenne de la Faculté de Droit/ Université de Kinshasa
Avocate près la Cour de Cassation et près le Conseil d'Etat
Membre de la Commission Nationale des Droits de l'Homme

Le décret du 30 juillet 1888 portant des contrats ou obligations conventionnelles communément appelé code civil, livre III contient 660 articles[1]. La présente étude concerne les articles 1er à 63 relatifs au contrat ainsi que d'autres articles en rapport avec la matière des contrats notamment les articles 82, 132, 196 et 216.

Orientée vers la voie de la réforme à introduire du droit des contrats, elle est faite dans une dynamique du constat de l'existence ou non ou encore de la suffisance ou non des dispositions pertinentes dans le texte actuel relatives aux questions examinées, et des propositions de réforme de *lege ferenda* pour aboutir, in fine, à un avant-projet de texte sur la réforme des dispositions des articles 1er à 63 du code civil, livre III .

A cet effet, l'on examinera successivement les dispositions préliminaires (chapitre I), la formation du contrat (chapitre II), les effets du contrat (chapitre III) ainsi que les conséquences de l'inexécution du contrat (chapitre IV).

Chapitre Ier. Des dispositions préliminaires

Les dispositions préliminaires concernent le principe de la liberté contractuelle, la définition du contrat ainsi que sa classification.

Section 1 : Principe de la liberté contractuelle

Paragraphe 1. Absence de dispositions générales dans le code civil, livre III

Le code civil, livre III n'énonce pas un principe général sur la liberté contractuelle, qui pourtant domine la matière contractuelle et justifie diverses solutions consacrées.

---

[1] Décret du 30 juillet 1888 portant des contrats ou obligations conventionnelles B.O., 1888, p. 109.

La liberté contractuelle se manifeste dans ses trois composantes que sont : la liberté de contracter ou de ne pas contracter, la liberté des formes du contrat et la liberté du contenu du contrat[2]. Mais cette liberté contractuelle doit fléchir devant l'ordre public, les bonnes mœurs et les lois impératives.

Elle est à situer dans la doctrine de l'autonomie de la volonté d'après laquelle la force obligatoire des actes juridiques dépend essentiellement de la volonté des parties. En effet, le contrat n'oblige que parce qu'il a été voulu par les parties.

Le principe de l'autonomie de la volonté a influencé les rédacteurs du code civil congolais, livre III (décret du 30 juillet 1888 portant contrat ou obligations conventionnelles)[3]. Il explique plusieurs règles importantes relatives au régime du contrat qui, pour la plupart sont supplétives de la volonté des parties. C'est ainsi que l'on retrouve des limites au principe de l'autonomie de la volonté soit dans les lois impératives soit dans les contrats d'adhésion.

Paragraphe 2. *De lege ferenda*

Il y a lieu de poser expressément dans le code civil le principe de liberté contractuelle, lequel doit être strictement observé en matière contractuelle, sous réserve cependant des lois impératives, de l'ordre public et des bonnes mœurs.

En effet, le contrat est différent de la loi. Il lui est subordonné car, pour sa validité, il doit être légalement formé, c'est-à-dire respecter le prescrit de l'article 8 CCLIII. Les parties doivent invoquer et prouver le contrat, tandis qu'il n'y a pas lieu à prouver la loi. En outre, il faut distinguer selon qu'il s'agit de la loi impérative ou de la loi supplétive. La loi impérative a une force supérieure au contrat exigeant que et ce dernier s'y conforme absolument, alors que le contrat peut déroger à la loi supplétive, les parties pouvant ainsi suppléer par leur volonté qui les liera au nom de la force obligatoire du contrat entre parties tout en notant que cette force obligatoire ne concerne pas les tiers justement parce qu'ils n'ont jamais voulu le contrat intervenu.

Section 2 : Définition du contrat

Paragraphe 1. Dispositions du code civil, livre III

Le code civil dédie sa toute première disposition à la définition du contrat.

---

[2] Lire : Ngomba Tshilombayi, « Vers un nouveau droit des baux à loyer, liberté contractuelle ou dirigisme contractuel » in *RJZ*, supplément annuel 1987, pp 33 à 44.

[3] B.O., 1888, p. 109.

Art. 1er - « Le contrat est une convention par laquelle une ou plusieurs personnes s'obligent, envers une ou plusieurs autres, à donner, à faire ou à ne pas faire quelque chose ».

Cette définition a été critiquée par la doctrine qui estime qu'elle confond en réalité le contrat et l'objet de l'obligation en général ainsi que le contrat et la convention en général[4].

En effet, l'objet de l'obligation est de donner, de faire ou de ne pas faire quelque chose. En outre, du point de vue strictement juridique, la convention n'est pas synonyme de contrat : elle est tout engagement formé par l'accord de deux ou plusieurs volontés individuelles en vue de faire quelque chose, sans que de cet accord naisse nécessairement une véritable chaine juridique (vinculum juris) ou une obligation juridique. Cet engagement n'a pas pour but de créer des effets juridiques. Le contrat, par contre, est une catégorie de conventions ordinaires[5].

Paragraphe 2. *De lege ferenda*

Nous proposons que la définition du contrat telle que consacrée par l'article 1er du CCLIII soit modifiée étant donné que l'usage du terme de « convention » est considéré par le législateur, à tort comme synonyme de contrat[6].

Le contrat est une convention bien spécifique qui se caractérise par sa finalité propre qui est la création des effets juridiques. Ainsi, il faut préférer la définition doctrinale qui met en exergue le fait que le contrat est un accord de deux ou plusieurs volontés en vue de créer des effets juridiques qui consistent dans le fait soit de créer un rapport de droit, soit de donner naissance à une obligation, soit de créer un droit réel.

Section 3 : Classification des contrats

Paragraphe 1. Dispositions du code civil, livre III

Le code civil, livre III contient des dispositions sur la classification des contrats.

« Art. 2. - Le contrat est synallagmatique ou bilatéral lorsque les contractants s'obligent réciproquement les uns envers les autres ».

« Art. 3. - Il est unilatéral lorsqu'une ou plusieurs personnes sont obligées envers une ou plusieurs autres, sans que de la part de ces dernières il y ait d'engagement ».

---

[4] Kalongo Mbikayi, *Droit civil,* Tome 1, *Les obligations*, Kinshasa, Ed. Universitaires Africaines, 2012, p. 37

[5] Idem.

[6] Lire à ce sujet Ph. Malinvaud, D. Fenouillet, *Droit des obligations*, Paris, Ed. Lexis nexis, 2012, p.45.

« Art. 4. - Il est commutatif lorsque chacune des parties s'engage à donner ou à faire une chose qui est regardée comme l'équivalent de ce qu'on lui donne ou de ce qu'on fait pour elle.

Lorsque l'équivalent consiste dans la chance de gain ou de perte pour chacune des parties, d'après un événement incertain, le contrat est aléatoire ».

« Art. 5. - Le contrat de bienfaisance est celui dans lequel l'une des parties procure à l'autre un avantage purement gratuit ».

« Art. 6. - Le contrat à titre onéreux est celui qui assujettit chacune des parties à donner ou à faire quelque chose ».

« Art. 7. - Les contrats, soit qu'ils aient une dénomination propre, soit qu'ils n'en aient pas, sont soumis à des règles générales qui sont l'objet du présent titre.

Les règles particulières à certains contrats sont établies sous les titres relatifs à chacun d'eux.»

Le code civil, livre III présente les classifications expresses des contrats aux articles 2 à 7. Il s'agit des contrats synallagmatiques et unilatéraux, des contrats à titre onéreux et à titre gratuit, des contrats commutatifs et aléatoires ainsi que des contrats nommés et innomés. D'autres classifications usuelles présentant un intérêt pratique évident, sont cependant ignorés.

Paragraphe 2. *De lege ferenda*

Nous proposons, outre les classifications actuelles, que soient insérées dans le code civil, livre III d'autres classifications quant aux modes de formation du contrat(contrat solennel, le contrat consensuel et le contrat réel), quant à la considération de la personne (contrat avec *intuitus personae* ou sans *intuitus personae)*, quant aux modalités du contrat (contrat est à exécution instantanée ou à exécution successive) et quant à la classification moderne des contrats (contrat de libre discussion ou de gré à gré, contrat d'adhésion et contrat cadre)[7].

Il faut aussi noter le contrat individuel et le contrat collectif. Les contrats collectifs sont conclus par deux ou plusieurs individus et lient une collectivité, les membres d'un groupe plus ou moins important des personnes. C'est le cas de la convention collective de travail[8].

---

[7] M.T. Kenge Ngomba Tshilombayi, *Droit civil. Les obligations*, Paris, Editions L'Harmattan, 2017, pp. 51 et ss.

[8] Lire à ce sujet : Mukadi Bonyi, *Droit du travail*, Bruxelles, CRDS, 2008 ; Mukadi Bonyi, *Droit de la sécurité sociale*, Kinshasa, Ntobo, 1995 ; Mansanga Phoba Mvioki, *Droit du travail*, Paris, L'Harmattan, 2015 ; Loi n°16/2002 du 16 octobre 2002 portant code du travail, article 272.

Chapitre II. De la formation du contrat

La formation du contrat comprend à la fois la conclusion proprement dite du contrat et les négociations précontractuelles, le contrat conclu par voie électronique, les conditions de validité du contrat ainsi que les sanctions desdites conditions.

Section 1 : Conclusion du contrat et négociations précontractuelles

Paragraphe 1. Absence de dispositions dans le code civil, livre III

Le code civil, livre III, n'a pas prévu des dispositions sur la conclusion du contrat.

Paragraphe 2. *De lege ferenda*

Il y a lieu de prévoir des dispositions sur plusieurs questions.

D'abord il faut règlementer la question de l'échange des consentements qui prend en compte la rencontre de volontés entre l'offrant et le destinataire en définissant l'offre ou pollicitation et l'acceptation ainsi que leur régime juridique. La réforme pourra se référer à quelques décisions judiciaires sur le moment de la rencontre des volontés. Jugé notamment que *quel que soit l'avancement des pourparlers poursuivis entre parties, un contrat n'est définitivement formé que lorsque l'acceptant a par lui-même ou par un mandataire qualifié, porté son consentement à la connaissance du pollicitant*[9]. *Dès le moment où dans une convention conclue par correspondance l'acceptation sans réserve parvient au pollicitant, l'accord est conclu définitivement et la notification ultérieure à celui-ci que la convention ne peut être conclue est inopérante*[10]. *Une lettre modifiant une pollicitation envoyée télégraphiquement ne peut avoir cet effet que si elle parvient au destinataire avant l'arrivée chez le pollicitant de l'acceptation du destinataire au télégramme*[11]. Il faut ajouter le fait que le silence ne vaut pas à lui seul acceptation.

Ensuite, il faut réglementer le processus de la formation par étapes du contrat : l'étape de la négociation précontractuelle, les avant-contrats : les protocoles d'accord, les pactes de préférence, la promesse unilatérale ainsi que la promesse synallagmatique qui dans le code civil, livre est un contrat (art. 270 CCLIII).

Section 2 : Contrat conclu par voie électronique

Paragraphe 1. Absence de dispositions dans le code civil, livre III

Le code civil n'a pas des dispositions sur le contrat conclu par voie électronique.

---

[9] Sentence arbitrale, 22 janvier 1932, Jur. Col. 1932-1933, p. 23

[10] Léo, 14 mai 1929, Jur. Col. 1930-1931, p. 146.

[11] Léo, 29 septembre 1925, Jur. Col. 1929, p. 84.

Paragraphe 2. ***De lege ferenda***

Il faudra prévoir des dispositions dans le code civil sur le contrat conclu par voie électronique et le régime juridique quant à son mode de formation et quant à la preuve électronique.

Section 3 : Conditions de validité du contrat

Le code civil, livre III, a règlementé la validité des contrats aux articles 9 à 32 en énonçant déjà à son article 8 que :

«Quatre conditions sont essentielles pour la validité d'une convention : le consentement de la partie qui s'oblige ; sa capacité de contracter ; un objet certain qui forme la matière de l'engagement ; une cause licite dans l'obligation. »

Sous-section 1. Le consentement

L'étude du consentement comprend tant l'existence même du consentement que les vices de consentement.

Paragraphe 1. L'existence du consentement et la forme du consentement : consensualisme

I. Absence de dispositions dans le code civil, livre III

Le code civil, livre III est lacunaire quant aux dispositions générales sur l'existence même du consentement et sa forme.

II. De lege ferenda

Une disposition du code devra énoncer le caractère nécessaire et déterminant du consentement qui doit émaner des personnes capables. Pour qu'il y ait contrat, il faut que les deux parties manifestent clairement et librement leur intention et leur volonté de se lier, leur volonté d'accepter tout le contenu de leur contrat.

En outre, quant à la forme de consentement, la matière des contrats est dominée aujourd'hui par le principe du consensualisme : le contrat naît dès qu'il y a accord des volontés. C'est la traduction de l'adage *« solus consensus obligat » :* le seul consentement des parties est suffisant pour faire naître une obligation. Exceptionnellement, le contrat est solennel lorsque le consentement des parties ne doit être exprimée que dans la forme requise par la loi (c'est le cas notamment de la vente immobilière avec l'exigence de l'acte authentique[12]) ou réel s'il y a, outre le consentement, l'exigence de la remise d'une chose.

---

[12] Loi n° 73-021 du 20 juillet 1973 portant régime général des biens, régime foncier et immobilier et régime des sûretés, telle que modifiée et complétée par la loi n° 80-008 du 18 juillet 1980.

Paragraphe 2. Les vices du consentement

I. Dispositions du code civil, livre III

Le code civil, livre III consacre aux articles 9 à 17 les différents vices de consentement et leur régime juridique. Il faut y ajouter l'article 131 bis sur la lésion.

« Art. 9. - Il n'y a point de consentement valable, si le consentement n'a été donné que par erreur, ou s'il a été extorqué par violence ou surpris par dol ».

« Art. 10. - L'erreur n'est une cause de nullité de la convention que lorsqu'elle tombe sur la substance même de la chose qui en est l'objet.

Elle n'est point une cause de nullité, lorsqu'elle ne tombe que sur la personne avec laquelle on a l'intention de contracter, à moins que la considération de cette personne ne soit la cause principale de la convention ».

« Art. 11. - La violence exercée contre celui qui a contracté l'obligation est une cause de nullité, encore qu'elle ait été exercée par un tiers autre que celui au profit duquel la convention a été faite ».

« Art. 12. – Il y a violence lorsqu'elle est de nature à faire impression sur une personne raisonnable, et qu'elle peut lui inspirer la crainte d'exposer sa personne ou sa fortune à un mal considérable et présent. On a égard en cette matière à l'âge, au sexe et à la condition des personnes ».

« Art. 13. - La violence est une cause de nullité du contrat non seulement lorsqu'elle a été exercée sur la partie contractante, mais encore lorsqu'elle l'a été sur son époux ou sur son épouse, sur ses descendants ou ses ascendants ».

« Art. 14. - La seule crainte révérencielle envers le père, la mère, ou autre ascendant, sans qu'il y ait eu de violence exercée, ne suffit point pour annuler le contrat ».

Art. 15. - Un contrat ne peut plus être attaqué pour cause de violence si, depuis que la violence a cessé, ce contrat a été approuvé, soit expressément, soit tacitement, soit en laissant passer le temps de la restitution fixé par la loi ».

« Art. 16. - Le dol est une cause de nullité de la convention lorsque les manœuvres pratiquées par l'une des parties sont telles qu'il est évident que, sans ces manœuvres, l'autre partie n'aurait pas contracté ».

« Art. 17. - Il ne se présume pas et doit être prouvé ».

« Art. 131 bis. [Décret du 26 août 1959, art. 2.] - Sans préjudice de l'application des dispositions protectrices des incapables ou relatives à la validité des conventions, si, par une opération de crédit, d'un contrat de prêt ou de tout autre contrat indiquant une remise de valeur mobilière, quelle que soit la forme apparente dû contrat, le créancier abusant des besoins, des faiblesses, des passions ou de l'ignorance du débiteur, s'est fait promettre pour lui-même ou pour autrui un intérêt ou d'autres avantages excédant

manifestement l'intérêt normal, le juge peut, sur la demande du débiteur, réduire ses obligations à l'intérêt normal.

La réduction s'applique aux paiements effectués par le débiteur, à condition que la demande soit intentée dans les trois ans à dater du jour du paiement. »

Les vices de consentement retenus dans le code civil, livre III sont l'erreur, la violence, le dol et la lésion.

L'erreur est une fausse ou inexacte représentation que se fait l'une partie sur l'un des éléments du contrat. L'article 10 CCLIII prévoit deux cas d'erreurs susceptibles d'entrainer la nullité du contrat : l'erreur sur la substance et l'erreur sur la personne. La doctrine les a classifiés en trois catégories. D'abord les erreurs obstacles, c'est-à-dire qui entraînent la nullité absolue du contrat (erreur sur la nature même du contrat, erreur sur l'objet du contrat et erreur sur la cause). Ensuite, les erreurs vices de consentement qui entrainent la nullité relative du contrat (erreur sur la substance ou toute qualité substantielle, erreur sur la personne dans le contrat intuitu personae). Enfin, les erreurs indifférentes qui n'ont aucune incidence sur le contrat (erreur sur une qualité non substantielle du contrat, erreur sur les motifs, erreur sur l'évaluation de la chose et l'erreur sur la personne dans un contrat où la considération sur la personne n'a aucune incidence).

Le dol est une tromperie ou toute manœuvre frauduleuse, toute artifice mensonger employés pour induire une personne en erreur afin qu'elle contracte. (16 CCLIII). Jugé que *le dol suppose l'existence d'une manœuvre frauduleuse destinée à tromper. Il s'agit d'une machination, d'un artifice coupable, d'une mise en scène ou simplement d'une combinaison visant à surprendre ou à tromper la confiance d'autrui, au moyen d'éléments extérieurs ou matériels de nature à rendre vraisemblables les allégations de l'auteur. Comme élément moral, le dol suppose la mauvaise foi, la malveillance ou l'intention de nuire à autrui*[13]. Le dol ne se présume pas, il doit être prouvé (art. 17 CCLIII). Il ne doit émaner que d'une partie au contrat. En cela, il se distingue de la violence. Le dol a pour sanction la nullité relative du contrat.

La violence est la contrainte exercée sur la volonté d'une personne pour l'amener à contracter. Comme le dol, elle est constitutive d'un délit civil. La sanction est la nullité relative.

La lésion consiste dans le préjudice pécuniaire résultant pour l'une des parties contractantes, de la disproportion entre l'avantage qu'elle a obtenu et celui qu'il a conféré à son cocontractant. Jugé que *l'usure résulte de l'abus de faiblesses, des passions, des besoins ou de l'ignorance du débiteur qui, en raison d'une opération de crédit, d'un contrat de prêt ou de tout autre*

[13] CSJ, 30 novembre 1983, cité par Katuala Kaba Kashala, Lumbala Ilunga (V) et Muanza Katuala, *Arrêts de principe et autres principales décisions de la Cour Suprême de Justice*, Kinshasa, éditions Batena Ntambua, p. 134.

contrat indiquant une remise de valeur mobilière quelle que soit la forme apparente du contrat, promet au prêteur ou à autrui un intérêt ou d'autres avantages excédant manifestement l'intérêt normal[14]. *De même, celui qui invoque une lésion doit apporter la preuve qu'il a subi une contrainte ou commis une erreur, ou que son contractant a employé des manœuvres dolosives*[15]. Ce déséquilibre économique sera donc sanctionné[16].

La sanction de la lésion est la réduction des obligations à l'intérêt normal selon l'article 131 bis, alinéa 2 CCLIII. Jugé que *le taux d'intérêt conventionnel est déterminé par les parties. Mais le principe de l'autonomie de la volonté n'est pas absolu. L'intérêt qui va à l'encontre de la règle des bonnes mœurs doit être réduit par le juge à un intérêt conforme à la morale*[17].

II. De lege ferenda

Néanmoins, la doctrine et la jurisprudence ont évolué sur la question en sorte que les dispositions y relatives dans le code civil devront être améliorées dans le sens ci-après :

Pour l'erreur : tout en maintenant l'actuelle erreur sur la substance ou sur la personne, il faut envisager la définition de l'erreur, de l'erreur sur les qualités essentielles de la prestation, de l'erreur sur les qualités essentielles du cocontractant, l'erreur sur les motifs, de l'erreur sur la valeur ainsi que la détermination du délai de l'action en nullité pour vice du consentement.

Quant à la violence, outre les dispositions actuelles du code civil, il faut prévoir la menace d'une voie de droit comme violence, la consécration de l'abus par un contractant de l'état de dépendance de l'autre pour obtenir un avantage manifestement excessif comme une violence.

S'agissant du dol, outre la définition contenue dans le code civil, livre III, il faudra notamment retenir comme dol, la réticence dolosive.

Sous-section 2. La capacité et la représentation

L'on abordera d'abord la capacité et ensuite la représentation.

Paragraphe 1. La capacité

I. Dispositions du code civil, livre III

Le code civil ne contient que deux dispositions sur la capacité. La première énonce que la capacité est le principe et l'incapacité l'exception. La

[14] CSJ, RC 509, 10 décembre 1986, inédit.
[15] L'shi, 10 décembre 1968, RJC 1969, p. 55.
[16] Vigneron (R), « La lésion en droit civil congolais. Essai d'interprétation du décret du 29 août 1959 », *RJC*, 1965.
[17] Elis, 17 décembre 1932, RJCB 1933, p. 20.

seconde renvoie la matière à la loi sur les personnes, en l'occurrence le code de la famille qui réglemente la question[18].

« Art. 23. - Toute personne peut contracter, si elle n'en est pas déclarée incapable par la loi.

« Art. 24. -L'état et la capacité des personnes, ainsi que leurs rapports de famille, sont régis par les lois de la nation à laquelle elles appartiennent. »

La capacité est l'aptitude d'une personne à acquérir des droits et à les exercer. Selon l'article 23 du code civil, livre III, la capacité est le principe et l'incapacité l'exception.

L'incapacité d'exercice suppose la capacité de jouissance mais dont on est privé d'exercer[19]. Elle empêche l'incapable d'exercer seul ses droits. Il ne peut les exercer que par l'intermédiaire d'autres personnes tel que régi par le code de la famille auquel renvoie l'article 24 CCLIII.

Les incapables sont placées sous deux régimes : la représentation et l'assistance. Le régime de représentation concerne les incapables ci-après : les mineurs (enfants)[20] et les aliénés mentaux. Le régime de l'assistance concerne les faibles d'esprit, les prodigues et les affaiblis par l'âge.

Il faut noter que la loi n°16/008 du 15 juillet 2016 modifiant et complétant la loi n° 87-010 du 1er août 1987 portant code de la famille a modifié l'article 448 du code de la famille qui mettait la femme mariée sous le régime de l'autorisation[21]. Ainsi, l'autorisation maritale à laquelle la femme mariée était assujettie sur le plan contractuel est supprimée ; désormais, les époux doivent s'accorder pour tous les actes juridiques dans lesquels ils s'obligent à une prestation qu'ils doivent effectuer.

Les sanctions des actes irréguliers sont la nullité des actes accomplis.

II. De lege ferenda

Nous pensons qu'il faudra maintenir cette philosophie du code civil, livre III qui renvoie la question de la capacité au code de la famille.

Néanmoins, outre le principe de la capacité des personnes physiques à contracter, il faudra poser dans le code civil, livre III le principe de la capacité des personnes morales à contracter mais limitée aux actes utiles à la réalisation de leur objet.

---

[18] Loi n° 87-010 du 1er août 1987 portant code de la famille, J.O., n° spécial août 1987 telle que modifiéé et complétée par la loi n°16/008 du 15 juillet 2016 .

[19] Lire à ce sujet : Amisi Herady, *Droit civil*, Volume I, *Les personnes, les incapacités, la famille,* Kinshasa, Editions de l'Université Protestante au Congo, 4ème édition 2016, pp. 197 et s ; G. Kabwa Kabwe, *Droit civil congolais. Les personnes, les incapacités,* Tome I, Kinshasa, Publications des Facultés de Droit des Universités du Congo, 2016, pp. 125 et s.

[20] Loi n°09/001 du 10 janvier 2009 portant protection de l'enfant.

[21] Loi n°16/008 du 15 juillet 2016 modifiant et complétant la loi n°87-010 du 1er août 1987 portant code de la famille.

Paragraphe 2. La représentation

I. Absence de dispositions dans le code civil, livre III

Le code civil, livre III ne contient pas des dispositions sur la représentation. Certaines dispositions du code de la famille traitent de la représentation des mineurs et des autres incapables.

II. De lege ferenda

Le code civil doit contenir des dispositions générales sur la représentation ainsi que son régime juridique.

La représentation est un mécanisme par lequel une personne (appelée le représenté) fait conclure un contrat en son nom et pour son compte par une autre personne intermédiaire (appelée le représentant). Elle trouve a sa source soit dans la loi (cas des parents, des tuteurs représentants légaux des enfants mineurs), soit dans la volonté des parties (cas du contrat de mandat) soit encore dans une décision de justice. Le représentant n'est pas partie au contrat mais, c'est le représenté qui l'est.

Dans la représentation parfaite, le représentant agit au nom et pour le compte du représenté et le contrat conclu par lui crée des droits et des obligations à l'égard du représenté. Il demeure un tiers au contrat sauf s'il a dépassé ses pouvoirs, excepté en cas de mandat apparent.

Dans la représentation imparfaite, le représentant agit pour le compte du représenté, mais en son nom personnel (contrat de commission).

Il faudra interdire le cas de contrat avec soi-même : c'est l'hypothèse d'un représentant qui agit à la fois pour le compte de deux représentés ou qui peut agir en double qualité à la fois pour elle-même et pour une autre partie qu'elle représente.

Sous-section 3. L'objet

Paragraphe 1. Dispositions du code civil, livre III

Le code civil contient cinq dispositions sur la matière de l'objet du contrat.

« Art. 25. - Tout contrat a pour objet une chose qu'une partie s'oblige à donner, ou qu'une partie s'oblige à faire ou à ne pas faire ».

« Art. 26. - Le simple usage ou la simple possession d'une chose peut être, comme la chose même, l'objet du contrat ».

« Art. 27. - Il n'y a que les choses qui sont dans le commerce qui puissent être l'objet des conventions ».

« Art. 28. - Il faut que l'obligation ait pour objet une chose au moins déterminée quant à son espèce ».

« La quotité de la chose peut être incertaine, pourvu qu'elle puisse être déterminée ».

« Art. 29. - Les choses futures peuvent être l'objet d'une obligation.

On ne peut, cependant, renoncer à une succession non ouverte, faire aucune stipulation sur une pareille succession, même avec consentement de celui de la succession duquel il s'agit. »

L'objet de l'obligation est, d'une part, la prestation due et, d'autre part, la chose même sur laquelle porte le contrat (art. 28 CCLIII).

L'objet doit exister, et être possible, déterminé et licite.

Jugé *qu'il est en principe admis qu'est nulle comme vente de la chose d'autrui, la vente de biens successoraux à laquelle fait procéder seul un des héritiers*[22]. Jugé aussi qu'*une obligation n'est nulle pour manque d'un objet certain formant la matière de l'engagement que s'il y a incertitude ne permettant pas d'établir à quoi les parties se sont engagées*[23]. Il faut noter que la chose future peut être l'objet d'une obligation (art. 29 CCLIII). C'est le cas de la vente d'un immeuble à construire.

D'autre part, l'objet ne doit porter atteinte ni à l'ordre public, ni aux bonnes mœurs.

La sanction du défaut de l'un de ces caractères est la nullité relative. Jugé que *la sanction pouvant résulter du fait que l'objet d'un contrat n'est pas déterminé et est indéterminable ou qu'il n'est pas possible est la nullité relative ; elle ne peut être appliquée d'office par le juge*[24].

Paragraphe 2. *De lege ferenda*

Ces dispositions peuvent être améliorées en y ajoutant des dispositions pour préciser la possibilité de l'objet (notamment comment l'apprécier), la détermination de l'objet (notamment quels sont les éléments devant bien indiquer l'objet et l'individualiser) et l'illicéité de l'objet (notamment quels sont les objets illicites).

Sous-section 4. La cause

Paragraphe 1. Dispositions du code civil, livre III

Le code civil, livre III contient trois dispositions sur la cause du contrat.

« Art. 30. - L'obligation sans cause, ou sur une fausse cause, ou si une cause illicite, ne peut avoir aucun effet ».

« Art. 31. - La convention n'est pas moins valable, quoique la cause n'en soit pas exprimée ».

« Art. 32. - La cause est illicite quand elle est prohibée par la loi, quand elle est contraire aux bonnes mœurs ou à l'ordre public».

Le droit congolais est causaliste et la cause est le but immédiat et déterminant en vue duquel le débiteur s'engage envers le créancier[25].

---

22 CSJ, 27 juin 1984, RJZ 1978, p. 88.

23 Elis, 22 janvier 1916, Jur. Col., p. 296.

24 Léo, 16 octobre 1956, RJCB 1957, p. 89.

25 Kalongo Mbikayi, *op. cit.*, p. 109.

Dans les contrats synallagmatiques, la cause de l'obligation de chaque partie réside dans l'existence de l'obligation de l'autre. Dans les contrats unilatéraux, elle réside dans une opération antérieure : c'est le fait d'avoir reçu déjà quelque chose. Dans le cas particulier d'un contrat unilatéral réel comme le prêt ou le dépôt, c'est la remise antérieure de la chose par le prêteur ou le déposant. Cette remise est la cause de l'obligation de restituer, incombant à l'emprunteur. Dans les contrats aléatoires, l'existence ou l'étendue de la contreprestation est incertaine. Dans le contrat à titre gratuit, la cause de l'obligation est l'intention libérale (*animus donandi*). Tandis que dans le contrat à titre onéreux, l'obligation de chaque partie a pour cause, d'une façon générale, l'avantage qu'elle espère obtenir du contractant.

Les articles 30 et 32 traitent des effets juridiques de la cause. L'absence de cause entraine la nullité absolue du contrat en vertu de l'article 30 CCLIII. La fausse cause se retrouve dans deux cas : la cause erronée et la cause simulée. La cause erronée équivaut à l'erreur sur la cause et constitue un vice de consentement. Dans la cause simulée, les parties donnent à leur contrat une cause autre que la cause véritable. Par exemple, l'on déguise une donation sous l'apparence d'une vente. La simulation étant admise à l'article 203 CCLIII, la cause simulée n'est pas une cause d'annulation du contrat, à moins que la véritable cause ne soit illicite ou immorale.

La preuve de la cause diffère selon que la cause est non exprimée ou exprimée. En cas de cause non exprimée ou billet non causé, la cause existe bel et bien mais les parties ne l'ont pas mentionnée selon l'article 31 CCLIII, l'existence de la cause n'a pas à être prouvée, elle est présumée. En conséquence, si le débiteur prétend qu'il s'est engagé en l'absence de cause ou sur une fausse cause, il doit le prouver par tout moyen. L'article 31 CCLIII a pour rôle de donner la valeur à un contrat qui n'exprime pas la cause et lui donner une valeur probante.

En cas de cause exprimée, les parties peuvent démontrer que la cause exprimée ne correspond pas à la réalité, soit que la cause n'existe pas, soit que la cause exprimée n'est pas la véritable cause. En principe, la preuve contraire à ce qui est exprimée dans un écrit doit se faire par écrit.

La cause doit être licite. L'obligation est nulle lorsque la cause est illicite ou immorale (art. 30 et 32 CCLIII). La jurisprudence fait application des cas de cause illicite et immorale : le trafic d'influence[26], la spéculation sur le change et le trafic de devises[27].

La sanction en cas de cause illicite ou immorale est la nullité absolue du contrat selon l'article 30 CCLIII. Mais cette nullité peut être paralysée par deux adages. Le premier est:« *Nemo auditur propriam suam turpitudinem allegans* » (nul ne peut être entendu invoquant sa propre turpitude). Jugé que

[26] Léo, 18 novembre 1930, RJCB 1931, p. 335.

[27] Elis, 2 février 1924, Jur. Kat, II, p. 83.

la nullité des conventions qui ont pour objet de frauder une loi d'ordre public est absolue et que celui qui a poursuivi un but immoral ou illicite ne peut jamais en demander l'exécution en justice ; soit se prévaloir d'un effet quelconque de la convention à l'égard de l'autre partie[28]. Le second ~~est~~ ~~l'~~adage est : « *In pari causa turpitudinis cessat repetitio* » (en cas de turpitude, il n'y a pas de répétition). La partie qui a exécuté le contrat dont la cause est illicite ou immorale ne pourra pas obtenir la restitution de ce qu'il a payé. Jugé qu'*une partie qui demande l'annulation d'un contrat auquel elle a délibérément participé pour cause illicite n'est pas fondé à introduire une demande reconventionnelle en paiement des dommages-intérêts*[29].

Paragraphe 2. *De lege ferenda*

La cause a fait l'objet de controverse entre les causalistes et les anti-causalistes qui tendent à confondre consentement et cause alors que les deux sont différents. Le consentement est la volonté de s'engager alors que la cause est le but poursuivi par la volonté qui s'engage. L'objet, c'est ce à quoi on s'engage, tandis que la cause, ce pourquoi on s'engage. Selon les anti-causalistes, la cause n'est pas nécessaire comme condition de formation du contrat car le consentement, l'objet et la capacité suffisent.

Cependant, les anti-causalistes ne sont pas parvenus à faire disparaître la notion de cause. Ils ont permis d'aboutir à la conception moderne qui est une conception dualiste de la cause qui inclut les éléments objectifs et les éléments subjectifs de la cause. Ainsi, les éléments subjectifs entrent en ligne de compte dans la recherche des motifs poursuivis pour apprécier le caractère illicite ou immoral~~e~~ de l'obligation. Tandis que les éléments objectifs servent à protéger l'équilibre ou l'équivalence voulue entre parties.

Nous proposons que soit maintenue la cause comme condition de formation du contrat.

Néanmoins, il faut améliorer les dispositions du code en la matière.

Section 4 : Les sanctions des conditions de validité du contrat

Paragraphe 1. Absence de dispositions générales dans le code civil, livre III sur la nullité du contrat

Le code civil, livre III ne contient pas des dispositions générales sur les sanctions des conditions de validité du contrat, dont la nullité.

[28] Elis, 17 septembre 1938, RJCB 1955, p. 208.
[29] L'shi, 13 août 1971, RJZ 1972, p. 64.

Paragraphe 2. Dispositions éparses sur la matière dans le code civil, livre III

L'on retrouve, d'une façon éparse dans le code civil, livre III la nullité comme sanction sous les articles relatifs à l'erreur, le dol, la violence et même dans le code de la famille sur la capacité des personnes.

« Art 18. - La convention contractée par erreur, violence ou dol, n'est point nulle de plein droit; elle donne seulement lieu à une action en nullité ou en rescision, de la manière expliquée à la section VII du chapitre V du présent titre ».

« Art. 196. - Dans tous les cas où l'action en nullité ou en rescision d'une convention n'est pas limitée à un moindre temps par une loi particulière, cette action dure dix ans.

Ce temps ne court, dans le cas de violence, que du jour où elle a cessé; dans le cas d'erreur ou de dol, du jour où ils ont été découverts ».

« Art. 216. - L'acte de confirmation ou ratification d'une obligation contre laquelle la loi admet l'action en nullité ou en rescision, n'est valable que lorsqu'on y trouve la substance de cette obligation, la mention du motif de l'action en rescision et l'intention de réparer le vice sur lequel cette action est fondée.

À défaut d'acte de confirmation ou ratification, il suffit que l'obligation soit exécutée volontairement après l'époque à laquelle l'obligation pouvait être valablement confirmée ou ratifiée.

La confirmation, ratification ou exécution volontaire dans les formes et à l'époque déterminées par la loi emporte la renonciation aux moyens et exceptions que l'on pouvait opposer contre cet acte, sans préjudice néanmoins du droit des tiers.»

La nullité est l'anéantissement rétroactif du contrat qui sanctionne une imperfection concomitante à sa formation[30]. Il s'agit donc d'une sanction juridique qui frappe un contrat si les conditions de sa formation (art. 8 CCLIII) ne sont pas réunies. La nullité est judiciaire. La partie qui l'invoque en justice peut agir soit par voie d'action soit par voie d'exception.

La nullité est soit absolue si, généralement, la règle violée avait pour but la protection d'un intérêt général, soit relative si de manière générale le but était la protection d'un intérêt privé, notamment de l'un des contractants.

Seule peut agir en nullité la personne que la loi a voulu particulièrement protéger. Jugé *que la nullité de la vente de la chose d'autrui, en l'occurrence, l'immeuble litigeuse, n'est pas absolue, ne peut être invoquée que par l'acheteur seul, parce qu'elle est une anticipation de l'action en garantie*[31]. Tandis que toute personne ayant un intérêt peut demander la nullité absolue Jugé que *la nullité d'une convention pour cause illicite ou*

---

[30] BENABENT (A), *Droit des obligations*, Paris, 18ème édition, L.G.D.J., 2019, n°25.

[31] CSJ, 30 mai 1996, RAJZ 1996, pp. 45-46.

contraire à l'ordre public doit être soulevée d'office par le juge[32]. *Jugé aussi que la nullité de la vente de la chose d'autrui étant relative, une partie étrangère à la vente litigeuse n'a pas qualité pour en demander l'annulation.*[33] *Jugé de même que la sanction pouvant résulter du fait que l'objet d'un contrat n'est pas déterminé et est indéterminable ou qu'il n'est pas possible est la nullité relative ; elle ne peut être appliquée d'office par le juge*[34]. La confirmation n'est possible qu'en matière de nullité relative art. 216 CCLIII) et non en matière de nullité absolue. Le délai de prescription de la nullité absolue est de 30 ans, à dater du jour du contrat (art. 647 CCLIII). Tandis que pour la nullité relative, le délai de prescription est de 10 ans, à dater du jour où le vice a disparu (art. 196 CCLIII), sauf des exceptions.

Il faut noter que l'exception de nullité ne se prescrit pas car les exceptions de nullité sont perpétuelles selon l'adage « *Quae temporalia sunt ad agendum perpetua sunt ad excipiendum* ».

L'effet de la nullité est l'anéantissement du contrat avec effet rétroactif et restitutions.

Paragraphe 3. *De lege ferenda*

La réforme doit intégrer des dispositions générales sur les sanctions des conditions de validité du contrat : la nullité du contrat, la caducité ainsi que la conséquence dont les restitutions après anéantissement.

- Pour la nullité du contrat : il faudra des dispositions relatives à sa définition, aux conditions et modalités (nullité judiciaire et nullité consensuelle : les parties peuvent la constater d'un commun accord), à la distinction entre nullité absolue et relative, à la nullité absolue et prohibition de sa confirmation, à la nullité relative et possibilité de sa confirmation, ainsi qu'à l'imprescriptibilité de l'exception de nullité selon les conditions à déterminer.
- Quant à la caducité : elle est à réglementer quant à sa définition et ses effets.
- S'agissant des restitutions qui font suite à l'annulation du contrat ou à sa résolution, il faut en déterminer les modalités.

Chapitre III. Des effets du contrat

Les effets du contrat concernent les parties et les tiers.

Section 1 : Les effets du contrat entre les parties

Les effets du contrat entre parties concernent la force obligatoire du contrat, l'interdiction de la révocation unilatérale ainsi que l'exécution de bonne foi.

[32] L'shi, 13 août 1971, RJZ 1972, p. 64.
[33] CSJ, RC 1101, 27 juillet 1988, inédit.
[34] Léo, 16 octobre 1956, RJCB 1957, p. 89.

Certaines autres matières concernent la simulation, la théorie de l'imprévision, l'effet translatif de l'obligation de donner, l'interprétation du contrat et la durée du contrat.

Sous-section 1. Force obligatoire du contrat

Paragraphe 1. Dispositions dans le code civil, livre III

Le code civil, livre III contient des dispositions générales sur les effets du contrat entre parties en énonçant la force obligatoire du contrat.

« Art. 33. Alinéa 1er - Les conventions légalement formées tiennent lieu de loi à ceux qui les ont faites.

Cet article 33, al. 1er CCLIII pose le principe de la force obligatoire du contrat entre parties. Celles-ci doivent respecter le contrat valablement formé et exécuter les obligations qui en découlent. Cela est mieux expliqué par l'adage « *pacta sunt servanda* ». Jugé que *la convention avenue entre parties faisant la loi qui les régit dans l'interprétation et l'exécution de leurs obligations, l'arrêt qui méconnait ce principe prévu à l'article 33 du code civil livre III doit être cassé sur ce point*[35].

Paragraphe 2. *De lege ferenda*

La disposition de l'article 33 alinéa 1er peut être maintenue mais en remplaçant le mot convention par contrat.

Sous-section 2. L'interdiction de la révocation unilatérale

Paragraphe 1. Dispositions dans le code civil, livre III

« Art. 33 alinéa 2 - Elles ne peuvent être révoquées que de leur consentement mutuel ou pour les causes que la loi autorise ».

Le code civil à son article 33 al. 2 n'autorise que la révocation de commun accord entre parties. C'est le « *mutuus dissensus* ». Jugé que *les contrats conclus par les parties restent irrévocables pour elles tant qu'elles n'ont pas été amenées à en modifier les éléments par un nouvel accord de volontés*[36].

Paragraphe 2. *De lege ferenda*

La réforme devra envisager dans la reformulation de cette disposition certaines exceptions. En effet, exceptionnellement, la résiliation unilatérale est permise dans certaines hypothèses soit par la loi soit par les parties. Ainsi, le contrat à exécution successive à durée indéterminée, peut être résilié unilatéralement, sinon l'engagement risquerait de devenir perpétuel, ce qui est prohibé (le cas de l'art. 428, al. 2 CCLIII). Dans certains contrats à exécution successive, conclus *intuitu personae*, la résiliation unilatérale est

---

[35] CSJ, 3 avril 1976, Bull. Arr., 1977, p. 67.
[36] CSJ, 20 novembre 1976, BA 1977, p. 189.

possible à tout moment, même si une durée a été convenue (le cas du mandat, art 544 CCLIII et du dépôt, art. 508 CCLIII).

Sous-section 3. La bonne foi dans les contrats

Paragraphe 1. Disposition du code civil, livre III

Le code civil, livre III règlemente le principe de la bonne foi dans l'exécution du contrat en son article 33 alinéa 3.

Art. 33 alinéa 3 « *Elles doivent être exécutées de bonne foi* ».

L'exécution de bonne foi se résume d'une part en l'obligation de loyauté qui implique une exécution conforme à son engagement et à la probité, et d'autre part, en l'obligation de coopération qui commande à chaque partie d'agir au mieux des intérêts de son cocontractant dont le devoir de donner les informations concernant l'exécution du contrat :c'est l'obligation de renseignement.

Paragraphe 2. *De lege ferenda*

Cette disposition de l'article 33 alinéa 3 peut être améliorée en précisant la bonne foi qui comporte l'obligation de loyauté et l'obligation de coopération. L'obligation de loyauté concerne tant le débiteur que le créancier. De la part du débiteur, la loyauté implique une exécution conforme à son engagement et à la probité. Il faut une exécution honnête et complète de l'obligation[37]. De la part du créancier, c'est l'absence de manœuvres qui rendraient plus difficile l'exécution de la prestation de l'autre partie. Tandis que 'obligation de coopération commande à chaque partie d'agir au mieux des intérêts de son cocontractant. Il s'agit notamment du devoir de donner les informations concernant l'exécution du contrat : c'est l'obligation de renseignement.

Sous-section 4. La simulation

Paragraphe 1. Dispositions dans le code civil, livre III

« Art. 34. - Les conventions obligent non seulement à ce qui y est exprimé, mais encore à toutes les suites que l'équité, l'usage ou la loi donnent à l'obligation d'après sa nature. »

« Art. 203- Les contre-lettres ne peuvent avoir leur effet qu'entre les parties contractantes ; elles n'ont point d'effet contre les tiers»

L'article 34 CCLIII pose le principe du contenu du contrat, et les parties doivent respecter le contenu réel de leur contrat. La simulation, réglementée à l'article 203 CCLIII, est l'opération par laquelle les parties conviennent de cacher leur accord réel, appelé contre-lettre, derrière un acte apparent. Le véritable contrat entre parties est la contre-lettre. Quant aux effets de la

---

[37] A. Benabent, op. cit., n°285.

simulation, entre les parties, la contre-lettre produit tous ses effets, si elle est valable tandis qu'à l'égard des tiers, elle n'a pas d'effet (art. 203 CCLIII).

Paragraphe 2. *De lege ferenda*

Les nouvelles dispositions du code devront énoncer le principe de la simulation avant d'en donner les effets prévus à l'article 203 CCLIII précité.

Sous-section 5. Théorie de l'imprévision

Paragraphe 1. Absence de dispositions dans le code civil, livre III

Le code civil, livre III ne règlemente pas la théorie de l'imprévision qui du reste n'est pas admise en droit congolais.

Selon cette théorie, le juge peut modifier le contrat à l'avantage de la partie lésée s'il y a une modification générale de l'équilibre du contrat dû à un changement de circonstances qui ne pouvait être prévu au moment de sa formation, car les parties ont conclu selon la clause sous-entendue « *rebus sic stantibus* »,c'est à-dire les choses demeurant en l'état.

Cette théorie a toujours été rejetée en droit civil congolais au nom du principe de la force obligatoire du contrat, le contrat étant la loi des parties.

Cependant, elle été appliquée en droit administratif d'où elle tire son origine en droit français depuis l'arrêt « Compagnie générale d'éclairage de Bordeaux » du Conseil d'Etat du 30 mars 1916[38] avec comme fondement l'intérêt général. Ainsi, en droit administratif, le contractant pour lequel l'exécution serait rendu difficile à la suite d'un événement imprévisible et temporaire peut bénéficier d'une indemnisation partielle du préjudice qui lui a été causé tout en poursuivant l'exécution du contrat. L'évènement doit être imprévisible, extérieur aux parties, mais non irrésistible et bouleverser l'économie du contrat. Il doit également être temporaire.

Paragraphe 2. *De lege ferenda*

Il faudra introduire la théorie de l'imprévision en droit congolais et la règlementer dans le code civil, livre III en admettant la renégociation du contrat dans certaines circonstances bien définies.

Sous-section 6. Effet translatif de l'obligation de donner

Paragraphe 1. Dispositions du code civil, livre III

Le code civil, livre III réglemente l'effet translatif aux articles 37 à 39.

« Art. 37. - L'obligation de livrer la chose est parfaite par le seul consentement des parties contractantes.

Elle rend le créancier propriétaire, et met la chose à ses risques dès l'instant où elle a dû être livrée, encore que la tradition n'en ait point été

---

[38] Conseil d'Etat, 30 mars 1916, Compagnie d'éclairage de Bordeaux, Recueil Lebon, p. 125.

faite, à moins que le débiteur ne soit en demeure de la livrer; auquel cas, la chose reste aux risques de ce dernier ».

« Art. 38. - Le débiteur est constitué en demeure, soit par une sommation, ou par un autre acte équivalent, soit par l'effet de la convention, lorsqu'elle porte que, sans qu'il soit besoin d'acte et par la seule échéance du terme, le débiteur sera en demeure ».

« Art. 39. - Si la chose qu'on s'est obligé de donner ou de livrer à deux personnes successivement est purement mobilière, celle des deux qui en a été mise en possession réelle est préférée et en demeure propriétaire, encore que son titre soit postérieur en date, pourvu toutefois que la possession soit de bonne foi ».

L'obligation de donner est celle par laquelle le débiteur s'engage à transférer au créancier la propriété d'une chose ou à constituer à son profit un droit réel sur cette chose. Cette obligation se retrouve dans les contrats emportant transfert de propriété, tels la vente, la donation et l'échange où il faut transférer la propriété de la chose vendue, donnée ou échangée.

Elle s'analyse en trois obligations spécifiques que sont l'obligation de transférer la propriété, de livrer matériellement la chose et de conserver la chose jusqu'à la livraison.

En matière mobilière, le principe est que la propriété se transfère par le simple consentement des parties contractantes « *solo consensu* », dès qu'il y a accord de volontés des parties (article 37 al 1er).

En principe, le moment du transfert des risques est le moment du transfert de propriété : c'est l'application de l'adage « *Res perit domino* » : la chose périt aux risques du propriétaire. Ainsi, la perte fortuite de la chose après l'accord de volontés est à charge du propriétaire. La mise en demeure inverse la charge des risques (article 37 al. 2 CCLIII). On applique alors l'adage « *Res perit debitori* » qui signifie que la chose périt à charge du débiteur (de l'obligation de livrer). La mise en demeure est règlementée à l'article 38 CCLIII. C'est l'ordre donné au débiteur ou le rappel à lui fait pour exécuter son obligation.

Exceptionnellement, en matière mobilière, les parties peuvent dans leur contrat déroger à la règle de l'article 37 CCLIII sur le moment du transfert de propriété et des risques, cet article étant supplétif, et prévoir par exemple que le transfert de propriété se fera au moment de la livraison de la marchandise. De même, il y a des cas où le transfert de risques ne s'opère pas au moment de l'accord des parties : c'est le cas de la vente de choses de genre (*in genere*), c'est-à-dire non encore identifiées. Tant que les biens n'ont pas encore été identifiés ou individualisés, il n'y a pas transfert de propriété ; de même, le transfert de propriété peut être retardé par la volonté des parties car, comme déjà signalé, l'article 37 CCLIII a un caractère supplétif.

En matière immobilière, le transfert de propriété se fait par la mutation, c'est-à-dire l'établissement d'un nouveau certificat d'enregistrement au nom de l'acquéreur (article 219 de la loi n°73-013 du 20 juillet 1973 portant régime général des biens, régime foncier et immobilier et régime des sûretés, telle que modifiée et complétée par la loi n° 80-008 du 18 juillet 1980)[39]. Le transfert des risques s'opère au moment du transfert de propriété.

Paragraphe 2. *De lege ferenda*

La disposition de l'article 37 alinéa 2 CCLIII peut être améliorée en distinguant le transfert de propriété selon qu'il s'agit de la matière mobilière et de la matière immobilière. Il faudra y ajouter d'autres dispositions sur les hypothèses de transfert des choses de genres et de corps certains.

Sous-section 7. Interprétation du contrat

Paragraphe 1. Dispositions du code civil, livre III

Le code civil, livre III contient des dispositions générales sur l'interprétation du contrat.

« Art. 54. - On doit, dans les conventions, rechercher quelle a été la commune intention des parties contractantes, plutôt que de s'arrêter au sens littéral des termes ».

« Art. 55. - Lorsqu'une clause est susceptible de deux sens, on doit plutôt l'entendre dans celui avec lequel elle peut avoir quelque effet, que dans le sens avec lequel elle n'en pourrait produire aucun ».

« Art. 56. - Les termes susceptibles de deux sens doivent être pris dans le sens qui convient le plus à la matière du contrat ».

« Art. 57. - Ce qui est ambigu s'interprète par ce qui est d'usage dans le pays où le contrat est passé ».

« Art. 58. - On doit suppléer dans le contrat les clauses qui y sont d'usage, quoiqu'elles n'y soient pas exprimées ».

« Art. 59. - Toutes les clauses des conventions s'interprètent les unes par les autres, en donnant à chacune le sens qui résulte de l'acte entier ».

« Art. 60. – Dans le doute, la convention s'interprète contre celui qui a stipulé, et en faveur de celui qui a contracté l'obligation ».

« Art. 61. - Quelque généraux que soient les termes dans lesquels une convention est conçue, elle ne comprend que les choses sur lesquelles il paraît que les parties se sont proposé de contracter ».

« Art. 62. - Lorsque dans un contrat on a exprimé un cas pour l'explication de l'obligation, on n'est pas censé avoir voulu par-là restreindre l'étendue que l'engagement reçoit de droit aux cas non exprimés. ».

---

[39] Lire à ce sujet : Kalambay Lumpungu, *Droit civil*, Vol. I, Régime général des biens, Kinshasa, PUZ, 1984 ; Dipumba Ntita, « Le régime foncier coutumier », in *RJC*, 1962, pp. 72 à 77.

L'interprétation du contrat est l'opération par laquelle on en précise le sens, en cas de lacune, d'ambiguïté ou de contradiction. A défaut d'accord entre les parties sur l'interprétation, celle-ci est effectuée par le juge.

Les articles 54 et suivants du code civil, livre III donnent au juge certaines directives d'interprétation avec comme principe la recherche de la volonté des parties, à défaut, il recourt à d'autres règles définies aux articles 55 à 62. Jugé que *dans les conventions, il ne faut pas tant s'arrêter au sens littéral des termes qu'à la commune intention des parties contractantes*[40]. Le juge ne peut pas modifier le contrat des parties, il doit le respecter, sa seule faculté est d'accorder des délais de grâce (art. 142, al. 2 CCLIII). Il lui est néanmoins permis d'interpréter le contrat selon certaines méthodes. Jugé que *la convention avenue entre parties faisant la loi qui les régit dans l'interprétation et l'exécution de leurs obligations, l'arrêt qui méconnait ce principe prévu à l'article 33 du code civil, livre III, doit être cassé sur ce point*[41].

Paragraphe 2. *De lege ferenda*

Ces dispositions peuvent être maintenues en y ajoutant un article qui précise qu'il n y a pas à interpréter les dispositions claires. Jugé que *quand le contrat n'est ni ambiguë ni à double sens, il n y a pas lieu à application de l'article 60, livre III du code civil*[42].

Sous-section 8. La durée du contrat

Paragraphe 1. Absence de dispositions du code civil, livre III

Le code civil, livre III ne règlemente pas la durée du contrat.

Paragraphe 2. Quelques dispositions éparses du code civil, livre III

Néanmoins quelques dispositions éparses sont à relever.

« Art. 132. - Les obligations s'éteignent par le payement, par la novation, par la remise volontaire, par la compensation, par la confusion, par la perte de la chose, par la nullité ou la rescision, par l'effet de la condition résolutoire, qui a été expliquée au chapitre précédent, et par la prescription ».

Art. 428. - On ne peut engager ses services qu'à temps ou pour une entreprise déterminée ».

Paragraphe 3. *De lege ferenda*

Les nouvelles dispositions devront intégrer : la prohibition des engagements perpétuels dans les contrats à durée indéterminée, le régime

---

40 L'shi, 1er décembre 1970, RJC 1971, p. 33 ; L'shi, 1er juillet 1969, RJC 1969, p. 302.

41 CSJ, 3 avril 1976, BA 1977, p. 65 ; CSJ, 20 janvier 1982, RJZ 1982, p. 53 ; L'shi, 21 avril 1972, RJZ 1973, p. 70.

42 L'shi, 3 août 1973, RJZ 1973, p. 266.

juridique du contrat à durée indéterminée et du contrat à durée déterminée, les modalités et effets de la prorogation du contrat, les modalités et effets du renouvellement du contrat, la définition et les effets de la tacite reconduction.

Section 2 : Les effets du contrat à l'égard des tiers

Le code civil, livre III règlemente les effets du contrat à l'égard des tiers en posant le principe général et les exceptions.

Sous-section 1. Dispositions générales sur l'effet relatif du contrat

Paragraphe 1. Disposition du code civil, livre III

Le code civil, livre III règlemente en son article 63 le principe général de l'effet relatif des contrats à l'égard des tiers.

« Art. 63. - Les conventions n'ont d'effet qu'entre les parties contractantes; elles ne nuisent point au tiers, et elles ne lui profitent que dans le cas prévu par l'article 21. ».

L'effet relatif des contrats signifie que le contrat ne peut créer de rapport d'obligation qu'entre les parties contractantes et qu'il ne peut pas rendre les tiers ni créanciers ni débiteurs. C'est la traduction de l'adage « *res inter alios acta aliis nec nocere nec prodesse potest* ».

Les tiers proprement dits sont ceux qui n'ont aucun lien de droit avec les parties, qui ne sont notamment pas créanciers de l'une d'elles : ce sont des tiers absolus ou tiers « *penitus extranei* ». Ces personnes sont totalement étrangères au contrat et aux contractants, c'est-à-dire qu'elles n'en sont pas les ayants-cause ni les créanciers ni même les représentants des parties. Ce sont les vrais tiers au contrat.

Paragraphe 2. *De lege ferenda*

Le principe de l'effet relatif du contrat n'exclut pas l'opposabilité de la situation contractuelle aux tiers. Les dispositions actuelles du Code civil livre III notamment l'article 63 ne mettent pas clairement en exergue la distinction entre l'effet relatif du contrat et son opposabilité aux tiers. La codification sur cette distinction s'impose.

En effet, le contrat est opposable aux tiers en tant que fait social et le tiers peut l'invoquer. C'est l'opposabilité des effets externes du contrat alors que les effets internes ne concernent que les parties.

En outre, le tiers a la faculté d'invoquer le contrat par exemple comme élément de preuve qui sert de renseignement de nature à éclairer la décision du juge.

Cependant, le tiers engagera sa responsabilité délictuelle à l'égard du contractant s'il aide un contractant à violer ses obligations et serait ainsi son complice ; c'est l'hypothèse de la faute délictuelle commise par un tiers étranger au contrat. La partie au contrat complice du tiers sera poursuivi sur base de la responsabilité contractuelle (art. 33 CCLIII et 45 CCLIII) tandis que le tiers sera poursuivi sur base de la responsabilité délictuelle (art. 258 CCLIII). Par exemple le tiers aide une partie au contrat à violer le contrat d'exclusivité avec son cocontractant ou même à violer une promesse unilatérale de vente en le poussant à lui vendre[43].

Sous-section 2. Exception au principe de l'effet relatif du contrat : le porte-fort et la stipulation pour autrui

Paragraphe 1. Dispositions du code civil, livre III

Le code civil, livre III règlemente aussi les exceptions au principe de l'effet relatif des contrats à savoir la stipulation pour autrui et la promesse de porte-fort.

« Art. 19. - On ne peut, en général, s'engager ni stipuler en son propre nom que pour soi-même ».

« Art. 20. - Néanmoins, on peut se porter fort pour un tiers, en promettant le fait de celui-ci; sauf l'indemnité contre celui qui s'est porté fort ou qui a promis de faire ratifier, si le tiers refuse de tenir l'engagement ».

« Art. 21. - On peut pareillement stipuler au profit d'un tiers lorsque telle est la condition d'une stipulation que l'on fait pour soi-même ou d'une donation que l'on fait à un autre. Celui qui a fait cette stipulation ne peut plus la révoquer si le tiers a déclaré vouloir en profiter ».

« Art. 22. - On est censé avoir stipulé pour soi et pour ses héritiers et ayants cause, à moins que te contraire ne soit exprimé ou ne résulte de la nature de la convention ».

La stipulation pour autrui est l'opération, convenue dans un contrat, par laquelle une personne, le stipulant, obtient de son cocontractant, le promettant, un engagement au profit d'un tiers bénéficiaire. Ce tiers étranger devient créancier sans avoir été partie au contrat. Pareille opération déroge au principe de l'article 63 CCLIII, car le contrat qui lui sert de support fait naître un droit au profit d'un tiers, en l'absence de toute représentation. Sa validité est reconnue par l'article 21 CCLIII. C'est le cas par exemple de l'assurance sur la vie[44], ou aussi de la donation avec charges : le donataire (promettant) s'engage envers le donateur (stipulant) à faire quelque chose au profit d'un tiers.

La stipulation est soumise aux conditions générales de validité des contrats (art. 8 CCLIII : consentement, capacité, objet et cause licite). Les parties doivent avoir l'intention de stipuler pour autrui. Deux conditions de consolidation du droit du tiers sont requises : d'une part, l'absence de révocation par le stipulant et, d'autre part, l'acceptation par le tiers bénéficiaire.

---

[43] Kalongo Mbikayi et Tshimanga Biuma, « La responsabilité civile du tiers complice de la violation d'une obligation contractuelle », RJZ, 1979, p. 1 et ss.

[44] Elis, 7 février 1956, RJCB 1956, p. 193.

La stipulation produit des effets : le promettant doit exécuter son contrat, le bénéficiaire a un droit direct contre le promettant et peut agir directement contre lui pour le contraindre à exécuter son obligation. Il a une action directe à l'encontre du promettant[45]. Ce droit est né lors de la stipulation, il est donc antérieur à l'acceptation. Le stipulant peut révoquer la stipulation tant que le tiers bénéficiaire n'a pas encore accepté. Le tiers a la faculté d'accepter ou pas la stipulation. Cette acceptation rend la stipulation irrévocable et consolide le droit né au moment de la stipulation.

La promesse pour autrui est interdite à l'article 19 CCLIII. Mais la promesse de porte-fort est acceptée à l'article 20 CCLIII. Une personne s'engage à l'égard de son cocontractant à faire en sorte qu'un tiers s'oblige : le promettant est obligé, mais le tiers n'a pas d'obligation tant qu'il ne donne pas son consentement. La promesse de porte-fort est un engagement personnel du porte-fort à l'égard de son cocontractant. La promesse de porte-fort est utilisée dans certaines hypothèses. Il s'agit du cas où il est impossible d'obtenir l'engagement du tiers : du cas d'éloignement du tiers, le porte-fort promet que le tiers ratifiera (cas de vente d'un immeuble en copropriété) ; - du cas d'incapacité du tiers : qui ratifiera lors de la disparition de l'incapacité, exemple à la majorité. Comme effets, le promettant est tenu d'une obligation de faire qui est une obligation de résultat. Ce résultat peut ou ne pas être atteint.

Si le résultat n'est pas atteint, c'est-à-dire que l'engagement du tiers n'est pas obtenu, la responsabilité du promettant est engagée, il sera tenu à des dommages et intérêts. Si le résultat est atteint, c'est-à-dire le tiers ratifie le contrat, le promettant est libéré, car il a exécuté son obligation et le tiers est rétroactivement engagé et lié dès le jour où le contrat de porte-fort a été conclu : c'est par cette rétroactivité qui fait que la promesse de porte-fort déroge au principe de l'effet relatif des contrats.

Paragraphe 2. *De lege ferenda*

Les dispositions actuelles peuvent être améliorées en spécifiant le régime juridique de la stipulation pour autrui et de la promesse de porte-fort : liberté de révoquer la stipulation tant qu'elle n'a pas été acceptée par le tiers ; irrévocabilité de la stipulation après l'acceptation du tiers, droit direct du tiers contre le promettant.

Sous-section 3. La cession de contrat

Paragraphe 1. Absence de dispositions du code civil, livre III

Le code civil, livre III ne règlemente pas d'une façon générale la cession du contrat.

---

[45] L'shi, 17 mai 1967, RJC 1969, p. 217 ; Elis, 7 février 1956, RJCB 1956, p. 193 ; Léo, 14 mai 1957, RJCB 1957, p. 365.

La cession de contrat concerne l'hypothèse où un tiers, le cessionnaire se substitue à l'une des parties au contrat dans un rapport contractuel. On rencontre souvent des clauses de cession dans le contrat de bail. Le cessionnaire est substitué au cédant, c'est-à-dire il recueille ses droits et assume ses obligations.

Paragraphe 2. ***De lege ferenda***

La réforme devra intégrer cette cession de contrat en prévoyant sa définition et son régime juridique : les conditions de la cession de contrat, les effets de la cession à l'égard des parties (du cédé, du cédant et du cessionnaire) ainsi que le sort des garanties et sûretés.

Chapitre IV. Des conséquences de l'inexécution du contrat

Les conséquences de l'inexécution sont soit l'exécution forcée en nature, soit la réparation par l'allocation des dommages et intérêts (la responsabilité contractuelle).

Cependant, le contrat synallagmatique a certaines particularités.

Section 1 : L'exécution forcée en nature

Paragraphe 1. Absence de dispositions dans le code civil, livre III

Le code civil, livre III ne contient pas de dispositions générales qui énoncent l'exécution forcée en nature.

L'exécution forcée en nature est l'exercice par le créancier d'un moyen de contrainte contre son débiteur ayant pour but de le forcer à s'exécuter

L'exécution forcée en nature a pour domaine de prédilection l'obligation de donner. Comme moyens de contrainte, il y a la saisie des biens du débiteur qui aboutit à la vente forcée et le créancier se fait payer sur le prix de la vente. Il y a aussi l'astreinte qui frappe le débiteur dans son portefeuille, pour l'inciter à s'exécuter.

Paragraphe 2. Dispositions sur l'exclusion de l'exécution forcée en nature pour l'obligation de faire et de ne pas faire dans le code civil, livre III

« Art. 40. - Toute obligation de faire ou de ne pas faire se résout en dommages-intérêts, en cas d'inexécution de la part du débiteur.».

« Art. 41. - Néanmoins, le créancier a le droit de demander que ce qui aurait été fait par contravention à l'engagement soit détruit; et il peut se faire autoriser à le détruire aux dépens du débiteur, sans préjudice des dommages et intérêts s'il y a lieu. ».

« Art. 42. - Le créancier peut aussi, en cas d'inexécution, être autorisé à faire exécuter lui-même l'obligation aux dépens du débiteur. ».

« Art. 43. - Si l'obligation est de ne pas faire, celui qui y contrevient doit les dommages-intérêts par le seul fait de la contravention.».

L'exécution forcée en nature est exclue pour les obligations de faire ou de ne pas faire (art. 40 CCLIII).

Néanmoins, le créancier peut obtenir la destruction des constructions faites pour l'obligation de ne pas faire ou encore l'exécution par un tiers de la prestation du débiteur pour l'obligation de faire (art. 41 et 42CCLIII).

Paragraphe 3. *De lege ferenda*

Il faudra une disposition qui énonce le principe même de l'exécution forcée en nature et ses exceptions.

Section 2 : Les dommages et intérêts résultant de l'inexécution de l'obligation : la responsabilité contractuelle

Paragraphe 1. Dispositions du code civil, livre III

Le code civil, livre III a réglementé la responsabilité contractuelle et la réparation du préjudice aux articles 44 à 53 et 124 à 131.

« Art. 44. - Les dommages et intérêts ne sont dus que lorsque le débiteur est en demeure de remplir son obligation, excepté néanmoins lorsque la chose que le débiteur s'était obligé de donner ou de faire ne pouvait être donnée ou faite que dans un certain temps qu'il a laissé passer ».

« Art. 45. - Le débiteur est condamné, s'il y a lieu, au paiement de dommages-intérêts, soit à raison de l'inexécution de l'obligation, soit à raison du retard dans l'exécution, toutes les fois qu'il ne justifie pas que l'inexécution provient d'une cause étrangère qui ne peut lui être imputée, encore qu'il n'y ait aucune mauvaise foi de sa part ».

« Art. 46. - Il n'y a lieu à aucuns dommages-intérêts lorsque, par suite d'une force majeure ou d'un cas fortuit, le débiteur a été empêché de donner ou de faire ce à quoi il était obligé, ou a fait ce qui lui était interdit ».

« Art. 47. - Les dommages et intérêts dus au créancier sont, en général, de la perte qu'il a faite et du gain dont il a été privé, sauf les exceptions et modifications ci-après ».

« Art. 48. –Le débiteur n'est tenu que des dommages et intérêts qui ont été prévus ou qu'on a pu prévoir lors du contrat, lorsque ce n'est point par son dol que l'obligation n'est point exécutée ».

« Art. 49. - Dans le cas même où l'inexécution de la convention résulte du dol du débiteur, les dommages et intérêts ne doivent comprendre, à l'égard de la perte éprouvée par le créancier et du gain dont il a été privé, que ce qui est une suite immédiate et directe de l'inexécution de la convention ».

« Art. 50. - Lorsque la convention porte que celui qui manquera de l'exécuter payera une certaine somme à titre de dommages et intérêts, il ne peut être alloué à l'autre partie une somme plus forte ni moindre ».

« Art. 51. - Dans les obligations qui se bornent au payement d'une certaine somme, les dommages et intérêts résultant du retard dans

l'exécution ne consistent jamais que dans la condamnation aux intérêts dont le taux sera fixé par le juge.

« Ces dommages et intérêts sont dus sans que le créancier soit tenu de justifier d'aucune perte.

Ils ne sont dus que du jour de la demande, excepté dans les cas où la loi les fait courir de plein droit ».

« Art. 52. - Les intérêts échus des capitaux peuvent produire des intérêts, ou par une demande judiciaire, ou par une convention spéciale, pourvu que, soit dans la demande, soit dans la convention, il s'agisse d'intérêts dus au moins pour une année entière ».

« Art. 53. - Néanmoins, les revenus échus, tels que fermages, loyers, produisent intérêt du jour de la demande ou de la convention.

La même règle s'applique aux restitutions de fruits et aux intérêts payés par un tiers au créancier en acquit du débiteur ».

« Art. 124. - La clause pénale est celle par laquelle une personne, pour assurer l'exécution d'une convention, s'engage à quelque chose en cas d'inexécution ».

« Art. 125. - La nullité de l'obligation principale entraîne celle de la clause pénale.

La nullité de celle-ci n'entraîne point celle de l'obligation principale ».

« Art 126. - Le créancier, au lieu de demander la peine stipulée contre le débiteur qui est en demeure, peut poursuivre l'exécution de l'obligation principale ».

« Art. 127. - La clause pénale est la compensation des dommages et intérêts que le créancier souffre de l'inexécution de l'obligation principale.

Il ne peut demander en même temps le principal et la peine, à moins qu'elle n'ait été stipulée pour le simple retard ».

« Art. 128. - Soit que l'obligation primitive contienne, soit qu'elle ne contienne pas un terme dans lequel elle doive être accomplie, la peine n'est encourue que lorsque celui qui s'est obligé soit à livrer, soit à prendre, soit à faire, est en demeure ».

« Art. 129. - La peine peut être modifiée par le juge lorsque l'obligation principale a été exécutée en partie ».

« Art. 130. -lorsque l'obligation primitive contractée avec une clause pénale est d'une chose indivisible, la peine est encourue par la contravention d'un seul des héritiers du débiteur, et elle peut être demandée, soit en totalité contre celui qui a fait la contravention, soit contre chacun des cohéritiers pour leur part et portion et hypothécairement pour le tout, sauf leur recours contre celui qui a fait encourir la peine ».

« Art. 131. - Lorsque l'obligation primitive contractée sous une peine est divisible, la peine n'est encourue que par celui des héritiers du débiteur qui contrevient à cette obligation, et pour la part seulement dont il était tenu dans l'obligation principale, sans qu'il ait d'action contre ceux qui l'ont exécutée.

Cette règle reçoit exception lorsque la clause pénale ayant été ajoutée dans l'intention que le payement ne pût se faire partiellement, un cohéritier a empêché l'exécution de l'obligation pour la totalité.

En ce cas, la peine entière peut être exigée contre lui et contre les autres cohéritiers pour leur portion seulement, sauf leur recours. »

La responsabilité contractuelle est l'obligation pour le débiteur de réparer le dommage causé par l'inexécution ou la mauvaise exécution des obligations nées du contrat.

Elle suppose d'abord la faute contractuelle du débiteur qui est l'inexécution de l'obligation contractuelle (inexécution totale ou partielle, exécution défectueuse, exécution tardive. Ensuite le dommage subi par le créancier qui peut être matériel (art. 47 CCLIII : perte éprouvée ou *damnum emergens* et gain manqué ou *lucrum cessans,* corporel (atteinte à l'intégrité physique de la victime ou encore moral (atteinte à l'honneur ou aux sentiments de la victime). Jugé que *la défenderesse est tenue à réparer intégralement le préjudice causé en tenant compte de la perte subie et du gain dont a été privé la demanderesse*[46]. Le dommage doit être certain, direct (art. 49 CCLIII) et prévisible (art. 48 CCLIII) sauf lorsque l'inexécution provient d'un dol du débiteur, auquel cas le dommage imprévisible est réparable. Enfin, il faut un lien de causalité entre la faute et le dommage et l'article 49 CCLIII in fine dispose que les dommages et intérêts ne comprennent que « *ce qui est une suite immédiate et directe de l'inexécution de la convention* ».

Cette réparation se fait par l'allocation des dommages et intérêts qui sont soit compensatoires soit moratoires[47]. Les dommages et intérêts compensatoires sont destinés à compenser le préjudice découlant de l'inexécution totale ou partielle de l'obligation. Aussi Ces dommages tiennent-ils lieu d'exécution et doivent-ils couvrir la totalité du dommage réparable, mais sans devoir l'excéder. Les dommages et intérêts ne peuvent pas se cumuler avec l'exécution du contrat. Jugé que *le créancier à qui est offerte l'exécution directe des obligations d'un contrat n'est pas fondé à réclamer leur exécution par équivalent ni des dommages et intérêts compensatoires du préjudice résultant de l'inexécution directe ou des dommages et intérêts*[48]. Quant à la date d'évaluation du dommage, c'est au jour du jugement définitif de condamnation, afin que le créancier ne subisse pas les effets de l'érosion monétaire.

Le débiteur ne peut se délier qu'en cas de causes d'exonération que sont le cas fortuit ou de force majeur (art. 46 CCLIII), le fait du créancier, le fait d'un tiers et l'absence de faute. Jugé que *la force majeure, constituant une*

---

[46] Tricom-Gombe, RCE 1370, 21 décembre 2010, inédit, cité par Lutumba wa Lutumba (G.O.), *Code commercial annoté,* p. 52.

[47] A. Benabent, *op. cit.,* n°403-1

[48] 1ère inst. Elis, 8 septembre 1938, RJCB 1939, p. 145.

circonstance absolument indépendante de la volonté de l'auteur du recours, il appartient à celui qui l'invoque de la prouver[49]. Jugé que *c'est au débiteur qu'il appartient d'établir le défaut d'imputabilité en prouvant la survenance d'un cas fortuit ou de force majeure*[50].

L'article 44 CCLIII exige la mise en demeure préalable du débiteur. Prévue à l'article 38 CCLIII, la mise en demeure est un acte par lequel le créancier somme le débiteur d'exécuter son obligation.

Outre la réparation par équivalent accordée par le juge, les parties peuvent aussi prévoir des clauses conventionnelles d'attribution des dommages et intérêts. Il peut s'agir ainsi des clauses qui aggravent, excluent ou limitent leur responsabilité ou des clauses pénales, par lesquelles elles prévoient d'avance un montant forfaitaire des dommages et intérêts à devoir en cas d'inexécution. Jugé que *la clause pénale n'est applicable que si l'inexécution est imputable au débiteur*[51]. *la clause pénale insérée dans un contrat de bail et prévoyant la rupture du bail et la débition de plein droit par le preneur de l'indemnité convenue à défaut de paiement des loyers, est applicable au cas de non-paiement des loyers échus au cours de la procédure en obtention de concordat et après la déclaration de faillite*[52]. Jugé aussi que *le demandeur n'a pas à établir un préjudice ; une mise en demeure n'est pas nécessaire si la clause stipule que les dommages-intérêts seront dus par le seul fait de l'infraction ou sans mise en demeure*[53].

Paragraphe 2. *De lege ferenda*

Les dispositions actuelles sont à améliorer dans le sens de préciser notamment : la nécessité d'une mise en demeure préalable à l'exigibilité de dommages et intérêts pour inexécution, les cas dans lesquels sont dus les dommages et intérêts, la détermination du préjudice réparable, le critère de prévisibilité du préjudice réparable, les intérêts légaux et le point de départ de la débition des dommages et intérêts.

Section 3 : Dommages et intérêts dans l'obligation de faire ou de ne pas faire

Paragraphe 1. Disposition du code civil, livre III

Le code civil, livre III contient des dispositions générales sur la question en affirmant que l'obligation de faire ou de ne pas faire ne se résout qu'en dommages et intérêts interdisant par là son exécution forcée en nature.

---

[49] CSJ, 8 janvier 1970, RJC, n°1, 1970, pp. 17-18.
[50] Léo, 13 novembre 1926, Jur. Col. 1929, p. 159.
[51] Léo, 13 novembre 1926, Jur. Col. 1929, p. 159.
[52] Idem.
[53] 1ère Inst. Léo, 7 avril 1926, Jur. Kat. III, p. 202.

« Art. 40. - Toute obligation de faire ou de ne pas faire se résout en dommages-intérêts, en cas d'inexécution de la part du débiteur ».

« Art. 41. - Néanmoins, le créancier a le droit de demander que ce qui aurait été fait par contravention à l'engagement soit détruit; et il peut se faire autoriser à le détruire aux dépens du débiteur, sans préjudice des dommages et intérêts s'il y a lieu ».

« Art. 42. - Le créancier peut aussi, en cas d'inexécution, être autorisé à faire exécuter lui-même l'obligation aux dépens du débiteur ».

« Art. 43. - Si l'obligation est de ne pas faire, celui qui y contrevient doit les dommages-intérêts par le seul fait de la contravention. »

L'obligation de faire (*facere*) est celle par laquelle le débiteur s'engage à accomplir pour le créancier un fait, à exécuter pour lui une prestation positive (autre que le transfert de propriété ou de tout autre droit réel). L'obligation de ne pas faire (non *facere*) est celle qui a pour objet une prestation négative, le débiteur étant tenu de s'abstenir de tel ou tel agissement. C'est une obligation négative[54].

Ces obligations ont comme contenu les obligations de résultat et les des obligations de moyens, distinction tirée des articles 36 et 45 CCLIII. L'obligation de résultat ou obligation déterminée est celle par laquelle le débiteur promet au créancier un résultat défini. Le débiteur n'a exécuté son obligation que si le résultat est atteint. Cela permet de constater l'inexécution et les conséquences qu'elle entraîne quant à la responsabilité. Tandis que l'obligation de moyens, appelée aussi parfois obligation de prudence et de diligence, est celle par laquelle le débiteur promet au créancier de mettre à son service les moyens dont il dispose pour atteindre le résultat, sans promettre ou garantir ce résultat. L'intérêt de la distinction entre obligation de résultat et obligation de moyens réside dans la charge de la preuve de la faute en cas d'inexécution de l'obligation par le débiteur[55]. S'il y a inexécution d'une obligation de résultat, le débiteur est présumé en faute de manière quasi-absolue. Il ne peut se libérer qu'en prouvant une cause étrangère qui l'a empêché d'atteindre le résultat. En conséquence, le créancier ne doit pas prouver la faute du débiteur. Au contraire, en cas d'inexécution d'une obligation de moyens, le créancier doit prouver la faute du débiteur, il doit démontrer que le débiteur n'a pas mis en œuvre tous les moyens pour parvenir au résultat, qu'il n'a pas agi en bon père de famille.

Paragraphe 2. *De lege ferenda*

Les dispositions actuelles peuvent être améliorées en intégrant notamment la distinction entre les obligations de résultat et celles de moyens.

[54] N. Massager, *Les bases du droit civil*, T.III, Droit des obligations et des contrats spéciaux, Belgique, Anthémis, 2013, p. 13.

[55] J. Frossard, *La distinction des obligations de moyen et de résultat*, Paris, LGDJ, 1985.

Section 4 : Particularité du contrat synallagmatique

La particularité des contrats synallagmatiques découle de l'interdépendance des obligations, l'obligation d'une partie ayant pour cause l'obligation de l'autre partie. Les conséquences de l'inexécution du contrat synallagmatiques sont : l'exception d'inexécution, la résolution judiciaire et l'exécution forcée en nature.

Sous-section 1. L'exception d'inexécution

Paragraphe 1. Absence de dispositions du code civil, livre III

Le code civil, livre III ne contient pas des dispositions générales sur la question. L'exception d'inexécution ou « *exceptio non adimpleti contractus* » est le droit accordé, dans un contrat synallagmatique, à chaque contractant de refuser d'exécuter son obligation tant que l'autre n'accomplit pas la sienne. A celui qui réclame l'exécution de ce qu'elle doit, il répond : « donnant donnant », « trait pour trait », « droit pour doit »[56]. C'est un moyen de pression sur le débiteur et une garantie pour le créancier[57].

Paragraphe 2. Existence de quelques dispositions d'application sur les contrats spéciaux dans le code civil, livre III

Certaines dispositions dans le code sur les contrats spéciaux énoncent l'exception d'inexécution. On en trouve quelques applications dans le contrat de vente et le contrat de dépôt.

L'exception est prévue au profit du vendeur qui n'a pas été payé (art. 289 CCLIII), du dépositaire qui n'a pas reçu le salaire convenu (art. 511 CCLIII). Jugé que *le vendeur est fondé à suspendre les livraisons quand l'acheteur se refuse à acquitter le montant des fournitures déjà livrées*[58].

Paragraphe 3. *De lege ferenda*

Dans la réforme, la codification de cette exception d'inexécution s'impose.

Sous-section 2. L'exécution forcée en nature

La matière a été traitée à la section précédente.

Sous-section 3. La résolution

Paragraphe 1. Disposition du code civil, livre III

Le code civil, livre III réglemente la résolution judiciaire à l'article 82.

---

[56] Ph. Malaurie, L.Aynes et Ph. Stoffel-Munck, *Droit civil. Les obligations*, Paris, 4ème édition, Defrénois, p. 2009, n° 858, p. 449.

[57] Mulumba Katchy, *Les contrats spéciaux*, Kinshasa, 1ère édition, Crefida, 2015, pp. 59 et 171-172.

[58] Léo, 30 juin 1931, RJCB 1933, p. 151 ; Elis. 29 juin 1946, RJCB 1946, p. 165.

« Art. 82. - La condition résolutoire est toujours sous-entendue dans les contrats synallagmatiques, pour le cas où l'une des deux parties ne satisfera point à son engagement.

«-Dans ce cas, le contrat n'est point résolu de plein droit. La partie envers laquelle l'engagement n'a point été exécuté, a le choix, ou de forcer l'autre à l'exécution de la convention lorsqu'elle est possible, ou d'en demander la résolution avec dommages et intérêts.

« La résolution doit être demandée en justice, et il peut être accordé au défendeur un délai selon les circonstances. »

La résolution est l'anéantissement avec effet rétroactif d'un contrat synallagmatique valablement conclu si une partie n'exécute pas ses obligations. Ainsi, l'autre partie peut en demander la résolution judiciaire (art. 82 CCLIII). Celle-ci nécessite comme condition la faute du débiteur, l'inexécution lui est imputable. Jugé que *l'action en résolution n'appartient logiquement qu'à la partie lésée, c'est-à-dire celle qui s'est exécutée et qui n'a pas eu d'exécution en retour. Elle n'appartient donc pas à l'auteur de l'inexécution fautive*[59]. De même, *est fondé, le moyen pris de la violation de l'article 82 du code civil congolais, livre III, en ce que le juge d'appel a déclaré fondée l'action reconventionnelle du défendeur reconnu redevable envers le demandeur du prix de vente convenu, alors qu'aux termes de la disposition susvisée, l'action appartient uniquement à la partie envers laquelle l'engagement n'a point été exécutée*[60].

L'alinéa 2 de l'article 82 CCLIII offre au créancier une option : soit demander la résolution, soit exiger l'exécution, si elle est encore possible.

Il faut une mise en demeure du débiteur. Cette mise en demeure est indispensable et détermine l'action en résolution[61].

Le recours au juge est obligatoire selon l'article 82 CCLIII, car la résolution n'opère pas de plein droit. Jugé que *la résiliation d'une convention de vente sans accord des parties ni décision de justice n'est pas valide et viole les articles 33 et 82 du CCLIII*[62]. Jugé aussi que *la seconde vente ne pouvait produire tous les effets alors qu'il n'y a eu, pour rendre valable la rupture de la première convention, ni accord des parties ni décision de justice au sens des articles 33 et 82 CCLIII*[63].

Le juge a un pouvoir d'appréciation : soit prononcer la résolution, soit ordonner l'exécution avec ou dommages et intérêts. Jugé que la résolution de

---

[59] 1ère inst. Elis, avril 1949, RJCB 1949, p. 150.

[60] CSJ, 29 juillet 1987, RC 994, Bull. Arr. 2002, p.357.

[61] L'shi, 14 janvier 1969, RJC 1969, p. 270.

[62] CSJ, 3 avril 1976, Bull. Arr., 1976, p. 65 ; lire aussi : F. Ilunga Lubumbashi, « Du pouvoir du juge dans la résolution des contrats synallagmatiques », in *Cahiers Africains des Droits de l'Homme et de la Démocratie,* Université de Kinshasa, Faculté de Droit, n°050, vol. I, janvier-mars 2016, pp. 143 et ss

[63] CSJ, 20 novembre 1976, RC 117 cité par Katuala Kaba Kashala, Lumbala Ilunga (V) et Muanza Katuala, *op. cit.*, p. 221.

la vente d'immeuble est prononcée de suite si le vendeur est en danger de perdre la chose et le prix. Si ce danger n'existe pas, le juge peut accorder un délai. Ce délai passé sans que l'acquéreur ait payé, la résolution de la vente sera prononcée[64]. Jugé aussi que *le juge n'est pas obligé de prononcer la résolution en toute hypothèse*[65].

Paragraphe 2. ***De lege ferenda***

La réforme devra innover en prévoyant à côté de la résolution judiciaire, la résolution conventionnelle ainsi que le régime juridique de la résolution.

En outre, il faudra aussi prévoir les clauses conventionnelles de résolution du contrat. Ces clauses limitent le pouvoir d'appréciation du juge et des fois suppriment la mise en demeure préalable : ce sont les pactes commissoires. Jugé que *le pacte commissoire exprès prive le juge du pouvoir d'apprécier la gravité du manquement imputé au débiteur de l'obligation, la mission du juge se borne à constater si le manquement est prévu contractuellement*[66]. Jugé aussi que *lorsque dans un pacte commissoire exprès, il n'est pas stipulé que la résolution aura lieu de plein droit ou sans mise en demeure, il y a lieu à application des règles ordinaires qui exigent la mise en demeure infructueuse*[67].

Conclusion

Les analyses ci-dessus ont montré que les dispositions du code civil, livre III sur le contrat sont soit lacunaires, soit dépassées et qu'il faut une réforme.

A cet effet, nous proposons ci-dessous un avant-projet de réforme du Titre Ier du code civil, livre III sur le contrat.

---

64 CSJ, RC 438, 26 janvier 1989 inédit cité par Katuala Kaba Kashala, Lumbala Ilunga (V) et Muanza Katuala, *op. cit.*, p. 282.

65 CSJ, RC 421, 10 décembre 1986, Bull. arr. 2002, p. 213.

66 1ère inst. Léo, 27 mai 1958, RJCB 1960, p. 51.

67 1ère inst. Elis, 8 mars 1957, RJCB, p. 263.

ANNEXE

Avant-projet de réforme du décret du 30 juillet 1888 (dans sa partie relative au contrat)

Projet inspiré du droit congolais, du droit français, du droit canadien et du droit sénégalais[1].

Chapitre Ier : Des dispositions préliminaires

« Art. 1. (nouveau) – Le contrat est un accord de volontés entre deux ou plusieurs personnes destiné à créer, modifier, transmettre ou éteindre des obligations.

« Art. 1-2. (nouveau). – Chacun est libre de contracter ou de ne pas contracter, de choisir son cocontractant et de déterminer le contenu et la forme du contrat dans les limites fixées par la loi sous réserve du respect des lois impératives, de l'ordre public et des bonnes mœurs.

« Art. 1-3. (nouveau) – Les contrats doivent être négociés, formés et exécutés de bonne foi. « Cette disposition est d'ordre public.

« Art. 2. – Le contrat est synallagmatique ou bilatéral lorsque les contractants s'obligent réciproquement les uns envers les autres.

Article 3. « Il est unilatéral lorsqu'une ou plusieurs personnes sont obligées envers une ou plusieurs autres, sans que de la part de ces dernières il y ait d'engagement.

« Art. 4 – Il est commutatif lorsque chacune des parties s'engage à donner ou à faire une chose qui est regardée comme l'équivalent de ce qu'on lui donne ou de ce qu'on fait pour elle.

Lorsque l'équivalent consiste dans la chance de gain ou de perte pour chacune des parties, d'après un événement incertain, le contrat est aléatoire.

Article 5 - Le contrat de bienfaisance est celui dans lequel l'une des parties procure à l'autre un avantage purement gratuit.

« Art. 6. (nouveau) – Le contrat est à titre onéreux lorsque chacune des parties reçoit de l'autre un avantage en contrepartie de celui qu'elle procure.

---

[1] Droit congolais : décret du 30 juillet 1888 portant des contrats ou obligations conventionnelles, B.O., p. 109. Droit français : Ordonnance n° 2016-131 du 10 février 2016 portant réforme du droit des contrats, du régime général et de la preuve des obligations JORF n° 0035 du 11 février 2016, texte n° 26 ; Loi n° 2018-287 du 20 avril 2018 ratifiant l'ordonnance n° 2016-131 du 10 février 2016 portant réforme du droit des contrats, du régime général et de la preuve des obligations, JORF n°0093 du 21 avril 2018 texte n° 1. Droit canadien : Code civil du Québec adopté en 1991 et entré en vigueur le 1er janvier 1994. Droit sénégalais : Loi n° 1976-60 du 12 juin 1976 portant code des obligations civiles et commerciales.

« Art. 6-1 (nouveau) – Le contrat est consensuel lorsqu'il se forme par le seul échange des consentements quel qu'en soit le mode d'expression. « Le contrat est solennel lorsque sa validité est subordonnée à des formes déterminées par la loi. « Le contrat est réel lorsque sa formation est subordonnée à la remise d'une chose.

« Art. 6-2. (nouveau) – Le contrat de gré à gré est celui dont les stipulations sont librement négociées entre les parties. « Le contrat d'adhésion est celui dont les conditions générales, soustraites à la négociation, sont déterminées à l'avance par l'une des parties.

« Art. 6-3. (nouveau) – Le contrat cadre est un accord par lequel les parties conviennent des caractéristiques générales de leurs relations contractuelles futures. Des contrats d'application en précisent les modalités d'exécution.

« Art. 6-4. (nouveau) – Le contrat à exécution instantanée est celui dont les obligations peuvent s'exécuter en une prestation unique. « Le contrat à exécution successive est celui dont les obligations d'au moins une partie s'exécutent en plusieurs prestations échelonnées dans le temps.

« Art. 7. – Les contrats, soit qu'ils aient une dénomination propre, soit qu'ils n'en aient pas, sont soumis à des règles générales qui sont l'objet du présent titre.

Les règles particulières à certains contrats sont établies sous les titres relatifs à chacun d'eux.

Chapitre II : De la formation du contrat

Section 1 : De la conclusion du contrat

Sous-section 1. Des négociations

« Art. 7-1. (nouveau) – L'initiative, le déroulement et la rupture des négociations précontractuelles sont libres. Ils doivent impérativement satisfaire aux exigences de la bonne foi.

« En cas de faute commise dans les négociations, la réparation du préjudice qui en résulte ne peut avoir pour objet de compenser la perte des avantages attendus du contrat non conclu.

Sous-section 2. De l'offre et l'acceptation

« Art. 7-2. (nouveau) – Le contrat est formé par la rencontre d'une offre et d'une acceptation par lesquelles les parties manifestent leur volonté de s'engager.

« Cette volonté peut résulter d'une déclaration ou d'un comportement non équivoque de son auteur.

« Art. 7-3. (nouveau) – L'acceptation est la manifestation de volonté de son auteur d'être lié dans les termes de l'offre.

« Tant que l'acceptation n'est pas parvenue à l'offrant, elle peut être librement rétractée, pourvu que la rétractation parvienne à l'offrant avant l'acceptation.

« Art. 7-4. (nouveau) – Le silence ne vaut pas acceptation, à moins qu'il n'en résulte autrement de la loi, des usages, des relations d'affaires ou de circonstances particulières.

« Art. 7-5. (nouveau) – Le contrat est conclu dès que l'acceptation parvient à l'offrant. Il est réputé l'être au lieu où l'acceptation est parvenue.

Sous-section 3. Le pacte de préférence et la promesse unilatérale

« Art. 7-6. (nouveau) – Le pacte de préférence est le contrat par lequel une partie s'engage à proposer prioritairement à son bénéficiaire de traiter avec lui pour le cas où elle déciderait de contracter.

« Art. 7-7 (nouveau)– La promesse unilatérale est le contrat par lequel une partie, le promettant, accorde à l'autre, le bénéficiaire, le droit d'opter pour la conclusion d'un contrat dont les éléments essentiels sont déterminés, et pour la formation duquel ne manque que le consentement du bénéficiaire.

« Sous-section 4. Dispositions propres au contrat conclu par voie électronique

« Art. 7-8 (nouveau) - La voie électronique peut être utilisée pour mettre à disposition des stipulations contractuelles ou des informations sur des biens ou services.

Section 2 : Des conditions essentielles pour la validité des contrats

« Art. 8. – Quatre conditions sont essentielles pour la validité d'un contrat : le consentement de la partie qui s'oblige; sa capacité de contracter; un objet certain qui forme la matière de l'engagement; une cause licite dans l'obligation.

« Sous-section 1. Du consentement

« Paragraphe 1. De l'existence du consentement

« Art. 8-1. (nouveau) – il n'y a point de contrat sans consentement émanant de l'une et de l'autre partie.

Le consentement doit émaner d'une personne jouissant de ses facultés intellectuelles et apte à contracter.

« Paragraphe 2. Des vices du consentement

« Art. 9. – Il n'y a point de consentement valable, si le consentement n'a été donné que par erreur, ou s'il a été extorqué par violence ou surpris par dol.

« Art. 9-1 – (Art. 131 bis) - Sans préjudice de l'application des dispositions protectrices des incapables ou relatives à la validité des

conventions, si, par une opération de crédit, d'un contrat de prêt ou de tout autre contrat indiquant une remise de valeur mobilière, quelle que soit la forme apparente dû contrat, le créancier abusant des besoins, des faiblesses, des passions ou de l'ignorance du débiteur, s'est fait promettre pour lui-même ou pour autrui un intérêt ou d'autres avantages excédant manifestement l'intérêt normal, le juge peut, sur la demande du débiteur, réduire ses obligations à l'intérêt normal.

La réduction s'applique aux paiements effectués par le débiteur, à condition que la demande soit intentée dans les trois ans à dater du jour du paiement.]

« Art. 9-2 (nouveau) – Les vices du consentement sont une cause de nullité absolue, de nullité relative du contrat ou de réduction des obligations à l'intérêt normal selon les cas.

Art. 10. **(ancien adapté)** - L'erreur n'est une cause de nullité de la convention que lorsqu'elle tombe sur la substance même de la chose qui en est l'objet *ou les qualités essentielles de la prestation.*

Elle n'est point une cause de nullité, lorsqu'elle ne tombe que sur la personne avec laquelle on a l'intention de contracter, à moins que la considération de cette personne ne soit la cause principale de la convention.

« Art. 10-1. (nouveau) – Les qualités essentielles de la prestation sont celles qui ont été expressément ou tacitement convenues et en considération desquelles les parties ont contracté.

« Art. 10-2. (nouveau) – L'erreur sur un simple motif, étranger aux qualités essentielles de la prestation due ou du cocontractant, n'est pas une cause de nullité, à moins que les parties n'en aient fait expressément un élément déterminant de leur consentement.

Art. 11. - La violence exercée contre celui qui a contracté l'obligation est une cause de nullité, encore qu'elle ait été exercée par un tiers autre que celui au profit duquel la convention a été faite.

« Art. 12. – Il y a violence lorsqu'elle est de nature à faire impression sur une personne raisonnable, et qu'elle peut lui inspirer la crainte d'exposer sa personne ou sa fortune à un mal considérable et présent. On a égard en cette matière à l'âge, au sexe et à la condition des personnes.

« Art. 12-1 (nouveau). – La menace d'une voie de droit ne constitue pas une violence. Il en va autrement lorsque la voie de droit est détournée de son but ou lorsqu'elle est invoquée ou exercée pour obtenir un avantage manifestement excessif.

« Art. 13. – La violence est une cause de nullité du contrat non seulement lorsqu'elle a été exercée sur la partie contractante, mais encore lorsqu'elle l'a été sur son époux ou sur son épouse, sur ses descendants ou ses ascendants.

Art. 14. - La seule crainte révérencielle envers le père, la mère, ou autre ascendant, sans qu'il y ait eu de violence exercée, ne suffit point pour annuler le contrat.

Art. 15. – Un contrat ne peut plus être attaqué pour cause de violence si, depuis que la violence a cessé, ce contrat a été approuvé, soit expressément, soit tacitement, soit en laissant passer le temps de la restitution fixé par la loi.

« Art. 16. – Le dol est une cause de nullité de la convention lorsque les manœuvres pratiquées par l'une des parties sont telles qu'il est évident que, sans ces manœuvres, l'autre partie n'aurait pas contracté.

Art 17. – Le dol ne se présume pas et doit être prouvé.

« Art. 18. – La convention contractée par erreur, violence ou dol, n'est point nulle de plein droit; elle donne seulement lieu à une action en nullité ou en rescision, de la manière expliquée à la section VII du chapitre V du présent titre.

Articles 19 à 22 : voir les dispositions sur la stipulation pour autrui et promesse de porte fort aux articles 65-1 et suivants.

Sous-section 2. De la capacité des parties contractantes et de la représentation

Paragraphe 1. De la capacité des parties contractantes

« Art. 23. – Toute personne peut contracter, si elle n'en est pas déclarée incapable par la loi.

Art. 23-1 (nouveau) - « La capacité des personnes morales est limitée aux actes utiles à la réalisation de leur objet tel que défini par leurs statuts et aux actes qui leur sont accessoires, dans le respect des règles applicables à chacune d'entre elles.

Art. 24. - L'état et la capacité des personnes, ainsi que leurs rapports de famille, sont régis par les lois de la nation à laquelle elles appartiennent.

Paragraphe 2. De la représentation

« Art. 24-1 (nouveau) - Le représentant légal, judiciaire ou conventionnel n'est fondé à agir que dans la limite des pouvoirs qui lui ont été conférés.

« Art. 24-2 (nouveau) – Lorsque le représentant agit dans la limite de ses pouvoirs au nom et pour le compte du représenté, celui–ci est seul tenu de l'engagement ainsi contracté.

« Lorsque le représentant déclare agir pour le compte d'autrui mais contracte en son propre nom, il est seul engagé à l'égard du cocontractant.

« La représentation conventionnelle laisse au représenté l'exercice de ses droits.

« Art. 24-3 (nouveau) – Un représentant ne peut agir pour le compte des deux parties au contrat ni contracter pour son propre compte avec le représenté.

« En ces cas, l'acte accompli est nul à moins que la loi ne l'autorise ou que le représenté ne l'ait autorisé ou ratifié.

Sous-section 3. De l’objet du contrat et la matière des contrats

« Art. 25. – Tout contrat a pour objet une chose qu'une partie s'oblige à donner, ou qu'une partie s'oblige à faire ou à ne pas faire.

Art. 26. – Le simple usage ou la simple possession d'une chose peut être, comme la chose même, l'objet du contrat.

Art. 27. - Il n’y a que les choses qui sont dans le commerce qui puissent être l'objet des conventions.

Art. 28. - Il faut que l'obligation ait pour objet une chose au moins déterminée quant à son espèce.

La quotité de la chose peut être incertaine, pourvu qu'elle puisse être déterminée.

Art. 29. - Les choses futures peuvent être l'objet d'une obligation.

On ne peut, cependant, renoncer à une succession non ouverte, faire aucune stipulation sur une pareille succession, même avec consentement de celui de la succession duquel il s'agit.

« Sous-section 4. La cause dans le contrat

Art. 30. - L'obligation sans cause, ou sur une fausse cause, ou ~~si~~ sur une cause illicite, ne peut avoir aucun effet.

Art. 31. - La convention n'est pas moins valable, quoique la cause n'en soit pas exprimée.

Art. 32. - La cause est illicite quand elle est prohibée par la loi, quand elle est contraire aux bonnes mœurs ou à l'ordre public.

« Section 3 : « De la forme du contrat

« Sous-section 1. « Des dispositions générales

« Art. 32-1. (nouveau) – Les contrats sont par principe consensuels.

« Par exception, la validité des contrats solennels est subordonnée à l’observation de formes déterminées par la loi à défaut de laquelle le contrat est nul, sauf possible régularisation.

« En outre, la loi subordonne la formation de certains contrats à la remise d’une chose.

« Sous-section 2. « Des dispositions propres au contrat conclu par voie électronique

« Art. 32-3. (nouveau) – Lorsqu’un écrit est exigé pour la validité d’un contrat, il peut être établi et conservé sous forme électronique dans les conditions prévues aux articles sur la preuve et, lorsqu’un acte authentique est requis, aux articles sur la preuve des actes authentiques.

« Lorsqu’est exigée une mention écrite de la main même de celui qui s’oblige, ce dernier peut l’apposer sous forme électronique si les conditions de cette apposition sont de nature à garantir qu’elle ne peut être effectuée que par lui–même.

« Art. 32-4. (nouveau) – L'exigence d'un envoi en plusieurs exemplaires est réputée satisfaite par voie électronique si l'écrit peut être imprimé par le destinataire.

Section 4 : Des sanctions des conditions de validité du contrat

Sous-section 1. De la nullité

« Art. 32-5. (nouveau) – Un contrat qui ne remplit pas les conditions requises pour sa validité est nul. La nullité doit être prononcée par le juge, à moins que les parties ne la constatent d'un commun accord.

« Le contrat annulé est censé n'avoir jamais existé.

« Les prestations exécutées donnent lieu à restitution.

« Indépendamment de l'annulation du contrat, la partie lésée peut demander réparation du dommage subi dans les conditions du droit commun de la responsabilité extracontractuelle.

« Art. 32-6. (nouveau) – La nullité est absolue lorsque la règle violée a pour objet la sauvegarde de l'intérêt général

« Elle est relative lorsque la règle violée a pour seul objet la sauvegarde d'un intérêt privé

« Art. 32-7. (nouveau) – La nullité absolue peut être demandée par toute personne justifiant d'un intérêt, ainsi que par le ministère public.

« Elle ne peut être couverte par la confirmation du contrat.

« Art. 32-8. (nouveau) – La nullité relative ne peut être demandée que par la partie que la loi entend protéger.

« Elle peut être couverte par la confirmation.

« Art. 32-9 (nouveau) – La confirmation est l'acte par lequel celui qui pourrait se prévaloir de la nullité y renonce.

« Art. 32-10 (Art. 216)- L'acte de confirmation ou ratification d'une obligation contre laquelle la loi admet l'action en nullité ou en rescision, n'est valable que lorsqu'on y trouve la substance de cette obligation, la mention du motif de l'action en rescision et l'intention de réparer le vice sur lequel cette action est fondée.

À défaut d'acte de confirmation ou ratification, il suffit que l'obligation soit exécutée volontairement après l'époque à laquelle l'obligation pouvait être valablement confirmée ou ratifiée.

La confirmation, ratification ou exécution volontaire dans les formes et à l'époque déterminées par la loi emporte la renonciation aux moyens et exceptions que l'on pouvait opposer contre cet acte, sans préjudice néanmoins du droit des tiers.

Art. 32-11 (nouveau). – L'exception de nullité ne se prescrit pas si elle se rapporte à un contrat qui n'a reçu aucune exécution.

Sous-section 2. De la caducité

« Art. 32-12 (nouveau). – Un contrat valablement formé devient caduc si l'un de ses éléments essentiels disparaît. « Lorsque l'exécution de plusieurs contrats est nécessaire à la réalisation d'une même opération et que l'un d'eux disparaît, sont caducs les contrats dont l'exécution est rendue impossible par cette disparition et ceux pour lesquels l'exécution du contrat disparu était une condition déterminante du consentement d'une partie. « La caducité n'intervient toutefois que si le contractant contre lequel elle est invoquée connaissait l'existence de l'opération d'ensemble lorsqu'il a donné son consentement.

« Art. 32-13 (nouveau). – La caducité met fin au contrat.

« Elle peut donner lieu à restitution.

Sous-section 3. De la réduction des obligations à l'intérêt normal

« Art. 32-14 (art. 131 bis al. 2 CCLIII) – Le juge peut, sur la demande du débiteur, en cas de lésion, réduire les obligations à l'intérêt normal.

La réduction s'applique aux paiements effectués par le débiteur, à condition que la demande soit intentée dans les trois ans à dater du jour du paiement.

Chapitre III : De l'effet des obligations

Section 1 : De l'effet du contrat entre les parties

Sous-section 1. De la force obligatoire du contrat

Art. 33. (adapté) - Les contrats légalement formées tiennent lieu de loi à ceux qui les ont faites.

Ils ne peuvent être révoquées que de leur consentement mutuel ou pour les causes que la loi autorise.

Ils doivent être exécutés de bonne foi.

Art. 34. – Les contrats obligent non seulement à ce qui y est exprimé, mais encore à toutes les suites que l'équité, l'usage ou la donnent à l'obligation d'après sa nature.

« Art. 34-1. (nouveau) – Si un changement de circonstances imprévisible lors de la conclusion du contrat rend l'exécution excessivement onéreuse pour une partie qui n'avait pas accepté d'en assumer le risque, celle-ci peut demander une renégociation du contrat à son cocontractant. Elle continue à exécuter ses obligations durant la renégociation.

« En cas de refus ou d'échec de la renégociation, les parties peuvent convenir de la résolution du contrat, à la date et aux conditions qu'elles déterminent, ou demander d'un commun accord au juge de procéder à son adaptation. A défaut d'accord dans un délai raisonnable, le juge peut, à la demande d'une partie, réviser le contrat ou y mettre fin, à la date et aux conditions qu'il fixe.

Sous-section 2. De l'obligation de donner

« *Art. 35.* – L'obligation de donner emporte celle de livrer la chose et de la conserver jusqu'à la livraison, à peine de dommages-intérêts envers le créancier.

Art. 36. - L'obligation de veiller à la conservation de la chose, que la convention n'ait pour objet que l'utilité de l'une des partie soit qu'elle ait pour objet l'utilité commune, soumet celui qui en chargé à y apporter tous les soins d'un bon père de famille.

Cette obligation est plus ou moins étendue relativement à certains contrats, dont les effets, à cet égard, sont expliqués sous les titres qui les concernent.

« Art. 37 – L'obligation de livrer la chose est parfaite par le seul consentement des parties contractantes.

Elle rend le créancier propriétaire, et met la chose à ses risques dès l'instant où elle a dû être livrée, encore que la tradition n'en ait point été faite, à moins que le débiteur ne soit en demeure de la livrer; auquel cas, la chose reste aux risques de ce dernier.

« Art. 37.1 (Art. 219, alinéa 2 Loi du 20 juillet 1973 sur les biens) Le transfert d'un droit réel sur un bien immeuble par incorporation n'est légalement établi que par l'inscription sur le certificat établissant la concession du fonds dudit immeuble.

Art. 38. - Le débiteur est constitué en demeure, soit par une sommation, ou par un autre acte équivalent, soit par l'effet de la convention, lorsqu'elle porte que, sans qu'il soit besoin d'acte et par la seule échéance du terme, le débiteur sera en demeure.

« Art. 39. – Si la chose qu'on s'est obligé de donner ou de livrer à deux personnes successivement est purement mobilière, celle des deux qui en a été mise en possession réelle est préférée et en demeure propriétaire, encore que son titre soit postérieur en date, pourvu toutefois que la possession soit de bonne foi.

Sous-section 3. De l'obligation de faire ou de ne pas faire

Art. 40. - Toute obligation de faire ou de ne pas faire se résout en dommages-intérêts, en cas d'inexécution de la part du débiteur.

Art. 41. - Néanmoins, le créancier a le droit de demander que ce qui aurait été fait par contravention à l'engagement soit détruit; et il peut se faire autoriser à le détruire aux dépens du débiteur, sans préjudice des dommages et intérêts s'il y a lieu.

Art. 42. - Le créancier peut aussi, en cas d'inexécution, être autorisé à faire exécuter lui-même l'obligation aux dépens du débiteur.

Art. 43. - Si l'obligation est de ne pas faire, celui qui y contrevient doit les dommages-intérêts par le seul fait de la contravention.

Sous-section 4. Des dommages et intérêts résultant de l'inexécution de l'obligation

Art. 44. - Les dommages et intérêts ne sont dus que lorsque le débiteur est en demeure de remplir son obligation, excepté néanmoins lorsque la chose que le débiteur s'était obligé de donner ou de faire ne pouvait être donnée ou faite que dans un certain temps qu'il a laissé passer.

Art. 45. - Le débiteur est condamné, s'il y a lieu, au paiement de dommages-intérêts, soit à raison de l'inexécution de l'obligation, soit à raison du retard dans l'exécution, toutes les fois qu' 'il ne justifie pas que l'inexécution provient d'une cause étrangère qui ne peut lui être imputée, encore qu'il n'y ait aucune mauvaise foi de sa part.

Art. 46. - Il n'y a lieu à aucuns dommages-intérêts lorsque, par suite d'une force majeure ou d'un cas fortuit, le débiteur a été empêché de donner ou de faire ce à quoi il était obligé, ou a fait ce qui lui était interdit.

« Art. 46-1(nouveau) - Il y a force majeure en matière contractuelle lorsqu'un événement échappant au contrôle du débiteur, qui ne pouvait être raisonnablement prévu lors de la conclusion du contrat et dont les effets ne peuvent être évités par des mesures appropriées, empêche l'exécution de son obligation par le débiteur.

« Si l'empêchement est temporaire, l'exécution de l'obligation est suspendue à moins que le retard qui en résulterait ne justifie la résolution du contrat. Si l'empêchement est définitif, le contrat est résolu de plein droit et les parties sont libérées de leurs obligations.

Art. 47. - Les dommages et intérêts dus au créancier sont, en général, de la perte qu'il a faite et du gain dont il a été privé, sauf les exceptions et modifications ci-après.

Art. 48. –Le débiteur n'est tenu que des dommages et intérêts qui ont été prévus ou qu'on a pu prévoir lors du contrat, lorsque ce n'est point par son dol que l'obligation n'est point exécutée,

Art. 49. - Dans le cas même où l'inexécution de la convention résulte du dol du débiteur, les dommages et intérêts ne doivent comprendre, à l'égard de la perte éprouvée par le créancier et du gain dont il a été privé, que ce qui est une suite immédiate et directe de l'inexécution de la convention.

Art. 50. - Lorsque la convention porte que celui qui manquera de l'exécuter payera une certaine somme à titre de dommages et intérêts, il ne peut être alloué à l'autre partie une somme plus forte ni moindre.

Art. 51. - Dans les obligations qui se bornent au payement d'une certaine somme, les dommages et intérêts résultant du retard dans l'exécution ne consistent jamais que dans la condamnation aux intérêts dont le taux sera fixé par le juge.

Ces dommages et intérêts sont dus sans que le créancier soit tenu de justifier d'aucune perte.

Ils ne sont dus que du jour de la demande, excepté dans les cas où la loi les fait courir de plein droit.

Art. 52. - Les intérêts échus des capitaux peuvent produire des intérêts, ou par une demande judiciaire, ou par une convention spéciale, pourvu que, soit dans la demande, soit dans la convention, il s'agisse d'intérêts dus au moins pour une année entière.

Art. 53. - Néanmoins, les revenus échus, tels que fermages, loyers, produisent intérêt du jour de la demande ou de la convention.

La même règle s'applique aux restitutions de fruits et aux intérêts payés par un tiers au créancier en acquit du débiteur.

Sous-section 3. De l'interprétation des contrats

Art. 54. - On doit, dans les conventions, rechercher quelle a été la commune intention des parties contractantes, plutôt que de s'arrêter au sens littéral des termes.

« Art. 54-1 (nouveau) – On ne peut interpréter les clauses claires et précises à peine de dénaturation.

Art. 55. - Lorsqu'une clause est susceptible de deux sens, on doit plutôt l'entendre dans celui avec lequel elle peut avoir quelque effet, que dans le sens avec lequel elle n'en pourrait produire aucun.

Art. 56. - Les termes susceptibles de deux sens doivent être pris dans le sens qui convient le plus à la matière du contrat.

Art. 57. - Ce qui est ambigu s'interprète par ce qui est d'usage dans le pays où le contrat est passé.

Art. 58. - On doit suppléer dans le contrat les clauses qui y sont d'usage, quoiqu'elles n'y soient pas exprimées.

Art. 59. - Toutes les clauses des conventions s'interprètent les unes par les autres, en donnant à chacune le sens qui résulte de l'acte entier.

Art. 60. – Dans le doute, la convention s'interprète contre celui qui a stipulé, et en faveur de celui qui a contracté l'obligation.

Art. 61. - Quelques généraux que soient les termes dans lesquels une convention est conçue, elle ne comprend que les choses sur lesquelles il paraît que les parties se sont proposé de contracter.

Art. 62. - Lorsque dans un contrat on a exprimé un cas pour l'explication de l'obligation, on n'est pas censé avoir voulu par-là restreindre l'étendue que l'engagement reçoit de droit aux cas non exprimés.

Sous-section 4. De la durée du contrat

« Art. 62-1. (nouveau) – Lorsque le contrat est conclu pour une durée indéterminée, chaque partie peut y mettre fin à tout moment, sous réserve de respecter le délai de préavis contractuellement prévu ou, à défaut, un délai raisonnable.

« Art. 62-2. (nouveau) – Lorsque le contrat est conclu pour une durée déterminée, chaque partie doit l'exécuter jusqu'à son terme. « Nul ne peut exiger le renouvellement du contrat

« Art. 62-3. (nouveau) – Le contrat peut être prorogé si les contractants en manifestent la volonté avant son expiration. La prorogation ne peut porter atteinte aux droits des tiers.

Art. 62-4. (nouveau) – Le contrat à durée déterminée peut être renouvelé par l'effet de la loi ou par l'accord des parties.

« Le renouvellement donne naissance à un nouveau contrat dont le contenu est identique au précédent mais dont la durée est indéterminée.

« Art. 62-5. (nouveau) – Lorsqu'à l'expiration du terme d'un contrat conclu à durée déterminée, les contractants continuent d'en exécuter les obligations, il y a tacite reconduction. Celle–ci produit les mêmes effets que le renouvellement du contrat.

« Art. 62-6 (nouveau)- Les engagements perpétuels sont prohibés.

« Chaque contractant peut y mettre fin dans les conditions prévues pour le contrat à durée indéterminée.

Section 2 : De l'effet des contrats à l'égard des tiers

Sous-section 1. De l'effet relatif des contrats

« Art. 63. – Les conventions n'ont d'effet qu'entre les parties contractantes ; elles ne nuisent point au tiers, et elles ne lui profitent que dans le cas prévu par l'article 21.

Art. 63-1. (nouveau) – Les tiers doivent respecter la situation juridique créée par le contrat. « Ils peuvent s'en prévaloir notamment pour apporter la preuve d'un fait.

Art. 64. - Néanmoins, les créanciers peuvent exercer tous les droits et actions de leur débiteur, à l'exception de ceux qui sont exclusivement attachés à la personne.

Art. 65. - Ils peuvent aussi en leur nom personnel attaquer les actes faits par leur débiteur en fraude de leurs droits.

Sous-section 2. Du porte–fort et de la stipulation pour autrui

« Art. 65-1 **(art 19 CCLIII)** On ne peut, en général, s'engager ni stipuler en son propre nom que pour soi-même.

« Art. 65-2 (art 20 CCLIII). – Néanmoins, on peut se porter fort pour un tiers, en promettant le fait de celui-ci; sauf l'indemnité contre celui qui s'est porté fort ou qui a promis de faire ratifier, si le tiers refuse de tenir l'engagement.

Art. 65-3 (art. 21 CCLIII). – On peut pareillement stipuler au profit d'un tiers lorsque telle est la condition d'une stipulation que l'on fait pour soi-même ou d'une donation que l'on fait à un autre. Celui qui a fait cette stipulation ne peut plus la révoquer si le tiers a déclaré vouloir en profiter,

« Art. 65-4 (art. 22 CCLIII) – On est censé avoir stipulé pour soi et pour ses héritiers et ayants cause, à moins que te contraire ne soit exprimé ou ne résulte de la nature de la convention.

Sous-section 3. De la simulation

« Art. 65-5 (nouveau) – Il y a simulation lorsque les parties conviennent d'exprimer leur volonté réel non point dans un contrat apparent, mais dans un contrat secret appelé contre-lettre.

« Art. 65-6 (203 CCLIII) Les contre-lettres ne peuvent avoir leur effet qu'entre les parties contractantes, elles n'ont point d'effet contre les tiers.

Sous-section 4. De la cession de contrat

« Art. 65-7. (nouveau) – Un contractant, le cédant, peut céder sa qualité de partie au contrat à un tiers, le cessionnaire, avec l'accord de son cocontractant, le cédé. Cet accord peut être donné par avance, notamment dans le contrat conclu entre les futurs cédant et cédé, auquel cas la cession produit effet à l'égard du cédé lorsque le contrat conclu entre le cédant et le cessionnaire lui est notifié ou lorsqu'il en prend acte.

« La cession doit être constatée par écrit, à peine de nullité.

Sous-section 5. Des conventions collectives

« Art. 65-8. (nouveau) – La convention collective oblige toutes les personnes qui font partie du groupement au moment où la convention a été passée.

Chapitre IV : Particularité du contrat synallagmatique

Section 1 : Des dispositions générales

« Art. 65-9 (nouveau) – La partie envers laquelle l'engagement n'a pas été exécuté, ou l'a été imparfaitement, peut :

- *refuser d'exécuter ou suspendre l'exécution de son obligation ;*
- *poursuivre l'exécution forcée en nature de l'obligation ;*
- *provoquer la résolution du contrat.*

Section 2 : De l'exception d'inexécution

« Art 65-10 (nouveau) – Dans les contrats synallagmatiques, chacune des contractants peut refuser d'exécuter son obligation tant que l'autre partie n'exécute pas la sienne et si cette inexécution est suffisamment grave.

Section 3 : De l'exécution forcée en nature

« Art. 65-10 (nouveau) – Le créancier d'une obligation peut, après mise en demeure, en poursuivre l'exécution en nature sauf si cette exécution est impossible ou s'il existe une disproportion manifeste entre son coût pour le débiteur et son intérêt pour le créancier.

Section 4 : De la résolution

« Art. 65-11 (Art. 82 CCLLIII adapté). - La condition résolutoire est toujours sous-entendue dans les contrats synallagmatiques, pour le cas où l'une des deux parties ne satisfera point à son engagement.

Dans ce cas, le contrat n'est point résolu de plein droit. La partie envers laquelle l'engagement n'a point été exécuté, a le choix, ou de forcer l'autre à l'exécution *du contrat* lorsqu'elle est possible, ou d'en demander la résolution avec dommages et intérêts.

La résolution doit être demandée en justice, et il peut être accordé au défendeur un délai selon les circonstances.

« Art. 65-12 (nouveau) Le juge peut, selon les circonstances, constater ou prononcer la résolution ou ordonner l'exécution du contrat, en accordant éventuellement un délai au débiteur, ou allouer seulement des dommages et intérêts.

« Art. 65-13 (nouveau) – Sauf disposition légale contraire, les parties peuvent convenir expressément qu'à défaut d'exécution le contrat sera résolu de plein droit et sans sommation.

Elles peuvent aussi convenir que le contrat sera résilié de plein droit à dater de la notification au défaillant des manquements constatées à sa charge.

« Art. 65-14 (nouveau) La résolution met fin au contrat. Elle entraine la restitution des prestations déjà effectuées.

La résiliation ne produit d'effet que pour l'avenir.

Y a-t-il vraiment l'autonomie de volonté dans la conclusion du contrat de financement entre le Fonds Monétaire International « FMI », le groupe de la Banque Mondiale « BM » et les pays pauvres ?

■ ***Jean Paul Nyembo Tampakanya***
Professeur Associé à la Faculté de Droit de l'Université de Kinshasa

I. Introduction

Ces deux institutions qui sont nées des accords de Bretton Woods de 1944, à savoir la Banque Internationale pour la Reconstruction et le développement « BIRD » mieux connue sous le nom du groupe de la Banque Mondiale (BM) et le Fonds Monétaire International « FMI » ont toujours été au chevet des Etats en difficulté financièrement.

Cependant, le cycle de dette dans lequel certains Etats restent après leur intervention est plus inquiétant, au point qu'on se demande si ça valait la peine de recourir à leur service. Des études démontrent que les conditionnalités préalables qui accompagnent l'intervention de ces institutions contribueraient significativement à l'état de pauvreté.

Pourquoi ces conditions de démocratie, de l'instauration de l'Etat de droit, de réforme institutionnelle, de l'amélioration du climat des affaires, de l'assistance technique par l'envoie des experts, qui se résument en l'exigence de la bonne gouvernance seraient un handicap à l'atteinte des objectifs que se sont assignés ces institutions ? Est-ce une sanction aux Etats qui recourent au service de l'aide de ces institutions ?

Les Etats sont-ils libres, expriment ils leurs volontés dans ce contrat de financement ?

Pour répondre à cette série des questions, il est abordé, dans cette étude, les considérations générales sur le Groupe de la BM et le FMI en relevant leurs activités et organisation d'une part, et les caractéristiques des conditionnalités qui accompagnent leur aide, d'autre part. Les faiblesses du cadre légal de la gestion de la dette seront mises en exergue et une appréciation critique va donner quelques propositions avant de conclure notre propos.

II. Quelques considérations sur le groupe de la banque mondiale et le fonds monétaire international

La conférence monétaire et financière des Nations Unies fut convoquée dès que les divergences eurent été aplanies sur la nature des mécanismes à instituer pour soutenir les Etats en manque des capitaux nécessaires pour leur reconstruction. Elle se réunit à Bretton Woods (New Hampshire, USA) du 1er au 22 juillet 1944, groupant 44 pays.

A l'issue de la conférence, les statuts du FMI et de la BIRD furent adoptés. L'URSS qui avait participé à la conférence s'abstint de ratifier les accords et d'être membre de deux organisations.

Ces deux instituions sont parmi les offreurs des capitaux aux Etats membres qui en ont besoin. Mais l'on veut bien savoir qui sont-elles réellement et comment elles opèrent ?

A. Le groupe de la Banque Mondiale

1. Nature et composition

Le groupe de la BM comprend 4 institutions :

- La Banque Internationale pour la Reconstruction et le Développement dont la vocation est de mobiliser l'épargne privée en faveur des projets de développement bénéficiant du soutien et de la garantie des Etats où ils se réalisent.
  Afin de faire face aux besoins des nouveaux membres des Nations Unies, en l'occurrence les jeunes Etats issus des indépendances vers 1960, la BIRD a suscité elle-même la création de la SFI en 1956 et de l'IDA en 1960([1]). L'affiliation à ces deux organisations est subordonnée à l'affiliation à la BIRD qui implique elle-même la participation au FMI. Elles tiennent une assemblée annuelle commune appelée « jamboree financier » ;
- La Société Financière Internationale (SFI), qui a pour mission de favoriser les investissements privés dans les pays en développement sans exiger la garantie financière des Etats où ces projets se réalisent ;
- L'Association Internationale de Développement (IDA), dont l'objet est la mobilisation des fonds publics en faveur des projets de développement pour les pays qui, en raison de leur très faible niveau des revenus, ne sont pas à même de supporter les conditions des prêts de la BIRD ;
- L'Agence multilatérale de Garantie des Investissements (AMIGI) dont le but est de promouvoir les prises de participation et les investissements directs étrangers dans les pays en développement en offrant aux investisseurs une garantie contre le risque non commercial.

([1]) Nyembo Tampakanya Jean Paul, *Appréciation critique de la loi n° 73-009 du 5 janvier 1973 particulière sur le commerce au regard de la mondialisation*, Mémoire d'Etudes Supérieures en Droit, 2005-2007, UNIKIN, p.18.

La BIRD est à la fois la plus ancienne et la plus importante des institutions engagées de façon opérationnelle dans l'aide au développement. Elle a sérieusement contribué à la reconstruction de l'Europe après la 2ème guerre mondiale à travers le financement du plan Marshall. Les ressources de la BIRD se composent de son capital, des emprunts et, accessoirement, des bénéfices mis en réserve.

Pour y adhérer, il faut souscrire à un certain nombre des parts dans son capital et cela en fonction de la capacité financière de chaque pays.

Il faut retenir que cette banque était bien conçue pour une mission : reconstruire l'Europe déchirée par la guerre.

Mais la question qui, à notre avis, doit trouver une réponse est celle de savoir où est la place des Etats créés après la reconstruction de l'Europe ; mieux les activités de cette banque, telle qu'elle est organisée dans ce contexte évoqué, sont- elles compatibles avec l'organisation des Etats autres que ceux européens ?

Le bilan de ses activités peut aider à trouver des réponses.

2. Activités de la banque

La banque contracte des emprunts en moyen et long termes sur les marchés financiers, garantis par son capital. En considération de l'ampleur de son capital et de la sécurité de ses prêts, elle jouit des meilleures conditions et d'une bonne réputation sur les marchés financiers.

Ses activités se résument en prêts en faveur du développement des pays membres, qui sont ses clients. Dans ce cadre, elle accorde des prêts à des taux d'intérêt plus faibles que ceux pratiqués par les banques privées. La durée de ses prêts va de 5 à 20 ans de terme. Ces prêts sont subordonnés à la réalisation d'une gamme de conditions, qualifiées de concessionnelles, qui varient d'un membre à un autre, selon les termes du contrat financier signé entre la banque et l'Etat client.

Il est à retenir que les prêts de la banque aux Etats se réalisent à bien des différences, selon qu'on est développé, en développement ou très pauvre :

1° ceux des Etats qui sont développés et qui ont accès facile aux marchés financiers ne passent plus par son intermédiaire. La banque mondiale a mis au point un une politique de « graduation » consistant à cesser progressivement ses interventions au profit des pays dont la croissance a « décollé », et qui peuvent bénéficier d'autres sources de financement ;

2° ceux de ses membres qui sont trop pauvres et qui ne peuvent pas supporter le poids des conditions financières de ses prêts sont alors éligibles aux interventions de l'IDA.

La banque peut également octroyer des prêts aux entreprises privées, moyennant la garantie de l'Etat dont elles relèvent.

3. L'organisation de la banque.

L'organisation de la banque se réduit à un conseil des gouverneurs où sont représentés tous les Etats membres par les gouverneurs de leur Banque Nationale et un conseil d'administration présidé par une personne choisie en dehors des gouverneurs et des administrateurs ([2]).

Le conseil des gouverneurs est l'organe suprême qui décide de la politique de la banque. Il se réunit une fois l'an en assemblée générale. Notons cependant que des observateurs extérieurs peuvent y être invités sans droit de vote. Ses résolutions sont votées, selon le cas, à la majorité simple, à la majorité absolue ou à l'unanimité.

Sont prises à l'unanimité, les décisions qui concernent la modification des quotes-parts et des parités des monnaies nationales. Il revient à l'assemblée générale de décider de la majorité voulue pour les autres questions.

Le vote à la banque n'obéit pas à la règle traditionnelle d'un Etat une voix. Ses résolutions, contrairement à celles d'autres organisations, ont un caractère contraignant pour tous les membres.

Le conseil d'administration assure la gestion générale de la banque ; son président en assure la gestion quotidienne sous la supervision du conseil. Le conseil d'administration est composé d'administrateurs à temps plein choisis par les Etats membres. Il se réunit sur convocation de son président.

B. Le fonds Monétaire International « FMI »

1. Nature

Le FMI a trois visages :

- Celui d'un corps de règles de conduite s'imposant au comportement des Etats membres ;
- Celui d'une institution financière, disposant de ressources mises au service d'objectifs déterminés dans un esprit de solidarité internationale ;
- Celui, enfin, d'une organisation internationale habilitée à prendre des décisions à caractère obligatoire et à poser des actes de gestion.

Comme pour la banque, le FMI a institué le système de quotes-parts. Ses ressources viennent des contributions des membres. Chaque pays verse une quote-part calculée en fonction de son poids économique, mieux de produit intérieur brut, ses réserves monétaires dont 25% en or, son DTS et le reste en devises ou en monnaie nationale([3]).

([2]) Bakandeja wa Mpungu G., *Droit du commerce international. Les peurs justifiés de l'Afrique face à la Mondialisation des marchés*, Deboeck, Bruxelles, 2001, p.43.

([3]) http://www.fondsmonétaireinternational.cd mis à jour le 12 octobre 2016.

Cela revient à dire que l'adhésion d'un Etat au FMI implique qu'il lui soit attribué une « quote-part ». Il s'agit d'une grandeur exprimée en DTS (droit de tirage spécial), représentative, par comparaison avec l'ensemble des quotes-parts, de l'importance économique et financière du pays en cause.

Les droits et les obligations à caractère financier des associés sont libellés dans l'unité de compte « DTS » qui, depuis 1974 a remplacé le poids d'or. Bien avant 1974 c'est l'or qui exerçait cette fonction (1/335 d'onces, soit l'équivalent du dollar des Etats Unis jusqu'en 1971)([4]).

Ainsi, la quote-part d'un Etat sert en particulier à déterminer :

- Le montant de sa souscription au capital ;
- Le montant des facilités de crédit auxquelles il peut prétendre suivant les critères fixés pour chacune desdites facilités ;
- Sa part dans une éventuelle allocation des droits de tirages spéciaux ;
- Son pouvoir de vote.

Le siège du Fonds est situé dans le pays dont la quote-part est la plus élevée, en l'occurrence les Etats Unis d'Amérique, à Washington DC.

Le FMI coordonne les politiques monétaires, il est le gardien des règles de Bretton Woods et offre des crédits.

Cependant, il n'est pas la super banque proposée par Keynes, qui aurait pu créer un moyen de paiement supranational. C'est un simple « pool des devises », une cagnotte au sein de laquelle chacun peut être appelé à puiser[5].

2. Composition

Seuls les Etats peuvent être membres du FMI. Le FMI est composé de 184 pays, répartis en deux catégories des membres. Nous avons les membres originaires et les non originaires.

Sont membres originaires, les 44 Etats qui ont participé à la conférence qui ont accepté et ratifié les accords avant le 31 décembre 1946 et dont les noms et les quotas sont annexés aux accords.

Sont non originaires, les nouveaux membres qui ont satisfait aux conditions fixées par le FMI. Il appartient au conseil des gouverneurs de fixer les conditions pour chaque Etat candidat.

Ces conditions portent sur la fixation du montant des quotes-parts allouées aux nouveaux membres, aux modalités de leur versement, sur les délais de leur versement, les délais de déclaration d'une parité de la monnaie de cet Etat et, sur la date à laquelle les transactions de change avec le fonds pourront se faire.

([4]) http://www.fondsmonétaireinternational.cd mis à jour le 12 octobre 2016.

([5]) Nyembo Tampakanya, *Droit financier. Le marché des produits financiers en République démocratique du Congo*, Ed. Espérance, Paris, 2019, p. 167.
Lire aussi du même auteur, l'organisation des marchés financiers en république démocratique du Congo. Pour l'instauration d'une bourse des valeurs mobilières, Ed. L'Harmattan, Paris, 2017.

En fin, il est fait obligation au nouveau membre de donner au FMI tous les renseignements et informations dont il pourrait avoir besoin. Ce droit d'être informé a longtemps contribué à tenir à l'écart du Fonds certains Etats dont l'URSS qui, bien qu'ayant participé à la conférence de Bretton Woods, avait décidé de garder secrètes certaines informations économiques.

La qualité de membre à titre définitif est obtenue après signature de l'accord instituant le FMI et après la remise des instruments d'acceptation ou de ratification au gouvernement américain qui a été institué « dépositaire du traité ».

On peut volontairement se retirer du FMI ou en être expulsé. On peut se retirer volontairement en notifiant par écrit sa décision au siège du FMI. Deux Etats ont usé de ce droit, à savoir la Pologne ex socialiste et le Cuba.

Le fonds peut expulser l'Etat fautif ou le sanctionner soit en le déclarant inéligible à l'utilisation des ressources qu'il gère, soit suspendre ses droits de vote, soit exiger que le récalcitrant remplisse telle ou telle autre condition. La Tchécoslovaquie est le membre qui a déjà fait l'objet d'une expulsion.

3. Structure

Le FMI comprend trois organes :

- Le conseil des gouverneurs ;
- Le conseil d'administration ;
- Le directeur général.

a. Le conseil des gouverneurs

Les Etats membres sont représentés chacun par un gouverneur au conseil des gouverneurs. Le plus souvent c'est soit le ministre des finances de cet Etat, soit le gouverneur de sa banque centrale. En principe, tous les pouvoirs du FMI sont dévolus au conseil des gouverneurs. Celui-ci peut en déléguer certains au conseil d'administration.

b. Le conseil d'administration

Il est responsable de la conduite générale des affaires du Fonds et en assure la gestion courante.

Le conseil d'administration est également chargé de négocier les conditions d'admission des nouveaux membres et de choisir le directeur général.

Les Etats membres choisissent les administrateurs sans conditions. Il est simplement demandé aux administrateurs de consacrer au FMI tout le temps et toutes les attentions que les affaires du FMI réclament et d'être continuellement disponibles à exercer leurs fonctions de manière permanente au siège central du Fonds.

Cependant, les statuts sont restés sans réponse à la question de savoir si ces administrateurs sont des fonctionnaires internationaux ou des représentants des Etats. Nous sommes d'avis qu'ils sont des représentants des Etats appelés à une obligation de réserve et d'indépendance dans leur comportement au sein du conseil.

Le conseil d'administration se réunit sur convocation de son président chaque fois que de besoin.

c. Le Directeur général

Le directeur général est le chef des services et assure la gestion courante des affaires du Fonds([6]) sous la direction du conseil d'administration et sous son contrôle. Il est responsable de l'organisation des services, des nominations et des révocations des fonctionnaires du Fonds.

Indiquons que cette tutelle du conseil sur le directeur général n'est pas rigide. Sa place fait qu'il joue un rôle très important au sein du FMI. C'est l'agent des liaisons entre les différents acteurs du FMI (personnel, administrateurs, Etats et organisations internationales). Il est le seul compétent à rendre compte des activités du Fonds au conseil économique et social de l'ONU.

Le directeur général est élu pour un mandat de 5 ans renouvelable, parmi les personnes qui ne sont ni gouverneurs, ni fonctionnaires du fonds et ayant moins de 65 ans d'âge. Selon une règle non écrite le directeur général du FMI doit être un français et le président de la banque mondiale un américain.

De quelle manière se matérialise le contrat de financement ?

III. Les conditionnalités instituées par les institutions des Bretton Woods

A. Etat de la question

Après la reconstruction de l'Europe, l'efficacité des interventions des institutions de Bretton Wood de même que l'impact socio-économique des projets qu'elles financent ont toujours fait l'objet des critiques les plus virulentes. En effet, d'aucuns estiment que les conditions imposées par la banque (par exemple : respect de droit de l'homme, création des structures parallèles à l'administration pérenne devant gérer le financement (projet), recrutement des « experts » internationaux voir même le choix des projets à financer) constituent un frein à la matérialisation même des projets financés. Ces conditions qui sont par moment contradictoires les unes des autres et qui ne tiennent pas, à certains égards, compte des situations particulières des milieux d'intervention apparaissent irréalistes dans bien des cas.

([6]) Article 12, section IV B des statuts du FMI.

D'après nos informations, certains crédits tombent en annulation du simple fait que l'Etat bénéficiaire n'a pas réalisé les préalables (conditions) exigés.

Par ailleurs, le recrutement des « experts internationaux » qui : 1° ne connaissent pas grand-chose de l'environnement du pays concerné et, 2° coûtent cher (par moment 60% du financement dont 40% pour la rémunération et 20% pour les autres charges liées à leur standing « jeep de dernière génération, hôtel de luxe, repos hebdomadaire ») annihile les effets positifs de l'intervention qui peut être à la hauteur de 40 % seulement du montant du financement.

En Afrique, on se demande si c'est la banque qui finance les Etats ou c'est l'inverse qui est explicable dès lors qu'il s'agit des prêts à intérêt qui obéissent à la théorie en la matière. Des prêts dont près de 60% sont affectés à des dépenses non rentables, des dépenses de prestige des « experts » internationaux, pourquoi faire ?, se demandent bien les congolais.

Face à ces critiques, la Banque et le FMI ont mis en place, depuis 1993, un panel d'experts indépendants appelé à se prononcer sur le respect par chacun de ses propres procédures et politiques tant lors de la conception du projet que lors de son exécution. A cet effet, une demande d'inspection peut être introduite par un groupe d'individus lésés par un projet de l'organisation.

Malgré cette initiative, l'intervention de la banque semble ne pas répondre efficacement. Voici les caractéristiques majeures de ces conditions.

B. Caractéristiques des conditionnalités

Des recherches récentes, menées par Evariste Nyembo Maliyapombe en 2019, sous la direction du Professeur Ntuaremba Onfre à l'Université de Kinshasa aboutissent à la conclusion selon laquelle lorsqu'un pays emprunte les crédits auprès du FMI, ses autorités acceptent d'ajuster leurs politiques économiques pour surmonter les problèmes qui les ont conduits à solliciter l'aide financière de la communauté internationale[7]. Les conditions de ces crédits permettent de veiller à ce que le pays soit en mesure de rembourser aux bailleurs afin de mettre les ressources à la disposition d'autres pays membres qui en ont besoin.

La bonne gouvernance est exigée afin d'aider les pays membres à résoudre leurs problèmes de balance des paiements sans recourir à des mesures qui porteraient atteinte à la prospérité nationale ou internationale.[8]

([7]) Nyembo Maliyapombe E., *La bonne gouvernance comme conditionnalité d'accès au crédit du FMI : regard sur la RDC*, Faculté des Sciences Sociales, Administratives et Politiques, RI, 2019, Unikin, pp.27-30.

([8]) FMI, IMF. Evaluation of structural conditionality in IMF-supported programs, Washington, 2005, p.10.

Dans la pratique, les Etats qui sollicitent l'aide n'ont pas de choix, ils doivent remplir les conditions préétablies.

Censées libérer les peuples du joug de la nécessité et de leur enfermement dans les traditions ossifiées, les politiques économiques qui vont être conduites le seront suivant un modèle unique qui bien loin d'apporter le « progrès » promis va accentuer les phénomènes de paupérisation tout en ébranlant davantage les faibles cohésions nationales[9]. Il se dégage ainsi les caractéristiques suivantes dans l'exigence de la bonne gouvernance, à savoir :

- Un nombre élevé de conditions structurelles ;
- Les institutions de Bretton Woods continuent à imposer des conditions économiques controversées ;
- Il y a en plus, des conditions de réforme du secteur public dans l'ensemble qui affaiblissent la puissance de l'Etat.

1. Un nombre élevé de conditions structurelles cumulatives

Le FMI par exemple a admis que les années 90 avaient vu de conditions structurelles proliférées[10] et, sous la pression des groupes de la société civile, a tenté d'en réduire le nombre. En 2002, il a publié de nouvelles directives sur la conditionnalité, qui appellent à une rationalisation, tant du nombre de conditions attachées aux prêts que du nombre de domaines touchés par les réformes politiques imposées, afin d'éviter une « extension rampante » de la conditionnalité. Les directives stipulent également que les pays doivent mieux s'approprier les conditions qui leurs sont imposées. L'année dernière, le FMI a publié une étude sur le succès de ses directives, qui en diffusait une image résolument positive.

L'étude d'Eurodad révèle cependant que les conditions structurelles imposées aux pays pauvres sont encore nombreuses : 11 par Facilité pour la Réduction de la Pauvreté et pour la Croissance « FRPC » évaluée à la moyenne. C'est par exemple : la réforme des finances publiques, le désengagement de l'Etat du secteur marchand, la promotion de parité homme-femme, la démocratisation des institutions, l'amélioration du climat des affaires, l'éducation pour tous, l'autonomisation des jeunes en général et de la jeune fille en particulier, les exonérations fiscales en faveur des investisseurs afin d'emploi, le rajeunissement de l'administration publique, la lutte contre la corruption, l'audit financier du trésor public, la privatisation des entreprises publiques, l'autorisation pour que les producteurs miniers et des hydrocarbures gardent 60% des recettes de leur exportation dans un compte à l'étranger.

([9]) Bernard Hadjadj, *Les Parias de la mondialisation*, Ed. L'Harmattan, Paris, 1998, p.9.

([10]) 2005 IMF Review of the 2002 conditionality Guidelines prepared by the policy, 3 Mars 2005. http://www.imf.org/external/npp/eng/2005.

On note également une grande disparité dans le nombre de conditions structurelles que chaque pays se voit stipuler dans le cadre d'un prêt FRPC. Cela confirme l'étude qu'Eurodad avait menée en 2003 sur la conditionnalité du FMI, qui avait déjà établi que les pays qui s'alignaient sur l'orthodoxie des critères du FMI se voyaient imposer moins de conditions.[11]

Pourtant, les évaluations plus récentes de FTPC menées en 2005-2006 révèlent que beaucoup de pays subissent encore un grand nombre de conditions structurelles en parallèle avec les financements qu'ils reçoivent. Le Burkina-Faso, où 38% des enfants de moins de 5 ans souffrent de malnutrition, a vu les aides au développement du FMI s'accompagner de 14 conditions structurelles en 2005 ; le Benin (en 2005) et le Niger (en 2006), eux, ont dû respecter 13 conditions chacun avant de bénéficier de leurs prêts de développement.[12]

Il est constaté que les désajustements mondiaux vont, par les ajustements nationaux qu'ils appellent, pénaliser davantage les pays les moins avancés qui paieront durement l'accélération du processus de mondialisation-globalisation[13]. Ils sont à la base des stagnations et du recul des pays d'Afrique subsaharienne avec la détérioration des termes de l'échange.

En effet, les décalages se multiplient. La tendance à la déscolarisation est quasi-générale à cause de la chute des revenus, aux ajustements monétaires qui poussent à des mises au travail à des âges précoces dans des activités agricoles d'autoconsommation ou dans celles de survie de l'informel urbain[14]. Si l'on convient que l'institutionnalisation de l'éducation consacre sa séparation d'avec les activités productives et que son degré de généralisation, en tant que sphère autonome, révèle une ouverture vers des formes d'universalisme, alors on est en droit de s'inquiéter de ces évolutions.

Le problème est profond et sera durable si l'on s'en remet uniquement à une hypothétique croissance économique soutenue.

2. Les institutions de Bretton Woods imposent des conditions controversées

Il est révélé que le FMI ou la BM continue d'imposer des réformes structurelles de politiques économiques très controversées aux pays en développement. Quarante-trois pourcent (43%) des conditions structurelles du FMI visent, en effet, des réformes économiques. Et la moitié d'entre elles se rapportent à des privatisations.

([11]) Eurodad, 2003, Streanaling of structural conditionality, wath has happened? Cité par Nyembo Maliyapombe, *op. cit.*, p.28.

[12] Prêts de la quatrième revue au titre de la FRPC accordée au Burkina-Faso (2005), et première revue d'une FRPC de trois ans pour le Niger (2006).

[13] Bernard Hadjadj, *Les Parias de la mondialisation, op. cit*, p.20.

[14] *Idem*, p.41.

On entend souvent parler de l'ajustement structurel. Qui est un processus institutionnel qui se traduit par des accords entre les pays et les institutions de Bretton Woods sur des réformes économiques en échange de concours financiers multilatéraux et bilatéraux : accord de confirmation avec le FMI sur le cadre financier et monétaire, élaboration avec le concours de la banque mondiale d'un Document Cadre de politique économique (DCPE).

Douze (12) des vingt (20) pays pauvres qui ont recouru à leurs services doivent respecter des conditions relatives à des privatisations dans le cadre des prêts au développement dont ils bénéficient. Le Vietnam arrive en tête : plus de la moitié (9 sur 17) des conditions attachées aux crédits du FMI en 2002 lui imposaient des privatisations. Toutes exigeaient la privatisation des entreprises publiques et la réforme du système bancaire[15]. En 2004, le gouvernement Vietnamien a mis fin au prêt du FMI, estimant que les conditions structurelles lui imposant qu'un audit de la banque d'Etat du Vietnam soit effectué par une entreprise étrangère allait à l'encontre de ses lois.

Dans le cas du Bénin où seulement 34% de la population adulte (de plus de 15 ans) est alphabétisée[16], plus de la moitié des conditions structurelles du FMI (7 sur 33) imposées concernaient des réformes de privatisation. Celles-ci exigeant la privatisation des secteurs du coton, des télécom et de l'énergie, ainsi que la réforme des ports, afin d'en faciliter la privatisation. La même année, près de deux tiers des conditions structurelles (7 sur 11) stipulées dans les prêts du FMI au Mali, pays où 64% de la population vit en dessous du seuil de la pauvreté. Le pays a en effet été contraint de privatiser ses secteurs bancaires et de télécommunications, et d'entamer des réformes du secteur énergétique et de l'agriculture relatives à des privatisations.

Donc pour les pays analysés, le nombre de conditions de privatisations imposées par le FMI est resté constant entre 2005 et 2006, à 2 par évaluation de FRPC. Que privatise-t-on ?

La grande majorité des conditions de privatisation concerne le secteur bancaire. Neuf à onze pays soumis à des conditions de privatisation du FMI, ont dû se plier à une forme ou une autre de privatisation de leur système bancaire. L'industrie énergétique est le deuxième domaine visé par les conditions de privatisation du FMI.

Et la RDC n'est pas épargnée par cette confusion.

Actuellement, avec l'exigence de l'actionnaire de référence qui doit être un groupement financier non industriel et commercial[17], toutes les banques œuvrant en RDC appartiennent aux étrangers.

---

[15] Deuxième revue dans le cadre de l'accord de trois ans au titre de la FRPC.

[16] Banque Mondiale, Benin At a Glance: http://dev data. Worldbank.org/AAG/ben.

[17] Article 5 de l'instruction n°18 aux banques, relative aux conditions d'agrément des banques et de leurs dirigeants ainsi que des modifications de leurs situations statutaires.

De même, pour ce qui est du secteur des télécommunications, le désengagement de l'Etat, mal compris, a donné aux privés, tous de nationalité étrangère, même les aspects de la gestion de sûreté publique. Dès lors, comment développer un pays avec les étrangers uniquement ?

Il est établit que ces mauvais choix des politiques macro-économiques et sectorielles ont été facilitées et principalement inspirés par l'ensemble des bailleurs des fonds. Que les méthodes exagérément centralisatrices, que la superposition des logiques traditionnelles et des contraintes d'une gestion moderne aient décrédibilisé la fonction étatique, cela ne fait aucun doute.

En effet, les approches cyniques de la pauvreté jalonnent l'histoire du libéralisme économique. Si la pauvreté n'est guère un phénomène nouveau, l'extension inconsidérée des marchés, la loi implacable du libéralisme économique et de ses présupposés idéologiques contribuent à sa formidable extension comme une fatalité incontournable, un mal nécessaire. Le libéralisme considère la justice sociale comme dénuée de sens.

Seul l'Etat peut promouvoir l'intérêt général. Et pourtant les ajustements structurels prônent le libéralisme qui affaibli l'Etat, dérègle son fonctionnement, donne les attributions de l'administration publique à la rue, à la communauté. C'est la démocratie.

3. Les conditions de réforme du secteur public réduisent sensiblement l'autorité de l'Etat et les recettes publiques

A quelques aménagements près, le traitement est partout le même. Il se traduit fondamentalement par le désengagement de l'Etat. Cette contestation de l'intervention de l'Etat s'amplifie avec la remise en cause des pensées keynésiennes, par la diminution de l'intervention publique en réduisant le rôle de l'Etat. Cinquante-six (56%) pourcent du total des conditions structurelles que le FMI et la BM attachent à leurs prêts aux pays pauvres concernent des réformes du secteur public. Tout autant que dans le cas de la Banque Mondiale, on s'inquiète de savoir si le FMI est l'agence adéquate pour promouvoir des réformes telles que des conceptualisations ou des réformes du service public, et surtout si la conditionnalité est l'instrument qui permettra d'y parvenir.

Tous les pays qui ont eu l'appui de ces institutions subissent des conditions des réformes de leur secteur public en parallèle avec leurs prêts en cours. Les conditions stipulant des réformes de la gestion des finances publiques et du système fiscal représentent plus de deux tiers de toutes les conditions de réforme du secteur public imposées. La grande majorité de ces conditions sont en fait axées sur les réformes fiscales, budgétaires et monétaires.

Ce qui aboutit, dans la plupart des cas, à l'amenuisement des bases imposables (à cause des exonérations) et de ce fait la baisse des recettes propres. Comment prétendre à un développement sans recettes propres ?

Il est évident que l'accélération du processus de la mondialisation par la BM et le FMI, la brutalité des programmes d'ajustement structurel dans bien des pays pauvres ont renforcé la paupérisation, les limites de l'économie des marchés dans sa capacité à modifier les rapports sociaux de production, la prégnance des liens primordiaux, l'affaiblissement de l'Etat et le délitement de sa fonction intégratrice.

En conséquence, on voit bien le retour en force de l'informel, des ancrages traditionnels et la crise de la solidarité internationale entrainant ainsi l'aggravation de la pauvreté et de l'exclusion. Et donc une marginalisation des pays pourtant en processus d'aide.

IV. Les faiblesses de l'Etat congolais qui justifient les conditionnalités

Au rang des faiblesses, on peut retenir :

- L'absence d'un cadre légal propre à la gestion de la dette ;
- L'absence d'un management de gestion de la dette ;
- Le désintéressement de l'administration dans les négociations de la dette.

1. L'absence d'une loi relative à la gestion de la dette.

Une stratégie d'endettement doit être accompagnée par une loi devant encadrer le processus de négociation et de gestion de la dette afin de s'assurer et de rassurer la solvabilité du pays.

La volonté de s'endetter formellement, pour le cas de la RDC, est à localiser à partir de 1984. Le gouvernement avait même signé une convention avec la Banque Centrale en mars de 1987 afin de pouvoir émettre, en son nom et pour son compte, des titres d'endettement.

En effet, s'endetter aux moindres coûts et risques en vue de répondre aux besoins de financement de l'Etat, tel est l'objectif que doit poursuivre le pays dans la gestion de la dette. Ce qui permet de mettre fin aux dérapages dans le processus d'endettement public, aux difficultés liées à l'absence de centralisation des informations sur la dette et à l'absence d'une stratégie cohérente d'endettement.

Dans ce cadre, le plan stratégique de la réforme des finances publiques ne suffit pas, la loi relative aux finances publiques qui en est sortie ne suffit pas non plus[18]. Il faut, en complément, une loi relative à la gestion de la dette publique, ou tout au moins un règlement autonome, cadre légal devant définir clairement les objectifs, les responsabilités de différents intervenants, les principes comptables applicables, les procédures de conclusion de la dette et les conditions de son remboursement.

N'ayant rien qui s'impose à elles, les institutions de Bretton Woods s'amènent avec leurs instruments juridiques sous forme de conditions.

---

[18] La loi n° 11/011 du 13 juillet 2011 relative aux finances publiques a posé les jalons en fournissant des grandes orientations en matière de gestion des finances publiques.

2. L'absence d'un management de gestion de la dette

Dans une logique moderne, aucun Etat ne peut prétendre gérer sa dette efficacement sans recourir aux meilleurs pratiques en la matière et aux instruments appropriés, notamment la stratégie de gestion de la dette à moyen terme « SDMT » suivi d'une analyse de viabilité de la dette.

Financer les opérations du trésor par le marché financier nécessite la mise en œuvre d'une SDMT afin de réduire, à moyen terme, les risques associés au portefeuille de la dette sur base d'une analyse des coûts et des risques.

La RDC ou tout Etat en difficulté financièrement doit faire un usage régulier de cet outil en vue d'une planification budgétaire et de viabilité de la dette. Ce qui constitue un message de l'Etat quant au choix de la discipline dans la gestion des finances publiques. A ce titre, la qualité des politiques et des institutions ne devrait pas être négligée car elle soutend la viabilité de la dette.

En effet, la viabilité de la dette publique est notamment fonction de la qualité des politiques et des institutions publiques nationales quantifiée au moyen de l'indice CPIA, lequel est pris en compte dans l'évaluation du risque pays. Ce qui permet de dégager la marge d'endettement supplémentaire d'un pays.

3. Le désintéressement de l'administration dans la gestion de la dette

Il se révèle qu'en RDC l'administration n'est pas significativement impliquée dans le processus de négociation et de gestion de la dette. En effet, quand bien même il a été créée une Direction Générale de la Dette Publique « DGDP » en sigle, dotée d'une autonomie financière et Administrative, dont l'objectif est la gestion de la dette publique, le reste des administrations compétentes n'est pas impliqué dans ce processus.

Aussi, la dette étant à gérer de façon interinstitutionnelle ou tout au moins interministérielle, les autres administrations comme le plan et l'économie ne participent pas à ce processus comme souhaitable, le Premier Ministre, sous l'impulsion du Chef de l'Etat, devant jouer son rôle de coordonnateur de la politique de la dette. Cet état de choses ne permet pas la planification budgétaire, visée ci haut. Et donc, les institutions de Bretton Woods viennent sur un terrain vierge, qu'elles peuvent gérer à leur guise.

V. Que faire ?

L'endettement comme instrument de politique économique ne fera jamais l'unanimité dans la mesure où il peut avoir des effets inflationnistes. Mais la capacité d'une nation à rembourser sa dette publique a finalement plus d'importance que son niveau d'endettement. Pour résoudre la question de l'efficacité de l'intervention de la Banque mondiale et du FMI, il est souhaitable que les conditions de l'endettement tiennent compte de l'environnement du bénéficiaire afin d'éviter de le replacer dans un cycle de dettes ; que cette intervention entre dans le cadre du plan général du développement fixé par l'Etat bénéficiaire. Si on doute de l'administration de l'Etat, on ne peut pas en créer une autre, composée pourtant des humains, et souvent gérée par étrangers. Car, on se demande si ces étrangers ont plus intérêt à ce que ça change.

Aussi, et pour répondre aux mieux aux besoins des Etats en voie de développement, il est souhaitable que la banque et le FMI améliorent les conditions d'intervention de leurs filiales en les adaptant aux contraintes des Etats pauvres, étant entendu que l'Association Internationale de Développement et la Société Financière Internationale étaient conçues dans un contexte où lesdits Etats, qui venaient de naître, n'avaient aucune maîtrise des enjeux et des techniques de négociation.

De ce fait, faudra t- il que ces conditions soient négociables, selon et dans le respect de l'autonomie de la volonté, principe sacré pour la validité de tout contrat. Ce qui permettra au bénéficiaire du financement de faire des choix des actions à financer, avec l'accompagnement des institutions de Bretton Woods.

VI. Conclusion

L'aide au développement est nécessaire pour les Etats en difficulté. Mais faudra-t-il qu'elle soit accordée en tenant compte des particularités, de l'environnement du bénéficiaire. Bien que le FMI et la Banque Mondiale fonctionnent comme toute banque privée, leurs activités sont à exercer en vue de soutenir un membre en difficulté, qui ne sait pas recourir aux marchés financiers à cause du prix du financement qui y est cher.

Dès lors, pourquoi recourir à ces deux institutions pour un prix accessible mais avec des conditions cumulatives contradictoires ne pouvant pas permettre le bon décaissement du financement, occasionnant ainsi un surendettement.

Aussi, les experts envoyés ne sont pas nécessaires s'ils agissent comme des maîtres d'un terrain conquis, qu'ils ne maîtrisent pourtant pas. Dans ce climat de méfiance, ils deviennent des acteurs de la paupérisation.

Ainsi, les deux institutions sont appelées à accompagner les Etats bénéficiaires de l'aide dans la rigueur mais en bon père de famille.

Cela suppose la mise en cohérence et l'efficacité de l'aide grâce à un cadre de diagnostic et d'orientation par pays.

Dans ce cadre, il faut voir les types de financement qui sont le mieux indiqués, en faisant un bon choix et une bonne répartition entre dons et prêts. Un regard devrait être centré sur ce pourquoi il faut financer et pour quel montant. A ce sujet, le financement devrait être orienté vers les actions qui consolident l'Etat au lieu de l'affaiblir.

Le choix des actions à financer devrait être fait par l'Etat qui aura négocié sur les modalités d'exécution du contrat de financement de façon à exprimer sa volonté.

Le forçage du contrat par le juge

■ ***Léché Ilunga wa Ilunga***
Avocat près la cour d'appel de Kinshasa/Matete
Apprenant troisième cycle en Droit de l'Université de Kinshasa

L'article 33 du décret du 30 juillet 1888 portant des contrats ou obligations conventionnelles dit code civil, livre III (CCL III) [1]pose un principe sacro-saint selon le lequel : « les conventions légalement formées tiennent lieu de loi à ceux qui les ont faites ». C'est le principe de la force obligatoire du contrat[2]. Il implique donc que « ce que la volonté commune a fait, seule la volonté commune peut la défaire ».

C'est le principe de la force obligatoire du contrat qui a comme première conséquence que seules les parties sont libres de s'engager mais si elles s'engagent, elles doivent se tenir à leur engagement : *pacta sunt servanda.* La deuxième conséquence est que seules les parties au contrat peuvent défaire ce qu'elles ont fait. La troisième conséquence est que le contenu du contrat s'impose, non seulement aux parties, mais aussi au juge qui ne peut pas le dénaturer : le juge en somme est au service du contrat.[3]

Cependant il peut arriver que le contrat soit mal rédigé qu'il soit équivoque, ambigu, obscur ou imprécis à telle enseigne que chaque partie en a une lecture, une compréhension différente, mais aussi elles peuvent rester silencieuses et dans ce cas le juge va devoir se livrer à une interprétation de ce dernier. Il arrive parfois que le contrat légalement et librement formé par les parties rencontre des difficultés qui peuvent entrainer sa paralysie dans son exécution.

Le juge, dans l'interprétation du contrat peut-il imposer aux contractants des obligations contractuelles qu'elles n'ont pas prévues. Tel est le problème posé par la question du forçage du contrat par le juge.

---

[1] Kalongo Mbikayi, *Droit civil,* Tome 1, *Les obligations*, Kinshasa, Editions Universitaires Africaines, 2012, p.116.
[2] *Idem.*
[3] Josserand, *Le contrat forcé et le contrat légal*, D.H., Chap. 5, p.124.

Ainsi dans la présente étude, nous ferons tour à tour un aperçu général sur la théorie du forçage du contrat (I) et nous examinerons l'interprétation du contrat, modalité du forçage du contrat effectué par le juge (II) ainsi que les obligations dégagées dans le cadre du forçage (III).

I. Aperçu sur le forçage du contrat

A. Définition du forçage du contrat

Le forçage du contrat est un ajout par le juge d'une obligation dans le contrat, non stipulée par les parties. Le juge fait engendrer des obligations que les parties n'ont pas réellement voulues.

En effet, il peut arriver que les parties gardent silence dans leur contrat sur un élément important et nécessaire à son exécution. Le juge en interprétant le contrat y ajoute parfois des obligations non-prévues par les parties.

C'est à partir de ce moment que l'on porte atteinte à la volonté des parties dont JOSSERAND parle de « forçage du contrat », car la recherche artificielle de la volonté des parties va être délaissée, laissant place à la charge des parties de nouvelles obligations non contenues dans le document contractuel.[4]

Ainsi, le forçage du contrat écarte la volonté des parties tout en amenant le juge à rétablir l'équité entre les contractants jouant ainsi le rôle de combler les lacunes des parties de plusieurs façons.

B. Les fondements de la théorie du forçage du contrat ou effet pernicieux du dirigisme contractuel

La théorie du forçage du contrat par le juge a été présentée par la doctrine comme étant une interprétation du contrat par le juge qui vise à encadrer la volonté des parties. En effet, le Code civil livre III pose un certain nombre de règles permettant au juge d'entrer dans le contrat, c'est-à-dire de l'interpréter aux articles 54 à 62 du CCLIII.

C'est ainsi qu'en interprétant le contrat, le juge peut détourner la volonté des parties en recherchant un équilibre qu'on peut qualifier d'être artificiel.

1. Le détournement de la volonté des parties

Le détournement de la volonté des parties consiste pour le juge de réviser le contrat. Les parties ont contracté en fonction de circonstances économiques, mais si elles avaient connu le bouleversement économique elles se seraient engagées avec des clauses différentes. Comme on ne peut pas rechercher véritablement la volonté des parties alors les juges essaient d'analyser la révision selon qu'elle est moralement juste et économiquement utile.

---

[4] Josserand, *op. cit.*, p.125.

Ce détournement a été critiqué et on reproche à la révision du contrat d'être un facteur d'instabilité et d'insécurité.

Cependant, c'est le contraire qui se passe. En effet, si les conditions changent sans révision, une partie sera ruinée et elle n'exécutera pas le contrat. La révision apparaît comme moralement souhaitable mais économiquement dangereuse. Le facteur moral est subordonné au facteur économique. Mais cela n'exclue pas une intervention sélective pour certains contrats. Le juge peut alors décider que ces contrats doivent susciter une coopération active et permanente des contractants pour que l'exigence de bonne foi soit satisfaite.

2. *A la recherche d'un équilibre artificiel entre les parties*

C'est l'article 54 du CCL III qui pose la première directive adressée au juge. Selon cette disposition, « on doit dans les conventions rechercher quelle a été la commune intention des parties contractantes, plutôt que de s'arrêter au sens littéral des termes ». Mais en matière contractuelle, le juge pourra difficilement recueillir des informations l'aidant à clarifier l'intention des parties. Contrairement aux lois, le juge ne dispose pas des outils d'investigations du domaine législatif ; ni travaux préparatoires, ni motifs. Il va devoir redonner à la convention le sens exact que les parties avaient voulu lui donner mais avaient mal exprimé.

Son rôle ne consiste pas à imposer son point de vue. Qualifié de « petit guide-âne » par le Doyen CARBONNIER[5], les dispositions ne s'imposent pas au juge, ce sont de simples conseils n'ayant pas de valeur impérative. Elles sont plutôt une « feuille de route », permettant d'obtenir plus de précisions en invitant les juridictions du fond à rechercher l'intention. Il ressort clairement, à la lecture de cet article, que l'esprit doit l'emporter sur la lettre. Telle doit être l'attitude du juge amené à interpréter le contrat.[6]

La jurisprudence a apporté des illustrations comme en témoigne l'arrêt de la chambre commerciale du 9 juin 1998. Dans le cadre d'un cautionnement, il a été admis que l'intention réelle des parties pouvait être décelée en comparant la date des actes de prêt et de cautionnement dans un premier temps, et du montant des engagements dans un second temps. Ou encore, pour l'interprétation d'une convention d'édition à la lumière des propositions antérieures de l'éditeur.

De même, en cas de contradiction entre une clause manuscrite ou dactylographiée, l'article 101 alinéa 1 du Code civil français prévoit que c'est la seconde qui prévaudra.

---

[5] Carbonnier, *Droit civil, Les obligations*, Paris, éd. PUF, 1996 (20ème éd.), coll. Thémis, n° 142.

[6] *Idem.*

C. Origine de la théorie du forçage du contrat : la jurisprudence

La théorie du forçage du contrat est une création jurisprudentielle intervenue pour combler le vide du fait du silence des parties sur certains points du contrat.

Elle tire son origine de l'arrêt de la Cour de cassation française en date du 21 novembre 1911. En l'espèce, il s'agit d'un voyage en bateau, un passager fut blessé et demanda réparation du préjudice à la compagnie maritime qui l'avait transporté. Dans le contrat de transport, une clause prévoyait une compétence d'attribution impérative au tribunal de Marseille pour régler les difficultés nées de l'exécution du contrat.[7]

Le problème consistait dans le fait de savoir si l'indemnisation du dommage corporel causé à la victime lors du transport, et sur laquelle le contrat était resté silencieux, était une obligation contractuelle. Pour résoudre ce litige, la Cour de cassation va considérer dans son Attendu de principe et sous le visa de l'article 1134 du code civil français, que « l'exécution du contrat de transport comporte pour le transporteur l'obligation de conduire le voyageur sain et sauf à destination ».

Le juge s'était octroyé le pouvoir de créer une nouvelle obligation non contenue dans la convention sous couvert du silence des parties et de sa compétence en matière d'interprétation. En l'espèce, seule une clause mentionnait une éventuelle compétence du tribunal Marseillais en cas de dommage. Mais les motifs et modalités de réparation n'avaient pas été évoqués par les parties.

Le juge chargé de l'interprétation du contrat de transport a donc créé de sa propre initiative une nouvelle obligation : « conduire le transporté sain et sauf à destination ». Le transporteur garantit la sécurité de ses passagers et s'il ne le fait pas, sa responsabilité sera engagée et le transporté n'aura pas à prouver une faute ».

II. Interprétation du contrat par le juge

Le juge en principe ne peut pas modifier le contrat des parties[8]. Il lui est néanmoins permis d'interpréter le contrat selon les directives contenues dans le code civil, livre III.

L'interprétation du contrat est l'opération par laquelle on en précise le sens, en cas de lacune, d'ambiguïté ou de contradiction. A défaut d'accord entre les parties, l'interprétation est effectuée par le juge.

Les articles 54 et suivants du code civil, livre III donnent au juge certaines directives d'interprétation avec comme principe la recherche de la volonté des parties, à défaut, il recourt à d'autres règles.

---

[7] Josserand, *op. cit.*, p.126.

[8] A. Benabent, *Droit civil, Les contrats spéciaux civils et commerciaux*, Montchrestien, Editions Lextenso, 9ème édition, 2011, n°292.

C'est ainsi que le juge, pour effectuer le forçage du contrat par le juge, passe par la recherche de la commune intention des parties (A) ou va au-delà en recourant à d'autres règles d'interprétation du code civil, livre III en créant des obligations à charge des parties (B).

A. Recherche de l'intention commune des parties

1. Base légale

L'article fondamental de cette méthode demeure l'article 54 CCL III qui dispose que : « on doit, dans les conventions, rechercher quelle a été la commune intention des parties contractantes, plutôt que de s'arrêter au sens littéral des termes ».

Ce texte impose de faire primer l'esprit de la convention sur sa lettre, et par conséquent de rechercher cette fameuse « commune intention de parties », ce qui s'avère parfois délicat.

L'intention commune est celle que les parties avaient au moment de la conclusion du contrat, mais leur comportement ultérieur peut être de nature à révéler cette intention[9].

Jugé que dans les conventions, il ne faut pas tant s'arrêter au sens littéral des termes qu'à la commune intention des parties contractantes[10].

L'intention réelle doit l'emporter sur le sens littéral. En particulier, en cas de contradiction entre une clause manuscrite et une clause imprimée, la première l'emporte, car elle est supposée révéler la volonté réelle.

2. Recours à la méthode subjective d'interprétation

Le juge recourt à la méthode exégétique apparu depuis le XIX° siècle, qui comprend deux composantes : la méthode subjective et la méthode objective.

Cette recherche de la volonté commune des parties dans l'interprétation du contrat repose sur la méthode subjective d'interprétation qui est puisée dans la théorie de l'autonomie de la volonté. Cette méthode fait du juge le « serviteur de la volonté des parties ». Dans cette optique, son unique rôle est de restituer à la convention sa réelle signification.

Aussi, il permet d'étendre la sphère des effets contractuels au-delà de la lettre même du contrat ».

En effet, l'article 57 CCLIII dispose que : « ce qui est ambigu s'interprète par ce qui est d'usage dans le pays où le contrat est passé ». L'article parle bien d'ambiguïté, alors qu'une volonté a été exprimée, il s'agira donc de l'élucider, de la préciser.

En outre l'article 61 CCLIII, relève lui d'une volonté d'assurer la cohérence contractuelle en disposant que « quelque généraux que soient les termes dans lesquels une convention est conçue, elle ne comprend que les choses sur lesquelles il paraît que les parties se sont proposé de contracter ».

---

[9] M.-T. Kenge Ngomba Tshilombayi, *Droit civil : Les obligations*, Paris, Editions de L'Harmattan, 2017, p.107.

[10] L'shi, 1er décembre 1970, RJC 1971, p. 33 ; L'shi, 1er juillet 1969, RJC 1969, p. 302.

Cependant, lorsque le juge se livre à interpréter un contrat, il est tenté soit de le dénaturer, soit de le requalifier.

3. La question de la dénaturation²

La dénaturation est la méconnaissance grossière et évidente d'un contrat dont le sens est discutable. Les juges du fond la commettent parfois pour des raisons d'équité et c'est ce dont la cour de cassation ne veut pas, sans doute parce qu'elle voit dans l'équité une source d'arbitraire.[11]

Le principe général de l'intervention du juge est qu'il ne peut intervenir que s'il y a obscurité. Lorsqu'une clause contractuelle est ambigüe, puisqu'il s'agit d'une question de fait, les juges du fond ont un pouvoir souverain.

Au demeurant, si le juge du fond interprète un contrat clair et précis, la cour de cassation française pose la règle qu'il le dénature, viole donc l'article 1192 du Code civil français, et que sa décision doit, par conséquent, être cassée[12]. Cet article du code civil français dispose : « On ne peut interpréter les clauses claires et précises à peine de dénaturation ».

En droit congolais, le code civil n'a pas cette disposition, mais néanmoins on applique l'adage selon lequel *« interpretatio cessat in claris »* ou encore *« in claris non fit interpretatio »* qui signifie l'interprétation cesse lorsque les choses sont claires.

Le juge n'a pas à interpréter les clauses du contrat lorsqu'elles sont claires sous peine de dénaturation du contrat.

Jugé que la convention avenue entre parties faisant la loi qui les régit dans l'interprétation et l'exécution de leurs obligations, l'arrêt qui méconnait ce principe prévu à l'article 33 du code civil, livre III, doit être cassé sur ce point[13].

4. La question de la qualification

Le juge n'est pas lié par la qualification donnée par les parties. Dans un contrat à interpréter, le juge doit y redresser la fausse qualification en y substituant celle qui parait lui convenir, en principe, compte tenu de la réelle volonté des parties.

Le juge peut aussi à l'inverse être appelé à confirmer les exactes dénominations fournies par les parties qui, par exemple, ont justement écarté la qualification « bail commercial » et retenu celle de « bail à usage d'habitation dans leur contrat ».

---

[11] Ph. Dupichot, *La nouvelle révision judiciaire pour imprévision, Réforme du droit des contrats et pratique des affaires,* Dalloz, 2015, p.154.

[12] Lire à ce sujet l'article 1192 du Nouveau Code civil français.

[13] CSJ, 3 avril 1976, BA 1977, p. 65 ; CSJ, 20 janvier 1982, RJZ 1982, p. 53 ; L'shi, 21 avril 1972, RJZ 1973, p. 70.

B. Interprétation créatrice du juge

Les articles 55 à 62 CCLIII, donnent des règles complémentaires lorsque le contrat peut s'avérer trop lacunaire empêchant de connaître avec certitude la volonté commune des parties.

Dans ce cas, le juge va l'interpréter excessivement, on parle d'interprétation créatrice. Découvrant plusieurs obligations en application, cela a pour conséquence de rajouter des obligations, des clauses non prévues à l'origine par les parties. C'est là que le juge se référer pour exercer son interprétation créatrice et forcer le contrat.

1. Recours à la méthode objective d'interprétation

Le juge recourt à la méthode exégétique apparu depuis le XIXe siècle, qui comprend deux composantes : la méthode subjective et la méthode objective.

Contrairement à la méthode subjective utilisée dans la recherche de la commune intention des parties, la méthode objective ou créatrice permet au juge de pourvoir aux manques, lacunes voir au silence des parties dans le contrat.

Le juge se base sur des éléments objectifs, et plus particulièrement la qualité de l'un des cocontractants. Il n'y a pas de référence à une quelconque volonté ou intention. Les usages en vigueur dans un pays donné sont simplement des éléments de détermination objective d'interprétation.

2. Sources de l'interprétation créatrice

Ainsi, par l'interprétation créatrice au travers la méthode objective, le juge va se tourner vers la loi, en cas d'impossibilité de trouver la volonté des parties, (a) ; et vers l'équité pour découvrir des obligations non prévues par les parties lors de sa formation et les usages (b) pour combler les lacunes réputées avoir été incorporés au contrat sauf clause contraire.

a. La loi

L'article 56 CCLIII dispose que « les termes susceptibles de deux sens doivent être pris dans le sens qui convient le plus à la matière du contrat ».

L'article 60 du CCLIII dispose que : « dans le doute, la convention s'interprète contre celui qui a stipulé, et en faveur de celui qui a contracté l'obligation ». Cet article est clairement guidé par une volonté de protection de l'une des parties. Ainsi, si malgré tout le doute subsiste, la convention s'interprète contre celui qui a stipulé et en faveur de celui qui a contracté l'obligation. Ainsi celui qui s'engage (le débiteur) est considéré comme étant dans une situation de faiblesse par rapport à celui qui obtient un engagement (créancier). Il faut donc protéger ce débiteur.

L'article 61 du CCLIII dispose que : « Quelque généraux que soient les termes dans lesquels une convention est conçue, elle ne comprend que les choses sur lesquelles il paraît que les parties se sont proposé de contracter ». Cet article permet au juge de se référer à la matière du contrat en cas de termes trop généraux devant être précisé ou à contrario en cas de termes restrictifs devant être élargis. Le juge doit apprécier globalement le contrat.

b. Les usages

L'article 57 CCLIII dispose : « ce qui est ambigu s'interprète par ce qui est d'usage dans le pays où le contrat est passé ». L'article 58 CCLIII aussi ajoute : « on doit suppléer dans le contrat les clauses qui y sont d'usage, quoiqu'elles n'y soient pas exprimées ». Le juge supplée à la volonté des parties dans le contrat quand il estime que les parties ne sont pas comprises en recourant aux usages. Il appliquera tel usage en raison de la nature même du contrat.

III. Les obligations dégagées dans le cadre du forçage du contrat par le juge

L'interprétation créatrice du contrat a permis au juge un forçage du contrat en y mettant des obligations de sécurité et d'information ou de conseil qu'il a ont été imaginé.

A. L'obligation de sécurité

1. Notion

L'obligation de sécurité créée par le juge était conçue comme une obligation de résultat. Il fallait que la victime prouve la faute de la compagnie qui la transportait. L'arrêt du 21 novembre 1911 est venu supprimer l'établissement de la preuve. Il lui suffit d'établir le défaut d'exécution de l'obligation qui incombe au transporteur. Cette obligation est à la charge de la compagnie « à partir au moment où le voyageur commence à monter dans le véhicule et jusqu'au moment où il achève d'en descendre ».[14]

2. Contrats concernés

Outre le contrat de transport, d'autres contrats sont aussi concernés. Il s'agit de :

- Contrat de transport ;
- Contrats de garage : le garagiste est « tenu, envers ses clients qui lui confient un véhicule en réparation, d'une obligation de sécurité dont il peut s'exonérer en prouvant qu'il n'a pas commis de faute » ;
- Contrat médical : le médecin est aussi débiteur de cette obligation et il a été jugé que « le contrat médical formé entre le patient et son médecin met à la charge de ce dernier, sans préjudice de son recours en garantie,

---

[14] Philippe Malaurie et Laurent Aynès, *Droit civil, introduction générale : livre III interprétation de la règle de droit,* Edition Cujas, 1994-1995, p.154.

une obligation de sécurité de résultat en ce qui concerne les matériels qu'il utilise pour l'exécution d'un acte médical »[15] ;

- Jeux, assistance, accueil d'un public, enseignement etc., sont intéressés, ce qui élargit constamment le domaine de l'obligation.

B. L'obligation d'information ou de conseil

1. Notion

Concrètement, l'obligation d'information et de conseil vise de nombreux contrats. Ce sont les professionnels qui sont le plus largement responsabilisés. Si l'on s'intéresse tout d'abord à la qualité des parties, on peut observer que le consommateur est de plus en plus protégé.

Cette obligation doit jouer chaque fois que l'une des parties « ignore légitimement des informations qui lui étaient utiles et que l'autre connaissait ou se devait de connaître ».

La jurisprudence y ajoute même un devoir de conseil et une obligation de renseignement.

2. Contrats concernés

Il en est ainsi pour les banquiers qui doivent informer le client du risque des opérations spéculatives ou encore pour les médecins, avocats, agents immobiliers, notaires[16]. Par exemple, les obligations du notaire dépendent des circonstances de la cause et de la qualité du client : profane ou professionnel.

La jurisprudence a également imposé une obligation d'information au vendeur. Il est tenu de « fournir tous les renseignements indispensables à son usage et notamment avertir l'utilisateur des précautions à prendre lorsque le produit est dangereux ».[17]

3. Charge de la preuve

La charge de la preuve repose sur lui et il devra prouver qu'il a correctement accompli ses obligations. Pour autant cet essor jurisprudentiel ne signifie pas que tous les contrats contiendront une obligation de renseignement. Celle-ci n'a de raison d'être que si elle constitue une « suite raisonnable et équitable du contrat ».

---

[15] Josserand, *op. cit.*, p.126.

[16] Philipe Malaurie et Laurent Aynès, *op. cit.*, p.154.

[17] *Idem.*

Conclusion

Le droit des contrats est essentiellement régi par le décret du 30 juillet 1888 portant contrat ou obligations conventionnelles, mais, il ne faut pas négliger l'influence croissante de la jurisprudence qui crée d'autres obligations qu'il sied de codifier là où la loi est lacunaire.

Réfléchir sur le forçage du contrat par le juge, traduit le fait d'analyser la volonté des parties dans le processus contractuel. L'évolution de la théorie de l'autonomie de la volonté à conduit certains à déplorer son déclin : ils en déduisent que c`est la liberté de l'homme elle-même qui est de ce fait, compromise ou, du moins considérablement réduite.

Les règles d'interprétation du contrat, renseigne bien évidemment sur la rédaction contractuelle contemporaine et sur l'attitude du juge en la matière. Cette question est aussi et surtout un outil de réflexion sur les sources du droit. En effet, l'interprétation des contrats ne peut pas se comprendre sans l'apport essentiel de la jurisprudence.

D'autant que les articles 56 et suivants du CCL III apparaissaient comme de « véritables maximes du droit ». La jurisprudence a joué un rôle dans l'application de ces articles.

L'influence jurisprudentielle qui a marqué de son empreinte le domaine de l'interprétation, ses méthodes, et sa portée illustre qu'une codification des plus méticuleuses ne saurait se passer des prolongements prétoriens efficaces.

L'intervention de la jurisprudence a été en matière d'interprétation des contrats un vecteur de la pérennité des textes. Ce sont donc bien les magistrats qui « pénétrés de l'esprit général des lois en ont gouvernés l'application ».

Bibliographie

I. Législation

1. Constitution de la RD. Congo du 18 février 2006 telle que modifiée par la loi n°11/001 du 20 janvier 2011, J.O. numéro spécial, 47ème année.
2. Nouveau Code civil français.
3. Décret du 30 juillet 1888 des contrats ou des obligations conventionnelles, B.O., p. 109.

II. Doctrine

1. Benabent A., *Droit civil, Les contrats spéciaux civils et commerciaux,* Montchrestien, Editions Lextenso, 9ème édition, 2011
2. Carbonnier J., *L'avenir d'un passé*, Mélanges, Paris, Dalloz, 1999.
3. Carbonnier, *Droit civil, Les obligations,* Paris, éd. PUF, 1996 (20ème éd.), coll. Thémis, n° 142.
4. Dupichot Ph., *La nouvelle révision judiciaire pour imprévision, Réforme du droit des contrats et pratique des affaires,* Dalloz, 2015.
5. Fedou J.-F., *Le juge et la révision du contrat, RDC*, 2016.
6. Josserand, *Le contrat forcé et le contrat légal,* D.H., Chap. 5, P. Durand.
7. Kalongo Mbikayi, *Droit civil, Tome 1, Les obligations,* Kinshasa, Editions Universitaires Africaines, 2012.
8. Kenge Ngomba Tshilombayi M.-T., *Droit civil : Les obligations,* Paris, Editions de L'Harmattan, 2017.
9. Malaurie Philipe et Aynes Laurent, *Droit civil, introduction générale : livre III interprétation de la règle de droit,* Edition Cujas, 1994-1995.
10. Nyabirungu Mwene Songa R., *Interprétation, cassation et annulation en droit congolais,* Kinshasa.
11. Schulze R. et Alii, *Société de législation comparée,* Paris, Dalloz, 2015.
12. Terre François et Simler Philipe, *Droit Civil : Les Obligations,* Précis Dalloz, 5ème édition, 1993.

La tierce complicité entre fait illicite et contrat : quel regard en droit congolais ?

■ *Vincent Kangulumba Mbambi*
Professeur Ordinaire à l'Université de Kinshasa
Avocat à la Cour de Cassation et au Conseil d'État
Avocat au Barreau de Bruxelles

Introduction

1. D'une histoire souvent vécue ... MG, propriétaire d'un immeuble, le met en vente au prix de 180.000.000 FC. NZ se présente comme acheteur. Une promesse de vente ferme est convenue moyennant versement d'un acompte de 20% du prix. Voilà que, pendant le délai donné à NZ de venir payer le solde du prix de l'acquisition, AB (commissionnaire) se présente en compagnie de DK un preneur plus offrant et qui propose 200.000.000 FC en plus du remboursement de 20 % d'acompte payé par NZ. Alléché par le gain, MG rompt la promesse de vente et se tourne vers DK.

Dans cette scène, il est clair que AB et DK sont tiers au contrat entre MG et NZ. Or, du fait du comportement de AB, MG n'a plus respecté la promesse de vente convenue avec NZ. Dès lors, AB et DK se sont rendus complices de la violation par MG de son obligation contractuelle. L'un étant complice et l'autre, l'auteur, l'auteur de la violation de ses obligations contractuelles.

On peut changer de scenario et de personnages, ce genre de situation arrive bien souvent dans la réalité quotidienne[1]. Certes, la jurisprudence congolaise (publiée) ne nous offre pas suffisamment des cas pour nous y pencher[2]. Toutefois, nous ne sommes pas sûr qu'il n'y en aurait point. C'est

[1]Plusieurs cas peuvent se rapprocher de celui-ci en créant une situation de tierce complicité : le raccolage de la clientèle et la succession d'un avocat (en déontologie des avocats, ce qui est tout autant une faute professionnelle) ; le débauchage du personnel et la violation de la clause de non concurrence (en droit du travail) ; la violation du contrat de distribution exclusive (en droit commercial).

[2] Nous n'avons trouvé trace que d'un cas mais se rapportant à des faits qui se sont déroulés en Belgique : Gand, 19 avril 1950, *RJCB*, (Revue Juridique du Congo Belge),1951, p. 81, note de J. Limpens et J. Van Ryn. Il n'est pas exclu, faute d'intérêt de les porter devant les cours et tribunaux, que nombre de « combat » ou de litiges finissent ou s'arrêtent, faute de « combattants » ou de litigants en justice (étatique).

probablement dû au manque d'intérêt ou par découragement. Néanmoins, nous avons retracé un cas, celui-là en matière de bail, examiné par Kalongo Mbikayi et Tshimanga[3].

2. … à un problème de droit parfois banalisé. Il existe une règle, érigée, en principe général de droit, qui veut que chacun de nous doit se comporter de manière à ne pas causer dommage à autrui. Certes, en tant qu'humain, l'on est porté à poser des actes qui peuvent, bon gré mal gré, consciemment ou non, causer des dommages à autrui. Dès lors, aux termes de l'article 258, il doit s'ensuivre une réparation. Pour qu'il y ait responsabilité, il n'est pas exigé que la faute ou le fait soit volontaire. La théorie juridique classe le fait juridique parmi les sources d'obligation. Si généralement, l'acte juridique est licite, il n'en est pas toujours du fait juridique (délit, quasi-délit) lequel est souvent constitutif d'une infraction.

Dans le casus ci-avant, l'on peut imaginer que le comportement de AM (commissionnaire) est répréhensible d'autant que l'on ne peut pas se rendre complice de la violation d'une obligation quelconque, légale ou contractuelle. Bien que rarement soumis aux cours et tribunaux congolais, l'évocation de ce cas est à mettre sur ce compte. Qu'en est-il de la participation consciente d'un tiers à la violation d'un contrat ?

3. Plan. Pour y répondre, il est utile d'examiner le régime juridique de la « tierce complicité » pour comprendre les conditions auxquelles est soumise sa réalisation et les conséquences qui en découleraient en droit.

Avant toute chose, il s'indique de revenir sur certaines précisions susceptibles de mettre de l'ordre dans ce monde des responsabilités (I) où, envers une relation contractuelle donnée, n'est pas « tiers » qui se le dit. Ensuite, nous examinerons les rapports entre la tierce complicité et les notions voisines en matière contractuelle (II); le régime juridique de la tierce complicité (III) et enfin, nous pourrons brièvement conclure.

I. Bref rappel du cadre général de la responsabilité

4. Principe de la responsabilité civile. Il est connu que sont sources d'obligations, les actes juridiques, notamment le contrat, et les faits juridiques. Dans ce sens qu'ils sont générateurs des effets juridiques consistant en la création, modification, transmission ou extinction des droits. Et parmi les actes juridiques, on cite le contrat. La responsabilité civile peut être contractuelle ou extracontractuelle. Elle s'établit dès lors qu'il y a eu faute ayant causé dommage, sauf cause d'exonération. Le lien

---

[3]CA Kinshasa, 27 mai 1969, n° 5680, in Kalongo Mbikayi et Tshimanga, « La responsabilité du tiers complice de l'inexécution d'une obligation contractuelle », *RJZ*, (Revue Juridique du Zaïre), n° 1-2-3, 1979, pp. 1-21, spéc. pp. 5-8.

causal entre la faute et le dommage permet d'ouvrir le droit à la réparation car il est exigé que ce dernier soit la conséquence directe d'une faute ou d'un fait. La question en débat est, elle, relative à la responsabilité qu'encourrait une personne, dans l'espèce, non partie à un contrat conclu entre d'autres personnes, mais à qui on reproche d'avoir aidé à la violation par une autre partie, de l'une des clauses dudit contrat.

5. Sources d'obligations. Les sources des obligations (et donc de responsabilité) sont : le contrat, la faute (délit et quasi-délit)[4], parfois le dommage[5] et les quasi-contrats[6]. Comme nous le relèverons, la faute peut être imputée à une partie au contrat ou à un tiers. A chacune des causes, sa responsabilité : contractuelle ou délictuelle. Dans cette dernière catégorie, il y a la responsabilité quasi-délictuelle de l'article 259 CCC Liv. III, basée sur l'imprudence ou la négligence, mais assimilables à une faute.

§ 1. Contrat

6. La volonté comme créatrice des droits et obligations. Il fait l'objet de l'article 1er du décret du 20 juillet 1888 (appelé Code civil congolais des obligations, livre III, ou « CCC livre III ») tel que modifié et complété à ce jour et qui dispose que « Le contrat est une convention par laquelle une ou plusieurs personnes s'obligent envers une ou plusieurs autres, à donner, à faire ou à ne pas faire quelque chose ». Pour le coup, et c'est établi depuis quelques siècles déjà, il suffit d'une intention de s'obliger, au départ d'une rencontre des volontés, pour qu'il y ait contrat[7]. Mais, il arrive qu'un contrat puisse être établi après coup, sans qu'il y ait eu préalablement, entre parties obligées, rencontre des volontés. Il en est ainsi des quasi-contrats autrement appelés « engagements qui se forment sans convention ». Ce sont des faits volontaires qui font naître des obligations sans accord des parties[8].

---

[4] CCC Liv. III, articles 258 (délit) et 259 (quasi-délit).

[5] C'est le cas du système de responsabilité objective lequel n'exige pas de faute pour qu'il y ait réparation. Le seul dommage suffit à engager la responsabilité de l'agent. Voy. V. Kangulumba Mbambi, *Indeminisation des victimes des accidents de la circulation et Assurance de responsabilité civile automobile. Etude de droit comparé belge et congolais*, Louvain-la-Neuve et Paris, Academia-Bruylant et L'Harmattan, 2ème édition, 2018, Préface de J.-L. Fagnart, spéc. p. 99 et p. 139.

[6] Dans cette catégorie, on range : la gestion d'affaires (CCC Liv. III, art. 248-251), le paiement de l'indû (*idem*, art. 252-257) et l'enrichissement sans cause (*ibidem*, art. 252 et Loi foncière art. 23, 24 et 25).

[7] Voy. Cass. (b), 2 décembre 1876, *Pas.*, 1876, I, p. 37.

[8] Voy. CCC Liv. III, Titre II, « Des engagements qui se qui se forment sans convention » : art. 246 et s.

Pour la doctrine, M. RAE, « Les engagements qui se forment sans convention », in *Droit civil du Congo belge,* Larcier, Bruxelles, 1956, Vol. II, pp. 351-528 ; - Kalongo Mbikayi, *Droit civil, Tome 1, Les Oblications*, Kinshasa, EUA, 2010, V° Délit, Quasi-délits et Quasi-contrats ; - M.-T. Kenge Ngomba Tshilombayi, *Droit civil. Les Obligations,* Paris,

De ce qui précède, l'on en vient à distinguer deux sortes de responsabilités, selon leurs sources respectives : la responsabilité contractuelle et la responsabilité extracontractuelle ou délictuelle.

7. Conditions de validité des conventions. Nous devons rappeler que, pour qu'elles soient valides, les conventions doivent être conformes à la loi et aux bonnes mœurs. Cela ressort de l'article 33 du Code civil livre III. En effet, seules les conventions « légalement » formées bénéficient de la protection et de la force légales. Et, on le verra plus loin, les conventions n'obligent ou n'ont d'effets, en principe, qu'entre parties. C'est le principe bien connu des « effets relatifs du contrat » ou de la relativité des effets du contrat. Mais ce n'est point un principe absolu.

§ 2. Fait illicite

8. Notion. Un fait illicite est tout fait qui n'est pas permis par la loi parce qu'il va à l'encontre de la loi ou de l'ordre public. Il en est ainsi des délits et des quasi-délits ; des fautes contractuelles ; de toutes violations de la loi. Jugé que constitue une faute : toute violation de la loi, d'un intérêt juridiquement protégé ou toute atteinte aux droits garantis d'autrui[9].

Aussi, aux termes de l'article 258 du CCC Liv. III, « Tout fait quelconque de l'homme qui cause à autrui un dommage, oblige celui par la faute duquel il est arrivé à le réparer ». Mais plus largement encore, « Chacun est responsable non seulement par son fait mais encore par sa négligence ou par son imprudence » (art. 259 Code civil, livre III). Ceci est pour relever que le fait illicite peut être une faute (violation d'une clause contractuelle, un délit) tout comme tout fait juridique illicite (volontaire ou non)[10].

Autrement dit, peut commettre une faute, une partie au contrat (cas de violation d'une obligation ou d'une inexécution contractuelle) ou un tiers étranger au contrat (responsabilité extracontractuelle ou délictuelle).

II. Rapport tierce complicité et notions voisines en matière de responsabilité

9. Extériorité de la violation d'une obligation contractuelle. Le seul fait de n'être pas partie au contrat ou de n'avoir pas été présent à sa conclusion, ne suffit pas d'être tiers au contrat (§3). Pour bien en

---

L'Harmattan, Coll. Notes des cours, 2017, Préface de Luzolo Bambi Lessa ; - V. Kangulumba Mbambi, *Indemnisation des victimes des accidents ... op. cit.*

[9] 1ère Inst. Élis., 30 mai 1933, *RJCB*, p. 229 ; - Léo., 13 août 1957, *JTO*, 1958, p. 90 ; - Élis., 10 mai 1941, *RJCB*, p. 130.

[10] Kalongo Mbikayi, *Droit civil, Tome 1, op. cit.* ; - V. Kangulumba Mbambi, *op. cit.*, pp. 74 et s., et p. 98.

appréhender la notion, il est nécessaire d'examiner les rapports entre la tierce complicité avec les notions apparentées : fait d'un tiers, fait d'autrui et faute d'un tiers et qui en sont des faux-amis (§2). Mais nous commencerons par le principe de la relativité des effets du contrat (§1).

§ 1. Principe de relativité des effets du contrat

10. Principe. On le sait, aux termes des articles 1er et 33 du Code civil livre III, le contrat est une affaire des parties qui l'ont formé ou en ont recherché les effets. Ce principe est autrement appelé « la relativité des effets du contrat » (« *res inter alios acta* »). Ce principe n'est pas pour autant absolu.

11. Exception. Si le contrat, ou ses effets, ne peut ni nuire ni profiter aux tiers, il reste que dans certains cas bien précis prévus aux articles 21, 63 à 65 du même Code, il peut sortir des effets à l'égard des tiers. L'on considère ainsi que le contrat se ramifie en se trouvant des nouveaux alliés, qui peuvent avoir des droits et des obligations en vertu d'un contrat qu'ils n'ont jamais ni conclu ni recherché les effets mais dont ils profitent.

Il y a lieu de noter que même s'il ne concerne que les parties ; les tiers sont néanmoins tenus de respecter le contrat. Celui-ci s'impose à eux tout comme aux parties elles-mêmes ; certes, dans des proportions gardées. Aussi, les parties n'iront-elles pas jusqu'à demander aux tiers, comme à elles-mêmes, d'exécuter le contrat. Du moins, la volonté des parties, en tant qu'institution ou acte juridique (loi des parties), mérite-t-elle du respect[11].

A bien y regarder de près, le principe de la relativité des effets du contrat comprend celui de l'inopposabilité des effets du contrat (*infra*, n° 14).

§ 2. Fait d'un tiers

12. Notion de tiers. Nous venons de voir qui peut être considéré comme tiers à une relation contractuelle. Les limites ne sont pas si tranchées que cela ne paraît. En apparence simple, il se peut que la notion de tiers renferme quelques surprises. Mais de manière générale, est « tiers » toute personne qui n'est pas partie à un contrat. Ce qui est logique car, le contrat

---

[11] Il en est ainsi de la vente des immeubles non enregistrés, Ndudi-Ndudi yi Buloko, « Note sur la vente des immeubles enregistrés, non enregistrés et biens publics, *RJZ*, 1987, p. 19 ; - Ilunga Kalenga, « Note sur la vente des biens immobiliers non enregistrés », *RJZ*, 1985, p. 16 ; - 1ère Inst. Appel, Élis, 27 juin 1952, *RJCB*, 1952, p. 311 avec Note ; - CSJ, RPA 210, 2 février 1998, *RAJC*, I, Kinshasa, 1998, p. 32 (vente non notariée). De même, en cas de contrat de mariage non enregistré : en effet, ce n'est pas parce que le mariage d'un couple ne serait pas enregistré que l'on doit feindre de l'ignorer. Nous le savons l'enregistrement est institué *ad probationem* alors que le contrat de mariage (écrit ou verbal) *ad validatem*.

n'a d'effets qu'entre parties contractantes et non, en principe, à l'égard des tiers. Seulement, dans une relation contractuelle donnée, un tiers, pourtant tiers, peut ou ne pas être considéré comme tel. Il y a donc lieu de démêler le vrai du faux.

En droit de la responsabilité civile, le fait d'un tiers est examiné souvent sous l'angle de l'exonération de l'obligation de réparer. Il est alors rapproché d'un fait extérieur dès lors qu'il présenterait le caractère d'imprévisibilité et d'irrésistibilité. En droit des contrats, le fait d'un tiers est une cause d'exonération susceptible de justifier l'inexécution par une partie de son obligation contractuelle. Dès lors, ce fait se présenterait comme un cas de force majeure avec ses caractéristiques d'extériorité, d'imprévisibilité et d'irrésistibilité.

Le fait d'un tiers est tout fait, extérieur aux parties, interférant dans la vie du contrat et plus spécialement dans l'exécution de leurs obligations par les parties.

13. Effets du contrat à l'égard des tiers. En effet, depuis toujours, l'on a considéré, et à juste titre, que le contrat est une affaire des parties. Dès lors, les conséquences voulues par elles ne peuvent être supportées que par elles seules, en vertu du principe de l'autonomie de la volonté et de la relativité des effets du contrat. Les tiers, étant étrangers au contrat, ne peuvent assumer les conséquences d'une situation non recherchée ni voulue par eux. D'où, le principe que les contrats n'ont pas d'effets à l'égard des tiers. Surtout que les conventions ne peuvent leur nuire, à moins de leur profiter encore qu'ils l'acceptent.

Dès lors, les effets du contrat peuvent être opposés au tiers jusqu'à voir sa responsabilité engagée en application de l'article 258 du CCC livre III, sauf si le tiers est à l'origine d'une faute contractuelle de l'une des parties au contrat.

14. Inopposabilité des effets du contrat à l'égard des tiers. Aux termes de l'article 63 CCC livre III, *« Les conventions n'ont d'effet qu'entre les parties contractantes ; elles ne nuisent point au tiers, et elles ne lui profitent que dans le cas prévu par l'article 21 »*. L'on sait, en réalité, que ce principe n'est pas absolu. Il est des cas où les tiers bénéficient des effets du contrat auquel ils n'ont pas été parties.

Aux termes de l'article 21 du CCC livre III, *« On peut pareillement stipuler au profit d'un tiers lorsque telle est la condition d'une stipulation que l'on fait pour soi-même ou d'une donation que l'on fait à un autre. Celui qui a fait cette stipulation ne peut plus la révoquer si le tiers a déclaré vouloir en profiter »*.

A ce principe, des exceptions existent. C'est le cas de la simulation, de la représentation, la promesse pour autrui et les contrats collectifs. Ainsi, par exemple, le bénéficiaire de la stipulation ne peut être considéré comme tiers au contrat passé entre le stipulant et le débiteur duquel contrat il retire un bénéfice quelconque. Il est autrement appelé « tiers intéressé ». Il en serait aussi du cas du représentant.

15. Publicité réelle. De même, lorsqu'on se trouve sur le terrain de la publicité foncière, qui suppose l'opposabilité des effets du contrat de cession d'un immeuble aux tiers, les choses paraissent inversées. En réalité, la publicité des droits réels est instituée pour des raisons de sécurité juridique et essentiellement dans l'intérêt des tiers, qui sont considérés comme absents à la naissance des droits réels immobiliers soumis à enregistrement. Parmi ces tiers, l'on peut citer des éventuels acquéreurs. Et s'ils sont mis en concours, l'acquéreur détenant la preuve de la publication de son droit sera préféré à celui qui ne l'aurait pas fait[12]. Il est de principe que l'on ne peut conclure des contrats en violation des droits contractuels d'autrui[13].

Il existe donc beaucoup de catégories de « tiers ». Aussi, tout ce qui précède, nous amène-t-il à la question de savoir *« qui peut être traité de 'tiers' »?*

16. Tiers visé. Le droit congolais ne renferme pas, sinon au titre de principe général, une disposition semblable à l'article 30, alinéa 1 du Code civil français qui énonce que :

> « Les actes et décisions judiciaires soumis à publicité par application du 1° de l'article 28 sont, s'ils n'ont pas été publiés, *inopposables aux tiers*, qui, sur le même immeuble, ont acquis du même auteur, des droits concurrents en vertu d'actes ou de décisions soumis à la même obligation de publicité et publiés, ou ont fait inscrire des privilèges ou des hypothèques. Ils sont *également inopposables*, s'ils ont été publiés, lorsque les actes, décisions, privilèges ou hypothèques, invoqués par ces tiers, ont été antérieurement publiés ».

Entre parties, l'acte non publié est donc valable[14] en vertu de l'effet relatif des contrats. Mais, s'il existe juridiquement, l'acte non publié ou transcrit ne peut être opposable aux tiers.

---

[12] Voy. V. Kangulumba Mbambi, *Précis de droit civil des biens, Tome 1, Théorie générale des biens et Théorie spéciale des droits réels fonciers et immobiliers,* Louvain-la-Neuve et Paris, Academia-Bruylant et L'Harmattan, Paris, 2018, p. 465, n° 877.

[13] Starck B., « Les contrats conclus en violation des droits contractuels d'autrui », *JCP*, 1954, D., 1180.

[14] Cass. (fr), 3ième civ., 10 juillet 1996, *Bull. civ.*, III, 185 ; - Cass. (fr), 3ième civ, 28 mai 1997, *Bull. civ.*, III, 122.

Sont ou peuvent être tiers ceux qui n'ont été ni parties ni représentés à un acte juridique :

- les ayants-cause à titre particulier du même auteur;
- le titulaire d'un droit concurrent portant sur un même immeuble mais le droit concurrent du tiers doit avoir été publié[15].

Sont exclus de la qualité de tiers :

- les personnes chargées de publier pour le compte d'autrui (conflit d'intérêts) comme le cas du mineur et de son mandataire, du client et de son avocat), du conservateur des titres immobiliers [16];
- les témoins ayant assisté à la transaction, toute autre personne dont la connaissance de la transaction peut être démontrée et
- tous ceux qui auront frauduleusement publié leur droit ;
- les ayant-cause à titre universel ou à titre particulier ;
- les créanciers chirographaires ;
- les tiers « *penitus extranei* » ;
- en cas de promesse pour autrui[17];
- en cas de stipulation pour autrui[18];
- en cas de simulation[19].

17. Qui peut donc être tiers ? Il en ressort qu'une personne est considérée comme tiers, lorsqu'elle n'est pas, à quelque titre que ce soit, partie à un contrat d'autant plus que les effets dudit contrat ne lui sont pas opposables[20] : c'est le tiers, complètement tiers *« penitus extranei »*.

En clair, le seul tiers pouvant exciper de l'ignorance d'une obligation ou d'un droit réel publié, est celui qui n'a pas, d'une façon ou d'une autre, pu être mis au courant de l'existence du droit en conflit. Il s'agit de tiers complètement tiers comme le créancier gagiste ou hypothécaire ; les ayants-cause (locataires, en cas d'achat de l'immeuble loué); des passants (blessés par les objets tombés de l'immeuble) ; les voisins (victimes des troubles de voisinage)[21].

---

[15] Piedelievre, A., *Droit des biens*, LGDJ, Paris, n° 205.

[16] Un représentant ou un représenté n'est pas tiers pour le simple motif qu'il n'a pas été présent à la conclusion d'un contrat.

[17] CCC liv. III, art. 20.

[18] Idem, art. 21.

[19] Idem, art. 203.

[20] Comp. avec la procédure de tierce opposition de l'article 80 du Code de procédure civile qui dispose que *« Quiconque peut former tierce opposition à un jugement qui préjudicie à ses droits, et lors duquel ni lui, ni ceux qui'il représente n'ont été appelés »*.

[21] Malaurie, Ph., Aynes, L. et Gautier, P. Y., *Les contrats spéciaux*, 4ème édition, Paris, LGDJ, p. 97.

En définitive, n'est pas forcément tiers celui qui se dit ou est qualifié de tel. Encore faut-il que sa situation juridique soit passée au crible pour voir si les effets d'un contrat lui seraient ou pas opposables. C'est ce que nous allons voir avec le tiers complice de la violation d'une obligation contractuelle par une partie.

§ 3. Faute d'un tiers

18. Nécessité de la faute. La faute est une des conditions de la responsabilité tant délictuelle que contractuelle. Ainsi donc, chaque fois que l'on commet une faute qui cause dommage, l'on est obligé de réparer. Cette faute peut être commise soit par une partie au contrat, dans lequel cas nous serions en présence d'une responsabilité contractuelle, soit par un tiers au contrat, et ce serait une responsabilité quasi-délictuelle ou délictuelle ainsi qu'il peut en être le cas avec la tierce complicité.

Par contre, parlant du fait d'autrui, il s'agit de répondre pour des faits dommageables causés par des personnes pour lesquelles ou sur lesquelles l'on exerce un pouvoir quelconque (parents pour leur enfant, commettants pour leurs préposés)[22].

§ 4. Fait illicite

19. Nature et sortes. Quelle peut être la nature du fait illicite ? On peut dire qu'en tant que faute, le fait illicite peut prendre revêtir plusieurs natures : civile, pénale, contractuelle ou délictuelle.

20. Faute civile ou faute pénale ? Nous avons déjà évoqué le fait illicite lors du rappel du principe général de la responsabilité civile comme étant l'une des conditions de l'obligation de réparation. Elle est invoquée ici dans le cadre de son lien avec la tierce complicité. Pour qu'elle soit civile, la faute doit consister en la violation d'un intérêt privé, juridiquement protégé. Alors que la faute pénale peut également porter sur la violation d'un intérêt privé, consiste en la violation d'une prescription d'ordre public, constituant une infraction, sanctionnée d'une peine conformément à la loi[23].

L'illicéité est de manière générale définie comme tout ce qui n'est pas permis par la loi ou qui est contraire à l'ordre public. Il s'agit ici de l'approcher du groupe des mots « tierce complicité ». A bien y regarder, l'on note un relent pénal, en présence du terme « complicité » qui est défini comme le fait d'apporter une aide substantielle ou nécessaire dans la réalisation ou la commission d'une infraction.

---

[22] CCC Liv. III, art. 260.

[23] Voy. V. Kangulumba Mbambi, *Indemnisation des victimes ... op. cit.*, pp. 121-123.

Ainsi, aux termes de l'article 22 du Code pénal congolais, *« sont considérés comme complices (...) ceux qui (...) auront avec connaissance aidé ou assisté l'auteur ou les auteurs de l'infraction dans les faits qui l'ont préparé ou facilité ou dans ceux qui l'ont consommée ; (...) »*

21. Faute contractuelle ou faute délictuelle ? Le fait illicite peut être une faute délictuelle commise par une partie à l'occasion de l'exécution du contrat. Il peut être aussi, et c'est le cas qui nous occupe, une faute délictuelle d'un tiers qui interfère dans les relations contractuelles d'autres personnes.

Ainsi,
- lorsqu'il s'agit d'une partie au contrat, elle peut engager sa responsabilité contractuelle et délictuelle, en vertu des articles 33 et 45 du CCC livre III d'autant qu'il reste attendu que la responsabilité contractuelle n'est pas exclusive de la responsabilité aquillienne quand la faute est commise non en violation du contrat mais à l'occasion de l'exécution du contrat[24] ;
- lorsqu'une partie au contrat cause un dommage à un tiers, elle peut engager sa responsabilité délictuelle sur la base de l'article 258 du CCC livre III) ;
- en cas d'un tiers étranger au contrat qui cause dommage à une partie au contrat, le tiers engagera sa responsabilité délictuelle. Il en est ainsi lorsque le tiers aide une partie au contrat à violer ses obligations. Un tel fait est illicite tant qu'il est assimilé à une fraude aux droits d'autrui.

§ 5. Opposabilité des effets du contrat

22. Entre relativité ... En droit, l'on peut trouver un lien entre « la relativité » et « l'opposabilité des effets du contrat ». Lorsqu'on dit que « le contrat n'a d'effets qu'entre les parties contractantes », on veut signifier que les effets du contrat ne sont pas opposables aux tiers. L'opposabilité est plus tournée vers ceux qui ne sont pas, de près ou de loi, intéressés ou concernés par les effets du contrat. Il s'agit de ceux que nous avons qualifiés de « tiers ». Et pour qu'il y ait opposabilité, il faut d'abord établir « la connaissance par le tiers des effets du contrat » en termes des droits et des obligations.

Certes, l'opposabilité des effets du contrat aux tiers par les parties a toujours été une question délicate, du fait justement du principe de la relativité des effets du contrat. Et il semble logique que le tiers ne se voie bénéficier des droits et imposer des obligations du fait d'un contrat auquel il

---

[24] 1ère Inst. Léo, 2 décembre 1954, *RJCB*, 1955, p. 287 ; - *Belg. Col.*, n 1957, p. 155.

n'est pas partie. Quoique, en tant que fait juridique ou un fait social, le tiers ne peut ignorer l'existence du contrat jusqu'à se trouver mêlé à l'inexécution par une des parties, de l'une de ses obligations contractuelles. C'est ici, tenant compte de la réalité des choses, que l'on note des cas où les effets du contrat s'ouvrent aux tiers et les lient.

23. … et inopposabilité des effets. En matière des droits réels, cela passe, nous l'avons souligné par la publicité réelle (enregistrement, art. 219 loi foncière). En matière contractuelle, si l'on considère, certes, le principe de la relativité des effets du contrat mais l'on ne peut feindre de penser que les tiers ne doivent pas tenir compte de l'existence de ce fait social. Ce n'est point, parce que l'on n'est pas partie à un contrat que l'on doit se permettre d'y interférer en aidant une partie à ce contrat d'en violer les obligations. Le respect de l'intégralité du contrat ou de la volonté des parties s'impose aux tiers. L'opposabilité suppose la connaissance de l'existence du contrat dont une partie invoque la violation.

Aussi, dans certaines circonstances, l'on admet que les effets du contrat peuvent être opposés au tiers. Il en est ainsi :

- des actes d'administration[25];
- des aliénations par un héritier apparent ; jugé que le paiement fait à un mandataire apparent du créancier éteint l'obligation du débiteur[26];
- des payements faits de bonne foi[27].

Après ces précisions, nécessaires pour appréhender les aspects qui entourent la tierce complicité, il reste d'en scruter le régime juridique.

III. Régime juridique de la tierce complicité

24. Plan de la section. Il s'agit d'examiner les conditions auxquelles doit répondre la responsabilité pour tierce complicité (§1 et §2) et son fondement avant d'évoquer les sanctions possibles (§3).

25. Extranéité et présence d'une obligation préexistante. Nous venons de le voir, le terme « tiers » est souvent invoqué en présence d'une relation contractuelle à laquelle l'on est étranger. Et lorsque ce terme est associé à une faute, cela suppose que le tiers, sans titre ni qualité, s'est mêlé à une situation qui ne le concerne pas, en violation de la loi ou de l'ordre public.

---

[25] CCC Liv. III, art. 349, alinéa 2.

[26] Léo., 14 mai 1929, *Jur. Col.*, 1930-1931, p. 147 avec note ; - Léo. 28 février 1929, *RJCB*, p. 197 ; - Elis., 16 septembre 1917, *RJCB*, 1932, p. 204.

[27] CCC Liv. III, art. 138. Pourvu que l'héritier soit de bonne foi. On verra dans la suite que la condition de bonne foi est dséterminante dans la responsabilité du tiers complice d'une violation d'une obligation contractuelle.

La faute commise est considérée comme l'avoir été par un tiers étranger au contrat[28]. Il a été précédemment discuté et établi qui peut être considéré comme « tiers » au contrat. Il reste à voir ce que l'on peut entendre par « complicité ».

Si le principe est que le contrat n'a pas d'effet à l'égard des tiers, conformément à l'article 63 du Code civil livre III, il n'est pas exclu que les tiers ne puissent être tenus de reconnaître l'existence de ces conventions ainsi que leurs effets entre parties contractantes[29] au point où, en cas de faute, le tiers ne puisse pas être tenu responsable. Il est donc possible que les effets du contrat s'étendent aux tiers. Il en est ainsi de la stipulation pour autrui (art. 21 du CCC livre III).

Aussi, en application de la théorie de la tierce complicité de la violation d'engagements contractuels, un tiers peut engager sa responsabilité extracontractuelle envers une partie au contrat lorsqu'il participe à la violation par l'autre partie de ses engagements contractuels, encore que ce tiers soit étranger au contrat[30]. Pour ce faire, il existe des conditions : certaines, d'ordre préalable et, d'autres, d'ordre spécifique.

§ 1. Conditions préalables

26. Extranéité et contrat. Pour qu'il y ait tierce complicité, il est logiquement nécessaire, mais pas suffisant, qu'il existe un tiers (étranger au contrat) et qui se rend complice de la violation par une partie de ses obligations.

27. Tiers au contrat. La notion de tiers est polysémique. Il désigne plusieurs réalités à la fois pour nécessiter un affinement de son sens. Comme on l'a vu, le tiers, susceptible de se rendre complice de la violation d'une obligation contractuelle, est le tiers *penitus extranei*. Celui qui n'est pas lié à l'une des parties d'une manière ou d'une autre (représentant, conseil, conjoint, alliés, parent, commissionnaire, etc.).

28. Complice. Il s'agit d'un concept bien connu du droit pénal où il est distingué, dans les modes de participation criminelle, les auteurs et les complices[31]. La complicité est une forme de participation criminelle par laquelle un individu, le complice, aide, en toute connaissance de cause, une autre personne à accomplir un acte délictueux. Le complice ne commet pas lui-même l'infraction. Il n'intervient qu'à titre secondaire dans la réalisation

---

[28] *Idem*, sur la base des articles 33 (effets relatifs du contrat), 45 (cause d'exonération du débiteur) et 258 (responsabilité délictuelle).

[29] Cass., 9 mars 1950, *Pas.*, I, p. 495 ; - Cass., 27 avril 1953, *JT*, p. 513.

[30] Voy. H. de PAGE, *Traité de droit civil belge, Tome II, Les Obligations, Volume I,* P. Van Ommelasghe, Bruxelles, Bruylant, 2017, p. 667, n° 430.

[31] Code pénal congolais, liv. II, art. 22.

de l'acte qui est commis par l'auteur principal. En reliant le tiers et la complicité, on en arrive à la tierce complicité.

29. Tierce complicité. L'on peut dire qu'elle est aussi une manifestation d'un « fait d'un tiers » dans les relations contractuelles. Seulement, la tierce complicité a une connotation délictuelle ou fautive alors que le fait d'un tiers peut être apparenté à une cause d'exonération, s'il revêt les caractères d'imprévisibilité et d'extériorité. Mais à la double condition que le débiteur n'ait pu ni prévoir ni empêcher ce fait ou cette faute qui se ramène ainsi pour lui à un véritable cas de force majeure et que le tiers fautif ne soit pas le représentant légal ou conventionnel du débiteur, ou son préposé, chargé d'exécuter pour lui le contrat ou de l'aider dans cette exécution.

Dès lors que les parties ont défini le cadre de leurs relations en déterminant leurs droits et leurs obligations, la convention devient leur loi. Elles en sont tenues. Elles doivent exécuter leurs obligations de bonne foi. Mais si jamais elles ne s'y sentaient plus, elles peuvent, de la même manière qu'au départ, se délier volontairement de leurs obligations. Mais le faire, sans accord réciproque, ou par le biais d'un tiers, constitue une faute qui peut engager la responsabilité de son auteur. Et la personne qui aurait aidé une partie à violer ses obligations engagerait sa responsabilité en tant que tiers complice. Le tiers complice est donc le tiers qui aide à la violation d'un engagement contractuel par l'une des parties au contrat.

§ 2. Conditions spécifiques

30. Principe. La théorie de la tierce complicité dans la violation des engagements contractuels a été forgée à force de jurisprudence et des critiques de la doctrine. Il est reconnu, en tout cas en droit belge, depuis l'arrêt de la Cour de cassation du 24 novembre 1932[32], qui a consacré la théorie dite de « fraude qualifiée » que la tierce complicité suppose la participation du tiers à l'acte juridique qui est à l'origine de la violation de l'obligation contractuelle.

Brièvement, un cafetier avait conclu avec un premier brasseur une convention aux termes de laquelle il s'engageait à se fournir en bière exclusivement auprès de celui-ci, à charge pour ce brasseur de financer l'achat du fonds de commerce nécessaire à l'exploitation du débit de boisson.

Un second brasseur avait, par la suite, également fourni de la bière au cafetier, alors qu'il connaissait l'existence de la première obligation contractuelle du cafetier.

---

[32] Cass., 24 novembre 1932, *Pas.*, 1933, I, p. 23 et concl. du proc. Gen. P. Leclercq, in P. Van Ommelasghe, *op. cit.*, p. 668, n° 431.

La question qui s'est posée est celle de savoir si le premier brasseur disposait-il ou non d'une action contre le second.

La Cour d'appel de Bruxelles, saisie, avait répondu négativement motif pris de ce « qu'il n'était pas établi à suffisance en droit qu'il y a eu chez le second brasseur une intention doleuse ou une véritable mauvaise foi lorsqu'il a exécuté les commandes qui lui étaient passées par le cafetier et qu'on ne relève pas chez lui aucune manœuvre précises qui aurait eu pour but de supplanter le premier brasseur chez son client ».

En cassation, la Cour s'est prononcée en disant que,

> « Attendu que le litige tel qu'il a été soumis au juge du fond, porte uniquement sur la question de savoir si, en fournissant des bières au cafetier, en dépit de cette convention qu'il connaissait, mais à laquelle il n'avait pas été partie, le défendeur a, par là même, commis envers la demanderesse un acte qui entraîne sa responsabilité, par application des articles 1382 et 1383 du Code civil ».
>
> « Attendu que la seule connaissance d'une convention n'engage pas la responsabilité du tiers qui a participé avec le débiteur à son inexécution ; qu'il faut en outre et nécessairement qu'il ait agi en vue d'aider celui-ci à violer ses engagements ».

Cet arrêt a fait l'objet de critiques[33].

31. Complicité et connaissance de l'existence d'une relation contractuelle violée. Dans une affaire qui opposait les parties, une firme A avait acheté un véhicule grâce à un contrat de prêt conclu avec une banque C, contrat comportant une clause d'interdiction d'aliéner le véhicule tant que celui-ci ne serait pas entièrement payé ainsi qu'une clause de réserve de propriété.

Par la suite, la firme avait revendu le véhicule à B alors que le financement n'avait pas encore été remboursé complètement, nonobstant l'existence de ces clauses.

La Cour d'appel de Bruxelles a considéré que B avait commis une faute aquilienne, au sens de l'article 1382 du Code civil parce qu'il « savait ou devait savoir, au moment de l'achat du véhicule, qu'il contribuait à mettre à néant la clause de réserve de propriété et à placer la banque dans

---

[33] Voy. par ex. J. Limpens et J. Van Ryn, « La responsabilité de tiers complice de la violation d'un contrat », Note sous Gand, 19 avril 1951, *RCJB* (Rev. Critique de la Jurisp. Belge), p. 1951, pp. 81-96 ; en droit congolais, in *RJCB* (Rev. Jur. du Congo Belge), 1951, p. 81 ; - A propos de l'existence des controverses : Kalongo Mbikayi et Tshimanga, *op. cit.*, pp. 15-19 ; - P. Van Ommelasghe, *op. cit.,* p. 668, n° 431.

l'impossibilité d'exercer son privilège et l'a condamnée à indemniser la banque C ».

En cassation, le pourvoi a été rejeté, en ce que :

« Attendu que l'arrêt, après avoir constaté, entre autres, que le demandeur savait ou devrait savoir qu'il plaçait la défenderesse dans l'impossibilité de faire valoir son privilège, considère que : 'il faut considérer, en accord avec le premier juge, que la collaboration du demandeur à cette violation de la clause de réserve de propriété constitue une faute, qui se trouve dans le lien causal avec les dommages occasionnés à la défenderesse.

« Attendu que l'arrêt déduit par conséquent la faute quasi-délictuelle du demandeur de la connaissance qu'il avait ou devait avoir de la situation existante et de la collaboration qu'il a néanmoins apportée à la violation des obligations contractuelles ;

« Attendu que ces considérations sont suffisantes pour en déduire la responsabilité de la demanderesse fondée sur les articles 1382 et 1383 du Code civil ».

Par la suite, dans son arrêt du 28 novembre 2002[34], la Cour de cassation a confirmé sa jurisprudence en disant que :

« Attendu que l'arrêt, après avoir constaté, entre autres, que le demandeur savait ou devait savoir qu'il plaçait la défenderesse dans l'impossibilité de faire valoir son privilège, considère qu'il faut considérer, en accord avec le premier juge, que la collaboration du demandeur à cette violation de la clause de réserve de propriété constitue une faute, qui se trouve en lien causal avec les dommages occasionnés à la défenderesse ;

« Attendu que l'arrêt déduit que par conséquent la faute quasi-délictuelle du demandeur de la connaissance qu'il avait ou devait avoir de la situation existante et de la collaboration qu'il a néanmoins apportée à la violation des obligations contractuelles » ;

« Attendu que ces considérations sont suffisantes pour en déduire la responsabilité de la demanderesse fondée sur les articles 1382 et 1383 du Code civil »[35] ;

---

[34] RG, n° C.01.0532.F, Disponible sur www.cass.be

« La seule connaissance d'une convention n'engage pas à responsabilité du tiers qui a participé avec le débiteur à son inexécution, qu'il faut en outre et nécessairement qu'il ait agi en vertu d'aider celui-ci à violer ses engagements. (...) La cour d'appel aurait, sur la base de ces énonciations su qu'elle achetait la voiture de la (défenderesse) si elle avait pris les précautions nécessaires et qu'à défaut d'avoir pris ces précautions, elle a commis une faute qui empêchait (la défenderesse) de récupérer sa voiture à l'expiration du contrat de location »[36].

32. Conditions retenues. Au terme de cette évolution, quatre conditions cumulatives ont été dégagées et retenues, soit :

- obligation contractuelle valable et préexistante ;
- rupture de cette obligation contractuelle par le débiteur ;
- collaboration par le tiers à la rupture de cette obligation ;
- connaissance que le tiers a eue ou aurait eue de cette obligation.

Ces conditions sont logiques. En effet, pour qu'il y ait tierce complicité de la violation d'une obligation contractuelle, il faut au départ qu'un contrat existe entre la partie qui viole ou rompt l'une de ses obligations, avec la complicité ou l'aide d'un tiers, et la victime de la violation desdites obligations contractuelles.

33. Position de la jurisprudence et de la doctrine. Entre la théorie de la « fraude qualifiée » et celle de la « fraude simple »[37], finalement, orientant les débats autrement, la jurisprudence et la doctrine ne requièrent plus la preuve de la connaissance réelle des obligations contractuelles méconnues, il suffit que le tiers ait dû connaitre l'existence des obligations contractuelles méconnues.

Dès lors, quatre conditions substantielles sont exigées pour qu'il y ait tierce complicité[38]:

a) il faut qu'une partie à un contrat viole une de ses obligations contractuelles, sans que cette violation soit justifiée par une cause d'exonération ;
b) l'existence du contrat et celle de l'obligation en cause doivent être connues du tiers ; à tout le moins, il faut que ce tiers ait dû avoir connaissance de ces éléments vu les circonstances ou aurait dû prendre toutes les mesures utiles pour s'informer à ce sujet. Pour la

---

[35] Cass., 22 avril 1983, *Pas.*, 1983, I, p. 944 ; - *RCJB*, 1984, p. 359 et note Y. Merchiers, in P. Van Ommelasghe, *op. cit.*, p. 674-675, n° 433.
[36] Cass., 29 juin 2012, Arrêt 1435, RG n° C.11.0522.F. Disponible sur www.cass.be
[37] Cass., 22 avril 1983 précitée. Voy. P. Van Ommelasghe, *op. cit.*, p. 669, n° 431.
[38] *Idem*, p. 674-675, *n° 433*.

Cour de cassation, la simple connaissance de l'existence d'une convention qui lui est étrangère suffit à l'obligation de laquelle il nuit[39].

Il est exigé du tiers :

- soit la connaissance effective de la convention et de l'obligation violée : *« le tiers avait connaissance » ;*
- soit la connaissance de celles-ci qu'il présume au vu des circonstances : *« le tiers devait avoir connaissance » ;*
- Soit un comportement négligeant : *« le tiers aurait dû avoir connaissance »*[40].

c) le tiers doit avoir coopéré *sciemment et en pleine connaissance de cause* à la violation par la partie de son obligation contractuelle - autrement appelée « fraude qualifiée ». Mais une faute simple, sans intention de nuire, suffirait.

Il en est ainsi d'un tiers qui incite une partie à violer une obligation contractuelle en s'engageant à prendre en charge en totalité ou partiellement les conséquences de cette violation à supporter par la partie envers son cocontractant[41].

d) ces fautes doivent avoir causé à l'autre partie au contrat un préjudice qui se trouve dans un lien de causalité avec celles-ci, conformément au droit commun de la responsabilité civile.

§ 3. Tierce complicité en tant que fait illicite

34. Consistance de la tierce complicité. Le tiers complice est le tiers qui *aide à la violation d'un engagement contractuel* par l'une des parties au contrat. Existe-t-il en droit congolais une application des principes de la tierce complicité (responsabilité quasi-délictuelle) en cas de participation consciente d'un tiers à la violation d'un contrat ?

Dans la théorie du droit, nous enseignons que le droit ne se trouve pas - toujours- là où on croit le trouver : dans la loi ou les codes. Il git tout aussi dans certaines sources para-juridiques que l'on appelle les sources

---

[39] Cass., 22 avril 1984, *Pas.,* 1983, I, p. 944 ; - *RCJB*, 1984, p. 359 et note Y. Merchiers, « La tierce complicité de la violation d'une obligation contractuelle : fin d'une incertitude », p. 379 ; - G. Rue, « Violation d'obligation contractuelle et tierce complicité », www.lebulletin.be, Consulté le mercredi 23 avril 2020; - Cass. 29 juin 2012, Arrêt 1435, RG C.11.0522.F. www.cass.be

[40] J.-L. FAGNART, « La tierce complicité et les usages honnêtes en matière commerciale », in *RDC*, 1989, p. 469, n° 23 et 24.

[41] Liège, 24 décembre 1991, *JT*, 1992, p. 202 ; - Brux., 7 novembre 1997, *AJT*, 97-98, p. 578.

matérielles. Et plus encore dans l'application qui en est faite par les cours et tribunaux et les critiques de la doctrine. Si la doctrine peut s'adonner à cœur joie à la réflexion sur des cas, y compris hypothétiques, en revanche la jurisprudence est nourrie des cas concrets qui lui sont soumis. Or, la jurisprudence congolaise postcoloniale est pauvre en litiges tranchés encore que l'évolution de la question a toujours été liée à la jurisprudence et à la doctrine belges. D'où, il suit que le seul cas référé est celui de l'arrêt de la Cour d'appel de Gand du 19 avril 1950. Et, après l'indépendance, un autre seul cas, *inédit*, étudié par Kalongo Mbikayi et Tshimanga, tranché par la Cour d'appel de Kinshasa[42]. Bien évidemment, nous n'en déduisons forcément pas qu'il n'en existerait pas du tout, plutôt qu'ils sont rarement soumis aux tribunaux pour diverses raisons que nous ne comptons pas examiner sur cette plage.

Dès lors, en attendant que le droit congolais se forge une théorie adaptée à ses réalités et à sa jurisprudence, nous ne pouvons y aller que par des hypothèses, en nous référant, dans la mesure du possible, à ce qui existe en droits belge ou français.

Notons que l'article 258 du CCC livre III rend responsable toute personne qui cause dommage à autrui. La tierce complicité, pourvu qu'il y ait dommage causé à une partie au contrat, est une cause de la responsabilité délictuelle. Il reste de se poser la question des modalités de l'aide apportée à la partie qui viole ses obligations contractuelles[43].

35. Nature de la responsabilité. La tierce complicité de la violation d'engagements contractuels fait engager la responsabilité extracontractuelle du tiers envers une partie à un contrat lorsqu'il participe à la violation par l'autre partie de ses engagements contractuels. Le tiers peut être tenu à la réparation de cette violation, en même temps que la partie coupable. Il y a lieu de souligner qu'étant donné que la théorie de la tierce complicité et les effets qu'elle produit constituent une exception au principe de la relativité des effets des contrats, les conditions de responsabilité ci-avant retenues sont d'interprétation stricte[44]. Dans sa jurisprudence, la Cour de cassation belge rappelle que pour apprécier l'existence d'une tierce complicité, il faut tenir compte de toutes les circonstances concrètes de l'espèce[45].

Si toutes les conditions sont remplies, dès lors, la partie victime de la violation a deux actions possibles : contre son cocontractant en responsabilité contractuelle et, en responsabilité délictuelle, contre le tiers complice. En cas de réparation par équivalent, la partie fautive et le tiers complice sont condamnés *in solidum*.

---

[42] Voy. note 3 *supra*.

[43] Gand, 19 avril 1950, in *RJCB*, *op. cit.*, p. 81.

[44] App. Gand, 6 mai 2005, *Prat. Comm.*, 2005, p. 546. in www.actualitesdroitbelge.be

[45] Cass., 19 mai 2005, *JLMB*, 2005, p. 1449.

La jurisprudence (française)[46] a toujours retenu que le cocontractant fautif et le tiers complice sont solidairement tenus à l'égard du cocontractant victime. Ce mécanisme part de l'idée simple que si les tiers n'ont pas à exécuter les obligations nées d'un contrat auquel ils ne sont pas partie, ils deviennent responsables de leur comportement s'ils décident de faciliter sciemment leur inexécution, ou de faire volontairement obstacle à leur exécution. Les illustrations jurisprudentielles condamnant le tiers complice ne manquent pas, en particulier dans le contentieux du droit de la distribution et de la franchise. Cette théorie peut trouver à s'appliquer dans de nombreux cas, tant en matière civile que commerciale.

En matière commerciale, les exemples qui peuvent donner lieu à l'application de la théorie de la tierce complicité sont nombreux :
- complicité dans le débauchage de personnel ;
- complicité dans la violation de contrat de distribution ;
- complicité dans la violation d'une clause de non-concurrence ;
- complicité dans la violation d'une concession de vente exclusive.

36. Exonération de la responsabilité. De l'analyse des conditions retenues pour que le tiers complice soit tenu pour responsable de la violation par une partie d'une obligation contractuelle, il résulte un élément essentiel qualifiant ladite complicité de faute ou non : il s'agit de l'élément intellectuel ou intentionnel. En effet, le tiers complice *doit ou devrait avoir eu connaissance de l'existence de l'obligation* dont il a aidé à la violation.

Cette condition s'apparente à la théorie de la bonne foi et à celle de la mauvaise foi. Si, de bonne aventure, le tiers complice n'en avait pas connaissance, il ne serait pas tenu pour responsable. Dans le cas contraire, il serait bien responsable. Et cette responsabilité trouve son fondement dans une application particulière du principe général de prudence et de diligence édicté par les articles 1382 et 1383 du Code civil[47].

Le comportement standard concret, retenu pour apprécier celui du tiers complice, dans les circonstances concrètes qui ont donné lieu à la méconnaissance de l'obligation contractuelle, est celui de « l'homme moyen et diligent ». Soit le comportement que toute personne normalement prudente et diligente, placée dans les mêmes circonstances, aurait adopté.

---

[46] Voy. « Simon & Associés », qui cite, notamment, les cas ci-après: - CA de Dijon, 8 mars 2018, n° 16/01118 : La clause de non-concurrence post-contractuelle dans les contrats de distribution – Panorama e jurisprudence et Prospective – spéc. § . 37- III°) Responsabilité du tiers complice ; - CA Paris, Pôle 5 chambre 4, 20 décembre 2017, n° 13/23287 ; - CA Besançon, 6 janvier 2016, n° 14/01662 : complicité du tiers dans la violatiopn d'un approvisionnement exclusif ; - Cass.com., 18 févrer 2014, n° 12-29.752 : responsabilité d'un associé engagée par un tiers à la société ; in www.lettredesreseaux.com

[47] Comp. CCC Liv. III, art. 258 et 259.

37. Sanctions possibles. En matière de responsabilité, la sanction est toujours la réparation. Ainsi, un tiers peut engager sa responsabilité extracontractuelle à l'égard d'un cocontractant s'il a participé à la violation du contrat commise par l'autre partie. Dans pareil cas, tant la partie défaillante que le tiers complice peuvent être condamnés à réparer le préjudice subi par l'autre cocontractant. À défaut d'une réparation en nature qui peut prendre la forme d'une annulation de l'acte consacrant la violation du contrat, conformément aux modalités de réparation en droit commun, une réparation par équivalent peut être prononcée par le juge à l'encontre de ces personnes qui seront tenues, comme précédemment dit, *in solidum*[48].

Ainsi, la sanction peut consister :

- soit en nature, par l'annulation de l'opération illicite (en cas de promesse de vente, de pacte de préemption ou de promesse de location) ;
- soit par équivalent, en donnant une chose pour une autre (novation) ;
- soit par la condamnation au paiement des dommages-intérêts *in solidum* ;
- soit symbolique (droit coutumier).

L'on peut également imaginer, comme en matière de droit immobilier et foncier, la cessation de trouble de jouissance.

Conclusion

38. D'un fait illicite ... Cet exposé, sur la tierce complicité de la violation d'une obligation contractuelle par une partie, a tendu à démontrer, en application du principe issu des articles 21 et 63 du Code civil livre III, que le contrat n'a pas d'effets à l'égard des tiers. Mais, si le contrat ne peut nuire à ces derniers, il est possible que les effets du contrat leur profitent. Seulement, en matière de responsabilité, tant contractuelle que délictuelle, il importe de distinguer entre « tiers » et « tiers ». Seuls les tiers *penitus extranei* sont considérés comme tiers susceptibles d'être des « tiers complices ». La tierce complicité est regardée comme une faute. Et en tant que telle, elle rend, si les conditions sont remplies, responsable son auteur sur le fondement du principe général de bonne conduite (comportement du *bonus paternas familiae*), du respect des droits d'autrui et des pratiques loyales des affaires[49].

---

[48] Cass., 24 novembre 1932, précité. Voir aussi, in www.actualitesdroitbelge.be

[49] Fagnart J.-L., « La tierce complicité et les usages honnêtes en matière commerciale », in *RDC*, 1989, p. 469, n° 23 et 24.

39. … à un possible contrat valide. A l'inverse, en vertu de la théorie de la bonne foi *-agir en ignorant la situation réelle ou le vice qui infecte un droit-*, et donc démontrer que la tierce complicité n'est pas intentionnelle, en ce que le tiers n'a pas eu l'intention ou ne connaissait pas ou n'aurait pas pu ou dû connaître l'existence de la relation intérieure existant entre les parties au contrat, il n'y aura aucune faute, et la nouvelle relation du tiers avec la partie qui aurait dû violer ses obligations, sera protégée parce que licite, sous le bénéfice de la bonne foi[50].

Le principe est que la tierce complicité est un fait illicite. Exceptionnellement, elle peut être « justifiée » si le tiers complice venait à démontrer qu'il ne savait, n'a pu ou n'aurait pas pu savoir qu'il aidait une partie à violer ses obligations contractuelles. La bonne foi viendrait ainsi à son secours.

---

[50] Starck B., *op. cit.*

Bibliographie

1. Fagnart J.-L., « La tierce complicité et les usages honnêtes en matière commerciale », in *RDC*, 1989, p. 469, n° 23 et 24.
2. Ilunga Kalenga, « Note sur la vente des biens immobiliers non enregistrés », *RJZ*, 1985, p. 16.
3. Kalongo Mbikayi et Tshimanga, « La responsabilité du tiers complice de l'inexécution d'une obligation contractuelle », *RJZ*, (Revue Juridique du Zaïre), Kinshasa, n° 1-2-3, 1979, pp. 1-21, spéc. pp. 5-8.
4. Kalongo Mbikayi, *Droit civil des obligations*, Tome 1, Kinshasa, EUA, 2011.
5. Kangulumba Mbambi V., *Indemnisation des victimes des accidents de la circulation et Assurance de responsabilité civile automobile. Étude de droit comparé belge et congolais*, Louvain-la-Neuve et Paris, Academia et L'Harmattan, 2ème édition, 2018.
6. Kangulumba Mbambi V., *Précis de droit civil des biens, Tome 1, Théorie générale des biens et Théorie spéciale des droits réels fonciers et immobiliers,* Louvain-la-Neuve et Paris, Academia-Bruylant et L'Harmattan, 2ème édition, 2018.
7. Kenge Ngomba Tshilombayi M.-T., *Droit civil. Les Obligations,* Paris, L'Harmattan, Coll. Notes des cours, Préface de Luzolo Bambi Lessa, 2017.
8. Limpens J. et Van Ryn J., « La responsabilité de tiers complice de la violation d'un contrat », sous Gand, 19 avril 1950, *RCJB (Rev. Critique de la Jurisp. Belge)*, 1951, pp. 81-96 ; en droit congolais, in *RJCB (Rev. Juridique du Congo. Belge)*, 1951, p. 8.
9. Malaurie Ph., Aynes L. et Gautier P. Y., *Les contrats spéciaux*, Paris, LGDJ, 2006.
10. Merchiers Y., « La tierce complicité de la violation d'une obligation contractuelle : fin d'une incertitude», p. 379.
11. Ndudi-Ndudi yi Buloko, « Note sur la vente (immeubles enregistrés, non enregistrés, biens publics) 1987, p. 19.
12. Piedelievre A., *Droit des biens*, Paris, LGDJ, 2006, n° 205.
13. Rae M., « Les engagements qui se forment sans convention », in *Droit civil du Congo belge,* Larcier, Bruxelles, 1956, Vol. II, pp. 351-528.
14. Rue G., « Violation d'obligation contractuelle et tierce complicité », www.lebulletin.be, Consulté le mercredi 23 avril 2020.
15. Starck B., « Des contrats conclus en violation des droits contractuels d'autrui, » *JCP*, 1954, *D.*, 1180.
16. Van Ommelasghe P., *Traité de droit civil belge, Tome II, Les Obligations*, Volume 1, Bruxelles, Bruylant, 2017.
17. Waelbroeck M., « Les conditions de la responsabilité d'un tiers complice de la violation d'une obligation contractuelle en droit comparé », *RCJB*, 1962, p. 335.

Partie 2 :
La responsabilité civile

Bref aperçu du droit de la responsabilité civile délictuelle

■ ***Marie-Thérèse Kenge Ngomba Tshilombayi***
Professeure Ordinaire
Doyenne de la Faculté de Droit/Université de Kinshasa
Avocate près la Cour de Cassation et près le Conseil d'Etat
Membre de la Commission Nationale des Droits de l'Homme

Cinq articles du décret du 30 juillet 1888 portant des contrats ou obligations conventionnelles communément appelé code civil, livre III[1] forment la matière de la responsabilité civile délictuelle : ce sont les articles 258 à 262.

La responsabilité civile est l'obligation à charge d'une personne de réparer le dommage qu'elle cause à autrui[2]. Si le dommage résulte de l'inexécution de l'obligation contenue dans le contrat, la responsabilité civile est contractuelle. Si, par contre, il résulte d'un fait juridique, intentionnel ou non intentionnel, la responsabilité est délictuelle et l'auteur devra indemniser la victime.

Nous examinerons d'abord les différents régimes de la responsabilité civile délictuelle (I) et ensuite l'évolution du droit de la responsabilité civile (II) et enfin quelques pistes de réforme (III).

---

[1] Décret du 30 juillet 1888 portant des contrats ou obligations conventionnelles, B.O., p. 109.

[2] Kenge Ngomba Tshilombayi, *Droit civil. Les obligations*, Paris, L'Harmattan, 2017, p. 163. Lire aussi : A. Sohier, *Des obligations et des contrats*, Novelles, Droit colonial, Tome IV et Droit civil du Congo belge, Tome II, Bruxelles, Larcier 1956 ; M. RAE, *Des engagements qui se forment sans convention,* Société d'Etudes juridiques du Katanga, Lubumbashi, 1967 ; R. Vigneron, « L'évolution du droit civil congolais depuis l'indépendance », in *RJC,* 1965 ; B.O. Kalongo Mbikayi, *Droit civil,* Tome 1. *Les obligations,* Kinshasa, Editions Africaines, 2012 ; Kalongo Mbikayi, *Responsabilité civile et socialisation des risques en droit congolais,* Kinshasa, PUZ, 1977 ; J. Flour, J.L. Aubert et E. Savaux, *Droit civil. Les obligations. Le fait juridique,* Paris, 14ème édition Sirey, p. 69. Lire aussi : H. et L. Mazeaud, *Traité théorique et pratique de la responsabilité civile délictuelle et contractuelle,* 6ème édition, T.I., 1965 ; Jourdain, *Les principes de la responsabilité civile,* 8ème édition, Dalloz, « Connaissance du droit », 2010 ; Ph. Le Tourneau, *La responsabilité civile*, PUF, « Que sais-je ? », 2003.

I. Les différents régimes de responsabilité civile délictuelle

L'article 260 CCLIII alinéa 1er dispose que « *On est responsable non seulement du dommage que l'on cause par son propre fait, mais encore de celui qui est causé par le fait des personnes dont on doit répondre, ou des choses que l'on a sous sa garde* ».

Cette disposition distingue donc trois régimes de responsabilité :

- La responsabilité du fait personnel ;
- La responsabilité du fait d'autrui ;
- La responsabilité du fait des choses.

A. La responsabilité du fait personnel

La responsabilité du fait personnel constitue le droit commun de la responsabilité civile selon les articles 258 et 259 CCLIII[3].

Art. 258. « - Tout fait quelconque de l'homme, qui cause à autrui un dommage, oblige celui par la faute duquel il est arrivé à le réparer ».

Art. 259. - « Chacun est responsable du dommage qu'il a causé, non seulement par son fait, mais encore par sa négligence ou par son imprudence ».

Trois conditions sont à réunir pour la mise en œuvre de la responsabilité civile délictuelle : la faute, le dommage et le lien de causalité entre la faute et le dommage.

1. La faute ou fait générateur

L'article 258 CCLIII pose un principe général de la responsabilité pour faute lorsqu'il énonce que « *Tout fait quelconque de l'homme, qui cause à autrui un dommage, oblige celui par la faute duquel il est arrivé à le réparer* ».

La Cour Suprême de Justice a jugé sur ce point, que pour « *mettre à charge d'une partie la responsabilité civile qui découle des articles 258 et suivants du code civil, livre III, le juge doit constater que le dommage résulte d'une faute ou d'une négligence de cette partie* »[4]. Jugé aussi qu'*il ne peut y avoir lieu à dommages-intérêt sans faute* »[5].

Cette responsabilité est subjective car la faute ou le fait générateur du dommage résulte du comportement de l'auteur de ce dommage et elle doit être prouvée. Elle est en outre personnelle et individuelle car la réparation est faite sur le patrimoine de l'auteur du dommage[6].

---

[3] Kalongo Mbikayi, *op. cit.*

[4] CSJ Cass. 23 février 1971, RJZ 1972, p.31.

[5] Elis., 20 octobre 1915, RJCB, 1926, p. 100.

[6] Kenge Ngomba Tshilombayi, *Droit civil. Les obligations, op. cit.*, p. 172.

La faute n'a pas de définition légale dans le code civil. Elle est soit un fait juridique intentionnel soit un fait juridique non intentionnel c'est-à-dire résultant de l'imprudence ou de la négligence de l'auteur du dommage comme l'énonce l'article 259 CCLIII : « *Chacun est responsable du dommage qu'il a causé, non seulement par son fait, mais encore par sa négligence ou par son imprudence* ». Elle a deux éléments : le fait illicite et l'imputabilité.

a. Faute, fait illicite

Dans son élément objectif, c'est-à-dire le fait illicite, la faute consiste :

- soit dans la violation d'un texte : il s'agit d'un texte exprès qui prohibe l'acte commis qui peut être une loi ou un texte quelconque (le code de la route, le code pénal). Au sujet de la loi pénale, il faut noter que toute faute pénale est aussi une faute civile, mais l'inverse n'est pas vrai car toute faute civile n'est pas une faute pénale en vertu du principe de la légalité des délits et des peines. Il peut aussi s'agir[7] d'un usage, notamment professionnel (code de déontologie) ;
- soit en dehors de la violation d'un texte. Dans ce cas, la faute est définie comme « *un comportement que n'aurait pas eu dans les mêmes circonstances extérieures un homme prudent, diligent, honnête, avisé, soucieux de ses devoirs sociaux* ». Le critère de l'illicéité sera décelé par référence à l'homme diligent situé dans les mêmes circonstances objectives. Il a été jugé que *l'omission, après un arrêt prolongé de son véhicule dans une cour d'usine, de vérifier au démarrage s'il n'y a aucun obstacle à l'arrière, constitue un acte d'imprudence punissable nonobstant le fait inadmissible de la mère de la victime (bébé d'un an mortellement atteinte), de ne pas la surveiller*[8] ;
- soit dans un abus de droit[9]. C'est l'hypothèse de l'exercice d'un droit licite mais dans le but de nuire[10]. Par exemple : les cas de dommages aux voisins en jouant la musique à un volume très élevé, des saisies fautives, et des actions téméraires et vexatoires. Jugé que « *l'action intentée dans l'intention de gagner du temps par des moyens de procédure est téméraire et vexatoire* »[11].

[7] Kalongo Mbikayi, *op. cit.*, p. 223

[8] Tripaix/Kinkole, 15 décembre 1983, RP 1999/1862, inédit.

[9] G. Legier, *op. cit.*, p. 118 ; A. Sohier, Tome III, *op. cit.*, p. 392, n° 97.

[10] G. Kalambay Lumpungu, *Droit civil. Régime général des biens*, Vol. I, 2ème édition, Kinshasa, PUC, 1989, p.169 et p. 175

[11] Elis., 22 février 1947, RJCB 1947, p. 176.

b. Imputabilité de la faute à son auteur

Dans son élément subjectif, la faute-doit être imputable à son auteur. Pour ce faire, l'auteur de la faute doit avoir une volonté consciente, une volonté capable et une volonté libre.

- L'exigence de la volonté consciente exclut la responsabilité civile du dément. Néanmoins, la responsabilité civile des personnes morales est admise (faute du préposé ou faute de l'organe)[12].
- L'exigence d'une volonté capable rend les très jeunes enfants (*infans*) irresponsables de leurs actes. La capacité en matière délictuelle se situe, selon la jurisprudence, entre 5 à 8 ans alors qu'en matière contractuelle, elle intervient beaucoup plus tard, à partir de 18 ans.
- La volonté libre suppose l'absence de cas fortuit ou de force majeure, de l'état de nécessité, du fait d'un tiers ou de la faute de la victime.

C'est au juge du fond d'apprécier la faute et non au juge de cassation car il s'agit d'une question d'appréciation des faits qui échappe à son contrôle[13].

2. Le dommage ou préjudice

Le dommage est une atteinte subie par la victime dans ses droits patrimoniaux ou extrapatrimoniaux.

Il n'y a pas de responsabilité civile sans dommage. Jugé que « *quand il n'y a pas de victimes, il n'y a pas d'allocation des dommages-intérêts* »[14]. De même, « *une condamnation aux dommages-intérêts est motivée dès lors que le jugement établit la faute et le préjudice qui en est résulté* »[15].

a. Catégories des dommages

La doctrine distingue trois catégories de dommages :
- le dommage matériel qui est l'atteinte au patrimoine de la victime ;
- le dommage moral qui est l'atteinte à l'honneur ou aux sentiments de la victime ;
- et le dommage corporel qui est l'atteinte à l'intégrité physique de la victime.

b. Caractères des dommages

Le dommage doit revêtir certains caractères. En effet, il doit être :
- certain et actuel ;
- personnel ;

---

[12] Ph. Malaurie, L.Aynes et Ph. Stoffel-Munck, *op. cit.*, n°40, p. 23.
[13] CSJ, 13 février 1976, RP 175, Bull. Arr. 1977, p. 40.
[14] CSJ, 26 février 1977, Bull. Arr. 1978, p. 10.
[15] CSJ Cass. 11 avril 1973, Bull. Arr. 1974, p.103.

- direct ;
- et consister dans la violation d'un intérêt légitime juridiquement protégé.

3. Le lien de causalité entre la faute et le dommage

La victime doit prouver le lien de causalité entre la faute et le dommage en démontrant que le dommage s'est produit suite à la faute de l'auteur du dommage.

La jurisprudence exige que « *pour une condamnation aux dommages-intérêts, le jugement doit établir la faute et le lien de causalité entre la faute et le préjudice qui en est résulté* »[16].

4. Les causes d'exonération de la responsabilité

L'auteur du dommage peut apporter la preuve qu'un fait extérieur a été la cause du dommage, et s'exonérer de sa responsabilité en démontrant l'absence de lien de causalité. L'effet des causes d'exonération est que l'auteur du dommage est totalement exonéré de sa responsabilité et il n'indemnise pas la victime.

Les causes d'exonération sont :

- Le cas de force majeure : évènement extérieur, imprévisible, insurmontable et irrésistible tel une inondation, un tremblement de terre. Jugé qu' « *il y a cas fortuit ou de force majeure, selon la jurisprudence, lorsqu'un obstacle irrégulier et subit se présente devant un conducteur de façon inopinée et inattendue pour que celui-ci puisse encore l'éviter ou s'arrêter à temps ; cet obstacle est élusif de responsabilité* »[17]. Quant à la preuve de la force majeure, jugé que « *la force majeure constituant une circonstance absolument indépendante de la volonté de l'auteur du recours, il appartient à celui qui l'invoque de la prouve* »r[18].
- La faute de la victime renvoie au fait de celle-ci qui a entrainé le dommage.
- Le fait d'un tiers peut être la cause du dommage et doit présenter les caractères de la force majeure. Souvent, le juge retient aussi le partage de responsabilité entre l'auteur du dommage et le tiers, si leurs fautes ont toutes concouru à la réalisation du dommage. Jugé que « *si la négligence et l'imprudence du prévenu, qui s'est absenté fautivement du bord a contribué à la situation d'impuissance dans laquelle s'est trouvée la lutte contre l'incendie du bateau, le caractère défectueux des installations anti-incendie placées sur le bâtiment comme dans le port, intervenant aussi pour l'établissement de la gravité de l'incendie, il y a lieu d'en*

---

[16] CSJ, 11 avril 1973, Bull. Arr. 1974, p.103.
[17] CSJ, TSR., 6 avril 1978, RJZ, 1979, p. 38.
[18] CSJ, 8 janvier 1970, RJC 1970, p. 17.

tenir compte dans l'évaluation des dommages-intérêts à allouer à la partie civile »[19].

B. La responsabilité du fait d'autrui

Le code civil institue la responsabilité des personnes qui sont responsables des faits commis par d'autres. Il s'agit des père et mère, instituteurs et artisans, maitres et commettants. Le code des assurances ajoute le propriétaire du véhicule automoteur. Ce sont des civilement responsables.

1. Responsabilité des père et mère du fait de leurs enfants

Selon l'article 260 alinéa 2 CCLIII, « *Le père, et la mère après le décès du mari, sont responsables du dommage causé par leurs enfants, habitant avec eux* ».

Le fondement de cette responsabilité est la présomption de faute soit pour n'avoir pas bien surveillé l'enfant, soit pour n'avoir pas bien éduqué celui-ci. C'est une présomption réfragable ou renversable car l'alinéa 5 permet aux parents d'écarter la présomption en démontrant n'avoir pas manqué à leur devoir de surveillance et d'éducation. Cet alinéa dispose que « *la responsabilité ci-dessus a lieu, à moins que les père et mère, instituteurs et artisans ne prouvent qu'ils n'ont pu empêcher le fait qui donne lieu à cette responsabilité* ». Cette présomption peut être renversée s'il y a cas fortuit ou de force majeure, faute de la victime ou faute d'un tiers[20]. Il a été jugé qu' « *il ne suffit pas que le père prouve que l'enfant était bien surveillé d'une manière générale, mais encore qu'en fait et eu égard au cas concret, cette surveillance a été suffisante et que le dommage s'est produit alors qu'il ne pouvait pas normalement mieux surveiller l'enfant »*[21].

Outre les trois conditions de faute de l'enfant, de dommage et de lien de causalité entre la faute et le dommage subi par la victime autre que le père et la mère, cette responsabilité exige que le dommage soit causé par la faute de l'enfant et qu'il y ait la cohabitation.

a. Dommage causé par la faute de l'enfant

Le dommage doit être causé par la faute de l'enfant. Mais qui est enfant ? L'article 260 alinéas 2 n'exige pas la condition de la minorité. Il s'agit donc de tout enfant quel que soit son âge. Le législateur congolais en son article 260 alinéa 2 n'a pas ajouté l'adjectif « *mineur* » comme dans le code civil belge qu'il a reproduit, et ce, à dessein. Ainsi, l'article 260 a un caractère d'ordre public et doit être interprété de façon stricte. Il s'agit par conséquent

---

[19] CSJ, 13 mai 1976, Bull. Arr. 1977, p. 135.
[20] Kenge Ngomba Tshilombayi, *op. cit.*
[21] 1ère Inst. Elis., 13 octobre 1960, RJC 1964, p. 15.

des enfants indistinctement, majeurs et–mineurs[22]. Une autre partie de la doctrine a estimé que la minorité de l'enfant est une condition nécessaire de la responsabilité civile des parents comme en droit civil belge[23]. Pour éviter toute cette controverse, il faut réformer l'article 260 alinéa 2 pour ne viser que les enfants mineurs conformément à la loi sur la protection de l'enfant.

b. Dommage causé par de l'enfant habitant avec ses parents : condition de cohabitation

L'enfant doit habiter avec ses parents. Cette condition de cohabitation justifie la présomption de faute dans le défaut de surveillance ou le défaut d'éducation qui pèse sur le père et la mère.

Si l'enfant habite loin de ses parents, ces derniers cessent d'être responsables parce qu'ils ne peuvent le surveiller. Ceux qui habitent avec l'enfant dans ce cas seront responsables sur base des articles 258 ou 259 CCLIII s'il est prouvé leur faute personnelle. De même, si l'enfant est légalement sous la garde d'autrui, tel l'instituteur, les père et mère ne seront pas responsables. Cependant, si l'enfant a été abandonné par les père et mère ou s'ils le laissent vagabonder, ils demeurent civilement responsables sur base de l'article 260 alinéa 2[24].

C'est une responsabilité qui n'est pas solidaire : c'est le père ou à défaut, la mère en cas décès du père ou d'incapacité de celui-ci.

2. Responsabilité des instituteurs et artisans du fait de leurs élèves et apprentis

Selon l'article 260 alinéa 4 CCLIII, « *Les instituteurs et les artisans,(sont responsables) du dommage causé par leurs élèves et apprentis pendant le temps qu'ils sont sous leur surveillance* ». L'instituteur est non seulement celui qui enseigne mais aussi celui qui sans enseigner, a un rôle de direction et de surveillance dans un établissement d'instruction. L'artisan est tout employeur qui s'engage à fournir une formation professionnelle à l'apprenti.

Le fondement de la responsabilité des instituteurs et artisans est la présomption de faute pour n'avoir pas bien surveillé ou bien éduqué l'élève ou l'apprenti. C'est une présomption réfragable c'est-à-dire renversable. En effet, l'alinéa 5 de l'article 260 CCLIII permet à l'instituteur ou à l'artisan d'écarter la présomption en démontrant n'avoir pas manqué à son devoir de surveillance et d'éducation. Il dispose que « *la responsabilité ci-dessus a lieu, à moins que les père et mère, instituteurs et artisans ne prouvent qu'ils n'ont pu empêcher le fait qui donne lieu à cette responsabilité* ». De même la

[22] Kalongo Mbikayi, *op. cit.*, p. 249

[23] Rae M., *op. cit.*, n° 145 ; SACE, *op. cit.*, p341 et 342 ; Bompaka Nkeyi, « La responsabilité civile des parents en droit zaïrois et comparé », *Revue de droit et de criminologie*, n°184, p. 7.

[24] A. Sohier, Droit civil, Tome III, *op. cit.*, p. 417, n°146.

présomption peut être renversée s'il y a fortuit ou de force majeure, faute de la victime ou faute d'un tiers.

Outre les trois conditions de faute de l'élève ou de l'apprenti, de dommage et de lien de causalité entre la faute et le dommage subi par la victime autre que l'instituteur ou l'artisan, cette responsabilité exige que le dommage soit causé par l'élève et que la condition spécifique de temps soit respectée.

a. Dommage causé par l'élève

Le dommage doit être causé par l'élève à l'égard d'un tiers c'est-à-dire un autre élève ou une personne autre que l'instituteur ou l'artisan. Il faut prouver la faute de l'élève dans la survenance du dommage.

b. Condition de temps

Le dommage doit être causé pendant que l'élève ou l'apprenti est sous la surveillance de l'instituteur ou de l'artisan. Le juge a un pouvoir souverain d'appréciation.

3. Responsabilité des maitres et commettants du fait de leurs préposés et domestiques

Les maitres et commettants sont responsables des dommages causé par leurs préposés et domestiques[25] : c'est la responsabilité des employeurs pour fait de leurs salariés. Cela ressort de l'article 260 CCLIII alinéa 3 qui dispose : « *Les maîtres et les commettants, (sont responsables) du dommage causé par leurs domestiques et préposés dans les fonctions auxquelles ils les ont employés* ».

Le fondement de cette responsabilité est la présomption irréfragable de faute consistant–dans le mauvais choix du préposé (*culpa in eligendo)* ou dans la mauvaise surveillance de ce dernier (*culpa in vigilando*). Contrairement aux père et mère et aux instituteurs et artisans, les maitres et commettants ne peuvent pas renverser la présomption de faute et ainsi s'exonérer en démontrant qu'ils n'ont pas eux-mêmes commis de faute ou que, à leur égard, le comportement du préposé était imprévisible et irrésistible. Ils peuvent seulement s'exonérer en prouvant soit un cas de force majeure soit la faute de la victime.

Mais la doctrine, dans l'intérêt de la victime a proposé comme fondement l'idée de garantie, une responsabilité objective[26].

Le commettant qui a indemnisé la victime a une action récursoire contre le préposé quand ce dernier a excédé les limites de sa mission ou commis une faute pénale intentionnelle[27].

---

[25] Lire : Kalongo Mbikayi, « La responsabilité civile du commettant », *op. cit.*, p. 12.
[26] Kalongo Mbikayi, *Droit civil.* Tome 1 : Les obligations, *op. cit.*, p. 257.
[27] G. Legier, *op. cit.*, p. 131.

Outre les trois conditions de faute du préposé ou domestiques, de dommage et de lien de causalité entre la faute et le dommage subi par la victime autre que le maitre et le commettant, cette responsabilité exige encore deux autres conditions spécifiques : l'existence d'un lien de subordination ou de préposition entre le commettant et le préposé et la faute du préposé qui doit être commis dans l'exercice de ses fonctions.

a. Lien de préposition ou de subordination

Il y a lien de subordination entre, d'une part, le maître ou le commettant, et d'autre part, le domestique ou le préposé lorsque le maître ou le commettant a un pouvoir de direction, de surveillance et de contrôle sur le préposé ou le domestique. Le commettant est celui qui donne des ordres à une autre personne, le préposé ou le domestique, sur la manière de remplir les fonctions confiées. Jugé que « *la responsabilité du commettant pour faute de son préposé ne peut être engagée que s'il existe un lien de préposition effectif et direct entre lui-même et son préposé dans les circonstances de temps ou de lieu où s'est produit le dommage* »[28]. Ordinairement, le lien découle d'un contrat de travail, mais ce lien peut résulter aussi d'un autre contrat.

b. Faute dans l'exercice des fonctions

Il faut un lien entre l'acte et l'exercice des fonctions auxquelles le préposé est employé. Si l'acte est accompli en dehors des fonctions c'est-à-dire en dehors du temps ou du lieu de l'exercice des fonctions, le commettant n'est pas responsable.

Mais le problème se pose si l'acte est accompli pendant la durée des fonctions mais sans rapport certaine avec les fonctions. La solution de la jurisprudence congolaise est qu'il suffit que la faute ait été commise au cours du service et soit en relation quelconque, même occasionnelle et indirecte, avec les fonctions auxquelles le préposé est employé. Jugé que « *la responsabilité civile du civilement responsable n'exige pas, pour être engagée que l'acte fautif imputable au prévenu rentre dans les fonctions lui dévolues ; il suffit qu'il ait été commis pendant la durée du service et qu'il soit en relation avec celui-ci même indirectement et occasionnellement*[29]. Jugé aussi que *la responsabilité du commettant est engagée lorsque l'acte fautif dommageable* imputable *à son préposé a été commis même occasionnellement, pendant les heures de service et qu'il se trouve, même indirectement en relation avec ses fonctions, peu importe la considération qu'il ne rentre pas dans le cadre de celles-ci* »[30].

---

[28] Kin, 02 mai 1967, RJC, 1968, p. 65.

[29] CSJ, 30 janvier 1987, Bull. Arr. 2002, p. 254.

[30] Kin, 19 octobre 1979, RJZ, 1983, p. 47.

Il a été aussi jugé, en ce qui concerne l'abus de fonctions, que « *dès qu'il est établi que le dommage a été causé par son préposé dans l'exercice des fonctions auxquelles il l'avait employé, le commettant reste tenu même si le préposé a abusé de ses fonctions* »[31]. Tandis que « *le silence gardé par le commettant qui sait que son préposé agit en abusant de ses fonctions vaut autorisation tacite des abus des actes posés par le préposé* »[32].

Néanmoins, jugé que « *pour être exonéré de sa responsabilité du fait de son préposé, le commettant doit prouver que la victime avait connaissance de l'abus de fonctions commis par le préposé et avait en conséquence considéré que ce dernier agissait pour son propre compte*[33]. Jugé que *le commettant cesse d'être responsable lorsque le préposé a été envisagé par la victime comme ayant agi pour son compte personnel et non pour celui du commettant* »[34].

4. *Responsabilité du propriétaire du véhicule automoteur du fait du conducteur ou du gardien*

Le propriétaire du véhicule automoteur est responsable du dommage causé par le conducteur ou le gardien du véhicule selon l'article 38 de la loi de 2015 portant code des assurances[35] , qui dispose que « *L'assureur est garant des pertes et dommages causés par des personnes dont l'assuré est civilement responsable quelle que soit la nature ou la gravité des fautes de ces personnes, ou par des choses qu'il a sous sa garde* ». C'est une nouvelle catégorie de civilement responsable introduit déjà en 1973 par la loi sur l'assurance obligatoire de responsabilité civile en matière de véhicule automoteur[36], laquelle loi est remplacée par le code des assurances.

Le fondement de la responsabilité est la responsabilité objective, une responsabilité de plein droit[37].

Outre la condition de dommage causé à la victime, cette responsabilité exige que le dommage soit causé par le véhicule automoteur sous la responsabilité de la personne qui en avait la garde ou la conduite.

---

[31] Léo, 20 février 1958, RJCB, 1959, p. 265.

[32] Bandundu, 23 février 1980, RJZ, 1983, p. 47

[33] *Ibidem.*

[34] Kin, 6 mars 1958, RJCB, 1959, p. 268.

[35] Loi n° 15/005 du 17 mars 2015 portant code des assurances, J.O., n° spécial du 30 avril 2015.

[36] Loi n° 73/013 du 5 janvier 1973 portant assurance obligatoire de responsabilité civile en matière d'utilisation de véhicule automoteur dont les dispositions dont les dispositions ont été reprises dans le code des assurances de 2015.

[37] Lire : Kalongo Mbikayi et Pindi Mbensa Kifu, « La responsabilité civile de l'automobiliste et du piéton en droit zaïrois », in Kalongo Mbikayi, (sous la direction de), *L'automobile et la sécurité* routière en droit zaïrois, Kinshasa, PUZ, 1982, pp. 1 et ss ; Ngomba Tshilombayi Kenge, *Indemnisation des victimes d'accidents de la circulation. Assurance de responsabilité ou indemnisation directe ?*, Thèse, Université de Kinshasa, 1999.

a. Dommage causé par un véhicule automoteur

Le véhicule automoteur est tout engin destiné au transport doté d'un moteur et qui se meut uniquement sur le sol : automobile, cyclomoteur, balayeuse, tracteur, moissonneuse, véhicule sur chenilles, etc. Cette notion s'étend à la remorque–et semi-remorque si elle était attelée à un véhicule terrestre à moteur au moment de l'accident.

b. Dommage causé par la personne ayant la garde ou la conduite du véhicule même sans assentiment du propriétaire

Le dommage doit être causé par une personne qui a la conduite ou la garde du véhicule même sans autorisation. En effet, l'article 108 alinéas 2 et 3 de la loi portant code des assurances dispose : « *Les contrats d'assurance couvrant la responsabilité définie à l'article 1 couvre également la responsabilité civile de toute personne ayant la garde ou la conduite ; même non autorisée, du véhicule, à l'exception des professionnels de la réparation, de la vente et du contrôle de l'automobile, ainsi que la responsabilité civile des passagers du véhicule objet de l'assurance* ».

C. La responsabilité du fait de choses

La responsabilité du fait des choses concerne plusieurs hypothèses : la responsabilité du fait des choses inanimées, la responsabilité du fait des animaux et la responsabilité pour fait de la ruine des bâtiments.

1. La responsabilité du fait des choses inanimées

L'alinéa 1er in fine de l'article 260 du code civil livre III, a été interprété comme énonçant un principe général de responsabilité du fait de choses inanimées : « *On est responsable (...) du dommage(...) des choses que l'on a sous sa garde* ».

Le gardien de la chose est responsable du dommage qu'elle cause à autrui.

Le fondement de cette responsabilité est la présomption irréfragable de faute consistant dans l'utilisation d'une chose atteinte de vice[38]. Jugé que « celui qui réclame des dommages-intérêts sur base de la responsabilité du gardien doit prouver uniquement que le gardien a sous sa garde une chose atteinte de vice et qu'il existe une relation de causalité entre le vice de la chose et le dommage[39]. « *L'article 260 alinéa 1er du code civil n'est applicable qu'à condition qu'l soit établi par la victime que le dommage a été causé par le vice de la chose*[40] ». « *Constitue un vice de la chose toute*

---

[38] 1ère Inst. Elis., 14 juillet 1938, RJCB, 1940, p. 71.

[39] Léo, 29 octobre 1957, JTO, 1958, p. 91.

[40] Léo, 26 décembre 1953, RJCB 1954, p. 154.

déformation qui le rend inapte à son usage normal ou une défectuosité qui en rend l'usage dangereux[41] ».

Mais lorsque la chose est un véhicule automoteur, le fondement est la responsabilité objective et de plein droit selon l'article 38 du code des assurances [42]qui dispose que « *L'assureur est garant des pertes et dommages causés par des personnes dont l'assuré est civilement responsable quelle que soit la nature ou la gravité des fautes de ces personnes, ou par des choses qu'il a sous sa garde* ».

Les conditions de la responsabilité sont relatives à la chose, au fait de la chose et à la garde de la chose.

a. La chose

La chose inanimée est toute chose, dirigée ou non par la main de l'homme, dangereuse ou non, meuble ou immeuble. Cet article ne s'applique pas aux animaux (article 261 CCLIII) et à la ruine des bâtiments qui résulte d'un défaut d'entretien ou d'un vice de construction (article 262 CCLIII)[43].

Jugé que « *l'article 260 alinéa 1er s'applique au dommage causé par la chute d'un arbre par suite d'un vice inhérent à l'arbre*[44] ». Si le dommage est causé par le fait personnel du gardien dirigeant ou manipulant la chose et non par le vice de la chose, l'article 260 alinéa 1er ne va pas s'appliquer, la responsabilité de l'homme étant directe[45].

b. Le fait de la chose

Le droit congolais exige la preuve du vice de la chose[46]. Il faut prouver le vice et le lien de causalité entre ce vice et le dommage. Le vice a deux acceptions. Une chose est infectée de vice lorsqu'elle présente une caractéristique anormale susceptible de causer un dommage. La caractéristique anormale est celle qui fait que la chose qui fait que la chose ne présente pas les qualités propres à sa nature ; les caractères essentiels et naturels d'une chose ne peuvent constituer un vice[47]. Jugé *que « constitue le vice de la chose, cause d'accident, toute conformation qui la rend inapte à son usage normal ou une défectuosité qui en rend l'usage dangereux*[48]. »

---

[41] M. Rae, *op. cit.,* p.109.

[42] Loi n° 15/005 du 17 mars 2015 portant code des assurances, J.O., n° spécial du 30 avril 2015.

[43] 1ère Inst. Bukavu, 6 mars 1954, RJCB 1955, p. 229.

[44] 1ère Inst. Léo, 12 avril 1952, RJCB 1953, p. 93.

[45] Van Ryn, « La responsabilité du fait des choses », JT, 1953, 166

[46] Kalongo Mbikayi, *op. cit.,* p. 270.

[47] A. Sohier, Tome III, *op. cit.,* n°189, p. 428, Van Ryn, « La responsabilité du fait des choses» , JT, 1953, p. 377.

[48] 1ère Inst Cost., 2 décembre 1948, RJCB 1949, p. 113.

Le vice englobe aussi le comportement anormal de la chose en considérant que le comportement implique ou constitue un vice[49]. Jugé que « *prouve le vice de la chose l'échappement de vapeur d'une locomotive tel qu'il rend dangereux, et même à peine possible à certains moments, l'usage de la route aux autres véhicules*[50] ».

c. La garde de la chose

La garde suppose des pouvoirs d'usage, de direction et de contrôle de la chose[51]. Comme la garde est liée à un pouvoir de direction, les qualités de gardien et de préposé sont en principe incompatibles : seul le commettant est gardien.

Le transfert de la garde peut être volontaire ou involontaire. Le transfert volontaire résulte d'un contrat par lequel le propriétaire d'une chose s'en dessaisit temporairement. Dès lors que la détention de la chose a été volontairement et effectivement transférée, celui qui la détient actuellement, l'emprunteur, le locataire, le garagiste, le vétérinaire en devient gardien. Le transfert est involontaire lorsqu'une personne s'empare de la chose l'insu de celui qui en avait la garde : en n cas de vol, le propriétaire perd la garde, qui est transférée au voleur[52] et en cas de détournement de la chose par un préposé, le commettant en perd la garde, qui est acquise par le préposé.

La garde est alternative et non cumulative, ce qui signifie qu'il y a qu'une seule personne qui exerce, à un moment donné, les pouvoirs de gardien. Mais elle peut être collective ou en commun. C'est l'hypothèse d'une victime atteinte par une chose sur laquelle au moment de l'accident, plusieurs personnes exerçaient en commun les pouvoirs d'usage, de direction et de contrôle : des joueurs dont le ballon a blessé un spectateur.

Une distinction a été opérée entre la garde de structure et la garde de comportement pour certaines choses présentant un certain danger de par leur structure[53] : le fabricant de la chose sera le gardien de sa structure concernant les vices internes de la chose et l'utilisateur sera le gardien du comportement concernant l'utilisation de la chose. Il faudra rechercher la cause du dommage selon que l'accident est dû à un à la structure même de la chose, à son vice interne, à sa manipulation, à l'usage qu'on en fait.

---

[49] Kalongo Mbikayi, *op. cit* , p. 271. ; A. Sohier, Tome III, *op. cit.,* n° 190, p. 429.

[50] Cass. Belge, 19 octobre 1939, Pas., I, 430.

[51] Cass. B., 25 mars 1943, Pas. I. 110 ; lire : Tshilombo Mwamba Vule, « La notion de garde dans la responsabilité civile du fait des véhicules automoteurs », in *Annales de la Faculté de Droit,* Kinshasa, PUZ, vol. XIII-X 1979-1981, p. 109 et s

[52] 450 Léo, 1er mars 1966, *RJC* 1966, p. 227.

[53] A. Benabent, *op. cit.*, n°619.

2. Responsabilité du fait des animaux

Selon l'article 261 CCLIII, « *Le propriétaire d'un animal, ou celui qui s'en sert, pendant qu'il est à son usage, est responsable du dommage que l'animal il causé, soit que l'animal fût sous sa garde, soit qu'il fût égaré ou échappé* ».

Le fondement de la responsabilité est la présomption de faute, faute de négligence dans la surveillance. Mais la jurisprudence actuelle admet une responsabilité de plein droit, une responsabilité sans faute. Le propriétaire ou gardien ne peut s'exonérer qu'en apportant la preuve de la cause étrangère.

Les conditions de cette responsabilité concernent l'animal et son responsable.

a. L'animal

Il s'agit de tous les animaux sans distinction de leur nature zoologique. L'animal doit cependant intervenir positivement dans la survenance du dommage.

b. Propriétaire animal

Le responsable est le propriétaire ou celui qui s'en sert par exemple une personne qui en a usage à titre indépendant ou professionnel comme le vétéran. Il doit avoir sur l'animal le pouvoir de contrôle et de direction.

3. Responsabilité du fait des bâtiments

Selon l'article 262 CCLIII, « *Le propriétaire d'un bâtiment est responsable du dommage causé par sa ruine lorsqu'elle est arrivée par une suite du défaut d'entretien ou par le vice de sa construction* ».

Seul le propriétaire est responsable et non une autre personne. Tout ce que le propriétaire peut faire, c'est d'exercer une action récursoire contre l'auteur de la faute qui peut être l'architecte ou l'entrepreneur en cas de vice de construction qui se prescrit après dix ans (art. 439 CCLIII) ou aussi le locataire ou l'usufruitier pour défaut d'entretien en vertu du contrat de bail notamment.

L'article 262 CCLIII édicte une responsabilité spéciale quant aux dommages causés par la ruine des bâtiments. Pour les autres dommages causés par le bâtiment, l'on recourt à l'article 260 alinéa 1er CCLIII sur la responsabilité pour fait des choses inanimées. La victime n'a pas d'option entre l'article 262 CCLIII et l'article 260 alinéa 1er[54].

Le fondement de la responsabilité est la présomption de faute d'entretien ou de surveillance. Mais actuellement, la doctrine estime que c'est une responsabilité de plein droit. Le propriétaire ne peut se libérer que pour cause étrangère ou pour faute exclusive de la victime.

---

[54] A. Sohier, Tome III, *op. cit.*, p. 436, n°219.

Comme conditions de cette responsabilité, la victime doit démontrer la ruine du bâtiment qui a pour cause le défaut d'entretien ou le vice de construction.

a. Bâtiment

Il s'agit de toute construction faite avec des matériaux assemblés de façon durable, qu'elle soit en surface ou en sous-sol et de à tous les éléments (canalisations, ascenseurs, balcons) incorporés à ces constructions. C'est donc toute construction immobilière incorporée au sol, quel que soit son usage.

b. Ruine de bâtiment

C'est la chute totale ou partielle des éléments du bâtiment. C'est en d'autres termes un état de dégradation de la construction ou d'un élément immobilier qui y est incorporé de manière indissoluble, entraînant une chute de matériaux ou un écroulement total.

c. Défaut d'entretien ou vice de construction

La ruine doit avoir pour origine un défaut d'entretien ou un vice de construction Il faudra établir le lien de cause à effet entre le défaut d'entretien ou le vice de construction et cette ruine.

D. Réparation du dommage et indemnisation de la victime

Les conditions de la responsabilité une fois réunies, la victime a droit à la réparation du préjudice subi, qu'il s'agisse de la responsabilité pour fait personnel, du fait d'autrui ou du fait de choses.

1. Titulaires et débiteurs de la réparation

Le titulaire de la réparation est soit la victime directe soit la victime indirecte. Les débiteurs de la réparation sont soit l'auteur du dommage pour le fait personnel, soit le civilement responsable pour le fait d'autrui, soit le propriétaire ou le gardien pour le fait des choses.

Dans les domaines où il y a l'assurance obligatoire, l'assureur de l'auteur du dommage est aussi débiteur de l'indemnisation tout comme le Fonds de garantie s'il est prévu.

2. Voies d'action

La réparation est allouée par le juge compétent : soit au civil soit au pénal selon les règles de la compétence territoriale et de la compétence matérielle. La faute pénale étant une faute civile, le juge pénal saisi de l'infraction peut allouer des dommages et intérêts à la victime.

Outre la voie judiciaire, les parties peuvent aussi régler à l'amiable l'indemnisation.

3. *Réparation en nature ou par équivalent*

La réparation se fait soit en nature soit par équivalent sous forme d'allocation des dommages et intérêts.

4. *Réparation intégrale du préjudice et indifférence de la gravité de la faute*

Le juge fixe le montant de la réparation en tenant compte des principes de la réparation intégrale du préjudice subi et de l'indifférence de la faute.

La Cour Suprême de Justice, a jugé que « *pour la réparation d'un préjudice, l'indemnité à allouer ne peut réparer ce dernier que si elle permet à la victime de remettre les choses en état, de replacer dans son patrimoine un objet semblable ou équivalent à celui qui en est sorti ou n'y est pas entré par le faute du responsable*[55] ». Jugé aussi que « *pour que la réparation soit complète il faut que, par elle et au moment où elle lui est accordée, le préjudice soit replacé dans la situation où il serait si la cause du dommage n'avait pas eu lieu*[56]». « *L'indemnité réparatrice ne peut être complète si le préjudicié n'est pas replacé dans l'état qui aurait dû être le sien, si le dommage n'avait pas eu lieu* »[57].

5. *Pouvoir d'appréciation souveraine du juge*

En matière de réparation, le juge est souverain et a un large pouvoir d'appréciation.

Néanmoins, il lui est fait obligation de motiver son jugement sous peine de cassation.

Jugé qu' « *est fondé et entraine cassation totale de la décision attaquée le moyen qui reproche au juge d'appel d'avoir alloué les dommages-intérêts à la victime d'une saisie conservatoire abusive sans indiquer les éléments précis ayant servi à l'évaluation du dommage* »[58]. Au contraire, « *n'est pas fondé, le moyen qui reproche au juge d'appel d'avoir violé l'article 258 du code civil congolais, livre III en ce qu'il a alloué au demandeur des dommages-intérêts exorbitants, lorsqu'il ressort des motifs du dossier qu'il a indiqué tous les éléments d'appréciation y afférents* »[59].

6. *Evaluation au jour du jugement*

Pour mieux réparer intégralement, l'indemnité est évaluée au jour du jugement pour permettre de tenir compte de tous les chefs de préjudice ainsi que de l'évolution du dommage.

---

[55] CSJ tsr, 6 avril 1978, RJZ 1979, p. 38.
[56] Léo, 27 juin 1950, JTO, 1952, avec note.
[57] Kin, 16 février 1071, RJZ 1972, p. 55.
[58] CSJ, 29 août 1979, Bull. Arr., p. 241.
[59] CSJ, 25 juillet 1989, Bull. Arr., 2002, p. 497.

II. L'évolution de la responsabilité civile délictuelle

L'évolution de la responsabilité civile s'est faite de la responsabilité pour faute vers la responsabilité sans faute et de la responsabilité individuelle vers la responsabilité collective[60].

A. De la responsabilité basée sur la faute vers la responsabilité sans faute

La théorie classique de la responsabilité civile délictuelle se fonde sur la faute. On parle alors de la responsabilité subjective car elle s'appuie sur le comportement du sujet, l'auteur du dommage. Le besoin croissant de sécurité, et le fait que les citoyens n'admettent plus que des victimes restent sans indemnisation, ont conduit le législateur à rendre certaines personnes responsables, en l'absence de toute faute. Cette responsabilité est dite objective, car l'auteur du dommage sera responsable sans qu'il y ait une faute à prouver. Le but de la responsabilité objective est de garantir l'indemnisation des victimes en les dispensant de la charge de la preuve[61]. L'on peut citer quelques exemples :

- dans les accidents de travail : lorsqu'il se produit un accident du travail, le salarié est indemnisé de manière forfaitaire, sans qu'il y ait besoin de rechercher la responsabilité de l'employeur[62].
- dans les accidents de la circulation, la responsabilité du propriétaire est quasiment automatique[63]. La nouvelle loi de 2015 portant code des assurances en son article 38 introduit la responsabilité sans faute : « *l'assureur est garant des pertes et dommages causés par des personnes dont l'assuré est civilement responsable quelle que soit la nature ou la gravité des fautes de ces personnes, ou par des choses qu'il a sous sa garde* ». L'objectif est une indemnisation rapide des victimes. Ce régime spécial déroge au régime de la responsabilité du fait des choses, le véhicule étant une chose. En effet, le conducteur ne peut invoquer la force majeure ou le fait d'un tiers. La personne civilement responsable est

---

[60] Lire : Kalongo Mbikayi, *Responsabilité civile et socialisation des risques en droit congolais*, Kinshasa, PUZ, 1977 ; Kalongo Mbikayi et Pindi Mbensa Kifu, « La responsabilité civile de l'automobiliste et du piéton en droit zaïrois », in Kalongo Mbikayi, (sous la direction de), *L'automobile et la sécurité* routière en droit zaïrois, Kinshasa, PUZ, 1982, pp. 1 et ss ; Ngomba Tshilombayi Kenge, *Indemnisation des victimes d'accidents de la circulation. Assurance de responsabilité ou indemnisation directe ?*, Thèse, Université de Kinshasa, 1999.

[61] Lire : B. Stark, *Essai d'une théorie générale de la responsabilité civile considérée en sa double fonction de garantie et de peine privée*, Paris, Roestein, 1947 ; G. Viney, *Le déclin de la responsabilité civile individuelle*, Paris, LGDJ, 1965.

[62] Loi n° 16-009 du 15 juillet 2016 fixant les règles relatives au régime général de la sécurité sociale, J.O. RDC, numéro spécial du 28 juillet 2016, p. 5. Lire Mukadi Bonyi, *Droit de la sécurité sociale*, Kinshasa, Editions Ntobo, 1995.

[63] Loi n° 15/005 du 17 mars 2015 portant code des assurances, J.O., n° spécial du 30 avril 2015.

le propriétaire. L'obligation d'assurance incombe à tout propriétaire des véhicules automoteurs. Ainsi, le propriétaire d'un véhicule automoteur qui a causé un accident de la circulation est civilement responsable du conducteur ou du gardien du véhicule qui a causé ces dommages. Ce dommage doit être causé par une personne qui la conduite ou de la garde du véhicule même sans autorisation. En effet, l'article 108 alinéas 2 et 3 de la loi portant code des assurances dispose : « *Les contrats d'assurance couvrant la responsabilité définie à l'article 1 couvre également la responsabilité civile de toute personne ayant la garde ou la conduite ; même non autorisée, du véhicule, à l'exception des professionnels de la réparation, de la vente et du contrôle de l'automobile, ainsi que la responsabilité civile des passagers du véhicule objet de l'assurance* ». La loi garantit la réparation des dommages corporels et matériels et fixe les catégories des préjudices réparables au titre de dommage corporel tant pour les préjudices économiques que pour les préjudices moraux en résultant tant pour la victime directe que pour la victime indirecte.

B. De la responsabilité individuelle à la responsabilité collective

Des lois ont établi des régimes spéciaux d'indemnisation des victimes. Ce sont des systèmes développés grâce à la généralisation de l'assurance responsabilité civile, car le législateur sait que ce n'est pas l'auteur du dommage qui indemnisera la victime, mais son assureur. On parle de la collectivisation ou socialisation des risques et de la responsabilité civile : la charge des risques est repartie sur une collectivité d'assurés pris en charge par un assureur. L'on peut citer comme exemples :

- Dans les accidents de la circulation, l'indemnisation de fait par l'assureur du propriétaire du véhicule, l'assurance étant obligatoire ou par le fonds de garantie automobile si le responsable est insolvable ou inconnu[64].
- Dans les accidents de transport aérien : le transporteur doit avoir une assurance obligatoire selon l'article 156 de la loi relative à l'aviation civile.[65]
- Du cas de la sécurité sociale : c'est la caisse de la sécurité sociale qui indemnise en cas d'accidents de travail.

---

[64] Loi n°15/005 du 17 mars 2015 portant du Code des assurances in *JORDC, numéro* spécial, du 30 avril 2015. Lire : Mbuyi Betukumesu, *De l'opérationnalisation du Fonds de Garantie Automobile en droit comparé : congolais, français, belge et sénégalais*, Thèse de doctorat en droit, Faculté de Droit, Université de Kinshasa, 2019 ; T. Mwaba Kazadi, « Assurance de la responsabilité civile des propriétaires des véhicules : qu'est ce qui a changé ? », in *Cahiers Africains des Droits de l'Homme et de la Démocratie*, Université de Kinshasa, Faculté de Droit, Cridhac, n° 051, Avril-Juin 2016.

[65] Loi n° 10/014 du 31 décembre 2010 relative à l'aviation civile, *J.O.RDC,* numéro spécial du 16 janvier 2011.

*** De la fonction de réparation à la fonction de prévention (principe de précaution)**

La fonction classique de la responsabilité civile est de réparer le dommage. Il y a de nouvelles sortes de dommages : des dommages subis à l'identique par beaucoup de victimes, des dommages écologiques et les dommages prévisibles et possibles mais sans certitudes scientifiques (exemple en cas d'organisme génétiquement modifié (OGM). Dans ces cas, la responsabilité a comme fonction d'agir en amont et de prévenir le mal. C'est l'exemple de la responsabilité environnementale pour les dommages résultant de la pollution[66]. L'article 53 alinéa 3 de la constitution[67] dispose que « *L'Etat veille à la protection de l'environnement et à la santé des populations* ». Le chapitre 6 de la loi portant principes fondamentaux relatifs à la protection de l'environnement[68] traite de la question de la prévention des risques et de la lutte contre les pollutions et nuisances. Cette prévention concerne la protection des milieux récepteurs, la gestion des produits chimiques, la gestion des déchets, les organismes génétiquement modifiés, la gestion des catastrophes naturels et situations d'urgence. Ainsi :

- l'exploitant doit réparer les dommages causés à l'environnement (articles 68 à 70) [69] ;
- de même, il doit prévenir les dommages. L'article 67 en son alinéa 1er dispose « *Tout exploitant d'une installation pétrolière, de manutention d'hydrocarbure ou d'un port prend des mesures nécessaires en vue de la prévention et de la lutte contre tout événement de pollution par les hydrocarbures* » ;
- les articles 64 à 66 réglementent la gestion des catastrophes naturelles et situations d'urgence en général par les autorités étatiques ;
- les articles 62 à 63 règlementent la question des organismes génétiquement modifiés et font obligation à l'Etat de prendre des mesures de protection nécessaires.

---

[66] Y. Buffelan-Lanore, V. Larribeau-Terneyre, *Droit civil. Les obligations*, Paris, 15ème édition, Sirey 2017, p. 694.

[67] Constitution du 18 février 2006 telle que complétée par la loi n° 11/002 du 20 janvier 2011 modifiant certains articles de la constitution du 18 février 2006, *J.O.RDC*, n° spécial du 5 février 2011.

[68] Loi n° 11/009 du 09 juillet 2011 portant principes fondamentaux relatifs à la protection de l'environnement, *J.O.RDC*, numéro spécial du 16 juillet 2011.

[69] *Idem.*

III. Quelques pistes de réforme

A. Responsabilité civile des parents pour fait de leurs enfants

De *lege ferenda,* l'on pourra envisager la modification de l'alinéa 2 de l'article 260 CCLIII en le reformulant au vu de certaines évolutions législatives et du besoin de l'indemnisation des victimes[70].

D'abord la loi sur la protection de l'enfant considère comme enfant toute personne de moins de 18 ans, donc cette responsabilité doit s'appliquer aux mineurs. Ainsi, les parents ne seront civilement responsables que de leurs enfants mineurs. En effet, la responsabilité du civilement responsable est liée à l'autorité, elle cesse quand l'enfant atteint l'âge de la majorité.

Ensuite, le code civil, livre III doit admettre la responsabilité parentale pour être en conformité avec les articles 317 du code de la famille et 40 de la loi sur la protection de l'enfant. Ces dispositions ne consacrent plus l'autorité paternelle mais l'autorité parentale, c'est-à-dire, l'autorité conjointe du père et de la mère sur leurs enfants. Ces articles disposent :

- Article 317 du code de la famille : « *L'enfant mineur reste jusqu'à sa majorité ou à son émancipation, sous l'autorité conjointe de ses père et mère quant à l'administration de sa personne et de son patrimoine et quant à la protection de sa sécurité, de sa santé et sa moralité* ».
- Article 40 de la loi sur la protection de l'enfant : « *L'enfant a son domicile, selon le cas, chez ses père et mère ou chez la personne qui exerce sur lui l'autorité parentale* ».
-

Enfin, dans l'intérêt de l'indemnisation de la victime, il faut enlever la condition de cohabitation pour évoluer vers une responsabilité objective afin que les parents soient civilement responsables du dommage causé par leur enfant quel que soit l'endroit où il habite.

B. Responsabilité civile du fait des produits défectueux

De *lege ferenda,* il faudra prévoir une responsabilité particulière des certaines choses que sont les produits défectueux dont la responsabilité incombera au producteur. C'est une responsabilité objective et de plein droit.

Cette matière mérite d'être réglementée dans le code civil.

---

[70] M.T. Kenge Ngomba Tshilombayi, « Protection judiciaire de l'enfant en conflit avec la loi et réforme de la responsabilité civile des père et mère pour des faits commis par leur enfant », in *Annales de la Faculté de Droit*, Université de Kinshasa, 2014-2015, Kinshasa, Editions Droit et société, décembre 2016, pp. 83 à 105.

Conclusion

La responsabilité civile délictuelle d'une personne est mise en œuvre lorsque trois conditions sont réunies : la faute, le dommage et le lien de causalité entre la faute et le dommage.

La faute peut être intentionnelle ou non intentionnelle.

Le dommage ou préjudice réparable peut être matériel, moral ou corporel.

La responsabilité est soit pour fait personnel soit encore du fait d'autrui (père et mère du fait de leurs enfants, instituteurs et artisans du fait de leurs élèves et apprentis, maitres et commettants du fait de leurs domestiques et préposés, propriétaire du véhicule automoteur du fait du conducteur ou du gardien) soit enfin du fait de choses (choses inanimées, animaux, ruine des bâtiments).

Le droit de la responsabilité civile qui était subjective avec comme fondement la faute et individuelle avec comme titulaire de la réparation l'auteur du dommage tend à évoluer, d'une part, vers une responsabilité sans faute dans certains domaines et, d'autre part, vers une socialisation des risques et de responsabilité civile (techniques d'assurances, de la sécurité sociale et des fonds de garantie).

L'ossature du décret du 30 juillet 1888 sur la responsabilité civile délictuelle peut être maintenue moyennant quelques réaménagements intégrant la responsabilité solidaire des parents du fait de leurs enfants, la responsabilité du propriétaire du véhicule automoteur ainsi que la responsabilité du fait des produits défectueux.

Le statut du malade devant le service public hospitalier : regard sur la responsabilité de l'administration en droit congolais

■ ***Zacharie-Richard Ntumba Musuka***
Professeur et Vice-Doyen chargé de la Recherche à la Faculté de Droit/Université de Kinshasa
Avocat au Barreau de Kinshasa/Gombe
Conseil à la Cour Pénale Internationale à la Haye/ Pays-Bas

Introduction

La santé est un état de bien-être et requiert une attention particulière de la part de tous surtout à l'heure actuelle où le monde est préoccupé par une lutte âpre contre la pandémie du coronavirus responsable de la Covid-19.

A cet égard, le droit à la santé est garanti par plusieurs instruments tant nationaux qu'internationaux de défense des droits humains et ce droit ressortit de la deuxième génération avec comme caractéristique que droit créance, il exige de la part de l'Etat l'aménagement des structures et services indispensables pour sa mise en œuvre. C'est à ce niveau que se côtoient des services dont les uns sont créés par les Pouvoirs publics et d'autres par des privés dans le but, bien évidemment, de la mise en œuvre de ce droit fondamental des citoyens.

Il s'observe que le malade dont l'état de santé exige des soins appropriés puisse se retrouver, pour la circonstance, soit devant un service public hospitalier, soit devant une structure privée d'administration des soins de santé.

C'est alors qu'il importe de s'interroger pour connaitre le statut du malade devant un service hospitalier, qu'il soit public ou privé et d'en dégager respectivement le régime de responsabilité administrative ou civile ainsi que la garantie d'indemnisation de la victime pour préjudice lui causé par le comportement de ces services de soins de santé.

C'est ce qui justifie que dans un premier point, le statut du malade sera analysé au regard de la loi n°18/035 du 13 décembre 2018 fixant les principes fondamentaux relatifs à l'organisation de la santé publique tandis que dans le second il sera analysé le régime juridique de la responsabilité administrative du service public hospitalier en le croisant avec celui de la responsabilité civile qu'encoure le service privé hospitalier.

I. Le statut du malade selon la loi n° 18/035 du 13 décembre 2018

1. Le statut du malade devant le service public hospitalier

Le malade est toute personne physique dont l'état de santé exige des soins dispensés par un personnel de santé qualifié. Le malade désigné également par le vocable « patient » est un sujet de droits et, il importe de souligner que certaines obligations pèsent sur lui.

Son statut peut connaître des variations selon qu'il se trouve devant le service public hospitalier ou devant le service privé hospitalier.

A ce sujet, il importe de souligner que devant le service public hospitalier, le malade jouit du statut d'usager du service public hospitalier tandis que devant le service privé hospitalier, son statut s'avère celui d'un contractant privé lié au service par un contrat privé produisant des effets de façon synallagmatique.

Généralement, le malade possède des droits et est également soumis aux devoirs dont la teneur est déterminée par le législateur. En effet, la loi n°18/035 du 13/12/2018 fixant les principes fondamentaux relatifs à l'organisation de la santé publique circonscrit les droits dont jouit le malade ainsi que les devoirs auxquels il est astreint.

Parmi ces droits, il nécessite d'épingler : 1° Le droit aux soins, 2° Le droit à la couverture sanitaire universelle, 3° Le droit au système d'information sanitaire, 4°. L'assistance sanitaire, 5°. La non-discrimination.

1° Le droit aux soins

Ce droit est le plus important et tout au plus fondamental. Il est aménagé par plusieurs articles de la loi précitée. C'est à cet égard que la disposition de l'article 17 précise que « le malade a droit aux soins diligents et de qualité. Il le fait valoir personnellement ou par toute autre personne interposée. »

Aussi, l'article 18 renchérit lorsqu'il dispose à ce sujet que « toute personne malade a droit aux soins qu'exige son état de santé dans le respect de sa dignité et, dans la mesure du possible, dans son cadre de vie habituel ».

Ce droit vise une prise en charge médicale du patient par l'institution médicale habilité à s'investir pour l'administration des soins de qualité au malade. Il est bien évidemment entendu que cette institution ne dispose que de l'obligation de moyen et non de résultat.

Ceci sous-entend que l'institution, au travers de son personnel soignant recruté sur base des critères de compétence, de prudence et d'efficacité, doit s'employer à cette fin et déployer tous les moyens à sa disposition pour dispenser les soins dans l'optique de préserver ce bien précieux qui se trouve être la santé de la population.

Quant aux résultats, ils peuvent être tributaires des moyens employés dans l'administration des soins de santé, mais ils ne sont pas garantis ni par l'institution qui administre les soins, ni par le professionnel de santé.

Le droit aux soins est également conforté par l'article 23 de loi n°18/035 du 13/12/2018 sus-évoquée. A cet, égard la disposition souligne que « toute personne dont l'état de santé l'exige, attesté par un rapport médical, a le droit d'être soignée dans un établissement public ou privé de santé pour autant que les soins requis entrent dans sa mission. Un arrêté du ministre ayant la santé publique dans ses attributions fixe les modalités d'application de cette disposition ».

La compréhension de cette disposition pousse à penser que l'établissement de santé est requis pour administrer les soins qui rentrent dans sa mission ; bien entendu dans sa spécialité. Ce qui impose un devoir propice à cet établissement de foudre diligence en recourant à tous les moyens indispensables pour porter la vie du malade lui transférer, hors de tout danger de se perdre.

Aussi, un devoir sur lequel reposerait le premier est celui qui pèse sur l'établissement des soins de santé, de se prémunir des moyens en matériels, équipements médicaux et laboratoires appropriés pour des analyses biomédicales adéquates et la dispensation des soins appropriés et adaptés à la maladie diagnostiquée pour une thérapie propice.

Le droit aux soins implique également une prise en charge appropriée pour les personnes malades mais, se trouvent soumis à un régime pénitentiaire. Le cas qui mérite d'être évoqué est entre autre celui des malades en détention préventive ou emprisonnés.

A ce propos, l'article 24 de la loi n°18/035 du 13/12/2018 précitée dispose que « toute personne malade en détention préventive ou emprisonnée a droit aux soins, à charge de l'Etat, assurés soit par le service médical pénitentiaire, soit par un établissement de santé public.

Toutefois, en cas de refus par le malade de se conformer aux dispositions de l'alinéa précédent, il a droit de se faire soigner dans un établissement de santé de son choix. Il peut être transféré vers un établissement de santé relevant d'un autre ressort si la thérapie l'exige. Le service pénitentiaire se rassure des conditions sécuritaires et de l'ordre public pour la mise en œuvre de l'alinéa 2 ».

Le problème soulevé est relatif au droit aux soins des personnes incarcérées et qui se trouvent soumises au régime de détention préventive ou déjà condamnées par une décision de justice.

De prime abord, que la personne soit sous le régime de détention préventive, soit sous le régime de condamnation, elle a le droit aux soins de santé nécessités par son état de santé. Etant donné que les prisons et des institutions de garde et de surveillance des personnes incarcérées sont sous la charge de l'Etat ou tout au plus des personnes publiques. Et par voie de conséquence, l'obligation incombe à l'Etat d'assurer cette charge.

En substance, l'Etat doit s'assurer de l'administration des soins au malade incarcéré. Il doit aussi veiller aux conditions sécuritaires ou de l'ordre accommodable à la santé du malade. Néanmoins, s'il est observé que la prise en charge n'est pas effective par le service médical pénitentiaire ou par l'établissement public de santé, le malade peut immédiatement opérer un choix judicieux pour demander et obtenir le transfert vers un établissement de santé relevant d'un autre ressort si la thérapie l'exige. Ce qui doit être absolument privilégié et au premier chef, c'est le droit à la santé du malade incarcéré.

A ce sujet, un plaidoyer doit être fait dans le sens d'inviter l'Etat à se doter des structures de santé propices en milieu carcéral, équipées et modernisées pour une prise en charge adéquate des malades en situation de détention préventive ou de condamnation dont l'état de santé requiert des soins de qualité.

Aussi, en cas de transfert des malades et pour éviter tout risque d'évasion, des précautions idoines doivent être prises dans le sens de renforcer des dispositions sécuritaires. Il va de l'efficacité et de l'efficience du système sanitaire en milieu carcéral.

Par ailleurs, le droit aux soins doit être garanti au patient en fin de vie. Celui-ci ne mérite pas d'être frappé d'abandon en matière d'administration des soins. Il jouit du droit aux soins jusqu'à son dernier souffle de vie. C'est à juste titre que l'article 19 de la loi n° 18 /035 du 13/12/2018 dispose que « le patient en fin de vie a droit aux soins, ou soulagement et au réconfort appropriés. A cet effet, il bénéficie d'un accompagnement de ses proches ».

Tout porte à penser que le droit aux soins est un des droits fondamentaux qui accompagnent l'homme à tous les stades de sa vie sur terre, et bien évidemment avant sa mort et qu'il importe de veiller à sa pleine jouissance.

2° Le droit à la couverture sanitaire universelle

C'est aussi l'un des droits reconnus à tout congolais. La particularité de ce droit provient de ce que, et les personnes malades, et les personnes prétendues en bonne santé en jouissent de plein gré. Ce droit est nouvellement aménagé dans notre système juridique.

En cette matière, la République démocratique du Congo s'est largement inspirée des clauses des Conventions internationales dont notamment l'objectif social de la santé pour tous, les Résolutions de la Conférence internationale sur les soins de la santé primaires, la Charte africaine de développement sanitaire et la Déclaration des Chefs d'Etats et de Gouvernement de l'Organisation de l'Unité africaine sur la santé comme base de développement.

Outre ces conventions sur la santé pour tous, la République démocratique du Congo a adhéré à d'autres initiatives mondiales relatives à la convention sanitaire universelle. La quintessence de ce nouveau droit oscille autour qu'une idée principale, en l'occurrence, celle d'assurance-qualité des soins et de protection financière pour tous. En effet, pour corroborer ce principe, l'article 41 de la loi 18/035 du 13/12/2018 fixant les principes fondamentaux relatifs à l'organisation de la santé publique dispose « qu'il institué en République de démocratique du Congo, un système de couverture sanitaire universelle fondé sur les principes d'équité, d'assurance-qualité des soins et de protection financière pour tous ».

La santé étant un bien pour tous ; elle requiert de la part des pouvoirs publics, la prise des précautions qui permettent à chaque citoyen de bénéficier du droit à la longévité que lui confère sa naissance. Et comme les conditions de vie diffèrent d'un individu à un autre, il est alors du devoir de l'Etat d'aménager un système de santé pour tous afin de permettre l'accès aux soins à tout citoyen et à des conditions financières acceptables et partant susceptibles d'être honorées par tous.

La garantie que témoigne ce système de couverture sanitaire universelle est consignée dans la possibilité d'offrir à tout congolais résidant sur le territoire national, le bénéfice de santé. Pour la matérialisation de cet objectif ultime et légitime, un décret du Premier ministre délibéré en Conseil des ministres est prévu dans le but de déterminer des soins et services concernés par la couverture sanitaire universelle ainsi que ses modalités de mise en œuvre.

Il s'observe que ce système sanitaire, outre le fait que c'est un droit, il s'avère également un programme gouvernemental dont la mise en œuvre s'impose. Ce qui nécessite l'allocation des crédits importants au secteur de la santé pour la visibilité de ce système qui est solitaire pour l'ensemble de citoyens congolais.

Quant à son implication, il nécessite d'épingler que le bénéficiaire du système de couverture sanitaire universelle a droit à la consommation des soins et services de santé de qualité à un coût accessible. Il est certes indéniable que les soins de qualité appellent généralement des moyens financiers importants. Mais, ce système de couverture sanitaire universelle est conçu pour l'accès aux soins de qualité à des coûts acceptables et tout au plus accessibles pour tous.

Ce qui exige de la part du Gouvernement, une prise en charge des suppléments de frais qui peut se présenter sous la forme de subvention de frais des établissements devant assurer la dispensation des soins de qualité à la population, soit prendre la forme d'une prise de participation directe dans l'organisation ainsi que le fonctionnement de structure de santé éligibles par le gouvernement dans la matérialisation de ce programme de couverture sanitaire universelle.

3° Le droit au système d'information sanitaire

Le malade jouit du droit à l'information sur son état de santé, sur le traitement auquel il sera soumis ainsi que sur les mesures thérapeutiques que commande sa maladie. Les informations auxquelles il a droit, ne concernent pas exclusivement son cas de maladie, mais aussi tout un ensemble des dispositions et précautions que nécessite la prise en charge des diverses autres maladies épisodiques ou endémiques qui refont souvent surface notamment après leur éradication.

De plus, l'ensemble de ces précautions que prend le Gouvernement pour informer le malade, ainsi que toute la communauté sur des comportements à adopter pour les uns et pour d'autres à abandonner, sont regroupés dans un bloc compact constituant ce que l'on peut désigner comme un système d'information sanitaire.

D'après le législateur, le système d'informations sanitaires est entendu comme l'ensemble organisé de structures, d'institutions, de personnel, de méthodes, d'outils et d'équipements qui permettent de fournir des données et informations issues de la gestion des intrants, activités, performances et autres résultats d'accès et d'utilisation des services et structures des soins de santé primaires ainsi que les données et décisions à caractère épidémiologique couvrant la population d'une aire géographique déterminée.[1]

Par ailleurs, en vue de l'effectivité de la mise en œuvre du droit à l'information au profit du malade, l'article 25 de la loi susdite dispose que le patient a le droit d'être informé de manière claire et appropriée sur :

- « Son état de santé ;
- Les traitements et interventions possibles, leurs bénéfices et leurs risques éventuels ».

Il peut demander un résumé écrit de ces informations. Dans les limites de ses compétences, tout professionnel de santé s'assure que le patient qui s'adresse à lui a reçu les informations nécessaires afin de décider en toute connaissance de cause.

Il peut s'observer qu'à l'issue de l'information portée à l'attention du malade, information tendant à l'adoption de certaines mesures aux fins de l'administration des soins de santé telles que la mesure de contrainte ou autre, que le malade soit appelé à donner son consentement.

Dans ce cas, il est requis un entretien entre le malade ou son mandataire au terme duquel le consentement peut être donné par une personne capable de discernement. A ce sujet, l'article 26 de la loi précitée renchérit que « toute personne capable de discernement peut, dans le respect de la loi, déterminer de façon anticipée les traitements médicaux auxquels elle consent au cas où elle deviendrait incapable de discernement. Elle peut désigner une personne physique appelée à s'entretenir avec le personnel soignant. Les dispositions du code civil congolais sur le mandat s'appliquent ».

---

[1] Exposé des motifs de la loi n° 18/035 du 13/12/2018 fixant les principes fondamentaux relatifs à l'organisation de la santé publique in www.leganet.cd.

Exceptionnellement, en cas d'urgence, le professionnel de santé administre les soins médicaux que nécessite l'état de santé de la personne incapable de discernement. Ceci parait plus logique dans la mesure où les soins de santé sont administrés dans l'intérêt du malade et au regard de l'état de santé qu'il présente afin de le mettre hors tout danger pouvant porter atteinte à sa vie.

Par ailleurs, pour toute mesure de contrainte devant être imposée au malade, certains préalables doivent être observés.

De prime abord, toute mesure de contrainte à l'égard du patient est interdite (article 28 alinéa 1 de la loi précitée). Il en est de même de la mise en cellule d'isolement à caractère carcéral.

Ensuite, il est recommandé que dans l'intérêt du patient, le professionnel de santé responsable d'un établissement ou d'une institution de santé, puisse, après consultation de l'équipe soignante, imposer pour une durée limitée des mesures de contrainte nécessaires à la prise en charge du patient (article 28 alinéa 2 de la loi précitée).

Dans l'application de cette mesure et pendant toute sa durée, la précaution envisagée est le renforcement de la surveillance du patient et évaluer régulièrement son état. A ce propos, il est exigé l'insertion dans le dossier du patient, d'un protocole qui doit contenir le but et le type de chaque mesure utilisée, le nom de la personne responsable ainsi que le résultat de l'évaluation.

Toujours sur cette épineuse question, il est reconnu au patient ou à la personne qui le représente, le droit de s'adresser à l'équipe soignante aux fins d'exiger l'interdiction ou la levée des mesures de contrainte. L'article 29 in fine envisage, en cas de non satisfaction, l'option, pour le patient ou la personne habilitée à le représenter de saisir la direction de l'institution de santé à cette fin.

En outre, il est à mentionner l'importance de la prévoyance du système d'informations sanitaires. Ce dernier contient, aux termes de l'article 44 de la loi précitée, des renseignements précis sur les données et les décisions actualisées et vérifiables relatives notamment :

1) Aux soins de santé primaires ;
2) A la surveillance épidémiologique ;
3) A la gestion des programmes ;
4) A la surveillance des déterminants de la santé ;
5) Aux médicaments ;
6) Aux flux financiers dans les comptes nationaux de la santé ;
7) A la gestion administrative ;
8) A l'enseignement des sciences de la santé et à la vaccination dans le pays.

Toujours est-il que dans le cadre de gestion du système d'informations sanitaires, des obligations pèsent sur les institutions et personnel de santé. Celles-ci consistent dans l'enregistrement de toutes les données dans les supports appropriés et le transmettre au service spécialisé du ministère de la santé publique pour les institutions de santé tandis que le personnel de santé des établissements publics et privés ainsi que les membres de la communauté ont l'obligation de participer aux activités de surveillance épidémiologique des maladies d'une part et d'autre part, le personnel de santé ayant une information sur les maladies à potentiel épidémiologique et celles à déclaration obligatoire, l'obligation lui incombe de notifier l'information selon les directions établies à cet effet.

4° Le droit d'être assisté

Le malade se trouve généralement dans un état de santé fragile qui nécessite une assistance de ses proches ainsi que la communauté aux fins de conforter sa psychologie. A ce propos, il est exigé que le patient qui séjourne dans un établissement ou une institution de santé puisse garder contact avec ses proches, son conseiller spirituel et l'aumônier de l'institution de santé.

Cette exigence vaut son pesant d'or lorsqu'il est prouvé que le malade, dans l'état où il se trouve, peut perdre tout espoir de guérir et de retrouver son train de vie. Le regain de cette espérance s'observe par la consolation et l'affection que lui témoignent ses proches dont les visites au malade ne peuvent être modulées que pour des raisons d'administration des soins au malade.

Aussi, le malade a le droit de requérir la visite du professionnel de santé qui lui inspire confiance. Tout ceci est aménagé dans le but de conforter la psychologie du malade et de l'accompagner vers une prompte guérison.

Surabondamment, le droit d'entretenir les contacts avec les proches est garanti également à l'enfant hospitalisé. Ce dernier, sans contrainte d'horaires, est requis à entrer en contact avec ses parents. Ce droit ne peut souffrir des restrictions que si l'intérêt de l'enfant l'exige.

En sus, le droit du malade à une assistance est conforté par les dispositions de l'article 22 de la loi fixant les principes fondamentaux relatifs à l'organisation de la santé publique en ces termes « le patient suivi par un établissement ou une institution de santé a droit à une assistance, à un accompagnement et à des conseils.

Cette assistance, cet accompagnement et ces conseils peuvent lui être fournis par un représentant d'un organisme ou une personne reconnue à cette fin par l'établissement ou l'institution de santé ».

Outre son droit d'être assisté par ses proches durant sa maladie, le malade jouit du droit à la non-discrimination.

5° Le droit à la non-discrimination

Le droit à la non-discrimination dont jouit le malade s'avère être le corollaire du principe d'égalité. Ce principe est d'essence constitutionnelle. Il se trouve circonscrit aux articles 12 et 13 de la Constitution du 18 février 2006 telle que révisée par la loi n°11/002 du 20 janvier 2011 portant révision de certains articles de la Constitution de la République démocratique du

Congo. Ces articles disposent en substance que « tous les congolais sont égaux devant la loi et ont droit à une égale protection des lois ».

Le développement des mesures de protection est déterminé par l'article 13 lorsqu'il dispose que « aucun congolais ne peut, en matière d'éducation et d'accès aux fonctions publiques ni en aucune autre matière, faire l'objet d'une mesure discriminatoire, qu'elle résulte de la loi ou d'un acte de l'exécutif, en raison de sa religion, de son origine familiale, de sa condition sociale, de sa résidence, de ses opinions ou de ses convictions politiques, de son appartenance à une race, à une ethnie, à une tribu, à une minorité culturelle ou linguistique ».

En application de ce principe dans le domaine de santé publique, la loi fixant les principes fondamentaux relatifs à l'organisation de la santé publique a spécifié en son article 16 que « en matière d'accès aux soins de santé, nul ne peut faire l'objet de discrimination, de brimade ou de toute autre forme d'humiliation ou de privation en raison des considérations tribale, ethnique, religieuse, raciale, professionnelle, sociale, philosophique, politique ou de sexe ». Ceci justifie qu'un malade doit être traité avec humanité et jouit du droit de revoir des soins qu'exige son état de santé sans aucune discrimination.

Outre les droits spécifiques dont jouit le malade, il est à souligner qu'en tant qu'usager d'un service public, en l'occurrence, le service public de la santé, le malade bénéficie des droits reconnus à tout usager devant tout service public.

En effet, tout usager d'un service public est tributaire de droit à l'existence du service public et du droit à la jouissance des prestations du service public ainsi que du droit à l'usage des matériels et équipements du service public :

- **Droit à l'existence du service public et à la jouissance des prestations du service public hospitalier** ; pour rendre ce droit effectif, les Pouvoirs publics ont créé des hôpitaux généraux de référence, des centres de santé de référence, et d'autres structures sanitaires publiques qui dispensent des soins de santé aux malades de manière permanente, en suivant l'évolution des nouvelles méthodes et techniques de prise en charge des malades.
- **Droit à l'usage des matériels et équipements du service public hospitalier.**
  En tant qu'usager du service public hospitalier, le malade bénéficie du droit à l'usage des matériels et équipements indispensables pour lui procurer des soins de qualité et ce, sans discrimination.

Par ailleurs, les droits en appellent aux devoirs. Il va sans dire que les droits dont la jouissance est reconnue au malade ont comme contrepied, des devoirs.

En effet, le malade est astreint à des devoirs qui peignent son statut. Il lui incombe de les observer scrupuleusement parce que leur non observance pourrait être susceptible d'engendrer des conséquences jugées fâcheuses sur la conservation, ou tout au plus l'amélioration de son état qui, pourtant, requiert plus d'attention pour son bien-être.

A cet égard, le malade doit obéir aux devoirs suivants qui circonscrivent son statut. Il s'agit principalement « du devoir de renseigner le professionnel de santé sur son état et celui de respecter les prescriptions faites par le professionnel de santé ». Ces devoirs sont spécifiques au statut du malade tant devant le service public hospitalier que devant les hôpitaux privés.

Néanmoins, il est bien entendu que le malade bénéficie du statut d'usager de service public de la santé. Sous cet angle, il est lié aux obligations générales auxquelles tout usager se trouve être astreint pour l'impératif du fonctionnement adéquat du service public.

Ces obligations se résument généralement en obligation de respecter les directives imposées par le service public, en obligation d'utiliser adéquatement les biens et équipements du service public ainsi qu'en obligation d'obéir aux lois et règlements.

S'agissant particulièrement des devoirs qui incombent au malade, il importe de scruter premièrement, celui de renseigner le professionnel de santé sur son état, deuxièmement, respecter les prescriptions médicales et troisièmement, analyser la quintessence de l'interdiction du harcèlement sur le professionnel de santé.

a) Le devoir de renseigner le professionnel de santé sur son état

Il est une obligation principale qui pèse sur le malade. Celle-ci doit être, de *prima facie*, accomplie par le malade avant que le professionnel de santé n'intervienne pour sa prise en charge. Ce devoir est celui qui incombe au malade de donner au professionnel de santé tous les renseignements relatifs à son état de santé.

Ces renseignements peuvent se rapporter à la période d'avant le trouble de la santé du malade, l'état actuel dans lequel il se trouve en rapportant au professionnel de santé tout ce qu'il ressent comme causes ou conséquences liées à sa maladie, les effets voulus et non voulus, sans rien cacher.

Ce devoir est prescrit par l'article 37 alinéa 2 de la loi n°18/035 du 13/12/2018 pré-évoquée qui dispose que « le patient donne au professionnel de santé les renseignements les plus complets sur sa santé et s'oblige de respecter les prescriptions qu'il reçoit ».

Face au professionnel de santé, le malade peut manifester une attitude de retenue ayant ostensiblement comme conséquence, la désorientation du professionnel de santé dans le diagnostic qu'il pose en vue de dresser le tableau symptomatique du malade et ainsi lui soumettre à un traitement adéquat aux fins d'une bonne prise en charge.

Dans le but d'éviter ce genre d'erreur que peut commettre le professionnel de santé, l'obligation déontologique l'astreint de procéder par l'anamnèse afin d'éclairer son diagnostic et procéder à des analyses conséquentes aux fins de déceler la maladie et en dénicher les causes pour proposer une bonne thérapie.

L'anamnèse est la technique appropriée : elle est bien évidemment entendue comme une méthode qui consiste à un interrogatoire mené par un professionnel de santé pour retracer à la fois les antécédents médicaux de son patient et l'historique de la pathologie actuelle.

Le législateur, conscient du comportement hostile que pourrait afficher le malade, lui a laissé le libre choix en cette matière. En l'occurrence, il propose que toute personne a le droit de s'adresser au professionnel de santé de son choix, sauf en cas d'urgence ou de nécessité ; c'est la quintessence de l'article 15 de la loi pré-rappelée.

Alors, face au professionnel de santé qu'il s'est choisi, le malade peut avoir confiance et lui décrire toute l'historique de la maladie pour un bon diagnostic et ainsi aboutir à une thérapie appropriée.

Cependant, en cas d'urgence ou de nécessité, le malade se retrouve devant un professionnel de santé qu'il n'a pas choisi et bien évidemment qui doit le prendre en charge.

b) L'obligation de respecter les prescriptions médicales

Le malade est soumis au devoir de respecter les prescriptions médicales. Ce devoir résulte de la disposition de l'article 37 alinéa 2 in fine. Aux termes de cet alinéa, « le patient...s'oblige de respecter les prescriptions qu'il reçoit ».

Il importe de mentionner que c'est de la thérapie prescrite par le professionnel de santé que résulte la guérison, quand bien même, le professionnel de santé ne dispose que de l'obligation de moyens et non de résultats.

En effet, le schéma thérapeutique ordonné par le professionnel de santé et qui se trouve être commandé par les résultats des analyses médicales, s'impose au malade pour l'amélioration de son état de santé. Le malade doit prendre les médicaments prescrits par le professionnel de santé et respecter leur posologie car, il est entendu que tout médicament est un poison à dose contrôlée au-delà de laquelle il y a overdose dont le risque est d'entraîner la mort et en deçà de la dose prescrite, il peut y avoir risque d'enkystement de la maladie.

C'est pourquoi, le respect de la dose prescrite s'avère d'extrême rigueur. Ce qui amène le professionnel de santé à sa propre supervision de la prise des médicaments par le patient et selon sa propre prescription. Le défaut de contrôle de la prise des médicaments par le malade constitue de la part du professionnel de santé, une faute déontologique grave.

C'est ainsi que pour se délecter de ce devoir déontologique risquant de lui faire endosser une responsabilité, le professionnel de santé peut demander au malade de lui confirmer sa décision de quitter l'institution de santé. Cette décision doit être confirmée par écrit.

C'est à juste titre que l'article 38 de la loi n°18/035 du 13 décembre 2018 dispose que « le patient peut quitter à tout moment un établissement ou une institution de santé. Ce dernier a le droit de lui demander une confirmation écrite de sa décision, après l'avoir clairement informé des risques ainsi encourus. Dans ce cas, l'établissement ou l'institution de santé lui délivre un certificat médical ».

Cet article démontre l'adéquation entre l'impératif de la thérapie et la liberté de choix du malade. Cette conjugaison d'actes et de conséquences, est presque bien agencée par le législateur car, d'un côté, la prescription médicale s'impose au patient dont l'état de santé la requiert absolument et de l'autre côté, le patient peut être lassé de la prise en charge de son cas par l'établissement ou l'institution de santé.

Dans cette hypothèse, il peut demander un transfert vers un autre établissement ou une autre institution pour des soins plus appropriés. C'est ainsi que la prudence commande que l'institution de santé lui notifie les risques qu'il encourt au cas où, au lieu d'aller immédiatement se faire soigner dans l'établissement dans lequel le transfert est opéré, il néglige ou s'y présente en retard. L'institution de santé dispose du droit de lui demander une confirmation écrite de sa décision. Cette exigence engendre comme conséquence d'opérer le transfert de responsabilité.

En effet, la décision écrite du malade décharge absolument l'institution ou l'établissement de santé de sa responsabilité de prise en charge du patient par l'administration des soins que requiert son état de santé. Il peut être conclu qu'en cas du pire, l'infraction de non-assistance à personne en danger ne peut être retenue à charge de l'institution de santé. Ceci se trouve justifié dans la mesure où l'institution ou l'établissement de santé lui a délivré un certificat médical qui sera exhibé en cas de besoin.

c) Interdiction du harcèlement du professionnel de santé

Le professionnel de santé a l'obligation de travailler en toute conscience et en respectant les règles déontologiques. Ainsi, tout acte d'agression ou de harcèlement de la part du malade est prohibé.

C'est dans cet esprit que l'article 31 de la loi n°18/035 du 13 décembre 2018 pré-évoquée, dispose que « sans préjudice des dispositions des articles 16, 17, 18, 19, 20 et 21 de la présente loi, le professionnel de santé peut être délié de son devoir de soigner un patient qui tente de l'agresser ou de le harceler, sauf pour les patients psychiatriques. Dans ce cas, le professionnel de santé rapporte immédiatement l'incident à sa hiérarchie qui décide de confier ce patient à un autre ».

Le professionnel de la santé peut être victime d'agression et même de harcèlement de la part du patient. Ce comportement du malade est généralement à décrié.

Devant le service public hospitalier, le malade a le statut d'un usager de service public. Ce qui suppose que le droit public reste de principe dans la mesure où il y sera fait recours pour réglementer d'une part, toute la situation hospitalière publique et d'autre part, pour régler les litiges pouvant surgir à l'occasion des rapports entre le malade et l'hôpital public.

En effet, la situation du malade dans une institution hospitalière publique ressemble à celle d'un usager de service public administratif. Celui-ci bénéficie des prestations du service public de façon continue ou permanente et ne peut généralement pas être victime de discrimination de n'importe quelle nature. Encore faudra-t-il souligner avec force que les prestations auxquelles le malade a droit de jouissance sont modulées par l'évolution technologique pour répondre à l'impératif d'adaptation où est astreint tout service public.[2]

A cet impératif d'adaptation s'ajoute également la non-discrimination qui impose que le malade doit bénéficier des soins qui requièrent résolument son état de santé sans être victime des mesures discriminatoires pouvant résulter, comme l'indique l'article 13 de la Constitution du 18 Février 2006 telle que modifiée à ce jour, de sa situation sociale, de sa race, de sa tribu, de son ethnie, de sa résidence, de la minorité linguistique, de son appartenance politique, de sa religion…[3]

La méconnaissance de ces impératifs qui constituent en même temps des principes cardinaux du service public, donne lieu à l'engagement de la responsabilité par l'autorité de service.[4] Aussi, les litiges surgissant à l'occasion de l'admission, du séjour et de la sortie du malade de l'hôpital public sont de nature particulière et obéissent aux règles de droit public.

A ce titre, c'est la compétence du juge administratif qui est de mise. Et ce dernier est habilité à connaître de ces litiges au regard de l'article 105 de la Loi organique n°16/027 du 15 octobre 2016 portant organisation, compétence et fonctionnement des juridictions de l'ordre administratif.

En effet, aux termes des dispositions de cet article « les actions en responsabilité, fondées sur une cause autre que la méconnaissance d'un

---

[2] Guglielmi G.J. et Koubi G., *Droit du service public*, Paris, Montchrestien, 2011, p.629. Le principe d'adaptation du service public indique la nécessité consubstantielle de la mutation de l'activité de service public selon les variations de son environnement. La conséquence en est que lorsque les exigences de l'intérêt général évoluent, le service public doit s'y adapter.

[3] Article 13 de la Constitution du 18 février 2006, révisée à ce jour.

[4] L'autorité administrative engage sa responsabilité en cas d'inexistence du service public, du fonctionnement tardif, du défaut de fonctionnement et du mauvais fonctionnement du service public : Kabange Ntabala, *Droit des services et entreprises publics, problématique de la transformation des entreprises publiques en R.D.C.*, Kinshasa, Ed. ''Dieu est bon'', 2007, p.31.

contrat ou d'un quasi-contrat et dirigées contre l'Etat, les autres personnes publiques ou les organismes privés gérant un service public, relèvent de la section du contentieux du Tribunal administratif du lieu du fait générateur du dommage ».

Par ailleurs, le malade peut se pourvoir en justice contre l'institution publique hospitalière et intenter une action en responsabilité notamment dans les hypothèses de faute de service et de faute de l'agent.

La responsabilité des services publics hospitaliers peut-être engagé pour faute et avec l'évolution jurisprudentielle, elle peut être engagée sans faute et même pour risque.

2. Le statut du malade devant le service privé hospitalier

Les institutions hospitalières privées sont des personnes morales de droit privé agréées qui dispensent des soins de santé payants. Elles obéissent aux lois et règlements en matière de santé au nombre desquels il faudrait mentionner l'arrêté du Ministère de la Santé publique qui fixe le niveau de compétence, l'organisation et le fonctionnement des établissements des soins de santé ainsi que les normes relatives à l'implantation, à la construction et aux types d'infrastructures, équipements et matériels médico-sanitaires.[5]

A. Conditions de création des établissements privés de soins de santé

Pour l'opérationnalisation de ces structures privées de soins de santé, une autorisation doit être sollicitée auprès du Gouverneur par le privé qui désire évoluer dans le secteur hospitalier. Et c'est le Gouverneur de Province qui délivre l'autorisation d'ouverture de l'établissement privé de soins de santé.

Le législateur impose un délai de trente jours pour l'obtention de l'autorisation avant d'ouvrir ou de faire fonctionner l'établissement privé de soins de santé. En substance, l'article 14 alinéa 1 de la Loi n°18/035 du 13 Décembre 2018 fixant les principes fondamentaux relatifs à l'organisation de la Santé publique dispose que « nul ne peut ouvrir ou faire fonctionner un établissement privé de soins de santé s'il n'a obtenu, dans un délai de trente jours, une autorisation du Gouverneur de Province ».

Il est à ajouter que l'autorisation du Gouverneur de Province ne peut être délivrée que si l'établissement privé de soins de santé a accompli les conditions liées notamment :

1°Au niveau de compétence dans la dispensation de soins de santé. Ceci veut souligner que l'établissement doit disposer d'un personnel de santé composé des professionnels dans l'art de guérir. Ce personnel doit avoir une qualification éprouvée dans les techniques de soins de santé attestée par un diplôme délivré par une université, un institut d'enseignement supérieur des techniques médicales ou une école d'enseignement de l'art de guérir.

---

[5] Article 13 de la Loi n°18/035 du 13 décembre 2018.

Cette condition est d'autant importante car, elle permet d'extirper du secteur d'administration de soins de santé, des charlatans qui manipulent hasardeusement le corps humain sans recours à une thérapie à protocole préétabli.[6]

2°Respect de normes relatives à l'implantation, à la construction et aux types d'infrastructures, équipements et matériels médico-sanitaires. La réalisation de cette condition s'avère indispensable car, la construction d'infrastructures médico-sanitaires doit répondre à des critères spécifiques d'aération de locaux, de distanciation dans la disposition des lits ou des matériels et équipements médico-sanitaires, la gestion de déchets solides, la construction d'incinération, etc.

3 Organisation et fonctionnement des établissements des soins de santé. Même si les établissements des soins de santé se présentent comme des personnes privées, leur organisation et le fonctionnement doivent obéir aux normes édictées par le Ministre de la Santé publique. Si une liberté était reconnue dans l'organisation et le fonctionnement de ces établissements, il risquerait de voir de l'arbitraire s'instaurer dans ce secteur clé de la vie nationale. C'est pourquoi le législateur est intervenu pour imposer que le Ministre de la Santé puisse surveiller le fonctionnement de ces établissements des soins de santé notamment par l'entremise de l'Inspection de la Santé.

B. Catégories d'établissements privés de soins de santé

Les établissements privés de soins de santé sont regroupés en diverses catégories par le législateur. De la lecture combinée des articles 12, 13 et 14 de la Loi n°18/035 du 13 décembre 2018, trois catégories d'établissements privés de soins de santé peuvent être dénommées :

1 Les établissements et institutions de santé à but non lucratif reconnus d'utilité publique.

  Ce sont des établissements privés qui dispensent les soins de santé sans poursuivre la recherche du lucre et qui sont reconnus d'utilité publique pour la desserte très prononcée de l'intérêt général. A ce propos, il importe de noter que la reconnaissance de l'utilité publique peut procéder d'une loi ou résulter d'un acte administratif particulier.[7]

---

[6] Sur la question, il nécessite de signaler que la médecine traditionnelle est reconnue en R.D.C. et elle est placée sous la tutelle du Ministre de la Santé publique. Un arrêté du Ministre de la Santé publique fixe les conditions d'exercice de la médecine traditionnelle ainsi que les droits et obligations des tradi-praticiens. Cette médecine s'exerce dans le respect des lois et de l'ordre public. Voir à ce sujet les articles 58 à 60 de la Loi n°18/035 du 13 Décembre 2018 fixant les principes fondamentaux relatifs à l'organisation de la Santé publique.

[7] Guglielmi G.J. et Koubi G., *op. cit.*, p.389.

Dans cette catégorie se retrouvent plusieurs hôpitaux créés par des confessions religieuses et certaines organisations non gouvernementales (ONG) ainsi que des fondations et associations sans but lucratif (ASBL).

2° Les Cabinets, Officines et Etablissements de santé du secteur privé agréés par l'Etat.
Dans ce groupe, il peut être fait allusion à des centres privés de santé, des dispensaires à des cabinets médicaux dont le fonctionnement est connu du Ministère de la Santé publique qui doit en accorder agrément.

3 Les Cabinets et Officines de médecine traditionnelle agréés par l'Etat.

C. Rapports du malade avec les établissements privés de soins de santé

Les rapports qui unissent le malade aux hôpitaux privés sont de droit privé et en cas de litige, c'est de la compétence du juge judiciaire.

En effet, lors de son admission dans l'établissement privé de soins de santé, le malade a signé un contrat synallagmatique avec cet établissement. Ce contrat bilatéral est qualifié ainsi lorsque les contractants s'obligent réciproquement les uns envers les autres.[8]

Selon Kalongo Mbikayi, dans ce contrat, chaque partie doit effectuer pour l'autre une certaine prestation et l'obligation de l'un a pour contrepartie l'obligation de l'autre[9]. Antoine SOHIER ajoute que ce contrat ait, dès sa conclusion, donné naissance à des obligations réciproques.[10]

En substance, dans ce contrat, l'établissement privé de soins de santé s'engage à administrer les soins que requiert l'état de santé du malade : bien entendu, l'obligation qui en résulte est une obligation de moyens et non de résultat. Mais cela ne peut pas dispenser l'établissement de recourir aux méthodes plus efficaces et modernes pour dispenser les soins de qualité au malade et assurer une prise en charge meilleure de ce dernier.

En contrepartie de soins lui procurés, le malade s'engage dans son chef à honorer les prestations de soins lui administrés en payant les factures émises par l'établissement privé de soins de santé.

A ce sujet, doit être véhément condamnée la pratique que certains établissements voulaient imposer aux malades et consistant à percevoir d'abord les frais avant de porter toute assistance aux malades. Ceci avait donné lieu à des cas qui ont été réprimés pénalement sous l'incrimination de non-assistance à personne en danger.

Cependant, cette incise ne peut pas écarter la teneur de l'obligation contractuelle incombant au malade et consistant au payement de factures émises à l'occasion de la dispensation de soins de santé.

---

[8] Julliot de la Morandiere L., *Précis de droit civil*, Paris, Dalloz, 1964, p.156.

[9] Kalongo Mbikayi, *Droit civil, op. cit.*, p.43.

[10] Sohier A., *Droit civil du Congo belge ; Contrats et obligations*, Bruxelles, Ed. Larcier, 1956, p.21.

En outre, pour la garantie de solvabilité et la qualité de soins de santé à un coût accessible, il est institué un système de couverture sanitaire universelle fondé sur les principes d'équité, d'assurance qualité des soins et de protection financière pour tous[11]. Ce système, bien entendu, a pour avantage de garantir le bénéfice de soins de santé à tout congolais résidant sur le territoire national et c'est le décret du Premier Ministre délibéré en Conseil des ministres qui en détermine les modalités de mise en œuvre ainsi que des soins et services concernés par la couverture sanitaire universelle.[12]

II. Le régime juridique de responsabilité administrative du service public hospitalier

1. Les conditions de responsabilité de l'Administration : lieux de rencontre entre la responsabilité civile et la responsabilité administrative

La responsabilité civile qu'endosse l'auteur d'un fait dommageable au regard du droit commun est sous-tendu par les articles 258 et 259 du Code civil livre III qui disposent en substance, pour l'article 258 que « tout fait quelconque de l'homme qui cause à autrui un dommage, oblige celui par la faute duquel il est arrivé, à le réparer » tandis que l'article 259 édicte que « chacun est responsable du dommage qu'il a causé, non seulement par son fait, mais encore par sa négligence ou par son imprudence ».

Par ailleurs, dans l'optique de l'émergence de l'Etat de droit, il est de bonne logique que « la responsabilité qui peut incomber à l'Etat pour les dommages causés aux particuliers par le fait des personnes qu'il emploie dans le service public...n'est ni générale, ni absolue ; elle a ses règles spéciales... ».[13] C'est l'énoncé de la responsabilité administrative qui est autonome et dérogatoire au droit commun.

Certes, toute responsabilité, qu'elle soit civile ou administrative, obéit à la réunion de trois conditions qui sont l'existence d'un dommage ou préjudice, un fait générateur présentant certains caractères juridiques d'où découle l'obligation de réparer et la possibilité de rattacher ce dommage à une personne déterminée ou imputabilité du dommage ou tout au plus l'établissement d'un lien causal.[14]

Les trois conditions sus-évoquées se présentent comme les lieux indiqués pour la rencontre de ces deux types de responsabilité.

---

[11] Le système de couverture sanitaire universelle est prévu par les articles 41 à 43 de la Loi n°18/035 du 13 décembre 2018 fixant les principes fondamentaux relatifs à l'organisation de la Santé publique.

[12] Le décret sus-évoqué n'est pas encore intervenu.

[13] Arrêt Blanco, TC 8 Février 1873, Rec. 1er Supplt 61, Concl. David in Long M. et al..., *les grands arrêts de la jurisprudence administrative*, Paris, Dalloz, 2013, p.1.

[14] Kalongo Mbikayi, *Droit civil, Tome I Les obligations*, Kinshasa, Editions Universitaires Africaines, 2012, p.213 ; voir également Velley S., *Droit administratif*, Paris, Vuibert, 2013, p.232.

A. Le dommage

Il s'agit de toute atteinte aux droits et intérêts de la victime. Le dommage que ce soit dans le droit de responsabilité civile ou droit de responsabilité administrative, n'ouvre droit à réparation que s'il est certain, direct, personnel et doit porter sur une situation juridiquement protégée.

Le préjudice indemnisable peut être matériel et c'est ce qui se présente dans la plupart de cas où sont indemnisés les dommages corporels et ceux touchant aux biens de la victime ; il peut également être immatériel. Les cas invoqués sont généralement la douleur morale résultant par exemple de la perte d'un être cher, de l'information erronée ou insuffisante donnée aux patients du service public hospitalier, préjudice esthétique, de l'atteinte à l'honneur ou à la réputation, des troubles dans les conditions d'existence.[15]

En outre, il importe de signaler que le préjudice peut revêtir un caractère médiat ou immédiat. Ce qui suppose que le droit à réparation est en effet ouvert à la victime principale, mais aussi à certaines victimes collatérales telles que le conjoint, les parents, les enfants.[16]

B. Le fait générateur

Le fait générateur pouvant donner lieu à réparation est généralement la faute, qu'il s'agisse du droit de la responsabilité civile ou du droit de la responsabilité administrative qui se côtoient méticuleusement sur ce point. Cependant, il nécessite d'épingler que le fait générateur ouvrant le droit à réparation de l'administré ne doit pas substantiellement présenter un caractère fautif. Et sur ce point les notions de responsabilité et de faute peuvent désormais être dissociées.

A ce sujet, l'on peut retenir que la responsabilité pour faute demeure la responsabilité de droit commun de la puissance publique. C'est ainsi que l'on peut évoquer le cas de la responsabilité pour faute de service, la responsabilité pour faute de l'agent ou le cas de cumul de fautes.

Dans un certain nombre d'hypothèses, la responsabilité de l'Administration peut être engagée sans faute ; et même pour risque. Citons à titre exemplatif le cas de dommages causés aux collaborateurs occasionnels du service public, les dommages causés aux tiers par l'ouvrage public, les dommages causés aux victimes d'un risque spécial notamment pour les choses dangereuses, les techniques médicales présentant un risque spécial, les dommages causés par des produits ou des appareils de santé.[17]

---

[15] CE 10 Oct. 2012, B et L. AJDA 2012. 1927 et 2231, note C. Lantero ; Léo, 15 Mai 1956, RJZ 1957 ; Kin, 16 Février 1971, RJZ 1972, p. 55 ; L'Shi, 1er Déc. 1970, RJC 1971, p.35.

[16] Velley S., *op.cit.*, p.234.

[17] Lombard M., *Droit administratif*, Paris, Dalloz, 1999, p.462.

C. L'imputabilité

Le principe en la matière est qu'il ne suffit pas que l'acte en lui-même soit illicite ; il faut encore qu'il puisse être assumé juridiquement, reproché, rattaché à celui qui l'a commis, quand bien-même il l'aurait commis sans intention[18]. C'est ici où existe encore un point de rencontre entre les deux types de responsabilité, à savoir la responsabilité civile et la responsabilité administrative.

En effet, le dommage n'est réparable qu'autant qu'on peut l'imputer au fait d'une personne publique déterminée. Ce qui sous-entend que certains dommages peuvent être éliminés du champ de la responsabilité administrative. C'est notamment le cas du dommage indirect, du dommage imputable à la faute de la victime, du dommage imputable à la force majeure, du dommage imputable à une personne publique étrangère.[19]

S'agissant de la détermination de la personne publique responsable, quelque fois en pratique, il peut être difficile de désigner celle à laquelle le dommage est imputable. Il en est souvent ainsi lorsqu'un même agent cumule des compétences distinctes pour le compte de plusieurs personnes publiques ; les dommages qu'il cause engagent l'entité pour le compte de laquelle il a accompli l'acte dommageable.

Le cas peut paraître plus complexe encore dans l'hypothèse où plusieurs agents relevant de personnes différentes ont concouru à l'acte dommageable ou bien lorsque l'organisation du service dans lequel le dommage s'est produit fait intervenir deux personnes publiques, l'une pour l'entretien des locaux, l'autre pour l'exécution du service, la solution est que la responsabilité sera mise logiquement à la charge de l'une ou de l'autre selon que l'accident est imputable au mauvais état des bâtiments, à leur malpropreté ayant par exemple provoqué des infections nosocomiales sur le malade ou au fait des agents du service qui n'ont pas pris des précautions dans l'administration adéquate des soins au malade.

Par ailleurs, ce raisonnement rencontre évidemment la logique cartésienne qui a poussé à l'établissement du lien de causalité entre la faute et le dommage auquel le juge civil recourt ardemment comme troisième condition de la responsabilité civile à côté du dommage et de la faute.[20] Le droit congolais exige, pour qu'il y ait responsabilité civile, outre la faute et le dommage, une relation de cause à effet entre le dommage intervenu et la faute.[21]

En effet, la victime doit prouver adéquatement la causalité entre la faute de l'auteur et le dommage intervenu immédiatement. L'administration de cette preuve est soumise à l'appréciation du juge car, il peut y avoir pour un seul dommage, de causes multiples entre lesquelles il faudra choisir.

---

[18] Kalongo Mbikayi, *Droit civil, op. cit.*, p.230.

[19] Rivero J., *Droit administratif*, Paris, Dalloz, 1962, p.243.

[20] CSJ, 11 Avril 1973, BA 1974, pp.103-105 ; Léo, 6 Mars 1958, RJCB 1959, p.267.

[21] Julliot de la Morandiere L., *Précis de Droit civil*, Paris, Dalloz, 1964, p.325.

Selon la doctrine, le juge doit recourir à deux critères pour apprécier adéquatement la curiosité. C'est la prévisibilité du dommage et la rétention comme causales que les fautes qui renferment en elles-mêmes la possibilité objective de produire, dans l'ordre naturel des choses, le résultat préjudiciables.[22]

Ainsi, ce sont ces trois conditions qui fondent la mise en œuvre de l'action en responsabilité civile tendant à faire valoir au bénéfice de la victime sa créance en réparation.

Tout cet argumentaire démontre à suffisance que les points d'inflexion entre d'une part la responsabilité civile et d'autre part la responsabilité administrative sont repérés au niveau de trois conditions pré-décrites.

Si la responsabilité civile demeure une responsabilité de droit commun, la responsabilité administrative est spéciale et est régie par des règles particulières qui ressortissent des secteurs auxquels elle se rapporte. C'est ainsi qu'il existe des régimes spéciaux de responsabilité résultant de textes particuliers.

Les cas qui peuvent être mentionnés sont notamment les règles spéciales de responsabilité en matière de travaux publics, la responsabilité de la puissance publique en raison des dommages causés aux élèves ou par les élèves des écoles publiques à la suite d'un défaut de surveillance du maître, le fait du prince dans les contrats administratifs, la responsabilité de l'Etat en raison des dommages causés par le service judiciaire (cas de la responsabilité de l'Etat au cas de révision d'une condamnation criminelle, cas de responsabilité de l'Etat en cas de condamnations prononcées contre un Magistrat par la voie de la prise à partie, la responsabilité de l'Etat en raison d'une détention provisoire), le régime de substitution de responsabilité, la responsabilité de l'Etat du fait des traités et accords internationaux.

Néanmoins, la responsabilité du service public hospitalier s'inscrit dans le cadre spécial de la responsabilité administrative en ne prenant en compte que le secteur hospitalier qui est régi par des règles particulières.

Par ailleurs, s'agissant de cas spécifiques de « responsabilité du service privé hospitalier », il est à noter qu'ils présentent également un intérêt énorme et méritent d'être évoqués d'autant plus que cette responsabilité est à double visage.

En effet, la responsabilité civile résultant des rapports entre le service privé hospitalier et le malade peut être contractuelle ou délictuelle. Ce qui veut dire que nous nous situons de plein pied dans le cas de cumul de la responsabilité contractuelle et de la responsabilité délictuelle[23] ; et il importe alors d'en élucider la teneur ainsi que la portée.

---

[22] Dubuison B., *Responsabilité civile approfondie : Finalité justice civile et pénale*, Cours dispensé en Master I, Université catholique de Louvain, Année académique 2010-2011, p.158.

[23] Julliot de la Morandiere L., *op. cit.*, p.365.

En substance, lorsqu'il traite seul son patient, le médecin peut engager sa responsabilité civile personnelle. Celle-ci peut résulter soit de l'inexécution par lui des obligations contractuelles ; l'on suppose, selon KALONGO MBIKAYI, qu'il s'est formé entre lui et son malade un véritable contrat.[24] Mais cette responsabilité peut être simplement délictuelle lorsque, en dehors du contrat médical proprement dit, le médecin a commis dans l'exercice de sa profession, un acte illicite dommageable. Cette hypothèse peut se présenter lorsque le médecin commet une infraction.[25]

La responsabilité civile, qu'elle soit contractuelle ou délictuelle ne peut être établie que lorsque les trois conditions du droit commun sont réunies (la faute, le dommage et le lien causal entre ces deux éléments).

La faute médicale consiste en une violation des devoirs d'humanisation attachés au ministère médical tels que le refus de soins lorsque le médecin les a effectivement commencés, l'abandon du malade… Cette faute peut également consister en un manquement aux règles de la technique professionnelle et en des imprudences ou négligences. En tout état de cause, SAVATIER souligne que la faute médicale suppose l'inobservation d'un devoir que l'agent avait la possibilité de connaître ou d'observer.[26]

Outre la faute qui est la condition principale, la victime doit encore prouver le dommage subi et le lien qui existe entre ce dommage et la faute.

Pour se prévaloir de ses droits, le malade dispose en effet d'une action en responsabilité civile contre le praticien. Celle-ci sera différente suivant que le médecin n'aura pas exécuté ses obligations contractuelles ou aura commis un délit dans l'exercice de son ministère.[27]

A ce propos, si la responsabilité engagée est de nature contractuelle, l'action en justice ne sera admise qu'entre le médecin et son cocontractant à l'exclusion des tiers à ce contrat, encore que son obligation est de moyen, alors qu'en matière délictuelle, toute victime d'un fait dommageable du médecin peut assigner ce dernier en réparation.

La formation médicale ou tout au plus l'institution privée de soins de santé ou en langage courant l'hôpital privé est également lié au malade par un contrat. A l'époque actuelle, l'acte médical est devenu une œuvre de collaboration entre différents professionnels de santé qui sont engagés par l'hôpital.

Face à l'hôpital, les professionnels de santé sont dans une situation contractuelle de droit privé. Ils sont liés à l'hôpital par un contrat de travail. L'hôpital les rémunère et eux exercent leurs prestations suivant les règles de l'art. Le malade, quant à lui, est lié à l'hôpital par un contrat de soins de

---

[24] Kalongo Mbikayi, « Les droits du malade », in *Philosophie et Droits de l'homme, Actes de la 5e semaine philosophique de Kinshasa du 26 Avril au 1er Mai 1981*, Faculté de Théologie catholique, Kinshasa, 1982, p.274.

[25] Penneau J., *La responsabilité médicale*, Paris, Sirey, 1977, n° 25-26.

[26] Savatier R., *Traité de droit médical*, Paris, Dalloz, 1967, p.290.

[27] Kalongo Mbikayi, « Les droits du malade », *op .cit.,* p.275

santé. Ce qui suppose qu'en cas de non prise en charge par l'hôpital dans la dispensation de soins de santé, le malade peut exercer son action en responsabilité contre l'hôpital. Il peut demander l'indemnisation du préjudice lui causé par la non administration de soins de santé.

Ceci signifie que l'hôpital engage sa responsabilité civile, qui est pour l'hypothèse envisagée, contractuelle. Néanmoins, s'il arrive que le malade soit victime d'un délit commis par un professionnel de santé de l'hôpital privé, l'hôpital endosse la responsabilité pour fait d'autrui et, dans le cas d'espèce, il est civilement responsable du fait de son préposé et le régime de responsabilité est celui aménagé par l'article 260 alinéa 1 et 3 du Code civil congolais Livre III.

Cet article dispose en ses alinéas 1er et 3e que « on est responsable non seulement du dommage que l'on cause par son propre fait, mais encore de celui qui est causé par le fait des personnes dont on doit répondre, ou des choses que l'on a sous sa garde ». « Les maîtres et les commettants, du dommage causé par leurs domestiques et préposés dans les fonctions auxquelles ils les ont employés ».

A cet égard, Kalongo Mbikayi insiste sur le fait que le fondement de la responsabilité, dans cette hypothèse, n'est plus la présomption de faute, mais c'est plutôt la théorie du risque profit qui consiste en ce que celui qui tire profit de l'activité d'autrui doit en supporter les risques, même s'il n'a aucune faute à se reprocher[28]. A ceci peut être rattachée la théorie de la garantie qui est intéressante pour la victime qui dispose ainsi d'une garantie à être indemnisée par quelqu'un de toujours solvable.[29]

Il est à noter cependant que le commettant dispose toujours d'un recours contre son préposé. Ce recours s'avère souvent inefficace puisque le préposé est généralement insolvable. Ainsi, l'hôpital privé peut toujours exercer une action récursoire contre le professionnel de santé pour qui il s'était déployé, en indemnisant la victime en ses lieu et place. Il est toujours à mentionner qu'en ce qui concerne la prestation des soins proprement dits, l'hôpital n'est tenu que d'une obligation de moyens.

2. L'évolution du fondement de la responsabilité administrative : de l'idée de la faute à celle du risque et regard sur la garantie d'indemnisation de la victime

La responsabilité administrative est retenue lorsque les conditions de droit commun de responsabilité sont réunies, hormis les cas exceptionnels de responsabilité de l'Administration. Ces conditions sont le dommage, le fait générateur et l'imputabilité.

---

[28] Kalongo Mbikayi, *Droit civil des obligations*, *op. cit.*, p.253 ; Kalongo Mbikayi, « La responsabilité civile des commettants en droit privé zaïrois », in *RJZ*, n°01, p.7-14.

[29] Julliot de la Morandiere L., *Droit civil*, *op. cit.*, p.344, n°651.

Sur la question, une faute dans l'organisation et le fonctionnement d'un service public hospitalier ayant causé préjudice suffit amplement pour engager la responsabilité du service à ce titre.

Aussi, l'organisation et le fonctionnement du service public hospitalier ne couvre pas seulement ce qui se rapporte aux aspects administratifs de l'hôpital comme par exemple le défaut d'information d'un malade sur les conséquences financières de son transfert dans une unité de long séjour[30], mais elle s'applique aussi à des activités comportant déjà un aspect médical : d'une part, l'organisation et la préparation de l'activité médicale telle que l'absence du personnel médical nécessaire et d'autre part, les actes de soins courants pouvant être exécutés sans l'intervention ou la surveillance personnelle d'un médecin, tels que les piqûres, les injections, les perfusions.[31]

En plus, pour les actes médicaux proprement dits, pour lesquels le médecin n'a que l'obligation de moyen et pas de résultat, actes tels que le diagnostic, la prescription ou l'absence de prescription d'analyses, le traitement, les soins et l'opération chirurgicale, il faut être décelé une faute même simple dans l'organisation et le fonctionnement du service public hospitalier entraînant comme conséquence la responsabilité du service.

Ce raisonnement démontre à suffisance que la faute qui sous-tend la responsabilité ne doit pas nécessairement équivaloir à une faute lourde ; néanmoins, une faute simple suffit à déterminer le juge à retenir la responsabilité du service public hospitalier.

Par ailleurs, l'évolution de la jurisprudence en matière administrative a démontré également que, dans certaines circonstances, la responsabilité du service public hospitalier peut être engagée sans faute, sur le fondement du risque. Sur cette question combien controversée, le Conseil d'Etat a jugé que, même si « aucune faute ne peut être relevée, lorsqu'un acte médical nécessaire au diagnostic ou au traitement du malade présente un risque dont l'existence est connue mais dont la réalisation est exceptionnelle et dont aucune raison ne permet de penser que le patient y soit particulièrement exposé, la responsabilité du service public hospitalier est engagée si l'exécution de cet acte est la cause directe de dommages sans rapport avec l'état initial du patient comme avec l'évolution prévisible de cet état, et présentant un caractère d'extrême gravité ».[32]

Cette position s'est consolidée dans l'affaire dite du sang contaminé.[33] A ce propos, il nécessite de retenir que la responsabilité du service public hospitalier a également été reconnue sans faute en tant que gestionnaire d'un Centre de transfusion sanguine eu égard aux risques que présente la fourniture de produits sanguins et compte tenu du fait que le service public

---

[30] CE. Sect. 11 Janv. 1991, Mme Biancale Rec. 12 ; RDSS 1991.269, Concl. Hubert.

[31] CE 9 Janv. 1980, Mme Martins, Rec. 4.

[32] CE 9 Avr. 1993, Bianchi Rec. 126, Concl. Daël RFDA 1993.573.

[33] CE 9 Juill. 2003, Assistance publique-Hôpitaux de Paris C. Mme Marzouk, Rec. 338 ; AJ 2003. 1946.

hospitalier est considéré comme dispensateur de prestations médicales en cas de défaillance des produits et appareils de santé utilisés.

Pour ce qui concerne la faute de l'agent, celle-ci peut être une faute personnelle détachable du service ou tout au plus une faute commise à l'occasion de l'exercice du service. S'agissant de la première hypothèse, une faute personnelle n'a pas de lien avec le service ; elle se détache suffisamment du service pour qu'elle soit constatée par le juge judicaire qui doit en tirer les conséquences sans porter une appréciation sur le fonctionnement de l'Administration.

Pour la seconde, elle est commise pendant le service ou à l'occasion de l'exécution du service. Elle met alors en jeu la responsabilité de l'Administration devant le juge administratif. Cette faute est généralement commise avec les moyens du service et dans le cadre normal du service.

L'illustration peut être donnée en rappelant le cas d'un agent du service public hospitalier qui a omis de donner l'information sur les conséquences financières lourdes qu'occasionnerait un transfert du malade vers un hôpital de long séjour. Cette faute commise par l'agent détermine le juge administratif à retenir la responsabilité de l'Administration.[34]

En outre, l'idée du risque encouru par la victime et qui constitue, du reste, le fondement de la responsabilité administrative s'érige en garantie en faveur de la victime et facilite davantage l'indemnisation de cette dernière à charge de l'Administration publique.[35]

Il est à mentionner que cette action n'est toutefois exercée contre l'agent qu'en cas de faute personnelle détachable. Mais, lorsqu'il est traduit en justice pour telle faute, l'agent dispose aussi d'une action récursoire contre l'Administration s'il estime que sa faute doit être partagée avec celle-ci.

Par-dessus tout, la victime, dans l'état actuel de la question se fonde sur l'idée de risque et cela entraîne comme conséquence, l'augmentation de chance pour être indemnisée. Elle a devant elle un garant solvable qui est l'Administration publique. Celle-ci engage sa responsabilité, comme précédemment démontré notamment pour administration déficiente des soins, mauvais entretien du matériel ou encore à l'occasion d'actes d'administration hospitalière.

---

[34] Velley S., *Droit administratif*, Paris, Vuibert, 2013, p.244.

[35] Kalongo Mbikayi, « Les droits du malade », in *Philosophie et Droits de l'homme, Actes de la 5e semaine philosophique de Kinshasa du 26 Avril au 1er Mai 1981*, Faculté de Théologie catholique, Kinshasa, 1982, p.274.

Conclusion

Il se dégage de cette analyse que le malade doit jouir pleinement de ses droits et surtout de son droit à la santé dont la garantie de protection lui est reconnue par divers instruments tant nationaux qu'internationaux.

Aussi, la responsabilité qu'endosse le service public ou privé hospitalier renforce également la protection de ce droit ; c'est pourquoi l'observance des principes et conditions de sa mise en œuvre mérite une attention particulière d'autant plus que le malade doit être indemnisé lorsqu'un fait lui a causé préjudice étant donné son état de santé fragile qui nécessite une attention soutenue.

C'est de cette manière que peut également être construit l'Etat de droit que tout le monde attend de tous ses vœux.

Bibliographie

I. Ouvrages

1. Guglielmi G. J. et Koubi G., *Droit du service public*, Paris, Montchrestien, 2011.
2. Julliot de la Morandiere L., *Précis de droit civil*, Paris, Dalloz, 1964.
3. Kabange Ntabala, *Droit des services et entreprises publics, problématique de la transformation des entreprises publiques en R.D.C.*, Kinshasa, Ed. ''Dieu est bon'', 2007.
4. Kalongo Mbikayi, *Droit civil des obligations*, Kinshasa, Editions Universitaires Africaines, 2012.
5. Kalongo Mbikayi, *Responsabilité civile et socialisation des risques en droit zaïrois,* Kinshasa, PUZ, 1979.
6. Lombard M., *Droit administratif*, Paris, Dalloz, 1999
7. Penneau J., *La responsabilité médicale*, Paris, Sirey, 1977, n° 25-26.
8. Rivero J., *Droit administratif*, Paris, Dalloz, 1962.
9. Savatier R., *Traité de droit médical*, Paris, Dalloz, 1967.
10. Sohier A., *Droit civil du Congo belge ; Contrats et obligations*, Bruxelles, Ed. LARCIER, 1956.
11. Vedel G., *Droit administratif*, Paris, PUF, 2000.
12. Velley S., *Droit administratif*, Paris, Vuibert, 2013.

II. Articles des revues

1. Kalongo Mbikayi, « La responsabilité civile des commettants en droit privé zaïrois », in *RJZ*, n°01, 1982.
2. Kalongo Mbikayi, « Les droits du malade », in *Philosophie et Droits de l'homme, Actes de la 5e semaine philosophique de Kinshasa du 26 Avril au 1er Mai 1981*, Faculté de Théologie catholique, Kinshasa, 1982.

III. Jurisprudence

A. Etrangère

1. Arrêt Blanco, TC 8 Février 1873, Rec. 1er Supplt 61, Concl. David in Long M. et al…, *Les grands arrêts de la jurisprudence administrative*, Paris, Dalloz, 2013.
2. CE 9 Janv. 1980, Mme Martins, Rec. 4.
3. CE. Sect. 11 Janv. 1991, Mme Biancale Rec. 12 ; RDSS 1991.269, Concl. Hubert.
4. CE 9 Avr. 1993, Bianchi Rec. 126, Concl. Daël RFDA 1993.573.
5. CE 9 Juill. 2003, Assistance publique-Hôpitaux de Paris C. Mme Marzouk, Rec. 338 ; AJ 2003. 1946.
6. CE 10 Oct. 2012, B et L. AJDA 2012. 1927 et 2231, note C. Lantero.

B. Congolaise

1. Léo, 15 Mai 1956, RJZ 1957.
2. Léo, 6 Mars 1958, RJCB 1959, p.267

3. L'Shi, 1er Déc. 1970, RJC 1971, p.35.
4. Kin, 16 Février 1971, RJZ 1972, p. 55.
5. CSJ, 11 Avril 1973, BA 1974, pp.103-105.

IV. Cours

1. Dubuison B., *Responsabilité civile approfondie : Finalité justice civile et pénale*, Cours dispensé en Master I, Université catholique de Louvain, Année académique 2010-2011.

Repenser la responsabilité civile caricaturée à la Covid-19 à l'ère des progrès techniques

■ ***Amisi Herady***
Professeur à la Faculté de Droit de l'Université de Kinshasa

Introduction

Sauf à exclure la communauté de vie auprès du Créateur, - où vivent, selon les croyants, les anges, les saints et tous ceux qui auraient vécu sur la terre dans la crainte de l'Eternel en observant scrupuleusement ses commandements-, la vie en société occasionne, inévitablement, des dommages de nature et de degré variés que les uns causent aux autres, volontairement ou involontairement, par leurs comportements ou par leurs activités. On peut bien, chaque jour, veiller sur son comportement, sur ses faits, gestes et paroles, ainsi que sur ses activités en évitant une moindre gêne ou une moindre lésion quelconque des intérêts d'autrui, rien ne garantit le pari de ne jamais être à l'origine du malheur de l'autre, ou, pour utiliser le langage familier du droit, l'auteur du dommage subi par l'autre. Si bien que causer dommage à autrui serait comparable, dans une certaine mesure, à la commission d'un péché, minime soit-il : on peut bien l'éviter, mais il finira par vous rattraper un jour !

Le fait de causer dommage à autrui perturbe l'équilibre social dont le rétablissement, rendu nécessaire sur le plan des rapports de droit privé, est assuré par l'une des plus grandes institutions de droit dont il est difficile d'imaginer un jour la suppression : la responsabilité civile. Car il ne nous parait pas illusoire d'affirmer que tant que la société existera, la responsabilité civile sera, dans une forme ou dans une autre. C'est dire que son régime est cependant sujet à des fluctuations et à des mutations au gré des idées, des besoins et des réalités du moment.

Sur le plan législatif, cinq dispositions seulement du Décret du 30 juillet 1888 (des contrats ou des obligations conventionnelles) communément désigné sous l'appellation de « Code civil livre III » sont consacrées, en droit congolais, à cette importante et imposante matière de droit : les articles 258, 259, 260, 261, et 262.

Il faut alors louer l'œuvre grandiose de la jurisprudence et de la doctrine pour faire comprendre la technique juridique de la responsabilité civile.

Sous l'effet du phénomène colonial, la lettre et l'esprit de la responsabilité civile telle que conçue dans le code napoléon de 1804 ont été transposés dans notre droit, renfermant en leur sein ce que nous qualifions ici dans un langage purement métaphorique en référence à la pandémie actuelle aux allures mondiales, de « corona virus » dont les manifestations n'apparaitront comme partout ailleurs,-on dirait après une longue période d'incubation-, que bien plus tard avec l'essor du machinisme.

Techniquement, la responsabilité civile comporte trois branches tenant à l'élément générateur du dommage qui peut être soit l'individu même tenu responsable, soit un autre dont le fait dommageable se répercutera sur le patrimoine d'autrui, soit une chose dont le responsable a la garde. C'est ce que, dans le langage de droit, l'on nomme respectivement responsabilité civile pour fait personnel, responsabilité civile pour fait d'autrui et responsabilité civile pour fait des choses.

Force est cependant de reconnaitre que, fondamentalement, la responsabilité civile s'identifie en sa première branche qualifiée pour cela à juste titre de « responsabilité civile de droit commun » : La responsabilité pour fait personnel. Deux articles de notre code lui sont dédiés, le premier vise le fait dommageable commis volontairement (c'est le délit)[1], le second le dommage causé involontairement (c'est le quasi-délit). En voici les libellés :

Article 258 : « Tout fait quelconque de l'homme qui cause à autrui un dommage, oblige celui par la faute du quelle il est arrivé, à le réparer ».

Article 259 : « Chacun est responsable du dommage qu'il a causé, non seulement par son fait, mais encore par la négligence ou par son imprudence ».

La structure de la responsabilité civile est ainsi centrée sur la faute. En effet, ne donne lieu à réparation au profit de la victime que seul le dommage causé par la faute de l'auteur. C'est ce que l'on nomme dans le jargon juridique « la responsabilité subjective ». Elle laisse à la victime le poids de la preuve du comportement fautif de l'auteur du dommage ou, disons mieux, le défi d'administrer la preuve de la faute dans le chef de l'auteur. Si elle triomphe, c'est-à-dire si elle relève le défi, on lui reconnait, comme en récompense, le droit à l'indemnisation ; au cas contraire, c'est-à-dire si elle n'y parvient pas, elle est privée de toute indemnisation. Dans ce cas, sa situation est quasi semblable à celle d'une victime du corona virus-19 (Covid-19) abandonnée et en détresse, condamnée à subir de pleins fouets

---

[1] « On parle de responsabilité délictuelle sricto sensu lorsque le dommage résulte d'une faute intentionnelle, c'est-à-dire causé volontairement, et de responsabilité quasi délictuelle s'il résulte d'une faute non intentionnelle (imprudence, négligence, maladresse, inattention... » (Jourdain P., Les principes de la responsabilité civile, 5è édition, Dalloz, Paris, 2000, p.2).

les affres du virus, sans aucune prise en charge médicale. Elle ne peut alors que compter sur la miraculeuse intervention divine pour être soulagée ; autrement elle est condamnée à succomber des atrocités subies.

N'est-ce pas là une situation socialement choquante qui appelle une restructuration de l'institution responsabilité civile ? C'est dans cette optique que s'oriente la présente réflexion qui puise fondamentalement ses rudiments dans la révolution industrielle dont nous sommes tous gratifiés, en cette époque contemporaine, des effets dans divers domaines d'activités.

Son intelligibilité commande l'abord de quatre points essentiels. En tout premier lieu, il faut rappeler sommairement la notion et les fonctions de la responsabilité civile. Ensuite, il convient d'en indiquer le fondement juridique classique, et démontrer l'effet « corona virus » de la responsabilité civile lorsqu'elle est fondée sur la faute à l'ère des progrès techniques. Enfin, comme par riposte à la pandémie, il est indiqué de se lancer dans la recherche du « vaccin » à travers la proposition de reformulation des principes de la responsabilité civile adaptés au contexte de notre ère.

I. Bref rappel de la notion et des fonctions de la responsabilité civile

En toute logique, le rappel sommaire de la notion de la responsabilité civile passe avant celui de ses fonctions.

1.1 La notion de la responsabilité civile

Dérivant étymologiquement du verbe latin « *respondere* » qui signifie se porter garant, s'assumer, la responsabilité consiste à être tenu de répondre de ses actes[2]. On y voit « une condition essentielle de liberté : un pouvoir irresponsable est tyrannique et décadent, un individu responsable est un facteur de trouble et un être humainement diminué[3].

Selon l'objet visé, la responsabilité ainsi définie se voie coller un qualificatif qui, finalement, en détermine le régime. De la sorte, la responsabilité peut être politique, pénale, administrative ou civile. Seule cependant cette dernière, prise dans son aspect délictuel fait l'objet de notre préoccupation dans la présente réflexion.

La responsabilité civile renvoie, on le sait, au sort d'une personne souffrant d'un dommage lui infligé par le fait ou l'activité d'une autre personne ou d'une chose à la garde de celle-ci. Elle évoque, pour le sens commun, l'idée d'un dommage et de sa réparation, ou encore l'indemnisation des victimes[4]. Aussi est-elle définie comme l'obligation de réparer le dommage qu'une personne a pu causer, soit par sa faute, soit par

---

[2] Malaurie P., Aynes L. et Stoffel-Munck P., *Les obligations,* 4e édition, Défrenois, Lextenso éditions, Paris, 2009, p. 9.

[3] *Idem*, p.9.

[4] Jourdain P., *op. cit.,* p. 1.

son activité, soit même en raison de sa qualité ou de sa fonction[5]. En d'autres termes, il s'agit de l'obligation de répondre devant la justice d'un dommage, et d'en réparer les conséquences en indemnisant la victime[6]. C'est dans cette optique que pédagogiquement le Doyen Kalongo Mbikayi définit l'obligation délictuelle ou quasi-délictuelle comme étant un lien de droit en vertu duquel l'auteur d'un délit ou d'un quasi-délit est tenu à indemniser le dommage causé à la victime par son acte[7], tout en précisant que les questions relatives à la détermination des conditions, de l'étendue ainsi que des personnes débitrices de cette indemnisation sont étudiées en droit dans l'institution de la responsabilité civile appelée aussi responsabilité délictuelle ou encore responsabilité aquilienne (du nom du romain *Aquilius* qui, dans le *lex Aquilia,* en a posé les premiers jalons)[8].

En peu de mots et de manière simple et claire, la responsabilité civile est l'obligation de répondre d'un dommage subi par quelqu'un. Le droit de la responsabilité civile concerne ainsi la réparation d'un dommage infligé illégalement à quelqu'un, dans sa personne ou dans sa propriété, soit par quelqu'un d'autre, soit par une chose possédée par cette personne ou par une personne dont elle répond[9]. C'est ce que résument Philippe le Tourneau et Loïc CADIET en ces termes : l'obligation de réparer le dommage causé à autrui par un acte contraire à l'ordre juridique, elle tente d'effacer les conséquences du fait perturbateur de ce désordre, qui est une injustice, son auteur doit en répondre, c'est-à-dire rétablir l'égalité qu'il avait rompue à son profit.

De ces définitions découlent les fonctions de la responsabilité civile qu'il convient d'expliciter.

1.2. Les fonctions de la responsabilité civile

Par fonction d'une institution, il faut entendre l'objectif qu'elle poursuit, ou ce qui revient au même, le résultat auquel elle escompte aboutir. S'agissant ici de la responsabilité civile, trois principales fonctions dont l'importance n'a pas toujours été égale à travers les époques lui sont assignées, à savoir la réparation ou l'indemnisation de la victime, la prévention des comportements antisociaux et la dilution de la charge des dommages.

---

[5] Delebecque P. et Pansier F.-J., *Droit des obligations : responsabilité civile, délit et quasi-délit,* Tome 2, 4e édition, Litec, Paris, p. 1

[6] Le Tourneau P., *La responsabilité civile,* Collection « Que sais-je ? », P.U.F., Paris, 2003, p.1

[7] Kalongo Mbikayi, *Droit civil : les obligations,* Tome 1, Editions Universitaires Africaines, Kinshasa, 2012, p. 209

[8] *Idem.*

[9] Tunc A., *La responsabilité civile,* 2e édition, Economica, Paris, 1989, p. 23

A. *La fonction réparatrice ou indemnitaire de la responsabilité civile*

Pendant une longue période, la responsabilité civile se confondait avec la responsabilité pénale à raison sans doute de l'unicité, dans certains cas, quoique fréquents, de la faute génératrice de deux responsabilités. Lorsque finalement intervient une nette séparation entre la responsabilité pénale et la responsabilité civile, ce fut par la fonction indemnitaire que celle-ci devait désormais être caractérisée. La responsabilité pénale, on le sait bien, a pour objet la sanction d'une faute, en proportion de sa gravité alors que la responsabilité délictuelle a pour objet la réparation d'un dommage, proportionnellement à son importance et indépendamment de la gravité de la faute[10]. Cette caractéristique fonctionnelle de la responsabilité aquilienne demeure et s'impose de nos jours, au point que quiconque invoque la responsabilité civile pense en tout premier lieu à la réparation du dommage.

En effet l'indemnisation de la victime est une fonction aussi bien fondamentale que première de la responsabilité civile ; elle consiste à rétablir l'équilibre qui avait été rompu, par l'auteur du dommage, entre son patrimoine et celui de la victime[11], tout en imposant que la victime reçoive l'exacte équivalence du dommage qu'elle a subi, de sorte qu'elle soit considérée comme étant remise exactement dans l'état antérieur à l'accident[12]. Aliis verbis, doivent être réparés tous les dommages raisonnablement survenus, même s'ils dépassent ceux que l'on pouvait raisonnablement prévoir. Le droit de la responsabilité civile est ainsi perçu avant tout comme le droit de la réparation des dommages injustement causés à autrui, et la mesure de la responsabilité est l'étendue du dommage[13]. S'il faut ainsi parler de la sanction de la responsabilité civile, elle est ici restitutive et indemnitaire[14].

Dans cette occurrence, l'indemnisation du préjudice a comme objectif ultime de replacer la victime aussi exactement que possible dans la situation où elle se serait trouvée si l'acte dommageable ne s'était pas produit[15]. Le remplacement est-il matériellement possible, en rétablissant, en effaçant ou en faisant disparaitre un mal comme s'il n'a jamais existé, l'on parle, dans la littérature juridique, de la réparation. Mais lorsqu'il n'est pas possible de ramener la victime à son état initial en l'occurrence en cas de dommage corporel (où elle gardera, malgré tout, des séquelles permanentes du dommage subi), l'attribution d'une somme d'argent reste la seule façon

---

[10] Kenge Ngomba Tshilombayi M.-T., *Droit civil : les obligations,* L'Harmattan, Paris, 2017, p. 164.

[11] Le Tourneau P., *op. cit.,* p. 5

[12] Carbonnier J., *Droit civil : les biens, les obligations,* P.U.F., Paris, 2004, p. 2398

[13] *Idem*, p. 39.

[14] Jourdain P., *op. cit.*, p.3.

[15] Amisi Herady, *Responsabilité civile du transporteur aérien pour dommages corporels subis par les usagers en droit congolais : contribution pour une garantie de l'indemnisation adéquate,* Thèse de doctorat, Université de Kinshasa, 2011-2012, p. 18.

d'accorder à la victime une certaine satisfaction : l'on parle alors de l'indemnisation de la victime[16].

André Tunc signale cependant ce qui suit : « Historiquement, il est vrai, l'indemnisation de la victime n'a probablement pas été la première fonction de la responsabilité civile. Dans les sociétés primitives, la faute apparait certainement comme une rupture de l'ordre social ou même de l'ordre cosmique. Mais au fur et à mesure que la faute civile se sépare du crime ou du péché et gagnait son identité propre, l'indemnisation de la victime devenait un de ses objectifs primordiaux ». Pour nombre de juristes anglais, il va de soi qu'elle est la fonction à peu près exclusive de la responsabilité[17].

B. La fonction préventive de la responsabilité civile

En imposant au responsable l'obligation d'indemniser la victime du dommage dont elle souffre, la responsabilité civile poursuit, dans une certaine mesure, l'objectif de prévention : les individus doivent se conduire avec la prudence nécessaire de manière à éviter à tout prix de porter atteinte aux droits et intérêts d'autrui, au risque d'exposer leurs patrimoines respectifs à l'appauvrissement au moyen de l'indemnisation du dommage considéré. Ils doivent préserver leurs patrimoines en adoptant, dans la mesure du possible, un comportement non dommageable pour les autres.

La responsabilité civile apparait ainsi comme une menace, une épée de Damoclès suspendue sur la tête (ou mieux, sur le patrimoine) de quiconque causerait dommage à autrui. Traditionnellement, la responsabilité civile permet, dans la mesure du possible, de prévenir la réalisation des dommages par la crainte légitime de la sanction pécuniaire qu'elle engendre[18].

La fonction préventive est beaucoup plus ressentie lorsqu'il s'agit de la responsabilité pénale. Elle la caractérise même. Par l'application de la peine préalablement définie et rattachée à un comportement infractionnel *(nullum crimen, nulla poena sine lege)*, le droit pénal exerce à la fois les fonctions de châtiment, de prévention, d'intimidation et de dissuasion des citoyens. Dans la responsabilité pénale, la menace consiste en l'application d'une sanction pénale, la peine, alors qu'en matière de responsabilité civile la menace repose plutôt sur le patrimoine du responsable.

La multiplicité des faits dommageables qui se commettent tous les jours, volontairement ou involontairement, ne saurait mettre en cause la fonction préventive des comportements antisociaux ou illicites de la responsabilité civile. Car, en dépit d'innombrables infractions quotidiennement sanctionnées, nul n'a jamais osé denier à la responsabilité pénale sa fonction préventive.

---

[16] Le terme « indemnisation » utilisé dans le cadre de la présente étude englobe les deux modalités de réparation du dommage : en nature et par équivalent.

[17] Tunc A., *op. cit.*, p.142.

[18] Le Tourneau P. et Loic Cadiet, *Droit de la responsabilité et des contrats,* Dalloz, Paris, 2000, p. 2.

Ce qu'il faut cependant reconnaitre, s'agissant de la responsabilité civile, c'est que le développement fulgurant de l'assurance à l'époque contemporaine affaiblit de beaucoup, à coup sûr, la fonction préventive, étant donné qu'elle déplace le poids de l'indemnisation du patrimoine du responsable à celui de la compagnie d'assurance qui est un tiers dans le rapport obligataire né de l'avènement du dommage.

C. La fonction de dilution de la charge des dommages

Il est des circonstances où il peut paraitre socialement injuste ou inéquitable de faire supporter la charge du dommage, c'est-à-dire l'obligation de l'indemnisation, à l'auteur du dommage. La justice sociale commanderait alors qu'une indemnité soit versée à la victime, mais sans qu'elle soit mise à charge de l'auteur du dommage. Pour y parvenir, il faut amortir le poids de l'indemnisation en le diluant sur l'ensemble d'une collectivité de manière à le rendre, in fine, léger à porter. La dilution de la charge des dommages implique ainsi sa répartition sur une collectivité au point d'apparaitre comme un devoir pour la société et un devoir à l'accomplissement duquel la responsabilité civile peut être associée. Elle se réalise de façon indirecte à travers deux techniques modernes que le doyen Kalongo Mbikayi qualifie de « réparation collective » ou de « socialisation des risques », à savoir l'assurance et la sécurité sociale. Ces techniques, on le sait, présentent l'avantage de garantir l'indemnisation des victimes, celles-ci se retrouvant en face d'un responsable solvable. La dilution de la charge d'un dommage peut également s'opérer de façon directe lorsque c'est un groupement, par exemple une entreprise, qui est responsable et aussi dans les cas de responsabilité objective[19].

Au sujet des techniques modernes de réparation collective, le doyen Kalongo Mbikayi relève deux conséquences essentielles apparemment opposées de l'influence de l'assurance et notamment de l'assurance de responsabilité, sur la responsabilité civile : d'une part l'élargissement de la responsabilité civile et d'autre part son amenuisement[20].

En effet, l'élargissement de la responsabilité civile par l'assurance de responsabilité se manifeste par le fait que celle-ci tend non seulement à multiplier des fautes et des dommages, provoquant par là une extension des cas et des procès en responsabilité, mais aussi à augmenter le montant des indemnités attribuées aux victimes[21]. L'effet opposé, à savoir l'amenuisement de la responsabilité civile par l'assurance de responsabilité s'observe par le rôle très restreint de la responsabilité civile, du moins dans

---

[19] Le Tourneau P., *op. cit.*, p. 5.

[20] Kalongo Mbikayi, *Responsabilité civile et socialisation des risques en droit zaïrois : étude comparative du droit zaïrois et des systèmes juridiques belge et français*, P.U.Z., Kinshasa, 1979, p.182.

[21] *Idem*, pp. 182-186.

le domaine de la réparation[22]. Comme on le sait, en ce domaine, il est reconnu à la victime une action directe contre l'assureur, et à celui-ci un rôle prépondérant dans le procès tripartite de responsabilité.

Il y a lieu de relever que chaque fois que la responsabilité civile est convertie par une assurance, elle n'est en pratique qu'un chenal vers un instrument de dilution ; c'est parce qu'elle remplit cette fonction que responsabilité et assurance de responsabilité ne cessent de se développer dialectiquement[23]. Lorsque l'assurance joue, le poids du dommage est supporté, non par le responsable, mais par l'ensemble des assurés ; le responsable n'est débiteur que des primes d'assurance et l'obligation de réparer le dommage se trouve répartie entre tous les assurés[24].

Quant à l'influence de la sécurité sociale sur la responsabilité civile, il y a lieu de faire observer que celle-là utilise celle-ci, en l'occurrence lorsque les caisses de sécurité sociale participent aux actions en responsabilité que la victime peut exercer contre l'auteur du dommage ; et bien au-delà elle peut même complètement l'éliminer, lorsque l'on considère les conditions d'indemnisation en matière d'accidents du travail où le dommage a été causé par l'employeur ou ses préposés au cours du travail sans quelque faute intentionnelle ou inexcusable[25]. Philippe Delebecque et Frédéric-Jérôme Pansier font observer à ce sujet qu'à terme, la notion même de responsabilité s'efface. On a pu parler de dilution de l'idée même de responsabilité. La responsabilité n'est plus la condition nécessaire de la prise en charge d'un risque par la collectivité[26].

II. Fondement juridique classique de la responsabilité civile

Le fondement juridique d'une institution s'entend de la justification logique ou de l'explication théorique de sa finalité, dans le cadre du droit positif[27]. Dans cet entendement, le fondement juridique de la responsabilité civile renvoie à la question de savoir pourquoi une personne, le responsable, doit être tenue de réparer (ou d'indemniser) le dommage souffert par une autre. En d'autres termes, comment juridiquement justifier l'obligation qui pèse sur une personne de supporter le poids de la réparation ou de l'indemnisation en cas d'un dommage subi par autrui ?

La réponse classiquement donnée à cette question renvoie à la faute : c'est parce que la personne responsable a commis une faute. A l'origine de la responsabilité civile se trouve ainsi la faute. C'est, en effet, sur la faute

---

[22] *Ibidem*, pp. 186-196
[23] Tunc A., *op. cit.*, p. 146
[24] Delebecque P. et Pansier F.-J., *op. cit.*, p. 8
[25] Kalongo Mbikayi, Responsabilité civile et socialisation des risques en droit zaïrois, *op. cit.*, p.208
[26] Delebecque P. et Pansier J., *op. cit.*, p. 208
[27] Kalongo Mbikayi, Responsabilité civile et socialisation des risques en droit zaïrois, *op. cit.*, p. 47

que les auteurs du code civil de 1804[28] ont fondé la responsabilité civile. Tout l'édifice de l'institution responsabilité civile est bâti sur l'idée de faute. Les dispositions y relatives soit reprennent expressément le mot « faute »,-c'est le cas de l'article 1382[29] (l'équivalent de notre article 258)-, soit emploient des termes qui, sans la désigner *expressis verbis*, insinuent cependant la faute,-tels que la négligence ou l'imprudence mentionnés à l'article 1383 (l'équivalent de notre article 259), ou le défaut d'entretien ou le vice de construction mentionnés à l'article 1386 (l'équivalent de notre article 262)-, soit présument la faute. Il en est ainsi, dans ce dernier cas, des articles 1384 (l'équivalent de notre article 260) sur la responsabilité pour fait d'autrui et 1385 (l'équivalent de notre article 261) sur la responsabilité pour fait des animaux.

Telle qu'initialement conçue, la responsabilité civile implique préalablement l'analyse subjective du comportement du responsable dans lequel doit être décelée une faute. Nous l'avons déjà dit, c'est la conception de la responsabilité civile subjective. Reste à préciser, quoique sommairement, la notion ainsi que les mérites de la faute en matière de responsabilité civile.

2.1. La notion de la faute délictuelle

Le code civil napoléonien (autant que le nôtre dont il est une copie quasi-conforme) fonde la responsabilité civile, on vient de le rappeler, sur la faute, sans pourtant la définir. A défaut pour la loi de fournir une définition précise de la faute, il appartient à l'interprète de le faire, de manière que chacun sache quels sont les actes susceptibles d'entrainer sa responsabilité[30]. Les auteurs sont unanimes pour reconnaitre que la notion de la faute n'est pas facile à définir de manière claire, précise et globale, tant ses applications sont diverses, voire évolutives. Qu'à cela ne tienne, il y a lieu d'indiquer que la notion de faute est quasiment unanimement comprise en ses deux éléments constitutifs : l'un, objectif, l'illicéité, l'autre, subjectif, l'imputabilité. C'est dans cette optique que la faute est définie comme la violation d'une obligation, non justifiée par une excuse ou par une cause de non-imputabilité[31].

En effet, la plupart des auteurs fidèles à la conception traditionnelle considèrent que la faute implique l'existence d'un acte ou d'une mission à la fois illicite et imputable à son auteur[32]. A l'élément objectif qui consiste dans

---

[28] C'est le tout premier code civil, appelé code napoléon, du nom de celui qui l'a promulgué.

[29] Il s'agit ici de la numérotation initiale des articles du code civil français, c'est-à-dire d'avant la réforme intervenue par une ordonnance du 10 février 2016, ratifiée par une loi du 20 avril 2018.

[30] Malinvaud P. et Fenouillet D., *Droit des obligations,* 11e édition, Litec, Paris, 2010, p. 456.

[31] Delebecque P. et Pansier F.-J., *op. cit.,* p. 53.

[32] Viney G. et Jourdain P., *Traité de droit civil : les conditions de la responsabilité,* 3e édition, L.G.D.J., Paris, 2006, p. 366.

la violation d'un devoir ou d'une obligation juridique et se traduit par un écart entre la conduite requise par le respect de ce devoir et celle que l'auteur du dommage, s'ajouterait donc un élément subjectif exprimant l'aptitude psychologique de l'agent à comprendre la portée de ses actes et à en assumer les conséquences[33].

A. L'élément objectif de la faute ou l'illicéité

L'illicéité caractérisant la faute s'observe dans l'atteinte à un droit ou dans le manquement à un devoir ou à une obligation. Il est signalé à ce sujet que c'est Planiol qui, en définissant la faute comme la violation d'une obligation persistante mit le premier, en France, l'accent sur la notion d'illicite ou de devoir violé[34]. En cette occurrence, la faute délictuelle[35] réside dans l'inexécution d'une obligation qui trouve sa source en dehors du contrat : la loi, le règlement, l'usage ou la coutume[36]. Son appréciation est généralement faite in abstracto, en comparaison avec le comportement d'un homme raisonnable, prudent, prévoyant, consciencieux et diligent que le droit appelle « un bon père de famille » : la faute est alors le comportement que n'aurait pas en un bon père de famille placé dans les mêmes circonstances de temps et de lieu.

La faute peut aussi être décelée dans l'exercice d'un droit : le mauvais exercice d'un droit dans le dessein de nuire à autrui. C'est ce que l'on appelle abus de droit.

En définitive, les auteurs analysent la faute comme un fait illicite, ou comme la violation d'une obligation préexistante, ou encore comme une erreur de conduite. Ce fait illicite matériel consiste soit dans la violation d'un texte, soit en dehors de la violation d'un texte, dans un comportement différent de celui qu'aurait adopté un bon père de famille pris dans les mêmes circonstances, soit enfin dans l'abus de droit[37]. C'est ce que relève plus savamment le doyen Kalongo Mbikayi lorsqu'il conclut qu'à défaut d'une définition légale, la jurisprudence et la doctrine ont dégagé trois hypothèses dans lesquelles il peut y avoir faute, fait illicite, c'est-à-dire socialement mauvais :

1) En cas de violation d'un texte impératif ;
2) En dehors de la violation d'un texte impératif mais par comparaison avec le comportement d'un homme prudent ;
3) En cas d'abus de droit, c'est-à-dire lorsqu'on agit dans les limites d'un droit défini mais avec l'intention de nuire.[38]

---

[33] Viney G. et Jourdain P., *op. cit.*, p. 367.
[34] *Idem.*
[35] La faute délictuelle est à distinguer avec la faute contractuelle, celle-ci résidant dans l'inexécution d'une obligation résultant d'un contrat.
[36] Delebecque P. et Pansier F.-J, *op. cit.*, p. 53.
[37] Kenge Ngomba Tshilombay M.-T., *op. cit.*, p. 185.
[38] Kalongo Mbikayi, Droit civil : les obligations, *op. cit.*, p. 223.

La culpabilité seule ne suffit pas à constituer la faute, car à elle doit être associée l'imputabilité, l'élément subjectif de la faute.

B. L'élément subjectif de la faute ou l'imputabilité

Le fait culpeux ou illicite doit être imputable à son auteur pour que soit retenue la faute. Puisque la faute est, dans toutes ses variétés, un acte blâmable, un écart de comportement dans la société, elle suppose dans le chef du fautif la conscience et la liberté de son acte ou de son comportement. Car il devient absurde de reprocher à une personne un comportement dont elle-même n'est pas consciente, un comportement dont elle n'est pas capable d'apprécier la conformité sociale, ou un comportement auquel elle a été matériellement contrainte. Aussi la faute est-elle exclue s'agissant des déments et des infans (les enfants en bas âge) ou lorsque la personne n'avait pas de choix que de commettre un acte que l'on qualifierait de faute si elle usait de sa liberté (théorie de l'état de nécessité).

L'imputabilité suppose ainsi qu'il soit constaté dans le chef de l'auteur de l'acte illicite une volonté à la fois consciente, capable et libre. De cette exigence peut être perçu dans une certaine mesure l'intérêt de la faute comme condition de la responsabilité civile.

2.2. Les mérites de la faute en matière de responsabilité civile

Diverses considérations militeraient en faveur de l'érection de la faute comme condition de responsabilité civile et justifieraient son maintien en cette qualité. Elles sont d'ordres logique, moral, éthique, social, économique et pratique.

A. Le mérité découlant de la force logique

L'on fait observer qu'il est tout à fait normal qu'une personne ne puisse répondre que des conséquences de ses actes fautifs. Il semble naturel, il semble du bon sens, il semble indispensable, relève André TUNC, qu'une personne doive répondre des dommages causés par sa faute, et cela ne requiert aucune démonstration syllogistique[39]. Puisque l'inverse d'un principe bénéficie toujours du même crédit psychologique que le principe lui-même, il semble également évident que nul ne doit répondre d'un dommage qu'il n'a pas causé par sa faute[40].

B. Le mérité d'ordre éthique

L'on fait ici valoir l'idée que la responsabilité subjective, celle fondée sur la faute est empreinte d'une valeur éthique découlant tout à la fois de la conscience et de la liberté humaines. La responsabilité suppose, en effet,

---

[39] Tunc A., *op. cit.*, p. 98.
[40] *Idem.*

conscience et liberté ; or l'homme n'est conscient et libre que responsable[41]. La liberté sans la responsabilité tend vers la licence (dans les mœurs), le cynisme, l'anarchie ou le dirigisme bureaucratique ; de la sorte, il n'est d'homme véritable que responsable, que revendiquant d'être responsable[42].

C. Le mérite d'ordre moral

Ici, c'est l'idée de justice qui est mise en exergue. Répondre des conséquences dommageables pour autrui de sa faute relève de l'exigence fondamentale de la justice[43]. Comme l'écrit André TUNC, inversement le sens fondamental de la justice qui est en chacun de nous ne nous demande pas de compenser les dommages auxquels nous sommes étrangers[44].

D. Le mérité d'ordre économique

La responsabilité subjective, liée qu'elle est à la liberté, facilite l'esprit d'initiative et pousse à l'action ; car l'homme d'action est toujours amené à prendre des risques et le risque pris volontairement est même une des marques de la dignité de l'espèce[45]. Celui qui veut à tout prix éviter le risque de commettre une faute dommageable pour autrui et d'en assumer les conséquences (la réparation) n'agira jamais, ce qui conduira à l'immobilisme et à l'inertie qui sont économiquement et socialement ruineux[46].

E. Le mérité d'ordre social

Est ici avancée l'idée que la faute comme condition de la responsabilité civile relève également de l'exigence de la vie en société. Ainsi, le droit de la responsabilité civile étant l'instrument qui permet de réaliser l'équilibre entre la liberté de l'homme et ses devoirs dans la vie quotidienne en société, on ne concevrait pas que chacune de nos actions possibles soit interdite ou autorisée sans limite[47]. C'est précisément la fonction de la responsabilité civile de nous obliger à réparer le dommage que nous avons causé en ne nous conduisant pas comme l'aurait fait un bon citoyen : un citoyen qui reconnait le droit égal des autres à l'exercice de leur liberté[48]. En cette occurrence, un droit de la responsabilité civile qui prend la faute, c'est-à-dire la déviation de la conduite d'un bon citoyen, comme le critère de la responsable semble ainsi une institution fondamentale de la société[49].

---

[41] Le Tourneau P. et Loic Cadiet, *op. cit.,* p. 9.
[42] *Idem.*
[43] Tunc A, *op. cit.,* p.98.
[44] *Idem.*
[45] Le Tourneau P. et Loic Cadiet, *op. cit.*, p. 10.
[46] *Idem.*
[47] Tunc A., *op.cit.,* p. 99.
[48] *Idem.*
[49] TUNC A., *op.cit.,* p. 99.

F. Les mérites d'ordre pratique

Au titre des mérites pratiques de la responsabilité axée sur la faute, l'on invoque son universalité ainsi que son rôle préventif. La responsabilité subjective, soutient-on, a une vocation universelle en ce que lorsqu'aucune autre voie juridique n'existe, elle est là, prête à l'emploi, aux tenants et aboutissants éprouvés[50]. La loi ne pouvant appréhender la diversité des situations, les articles du code civil consacrant la responsabilité pour fait personnel (à base de faute) protègent les victimes de tout dommage, y compris ceux qui apparaissent du fait des développements techniques, en attendant une éventuelle intervention législative[51]. S'agissant de l'aspect préventif de la responsabilité subjective, l'on fait noter que liée au rôle normatif qui relève de l'éthique, la fonction première de cette responsabilité est de prévenir les dommages, plus que de les réparer[52]. D'abord par le fait que chacun, connaissant le risque d'être condamné s'il commet un dommage, s'efforce normalement d'agir avec prudence ; ensuite car quiconque craint de souffrir d'un dommage peut obtenir immédiatement la suppression de son fait constitutif (illicite) avant même sa réalisation (afin de l'empêcher)[53].

Les mérites sus-présentés de la faute fondant la responsabilité civile ne sont perceptibles, en dépit des discussions qu'ils peuvent soulever quant à leur pertinence ou tout au moins de certains d'entre eux, que si l'on se place du côté de l'auteur du dommage. Or celui-ci n'est pas le seul sujet du rapport d'obligation délictuelle. Il y a aussi, de l'autre côté de ce rapport, la victime dont la situation ne saurait être ni oubliée ni négligée. Et c'est justement au regard de cette victime que l'exigence de la faute comme condition sine qua non de la responsabilité civile parait tout autant nuisible que le corona virus.

III. L'effet « Corona Virus-19 » de la faute comme fondement de la responsabilité civile a l'ere des progrès techniques

L'exigence de la faute comme condition de la responsabilité civile peut paraitre, sur le terrain de la preuve, comme la cause d'une véritable calamité au regard de la victime. En effet, lorsque la responsabilité civile est fondée sur la faute, il appartient à la victime d'administrer la preuve de l'existence des trois conditions que sont, s'agissant de la responsabilité pour fait personnel, le dommage, la faute et le lien de causalité entre la faute et le dommage.

---

[50] Le Tourneau P. et Loic Cadiet, *op. cit.,* p. 11.
[51] Le tourneau P., *op. cit.*, p. 11.
[52] Le Tourneau P. et Loic Cadiet, *op. cit.,* p.11.
[53] Le Tourneau P., *op. cit.,* p.12.

La preuve du dommage est généralement facile à administrer, surtout lorsque le préjudice subi est corporel ou matériel. Quelques écueils du reste surmontables peuvent être rencontrés s'agissant du préjudice moral. Comme si elle était soumise à une véritable épreuve pour bénéficier de son droit à réparation, la victime franchit l'étape la plus ardue et décisive de la partie, dans la démonstration de la faute dans le chef de l'auteur.

A l'instar de la maladie à corona virus-19 qui tue à coup sûr lorsqu'elle n'est pas traitée selon un protocole indiscutablement approprié et efficace, la victime du dommage s'expose au désarroi total si elle n'arrive pas à démontrer la faute de la personne de qui elle espère recevoir l'indemnisation. Les progrès techniques résultant de l'industrialisation fulgurante que connait le monde contemporain exacerbent particulièrement la difficulté de la preuve de la faute et, de ce fait, rendent en tout cas celle-ci surannée en matière de responsabilité civile. Reste à présent à démontrer cette affirmation.

3.1. L'apparition des « symptômes bizarres » : dommages anonymes

Les rédacteurs du code civil (code napoléon de 1804) ont donné à la responsabilité civile une structure individualiste parce qu'elle correspondait aux idées philosophiques et au mode de vie de l'époque. Pour des raisons philosophiques d'abord on voulait moraliser les conduites individuelles[54]. Pour cela, il fallait se tourner vers l'auteur du dommage et porter une appréciation sur sa conduite[55]. Ensuite parce que cet aménagement de la responsabilité cadrait avec l'état des rapports sociaux de l'époque où les relations de droit privé étaient alors essentiellement des relations d'individu à individu[56], d'où ne pouvaient que résulter, dans le contexte d'une vie rudimentaire, des dommages ordinaires sans une ampleur extraordinaire que le patrimoine d'un individu pouvait aisément prendre en charge pour la réparation.

L'essor des progrès techniques intervenu au milieu du XIXe siècle a complètement bouleversé les données. A la faveur de l'industrialisation, l'on assiste à la multiplication des accidents et donc des dommages dont pour la plupart la cause n'est pas connue : les dommages dits anonymes. Leur ampleur est telle qu'un patrimoine individuel peinerait à désintéresser les victimes ou en tout cas s'en trouverait insuffisant et incapable.

Et puisqu'il faut s'en tenir à la structure subjective de la responsabilité civile, les victimes à défaut de prouver la faute ou l'origine de leurs dommages sont tout simplement privées de l'indemnisation. Atteinte d'un dommage anonyme qu'elle ne sait imputer à une personne, la victime, impuissante devant le sort, est privée de toute indemnisation, situation

---

[54] Delebecque P. et Pansier F.-J., *op. cit.,* p. 7.

[55] Malinvaud P. et Fenouillet D., *op. cit.,* p. 421.

[56] Delebecque P. et Pansier F.-J., *op. cit.,* p. 7.

comparable à une victime du corona virus-19 sans thérapie appropriée et donc condamnée à la mort. Voilà ce qui justifie l'image métaphorique de la faute présentée comme porteuse du corona virus au regard de la victime. En ce qu'il menace sérieusement la vie humaine, le redoutable corona virus-19 qui secoue et inquiète actuellement toute notre planète est tellement nuisible et dangereux que tout le monde s'active à l'éviter. Si par malheur on l'attrape, sa vie est véritablement en danger ; elle ne peut être sauvée qu'à la faveur d'une prise en charge tout aussi efficiente qu'efficace. La subordination de la preuve de la faute à l'indemnisation présente un danger similaire, mutatis mutandis. Elle est en effet nuisible à la victime dans la mesure où, ses intérêts d'ordre physique, matériel ou moral étant violés par l'avènement du dommage subi, son droit au rétablissement au statut quo ante est menacé, car assorti d'une sorte de condition suspensive.

3.2. La menace ou la méconnaissance de l'intégrité des droits de la victime

Autant le corona virus menace l'intégrité corporelle ou la vie de la personne qu'il atteint, autant l'exigence de la faute comme condition de la responsabilité civile menace le droit à réparation de la victime, qui est également un droit fondamental surtout lorsque le dommage porte atteinte au substratum de la personne humaine, son corps. Autant tout être humain a droit à une bonne santé, autant il a droit à l'indemnisation du dommage qu'il subit du fait ou de l'activité d'autrui, sans qu'il soit besoin pour lui de démontrer la faute du responsable. Conditionner son indemnisation à la preuve de la faute de l'auteur du dommage, c'est consacrer l'incertitude de cette indemnisation alors que le dommage subi est certain. C'est, en quelque sorte, méconnaitre le droit à l'intégrité des droits de la victime.

C'est dans cette optique que nous adhérons sans réserve à l'opinion suivante d'André TUNC : « Il est certain que le droit de la responsabilité dépasse actuellement, et légitiment, la responsabilité pour faute (…). Il est difficile d'admettre qu'un citoyen puisse être laissé dans la détresse à la suite d'un accident causé par l'acte ou l'activité d'un autre »[57].

3.3. L'inversion de l'objectif fondamental de la responsabilité civile

L'objectif fondamental de la responsabilité civile est et doit demeurer l'indemnisation des dommages. Quelqu'un a-t-il subi un dommage résultant du fait ou de l'activité d'autrui, il convient de lui en garantir l'indemnisation, tel est l'objectif de l'institution de la responsabilité civile. Cet objectif ne peut systématiquement être atteint qu'en se tournant du côté de la victime. Or, la faute prise comme condition de la responsabilité civile conduit à inverser cet objectif en l'orientant vers l'auteur. Celui-ci ne peut être tenu d'indemniser la victime que s'il a commis une faute que cette dernière doit

[57] Tunc A., *op. cit.,* p. 149

démontrer. Du devoir imposé à l'individu de ne pas causer dommage à autrui, et du droit de tout individu d'être indemnisé du dommage résultant de l'acte ou de l'activité d'autrui, lequel, en matière de responsabilité civile, passerait avant l'autre ? La réponse qui, à notre avis, s'impose, est : le droit à l'indemnisation. Comparaison n'est pas raison, certes, l'exigence de la protection de la vie privée d'un malade du corona virus-19 ne saurait passer devant celle de sa prise en charge immédiate et appropriée. De deux choses, l'une doit venir avant l'autre, en raison de son importance. Par la responsabilité civile, le droit cherche plus modestement à assurer aux individus la réparation de leurs dommages privés afin de remettre les choses en état, de rétablir un équilibre qui avait disparu entre les membres du groupe[58].

Il ne nous semble pas justifié de considérer la faute comme condition de la responsabilité civile lorsque l'on sait que son degré de gravité est sans aucune incidence sur l'étendue de la réparation. Or, si l'objectif primordial de la responsabilité civile était de sanctionner le comportement fautif, la mesure de cette sanction allait être calquée sur le degré de la faute. Tel n'est cependant pas le cas : l'étendue de l'indemnisation est fonction non pas de la faute, mais du dommage. Ainsi, une faute légère peut entrainer une importante indemnisation si le dommage causé est important, et à l'inverse une faute grossière ne peut appeler qu'une légère indemnisation si elle n'a causé qu'un bénin préjudice.

C'est lorsque l'on déplace le terrain de la responsabilité civile vers la responsabilité pénale que la situation se présente autrement : puisque le droit pénal vise à sanctionner le comportement antisocial qualifié d'infraction, la mesure de la sanction pénale est fonction de la gravité de la faute pénale ou des faits infractionnels. C'est pourquoi la responsabilité pénale est engagée par le seul fait de la faute (violation de la loi pénale), quand bien cette faute n'a causé aucun tort à autrui (par exemple en cas de tentative punissable). Il en est autrement en matière de responsabilité civile : aussi grave qu'elle puisse être, à elle seule la faute ne peut générer l'obligation de réparation en l'absence d'un dommage qu'elle aurait entrainé.

Il est juridiquement et socialement utile que chaque chose reste à sa place : se focaliser sur le comportement fautif ou infractionnel en matière de responsabilité pénale, mais sur la situation de la victime s'agissant de la responsabilité civile. Comme en face de tout malade, la thérapie est fonction du diagnostic, en matière de responsabilité civile, le remède est fonction du dommage et non de la faute.

Les développements qui précèdent mettent à nu, comme dans une analyse microscopique, « la corona virus-19 » dont est infectée la responsabilité civile fondée sur la faute en considération de la situation de la victime : incertain, le droit à réparation de celle-ci est menacé, car hypothétique. La

58 Jourdain P., *op. cit.*, p. 3.

victime d'un dommage souffert se retrouve ainsi dans une situation de précarité, celle d'« absence d'une garantie d'indemnisation adéquate en toutes circonstances »[59]. Peut-on uniquement compter sur la virulence du système immunitaire du malade atteint du corona virus pour sa guérison ? Loin s'en faut ! Il faut appliquer une vigoureuse riposte répondant à un protocole fiable bien défini. Mais le vaccin demeure de loin préférable au titre préventif.

IV. A la recherche du vaccin : proposition de reformulation des dispositions du code des obligations relatives à la responsable civile

Il n'est pas aisé de bousculer la partie compacte du droit des obligations constituée, dans notre code des obligations, des articles 258, 259, 260, 261 et 262 consacrés à la responsabilité civile, dans la mesure où « les principes de base de la théorie des obligations sont échafaudés suivant une logique et une symétrie rigoureuses, reflétant ainsi un caractère scientifique accentué de par sa technicité »[60]. Comme le mentionnent si bien François Terré, Philippe simler, Yves Lequette et Chénédé à la couverture de leur récente et brillante publication, en ce qu'il constitue « la grammaire du droit », le droit des obligations est la voie royale de la compréhension du juridique[61].

Resté immuable pour l'essentiel, dans sa lettre depuis 1804, le droit français des obligations (dont la substance a été inoculée dans les veines de notre droit par le droit belge à la faveur du phénomène colonial) vient de connaitre une réforme par une ordonnance du 10 février 2016, ratifiée par une loi du 20 avril 2018. Le régime de la responsabilité civile extracontractuelle (responsabilité délictuelle et quasi – délictuelle) n'a pas été touché par cette réforme- est-ce à cause de sa complexité ?-. Il le sera sans doute à l'avenir.

S'agissant de notre droit, nous prenons le courage héroïque de tailler la voie de la réforme, en proposant concrètement la reformulation des dispositions organisant la responsabilité délictuelle et quasi-délictuelle, au regard des considérations précédemment développées.

A l'instar du fabricant pharmaceutique qui livre toujours un vaccin ou un médicament muni de la notice de posologie, nous estimons indiqué de présenter d'abord les formulations proposées avant d'en expliquer l'économie par la suite.

---

[59] Amisi Herady, « Garantie d'indemnisation adéquate des usagers d'aéronefs pour les dommages corporels : quelques pistes de solutions », in *Cahiers Africains des Droits de l'Homme et de la Démocratie,* 20ème année, n° 053, vol. I, octobre-décembre 2016, p. 189.

[60] Kalongo Mbikayi, Droit civil : Les obligations, *op. cit.,* p. 12.

[61] Il s'agit de l'ouvrage de Terre F., Simler P., Lequette Y. et Chenede F., *Droit civil : les obligations,* 12e édition, Paris, Dalloz, 2018.

4.1. Les formulations proposées

- Article 258 :

« Tout fait ou toute activité quelconque de la personne, qui se à autrui un dommage, l'oblige à le réparer ».

Ou :

« Tout fait ou toute activité quelconque de la personne, qui cause à autrui un dommage, l'oblige à le réparer, que le dommage soit causé ou pas par la faute ».

Ou encore :

« La personne dont le fait ou l'activité quelconque cause à autrui un dommage est tenue à le réparer ».

- Article 259 :

« Chacun est responsable du dommage qu'il a causé à autrui, soit volontairement, soit involontairement ».

- Article 260 :

« On est responsable non seulement du dommage que l'on cause par son propre fait, mais encore de celui qui est causé par le fait des personnes dont on doit répondre, ou des choses que l'on a sous sa garde.

Le père et la mère, en vertu de l'autorité parentale qu'ils exercent, sont solidairement responsables du dommage causé par leurs enfants habitant avec eux ;

Les maitres et les commettants, du dommage causé par leurs domestiques et préposés dans les fonctions auxquelles ils les ont employés ;

Les instituteurs et les artisans, du dommage causé par leurs élèves et apprentis pendant le temps qu'ils sont sous leur surveillance ;

Les chefs de famille exerçant l'autorité domestique, du dommage causé par les mineurs et les aliénés placés sous leur autorité ;

Les propriétaires de véhicules automoteurs, du dommage causé par les personnes qui avaient, avec ou sans leur assentiment, la garde ou la conduite de véhicules».

- Article 261 : inchangé

« Le propriétaire d'un animal ou celui qui s'en sert, pendant qu'il est à son usage est responsable du dommage que l'animal a causé, soit que l'animal fût sous sa garde, soit qu'il fût égaré ou échappé ».

- Article 262 :

« Le propriétaire d'un bâtiment est responsable du dommage causé par sa ruine.

Il dispose, pendant dix ans à compter de la réception du bâtiment, d'une action récursoire contre l'architecte ou le constructeur, lorsque la ruine est due à un vice de construction ».

4.2. L'économie des modifications proposées

Les propositions formulées se caractérisent, toutes, par l'effacement de la faute comme condition de la responsabilité en ce qui concerne tant la responsabilité civile pour fait personnel (la responsabilité civile de droit commun) que la responsabilité pour fait d'autrui et pour fait des choses. Dans cette optique, le devoir juridique de réparer le dommage injustement souffert par autrui du fait de son fait ou de son activité ne doit pas être subordonné à l'existence d'une faute dans le chef du responsable, comme s'il s'agissait, il faut le dire, de la responsabilité pénale.

La situation de la victime de la victime s'en trouve ainsi améliorée : non seulement la victime est affranchie du lourd fardeau de l'administration de la preuve de la faute, mais aussi elle est garantie de son droit d'être indemnisée. Reste cependant, son droit à l'indemnisation n'étant plus conditionné, à lui garantir l'effectivité de cette indemnisation quant à la solvabilité du responsable, notamment à travers des mécanismes modernes de socialisation des risques ou de responsabilité que sont l'assurance et la sécurité sociale.

S'agissant de la responsabilité pour fait personnel, il ne doit pas être exigé de la victime la démonstration de la faute dans le chef de l'auteur du dommage, que le dommage soit causé pas un fait volontaire ou par un fait involontaire. Avec André TUNC, nous estimons que « la faute ne peut pas être considérée comme une composante nécessaire de la responsabilité »[62].

En ce qui concerne la responsabilité pour autrui, nous avons tenu compte de l'introduction dans notre arsenal juridique, par le biais du code de la famille, de deux institutions que sont l'autorité parentale et l'autorité domestique. La responsabilité des père et mère est bâtie, à l'époque de la promulgation du code des obligations (décret du 30 juillet 1888) sur l'idée de l'autorité paternelle reconnue principalement au père. A l'avènement du code la famille en 1987, l'autorité paternelle disparait, cédant sa place à l'autorité parentale reconnue au deux parents pour être exercée conjointement. Ainsi, étant donné que le père et la mère exercent conjointement l'autorité parentale sur l'enfant, ils doivent par conséquent répondre ensemble des dommages causés par leur enfant. La mère quitte dès lors son statut de civilement responsable « de suppléance » en vertu duquel elle ne pouvait répondre qu'à défaut du père. D'où l'insertion dans l'alinéa 2 de l'expression « en tant qu'ils exercent l'autorité parentale qu'ils exercent ». C'est également cette autorité parentale qui justifie la mention de l'obligation solidaire de ces deux parents. Par ailleurs, l'article 260 a été enrichi de deux autres civilement responsables prévus, l'un par le code de la famille, le chef de famille, l'autre par le code des assurances, en l'occurrence le propriétaire d'un véhicule automoteur. Les avantages de clarté et de facilité (notamment de recherche) qu'offre le regroupement de tous les civilement responsables dans une disposition ont justifié cet enrichissement

---

[62] Tunc A., *op. cit.,* p. 12.

de l'article sus-visé sur ce point. Enfin, nous avons élagué dans cette disposition le dernier alinéa, parce que renfermant l'idée de présomption de faute.

Quant à la responsabilité du fait de la ruine du bâtiment, l'idée de faute contenue dans l'expression « défaut d'entretien » est proposée à la suppression. L'action récursoire contre l'architecte ou le constructeur en cas de vice de construction est consacrée.

En réalité, les modifications proposées rencontrent et renferment la quintessence des théories avancées en contournement de la faute comme justification de la responsabilité civile, en l'occurrence la théorie des risques et la théorie de la garantie.

En effet, les auteurs de la théorie de risque ont d'abord évoqué l'idée de risque profit : celui qui profite de l'activité d'une autre personne doit en assumer également les risques, c'est-à-dire réparer les dommages liés à cette activité. D'où l'adage *ubi emolumentum, ibi onus,* qui se traduit par : là où est le profit doit également être la charge[63]. Par la suite, la théorie du risque a été élargie à toute idée de risque créé abstraction faite de l'idée de profit : toute personne qui exerce une activité risquée et donc introduit ce risque dans la société doit en assumer les conséquences dommageables[64]. En d'autres termes, il incombe à la personne qui a pris l'initiative d'une activité d'assumer les risques de dommage qui en résultent. En cette occurrence, qui fonde désormais l'obligation de réparation et donc la responsabilité civile, c'est la création d'un risque et non plus la faute[65].

Quant à la théorie de la garantie défendue par Boris Starck, elle rapproche à la théorie du risque de rechercher la raison de s'obligation de réparer le préjudice causé en se plaçant qu'au seul point de vue de l'auteur du dommage alors que le problème de la responsabilité civile devait être abordé au point de vue des droits de la victime[66]. Son idée fondamentale est qu'il convient de partir non pas de l'appréciation du comportement de l'auteur du dommage, mais de la considération du type de dommage survenu : certains dommages sont d'une gravité telle pour la victime que celle-ci doit être garantie de recevoir une indemnisation, abstraction faite du comportement de l'auteur. La responsabilité doit alors être une responsabilité sans faute. Ainsi l'indemnisation de la victime est due, à titre de garantie, par le seul fait qu'une atteinte a été portée à la personne ou aux biens d'une victime.

---

[63] Muriel Fabre-Magnan, *Droit des obligations : responsabilité civile et quasi – contrats,* P.U.F., Paris, 2007, p. 49.

[64] *Idem.*

[65] Amisi Herady, Responsabilité civile du transporteur aérien pour dommages corporels subis par les usagers en droit congolais, *op. cit.,* p. 100.

[66] Kalongo Mbikayi, Responsabilité civile et socialisation des risques en droit zaïrois, *op. cit.,* p. 133.

Nous nous distinguons cependant, dans nos propositions, de la théorie de la garantie en ne discriminant pas les dommages. A notre sens, tout dommage est dommage et mérite, de ce, fait le même traitement au point de vue indemnitaire. Sa victime doit être indemnisée sans qu'elle ne se livre à l'exercice « acrobatique » de la preuve de la faute de la faute du responsable. A bien l'analyser, notre démarche rencontre en définitive les deux exigences que prônait dans ses enseignements le doyen Kalongo Mbikayi à propos de l'évolution du droit congolais des obligations, à savoir, d'une part l'impératif du développement, et d'autre part, celui de l'authenticité[67].

Conclusion

On le sait bien, la responsabilité civile est l'obligation juridique mise à la charge d'une personne (le responsable) de réparer le dommage subi par autrui. Mais pourquoi une personne doit-elle être tenue de réparer le dommage dont souffre une autre ? Au commencement, c'est-à-dire au moment où la responsabilité civile fut organisée dans le code civil (code napoléonien de 1804), la réponse était trouvée dans le comportement du responsable : la faute. Seul le comportement fautif générateur du dommage engage la responsabilité civile. C'est la responsabilité civile subjective dont la conception a été importée au transposée dans notre droit. En conséquence, la victime doit apporter la preuve de la faute pour pouvoir bénéficier de l'indemnisation.

A la faveur des progrès techniques, fruit de l'industrialisation dont l'époque contemporaine est gratifiée, l'on assiste à la multiplicité de dommages dont la cause est difficilement identifiable, sinon inconnue. S'il faut s'en tenir à la structure subjective de la responsabilité civile, les victimes de tels dommages sont privées de l'indemnisation au cas où elles ne triomphent pas à l'épreuve de la démonstration de la preuve de la faute. En cela, la responsabilité civile basée sur la faute est, dans un langage métaphorique utilisé ici, « infectée du corona virus-19 » lorsque l'on considère la situation de la victime. Elle lui est défavorable, pour ne pas dire nuisible : l'indemnisation de la victime apparait non pas comme un droit, mais comme une récompense à la victime, du succès de l'épreuve d'administration de la faute. Le problème de la responsabilité civile est résolu en se tournant du seul côté de l'auteur du dommage. Tout comme la victime du corona virus-19 ne peut se tirer d'affaire qu'à la faveur d'une prompte et efficace prise en charge médicale, la victime d'un dommage ne peut se sauver en obtenant l'indemnisation qu'au prix de son dynamisme admirable sur le terrain de la preuve de la faute. Vue sous cet angle, la

[67] Kalongo Mbikayi, Droit civil : les obligations, *op. cit.*, p. 15.

responsabilité civile fondée sur la faute s'avère inadaptée à la prééminence de sa fonction indemnitaire.

Le contexte socio-économique de l'heure marquée par le machinisme et les progrès techniques devrait par conséquent nous inspirer des réformes de notre droit de la responsabilité civile, essentiellement orientées vers la garantie de l'indemnisation des victimes. En effet, toute personne souffrant d'un quelconque dommage du fait ou de l'activité d'une autre mériterait, en toutes circonstances, l'indemnisation. La visée de la responsabilité civile doit désormais être : tout dommage résultant de l'acte ou de l'activité d'autrui doit être réparé, qu'il soit ou non causé par la faute. Puisque le dommage est une atteinte à l'intégrité des intérêts d'ordre physique, matériel ou moral, sa victime doit être garantie du droit à l'indemnisation. Pour y parvenir, nous pensons qu'il faille « détrôner » la faute de son rôle moteur qu'elle joue en matière de responsabilité civile. Ce serait ainsi le triomphe de la responsabilité civile objective aux extrémités de laquelle se côtoient harmonieusement les fonctions de prévention des comportements dommageables et d'indemnisation systématique des victimes.

Les modifications proposées des dispositions de notre code civil des obligations dédiées à la responsabilité civile relèvent de cette conception et participent à ce qu'il conviendrait de nommer sans exagération « l'humanisation de la responsabilité civile ». Ce serait une riposte appropriée aux méfaits de cette sorte de corona virus dont la responsabilité civile est infectée et affectée. A son avènement, nous espérons que tout le monde,- auteurs comme victimes des dommages, théoriciens comme praticiens de droit-, en tirera profit, de la même manière que l'humanité toute entière se réjouira de la trouvaille incontestable du vaccin contre le corona virus-19.

Projecteur sur la voie de la réforme du code des obligations sous l'influence du code de la famille : cas des civilement responsables

■ *Amisi Herady*
Professeur à la Faculté de Droit de l'Université de Kinshasa

Introduction

Il est des cas où deux lois régissant chacune une matière tout à fait différente se croisent, sans s'embrasser, en certaines de leurs dispositions au point que, sous l'effet du choc en résultant, l'une d'elles s'en sort perturbée au gré de l'influence de l'autre. Loin d'être évité, ce phénomène relève cependant de la nécessaire harmonie devant régner dans le système juridique d'un pays, constitué de différents éléments que sont notamment les textes de lois[1].

Notre code de la famille[2], d'une part, et notre code des obligations, d'autre part, nous offrent l'opportunité d'observer ce phénomène d' « interconnexion des textes légaux » qui n'a pourtant rien de bizarre ou d'anormal dans le monde de droit. Le premier, actuellement porté par la loi n° 16/008 du 15 juillet 2016 (qui a modifié et complété celle n° 87-010 du 1er août 1987) est constitué des règles relatives à la nationalité, à la personne, à la famille ainsi qu'aux successions et libéralités. Le second, de loin plus vieux que le précédent, résulte du décret du 30 juillet 1888 (des contrats ou

---

[1] La loi ici doit être entendue au sens large, comprenant tant les actes législatifs que les actes réglementaires.

[2] Cette étude porte sur le droit congolais. Ainsi, lorsque l'auteur emploie l'adjectif possessif « notre » précédant les termes code ou droit, il faut entendre par là : le code ou le droit congolais.

des obligations conventionnelles[3]), et est communément appelé « code civil livre III »[4].

A la faveur de la promulgation du code de la famille, notre droit s'est notamment enrichi de nouvelles institutions dont le régime n'a pas manqué d'influencer, sinon de perturber, peu ou prou, le code des obligations, au niveau particulièrement de la responsabilité civile pour fait d'autrui. Ces institutions analysées ici comme « perturbatrices » qui ont retenu notre attention dans le cadre de la présente réflexion sont au nombre de deux : l'autorité parentale et l'autorité domestique. En projetant la réforme à venir du plus vieux code civil de notre pays (dont le besoin et le vœu s'intensifient au fil du temps), l'on ne manquerait pas de s'apercevoir l'opportunité, mieux la nécessité de la retouche de l'article 260 du code des obligations dédié à la responsabilité civile du fait d'autrui, au regard de ces deux institutions relevant du droit de la famille.

Ce n'est pas plus par l'usure que par l'évolution du contexte que cette disposition âgée aujourd'hui de plus d'un siècle et restée formellement figée depuis sa « maternité », ne peut plus être entièrement lu, tant dans sa lettre que dans son esprit, comme à l'époque de sa rédaction. Sa réécriture nous semble s'imposer au regard des règles du droit de la famille qui organisent les autorités parentale et domestique.

Pour s'en rendre clairement en évidence, il nous parait indiqué d'abord de rappeler, de manière sommaire, la matière de responsabilité civile pour autrui telle que prévue par le code des obligations. Ensuite, il ne serait pas moins intéressant de résumer l'économie aussi bien de l'autorité parentale que de l'autorité domestique. C'est alors seulement que, les prémisses étant posées, la reformulation proposée de la disposition sus-visée relative à la responsabilité civile pour fait d'autrui apparaitra comme une conclusion logique.

---

3 L'intitulé collé à la matière traitée par ce décret, à savoir « des contrats ou des obligations conventionnelles » parait restrictif et trompeur, car ne rendant pas exactement compte du contenu intégral de ce texte. Celui-ci contient, en effet, les règles relatives aux différentes sources des obligations (contrat, délit et quasi-délit, quasi-contrat), aux obligations indépendamment de leurs sources et enfin à certains contrats particuliers et usuels (contrats dits nommés).

4 De nos jours, cette appellation parait en tout cas être le vestige juridique du phénomène colonial, car elle constitue un mimétisme du code civil belge regardé comme le berceau du code civil congolais. Elle n'obéit, en effet, à aucune logique chronologique lorsqu'on considère les dates de promulgation de différents livres du code civil congolais: le livre I des personnes en 1895(décret du 4 mai), le livre II des biens en 1912 (décret du 31 juillet) et le livre III des obligations en 1888 (décret du 30 juillet). S'il fallait répondre à l'exigence de la chronologie, le code des obligations aurait été baptisé « livre I », celui des personnes « livre II », et des biens « livre III ». Avouons toutefois que le respect de l'ordre chronologique dans la désignation de ces différents codes ne présente, à nos yeux, aucun intérêt fondamental.

I. Sommaire sur la responsabilité civile pour autrui en droit congolais

Présentée en droit congolais, la responsabilité pour autrui peut être mieux comprise en en mettant en exergue la notion, les personnes concernées ainsi que le caractère limitatif du répertoire de celles-ci. Il faut par ailleurs, pour être complet, indiquer le fondement de cette responsabilité.

1.1. Notion de la responsabilité civile pour autrui.

C'est du verbe latin *« respondere »,* signifiant se porter garant ou s'assumer que dérive le concept « responsabilité ». De manière générale, la responsabilité consiste à être tenu de répondre de ses actes. Elle est, de ce fait, regardée comme une condition essentielle de la liberté[5]. Ainsi, être responsable, c'est s'assumer, répondre ou se porter garant des conséquences de ses actes.

La responsabilité civile fait penser à la situation d'une personne souffrant d'une atteinte d'ordre corporel, matériel ou moral à ses droits, et ce, du fait d'une autre personne ou d'une chose à la garde de cette dernière. Elle évoque, pour le sens commun, l'idée d'un dommage et de sa réparation, ou encore l'indemnisation des victimes[6]. C'est ainsi qu'elle est définie comme l'obligation de réparer le dommage qu'une personne a pu causer, soit par sa faute, soit par son activité, soit même en raison de sa qualité ou de sa fonction[7], ou encore l'obligation de répondre devant la justice d'un dommage, et d'en réparer les conséquences en indemnisant la victime[8]. Il s'agit, en définitive, d'un lien de droit en vertu duquel l'auteur d'un délit ou d'un quasi délit est tenu à indemniser le dommage causé à la victime par son acte[9].

Par principe, une personne ne répond que des conséquences dommageables de ses propres actes ou de son fait personnel. C'est ce que, dans le langage juridique, l'on nomme la responsabilité civile pour fait personnel. C'est à cette hypothèse que l'on pense en tout premier lieu quand l'on invoque la responsabilité civile. C'est cette hypothèse, qui renferme l'idée sous-jacente de liberté humaine (sous l'influence de la révolution française de 1789) qui a été principalement visée par l'institution de la responsabilité civile. Aussi est-ce pour cette raison que justement la responsabilité civile pour fait personnel est qualifiée de responsabilité civile de principe, ou encore de responsabilité civile de droit commun.

---

[5] Malaurie P., Aynes L. et Stoffel-Munck P., *Les obligations*, 4ème édition, Défrenois, Lextenso éditions, Paris, 2009, p. 9.

[6] Jourdain P., *Les principes de la responsabilité civile*, 5ème édition, Dalloz, Paris, 2000, p.1.

[7] Delebecque P. et Pansier F.-J., *Droit des obligations : responsabilité civile, délit et quasi-délit,* Tome 2, 4ème édition, Litec, Paris, p. 1.

[8] Le Tourneau P., *La responsabilité civile*, collection « Que sais-je ? », P.U.F, Paris, 2003, p.1.

[9] Kalongo Mbikayi, *Droit civil : les obligations*, Tome 1, Editions Universitaires Africaines, Kinshasa, 2012, p. 209.

Elle est, dans notre code des obligations, consacrée par deux dispositions, l'une visant le dommage volontairement causé à autrui (c'est le délit), l'autre, le dommage involontairement causé, c'est-à-dire par imprudence, négligence, inattention ou défaut de prévoyance (c'est le quasi-délit).

En voici les libellés :

Article 258 : « Tout fait quelconque de l'homme, qui cause à autrui un dommage, oblige celui par la faute duquel il est arrivé à le réparer ».

Article 259 : « Chacun est responsable du dommage qu'il a causé, non seulement par son fait, mais encore par sa négligence ou par son imprudence ».

Si, comme il vient d'être indiqué, le principe est qu'une personne ne peut être tenue envers une autre que des conséquences dommageables de ses propres faits ou actes, la loi prévoit cependant, à titre exceptionnel, la possibilité pour une personne de répondre du fait dommageable d'une autre (personne). L'obligation de réparer le dommage est alors mise à charge non de la personne qui l'a directement et personnellement causé, mais d'une autre (qui pourtant ne l'a pas directement causé). C'est cette hypothèse exceptionnelle de responsabilité civile que le jargon juridique désigne « la responsabilité civile pour autrui » ou « la responsabilité civile pour fait d'autrui », ou encore « la responsabilité civile pour fait d'un tiers ». La responsabilité civile pour autrui est donc le lien de droit en vertu duquel une personne est tenue de réparer le dommage qu'elle n'a pas personnellement causé, mais qui a été causé par une autre personne dont elle répond. En d'autres termes et de manière raccourcie, c'est l'obligation de réparer le dommage causé par un tiers.

Le tiers en question dont le fait a directement provoqué le dommage conduisant la personne responsable à l'assumer peut être soit un auxiliaire, un substitut ou un représentant qu'elle a laissé agir à sa place ou pour son compte, soit un individu dont elle assume la garde ou la surveillance en vertu d'une habilitation légale ou en exécution d'un acte juridique[10].

Les personnes tenues de réparer les dommages que d'autres auront causés sont, dans le jargon de droit, appelées les « civilement responsables ». Leur énumération s'impose.

1.2. Enumération des civilement responsables

C'est l'article 260 de notre code des obligations qui se charge, à partir de son deuxième alinéa, d'énumérer les personnes pouvant être tenues responsables des dommages causés par d'autres. Elles sont réparties en trois groupes distincts, à savoir :

---

[10] Viney G. et Jourdain P., *Les conditions de la responsabilité*, 3ème édition, L.G.D.J., Paris, 2006, p.903.

1° Le père, et la mère après le décès du mari (alinéa 2)

Ils répondent des dommages causés par leurs enfants, habitant avec eux. Il faut cependant préciser que dans le contexte de l'article 260 alinéa 2 du code civil livre III, le père est le seul responsable légal, la mère, suppléante, « ne serait responsable que si le père décède et ce, ce qui est sous-entendu, si elle exerce alors la puissance paternelle ou encore du vivant du mari chaque fois que pour quelque raison (divorce aux torts du mari, attribution des enfants à la mère ou maladie du mari empêchant celui-ci d'exercer la puissance paternelle), elle exerce la puissance paternelle »[11].

La condition principale de cette responsabilité est la cohabitation : l'enfant doit habiter avec le responsable, le père et/ou la mère. La cohabitation est une condition tout à fait logique dans la mesure où, comme nous l'indiquerons infra, le fondement de la responsabilité des père et mère réside dans la présomption (de faute) d'une mauvaise surveillance qui ne peut être appréciée sans l'habitation commune de l'enfant avec ses parents[12].

2° Les maitres et les commettants (alinéa 3)

Ils sont responsables des dommages causés par leurs domestiques et préposés dans les fonctions auxquelles ils les ont employés.

Ici, deux conditions sont déterminantes pour la mise en œuvre de cette responsabilité : l'existence d'un lien de subordination ou de préposition et le rapport ou la connexité du dommage avec l'exercice des fonctions du domestique ou du préposé.

3° Les instituteurs et les artisans (alinéa 4)

Les professionnels d'enseignements théoriques (instituteurs) ou pratiques des arts ou métiers (artisans) répondent des dommages causés par leurs élèves et apprentis pendant le temps qu'ils sont sous leur surveillance.

En dehors des cas sus-indiqués, le code des obligations n'a prévu aucune autre catégorie de civilement responsables.

1.3. Exhaustivité du répertoire des civilement responsables

Répondre du fait d'une autre personne parait sortir, à première vue, de la pure logique de la responsabilité civile traditionnellement conçue pour sanctionner, sur le plan civil, les comportements fautifs dommageables des individus. Mais la loi l'a prévu au titre d'exception (au principe).

Et puisqu'il en est ainsi, il faut que cette hypothèse où une personne peut être tenue de réparer le dommage causé par une autre ait été expressément prévue par la loi ou rentre dans la prévision légale. Il en découle que la liste des civilement responsables telle que figurée dans l'article 260 du code des obligations est limitative ou exhaustive : en dehors des personnes

---

[11] Kalongo Mbikayi, *op. cit.*, p. 248.

[12] *Idem*, p.250.

nommément visées, il n'y a point d'autres civilement responsables. Nous pouvons ainsi en déduire le principe « pas de responsabilité civile pour autrui, ou pas de civilement responsable sans texte », ou même celui que nous nommerions de « la légalité de la responsabilité civile pour autrui », pouvant se traduire par « nul ne peut être tenu pour autrui si la loi ne l'a pas préalablement ainsi prévu ».

Force est de relever à ce sujet que la possibilité pour une personne de répondre du fait d'une autre distingue la responsabilité civile de la responsabilité pénale. En effet, alors que celle-là l'admet, quoi qu'exceptionnellement, dans certaines circonstances, celle-ci l'exclut absolument. Dans l'un et l'autre cas, le fondement de cette règle est évidemment différent.

1.4. Fondement de la responsabilité civile pour autrui.

Par fondement juridique d'une institution, il faut entendre la justification logique ou l'explication théorique de sa finalité, dans le cadre du droit positif[13]. Ainsi entendu, le fondement juridique de la responsabilité civile renvoie à la question de savoir pourquoi une personne (le responsable) doit être tenue de réparer (ou d'indemniser) le dommage souffert par une autre. *Aliis verbis,* comment juridiquement justifier l'obligation qui pèse sur une personne de supporter ou d'assurer la réparation ou l'indemnisation en cas d'un dommage subi par autrui ?

S'agissant de la responsabilité civile de droit commun[14] prévue aux articles 258 et 259 de notre code civil livre III, la réponse classique renvoie à la faute : c'est parce que le responsable a commis une faute, laquelle est à la base du dommage. Pour rendre compte de l'exigence de l'analyse du comportement (fautif) de l'auteur du dommage, l'on parle, dans le langage juridique, de responsabilité subjective.

Quant à la responsabilité civile pour autrui, son fondement réside dans la présomption de faute. Si donc les civilement responsables doivent supporter le poids de la réparation, c'est parce qu'ils sont présumés en faute : n'avoir pas, selon le cas, bien surveillé ou éduqué, ou bien choisi.

La force de cette présomption diffère cependant selon les hypothèses que la loi a prévues. Dans les cas des père et mère ainsi que des instituteurs et artisans, la présomption (de faute) est simple ou relative, les responsables pouvant, théoriquement tout au moins, la renverser en démontrant qu'ils se sont conduits de manière irréprochable et n'ont donc commis aucune faute. On parle, dans le jargon de droit, de la présomption relative ou *juris tantum.* La présomption de faute est absolue (irréfragable) dans le cas des maitres et

---

[13] Kalongo Mbikay, *Responsabilité civile et socialisation des risques en droit zaïrois : étude comparative du droit zaïrois et des systèmes juridiques belge et français*, P.U.Z., Kinshasa, 1979, p. 47.

[14] C'est la responsabilité civile pour fait personnel, qui est la responsabilité civile de principe.

commettants, ceux-ci ne pouvant la renverser (sauf cas fortuit ou de force majeure). Elle est dite *juris* et de *jure*.

Comme le font noter, en droit français, Philippe Malinvaud et Dominique Fenouillet, « originairement, et parfois encore, cette responsabilité du fait d'autrui trouve son fondement dans l'obligation de surveillance ; mais le plus souvent, le but poursuivi est d'offrir à la victime, outre un éventuel recours contre l'auteur du dommage, un second recours contre une personne supposée plus solvable que la première, et qui jouera un rôle de garantie à l'égard des tiers[15]. C'est ce que relève également le doyen Kalongo Mbikayi lorsqu'il écrit ce que « cette responsabilité se fonde par ailleurs sur l'idée que l'auteur du dommage était généralement insolvable, sans ressources personnelles ; seul celui qui le surveille et le contrôle sera son garant ; la solution ainsi adoptée est socialement très favorable à la victime qui aura toujours une garantie d'indemnisation »[16]. Cette idée de garantie d'indemnisation se retrouve sous une forme sous-jacente dans l'autorité parentale et dans l'autorité domestique prévues par le code de la famille.

II. Economie de l'autorité parentale et de l'autorité domestique

Au nombre d'innovations introduites par le code de la famille figurent l'autorité parentale et l'autorité domestique. Leur portée ne peut en réalité être mieux circonscrite en rapport avec la responsabilité civile qu'en les analysant séparément.

2.1. Quintessence de l'autorité parentale

L'autorité parentale participe sans nul doute au dynamisme du droit congolais de la famille[17]. En faire ressortir la quintessence de l'autorité parentale nécessite l'examen succin de quatre points, à savoir : la notion et les caractères, les titulaires, les attributs et la disparition de l'autorité parentale.

A. Notion de l'autorité parentale

Le code de la famille, autant que la loi portant protection de l'enfant parlent, à maintes reprises, de l'autorité parentale sans en donner la définition. Nous pouvons cependant la définir comme étant l'ensemble des droits et devoirs qui appartiennent aux père et mère en vertu de la loi, relativement, d'une part, à la personne de leurs enfants mineurs en vue de les

[15] Malinvaud P. et Fenouillet D., *Droit des obligations*, 11ème édition, Litec, Paris, 2010, p. 474.

[16] Kalongo Mbikayi, Droit civil : les obligations, *op. cit.*, p. 247.

[17] Amisi Herady, « Le gouvernement de la personne de l'enfant en droit congolais », in Cahiers Africains des Droits de l'Homme et de la Démocratie, 21ème année, n° 054, vol. II, janvier-mars 2017, p. 30.

protéger et, d'autre part, aux biens de ces derniers[18]. Il s'agit, en d'autres termes, de l'ensemble des droits (et devoirs) que la loi reconnait aux père et mère d'administrer la personne et le patrimoine du mineur, d'assurer la protection de sa sécurité, de sa santé et de sa moralité[19] ou , mieux encore, de l'ensemble des droits et devoirs ayant pour finalité l'intérêt de l'enfant, que la loi attribue aux père et mère pour protéger l'enfant dans sa sécurité, sa santé, sa moralité, pour assurer son éducation et permettre son développement[20].

Ainsi définie, l'autorité parentale présente les principaux caractères ci-après[21] :

1°. Elle est reconnue principalement aux père et mère, pour être exercée conjointement ;
2°. Elle porte sur tous les mineurs indistinctement (émancipés et non émancipés) en ce qui concerne l'administration de leurs personnes et de leurs patrimoines et la protection de leurs sécurité, santé et moralité ;
3°. Elle est temporaire, et prend fin à la majorité du mineur;
4°. Elle ne doit être exercée que pour l'intérêt des mineurs, en cela elle peut être regardée comme une véritable mesure de protection;
5°. Elle est à la fois une fonction, un devoir et un droit attribué par la loi ;
6°. Elle est hors commerce, et ne peut faire l'objet d'un contrat de cession à titre onéreux ;
7°. Elle est d'ordre public, et ne peut faire l'objet de modification par la volonté des parties ou d'une renonciation unilatérale de la part de ceux qui en sont titulaires.

B. Titulaires de l'autorité parentale

L'autorité parentale est attribuée principalement aux père et mère. Aussi l'article 317 du code de la famille dispose-t-il que : « L'enfant mineur reste, jusqu'à sa majorité, sous l'autorité conjointe de ses père et mère quant à l'administration de sa personne et de son patrimoine et quant à la protection de sa sécurité, de sa santé et de sa moralité ». L'on voit ainsi clairement que l'autorité parentale est conjointement exercée par le père et la mère. A l'égard des tiers de bonne foi, chacun des père et mère est réputé agir avec l'accord de l'autre, quand il fait seul un acte usuel de l'autorité parentale relativement à la personne de l'enfant[22].

---

[18] Amisi Herady, *Droit civil : les personnes, les incapacités, la famille,* vol. I, 4ième édition, Edupc, Kinshasa, 2016, pp. 230-231.

[19] Tshibangu Tshiasu Kalala, *Cours de droit civil,* Faculté de Droit, Université Protestante au Congo, 2011-2012, p. 117.

[20] Courbe P., *Droit civil : les personnes, la famille, les incapacités,* 4ième éd., Dalloz, Paris, 2003, p. 177.

[21] Amisi Herady, « Glose de l'autorité parentale en son double rôle de parapluie et de gouvernail de protection de l'enfant en droit congolais », in *Revue Juridique de la République Démocratique du Congo,* numéro spécial, n°002, janvier-mars 2018, p. 40.

[22] Courbe P, *op. cit.,* p.178.

Etant conjointe dans son exercice, l'autorité parentale peut donner lieu, parfois, à une divergence de vue entre ses titulaires. La loi tranche d'autorité une telle divergence en disposant qu' « en cas de dissentiment entre le père et la mère, chacun d'eux a un droit de recours devant le tribunal pour enfants »[23].

Si l'un des parents (le père ou la mère) décède, perd l'exercice de l'autorité parentale ou en est provisoirement privé, tous les attributs de l'autorité parentale seront exercés par l'autre parent, sous réserve du droit de regard d'un membre de la famille du parent décédé ou privé de l'exercice de l'autorité parentale. En cas de décès de l'un des parents exerçant l'autorité parentale, le tribunal pour enfants peut, à tout moment, à la requête soit du représentant du conseil de famille de l'auteur prédécédé, soit de l'auteur survivant, désigner un tuteur adjoint chargé d'assister l'auteur survivant dans l'éducation, l'entretien et la gestion des biens du mineur. Le tribunal fixera alors, après avoir entendu l'auteur survivant, les charges et contrôles auxquels le tuteur adjoint sera appelé à participer. Celui-ci est éligible aux avantages fixés par la législation sociale (notamment les allocations familiales) au cas où il est tenu de participer aux obligations d'entretien et d'éducation du mineur.

En tout état de cause, celui des père et mère qui exerce seul l'autorité parentale peut demander au tribunal de désigner un tuteur s'il se considère incapable. Il se peut que la filiation de l'enfant ne soit établie que d'une manière unilatérale, c'est-à-dire, à l'égard d'un seul parent (le père ou la mère). Dans ce cas, celui des père et mère à l'égard de qui la filiation du mineur est établie exercera seul et en entier l'autorité parentale.

A défaut des père et mère, l'autorité parentale peut être attribuée à une autre personne, en l'occurrence la personne qui exerce la tutelle du mineur. Cette autorité parentale de suppléance s'explique par la nécessité d'éviter que le mineur ne puisse rester sans protection ou sans discipline.

Si les deux parents de l'enfant ne vivent plus ensemble en raison du divorce intervenu ou d'une séparation de fait, celui d'entre eux à qui le tribunal a confié la garde de l'enfant exercera l'autorité parentale, l'autre parent ayant le droit de visite et de surveillance.

Au cas où la garde a été confiée à un tiers, les autres attributs de l'autorité continuent d'être exercés par les père et mère, étant précisé qu'en désignant un tiers comme gardien de l'enfant, le tribunal peut décider que ledit tiers devra requérir l'ouverture d'une tutelle.

Signalons enfin que l'autorité parentale est également reconnue à l'adoptant pour être exercée sur l'enfant mineur adopté. En effet, par le fait de son adoption, l'adopté est considéré à tous égards comme l'enfant de l'adoptant et, de ce fait, entre dans la famille de ce dernier[24]. L'expression

---

[23] Article 317 du code de la famille.

[24] Article 677 du code de la famille.

« à tous égards » utilisée par la loi signifie « à tout point de vue », « sans aucune nuance » ou « sans aucune restriction »[25].Devenu à tous égards l'enfant de l'adoptant, l'adopté est désormais placé sous l'autorité parentale de ce dernier. L'adoptant est ainsi investi de l'autorité parentale à l'égard de l'adopté, étant précisé qu'en cas de décès, d'interdiction ou d'absence déclarée de l'adoptant ou de deux adoptants, il sera organisé la tutelle conformément aux dispositions relatives à la capacité[26]. L'autorité parentale trouve ainsi son socle dans la filiation, biologique ou artificielle qu'est l'adoption[27].

C. Attributs de l'autorité parentale

Les attributs de l'autorité parentale sont constitués de l'ensemble des droits et devoirs des parents envers leurs enfants mineurs. Ces droits et devoirs peuvent être répartis en deux groupes distincts, selon qu'ils portent sur la personne du mineur ou sur les biens de celui-ci.

1° Droits et devoirs du titulaire de l'autorité parentale sur la personne du mineur

Ils revêtent quatre aspects différents liés à la garde et la direction, à l'entretien et l'éducation, à la correction et enfin à la sépulture du mineur.

S'agissant de la garde et de la direction du mineur, il sied de relever que la notion de garde évoque en tout premier lieu la cohabitation, laquelle est nécessaire, sinon indispensable pour poser les actes de surveillance ou de direction du mineur. La garde du mineur est à la fois un droit et un devoir pour les parents ou ceux qui exercent l'autorité parentale. Le droit de garde est en effet le droit de retenir l'enfant chez soi ou de déterminer le lieu de sa résidence, de régler ses relations avec le dehors et même un droit de regard sur la correspondance du mineur. Mais la garde est également un devoir pour les titulaires de l'autorité parentale en ce que ceux-ci ne peuvent pas s'y soustraire ou y renoncer, au risque de tomber sous le coup de la loi pénale.

Quant à l'entretien et l'éducation du mineur, le titulaire de l'autorité doit non seulement fournir au mineur tout ce qui lui est nécessaire pour vivre, mais également lui assurer son éducation, son instruction et sa formation professionnelle. Car, comme l'on dit, qui fait l'enfant doit le nourrir et l'entretenir[28].

---

[25] Amisi Herady, « Regard sur la filiation adoptive ou artificielle en droit congolais », in Cahiers Africains des Droits de l'Homme et de la Démocratie, 20ème année, n° 052, vol. I, juillet-septembre 2016, p. 52.

[26] Article 688, al. 1et 2 du code de la famille.

[27] Amisi Herady, « La présomption « Pater is est... » en droit congolais », in Cahiers Africains des Droits de l'Homme et de la Démocratie, 20ème année, n° 051, vol. II, avril-juin 2016, p. 15.

[28] Amisi Herady, « La filiation paternelle des enfants nés hors mariage », in Cahiers Africains des Droits de l'Homme et de la Démocratie, 20ème année, n° 052, vol. II, juillet-septembre 2016, p. 49.

La correction du mineur, elle, renvoie à cette prérogative disciplinaire dont dispose le titulaire de l'autorité parentale consistant à infliger à l'enfant, lorsqu'il enfreint à la discipline familiale imposée, des réprimandes et corrections, c'est-à-dire des violences légères et légitimes destinées à son amendement. Ainsi, le droit de correction s'exprime par des châtiments domestiques, des punitions légères d'ordre moral ou physique, qui, dans tous les cas, doivent être compris dans la mesure compatible avec l'âge de l'enfant et l'amendement de sa conduite. C'est dire qu'en aucun cas, il ne peut se traduire par des sévices ou des tortures à l'endroit du mineur, sous peine de sanctions pénales y relatives.

Le règlement de la sépulture du mineur s'impose lorsque, par malheur, celui-ci décède. Le titulaire de l'autorité parentale a l'obligation d'une part d'organiser les funérailles du mineur dans la mesure de ses moyens et dans les conditions socialement admissibles et d'autre part de faire respecter sa mémoire.

2° Droits et devoirs du titulaire de l'autorité parentale sur les biens du mineur

Les père et mère ont l'administration et la jouissance des biens de leur enfant jusqu'à sa majorité. L'administration des biens du mineur implique, en fait, leur gestion, avec comme objectif que le mineur retrouve, à sa majorité, intact son patrimoine quant à sa valeur, ou en tout cas le retrouve en bon état. Les actes d'administration permettent d'assurer la gestion du patrimoine du mineur, de gérer ses biens. L'administration du patrimoine du mineur par les père et mère confère à ces derniers le pouvoir de poser tous les actes d'administration, c'est-à-dire les actes de gestion normale et courante du patrimoine et notamment ceux tendant à faire fructifier un bien sans en compromettre la valeur en capital (par exemple, la perception de loyers ou la mise en location d'une machine). La jouissance d'un bien implique, en droit, notamment le droit de s'en servir personnellement (c'est l'usus) et d'en percevoir les fruits ou les produits (c'est le fructus).

La jouissance légale par les père et mère, titulaires de l'autorité parentale, des biens de leur enfant mineur cesse dès que l'enfant a dix-huit ans accomplis, ou par les causes qui mettent fin à l'autorité parentale ou même plus spécialement par celles qui mettent fin à l'administration légale ou par les causes qui comportent l'extinction de tout usufruit.

D. Disparition de l'autorité parentale

La disparition de l'autorité parentale renferme en réalité trois situations que sont la perte, la déchéance et la délégation.

La perte de l'autorité parentale concerne les père et mère. En effet, perd l'exercice de l'autorité parentale ou en est provisoirement privé celui des père et mère qui se trouve dans l'un des cas suivants : si un jugement de déchéance ou de retrait a été prononcé contre lui, pour ceux de ses droits qui lui ont été retirés, ou s'il est hors d'état de manifester sa volonté en raison de son incapacité, de son absence, de sa disparition, de son éloignement ou de toute autre cause. La perte de l'exercice de l'autorité parentale n'exonère nullement son titulaire de ses obligations pécuniaires qui découlent de l'entretien et de l'éducation des enfants.

Si le père est frappé par un jugement de déchéance ou de retrait de l'autorité parentale, ou est hors d'état de manifester sa volonté en raison de son incapacité, de son absence, de sa disparition, de son éloignement ou de toute autre cause, l'autorité parentale sera exercée par la mère et un membre de la famille du père, désigné par le tribunal de paix sur proposition du conseil de famille.

La déchéance de l'autorité parentale est analysée comme la perte, à titre de sanction, de cette autorité, pour des comportements jugés malveillants, indignes et en tout cas inadmissibles dont fait montre le titulaire de l'autorité parentale particulièrement à l'égard du mineur. En effet, le père, la mère ou toute autre personne exerçant l'autorité parentale peut être déchu de celle-ci, en tout ou en partie, à l'égard de tous ses enfants, de l'un ou de plusieurs d'entre eux lorsqu' :

1. il est condamné pour incitation à la débauche de ses propres enfants, de ses descendants et de tout autre mineur, ou
2. il est condamné du chef de tous faits commis sur la personne d'un de ses enfants ou de ses descendants (tels que : meurtre ou assassinat, coups et blessures volontaires, tortures, mutilation sexuelle, pratique d'une expérimentation médicale sur un enfant, administration volontaire des substances nuisibles, épreuves superstitieuses, incitation au suicide, les actes de pédophilie : attentat à la pudeur, relation sexuelle, érotisme, pornographie, abus sexuel, viol) ;
3. par mauvais traitement, abus d'autorité, inconduite notoire ou négligence grave, il met en péril la santé, la sécurité ou la moralité de son enfant ;
4. il a été condamné pour abandon de famille.

La déchéance est prononcée par le tribunal pour enfants sur réquisition du ministère public, ou s'il s'agit des faits visés par la loi portant protection de l'enfant, par le juge pénal compétent. En vertu du principe de parallélisme de forme, le même tribunal pour enfants peut, sur réquisition du ministère public, relever de la déchéance en tout ou en partie, ce qui est différent de la délégation de l'autorité parentale.

Par celle-ci, en effet, les père et mère de l'enfant, à l'exclusion du tuteur, peuvent transférer, en tout ou en partie, l'exercice de l'autorité parentale à une autre personne, à condition que celle-ci soit majeure et ait la jouissance de la pleine capacité. Pareil transfert n'est pas de mise s'agissant de l'autorité domestique.

2.2 Quintessence de l'autorité domestique

L'intelligibilité de l'autorité domestique commande l'examen de deux questions que sont d'une part la notion de l'autorité domestique et d'autre part les effets de cette institution.

A. Notion de l'autorité domestique

Le code de la famille ne définit pas *expressis verbis* l'autorité domestique qu'elle institue, se bornant seulement à en indiquer le titulaire ainsi que les conséquences juridiques. En scrutant cependant l'esprit de cette loi à travers son exposé des motifs, il y a lieu de définir l'autorité domestique comme étant l'ensemble des prérogatives conférées par la loi à la personne qui, en fait, joue le rôle de dirigeant d'un groupe familial, à l'égard de tous les membres de celui-ci qui en dépendent[29].

Découlant de la parenté et de l'alliance, l'autorité domestique se caractérise par les deux éléments ci-après :

1°. L'appartenance à une même maison. En effet, l'autorité domestique (du terme latin *« domus »,* qui signifie maison) ne se conçoit qu'à l'égard des personnes appartenant à une même maison, c'est-à-dire vivant en ménage commun : les époux, leurs enfants non mariés à charge ainsi que tous ceux envers qui les époux sont tenus à une obligation alimentaire et qui demeurent régulièrement dans la maison conjugale et sont inscrits au livret de ménage. C'est d'abord du fait de vivre dans un ménage commun que résulte l'autorité domestique. Celle-ci ne s'étend donc pas à ceux des membres de famille qui habitent dans un ménage séparé.

2°. La dépendance envers un même parent[30]. Il ne suffit pas, pour que joue l'autorité domestique, que les membres d'une même famille vivent en ménage commun, encore qu'ils soient en dépendance envers un même parent. C'est à ce dernier que la loi reconnaît l'autorité domestique, quel que soit son rang juridique au sein de la famille (petit-frère, grand-frère, oncle, tante, neveu, nièce, beau-frère, belle-sœur, etc.).

L'autorité domestique produit des effets juridiques particulièrement sur le plan de la responsabilité civile.

---

[29] Amisi Herady, Droit civil, *op. cit.*, p. 450.

[30] L'exposé des motifs du code de la famille justifie en ces termes la notion de l'autorité domestique : « La réalité de tous les jours nous apprend que certains membres influents et ayant une vie plus ou moins aisée, se trouvent en fait à la tête d'une partie de leur famille, sans que la coutume leur reconnaisse des pouvoirs sur ceux qui dépendent en réalité d'eux, vivent dans leur entourage et comptent spécialement sur eux pour résoudre leurs problèmes quotidiens. Aussi, le législateur a-t-il cru indiqué d'introduire dans le nouveau code civil la notion de l'autorité domestique. En effet, il est normal que celui qui en fait joue le rôle de dirigeant d'un groupe ait, en vertu de la loi, une autorité à l'égard des membres de celui-ci».

B. Conséquences juridiques de l'autorité domestique

L'autorité domestique sur les personnes vivant en ménage commun appartient à celui qui en est le chef en vertu de la loi et s'étend sur tous ceux qui font partie du ménage[31]. Il en résulte deux conséquences juridiques pour le chef du ménage: l'existence d'une responsabilité civile, et l'obligation alimentaire.

1° Existence d'une responsabilité civile

Il s'agit de la responsabilité civile pour fait d'autrui : le chef de famille, titulaire de l'autorité domestique, est responsable du dommage causé par les mineurs et interdits ou les personnes atteintes de maladie mentale ou d'aliénation mentale placés sous son autorité, à moins qu'il ne justifie les avoir surveillés de la manière usitée et avec l'attention commandée par les circonstances[32]. Il est par ailleurs tenu de pourvoir à ce que les personnes de la maison atteintes de maladie mentale ou d'aliénation mentale ne s'exposent pas, ni n'exposent autrui à péril ou dommage. Il s'adresse au besoin à l'autorité compétente pour provoquer les mesures nécessaires[33].

Le titulaire de l'autorité domestique est ainsi institué civilement responsable des dommages causés par certaines personnes vivant sous son autorité, à savoir les mineurs et interdits ainsi que les personnes atteintes de maladie mentale ou d'aliénation mentale.

L'aliénation mentale renvoie à l'insanité d'esprit ou au trouble mental[34]. Elle se manifeste par le dérèglement cérébral, le désordre dans les idées et, en tout cas, le comportement socialement anormal, déraisonnable ou bizarre. Le système cérébral est détraqué, tourmenté ou dérangé dans son fonctionnement[35]. Les aliénés mentaux sont en effet les personnes atteintes des troubles mentaux psychiques ou neuropsychiques ayant aboli le discernement ou le contrôle des actes qu'elles posent. Le code de la famille les définit en utilisant une formule globale de « personnes qui sont dans un état habituel de démence ou d'imbécilité »[36]. L'altération de leurs facultés mentales est telle que ces personnes n'ont pas pleinement conscience des actes ou des faits dont elles sont auteurs, ou sont rendues comme étrangères à elles-mêmes et à la société où elles sont incapables de se conduire normalement. Rentrent généralement dans la catégorie d'aliénés mentaux, les fous et les déments.

---

[31] Article 712 du Code de la famille.

[32] Article 713 al. 1er du code de la Famille.

[33] Article 713 al. 2 du code de la Famille.

[34] Amisi Herady, Droit civil, *op. cit.*, p.293.

[35] *Idem.*

[36] Les imbéciles sont les arriérés dont l'âge mental est intermédiaire entre celui de l'idiot (2 ans) et celui du simple débile (7 ans).

De l'analyse de la disposition légale instituant la responsabilité pour autrui du titulaire de l'autorité domestique, il résulte que cette responsabilité est fondée sur une présomption de faute, en l'occurrence le défaut de surveillance des personnes dont il doit répondre des actes dommageables. Mais cette présomption est relative : le chef de famille peut la renverser en établissant avec succès n'avoir pas manqué ou failli à son devoir de surveillance, en justifiant les avoir surveillées de la manière requise et avec l'attention commandée par les circonstances, bref en démontrant s'être comporté, dans la surveillance, en bon père de famille, d'une manière irréprochable en tenant compte des circonstances de l'espèce[37].

L'intégration de cette responsabilité civile dans le code des obligations s'impose, nécessitant la reformulation de l'article relatif à la responsabilité civile pour autrui.

III. Proposition de reformulation de l'article 260 du code des obligations

Le corpus de la reformulation proposée mérite d'être précédé de sa justification pour être suffisamment intelligible.

3.1. Justification d'une nouvelle formulation de l'article 260 du code des obligations

La reformulation de la disposition du code des obligations relative à la responsabilité civile pour autrui nous parait opportune afin de satisfaire à trois besoins majeurs, à savoir : la nécessité de mise en harmonie des textes légaux, l'intérêt du regroupement de tous les civilement responsables dans une même disposition légale et enfin le souci d'amélioration des conditions indemnitaires des victimes.

A. Nécessité de mise en harmonie des textes légaux.

Le code des obligations a été mis en place il y a exactement cent trente et deux ans. Il est, on l'a déjà relevé, le plus vieux code civil dans notre arsenal juridique. Le contexte socio-économique dans lequel il avait été promulgué n'étant pas resté figé ou statique, ce précieux instrument juridique sur lequel repose le noyau de notre droit des obligations s'en trouve à ce jour, en certaines de ses dispositions, tantôt dépassé, tantôt incomplet au regard de nouveaux besoins du commerce juridique et la naissance de nouvelles institutions de droit civil.

Il en est particulièrement ainsi de l'introduction par le code de la famille promulgué en 1987 (presqu'un siècle après la promulgation du code des obligations) de l'autorité parentale et de l'autorité domestique.

---

[37] Amisi Herady, Droit civil, *op. cit.*, p. 453.

A l'époque de la promulgation du code des obligations (en 1888), l'autorité parentale était inexistante ; à la place c'était la puissance paternelle qui, plus tard, céda la place à l'autorité paternelle. En droit coutumier, en effet, il s'agissait d'une véritable puissance qui était reconnue au chef du clan ou de la famille patriarcale sur tous les membres de cette communauté, majeurs comme mineurs, mariés comme célibataires. Proche de la *« patria potestas »* romaine, cette autorité s'exprimait en termes de droit absolu ou de droit de puissance absolue sur la personne d'autrui, et comportant le pouvoir de la contraindre. C'était essentiellement, si non exclusivement, un droit paternel : seul le patriarche avait une véritable personnalité juridique et détenait la puissance sur tous les membres de la communauté familiale. Le père avait sur ses enfants le droit qu'on reconnait au propriétaire sur des choses lui appartenant.[38]

A la faveur du phénomène colonial, la puissance paternelle telle que pratiquée en droit coutumier fut réglementée par le droit écrit avec quelques assouplissements, et la terminologie changea dès lors passant de la puissance paternelle à l'autorité paternelle[39]. Celle-ci n'était reconnue qu'au père seul. La mère en était donc, par principe, exclue. Elle ne pouvait expérimenter l'exercice de l'autorité paternelle qu'à défaut du père ; et même on ne pouvait en aucun cas dénaturer la terminologie de l'institution pour parler par exemple de « l'autorité maternelle »[40].

La responsabilité pour autrui prévue à l'alinéa 2 de l'article 260 étant le pendant de l'autorité (paternelle) sur les enfants, elle ne pouvait, dans ce contexte, que concerner le père, à titre principal, la mère ne pouvait être tenue qu'à titre de suppléance, c'est-à-dire à défaut du père.

A l'avènement du code de la famille et conformément à l'authenticité (congolaise), l'expression « autorité paternelle » disparait au bénéfice de la terminologie « autorité parentale » qui indique, comme déjà signalé, désormais le père et la mère exercent conjointement l'autorité sur leurs enfants et que ceux-ci leur doivent, à tous deux indistinctement, honneur et respect[41]. Dès lors, l'institution de l'autorité parentale appelle, tout naturellement, la reformulation de l'article 260 du code des obligations, pour besoin d'adaptation de celui-ci. Il en est de même de l'autorité domestique qui institue un nouveau civilement responsable jusque-là inconnu par le code des obligations.

---

[38] Bompaka Nkeyi, *Cours de croit civil : les personnes,* Faculté de Droit, Unikin, 2010, p. 29.
[39] Amisi Herady, Droit civil, *op. cit.,* p. 232.
[40] Amisi Herady, « Glose de l'autorité parentale… », *op. cit.,* p. 40.
[41] Exposé des motifs de la loi n°87-010 du 1[ier] août 1987 portant code de la famille.

B. Intérêt du regroupement de tous les civilement responsables dans une même disposition légale

Il serait de bon aloi que tous les civilement responsables prévus par des textes épars soient rassemblés et indiqués dans un même texte de loi de référence en la matière. Pareil regroupement faciliterait la connaissance et l'application du droit pris au sens général, mais également la tâche aux chercheurs et autres étudiants et apprenants, en droit particulièrement.

Aussi faut-il insérer à l'article 260 du code des obligations deux autres civilement responsables, l'un prévu par la loi n°15/005 du 17 mars 2015 portant code des assurances (le propriétaire d'un véhicule automoteur), l'autre par le code de la famille (le titulaire de l'autorité domestique).

C. Souci d'amélioration des conditions indemnitaires des victimes.

La responsabilité civile fondée sur la faute ne garantit pas, en toutes circonstances, l'indemnisation de la victime dans la mesure où elle laisse à celle-ci la charge de la preuve de la faute dans le chef du responsable. La victime ne peut s'attendre véritablement à l'indemnisation que si elle triomphe à l'épreuve de l'administration de cette épreuve rendue ardue à l'ère contemporaine des progrès techniques.

La situation ne change pas grandement même lorsque la responsabilité civile est fondée sur une présomption de faute, car la victime sera privée de toute indemnisation au cas où le responsable parvenait à renverser la présomption de faute mise à sa charge.

L'objectif fondamental de la responsabilité civile est et doit demeurer l'indemnisation des dommages. Cet objectif ne saurait systématiquement être atteint qu'en se tournant du côté de la victime. Or la faute, ou même la présomption de faute conduit à inverser cet objectif en l'orientant vers l'auteur.

La responsabilité civile doit être organisée, même lorsqu'il s'agit du fait d'autrui, de sorte qu'il soit garanti à la victime l'indemnisation en toutes circonstances. Ceci requiert qu'il y soit extirpé toute idée de faute (ou de présomption de faute). Or, la responsabilité civile fondée sur une présomption de faute n'offre guère une garantie d'indemnisation adéquate aux victimes, en l'occurrence lorsque le responsable réussit à balayer la présomption de faute qui pèse sur lui[42]. Elle contribue tout autant que la responsabilité fondée sur la faute, à l'incertitude d'indemnisation[43]. Aussi ne doit-elle pas être reprise dans la nouvelle formulation proposée de l'article 260 de notre code des obligations.

---

[42] Amisi Herady, *Responsabilité civile du transporteur aérien pour dommages corporels subis par les usagers en droit congolais : contribution pour une garantie de l'indemnisation adéquate,* Thèse de doctorat, Université de Kinshasa, 2011-2012, p. 89.

[43] Idem.

3.2. Réécriture consécutive de l'article 260 du code des obligations

La force des arguments précédemment avancés nous conduit dans une optique de réforme du droit congolais des obligations, à reformuler comme suit le corps de l'article 260 qui, on le sait, est dédié à la responsabilité civile pour fait d'autrui :

« On est responsable non seulement du dommage que l'on cause par son propre fait, mais encore de celui qui est causé par le fait des personnes dont on doit répondre, ou des choses que l'on a sous sa garde.

Le père et la mère, en vertu de l'autorité parentale qu'ils exercent, sont solidairement responsables du dommage causé par leurs enfants habitant avec eux ;

Les maitres et les commettants, du dommage causé par leurs domestiques et préposés dans les fonctions auxquelles ils les ont employés ;

Les instituteurs et les artisans, du dommage causé par leurs élèves et apprentis pendant le temps qu'ils sont sous leur surveillance ;

Les chefs de famille exerçant l'autorité domestique, du dommage causé par les mineurs et les aliénés placés sous leur autorité ;

Les propriétaires de véhicules automoteurs, du dommage causé par les personnes qui avaient, avec ou sans leur assentiment, la garde ou la conduite de véhicules ».

Quelques observations méritent d'être faites au regard de cette proposition. D'abord au sujet de la responsabilité du fait des enfants. Les enfants visés ici sont ceux liés aux responsables par une filiation biologique ou adoptive conformément au code de la famille. Au sens de celui-ci, en effet, on entend par fils, fille ou enfant la personne liée par un lien de filiation au père ou à la mère[44]. C'est donc l'enfant biologique.

La disposition vise également les enfants adoptés qui, aux termes de la loi, sont considérés à tous égards comme enfants de l'adoptant, et, dès lors, entrent dans sa famille[45]. Ainsi que nous l'avons déjà relevé, l'expression «à tous égards » contenue dans l'article 677 du code de la famille signifie qu'il n'y a pas lieu à faire une quelconque nuance, par exemple en considérant l'adopté comme un demi-enfant, ayant des droits limités par rapport aux enfants biologiques de l'adoptant.

Par ailleurs, il ne nous a pas paru nécessaire d'ajouter le qualificatif « mineur », dans la mesure où l'autorité parentale n'est exercée que sur l'enfant mineur[46] (qu'il soit émancipé ou non), c'est-à-dire celui qui n'a pas encore l'âge de dix-huit ans accomplis. Dans la mise en œuvre de la responsabilité, il est prévu la solidarité (légale) des père et mère quant à leur obligation de réparer le dommage causé par l'enfant[47].

---

44 Article 699, alinéa 2 du code de la famille.
45 Article 677 du code de la famille.
46 Article 317 du code de la famille.
47 Article 219 du code de la famille.

Ensuite au sujet de la responsabilité civile du chef du ménage. Il n'y a ici pas à tenir compte de la filiation des mineurs. Ce qui est exigé, c'est qu'ils vivent au ménage commun avec le chef du ménage et de ce fait placés sous son autorité. Il peut s'agir de petit-frère ou petite-sœur, etc., du chef du ménage. Il peut également s'agir des enfants sous sa tutelle. Il n'y a non plus à tenir compte, lorsqu'il s'agit des personnes atteintes de maladie mentale ou d'aliénation mentale, de l'interdiction. Ce qui est exigé, c'est qu'elles soient aliénées.

Sur un autre plan, la présomption de faute fondant la responsabilité du chef du ménage prévue par le code de la famille est supprimée dans la reformulation proposée de l'article 260 du code des obligations, et ce, dans le souci de faciliter ou d'améliorer les conditions d'indemnisation des victimes. Nous estimons que la réforme de notre droit de la responsabilité civile devra, en conclusion, être engagée dans cette voie, tant et si bien que «constituant la grammaire du droit, le droit des obligations est la voie royale de la compréhension du juridique »[48].

Conclusion

Il n'est ni étonnant ni curieux qu'un texte de loi puisse avoir de l'influence sur un autre de la même hiérarchie dans l'ordonnancement juridique. Le phénomène est tout à fait naturel lorsque les deux textes portent sur une même matière ou réglementent un même domaine : une loi (nouvelle) peut en effet basculer une autre qui lui est antérieure, soit en l'abrogeant carrément (influence absolue), soit en la modifiant dans certaines de ses dispositions (influence relative). Ainsi, si deux textes de lois en vigueur, de même degré et portant sur une même matière, contiennent cependant des dispositions contradictoires ou discordantes, la règle de conflit de lois dans le temps commande que la disposition du plus récent texte l'emporte sur l'autre et soit seule d'application. Tandis que lorsque deux lois dont l'une a un caractère général sur la matière et l'autre un caractère particulier entrent en contradiction dans certaines de leurs dispositions, la solution est consacrée par le principe *« Specialia generalibus derogant »* (la loi à caractère spécial ou particulier l'emporte sur celle à caractère général, elle lui déroge).

Toute autre est cependant la situation où deux lois régissant chacune une matière différente se retrouvent avec des accointances fortuites, l'une généralement postérieure, organisant des institutions dont les règles bousculent, légèrement ou profondément l'architecture dressée par l'autre. Et c'est cette situation qui nous a intéressé dans le cadre de la présente

---

[48] Voir sur la couverture du récent ouvrage de Terre F., Simler P., Lequette Y. et Chenede F., *Droit civil : les obligations, 12è édition, Dalloz, Paris, 2018.*

réflexion menée en mettant en parallèle le code de la famille et le code des obligations.

La matière de la responsabilité civile relève essentiellement, pour ne pas dire exclusivement, de celui-ci, qui l'organise dans cinq de ses dispositions, à savoir les articles allant de 258 à 262. Le code de la famille a, entre autres innovations, introduit dans notre arsenal juridique deux institutions qui ont un prolongement sur la responsabilité civile pour autrui : l'autorité parentale et l'autorité domestique. La première est reconnue aux père et mère, la seconde au chef du ménage ou de famille. Dans les deux cas, il s'agit des civilement responsables, c'est-à-dire des personnes pouvant être tenues de réparer les dommages causés par d'autres.

Pour besoin d'une parfaite harmonie devant régner dans notre système juridique, le code des obligations est invité à subir l'influence perturbatrice du code de la famille particulièrement au niveau de son article 260 dédié à la responsabilité pour fait d'un tiers. D'où la reformulation proposée de cette disposition.

Dans cette reformulation, la mère de l'enfant qui exerce conjointement avec le père l'autorité parentale, quitte son statut de civilement responsable par suppléance. Les deux titulaires de l'autorité parentale ont ainsi l'obligation solidaire de réparer les dommages résultant du fait de leurs enfants. Deux autres civilement responsables intègrent la liste de l'article 260 du code des obligations : le chef de famille et le propriétaire du véhicule automoteur. Par ailleurs, toute idée de faute est extirpée de la responsabilité des personnes tenues pour fait d'autres dans le but de faciliter les conditions d'indemnisation des victimes.

A cette époque contemporaine des progrès techniques, la responsabilité subjective est priée de se retirer pour laisser la place à la responsabilité objective. Pour sa visée indemnitaire, la responsabilité civile doit essentiellement s'orienter vers la victime et être désormais organisée dans ce sens, car notre société devra ressentir l'horreur en face d'une victime sans indemnisation. Puissent les réformateurs de notre droit des obligations s'accrocher avec conviction, sous la pression des doctrinaires et jurisconsultes avertis, à cette idée et y orienter leur œuvre.

Les différentes natures de la responsabilité médicale en droit congolais

■ ***Muteba Tshimanga***
Chef de travaux à la Faculté de Droit de l'Université de Kinshasa
Doctorant en droit
Avocat au Barreau près la Cour d'Appel de Kinshasa/Matete

Introduction

La question de la réparation de préjudice se trouve sans nul doute au Cœur de l'étude du droit des obligations et celui de la responsabilité civile en particulier, et son histoire est aussi Vielle qu'est l'histoire de l'humanité.[1]

Il en sera de même chaque fois qu'un préjudice est subi du fait de l'acte médical, ce que la recherche de la bonne santé a des incidents évidents sur la question de la responsabilité. Jadis, l'idée d'engager la responsabilité tant civile que pénale d'un médecin s'apparentait à l'utopie, d'autant plus, cette discipline tend à soulager la douleur et non créer la douleur au sens du préjudice subi.

Avec le temps, il nous semble qu'à cause des abus constaté çà et là, la question de la mise en cause du comportement du médecin a été posée et même mise en œuvre.

Plusieurs fautes et fait médicaux ayant causés d'énormes préjudices sont demeurés inconnus du public et même de la justice pour plusieurs raisons : l'ignorance de l'existence même de la question de faute médicale, une dérivés de croyance à un mauvais sort à chaque préjudice subi, absence de perspicacité et même la négligence.

A l'époque presque révolue du médecin de famille les actions en responsabilité civile intentées contre les médecins et chirurgiens étaient rares. Aujourd'hui où le rapport entre les médecins et leurs clientèles se sont dépersonnalisés sinon commercialisé, ces procès sont légions.[2]

---

[1] M-T Kenge Ngomba Tshilombayi, *Droit civil les obligations,* L'Harmattan, Paris, 2017, p. 31.

[2] P. Brun, *Responsabilité civile extracontractuelle,* 3ème éd. Lexisnexis, Paris, 2014, p. 398.

La réparation du préjudice issu de la faute médicale se répare en tenant compte des quatre natures ci-après :

- responsabilité civile contractuelle ;
- responsabilité civile délictuelle ;
- responsabilité pénale ;
- responsabilité administrative.

I. Responsabilité médicale contractuelle

1.1. Nature contractuelle de la responsabilité médicale

C'est depuis 1936 que la responsabilité médicale est en principe une responsabilité de nature contractuelle. Cette affirmation du caractère contractuel du rapport entre le médecin et le malade l'est à la suite de la jurisprudence dans l'affaire madame Mercier rendu en date du 20 mai 1936 par la 1ère chambre civile de la cour de cassation française qui décida : « attendu qu'il se forme entre le médecin et son client un véritable contrat comportant pour le praticien l'engagement, sinon, bien évidement de guérir le malade, ce qui n'a d'ailleurs jamais été allégué du moins de lui donner des soins, non pas quelconques, ainsi que parait l'énoncer le moyen du pourvoi, mais consciencieux, attentifs et réserves faites de circonstances exceptionnelles conformes aux données acquises de la science, que la violation même involontaire de cette obligation contractuelle est sanctionnée par une responsabilité de même nature, également contractuelle ».[3]

Dans l'espèce, les époux Mercier ont poursuivi le Dr Nicolas en justice pour réparation du préjudice causé par un traitement au rayon X, pratiqué sans les précautions indispensables pour en éviter les dangers.

Le défendeur, Dr Nicolas avait soulevé l'exception de prescription de l'action en réparation du prétendu délit de blessures par imprudence au motif que cette action (d'origine pénale) a été initiée plus de 3 ans après les faits. Le tribunal avait rejeté cette exception et reconnu le défendeur responsable des dommages causés par ce traitement. C'est cette décision qui a été confirmé en cassation en date du 20 mai 1936.

Il demeure bien évident que chaque fois qu'un médecin et son malade ce sont mis d'accord pour une consultation médicale, il y a là un véritable contrat, soit-il écrit ou même orale : c'est un contrat de soins.

C'est un contrat à la fois civil, oral ou écrit sans formalisme, exigeant le consentement des parties : le médecin propose des soins et le malade accepte de recevoir le traitement.

Le contrat est *intutu personae* et synallagmatique, chaque partie ayant des obligations : le médecin soigne et donne toutes les informations nécessaires et le malade paye les honoraires du médecin.

---

[3] Cassation civile du 20 mai 1936, cité par H.L.J. Mazeaud et François Chabas, *Obligations, théorie générale*, Montchrestien, Paris, 1991, p. 483.

1.2. Nature de l'obligation contractuelle du médecin

A. Principe : obligation de moyen

L'obligation contractuelle du médecin est une obligation de moyen en principe.

Le principe est que l'obligation contractuelle qui pèse sur le praticien est de moyen[4]. Le médecin met à la disposition du malade les moyens les plus adaptés à son état compte tenu des connaissances du moment pour assurer les soins. Il n'est donc pas tenu à un résultat, son obligation n'est pas de guérir mais de mettre les moyens en œuvre pour y parvenir.

Cela exige qu'il soit consciencieux et se comporte en « bon père de famille » et soigner comme le déclare l'arrêt Mercier « *conformément aux données acquises de la science* ».

Le doyen Kalongo enseigne que les obligations de moyens sont une forme des obligations de faire prévues aux articles 40 à 43 du CCCL3 dans lesquelles le débiteur (médecin) s'oblige à employer certains moyens sans garantir aucun résultat, il s'oblige à fournir un comportement prudent, une attitude diligente en vue d'un fait précis mais qu'il ne garantit pas[5].

Quant à la preuve de l'obligation de moyens, la responsabilité du débiteur n'est engagée que s'il a commis une faute. Le créancier ou le malade doit prouver la faute du médecin appréciée par rapport à un bon père de famille.

B. Exception : obligation de résultat dans certains cas

Dans certains cas, l'obligation du médecin est une obligation de résultat. C'est le cas de transfusion sanguine ou de la chirurgie esthétique.

En effet, ici les parties ont voulu que le débiteur procure au créancier (malade), par son fait un certain résultat qu'il lui garantit.

Aussi quelques auteurs arguant des progrès de la médecine et de l'utilisation de plus en plus fréquente d'appareils, ont estimé que les praticiens seraient dans certains cas, être soumis à une véritable obligation de résultat ; les magistrats ne sont pas restés insensibles à ces considérations, c'est ainsi qu'il a été décidé, en matière de prothèses dentaires que si le chirurgien-dentiste est tenu d'une simple obligation de moyen quant aux soins qu'il pratique, il est tenu à une obligation de résultat comme fournisseur d'une prothèse, devant délivrer un appareil sans défaut [6].

---

[4] J. Flour, Savana et Aubert, *Droit civil les obligations 2. Fait juridique,* éd. Dalloz, Paris 2007, p. 119.

[5] Kalongo Mbikayi, *Droit civil les obligations,* éditions Universitaires Africaines Kinshasa, 2012, p. 30.

[6] J. Flour, Savana et Aubert, *Droit civil les obligations, op. cit,* p. 120.

Il a été également jugé qu'un médecin est tenu à l'égard de son patient en matière d'une infection nosocomiale, d'une obligation de sécurité et de résultat dont il ne peut se libérer qu'en rapportant la preuve d'une cause étrangère.[7]

Il en est de l'hypothèse d'un médecin qui pratique la césarienne tardivement, alors que la femme est déjà en travail, provoquant l'absorption du liquide par l'enfant qui en attrape une infection. Un tel retard dans l'intervention est révélateur d'un préjudice contractuel qui doit être réparé.

De même, lorsqu'un médecin conscient des aléas liés à l'exercice de son art de guérir s'emploie à faire de perfusion sans tester préalablement la qualité du sang (infecté ou pas), s'expose à des dommages-intérêts.

Dans l'obligation de résultat, quand le résultat n'est pas atteint, la responsabilité du débiteur est automatiquement engagée sans qu'il soit besoin de rechercher sa faute.

1.3. Conditions de la responsabilité contractuelle du médecin

Quant à la responsabilité contractuelle, elle est régie par l'article 45 du code civil, livre III qui dispose : « Le débiteur est condamné, s'il y a lieu, au paiement de dommages-intérêts, soit à raison de l'inexécution de l'obligation, soit à raison du retard dans l'exécution, toutes les fois qu'il ne justifie pas que l'inexécution provient d'une cause étrangère qui ne peut lui être imputée, encore qu'il n'y ait aucune mauvaise foi de sa part ».

En effet, la doyenne Kenge Ngomba enseigne que la responsabilité contractuelle est l'obligation pour le défendeur de réparer le dommage causé à une partie au contrat pour l'inexécution ou la mauvaise exécution des obligations nées du contrat.[8]

Pour engager cette responsabilité, des conditions doivent être réunies que sont la faute contractuelle, le dommage et le lien de causalité entre la faute et le dommage.

1. Faute contractuelle

La faute contractuelle consiste dans l'inexécution d'une obligation née du contrat, laquelle inexécution peut consister en une inexécution totale, une exécution partielle ou en une exécution défectueuse. L'inexécution peut consister en une inexécution totale, exécution partielle, exécution mauvaise ou exécution tardive.

La faute contractuelle est donc une faute professionnelle, la faute commise par une personne dans l'exercice de sa profession, un médecin commettant une imprudence ou une négligence dans les soins qu'il donne.

---

[7] Philippe Brun, *Responsabilité civile extracontractuelle, op. cit.*, p.575.
[8] M-T Kenge Ngomba Tshilombayi, *op. cit*, p. 186.

C'est l'hypothèse de la surdose, ce que le médecin administre une quantité de médicament supérieure à la dose correspondant à l'âge et au poids du malade.

Cette faute contractuelle donnera ouverture à l'action en responsabilité du médecin sur base contractuelle.

2. Dommage

Le dommage peut être matériel : atteinte au patrimoine qui consiste à la perte subie (Damnum Emergens) et le gain perdu (*lucrum cessans)* : article 47 CCLIII.

Le dommage est aussi corporel : attente à l'intégrité physique : blessures, mort du malade. Le dommage peut aussi être moral : la perte d'un être cher.

Comme caractères, le dommage doit être certain et actuel comme pour la responsabilité délictuelle. Mas à la différence de la responsabilité délictuelle, le dommage doit être prévisible pour la responsabilité contractuelle (article 48 CCLIII). Cela signifie les conséquences d'un contrat dépendent de ce que les parties ont voulu et de ce qui était normalement prévisible. Le débiteur n'est pas tenu de réparer ce qu'il ne pouvait prévoir sauf en cas de dol.

3. Lien de causalité

L'article 49 CCLIII exige le lien direct entre la faute et le dommage. Il faut un lien de cause à effet entre la faute contractuelle médicale et le dommage subi par le malade.

II. Responsabilité médicale délictuelle

2.1. Nature

La responsabilité civile médicale peut aussi être de nature délictuelle. C'est l'hypothèse d'absence de contrat entre le médecin et le malade.

Les exemples concernent un malade inanimé suite à un accident de la circulation, les soins chez le mineur, les soins chez un incapable. Un autre type de dommage peut être celui causé en dehors du champ du contrat médical : un médecin gifle son malade ou viole le malade.

Dans ce cas, la responsabilité médicale est délictuelle et appelle réparation sur base des règles de droit commun de la responsabilité. C'est le cas d'un médecin qui a reçu un patient victime d'un accident de circulation et en pleine inconscience, sans lui prélever la glycémie, il lui administre un sérum de glucose qui le jette dans un coma de la glycémie. Il sera tenu responsable non pas sur base d'un quelconque contrat médical, mais sur base d'une faute d'imprudence sur base de la responsabilité délictuelle.

2.2. Conditions de la responsabilité civile délictuelle

La responsabilité délictuelle pour fait personnel est régie par les articles 258 et 259 CCLIII. L'article 258 du CCL III qui dispose : « tout fait quelconque de l'homme qui cause préjudice à autrui oblige celui par la faute duquel, il est arrivé à réparer ». L'article 259 CCLIII ajoute : « Chacun est responsable du dommage qu'il a causé, non seulement par son fait, mais encore par sa négligence ou par son imprudence ».

Selon cet article, trois conditions sont essentielles pour obtenir la réparation du dommage subi ; la faute, le dommage et le lien de causalité entre la faute et le dommage.

A. La faute

La faute n'a pas été définie par la loi elle-même. Il existe donc des définitions autant il existe des auteurs. Le doyen Kalongo enseignait qu'il faut définir la faute par rapport à deux éléments : la culpabilité ou fait illicite et l'imputabilité ou élément subjectif.

1. Faute : acte illicite

Plusieurs classifications également ont été proposées pour classifier la faute. Mais la plus juste et simple nous semble être celle du doyen Kalongo qui inclut du reste les classifications données par d'autres auteurs. Ainsi, on distingue: faute violation d'un texte, faute à l'absence de toute violation d'un texte et faute abus de droit.

Cet acte illicite peut consister soit dans la violation d'un texte, soit en dehors de la violation d'un texte soit par abus de droit.

Quant à la faute, violation d'un texte, est constitutif de faute » tout manquement volontaire ou involontaire aux dispositions législatives ou réglementaires impératives ordonnant ou prohibant tel ou tel acte ».

De cette définition découle donc une pluralité de textes en ce qui concerne leurs natures. Cette faute peut être constitutive d'une infraction d'avortement par exemple. Bref, une pratique consistant en l'adoption d'un comportement préjudiciable. Mais la plupart de temps, l'on vise surtout la violation des textes répressifs. C'est pourquoi dans ce cas, il s'établit un rapport entre la faute civile et la faute pénale.

Ce rapport dont parle le doyen consiste en réalité en une inclusion ou absorption de la faute civile. Dans le fond, si toute faute pénale est une faute civile parce qu'occasionnant un dommage visible et palpable à une victime, l'inverse n'est pas toujours concevable à la limite admissible. Les faits autres que ceux définis par le législateur ne peuvent être constitutifs d'infraction, hommage dû à la célèbre maxime pénal « *nullum crimen, nulla poena sine lege* ».

Quant à la faute en l'absence de violation d'un texte, cette faute se définit comme « un comportement que n'aurait pas eu dans les mêmes circonstances extérieures un homme prudent, diligent, honnête, avisé, soucieux de ses devoirs sociaux ».

Pour apprécier le comportement d'un individu et déceler sa faute on se réfère donc à un critère abstrait, celui non pas d'un homme parfait, mais plutôt d'un homme majeur considéré comme un homme honnête, circonspect, diligent placé dans la même circonstance objective de temps, de lieu et de profession. C'est la notion de bon père de famille comme il est du langage courant en droit civil.

Si, par exemple un médecin provoque la mort d'un patient, l'on cherchera sa faute en comparant son comportement à celui d'un médecin prudent et circonspect, placé dans les mêmes circonstances objectives.[9]

Revenant sur l'exemple de la transfusion sans test préalable de la qualité du sang, il y a là lieu de relever une négligence qui peut être à la base d'un préjudice énorme, qui peut consister à infecter un patient du SIDA.

C'est le cas par exemple du médecin qui s'est résolu d'opérer une femme après accouchement pour juste se faire payer le frais de la césarienne. Il peut être poursuivi en démontrant sa faute en comparaison d'un médecin honnête, consciencieux de ses devoirs. Peut-on ordonner une opération après un accouchement, qui d'ordinaire occasionne une perte en sang. Ce médecin a donc engagé sa responsabilité quant à ce.

Quant à la faute, abus de droit, l'on suppose l'exercice d'un droit licite mais dans le but de nuire, l'abus de droit résulte généralement de l'exercice d'un droit au mépris du droit prochain[10]. Les critères de l'abus de droit sont tantôt subjectifs c'est notamment l'intention de nuire et tantôt objectif, il s'agit alors de détourner un droit de son but.

2. Imputabilité de la faute

Une fois l'acte illicite constaté, il doit être imputable à son auteur, c'est dire le médecin. Pour cela, il doit avoir une volonté consciente, une volonté capable et une volonté libre.

Il peut s'exonérer en prouvant le cas fortuit ou de force majeure, la faute de la victime ou le fait d'un tiers.

B. Dommage ou préjudice

A la différence de la responsabilité pénale, laquelle peut être engagée du seul fait de la tentative, la responsabilité civile, dans sa vision traditionnelle, sous-entend un fait dommageable, c'est-à-dire « un fait ayant porté préjudice ».

Quant aux catégories de dommages réparables, la doctrine distingue trois catégories des dommages réparables.

Le dommage matériel qui est une situation d'atteinte au patrimoine de la victime qui peut se manifester soit dans une perte éprouvée *« damnum emergens »* soit un gain manqué *« lucrum cessans »*.

Le dommage corporel consiste en une situation d'atteinte à l'intégrité physique ou résultante de la mort ». Dans ces catégories on retient réparation aussi bien les préjudices patrimoniaux suite à un manque à gagner

---

[9] M-T Kenge Ngomba Tshilombayi, *op. cit.*, p.186.

[10] *Idem*, p. 185.

(incapacité de travail calculé en pourcentage) que les préjudices extrapatrimoniaux (pretium doloris). Lorsqu'il s'en suit d'un dommage corporel, l'aspect matériel se manifeste non seulement dans les frais médicaux mais également dans l'incidence économique de l'état de la victime lorsqu'elle ne peut plus exercer ses activités habituelles.

Le dommage moral qui donne aussi lieu à l'indemnisation pour deux raisons : d'une part, si le préjudice moral ne se répare pas exactement, du moins le versement de l'indemnité à la victime lui permet d'obtenir en compensation, d'autres satisfactions. Le dommage moral reste un dommage aussi complexe car une indemnisation même intégrale ne protège pas toujours l'auteur contre d'éventuelles représailles. « Indemniser, indemniser, il en restera toujours quelque chose ! ».

Quant aux caractères, le dommage doit d'abord être certain. Cela renvoie à l'idée selon laquelle seul un dommage réel c'est-à-dire vrai peut donner lieu à la réparation. On en exclut les dommages hypothétiques ou éventuels qui ne résultent que des conjectures aléatoires sur l'avenir. On envisage ainsi un dommage en principe actuel seulement mais futur dans certaines conditions notamment lorsqu'il n'est pas douteux qu'il se produira. Ainsi, la victime impotente devra exposer ses frais d'entretien et ce chef de préjudice futur est réparable ». Il faut entendre par là donc de la part du juge d'une appréciation assez raisonnable du degré de probabilité qui, dans le cadre d'un dommage corporel, a comme soubassement le rapport d'expertise médicale. Au sujet de la perte de chance, il nous semble qu'elle est née de la querelle entre la répartition du préjudice futur certain entièrement réparable et le préjudice éventuel aucunement réparable puisqu'à l'époque déjà, les décisions les plus anciennes y voyaient à réclamer une sécurité pour un aléa?

Ensuite le dommage doit être direct c'est-à-dire qu'il soit la conséquence logique de la faute imputable au médecin.

Enfin, le dommage doit être personnel en ce que la réparation est possible pour tous ceux qui ont directement souffert du dommage. A côté de la victime principale, il y a des victimes par ricochet ou indirectes que sont d'autres victimes plus éloignés qui du fait de la victime directe (de ses blessures ou de sa mort). Ce préjudice par ricochet peut être aussi bien matériel que moral : lorsqu'un père de famille est tué par exemple, ses proches subissent à la fois la perte matérielle des revenus qui les faisaient vivre et un chagrin moral. Dans un premiers temps, cette notion était limitée à l'hypothèse du décès de la victime directe. Mais, de nos jours, on l'admet également en dehors du décès. Pa exemple « dans la douleur qu'il y a de voir un être cher diminué en souffrant et des perturbations de vie que cet état impose à ses proches ». Par proches il faut entendre les membres de famille mais aussi, en dehors de ce clic familial, entendre aussi les gens avec qui la victime justifiait d'une véritable communauté affective. Ceci signifie donc qu'il n'est pas exigé de se prévaloir à juste titre d'un lien de parenté ou d'alliance. On le qualifie de préjudice d'affection. Abordant dans le même sens, Simler, Terre et Lequette illustrent : « si le décès d'un client fidèle peut difficilement permettre à la victime de prévaloir d'un dommage par ricochet, il n'est pas exclu que *l'intuitu personae* dont dépend ce contrat puisse témoigner de la certitude de ce dommage ».

III. Responsabilité médicale pénale

3.1 Faute médicale pénale et faute médicale civile

A. Principe

Toute faute pénale est une faute civile en vertu du champ d'application de la faute civile plus large que celui de la faute pénale limitée par le principe de la légalité de délits et peines.

L'acte médical peut à bien d'égard illustrer parfaitement cet état de chose et relancer la question de l'intersection ou rapport d'une faute pénale médicale avec la faute médicale délictuelle ou contractuelle.

B. Illustration de quelques cas de la faute médicale pénale qui sont des fautes médicales civiles

Plusieurs infractions peuvent être commises par le médecin dans son art de guérir[11]. L'on peut citer ci-dessous quelques-unes[12].

1. Coups et blessures volontaire et/ou involontaire

Il ressort de l'article 52 du code pénal congolais livre II qui dispose : « est coupable d'homicide ou des lésions involontaires, celui qui a causé le mal par défaut de prévoyance ou de précaution, mais sans intention d'attenter à la personne d'autrui ».

Il en sera de l'exemple d'un médecin qui aura pratiqué l'examen au rayon X, sans précaution des risques réels qu'engendre un tel examen. Lorsque le malade a subi des lésions involontaires, la faute est certes contractuelle comme l'a affirmé la cour de cassation dans l'affaire Mercier (cass civil du 20/05/1936) mais aussi constitutive d'une infraction de blessures involontaires.

Aussi, l'article 53 du code pénal congolais livre II dispose : « quiconque aura involontairement causé la mort d'une personne sera puni d'une servitude pénale de trois mois à deux ans et d'une amande de cinquante mille zaïre ».

---

[11] Nyabirungu mwene Songa, *La responsabilité pénale et civile du médecin en droit zaïrois*, éd. DES, Kinshasa 1995.

[12] Décret du 30 janvier 1940 portant code pénal congolais tel que modifié à ce jour. Lire aussi : Likulia Bolongo, *Droit pénal spécial zaïrois*, Paris, LGDJ, 1976 ; Manasi N'kusu, *Aperçu synoptique du code pénal congolais : enrichi avec des infractions prévues par la constitution et par d'autres lois*, Editions universitaires européennes, 2018.

L'hypothèse d'une perfusion au sérum glucosé d'une personne atteint de la glycémie, qui en décède immédiatement, rentre dans le cas d'un homicide involontaire.

Le médecin qui aura pratiqué pareil acte médical réparera le préjudice pour faute civile d'imprudence conformément à l'article 259 du code civil congolais livre III, mais également sera reconnu coupable sur le plan pénal de la violation de l'article 53 du code pénal, livre III (CPLII).

2. *Administration des substances nuisibles*

Il ressort de l'économie de l'article 50 du code pénal congolais livre II qui dispose : « sera puni d'une servitude pénale de un an à vingt ans et d'une amande de cent à deux cent mille zaïres, quiconque aura administré volontairement des substances qui peuvent donner la mort ou des substances qui sans être de nature à donner la mort, peuvent cependant gravement altérer la santé ».

Cette incrimination peut bien être appliquée à la situation de l'euthanasie là où cette pratique est illicite.

En effet, le droit à la vie est sacré et personne ne peut y apporter atteinte sans quelques motifs que ce soit, c'est en vertu de cette interdiction, qu'un médecin qui portera atteinte à la vie de son patient de manière volontaire, avec ou sans le consentement du malade sera poursuivie d'administration des substances nuisibles.

3. *Avortement criminel*

L'article 165 du code pénal congolais livre II dispose : « celui qui par aliments, breuvages, médicaments, violences ou par tout autre moyen aura fait avorter une femme, sera puni d'une servitude pénale de 5 à 20 ans ».

Le médecin qui aura pratiqué l'avortement en recourent à l'un de modes prévus par cette incrimination sera reconnu coupable d'une faute médicale d'avortement, qui donne ouverture à la réparation civile sur pied de l'article 258 CCLIII.

Tous ces exemples illustrent parfaitement la possibilité d'une faute médicale civile, qui est en même temps une faute pénale.

4. *Non-assistance de personne en danger*

La non-assistance d'une personne en danger est punie conformément à l'article 66ter du code pénal congolais livre II qui dispose : « sera puni d'une servitude pénale de trois mois à deux ans et d'une amande de cinq à cinquante zaïre ou de l'une de ces peines seulement, quiconque s'abstient volontairement de porter à une personne en péril l'assistance que, sans risque pour lui ni par les tiers, il pouvait lui prêter, soit par son action personnelle, soit en provoquant un secours ».

Ce fait là, donne lieu ou est susceptible d'être qualifié sur le plan de la faute civile, en la violation du serment médical d'hypocrate, lequel consiste à secourir et donner les soins à toute personne sans tenir compte de sa situation financière, en même temps que ce fait là peut être qualifié en droit pénal de Nous pouvons illustrer l'exemple récurrent de décès devant les hôpitaux des femmes venues pour accoucher, délaissées par manque des moyens financiers. C'est le cas aussi d'une femme qui perd la vie devant l'hôpital car n'ayant pas été admis, faute de moyen financier.

3.3 Mise en œuvre

La réparation d'un tel préjudice issu d'un acte double est sans conséquence sur la conception tantôt de la dualité, tantôt de l'unicité de la faute médicale civile ou pénale.

Le juge saisi sera appelé à traiter de ces deux situations soit en statuant d'office sur les intérêts civils : lorsque saisie de l'action pénale, la partie lésée par cette infraction reste silencieuse sur ses intérêts ; soit en statuant sur ses intérêts privés lorsque la partie intéressée se sera constituée partie civile soit enfin, en prenant une décision au pénale qui servira de standard à l'action civile que la partie victime aura déférée à la juridiction civile simultanément que l'action pénale.

Le choix indiscutable est librement laissé à la victime pour sa réparation en vertu de l'article 107 de la loi organique portant organisation, fonctionnement et compétence des juridictions de l'ordre judiciaire[13], en optant pour la voie pénale ou pour la voie de l'action civile, toutefois, cette partie (victime ou lésée) est soumise devant la maxime procédurale « *electa una via non datur recursus ad alteram* » qui traduit le souci constant et même une obligation faite aux cours et tribunaux d'éviter les décisions contradictoires.[14]

Lorsque l'action civile est consécutive à l'action pénale, par conséquent, elle nait en même temps qu'une action publique, les règles habituelles du droit civil sont modifiées, les deux actions étant liées, puisqu'elles découlent d'un même fait matériel, l'action civile subit dans une certaine mesure l'incidence des règles de droit pénal applicable à l'action publique.[15]

Ainsi, le problème du rapport entre la faute pénale et la faute civile se pose beaucoup plus dans l'hypothèse où pour le même fait, les juridictions pénales et civiles sont saisies au même moment[16].

---

[13] Loi-organique n°13/011-B du 11 avril 2013 portant organisation, fonctionnement et compétences des juridictions de l'ordre judiciaire Loi numéro.

[14] Lire à ce sujet : Muteba Tshimanga, « Le principe le criminel tient le civil en état et ses applications en droit positif congolais », in *Cahiers Africains des Droits de l'Homme et de la Démocratie*, CRIDHAC, Faculté de Droit, Université de Kinshasa, 2017.

[15] JC Soyer, *Droit pénal et procédure pénale*, LGDJ, Paris, 2013, p. 250.

[16] Lire : E.J. Luzolo Bambi Lessa et A.N. Bayona ba MEYA, *Manuel de procédure pénale*, PUC, Kinshasa, 2011.

C'est dans ces conditions que le juge civil est appelé à surseoir l'examen de l'action civile en attendant la suite de l'action pénale en vertu de la règle le criminel tient le civil en état, qui se trouve être une véritable exception d'ordre public. La juridiction civile est tenue de surseoir même d'office.

En outre, pour qu'il s'agisse réellement d'une faute pénale devant entrer en rapport d'identité avec la faute civile, il faut qu'il s'agisse d'une faute d'imprudence des articles 52 et suivants du code pénal congolais livre II ou de la faute civile volontaire ou involontaire des articles 258 et 259 du code civil congolais livre III.

La victime de cette infraction d'imprudence, qui a exercé son action civile devant le tribunal civil, doit pour obtenir réparation au civil, recevoir un jugement de condamnation au pénal.

L'action en réparation d'une telle faute médicale sera à bien égard différente de l'action ordinaire, avec possibilité de l'influence de l'action pénale pour modifier le cours normal de l'action civile sur base du principe le criminel tient le civil en état, l'autorité de la chose jugée au pénal sur le civil ou même le principe *« electa una via »* qui pourra bien être soulevé par l'une des partie.[17]

IV. Responsabilité médicale administrative

La responsabilité médicale peut aussi être administrative[18]. Il peut arriver que le malade ne contracte pas directement avec le médecin qui n'est qu'un agent d'un service public médical.

Dans ce cas, c'est l'administration qui sera responsable du fait du médecin qui, de par sa faute, a entraîné un préjudice. En effet, le médecin ne doit pas commettre de faute, il doit satisfaire à son obligation de donner des soins conformes aux données actuelles de la science.

Quant à l'établissement de la faute, il faut signaler les particularités du droit administratif dans la différentiation de la faute lors d'un acte médical et de la faute dans les actes de soins et d'organisation du service pour impliquer la responsabilité de l'administration.

Quant à la réparation, le service public médical ou hôpital public est responsable des fautes de ses agents qui interviennent : médecin, infirmier.

Quant aux conditions de la responsabilité, comme en responsabilité civile, la victime doit prouver la faute, le dommage et le lien de causalité entre la faute et le dommage subi. La victime, pour obtenir réparation, peut assigner le service public médical ou hôpital public.

Le juge indemnisera tous dommages tels que reconnus en droit civil : matériel, corporel et moral.

---

[17] Lire : Muteba Tshimanga, *op. cit.*

[18] Lire : F. Vundwawe te Pemako, *Traité de droit administratif*, Larcier, Bruxelles, 2007 ; Z. Ntumba Musuka, *Le rôle du juge administratif en droit congolais*, L'Harmattan, Paris, 2014.

V. Mise en œuvre de la réparation

5.1. Voies d'actions

Le malade ou ses ayants droits peuvent soit saisir les instances judiciaires au civil soit procéder à une réparation amiable (transaction amiable).

S'agissant de la voie judiciaire, si la faute est à la fois civile et pénale, la victime peut soit se constituer partie civile, soit saisir la juridiction pénale par voie de citation directe.

5.2. Principes de réparation intégrale

Le professeur Amisi Herady résume la portée du principe de la réparation intégrale de la manière la plus concrète lorsqu'il dit « la réparation intégrale se résume clairement en trois axiomes : *tout préjudice doit être réparé, rien que le préjudice doit être réparé et seul le préjudice réel doit être réparé »* Ce principe est une limitation au principe de la réparation intégrale.

1. Réparer tout le dommage

Selon une formule quasi rituelle, emprunter semble-t-il à René Savatier, la cour de cassation française affirme que le propre de la responsabilité civile est de rétablir aussi exactement que possible l'équilibre détruit par le dommage et de replacer la victime aussi exactement que possible dans la situation où elle se serait trouvée si l'acte dommageable n'avait pas lieu.[19]

La CSJ a décidé que pour la répartition d'un préjudice, l'indemnité à allouer ne peut réparer ce dernier que lorsqu'elle permet à la victime de remettre les choses à l'état.

Il s'agit pour le juge d'une obligation de faire en sorte que lorsque la réparation sera faite, la victime se retrouve comme s'il n'y avait rien eu de dommageables. C'est une formule jurisprudentielle.

A ce même sujet, le doyen Kalongo soulève un élément : « l'indemnité doit réparer aussi intégralement que possibles les préjudices constatés ».le juge a ici un rôle déterminant et doit éviter de se verser dans l'arbitraire. La seule mesure, le seul critère d'évaluation sera donc le préjudice réel et non la situation économique ou sociale des parties. Il n'a pas à tenir compte de la richesse du défendeur ni de la pauvreté du demandeur pour gonfler les dommages-intérêt »[20].

---

[19] Philippe Brun, *Responsabilité civile extracontractuelle*, 3ème éd Lexisnexis, Paris, 2014, p.398.

[20] Lire : Kalongo Mbikayi, *op. cit.*

2. Ne réparer rien que le préjudice

En effet, la victime ne doit pas s'enrichir à l'occasion de l'indemnisation : elle doit recevoir l'exacte contrepartie du préjudice subi. En conséquence, lorsqu'une victime a déjà reçu la réparation intégrale de son préjudice, elle n'a plus intérêt à agir.

3. Indifférence de la gravité de la faute

Puisqu'il s'agit de réparer et non punir, le juge ne doit tenir compte pour la fixation des dommages-intérêts que l'importance du préjudice sans se préoccuper de la faute.

C'est en cela que cela que la responsabilité pénale se différencie fondamentalement de la responsabilité civile.

En effet, pour la responsabilité pénale, la sanction (peine) n'est fonction que de la gravité de la faute et indépendamment du dommage causé car de par sa finalité, le droit pénal vise la protection de l'ordre public qui doit être maintenu à son état de tranquillité et sécurité.

5.3. Multiplicité des victimes

Indemniser la victime signifie lui allouer des sommes qui vont lui permettre d'obtenir compensation des préjudices qu'elle a subis, mais ; il n'y aura pas une seule victime, pas un seul préjudice non plus ; et ces préjudices dans ce cas ne sont pas dans tous les cas présents.

De toutes les catégories de dommages qui existent, seul le dommage corporel occasionne souvent la réparation de la victime indirecte ou par ricochet.

On distingue généralement deux hypothèses pour qualifier les victimes d'un dommage. La première hypothèse est celle de la victime directe et la seconde est celle du décès de la victime directe.

1. Hypothèse de la survie de la victime directe

« La victime directe du dommage est celle qui subit directement le dommage engendrant les préjudices dont elle demande réparation ». [14]

Il s'agit donc de la victime blessé qui doit obtenir réparation intégrale de son préjudice. Il lui est alloué des frais relativement à sa situation propre en dehors des frais médicaux. C'est que Lambert-Faivre qualifié « de l'équité et de la justice »[21] en soutenant qu'il faut établir une méthodologie d'indemnisation claire à l'égard des victimes pour ne pas indemniser plus mais, mieux.

Mais à côté de la victime directe, il y a ses proches qui souffrent de le voir à cet état.

---

[21] Y. Lambert-Faivre, *Rapport sur l'indemnisation du dommage corporel fait au Conseil national d'aide aux victimes,* Paris, 2003.

Il arrive même que ces proches perdent ce qu'ils ont pécuniairement pour l'assister ou n'arrivent plus à recevoir de lui certains avantages.

Dans cette hypothèse, certains auteurs doutent même que les victimes indirectes puissent demander réparation puisque quand la victime directe ne porte que des blessures qui entrainent pour lui une incapacité de travail, et qu'elle obtient des indemnités qui lui permettent de revenir au niveau où il était, ça lui permet par conséquent de faire face aux mêmes charges, du fait même qu'il a été effacé, ce préjudice ne ricoche pas.

Pour l'auteur, il n'y a d'indemnité que lorsque la victime directe décède puisque dans cette hypothèse, les héritiers font d'abord valoir leurs droits recueillis de la succession, ensuite demandent réparation pour personnel par ricochet, et même toute personne qui justifie d'un intérêt.

Le raisonnement des auteurs semble logique à première vue mais, en réalité, il faut creuser au fond pour dénicher l'illogique. D'abord, ils ne s'attachent que trop aux préjudices patrimoniaux et passent inaperçus les préjudices extrapatrimoniaux. Ensuite, même alors dans les préjudices patrimoniaux, l'indemnisation doit être due par ce quelles revenus perdus sont antérieurs à la consolidation.

Au nom du principe de la réparation intégrale qui voudrait que le préjudice soit réparé dans toute son entièreté, le juge tâchera lors de l'évolution, à bien fixer les composantes du dommage (postes de préjudice) ainsi par exemple, si perdre une main de traduit pour toute personne en un déficit sur le plan physiologique, en revanche, il ne s'agit pas en réalité de la même chose sur le plan professionnel selon qu'on est pianiste ou avocat.

2. *Hypothèse du décès de la victime directe*

Ce n'est pas parce que la personne qui a subi physiquement le poids du dommage est décédée qu'il y a lieu de soutenir que la victime directe n'existe plus. Bien au contraire, les victimes directes peuvent exister. « En cas de décès d'une personne ; les victimes directes sont celles qui sont les plus proches qui peuvent subir non seulement un préjudice moral mais aussi économique » il en est ainsi le cas des héritiers du défunt qui, dans les conditions permettant d'engager la responsabilité d'une tierce-personne, disposent d'une double action :

- *Du point de vue héréditaire* : en recueillant sa succession, les héritiers trouvent dans les patrimoines de défunt l'action en responsabilité que celui-ci aurait pu exercer s'il avait survécu par cette action, les héritiers viennent réclamer la réparation des préjudices causés au défunt
- *Du point de vue personnel* : ici ils ont les droits à réparation pour préjudices subis personnellement ce dommage peut être matériel ou moral ici ils agissent en tant que victimes indirectes et leur action sur le plan matériel est fondé du fait que le défunt leurs fournissait des subsides de son vivant un auteur dit même que les deux actions peuvent se cumuler car elles sont différentes objectivement mais côté des héritiers

signalons toutefois d'autres proches, en prouvant leur préjudice (matériel ou moral) qui peut être un préjudice d'affections, peuvent avoir droit à réparation. Nous avons trouvé une doctrine à l'appui de ce point de vue, Terre, Smiler et Lequette écrivent : « si la réparation du dommage est subordonnée au caractère direct de celui-ci, il ne faut pas en déduire que d'autres personnes que la victime immédiate ne puissent pas, elles aussi à titre personnel se prévaloir à l'égard de l'acteur de la faute des dommages qui en résulte pour elle ».[22]

Conclusion

La réflexion autour de la question de la réparation du préjudice de la faute médicale est bien complexe et intéressante. Le droit de la réparation qui a pour finalité l'indemnisation des victimes doit dans cette spécialisation garder bien un équilibre délicat ; qui consiste d'une part à maintenir l'indemnisation des victimes des actes médicaux ou d'aléa thérapeutique et d'autres part sauvegarder les intérêts du corps médical.

A tout le moins, nous somme parvenu à constater que la mise en mouvement de la responsabilité médicale a indiquée quatre situations nettes de la nature de la responsabilité médicale qui est fondée soit sur la violation des obligations découlant d'un contrat médical verbal ou écrit (la matière contractuelle de l'obligation médicale) soit de la survenance du dommage sans que cela soit la volonté de partie (faute médicale délictuelle), soit lorsque la faute médicale peut consister dans la violation de l'ordre pénal (une facette de la faute civile, violation de toute règle d'ordre impératif) et enfin la responsabilité administrative.

Il convient de constater que dans tous le cas, la faute médicale doit être prouvée pour que la responsabilité médicale, quelle que soit sa nature soit engagée.

[22] F. Terre, Simler et Lequette, *Droit civil les obligations,* 10ème éd. Dalloz, Paris, 2009, p. 725.

Indication bibliographique

1. Brun Ph., *Responsabilité civile extracontractuelle*, 3ème éd Lexisnexis, Paris, 2014.
2. Capitant H., Terre F. et Lequette Y., *Les grands arrêts de la jurisprudence française*, Dalloz, 11ème éd., Paris, 2000.
3. Flour J., Savana et Aubert, *Droit civil les obligations 2. Fait juridique,* éd. Dalloz, Paris, 2007.
4. Kalongo Mbikayi B.O., *Droit civil les obligations*, éditions Universitaires Africaines, Kinshasa, 2012,
5. Kenge Ngomba Tshilombayi M-T, *Droit civil les obligations,* L'Harmattan, Paris, 2017.
6. Lambert-Faivre Y., *Rapport sur l'indemnisation du dommage corporel fait au Conseil national d'aide aux victimes,* Paris, 2003.
7. Likulia Bolongo, *Droit pénal spécial zaïrois,* LGDJ, Paris, 1976.
8. Luzolo Bambi Lessa E.J. et Bayona ba Meya A.N., *Manuel de procédure pénale*, Kinshasa, PUC, 2011.
9. Manasi N'kusu, *Aperçu synoptique du code pénal congolais : enrichi avec des infractions prévues par la constitution et par d'autres lois*, Editions universitaires européennes, 2018.
10. Mazeaud J. et Chabas F., *Obligations, théorie générale,* Montchrestien, Paris, 1991.
11. Muteba Tshimanga, « Le principe le criminel tient le civil en état et ses applications en droit positif congolais », in *Cahiers Africains des Droits de l'Homme et de la Démocratie*, Cridhac, Faculté de Droit, Université de Kinshasa, 2017.
12. Ntumba Musuka Z., *Le rôle du juge administratif en droit congolais,* L'Harmattan, Paris, 2014.
13. Nyabirungu mwene Songa, *La responsabilité pénale et civile du médecin en droit zaïrois,* éd. DES, Kinshasa, 1995.
14. Soyer JC., *Droit pénal et procédure pénale*, LGDJ, Paris, 2013.
15. Terre F., Simler et Lequette, *Droit civil Les obligations,* 10ème éd Dalloz, Paris, 2009.
16. Vundwawe te Pemako F., *Traité de droit administratif*, Larcier, Bruxelles, 2007.

Partie 3 :
Covid-19, Contrat et responsabilité civile

Pandémie de Covid-19, force majeure et réforme

■ ***Marie-Thérèse Kenge Ngomba Tshilombayi***
Professeure Ordinaire
Doyenne de la Faculté de Droit/Université de Kinshasa
Avocate près la Cour de Cassation et près le Conseil d'Etat
Membre de la Commission Nationale des Droits de l'Homme

La pandémie de Covid-19 a notamment, sur le plan contractuel, comme conséquences le fait que certains débiteurs ne sont plus en mesure d'exécuter leurs obligations contractuelles.

Il convient dès lors de voir quel est le mécanisme juridique prévu en droit pour la prise en charge des imprévus qui peuvent survenir en cours d'exécution du contrat. En d'autres termes, la Covid-19 ainsi que les mesures prises par les autorités étatiques constituent-elles un cas de force majeure ?[1]

La réponse sera trouvée dans l'examen successif des points ci-après : d'abord la Covid-19 et les mesures prises par les autorités étatiques (I), ensuite l'application de la force majeure à la Covid-19, en troisième lieu l'énumération de certains contrats concernés (III) suivie de l'examen de l'expérience de la jurisprudence en droit français (IV) et enfin une proposition de réforme des dispositions du code civil livre III sur la force majeure (V).

I. De la pandémie de Covid-19 et des mesures des autorités étatiques

Le 30 janvier 2020, l'Organisation Mondiale de la Santé (OMS) a qualifié la Covid-19 d'urgence de santé publique de portée internationale[2] et le 11 mars 2020, la même Organisation l'a qualifiée de pandémie.

---

[1] M.T. Kenge Ngomba Tshilombayi, « Covid 19 et force majeure », in *Cahiers Africains des Droits de l'Homme et de la Démocratie*, numéro 066, volume 1, 24ème année, Kinshasa, janvier-avril 2020, pp. 43-62.

[2] Selon l'article 1er du Règlement sanitaire international de l'OMS de 2005, l'urgence de santé publique de portée internationale est « un événement extraordinaire » qui « constitue un risque pour la santé publique dans d'autres Etats en raison du risque international de propagation des maladies et peut requérir une action internationale coordonnée ».

Le premier cas de Covid-19 a été déclaré en RDC le 10 mars 2020[3]. Depuis lors plusieurs mesures destinées à combattre cette maladie et à stopper sa propagation ont été prises par les autorités publiques.

Par ordonnance n° 20/014 du 24 mars 2020[4], le Président de la République, Chef de l'Etat proclame sur l'ensemble du territoire national l'état d'urgence sanitaire pour une période de trente(30) jours prenant cours à la date du 24 mars 2020. Cette ordonnance a été déclarée conforme à la Constitution par l'arrêt R.Const 1200 de la Cour constitutionnelle du 13 avril 2020[5].

Par la suite une autre ~~l'~~ordonnance n° 20/028 du 23 avril 2020 portant prorogation de l'état d'urgence sanitaire[6] va proroger pour une période de quinze (15) l'état d'urgence prenant cours le 24 avril 2020, et ce, en vertu de la loi n°20/001 du 23 avril 2020 portant autorisation de la prorogation de l'état d'urgence sanitaire proclamé par l'ordonnance n° 20/014 du 24 mars 2020[7]. A ce jour, cet état d'urgence est à sa sixième prorogation prenant effet au 7 juillet 2020 pour une période de 15 jours par l'effet de la loi n°20/010 du 6 juillet 2020 portant autorisation de la prorogation de l'état d'urgence sanitaire proclamé par l'ordonnance n° 20/014 du 24 mars 2020[8].

Ces textes contiennent plusieurs mesures de restriction notamment:

1. la fermeture de toutes les frontières du pays ;
2. la suspension des vols en provenance des pays à risque dès le vendredi 20 mars 2020 ;
3. les mesures relatives à l'exercice des libertés que sont :
   a. l'interdiction des voyages de la capitale vers les provinces et vice-versa ;
   b. le confinement de la Ville de Kinshasa ;
   c. l'interdiction de tous rassemblements, réunions et célébrations de plus de vingt personnes sur les voies et lieux publics en dehors du domicile familial ; la population devant rester à domicile et n'effectuer que des déplacements strictement indispensables aux besoins professionnels, familiaux ou de santé ;
   d. l'interdiction des mouvements migratoires, par les transports en commun, des bus, camions et autres véhicules de l'intérieur vers la capitale et de la Capitale vers l'intérieur ;

---

[3] Déclaration du Ministre de la Santé de la République Démocratique du Congo.

[4] Ordonnance n° 20/014 du 24 mars 2020 portant proclamation de l'état d'urgence pour faire face à la pandémie de Covid-19, *JORDC*, numéro spécial du 16 avril 2020.

[5] Arrêt R.Const 1200 de la Cour constitutionnelle du 13 avril 2020, *JORDC*, numéro spécial du 16 avril 2020.

[6] Ordonnance n° 20/028 du 23 avril 2020 portant prorogation de l'état d'urgence sanitaire.

[7] Loi n°20/001 du 23 avril 2020 portant autorisation de la prorogation de l'état d'urgence sanitaire proclamé par l'ordonnance n° 20/014 du 24 mars 2020.

[8] Loi n°20/010 du 6 juillet 2020 portant autorisation de la prorogation de l'état d'urgence sanitaire proclamé par l'ordonnance n° 20/014 du 24 mars 2020.

e. l'interdiction des transports fluviaux des passagers de Kinshasa vers les provinces et vice-versa.

4. la fermeture provisoire sur toute l'étendue du territoire national des écoles, universités, instituts supérieurs officiels et privés et établissements recevant du public ainsi que des lieux de réunion, avec effet à dater du 19 mars 2020 pour une durée de quatre (4) semaines ;
5. l'interdiction d'ouverture des discothèques, bars, cafés, terrasses et restaurants ainsi que l'organisation des deuils dans les salles, les domiciles ou sur la voie publique ;
6. la suspension des cultes religieux ainsi que de toutes les activités sportives dans les stades et autres lieux de regroupement sportif ;
7. la mise en quarantaine des personnes suspectes présentant les symptômes et des personnes atteintes et leur hospitalisation ;
8. le port obligatoire des masques.

D'autres mesures ont été prises au niveau des autorités provinciales ou sanitaires comprenant l'interdiction des rassemblements dans certains lieux, la fermeture de certains commerces marchés, le confinement de certaines communes, etc.

Cette pandémie et toutes ces mesures ne manquent pas de perturber l'exécution des obligations au point de susciter le questionnement sur la force majeure.

II. De l'application de la force majeure à la Covid-19 et aux mesures des autorités étatiques

A. Notion de force majeure

1. Absence de définition de la force majeure dans le code civil, livre III

Le contrat est un accord de volontés de deux ou plusieurs personnes en vue de créer des effets juridiques qui consistent dans le faite soit de créer un rapport de droit, soit de donner naissance à une obligation, soit de créer un droit réel, soit de modifier ou d'éteindre un rapport préexistant[9].

Il engendre des obligations entre parties et chacune d'elles doit, selon l'article 33 du décret du 30 juillet 1888 [10]qui est le code civil congolais,

[9] N. Massager, *Les bases du droit civil,* T. III. Droit des obligations, Bruxelles, Anthémis, 2013, p. 20. Lire aussi : P. Van Ommeslaghe, *Traité de droit civil belge*, Tomme II, Les obligations, Volume 1 à 3, Bruylant, Bruxelles, 1ère édition 2013.

[10] Décret du 30 juillet 1888 portant des contrats ou obligations conventionnelles, *B.O.*, p. 109.

livre III (CCLIII) exécuter ses obligations. C'est la force obligatoire du contrat[11]. Le cas de force majeure peut justifier l'inexécution des obligations.

Ce code civil congolais, livre III n'a pas défini la force majeure. Il se limite à traiter la question dans deux articles ainsi libellés :

Art. 45. – « Le débiteur est condamné, s'il y a lieu, au paiement de dommages-intérêts, soit à raison de l'inexécution de l'obligation, soit à raison du retard dans l'exécution, toutes les fois qu'il ne justifie pas que l'inexécution provient d'une cause étrangère qui ne peut lui être imputée, encore qu'il n'y ait aucune mauvaise foi de sa part ».

Art. 46. – « Il n'y a lieu à aucuns dommages-intérêts lorsque, par suite d'une force majeure ou d'un cas fortuit, le débiteur a été empêché de donner ou de faire ce à quoi il était obligé, ou a fait ce qui lui était interdit ».

L'article 46 CCLIII utilise à la fois les termes cas fortuit et cas de force majeure. On distingue parfois le cas fortuit, qui serait un évènement interne à l'activité ou à l'entreprise du débiteur (exemple : incendie de ses locaux), de la force majeure qui, lui, serait totalement étrangère (tremblement de terre). Mais, en général, les deux expressions sont souvent employées indifféremment. La force majeure peut être un évènement de la nature ou le fait d'un tiers y compris de l'administration (on parle de fait du prince). Elle présente certains caractères.

L'on peut se référer à la définition de la force majeure du code du travail à l'article 57[12] qui dispose : *« Il y a force majeure lorsque l'événement survenu est imprévisible, inévitable, non imputable « à l'une ou l'autre partie et constitue une impossibilité absolue d'exécution d'obligations « contractuelles ».*

2. Preuve de la force majeure

Selon l'article 197 CCLIII, la charge de la preuve de la force majeure incombe à celui qui l'invoque. L'adage « *actori incumbit probatio* » exprime cette idée. Jugé que c'est au débiteur qu'il appartient d'établir le défaut d'imputabilité en prouvant la survenance d'un cas fortuit ou de force majeure[13].

---

[11] M.T. Kenge Ngomba Tshilombayi, *Droit civil. Les obligations,* Paris, L'Harmattan, 2017, p.101. Lire aussi : Kalongo Mbikayi, *Droit civil des obligations,* t.1, Kinshasa, Editions Universitaires Africaines, 2012 ; P. Malaurie, L. Aynes et P. Stoffel-Munck, Droit des obligations, LGDJ, Paris 2018 ; A. Benabent, Droit des obligations, 18ème Edition, L.G.D.J., 2019.

[12] Loi n° 015/2002 du 16 octobre 2002 portant code du travail, JORDC, numéro spécial du 25 octobre 2002.

[13] Léo, 13 novembre 1926, Jur. Col. 1929, p. 159.

3. Effets de la force majeure

L'article 46 du code civil, livre III précité affirme que le débiteur ne sera pas condamné aux dommages-intérêts s'il y a force majeure : *« Il n'y a lieu à aucuns dommages-intérêts lorsque, par suite d'une force majeure ou d'un cas fortuit, le débiteur a été empêché de donner ou de faire ce à quoi il était obligé, ou a fait ce qui lui était interdit ».*

Ainsi, la force majeure produit un double effet. Elle libère le débiteur de ses obligations et l'exonère de toute responsabilité à l'égard du cocontractant et des tiers[14].

Cependant, il faut néanmoins distinguer deux situations.

- Si la force majeure entraîne l'impossibilité d'exécution totale et définitive de l'obligation, le débiteur est libéré de son obligation et le contrat est résolu, avec comme conséquence l'extinction totale du contrat et les restitutions, sauf stipulation contraire dans le contrat.
- Si l'impossibilité d'exécution n'est que momentanée, c'est-à-dire temporaire, l'obligation du débiteur n'est pas éteinte, mais son exécution est seulement suspendue tant que le cas de force majeure persiste. La suspension du contrat est parfois prévue par la loi lorsqu'un évènement déterminé se produit. C'est le cas par exemple de l'article 57 du code-du travail qui prévoit que: est suspendue l'exécution du contrat de travail, en cas de maladie du salarié. Ainsi, si la plupart d'obligations peuvent encore être exécutées, elles seront reportées pour être exécutées plus tard lorsque cela deviendra possible. La jurisprudence abonde dans le sens de la suspension des obligations si l'empêchement est momentané. Il a été jugé que « Si l'empêchement est momentané, l'exécution de l'obligation est seulement suspendue jusqu'au moment où cet empêchement prend fin. »[15]

Ces effets ne peuvent être appliqués en cas de Covid-19 et des mesures prises par les autorités étatiques que si ces dernières remplissent les caractères de force majeure.

B. Covid-19, mesures des autorités étatiques et caractères de la force majeure

La force majeure ne se décrète pas ; elle s'apprécie cas par cas[16]. C'est pourquoi le juge devra analyser la situation de la Covid-19 par rapport aux différents caractères que doit revêtir le cas de force majeure.

---

[14] Moustapha Mekki, « De l'urgence à l'imprévu du Covid-19 : Quelle boite à outils contractuels ? » in *AJ Contrat-mensuel- avril 2020, p. 171.*

[15] Elis., 22 février 1941, RJCB 1941, p. 54

[16] J. Heinich, « L'incidence de l'épidémie coronavirus sur les contrats d'affaires : de la force majeure à l'imprévision. », in D. 2020. Chron. 611.

Pour rappel, l'article 57 du code du travail qui nous sert de définition du cas de force majeure dispose que : *« Il y a force majeure lorsque l'événement survenu est imprévisible, inévitable, non imputable à l'une ou l'autre partie et constitue une impossibilité absolue d'exécution d'obligations contractuelles »*.

De cet article, trois caractères de la force majeure sont à relever : un évènement extérieur, un événement imprévisible et un évènement irrésistible[17].

1. Evénement extérieur

L'évènement doit être extérieur, c'est-à-dire indépendant de la volonté des parties ou non imputable à l'une ou l'autre partie. Il doit s'agir d'un événement qui échappe au contrôle du débiteur. Jugé que la force majeure, constituant une circonstance absolument indépendante de la volonté de l'auteur du recours, il appartient à celui qui l'invoque de la prouver[18].

Quant à la Covid-19, la maladie est considérée comme cas de force majeure pour le débiteur d'une obligation. Il s'agit bien d'un événement extérieur à la volonté du débiteur et qui ne dépend pas de lui.

S'agissant des mesures prises par les autorités étatiques pour lutter contre la propagation de la pandémie, elles sont aussi extérieures à la volonté du débiteur et constituent même un « fait du prince ». C'est le cas notamment de l'interdiction des rassemblements au-delà d'un certain nombre de personnes, de la suspension des vols, de la fermeture des frontières et de la fermeture des établissements et marchés.

2. Événement imprévisible

L'événement est imprévisible lorsque les contractants ne pouvaient imaginer sa survenance au jour de la conclusion du contrat. L'imprévisibilité s'apprécie au jour de la conclusion du contrat par référence à la prévoyance d'un homme raisonnable. La jurisprudence parle couramment d'évènements normalement imprévisibles. La Covid-19 peut être considérée comme un événement imprévisible. En effet, c'est une nouvelle forme de virus, pour laquelle n'existe à ce jour aucun vaccin et que les parties n'avaient pas prévue.

Cependant, il se pose la question de la date à prendre en considération pour apprécier le caractère imprévisible de l'évènement constitutif de force majeure dans le cas de la Covid-19 : est-ce au moment de l' apparition de la pandémie en Chine, de la déclaration de la pandémie par l'OMS, de l'apparition du premier cas en RDC le 10 mars 2020 ou encore de la publication de l'ordonnance de déclaration de l'état d'urgence sanitaire ou des mesures étatiques invoquées par le débiteur ?

---

[17] M.T. Kenge Ngomba Tshilombayi, Droit civil. Les obligations, *op. cit.*, p. 131.

[18] CSJ, 8 janvier 1970, *RJC*, n°1, 1970, pp. 17-18.

Selon la doctrine, il faudrait prendre en considération le « *moment auquel à la fois l'existence et l'ampleur de l'épidémie ont été portées à la connaissance des contractants ou ne pouvaient l'ignorer* »[19].

Il appartient au juge d'examiner au cas d'espèce selon l'événement invoqué par le débiteur.

3. Evènement irrésistible et insurmontable

L'irrésistibilité est l'impossibilité d'exécuter l'obligation, c'est le caractère essentiel de la force majeure. L'empêchement doit être insurmontable. Les conséquences de l'événement ne pouvaient être évitées par le débiteur, même en prenant des mesures appropriées.

Ce caractère est aussi rempli pour le cas de Covid-19. D'abord, la Covid-19, par sa rapide propagation, sa virulence et les inconnues qui l'entourent encore dans sa nature et dans ses effets, est un événement imprévisible et qui rend impossible l'exécution de l'obligation. Ensuite, les mesures restrictives d'application de l'état d'urgence sanitaire allant de la restriction des déplacements, du confinement, de la fermeture des frontières empêchant tout voyage à l'intérieur du pays ou à l'étranger à cause de l'annulation des vols rendent impossible l'exécution de l'obligation car insurmontable pour le débiteur.

En raison de toutes mesures administratives prises, l'impossibilité d'exécuter va relever souvent du « fait du prince[20]. »

L'impossibilité peut être définitive ou temporaire. Selon les deux cas, les effets de la force majeure vont différer : mettre fin au contrat ou différer l'exécution si elle est encore possible. Le juge apprécie chaque cas d'espèce *in concreto*.

A noter que le débiteur d'une chose de genre peut rarement se libérer par la force majeure car il a toujours la possibilité de la remplacer *(genera non pereunt)*[21]. Il en est de même pour le débiteur d'une obligation de somme d'argent car il pourra encore exécuter le contrat après l'événement. La force majeure est appliquée pour l'obligation ayant pour objet un corps certain.

C. Exclusion de la force majeure par des clauses contractuelles

Les parties peuvent insérer dans leurs contrats des clauses qui aggravent la responsabilité du débiteur en faisant peser sur ce dernier une responsabilité plus lourde. Ces clauses sont admises en droit pour la responsabilité contractuelle.

---

[19] R. Ziade et C. Cavicchioli, « L'impact du Covid-19 sur les contrats commerciaux », in *AJ Contrat-mensuel- avril 2020,* p. 179.

[20] F. Luxembourg, « Le fait du prince : convergence du droit privé et du droit public », in *JCP,* 2008. 119.

[21] M.T. Kenge Ngomba Tshilombayi, Droit civil. Les obligations, *op. cit.,* p.130.

Ainsi, le juge, avant d'appliquer le cas de force majeure à un litige qui lui est soumis, vérifie si les parties ont prévu des clauses dans leurs contrats sur la force majeure. Les dispositions sur la force majeure n'étant pas d'ordre public, les parties peuvent donc y déroger[22].

Ces clauses, qui sont des clauses aggravantes de la responsabilité, sont de plusieurs sortes :

- clause qui supprime la force majeure: cas des articles 423 et 424 CCLIII où la loi elle-même prévoit des clauses contractuelles par stipulation expresse sur la force majeure (Article 423 *: « Le preneur peut être chargé des cas fortuits par une stipulation expresse.* Article 424 *: «Cette stipulation ne s'entend que des cas fortuits ordinaires, tels qu'orages, tornades, feu du ciel. Elle ne s'entend point des cas fortuits extraordinaires, tels qu'une inondation ou une attaque armée, auxquels le pays n'est pas ordinairement sujet, à moins que le preneur n'ait été chargé de tous les cas fortuits prévus ou imprévus »*) ;
- clause qui supprime une condition de la force majeure, telle la condition d'imprévisibilité ;
- clause qui prévoit la liste limitative ou exhaustive d'événements considérés comme cas de force majeure, notamment les pandémies ;
- clause qui modifie les effets de la force majeure en prévoyant par exemple la renégociation du contrat ou sa suspension.

Le juge devra interpréter le contrat au regard de la Covid-19 ou des mesures prises par les autorités étatiques pour décider s'il faut appliquer la force majeure ou l'écarter en vertu de la clause contractuelle.

III. Application de la force majeure à quelques contrats

Le juge congolais sera certainement appelé à appliquer le cas de force majeure dans plusieurs contrats relevant du droit civil, du droit du travail, du droit commercial ou du droit de procédural.

A. Contrats spéciaux ou usuels en droit civil

Le code civil, livre III règlemente les contrats spéciaux[23]. Il s'agit notamment de quelques contrats ci-dessous.

---

[22] J. Julien, Ph. le Tourneau (dir.), *Droit de la responsabilité et des contrats, régimes d'indemnisation*, Collection Dalloz Action, 2018-2019, n° 214.12.

[23] Lire : Mulumba Katchy, *Droit civil : les contrats spéciaux*, 1ère éd. CREFIDA, Kinshasa, 2015.

1. Quelques contrats : contrats de vente, d'échange, de bail, d'entreprise, de prêt, de dépôt, de mandat et la transaction

Le contrat de vente est défini à l'article 263 CCLIII comme « une convention par laquelle l'un s'oblige à livrer une chose, et l'autre à la payer ».

Le contrat d'échange est défini à l'article 365 CCLIII comme « un contrat par lequel les parties se donnent respectivement une chose pour une autre ».

Le contrat de louage de chose est également appelé bail. Il s'agit du bail d'habitation règlementé par le code civil, livre III et la loi sur le bail à usage non professionnel. Ce contrat est défini à l'article 370 CCLIII comme suit : « le louange de choses est un contrat par lequel l'une des parties s'oblige à faire jouir l'autre d'une chose pendant un certain temps, et moyennant un certain prix que celle-ci s'oblige de lui payer ».

Le contrat d'ouvrage ou d'industrie ou encore contrat d'entreprise est défini à l'article 372 CCLIII en ces termes : « un contrat par lequel l'une des parties s'engage à faire quelque chose pour l'autre, moyennant un prix convenu entre elles ».

Quant au contrat de prêt, il est défini selon ses modalités aux différents articles. Le prêt à usage ou commodat prévu à l'article 448 CCLII est « un contrat par lequel l'une des parties livre une chose à l'autre pour s'en servir, à la charge pour le premier de la rendre après s'en être servi ». Le prêt de consommation est analysé à l'article 465 CCLIII comme « un contrat par lequel l'une des parties livre à l'autre une certaine quantité de choses qui se consomment par l'usage, à la charge par cette dernière de lui rendre autant de même espèces et qualité ». Tandis que le prêt à intérêt n'est pas défini par le code, mais l'article 478 CCLIII dispose que « il est permis de stipuler des intérêts pour simple prêt, soit d'argent, soit de denrées ou autres chose mobilières ».

Le contrat de dépôt est défini à l'article 482 CCLIII comme « un acte par lequel on reçoit la chose d'autrui, à la charge de la garder et de la restituer ».

Le contrat de mandat ou procuration prévu à l'article 526 CCLIII est « un acte par lequel une personne donne à une autre le pouvoir de faire quelque chose pour le mandant et en son nom ».

S'agissant enfin de la transaction, elle est définie à l'article 583 CCLIII comme « un contrat par lequel les parties terminent une contestation née, ou préviennent une contestation à naître ».

2. Quelques obligations concernées

Tous ces contrats font naître des obligations soit à charge d'une partie s'ils sont synallagmatiques ou d'une seule partie s'ils sont unilatéraux.

En tout état de cause, un débiteur d'une de ces obligations peut se retrouver dans une situation d'impossibilité d'exécuter son obligation. Ce sont notamment les obligations :

- de payer le prix de la vente à charge de l'acheteur ;
- de livrer la chose à charge du vendeur ou du coéchangiste ;
- de payer le loyer à charge du locataire ;
- de mettre à la disposition du locataire la jouissance de la chose à charge du bailleur ;
- d'exécuter les travaux en faveur du maître de l'ouvrage à charge de l'entrepreneur ;
- de rembourser le prêt à charge de l'emprunteur ;
- de restituer le bien gardé en dépôt à charge du dépositaire ;
- de réparer le véhicule à charge du garagiste ;
- d'exécuter un mandat à charge du l'avocat pour représenter son client ;
- d'appliquer la transaction à charge d'une des parties à la transaction.

La jurisprudence devra dans chaque cas vérifier si les trois conditions de la force majeure sont réunies : événement extérieur, événement imprévisible et événement irrésistible sur base des articles 45 et 46 CCLIII sur le cas fortuit ou de force majeure. Les juges vont décider que la pandémie de Covid-19 ou les mesures prises par les autorités étatiques entrainent le cas de force majeure comme le risque de contagion, la mise en quarantaine, l'impossibilité de rejoindre tel lieu à cause de la fermeture des frontières ou le confinement de certaines communes comme celle de la Gombe à Kinshasa ainsi que la fermeture des entreprises et magasins.

B. Contrat du travail

1. Notion

L'article 7 c) du code du travail[24] définit le contrat de travail comme « *toute convention, écrite ou verbale, par laquelle une personne, le travailleur, s'engage à fournir à une autre personne, l'employeur, un travail manuel ou autre sous la direction et l'autorité directe ou indirecte de celui-ci et moyennant rémunération* ».

2. De la force majeure en droit du travail

Le code du travail réglemente la matière de la force majeure et de la suspension du contrat de travail[25].

---

[24] Loi n° 015/2002 du 16 octobre 2002 portant code du travail, *JORDC*, numéro spécial du 25 octobre 2002.

[25] Lire : Mukadi Bonyi, *Droit du travail*, Kinshasa, CRDS, 2008 ; J. Masanga Phoba Mvioki, *Droit congolais du travail*, Paris, L'Harmattan, 2015.

L'article 57 du code du travail traite de la matière de la suspension du contrat de travail dispose en son point 8 et aux alinéas 2 et 3 ce qui suit :

« Sont suspensifs du contrat de travail :

8) la force majeure, lorsqu'elle a pour effet d'empêcher de façon temporaire, l'une des parties à remplir ses obligations ».

Toujours au même article 57, le code du travail définit la force majeure comme suit :

« Il y a force majeure lorsque l'événement survenu est imprévisible, inévitable, non imputable « à l'une ou l'autre partie et constitue une impossibilité absolue d'exécution d'obligations « contractuelles.

« Le cas de force majeure est constaté par l'Inspecteur du travail. »

3. Rappel du code du travail par les autorités au vu de la Covid-19

Se basant sur cet article, la Division provinciale de l'Inspection du Travail de la ville-province de Kinshasa a publié un communiqué en date du 25 mars 2020 en rappelant aux employeurs et travailleurs que les mesures prises par le Président de la République, Chef de l'Etat relatives à la lutte contre la pandémie de Covid-19 ne constituent pas une occasion de résilier les contrats des employés en raison de force majeure.

Il les invite au respect des dispositions de l'article 57 du code du travail tel que complété par l'Arrêté n° 12/CAB.MIN.TPS.113.2005 du 26 octobre 2005 fixant les droits et les obligations des parties pendant la suspension du contrat de travail.

Il leur rappelle que la force majeure doit être constatée par l'Inspecteur du Travail et les invite à soumettre les mesures préventives à prendre à ces Inspecteurs via la Direction provinciale du Travail.

Ainsi, la pandémie de Covid-19 et les mesures prises constituent un cas de force majeure en matière de droit de travail sur pied de l'article 57 précité mais c'est l'Inspecteur du travail compétent qui doit le constater[26].

4. Disposition du code du travail sur la fermeture des entreprises et établissements

L'article 170 du code de travail dispose que toute entreprise ou établissement doit être maintenu dans un état constant de propreté et présenter les conditions d'hygiène et de sécurité nécessaires à la santé des salariés.

La Covid-19 peut justifier la suspension et la fermeture des certaines entreprises au vu des mesures administratives prises par les autorités pour éviter la propagation de la pandémie.

---

[26] Lire : Exposé de Maitre Battajon et Maitre Tshibangu du Cabinet Daldewolf intitulé, *Covid-19 : cas de force majeure dans le droit congolais ? (en matière de contrat de travail et de contrat commercial)*, du 26 mars 2020 in https://www.ccife-rdcongo.org/actualités/n/news consulté le 3 mai 2020.

C. Contrats commerciaux : vente commerciale et bail commercial

La vente commerciale et le bail à usage professionnel sont règlementés par l'Acte uniforme portant sur le droit commercial général[27].

1. Vente commerciale

a. Définition

Le contrat de vente commerciale n'est pas défini par l'Acte uniforme.

Il s'agit généralement d'un contrat entre commerçants par lequel une partie s'engage à livrer à l'autre une marchandise moyennant paiement du prix par cette dernière.

Pour le différencier de la vente en droit civil, l'article 234 de l'Acte uniforme précise que les dispositions de l'Acte « *s'appliquent aux contrats de vente de marchandises entre commerçants, personnes physiques ou personnes morales, y compris les contrats de fourniture de marchandises destinées à des activités de fabrication ou de production* ».

b. De la force majeure dans la vente commerciale

En matière de vente commerciale, l'article 294 de l'Acte uniforme relatif au droit commercial général règle la question, de force majeure.

Il dispose : « *Une partie n'est pas responsable de l'inexécution de l'une quelconque de ses obligations si elle prouve que cette inexécution est due à un empêchement indépendant de sa volonté, tel que notamment le fait d'un tiers ou un cas de force majeure.* »

Ainsi, les obligations du vendeur ou de l'acheteur peuvent être paralysées dans leur exécution à la suite de la Covid-19 ou des mesures des autorités étatiques y relatives.

Il peut s'agir de :

- l'obligation de livraison à charge du vendeur,
- l'obligation de payer le prix à charge de l'acheteur.

2. Bail à usage professionnel

a. Définition

Selon l'article 103 de l'Acte uniforme portant sur le droit commercial général, *« est réputé bail à usage professionnel toute convention écrite ou non, entre une personne investie par la loi ou une convention du droit de donner en location tout ou partie d'un immeuble compris dans le champ*

---

[27] Acte uniforme portant sur le droit commercial général du 15 décembre 2010. Lire : Lukombe Nghenda, *Droit commercial général Ohada en application en R.D.C.*, Publications des Facultés de Droit des Universités du Congo, Kinshasa, 2018 ; Akueté Santos, Koffi Mawunyon Agbenoto, R. Masamba Makela et M.T. Kenge Ngomba Tshilombayi, *Droit commercial général*, Juriscope, Collection Précis de droit uniforme africain, 2020.

d'application du présent Titre, et une autre personne physique ou morale, permettant à celle-ci, le preneur, d'exercer dans les lieux avec l'accord de celle-là, le bailleur, une activité commerciale, industrielle, artisanale ou toute autre activité professionnelle. »

b. De la force majeure dans la vente commerciale

Contrairement à la vente commerciale, l'Acte uniforme n'a pas prévu une disposition particulière sur la force majeure.

Dans le cadre de la Covid-19 et même en général en cas de survenance de cas de force majeure, l'on aura recours à la théorie générale sur la force majeure car la force majeure peut aussi être soulevée pour le cas du bail à usage professionnel.

Il peut s'agir notamment de :

- l'obligation à charge du bailleur de délivrer les locaux,
- l'obligation à charge du preneur de payer le loyer aux termes convenus entre les mains du bailleur ou de son représentant.

D. En matière des lois de procédure

1. Notion

L'expression « lois de procédure » concerne les règles d'organisation et de la compétence judiciaires, la procédure pénale et la procédure civile[28]. Plusieurs textes organisent ces matières[29].

2. De la force majeure dans les règles de procédure

L'article 13 alinéa 5 de la loi portant procédure devant la cour de cassation[30] prévoit en ce qui concerne la computation des délais que « *En tout état de cause, la cour peut relever les parties de la déchéance encourue, en cas de force majeure* ».

Les parties peuvent aussi invoquer le cas de force majeure en matière de procédure. Jugé que la force majeure est une circonstance absolument indépendante de la volonté de celui qui introduit un recours et qui a pour conséquence que le délai imparti par la loi pour former ce recours ne pouvait pas être respecté par la partie requérante. Il appartient donc à celui qui

---

[28] E.J. Luzolo Bambi Lessa et N.A. Bayona Ba Meya, *Manuel de procédure pénale*, Presses universitaires du Congo, Kinshasa, 2011, p. 43.

[29] Décret du 6 aout 1959 portant code de procédure pénale ; Décret du 7 mars 1960,portant code de procédure civile ; Loi organique n° 13/011-B du 11 avril 2013 portant organisation, fonctionnement et compétence des juridictions de l'ordre judicaire ; Loi n° 13/010 du 19 février 2013 relative à la procédure devant la cour de cassation, Loi organique n° 13/026 du 15 octobre 2013 portant organisation et fonctionnement de la Cour constitutionnelle, Loi organique du 15 octobre 2016 portant organisation, compétence et fonctionnement des juridictions de l'ordre administratif.

[30] Loi n° 13/010 du 19 février 2013 relative à la procédure devant la cour de cassation.

l'invoque de la prouver[31]. Il a été jugé que « Est fondée, la force majeure invoquée pour justifier le dépôt tardif du mémoire en réponse en ce que le défendeur en avait été empêché par les troubles qui ont eu lieu au moment de la guerre de libération et qui l'avaient empêché d'être en contact avec son conseil, tout transport et communications ayant été perturbés. »[32]

Ainsi, les parties peuvent donc soulever devant les juges le cas de force majeure Covid-19 ou les mesures des autorités étatiques pour_justifier le non-respect de délai de procédure.

Cela ne concerne pas seulement les matières relevant de la cassation, mais aussi d'autres cas devant les cours et tribunaux.

Il peut s'agir notamment :

- de l'impossibilité d'exercer les voies de recours dans le délai imparti à défaut d'atteindre tel greffe ;
- l'impossibilité de comparaitre à une audience ;
- l'impossibilité de conformer un pourvoi en cassation ou de déposer un mémoire en réponse dans le délai par manque des pièces prescrites à peine de nullité se trouvant à l'intérieur du pays et que l'on ne peut avoir vu le confinement de Kinshasa ou de la commune de la Gombe du 6 avril 2020 et 29 juin 2020, etc.

IV. Expérience de la jurisprudence en droit comparé sur la Covid-19 : cas de la France

La jurisprudence française a admis le cas de force majeure pour la Covid-19.

A. Arrêt de la Cour d'Appel de Colmar

C'est ainsi que s'agissant par exemple du confinement, la jurisprudence française a admis que le placement en confinement de l'appelant pour une durée de 14 jours en raison d'un contact possible avec un étranger susceptible d'être atteint de Covid-19 revêtait le caractère de force majeure[33]. En l'espèce, un demandeur ne s'était pas présenté à une audience devant la Cour, les juges ont considéré que son empêchement était dû à un cas de force majeure au motif, notamment, qu'il avait récemment été en contact avec une personne présentant des symptômes du virus et qu'il existait un risque de contagion. Le juge a décidé que «...*ces circonstances exceptionnelles, entraînant l'absence de M.G. à l'audience de ce jour revêtent le caractère de la force majeure, étant extérieures, imprévisibles et irrésistibles vu le délai imposé pour statuer et le fait que, dans ce délai, il ne*

---

[31] C.S.J., RP. 229, 23 mai 1979, Bull. Arr., 1984, p. 105.

[32] C.S.J., RC. 2233, 24 mars 2006, Bull. Arr., Tome I, 2010, pp. 201-205 ; Lire aussi cet arrêt in Odon Nsumbu Kabu, *Cour Suprême de Justice, héritage de demi-siècle de jurisprudence.* Les analyses juridiques, Kinshasa, 2015, p. 579, n° 58..

[33] CA Colmar, 12 mars 2020, n° 20/01098.

sera pas possible de s'assurer de l'absence de risque de contagion et de disposer d'une escorte autorisée à conduire M.G. à l'audience ».

B. Arrêt de la Cour d'Appel de Douai

Une autre décision en France a admis le cas de force majeure pour la Covid-19[34] : les juges ont admis que « *Le vol prévu pour le 9 mars 2020 vers l'Italie a été annulé par les autorités italiennes en raison des événements sanitaires liés au coronavirus. Il s'agit d'une circonstance de force majeure qui n'est pas imputable au défaut de diligence de l'administration* ».

V. Proposition de réforme des dispositions du code civil, livre III sur la force majeure

Le code civil, livre III contient des dispositions lacunaires sur la force majeure et le cas fortuit. En effet, les articles 45 et 46 ne définissent pas la force majeure et ne donnent pas les options pour la suspension des obligations ou la résolution du contrat selon que l'empêchement est temporaire ou définitif.

Se référant à la réforme en droit français[35], les dispositions en droit congolais peuvent être ainsi modifiées et complétées :

« Art. 45. - Le débiteur est condamné, s'il y a lieu, au paiement de dommages-intérêts, soit à raison de l'inexécution de l'obligation, soit à raison du retard dans l'exécution, toutes les fois qu' il ne justifie pas que l'inexécution provient d'une cause étrangère qui ne peut lui être imputée, encore qu'il n'y ait aucune mauvaise foi de sa part. »

« Art. 46. - Il n'y a lieu à aucuns dommages-intérêts lorsque, par suite d'une force majeure ou d'un cas fortuit, le débiteur a été empêché de donner ou de faire ce à quoi il était obligé, ou a fait ce qui lui était interdit. »

« Art. 46-1(nouveau) - Il y a force majeure en matière contractuelle lorsqu'un événement échappant au contrôle du débiteur, qui ne pouvait être raisonnablement prévu lors de la conclusion du contrat et dont les effets ne peuvent être évités par des mesures appropriées, empêche l'exécution de son obligation par le débiteur. »

« Si l'empêchement est temporaire, l'exécution de l'obligation est suspendue à moins que le retard qui en résulterait ne justifie la résolution du

[34] CA Douai, -ch. Des Libertés individuelles- 5 mars 2020, n°20/00400.

[35] Droit français : Ordonnance n° 2016-131 du 10 février 2016 portant réforme du droit des contrats, du régime général et de la preuve des obligations JORF n° 0035 du 11 février 2016, texte n° 26 ; Loi n° 2018-287 du 20 avril 2018 ratifiant l'ordonnance n° 2016-131 du 10 février 2016 portant réforme du droit des contrats, du régime général et de la preuve des obligations, JORF n°0093 du 21 avril 2018 texte n° 1.

contrat. Si l'empêchement est définitif, le contrat est résolu de plein droit et les parties sont libérées de leurs obligations. »

Conclusion

En définitive le débiteur d'une obligation contractuelle ou un justiciable en ce qui concerne la matière des lois de procédure, peut invoquer le cas de force majeure au regard de la pandémie Covid-19 ou au regard des mesures administratives prises par les autorités étatiques, pandémie qui a entrainé un bouleversement dans l'exécution des obligations dans divers domaines.

L'article 46 du code civil, livre III devra être modifié pour définir le cas de force majeure, ressortir ses caractères et en donner les effets selon que l'empêchement à exécuter l'obligation est temporaire ou définitif.

Le juge appelé à statuer sur les litiges qui lui seront soumis en rapport avec l'empêchement d'exécuter dû à la Covid-19 ou aux mesures des autorités étatiques, appréciera *in concreto*, pour chaque cas d'espèce, les deux situations ci-après :

- si la force majeure entraîne l'impossibilité d'exécution totale et définitive de l'obligation, le débiteur est libéré de son obligation et le contrat est résolu, avec comme conséquence l'extinction totale du contrat et les restitutions, sauf stipulation contraire dans le contrat.
- si, par contre, l'impossibilité d'exécution n'est que momentanée c'est-à-dire temporaire, l'obligation du débiteur n'est pas éteinte, mais son exécution est seulement suspendue tant que le cas de force majeure persiste.

Bibliographie indicative

A. Législation

1. Décret du 30 juillet 1888 portant des contrats ou obligations conventionnelles, *B.O.*
2. Loi n° 015/2002 du 16 octobre 2002 portant code du travail, *J.O.RDC*, numéro spécial du 25 octobre 2002.
3. Loi n° 13/010 du 19 février 2013 relative à la procédure devant la cour de cassation.
4. Acte uniforme portant sur le droit commercial général du 15 décembre 2010.
5. Loi n°20/001 du 23 avril 2020 portant autorisation de la prorogation de l'état d'urgence sanitaire proclamé par l'ordonnance n° 20/014 du 24 mars 2020.
6. Loi n°20/010 du 6 juillet 2020 portant autorisation de la prorogation de l'Etat d'urgence sanitaire proclamé par l'ordonnance n° 20/014 du 24 mars 2020.
7. Ordonnance n° 20/014 du 24 mars 2020 portant proclamation de l'état d'urgence pour faire face à l'épidémie de Covid-19, *J.O.RDC*, numéro spécial du 16 avril 2020.
8. Ordonnance n° 20/028 du 23 avril 2020 portant prorogation de l'Etat d'urgence sanitaire.

B. Jurisprudence

1. Léo, 13 novembre 1926, *Jur. Col.* 1929.
2. CSJ, 8 janvier 1970, *RJC,* n°1, 1970.
3. C.S.J., RP. 229, 23 mai 1979, *Bull. Arr.*, 1984.
4. CA Douai, -ch. Des Libertés individuelles- 5 mars 2020, n°20/00400.
5. CA Colmar, 12 mars 2020, n° 20/01098.
6. Arrêt R.Const 1200 de la Cour constitutionnelle du 13 avril 2020, *J.O.RDC*, numéro spécial du 16 avril 2020.

C. Ouvrages

1. A. Benabent, *Droit des obligations*, 18ème Edition, L.G.D.J., 2019.
2. Julien J., Le Tourneau Ph. (dir.), *Droit de la responsabilité et des contrats, régimes d'indemnisation,* Collection Dalloz action, 2018-2019.
3. Kalongo Mbikayi, *Droit civil des obligations,* t.1, Kinshasa, Editions Universitaires Africaines, 2012.
4. M.T. Kenge Ngomba Tshilombayi., *Droit civil. Les obligations,* Paris, L'Harmattan, 2017.

5. Lukombe Nghenda, *Droit commercial général OHADA en application en R.D.C.*, Publications des Facultés de Droit des Universités du Congo, Kinshasa, 2018.
6. E.J. Luzolo Bambi Lessa et N.A. Bayona Ba Meya, *Manuel de procédure pénale*, Presses universitaires du Congo, Kinshasa, 2011.
7. P. Malaurie.,L. Aynes et P. Stoffel-Munck ., Droit des obligations, LGDJ, Paris, 2018.
8. J. Masanga Phoba Mvioki., *Droit congolais du travail*, Paris, L'Harmattan, 2015.
9. N. Massager., *Les bases du droit civil,* T. III. Droit des obligations, Bruxelles, Anthémis, 2013.
10. Mukadi Bonyi, *Droit du travail*, Kinshasa, CRDS, 2008.
11. Mulumba Katchy, *Droit civil : les contrats spéciaux*, 1ère éd. Crefida, Kinshasa, 2015.
12. Santos Akueté, Agbenoto Koffi Mawunyon, Masamba Makela R. et M.T. Kenge Ngomba Tshilombayi., *Droit commercial général*, Juriscope, Collection Précis de droit uniforme africain, 2020.
13. P. Van Ommeslaghe, *Traité de droit civil belge*, Tome II, Les obligations, Volume 1 à 3, Bruylant, Bruxelles, 1ère édition 2013.

D. Articles

1. Battajon et Maitre Tshibangu du Cabinet Daldewolf, Exposé intitulé, *Covid-19 : cas de force majeure dans le droit congolais ? (en matière de contrat de travail et de contrat commercial)*, du 26 mars 2020 in https://www.ccife-rdcongo.org/actualités/n/news, consulté le 3 mai 2020.
2. Grégoire Duchange, coronavirus et contrat de travail, in *AJ Contrat-mensuel- avril 2020.*
3. J. Heinich., « L'incidence de l'épidémie coronavirus sur les contrats d'affaires : de la force majeure à l'imprévision. », in D. 2020. Chron. 611.
4. Kenge Ngomba Tshilombayi M.T., « Covid 19 et force majeure », in *Cahiers Africains des Droits de l'Homme et de la Démocratie*, numéro 066, volume 1, 24ème année, Kinshasa, janvier-avril 2020, pp. 43-62.
5. F. Luxembourg., « Le fait du prince : convergence du droit privé et du droit public », in *JCP,* 2008.

6. Mekki Moustapha, « De l'urgence à l'imprévu du Covid-19 : Quelle boite à outils contractuels ? » in *AJ Contrat-mensuel-* avril 2020.
7. R. Ziade et C. Cavicchioli ., « L'impact du Covid-19 sur les contrats commerciaux », in *AJ Contrat-mensuel-* avril 2020.

Le principe de responsabilité à l'épreuve de la pandémie de la Covid-19

■ ***Evariste Boshab***
Professeur Ordinaire
Faculté de Droit de l'Université de Kinshasa

Le Doyen Kalongo Mbikayi, enseignant la responsabilité aux confins du droit, revenait souvent sur le fait que « là où la législation d'un pays peut s'avérer incomplète, lacunaire, le droit se révèle être toujours complet ». Ceci signifie que le juge serait condamné pour déni[1] de justice si, face au litige soumis à sa sagesse, il s'abritait derrière le terrain buissonneux de la faute du législateur. Quand bien même le législateur ne se serait pas encore prononcé, dans un domaine nouveau, en matière civile, le juge doit se décarcasser pour ne pas renvoyer les litigants dos à dos. Face aux phénomènes inédits, le juge doit convoquer, même les solutions de droit étranger, sous forme des principes généraux du droit[2], pour apaiser les conflits humains et cultiver le sentiment de ne point se rendre justice, dans une société organisée.

Aussi, faudrait-il noter : « à la fin du XIX[è] siècle, c'est le juge qui, face à la carence du législateur, avait le premier découvert les principes fondateurs de la responsabilité du fait des choses[3] ». Doit-on, dès lors, eu égard aux conséquences tragiques, sinon en considération des dommages causés par la Covid-19, espérer que le juge, une fois de plus, sortira de sa gibecière un pigeon blanc, pour indemniser les victimes de cette pandémie, à tout le

---

[1] Exception faite du juge pénal qui ne peut se prononcer que sur les incriminations et les peines préalablement établies par le législateur. C'est la naissance du droit moderne avec la publication du publiciste italien Cesare Bonesana, marquis de Beccaria, Des délits et des peines, Livourne, 1974. Pour accorder plus de crédit à cette règle, le constituant congolais l'a constitutionnalisée à travers l'article 17 de la Constitution en ses alinéas 2, 3, 4 et 5.

[2] J-M. Maillot, *La théorie administrativiste des principes généraux du droit, continuité et modernité*, Paris, Dalloz, 2003, p. 57 : « La théorie présente en effet un double intérêt sur le texte : permettre des hypothèses d'application plus large et disposer d'une bien meilleure capacité d'adaptation… Le recours aux principes généraux permet en effet de dépasser la stricte interprétation littérale du texte, par trop réductrice ».

[3] A. Soupiot, « Face à l'insoutenable : les ressources du droit de la responsabilité », in *Prendre la responsabilité au sérieux*, sous la direction de Alain Soupiot, Mireille Delmas-Marty, Paris, PUF, 2015, p.28.

moins leurs ayants droits ? Comment ne pas soutenir que l'instauration d'un marché total à l'échelle planétaire, la libre circulation des capitaux et des marchandises, et donc l'hyperglobalisation ont tellement dénaturé la nature de la responsabilité que tout débouche sur des risques que personne ne veut ni assurer ni assumer ? Le changement climatique, les risques des manipulations bactériologiques et virales, les risques de prolifération de l'armement nucléaire c'est sur les épaules des pauvres[4] et faibles que pèse la responsabilité de ne point polluer, de ne plus détruire les forêts[5], les arbres, sans contrepartie, pour sauver l'humanité du désastre certain. C'est dans ce contexte d'évitement de responsabilité par les Etats qu'il importe d'examiner, à la fois, la misère et la richesse du droit de la responsabilité à l'épreuve de la pandémie de la Covid-19.

De quoi s'agit-il ? Sortie des entrailles de la province de Wuhan, en Chine, considérée d'abord comme une épidémie mal gérée par les autorités administratives de Wuhan, le coronavirus s'exportera, du fait de la globalisation, en Europe, en Asie, en Amérique et en Afrique, cessant ainsi de n'intéresser que les Chinois, pour devenir une pandémie [6] : un ennemi mondial quasi invisible, paralysant les économies, clouant tout au sol jusqu'à imposer la suppression, sinon la réduction, de la liberté de mouvement comme moyen prophylactique important, incitant la plupart des Etats aux réflexes identitaires, sinon souverainistes, par la fermeture de leurs frontières terrestres, maritimes et aériennes et le contrôle renforcé des étrangers[7].

Evidemment, le coronavirus n'est pas la première pandémie parue qui a fait trembler l'humanité. On dénombre notamment la peste, la grippe espagnole[8] et le VIH-Sida. Il convient de s'intéresser aux régimes juridiques qui ont été appliqués pour juguler le mal qui répand la terreur [9] (I). Ensuite, souligner la différence entre la Covid-19 et les autres pandémies passe pour un début de solution, face à cette confusion où les uns rendent les autres

---

[4] P. Aries, « Eradiquer la pauvreté ou valoriser les cultures populaires », *Puissances d'hier et de demain. L'état du monde 2014,* sous la direction de B. Badie, D. Vidal, Paris, La Découverte, 1013, p. 181 : « Si l'on prend comme repère les objectifs fixés par le Groupe d'experts intergouvernemental sur l'évolution du climat (GIEC) de ne pas dépasser une hausse de deux degrés de la température terrestre moyenne au cours du XXIe siècle, seuls les modes de vie des pauvres sont écologiquement responsables puisqu'ils se situent au-dessous de deux tonnes d'émission de carbone.

[5] Couper les arbres pour l'usage domestique ne constitue en rien, pour les paysans africains, la destruction des forêts, par contre c'est un acte de régénérescence

[6] C'est le 11 mars 2020 que l'Organisation Mondiale de la Santé a déclaré une pandémie mondiale concernant la Covid-19.

[7] Les images ont fait le tour du monde où on a vu, particulièrement en Chine, le traitement dégradant réservé par la police chinoise, aux africains sous le fallacieux motif du contrôle sanitaire.

[8] B-H. Lévy, *Ce virus qui rend fou*, Paris, Grasset, 2020, p. 7 : " *La grippe espagnole, avec ses cinquante millions de morts, a fait, il y a un siècle, plus de victimes que n'en fera sans doute le Covid* ".

[9] C'est Jean de Lafontaine.

responsables de la maladie, sans en apporter la preuve (II). Enfin, quelques perspectives pour instaurer l'assurance internationale de solidarité, eu égard aux catastrophes dues à la recherche de l'hégémonie ou à la volonté de puissance (III).

I. Le régime juridique des pandémies.

Si l'on prend comme point de départ l'article 258 du décret du 30 juillet 1888 relatif aux contrats ou des obligations conventionnelles, article selon lequel « tout fait quelconque de l'homme, qui cause à autrui un dommage oblige celui par la faute duquel il est arrivé à le réparer », on peut se demander s'il y a un responsable des pandémies ou des catastrophes naturelles qui s'acharnent sur les humains, afin qu'il en réponde. La réponse parait négative. Est-ce à dire, pour autant, puisqu'il n'y a personne à qui on peut imputer les dommages causés par les pandémies, par conséquent, le principe de responsabilité accuse ses limites, et donc rien ne peut être entrepris en faveur des victimes ?

Par le régime juridique des pandémies, il faut également interroger l'histoire du droit, pour savoir, si c'est la responsabilité - délictuelle, contractuelle, individuelle, collective ou c'est carrément la responsabilité sans faute - qui est convoquée pour ne pas abandonner les victimes, à leur triste sort.

Toutefois, deux moments de cette analyse historique du principe de responsabilité paraissent importants, eu égard aux catastrophes naturelles. S'agissant de cette problématique de la responsabilité, le questionnement se limitera aux aspects juridiques, tandis que la dimension concernant la lutte sur le plan médical mérite de n'être laissée qu'à la compétence des spécialistes en biologie ou en médecine. De la sorte, il convient d'examiner, bien avant la séparation de l'Etat et l'Eglise (A), lorsque les prélats catholiques disposaient aussi bien du pouvoir temporel que spirituel, comment étaient réparés les dommages causés par des pandémies ? D'autre part, le machinisme, qui change irréversiblement les habitudes avec la machine à vapeur inventée par James Watt, multiplie les risques et décuple les dommages (B) subis par les particuliers, l'Etat étant détaché de l'Eglise, la laïcité primant, de quelle manière sont réparés les préjudices dus aux nombreux incidents et accidents du machinisme ?

A. Avant la séparation de l'Etat et l'Eglise

Tout s'organise autour de la morale chrétienne. Il faut s'occuper des pauvres, des orphelins et des veuves, leur donner l'aumône. La vassalisation des relations dans la société pousse le souverain à intervenir, suivant son bon vouloir, lorsque des dommages surviennent. Il n'est pas obligé. Il n'y a aucun mécanisme institué pour réparer les préjudices au profit des victimes. Lorsque des malheurs s'abattent à grande échelle, il n'y a qu'un voile qui ne peut résister aux bourrasques : il s'agit de la solidarité. Mais, dès lors que c'est toute une communauté qui est victime d'un dommage, qui viendrait au secours des infortunés ? En droit coutumier congolais, les pandémies trouvaient une explication magico-religieuse. Il fallait apaiser la colère des esprits supérieurs révoltés par la méconduite des humains. Des offrandes et des cérémonies de thérapie de groupe scellaient ainsi la réconciliation entre les vivants et les morts, les choses et les êtres.

Il convient d'examiner comment étaient perçus les dommages (1) et quels mécanismes étaient mis en place pour les réparer (2), et quelle est la pertinence de ce mécanisme (3).

1. Le châtiment divin

Les pandémies n'ont pas eu une autre explication : c'était la colère divine. Les humains se sont écartés de la volonté du créateur qui a fini par cracher sa colère : foudre, tremblement[10] de terre, épidémies, pandémies. Lorsqu'éclate la Grande Peste en 1385, « d'une certaine manière, le mal, c'est la bête qui reste en l'homme, proclame l'Eglise. Le péché, c'est la sauvagerie qui refuse d'obéir, qui rechigne à se soumettre à l'interdit édicté par Dieu »[11].

Il fallait, pour apaiser la colère divine, multiplier les actes de repentance, par les actions de grâce, une vie pieuse, des mortifications, jeûnes et pénitences. C'était donc une période où vaches et veaux, porcs et porcins étaient condamnés[12] à des peines sévères, considérés comme responsables, en ce que leurs cris étaient interprétés comme défis à la base de tel ou tel autre malheur. Heureusement que la société a évolué. Les bêtes ne sont plus responsables des dégâts qu'ils auraient causés ; mais c'est plutôt la personne qui assure leur garde qui est responsable de tous les dommages qu'ils auraient commis sur les biens d'autrui.

---

[10] M. Onfray, *Décadence*, Paris, Flammarion, 2017, pp. 373 : « Le 1er novembre 1755, à Lisbonne, à 9 h 40 du matin, le petit fils du tragédien Jean Racine meurt en même temps que 50 000 victimes emportées par un tremblement de terre générant un tsunami avec des vagues d'une dizaine de mètres. Son retrait fut suivi par un gigantesque incendie. Ce jour de la Toussaint, fête de tous les saints, Dieu, pour ceux qui y croient, déchaîne un séisme… »

[11] *Idem*, p. 259.

[12] *Idem*, p. 257 : « Les procès d'animaux témoignent que la pensée magique a longuement entravé l'intelligence des hommes. Le premier date de 1120, il concerne des mulots et des chenilles à Laon, en France ; le dernier est rendu en 1846 à Pleternica, en Slovanie, contre un cochon,. Une quantité d'animaux ont été appelés au tribunal, on a instruit leur procès, on les a défendus, puis jugés, ils ont été condamnés, qui à l'excommunication, à la pendaison, à la relaxe, qui à la relégation, à la réhabilitation, à l'acquittement. Certains cochons ont été exécutés à l'arbalète, pendus, assommés, découpés et jetés aux chiens, d'autres enterrés vivants, torturés parfois même, le grouinement valant aveu ».

Curieusement, même de nos jours, face aux ravages de la Covid-19, certaines personnes continuent à soutenir - surtout en Afrique subsaharienne où l'Eglise du Christ dont le rôle est la libération des peuples de l'obscurantisme - qu'il s'agit d'un châtiment divin, parce que, des Etats ont légalisé l'avortement, l'homosexualité, la prostitution, l'euthanasie..., et donc, c'est la colère divine qui s'abat sur l'humanité.

Nonobstant l'évolution des mentalités, ce discours du temps du déluge trouve encore des adeptes ; ce qui rend le mécanisme de riposte aléatoire, parce que les gens restent convaincus que leur foi[13] les rend invulnérables, en lieu et place des gestes-barrières qui constituent des moyens efficaces de prévention.

Même si les prêtres, les imams et les pasteurs des églises de réveil se sont inscrits dans la logique des gouvernements, en fermant leurs lieux de culte, en vue de lutter contre cette pandémie, il s'avère que dans la plupart des cités africaines, les populations n'ont pas changé véritablement leurs comportements : les gestes-barrières, pour une meilleure prévention, ne sont pas adoptés et encore moins intégrés, dans la vie de tous les jours. L'explication semble simple : leur foi qui peut déplacer les montagnes ne permettra qu'ils soient touchés par la pandémie.

Il ne suffit pas que les gouvernants mettent en place les moyens de prophylaxie contre la Covid-19, pour que les succès s'ensuivent ; encore faudrait-il que les mentalités changent[14]. Par ailleurs, eu égard à la modicité des infrastructures sanitaires qui passent plus pour des mouroirs que des lieux de soins, pour une probable guérison, comment convaincre les populations à sortir du fatalisme ! Si tel est atteint, ce n'est pas en raison de son comportement dangereux, mais plutôt puisque Dieu l'a voulu[15] ainsi. Tel est donc son sort ! Il s'agit là de la religiosité négative qui éloigne l'homme de l'accomplissement de son destin. Il s'agit là de la peur[16] qui, ne permet

---

[13] A titre purement illustratif, le respect des gestes-barrières aura été un échec patent, en raison de la sensibilisation qui n'a pas été à la hauteur d'une mégapole. C'est ainsi que l'opinion est segmentée en trois parties : une petite partie qui est convaincue que la Covid-19 existe et qu'il faut se prémunir ; la partie, particulièrement théiste, c'est la punition de Dieu que vient remettre les méchants sur le droit chemin ; et la troisième opinion selon laquelle c'est une maladie qui n'atteint que les riches et non le petit peuple qui se vautre dans la misère. En conséquence, les gestes-barrières ne serviraient à rien, puisque le sort de chacun serait déjà scellé.

[14] C. André, J. Kabat-Zinn, P. Rabhi, M. Ricard, *Se changer, changer le monde,* Paris, L'iconoclaste, 2013, p. 207 : « Changer le monde, cela passe par un engagement individuel en tant que citoyen actif, responsable et solidaire. Dans cet esprit, chacun de nous peut devenir porteur d'espoir. Dans tous les cas, il faudrait faire en sorte que nos actes contribuent à un changement global ».

[15] M. Onfray, *Décadence, op. cit.,* p. 374 : « La vieille théorie théiste impose sa loi depuis plus de mille ans : pour le judéo-christiannisme, tout qui advient est voulu par Dieu ».

[16] T. Cao-Huy, *Désordre, désordres. Le discours du désordre international*, in : Désordre(s), Centre universitaire de recherches administratives et politiques de Picardie, Paris, PUF, 1997, p. 325 : « Dompter la peur est déjà une attitude hautement morale : c'est refuser de

pas à l'homme de marquer le pas décisif, pour s'affranchir. Face aux ravages de cette pandémie, comment la charité chrétienne peut-elle produire des miracles ?

2. La charité chrétienne

Les vertiges des gouvernants face au nombre impressionnant des morts, les conséquences imprévisibles des pandémies détériorant les conditions de vie, il ne restait plus que les bonnes sœurs pour se sacrifier, en administrant des soins aux victimes abandonnées. Mais le nombre des victimes s'accroissant, de manière exponentielle, la charité montre ses limites. Il convient d'inventer d'autres mécanismes pour rassurer la population.

L'expansion de la peste à une vitesse inattendue, sinon la mauvaise prise en charge – comme l'écrit si bien Albert Camus : ils ne mouraient pas tous, mais tous étaient atteints – dépasse l'imaginable. Les cadavres jonchant les rues, la charité est dépassée. Les âmes charitables sont emportées par la violence du mal. Chacun cherche comment se sauver. Ce ne sont ni les sermons des clercs, ni les mortifications des nonnes qui peuvent arrêter le mal. La débandade est totale. Là où l'Etat, même embryonnaire, ne constitue pas la réponse à la demande accrue de la sécurisation des populations, il n'y a point d'Etat.

Il importe de le souligner, la charité n'est pas une obligation. C'est un devoir moral d'un croyant vis-à-vis de son Dieu. Ce devoir n'est assorti d'aucune sanction. Personne n'est condamnable[17], pour n'avoir pas été charitable à l'égard de son semblable, à moins de croire aux sanctions surnaturelles même si l'infraction de non-assistance à personne en danger s'apparente, en quelque sorte, à la charité.

Puisque la charité entendue comme réponse face aux dommages causés par des pandémies ne semble pas être un moyen efficace de réparation des préjudices et de sécurisation des victimes, l'homme est-il, dès lors, dénué de toute autre ressource ?

Si le recours à la justice immanente ne parait pas satisfaisant, la tendance naturelle de l'humain est le recroquevillement sur soi. Dans ces conditions, le châtiment divin n'étant pas lénifié par la charité, la mort des nonnes soignantes lors des épidémies[18] et pandémies étant une poignante illustration,

---

prendre part au système des blocs et de se ranger derrière un chef de guerre ». B-H. Lévy, *Ce virus qui rend fou*, op. cit. p. 9 : " *Nous avons tous vu, d'un bout à l'autre de la planète, dans les pays les démunis non moins que dans les grandes métropoles, des peuples entiers trembler et se laisser rabattre dans leurs habitats, parfois à coups de matraque, comme du gibier dans ses tanières* ".

[17] Evidemment, du temps où l'Eglise catholique avait ses juridictions pour juger non seulement les religieux, mais plutôt toutes les catégories sociales, les gens étaient jugés pour manque de charité. C'est comme pour l'infraction de non-assistance à personne en danger qui pénalise le manque de solidarité, de nos jours.

[18] On doit le souligner, l'apparition du virus Ebola dans la ville de Kikwit, avait emporté plusieurs religieuses congolaises et italiennes qui soignaient les malades.

le repli sur soi reste le seul moyen efficace pour éviter la contagion. Les architectes anciens, plus prompts à protéger les villes, avaient prévu des murailles qui devenaient des fortifications pour ne pas accueillir des visiteurs importuns et impromptus, et donc des bannis ainsi que les personnes atteintes de maladies incurables.

3. La stratégie d'enfermement

Puisque l'on ne peut faire face à la pandémie, il faut néanmoins éviter qu'on allonge à l'infini la liste des victimes. Les murailles jouent ainsi un double rôle. Celui de protection, d'une part : les pestiférés sont relégués sinon bannis en dehors des portes des villes. D'autre part, les malades ne peuvent y accéder : ils sont bloqués, en dehors des murailles, pour limiter la contamination. Les murailles passent, de la sorte, non seulement pour des bâtiments militaires, mais également des instruments de préservation de l'hygiène publique.

On dénombre ainsi, sans être exhaustif, à travers l'histoire de l'humanité, la Grande Muraille de Chine, les Murailles de Constantinople, le mur d'Hadrien… plus proche de nous le Mur de Berlin, même s'il a été démantelé entre juin et novembre 1990, son objectif était de séparer les habitants de Berlin-Est de l'influence nocive, et donc du mal de Berlin-Ouest. Comment passer sous silence le mur de séparation construit par Israël, en Cisjordanie, au motif que cette construction ne servirait que les objectifs sécuritaires ? Comment ne pas évoquer le Mur entre le Mexique et les Etats-Unis d'Amérique ? Même si la décision avait été officiellement prise par George W. Bush, ce mur est devenu le cheval de bataille de l'administration Trump, sous prétexte de lutter contre le terrorisme et les narcotrafiquants. Il convient de revenir au délire sinon à la psychose du monde face à l'apparition du coronavirus.

La Chine, devenue une sorte de paria[19], regardée avec dédain par les puissances occidentales, comme épicentre du coronavirus, s'est débattue courageusement pour maîtriser la pandémie. Il convient d'avoir présent à l'esprit que ces mêmes puissances avaient lutté, avec pugnacité, pour que le monde devienne un village planétaire : qu'il n'y ait plus de barrières, par les avantages comparatifs, l'on achève le processus de délocalisation des industries, pour maximiser les profits en donnant plus des dividendes aux investisseurs. On avait, ainsi, sciemment oublié la sagesse populaire selon laquelle chaque médaille a son revers.

Du fait de la globalisation, le coronavirus ayant voyagé aux frais du prince à travers le monde, toutes les puissances occidentales ont érigé des murailles imaginaires, privilégiant ainsi les stratégies d'enfermement et de

[19] Ironie du sort, c'est la même Chine qui apportera la technologie et ses médecins à l'Europe débordée par la pandémie de Covid-19, dans le cadre de la solidarité internationale, pour soulager les populations en déficit de respirateurs et masques.

méfiance, au détriment de toutes les autres valeurs démocratiques. Toutefois, le philosophe Bernard-Henri Lévy invite à relativiser la relation entre la pandémie de Covid-19 et la mondialisation libérale, car soutient-il avec raison d'ailleurs, « des virus, il y en a depuis la nuit des temps... il n'est pas nécessaire d'être savant pour noter que les virus y furent, chaque fois, et à tout prendre, l'arme d'un crime de la nature contre les hommes davantage que le signe de la violence faite par les hommes à la nature... »[20] Est-ce suffisant pour ne pas dénoncer les activités dangereuses des puissances dominantes qui augurent des catastrophes de tout genre ?

Les vieilles recettes des grands-mères ont refait surface, tout comme les démobilisés et les retraités ont été rappelés à reprendre du service : si la patrie est en danger, nous la défendons tous. En quoi la politique du confinement serait-elle différente de la construction des Murailles pour protéger les citoyens et défendre les Etats ? Il s'agit des marquages de surveillance des mouvements des populations pour limiter les effets néfastes de la pandémie. Si en Chine et en Corée du Sud, cette surveillance est doublée du traçage des marqueurs technologiques en vue de situer, dans un rayon précis, ceux qui sont déjà atteints, afin de minorer la contagion, en quoi cette pratique serait-elle attentatoire à la liberté des citoyens ? Entre la survie collective et la résurrection individuelle, le choix est-il possible ? Evidemment, ceux qui optent pour la liberté, par-dessus tout, n'ont pas tort, mais force est de faire remarquer qu'ils ne tiennent pas compte des conditions d'exercice de toute liberté. Celles-ci supposent, au préalable, l'existence d'un groupe organisé en ce que Robinson Crusoé[21], perdu seul dans son île, ne pouvait parler liberté. A qui l'opposerait-il ?

Le confinement a rappelé à ceux qui avaient cru devoir supprimer toutes les frontières au nom de la liberté de commerce que les frontières sont réelles, et même plus fortifiées qu'avant. Puisqu'on n'a pas encore trouvé le médicament–miracle contre la pandémie : que chacun reste chez lui ! C'est la sanction infligée autrefois aux pestiférés : ceux qui n'avaient plus la force de sortir de la ville d'où ils étaient bannis, devraient s'enfermer dans leur domicile, jusqu'à ce que mort s'en suive. Le même traitement est encore réservé, de nos jours, aux détraqués mentaux. Face à la pandémie de Covid-19, l'hystérie généralisée dans laquelle est tombé le monde, aurait-elle transformé tous les habitants de la terre en détraqués mentaux, pour faire de nos villes et villages des asiles psychiatriques ? Le confinement n'est pas une recette nouvelle[22]. Elle est ancienne, mais toujours renouvelée.

---

[20] B-H. Lévy, op. cit., p. 40.

[21] Personnage principal du roman homonyme de D. Defoe (1719), inspiré de l'histoire du marin A. Selkirk Robinson, naufragé sur une île déserte, vit de longues années dans un bonheur relatif : voir *Le petit Larousse illustré*, République Démocratique du Congo, Larousse, 2009, p. 1640.

[22] B-H. Lévy, Ce virus qui rend fou, op. cit., p. 298 : " *Mais jouir du confinement, s'installer dans le mot, ne pas être sensible aux sales parfums dont il était chargé, oublier qu'en Italie*

Comment ne pas signaler qu'en 2014, aux Etats-Unis, « Mme Kaci Hickox, une infirmière de Médecins sans frontières revenant de la Sierra Leone sans aucun symptôme de maladie, est d'abord cantonnée dans une tente dans des conditions qualifiées par elle d'inhumaines, et ensuite contrainte à l'isolement à son domicile sous haute surveillance policière. Un juge de l'Etat de Maine, M. Charles La Verdière, a levé la quarantaine mais maintenu plusieurs mesures restrictives aux libertés de Mme Hickox, dont l'obligation de garder une distance minimale d'environ un mètre par rapport à d'autres personnes[23] ».

Au lieu de s'enfermer pour mieux redécouvrir le langage des enfants, les jeux communautaires d'autrefois, la relecture des classiques oubliés ou la beauté de petites choses que l'on ne voit plus à cause des stress, il convient plutôt d'inventer de nouveaux mécanismes de solidarité pour convaincre l'homme, qu'il est tout petit face à un être infinitésimal appelé Covid-19. C'est une nouvelle manière d'être qui s'annonce, une étape de reconversion en tout. Otto Scharmer va dans le même sens, lorsqu'il dit : « Cette époque demande à ce que se développent une nouvelle conscience, une nouvelle forme de leadership collective, une capacité qui nous permette d'aborder les différents défis de façon beaucoup plus consciente, intentionnelle et stratégique[24] ». De même que le progrès du machinisme avait bouleversé le mode de vie et les mentalités, le coronavirus inaugure l'ère de l'intelligence artificielle, avec les frustrations qu'entraîne toute innovation.

B. Les progrès du machinisme et l'affermissement du principe de responsabilité

Pour le Doyen Kalongo Mbikayi, il convient d'imaginer d'autres mécanismes de réparation des préjudices subis par les particuliers parce qu'il devient, de plus en plus, difficile aux victimes de prouver que c'est par la faute d'un tel qu'elles se trouvent dans une situation incommodante et inconfortable[25].

---

par exemple ce sont les antifascistes que, comme Gramsci à Ustica ou Carlo Levi en Lucanie, on confina dans des îles ou des villages prisons, trouver des vertus à la chose, s'autocongratuler de l'aventure et du rapport au monde qu'elle instaure".

[23] D. Ventura, « Responsabilité et santé globale », *Prendre la responsabilité au sérieux,* sous la direction de A. Soupiot, M. Delmas-Marty, Paris, PUF, 2015, p. 217 : « Le magistrat, tout en reconnaissant l'absence de la base scientifique de sa décision, la fonde pourtant sur le fait que les gens ont peur et que cette peur soit rationnelle ou non, elle est présente et réelle. Cette approche de la crise sanitaire n'a pas tardé à se répercuter sur les migrations internationales ».

[24] J. Kabat-Zinn, « Pleine conscience : la révolution au cœur de soi », *Se changer, changer le monde*, sous la direction de C. André, J. Kabat-Zinn, P. Rabhi, M. Ricard, Paris, L'iconoclaste, 2013, p. 100.

[25] Kalongo Mbikayi, *Responsabilité civile et socialisation des risques en droit zaïrois*, Kinshasa, P.U.Z., 2ème édition, 1979.

En effet, Vincent Kangulumba Mbambi constate ce qui suit : « le XIXe-siècle a consacré l'apogée du machinisme et de l'industrialisation, générateurs du progrès. Seulement, le progrès ne va pas toujours sans dommages » (1). L'ampleur des préjudices causés par le développement du machinisme ainsi leur complexité mettent à rude épreuve les réparations imaginées par le code civil[26]. L'objectif de ne pas abandonner les victimes, sans indemnisation, ne semble pas atteint (2).

1. Le Code civil

Le principe de responsabilité - dégagé à travers le code civil afin de réparer les dommages causés par un individu, une chose inanimée, une chose animée sous la garde - est une très grande avancée, quand bien même ses limites perceptibles reposent le problème de l'indemnisation des victimes.

Plusieurs théories civilistes ont été échafaudées, à cet effet, pour rencontrer la préoccupation de ne laisser aucune victime sans réparation. On peut noter, sans être exhaustif, citer la théorie du risque avec toutes ses variantes jusqu'à la théorie de la responsabilité sans faute communément appelée la théorie de la responsabilité objective[27].

Il convient de faire remarquer que les articles 259, 260 à 262 du code civil congolais, livre III, posent les principes d'indemniser presque la plupart des dommages, il n'empêche cependant que la nécessité de démontrer l'existence de la faute, mieux le lien de causalité entre la faute commise et le préjudice causé, ne semble pas de nature à faciliter la tâche aux victimes. Et donc, ce n'est pas de la petite bière. C'est une équation difficile à résoudre. Devant ce dilemme, Vincent Kangulumba s'interroge : « A l'heure actuelle, la science médicale commercialise le sang et certaines parties d'organes humains pour la transfusion, les greffes et la transplantation : les microbes et le virus humains qui font des milliers des victimes ne peuvent-ils pas être considérés comme des choses ?[28] ». Prudent, il répond que la délicatesse de la question nécessite l'intervention du législateur pour sécuriser toutes les victimes.

On se rend compte des limites des solutions proposées par le code civil, pour réparer les dommages causés aux particuliers par les progrès du machinisme, tant l'ampleur des préjudices dépasse les capacités des auteurs des préjudices, pour prétendre à une quelconque indemnisation. Olivier Descamps a bien appréhendé ce phénomène : « La révolution industrielle et

---

[26] V. Kangulumba, *Indemnisation des victimes des accidents de la circulation et assurances de responsabilité automobile. Etude de droit comparé belge et congolais*, Louvain-la-neuve, Bruylant-Academia, 2002, p. 44.

[27] Kalongo Mbikayi, *Droit civil, Tome 1. Les obligations,* Kinshasa, Editions africaines, 2012, p. 281.

[28] V. Kangulumba, *Indemnisation des victimes de la circulation et assurance de responsabilité civile automobile*, *op. cit.*, p. 44.

les progrès techniques rendent délicate la preuve de la faute. De nouveaux fondements sont recherchés pour aider les victimes à être correctement indemnisés[29] ». C'est ainsi que naquit l'idée des risques qui doivent être assumés par le biais de la technique des assurances : répartir la charge afin que chacun ne se sente écrasé dans son patrimoine. Parlant de cette technique des assurances, Marie-Thérèse Kenge Ngomba Tshilombayi relève que « ce mécanisme a pour effet de répartir les risques sur l'ensemble des assurés afin de mieux indemniser les victimes[30] ».

2. Les Assurances

Basée sur les calculs de probabilité, l'assurance est une opération (un contrat) pour laquelle une partie, l'assuré, se fait promettre, moyennant une rémunération, la prime (ou cotisation) pour lui ou pour un tiers, en cas de réalisation d'un risque, une prestation (pécuniaire) pour une autre partie, l'assureur (société d'assurance), qui, prenant en charge un ensemble de risques, les compense conformément aux lois de la statistique[31] .

Il s'agit là d'une avancée remarquable en matière d'indemnisation des victimes puisque, comme l'exprimait si bien le Doyen Kalongo Mbikayi, c'est une forme de socialisation[32] des risques. L'individu, en lui-même, considéré comme infiniment petit face à l'ampleur des dommages causés, transfère ces risques à un organe suffisamment outillé pour ne pas abandonner les victimes sans compensation. Même si pour quelqu'un qui perd une jambe, la prothèse qu'on lui place, pour assurer sa mobilité ne peut, en aucun cas, remplacer psychologiquement sa jambe perdue, on note qu'il peut se déplacer ; c'est mieux que l'immobilisme. La question de savoir si tous risques sont « assurables » reste entière. Le cas du coronavirus ne constitue-t-il pas une parfaite illustration des limites du contrat d'assurance ?

En effet, de nos jours, le réchauffement climatique[33] avec tous les risques sur le plan écologique, la prolifération de l'armement nucléaire - sans négliger les dommages collatéraux qu'ils peuvent occasionner - demeurent

---

[29] O. Descamps, « Histoire du droit de la responsabilité dans le monde occidental », Prendre la responsabilité au sérieux, sous la direction de A. Soupiot, M. Delmas-Marty, Paris, PUF, 2015, p. 53.

[30] M.T. Kenge Ngomba Tshilombayi, Droit civil. Les obligations, Paris, l'Harmattan , 2017, p. 175.

[31] G. Cornu, *Vocabulaire juridique :* Association Henri Capitant, Paris, PUF, 2010, p.84.

[32] Kalongo Mbikayi, *Responsabilité civile et socialisation des risques en droit zaïrois*, Kinshasa, P.U.Z., 2ème édition, 1979.

[33] B. Tertrais, *Les vingt prochaines années, l'avenir vu par les services de renseignement américains,* Paris, Les Arènes, 2017, p. 77 : « Le changement climatique amplifiera la perte et la dégradation actuelles des habitats, la surexploitation, la pollution et les invasions d'espèces étrangères, nuisibles aux forêts, aux pêcheries et aux zones marécageuses. De nombreux écosystèmes marins, dont les récifs de corail, seront menacés par le réchauffement et l'acidification des océans » ; E. SADIN, *La silicolonisation du monde. L'irrésistible expansion du libéralisme numérique,* Paris, L'Echappée, 2016, p. 270 : « Le réchauffement climatique d'un dépassement de limites ».

des zones d'ombres dans lesquelles aucune société d'assurance ne s'aventure à couvrir les risques. Et pourtant, le potentiel des dommages qu'ils peuvent entrainer, pour toute l'humanité, est non seulement effrayant, mais parait également inimaginable.

3. Le développement durable

C'est pourquoi, indépendamment de la technique des assurances qui a déjà démontré ses limites puisqu'il y a des risques que l'on ne peut assurer, la réflexion doit être poussée concernant le développement durable, en ce que la satisfaction des besoins d'aujourd'hui ne puisse irrémédiablement mettre en danger la vie, sinon la survie des générations futures. Il s'agit là d'une responsabilité individuelle et collective qui nécessite la prise de conscience de tous les Etats pauvres ou riches, pour baliser le chemin de l'avenir. Le développement durable a été défini pour la première fois, en 1987, par la commission mondiale sur l'environnement et le développement, créée en 1983 par l'Assemblée générale des Nations Unies, dans son rapport intitulé *Notre avenir à tous* : « un mode de développement qui répond aux besoins du présent sans compromettre la capacité des générations futures de répondre aux leurs[34] ». Ceci est d'autant plus vrai qu'en raison de la globalisation du monde, une manipulation des éléments de l'écosystème, peut causer des dommages difficilement évaluables, à travers toute l'humanité. Cette piste mérite d'être éclairée davantage, mais à présent, il convient d'examiner – puisque c'est fut un pas important - comment le principe de responsabilité a été dégagé eu égard au VIH-Sida.

4. Le principe de responsabilité eu égard au VIH-Sida

Le virus du Sida, si les scientifiques ont réclamé la paternité de l'avoir identifié, par contre, en ce qui concerne sa propagation, mieux sa naissance, la paternité est encore à rechercher. On accuse la nature et les conditions climatiques qui ont favorisé son activation ; là n'est pas le débat juridique, puisque l'évitement de la paternité entraîne la dénégation de toute responsabilité. C'est le sort de toutes les épidémies et pandémies. Le cas le plus patent de dénégation concerne l'OMS. Alors qu'il avait été démontré scientifiquement, que l'épidémie de choléra qui avait fait des milliers des morts en Haïti, était la conséquence du comportement des troupes népalaises, dépêchées au Port-Au-Prince, par les Nations Unies, pour imposer la paix, l'ONU a nié[35], pendant longtemps, toute responsabilité. En effet, l'épidémie de choléra s'était propagée du fait des troupes népalaises qui déversaient, en amont de la rivière, les matières fécales déjà infectées.

---

[34] Sous la direction de M. Cornu, F. Orsi, J. Rochfeld, *Dictionnaire des biens communs,* Paris, PUF, 2017, p. 351.

[35] D. Raoult, *Épidémies, vrais dangers et fausses alertes, de la grippe aviaire au Covid-19*, Paris, Michel Lafon, 2020, pp. 131-134.

Assumer la responsabilité n'est pas facile, même pour une organisation qui prône la paix entre les nations.

Pour revenir au virus du Sida, le problème s'est posé en ce qui concerne les hémophiles à qui on avait administré le sang contaminé. L'affaire Docteur Garetta[36] et consorts connut un grand retentissement. La grande publicité accordée, à ce procès, fit des percées remarquables, en matière de responsabilité. Indemniser les victimes post transfusionnelles de Sida, c'est établir la faute de ceux qui avaient la garde du sang. Ceux-ci devraient, techniquement, prendre toutes les précautions afin de s'assurer que le sang était sain avant de procéder à la transfusion. L'évolution du principe de prévention vers celui de précaution[37], enregistre là un changement de paradigme, en ce qu'on entame « une responsabilité par anticipation pour un risque indéterminé[38] ». Le droit pénal s'était aussi invité en cette matière, pour ériger en infraction le comportement des personnes qui, se sachant atteintes du VIH-Sida, exposent autrui au danger. Plus concrètement, transmettre volontairement à autrui le VIH-Sida, est une infraction dans la plupart des législations étrangères. Et comme le droit congolais semble souvent en retard, eu égard au mouvement d'évolution des sciences et technologies, la pénalisation du VIH-Sida n'est pas encore à l'ordre du jour. Comment ne pas, dans le cas d'espèce, envisager la responsabilité de l'Etat législateur ?[39]

Il convient de noter une contribution importante de Claude Labbe qui, dégage la différence entre assurances de personnes, responsabilités et assurances de responsabilité.[40] Ceci signifie qu'il importe de prendre une

---

[36] R. Draï, Science administrative, éthique et gouvernance, Librairie de l'Université d'Aix en Province, 2002, p. 243 : *"Si cette catastrophe a ces milliers de visages, elle se polarise sur un nom, celui du docteur Garetta, l'ancien directeur du Centre national de transfusion sanguine (CNTS), accusé et condamné non seulement parce qu'une catastrophe de cette ampleur serait imputable à une négligence de sa part mais parce qu'il serait l'auteur, au sens criminel, d'un empoisonnement de masse".*

[37] F. Ewald, C. Gollier, N. de Sadeleer, *Le principe de précaution,* Paris, PUF., Coll. Que sais-je ?, pp. 7 : *« La précaution se distingue de la protection contre les dangers. La différence principale est dans l'identification des risques. Les pouvoirs publics ont évidemment à protéger contre les risques identifiables... par précaution, on désigne l'ensemble des mesures destinées soit à empêcher des menaces précises à l'environnement, soit, dans un objectif de prévention, à réduire et limiter les risques pour l'environnement, soit, en prévoyance de l'état futur de l'environnement, à protéger et à améliorer les conditions de vie naturelles, ces différents objectifs étant liés »*

[38] O. Descamps, « Histoire du droit de la responsabilité dans le monde occidental », In : sous la direction de A. Supiot, M. Delmas-Marty, *Prendre la responsabilité au sérieux*, PUF, 2015, p. 54.

[39] M. Mahieu, S. Van Drooghenbroeck, « La responsabilité de l'Etat législateur », J.T., num. 5906, 1999, pp. 825-846 ; A. Alen, « La responsabilité des pouvoirs publics pour les fautes du législateur. Réflexions sur les arrêts de la Cour de cassation dur 1er juin 2006 et du 28 septembre 2006 », J. T., num. 6298, 2008, pp. 97-101.

[40] CL. Labbe, *Sida et Assurances – Aspects médicaux, assurances de personnes, Responsabilités et assurances de responsabilité,* Bruxelles, Larcier, 1995, pp. 218.

police d'assurance pour les actes que l'on commettrait, mais également du fait des préjudices qui pourraient naître des responsabilités que l'on exerce. Et donc, aucun Etat ne considère que la propagation du virus du Sida pourrait relever de sa responsabilité – surtout que le mode de transmission est connu – mais plutôt des individus eux-mêmes. Ils doivent s'auto-discipliner sexuellement, hormis le cas de la transfusion du sang infecté qui constitue une faute de négligence des services de santé. Comment ne pas se demander si le développement durable - qui préconise la préservation de l'écosystème, pour ne pas mettre en danger les générations futures - n'implique pas un nouveau sens à assigner au concept de responsabilité, sinon une nouvelle responsabilité, pour préserver ce qui est commun à tous les hommes, en minimisant en même temps les risques provenant des activités dangereuses de l'homme. Le moment n'est-il pas, à présent, indiqué d'aborder la question de responsabilité de la pandémie de Covid-19 eu égard à la globalisation responsable des changements qui entrainent l'humanité vers la dérive ?

II. Les particularités de la pandémie de Covid-19

Selon le professeur Didier Raoult, « les coronavirus (du latin corona) sont une très large famille de virus qui doivent leur nom au fait qu'ils semblent dotés d'une couronne. Ce sont des virus très répandus qui atteignent aussi bien les oiseaux que les mammifères, et certains d'entre eux ont une transmission interhumaine »[41]. Sans entrer dans les méandres des sciences biomédicales, que faut-il entendre par virus[42] ? Il s'agit d'une particule microscopique infectieuse qui ne peut vivre qu'en parasitant une cellule[43]. On peut néanmoins retenir que « le coronavirus chinois, lui, a fait son apparition en décembre 2019 à Wuhan où une épidémie de pneumonie a été mise en évidence[44] ». Ce qui parait important est que la description de ce nouveau virus par la Chine a entrainé une hystérie mondiale dont la disproportion entre réalité et bruits[45] peut s'articuler autour de six éléments. On ne doit non plus omettre le fait que, l'apparition du virus, en pleine révolution numérique où les nouvelles parcourent le monde à la vitesse de la lumière, peut soit dramatiser ou minimiser le phénomène en occultant sa véritable dimension.

---

[41] D. Raoult, *op. cit.*, p. 90

[42] B-H. Lévy, *Ce virus qui rend fou*, op. cit., p. 51 : *" Qu'est-ce qu'un virus? Est-il une chose soit, une essence, en visite dans le corps du malade, que l'on pourrait séparer de lui et traiter isolément ? Ou bien, comme l'a établi l'épistémologie post-bachelardienne, un dérèglement dans la combinatoire d'organes et de pathologie qui fait un sujet singulier?".*

[43] M. Pollan, « Nos amies les bactéries », Courrier international, n°1216 du 6 au 12 février 2014, p. 31.

[44] D. Raoult, *op. cit.*

[45] Idem.

Parmi les six éléments qui ont provoqué l'hystérie mondiale face au coronavirus, le professeur Didier Raoult cite :

- La peur des maladies nouvelles. Lorsqu'apparaissent les maladies nouvelles, le monde entier est désemparé, car face à la capacité destructrice du virus, on ne sait quand il va s'arrêter. Et face à l'incertitude, la peur trouve un terreau propice.
- L'intérêt des laboratoires qui vendent des antiviraux. Ces laboratoires ne peuvent que propager des nouvelles alarmantes pour se créer l'occasion de tirer des dividendes non seulement en vendant plus, mais surtout en augmentant le prix des antiviraux.
- L'intérêt de ceux qui produisent les vaccins s'explique par l'appât du gain ; plus la peur est grande, plus les commandes des vaccins seront importantes. Sans même s'interroger sur la durée du virus et sa possible, sinon probable périodicité, on se précipite de bricoler des vaccins afin que les riches s'enrichissent davantage. On peut, dès lors, comprendre la guerre sournoise entre les laboratoires des différents pays, tant les enjeux sont grands autour de la vente du probable vaccin contre le coronavirus.
- L'intérêt de ceux qui sont heureux d'être régulièrement sur un plateau de télévision comme experts virtuels. Leurs incongruités en rajoutent à la peur de sorte que tout le monde se perd. Dans cette espèce de nuit sombre, tous les trafics deviennent possibles et augmentent l'impression de l'angoisse qui cadenasse et étreint hommes et femmes, enfants et vieillards.
- L'intérêt de ceux qui font de l'audimat sur la peur. Ils n'informent pas les téléspectateurs sur la maladie, mais en connivence avec les industries pharmaceutiques, font l'apologie du catastrophisme auquel on déboucherait si l'on n'accepte pas le vaccin. Tout cela est tellement bien habillé, afin que tous ceux qui peuvent lever la voix pour tenter de défaire l'écheveau se taisent. Dans ce registre cynique, les tradi-praticiens africains n'ont pas droit au chapitre. C'est avec dédain que ceux qui connaissent tout regardent les potions curatives proposées pour les Africains, et pourtant elles produisent des effets sur le coronavirus. Même les propositions des scientifiques africains, en cette matière, sont rejetées sans examen, au motif que les pauvres ne peuvent rien inventer. Et Paul Ariès le dit si bien : « La sous-estimation statistique et la culpabilisation systématiques des pauvres s'accompagnent du refus de voir ce que ces derniers pourraient apporter au futur de l'humanité[46] ».

---

[46] P. Aries, « Eradiquer la pauvreté ou valoriser les cultures populaires », In : *Puissances d'hier et de demain*. L'état du monde 2014, Paris, La Découverte, 2013, p. 180.

- L'intérêt de ceux qui se voient en sauveurs providentiels. Ils se pavanent avec leurs costumes de chef de guerre, ferment les frontières et déclarent l'état d'urgence eu égard aux images[47] apocalyptiques que projettent les réseaux sociaux[48] et la presse acquise à la cause.

Ils oublient qu'ils ont été rattrapés par leurs mauvaises politiques publiques en matière sanitaire. Pris au dépourvu, ayant dégraissé l'Etat pour privilégier le marché, ils se rendent compte, à leur détriment, que les privés, à part les profits qu'ils recherchent, sans cesse, ne peuvent remplir certaines fonctions sociales de l'Etat, dont notamment la sécurité dans son sens plein. Comment ne pas être du même avis que Mikhaïl Gorbatchev qui soutient : « Nous n'avons pas le droit d'espérer que le marché libre et le libre-échange vont tout régler. Le temps est venu où même les plus ardents défenseurs de ce mode de gestion doivent regarder la réalité en face et cesser de diffamer le rôle de l'Etat[49] ». Comment ne pas, malheureusement, constater, ici, comme dans toute autre action politique, en Afrique subsaharienne, il faut déplorer le complexe du plagiat. Toute mesure qui est prise en Occident pour lutter contre le coronavirus, les dirigeants africains, clones imaginaires des Occidentaux, sans tenir compte des conditions climatiques, encore moins des conditions socio-économiques des populations, la transposent, sans évaluation ni nuances. En conséquence, la population vit en rupture avec les mesures prises pour lutter contre cette pandémie, non pas par défi, mais plutôt parce que les conditions économiques de la population n'ont pas été prises en considération.

Telles sont les particularités de la pandémie de Covid-19, par rapport aux autres pandémies telles que la peste et la grippe espagnole qui avaient fait des milliers des morts. Il importe, maintenant de tenter de saisir l'insaisissable responsabilité due au coronavirus (A) pour mieux situer les tentatives d'incrimination de la Chine (B).

A. L'insaisissable responsabilité due au coronavirus

Procéder de manière classique, en recherchant l'auteur de la faute ayant causé tant de préjudices, presque dans tous les continents, serait mal aborder la question. Il faut plutôt se demander pourquoi, eu égard à l'ampleur des

---

[47] K. Finel, J. Dupre, *Démocratie sous hypnose, comment décrypter les techniques de manipulation en politique,* Thierry Souccar Editions, 2012, p. 27 : « De très longue date, la puissance suggestive de l'image a été utilisée dans les campagnes pour influencer les populations ».

[48] F. Worms, *Les maladies chroniques de la démocratie,* Paris, Desclée De Brouwer, 2017, p. 158 : « Il faut le souligner à nouveau : comme toute invention technique, les réseaux sont à double tranchant, ils permettent un accès encyclopédique et de nouvelles Lumières, et la résistance démocratique à la tyrannie, tout autant que la diffusion nouvelle du mensonge et surtout du soupçon et du cynisme lui aussi généralisé.

[49] M. Gorbatchev, *Le futur du monde global, le testament politique de Gorbatchev,* Paris, Flammarion, 2019, p. 61.

dommages (1) ne pouvant être imputés à un Etat[50], encore moins à un individu, on constate le retour en force de l'Etat[51] providence. Est-ce une véritable résurrection ou s'agit-il d'une simple réapparition qui disparaitrait, dès lors, que l'on aura trouvé le vaccin, qui ne fait déjà pas l'unanimité ? N'est-ce pas là le sort commun de l'humanité (2),- contrainte au silence par les lois du marché dont le point culminant se trouve être la globalisation – qui sort de sa léthargie non seulement pour démontrer la finitude de l'homme, mais aussi et surtout pour apporter les preuves selon lesquelles, il y a des phénomènes qui invitent à se convaincre de l'impuissance[52] des puissants, car les vraies solutions ne peuvent venir que de la remise en question de toute la superficialité que l'on considère comme valeurs essentielles.

1. L'ampleur des dommages

Tout tourne au ralenti, le confinement devient le remède magique pour lutter contre le coronavirus : outre les morts qui se comptent, par milliers, l'économie mondiale paralysée, civils et casernés, chacun s'est constitué prisonnier dans sa propre maison. Faut-il en imputer la responsabilité à un Etat ? Quand bien même on le ferait, avec quels moyens va-t-on procéder à la réparation ? Va-t-on se limiter aux ayants-droits de ceux qui sont morts, ou inclurait-on les industries en arrêt, sans que les ouvriers aient déclenché une quelconque grève ? La réparation couvrirait-elle également les Etats exsangues qui se sont débrouillés, tant bien que mal, se dotant de pouvoirs exceptionnels, pour donner, à leurs dépens, l'illusion d'un Etat social ?

Dans cette perspective, il ressort la nécessité d'ouvrir des chantiers nouveaux, loin des sentiers battus, pour redéfinir la responsabilité. Il ne s'agit plus d'un fait quelconque de l'homme qui cause dommage à autrui et entrainerait de fait, réparation. Ni de la responsabilité objective, encore moins de la technique des assurances qui protègerait l'assuré face aux dommages survenus en indemnisant les victimes ; mais plutôt de se dire que le sort des humains est commun : il faut donc changer des mentalités. Pour ce faire, une culture basée sur l'équité s'impose. Selon Pierre Rousselin, l'extension planétaire de l'économie du marché, a trouvé ses limites : « Des

---

[50] Il convient de signaler qu'en Italie, un collectif de familles des victimes de la Covid-19 a porté plainte contre X. De l'issue de cette plainte pourrait dépendre soit l'évolution du droit de responsabilité, soit alors sa stagnation dans la logique de la trilogie-auteur de la faute-préjudice-lien de causalité.

[51] A. Dejammet, *L'archipel de la gouvernance mondiale, ONU, G7, G8, G20…*, Paris, Dalloz, 2012, P. 102.

[52] B. Badie, *Les temps des humiliés, pathologies des relations internationales*, Paris, Odile Jacob, 2014, p. 27 : « Ecartelé entre une suraccumulation de puissance et un défaut croissant d'efficacité de celle-ci, le système international entremêle les effets d'anomie et de contrainte. Il s'actualise dans une forme inédite, où la puissance mène à l'impuissance, où les conflits n'expriment plus la rivalité, mais l'inégalité, et où la gouvernance tente de recycler l'oligarchie là où elle devrait réclamer l'inclusion de tous… ».

nouvelles règles du jeu doivent être établies. De préférence, cette fois, d'un commun accord[53] ». Dans cette logique, on devrait constater que les nuisances commises par les nantis ne sont pas uniquement préjudiciables aux pays pauvres qui deviennent les dépotoirs de tous les débris, même les déchets nucléaires, mais puisque les écosystèmes fonctionnent comme des vases communicants, les conséquences de ces nuisances se répercutent sur toute l'humanité[54]. Tant que la course vers l'enrichissement de plus riches ne s'arrête pas pour amorcer la politique des équilibres dans tous les domaines, la fragilité de la culture de puissance ne fera que s'accentuer et le retour à l'Etat providence passera pour une nécessité absolue.

2. Le retour inattendu de l'Etat providence

Vilipendé, houspillé, ses ressorts sociaux démantelés, donné pour mort, dans tous les cas contraint à n'être que minimal, l'Etat providence est sorti du cimetière - où il avait été enseveli[55] depuis les années 1970, en raison de la violence des chocs de la crise pétrolière - pour rééquilibrer les rapports humains. De ce point de vue, la pandémie de Covid-19 aura été un catalyseur, pour la réappropriation de la nature par l'homme, prouvant par-là, les limites des lois du marché. La nouvelle responsabilité devrait associer acteurs politiques, acteurs sociaux et scientifiques pour ne plus entailler l'écosystème qui a été, à suffisance, tailladé. Comment ne pas se demander : « or, quelle autre personne que l'Etat peut s'affirmer ainsi en dernier ressort comme l'instance salvatrice ? Face à des catastrophes de divers ordres et aux défaillances des autres acteurs sociaux, n'est-ce pas l'Etat qui par excellence incarne cet emblème providentiel, seul en mesure de garantir contre les calamités ou, à défaut, de faire le nécessaire lorsqu'elles surviennent[56] ? ».

L'Etat doit veiller au bonheur des citoyens, non pas en abandonnant la fonction législative entre les mains des puissants lobbyings et groupes de pression ou en rendant les citoyens irresponsables, mais plutôt en initiant une nouvelle culture de paix[57] et de production pour exclure le superflu. Il ne s'agit pas d'inviter l'Etat à arbitrer entre les différents intérêts pour trancher, mais plutôt de l'impliquer dans ce qu'il convient d'appeler la nouvelle

---

[53] P. Rousselin, *Les démocraties en danger, comment sera le monde de demain ?*, Paris, Editions First, 2014, p. 368 : « Chacun doit accepter le point de vue de l'autre pour que puisse se dégager une convergence sur les questions vitales de l'humanité : le climat, le contrôle des armements nucléaires, le partage des ressources naturelles ».

[54] Idem, p. 372 : « Prévoir le futur, même à court terme, est devenu très compliqué tant le monde est interdépendant et tant le pouvoir est éclaté. Une catastrophe au bout du monde peut avoir un impact immédiat sur l'ensemble de la planète ».

[55] P. Rousselin, *op. cit.*, p. 343 : « Ce modèle d'Etat providence est entré en crise et ne peut se maintenir dans la durée ».

[56] F. Brunet, « *L'Etat, garant en dernier ressort* », In : sous la Direction de A. Soupiot, M. Delmas-Marty, *Prendre la responsabilité au sérieux*, Paris, PUF, 2015, p. 276.

[57] M. RICARD, « Demain, un monde altruiste », Se changer, changer le monde, *op. cit.*, pp. 108-109.

marche du monde, en vue de combattre efficacement l'Etat minimal. Celui-ci ne peut apporter aucune solution face aux grands problèmes qui divisent l'humanité. Il s'agit de récupérer les prérogatives de l'Etat confisquées par les multinationales[58]. Celles-ci se contentent de verser des miettes[59] au trésor public en devenant, dans les Etats faibles, le véritable centre du pouvoir. L'Etat doit demeurer comme le dit si bien François Brunet le dernier garant lorsque l'essentiel est en jeu de sorte que « les catastrophes, qu'elles soient naturelles ou sociales, ne peuvent plus être imputées au seul destin individuel, ni à la fatalité du monde, encore moins à l'action divine[60] ». Le service public, concrétisation de l'intérêt général et prolongement de la continuité de l'Etat, traduit le visage de l'Etat « garant en dernier ressort d'une certaine qualité des rapports sociaux[61] ». Bernard-Henri Lévy pense qu'avec le confinement, on a accepté " avec enthousiasme ou résignation, le passage de l'État providence à l'État de surveillance où l'on contentait à ce glissement : non plus l'ancien contrat social (tu perds un peu de ta volonté particulière, tu gagnes une volonté générale) mais un nouveau contrat vital (tu abdiques un peu, beaucoup, l'essentiel de ta liberté - je t'offre, en échange, une garantie antivirus[62]) ".

Pour que l'Etat dépasse ses fonctions régaliennes en régulant le marché au lieu d'en subir les lois, afin de protéger les faibles, il y a des préalables sine qua non qui participent à l'enracinement de la nouvelle culture de responsabilité :

- Reconnaitre l'échec[63] des lois du marché qui n'ont permis ni d'éviter les crises financières et économiques ni de prévenir les catastrophes écologiques et sanitaires, exposant ainsi la majorité des habitants de la terre à la précarité ;
- Se convaincre de la nécessité du développement durable, de sorte que la solidarité intergénérationnelle[64] devienne, à la fois, un frein contre le

---

[58] N. Chomsky, *Qui mène le monde ?,* Québec, Bibliothèque et Archives nationales du Québec, 2017, pp. 306-307.

[59] P. Rousselin, *op. cit.,* p. 26 : « Les multinationales ont pu échapper à l'impôt en profitant de la déréglementation et de l'essor des paradis fiscaux ».

[60] F. Brunet, *« L'Etat, garant en dernier ressort »,* In : sous la direction de A. Soupiot, M. Delmas-Marty, *Prendre la responsabilité au sérieux*, Paris, PUF, 2015, p. 278.

[61] F. Brunet, *op. cit.,* p. 278.

[62] B-H. Lévy, Ce virus qui rend fou, op. cit., p. 81.

[63] M. Nazet, *La géopolitique pour tous,* Paris, Ellipses, 2010, pp. 72-73 : « La thèse du déclin de l'Etat dans la globalisation est non seulement contestée, mais se trouve confrontée au retour de ce dernier à la faveur des crises politiques et économiques depuis le début du siècle (…). Il est, par ailleurs indiscutable depuis 2001 que de façon plus générale et universelle, le besoin de sécurité face au terrorisme et la crise du capitalisme de 2007-2008 ont entraîné un spectaculaire retour de l'Etat ».

[64] P. Mreau Defarges, *La mondialisation,* Paris, PUF, 2001, p. 72 : « L'humanité peut-elle, à la veille du XXIe, mettre sur pied un développement global, à la fois bénéficiant à tous et

gaspillage des ressources non renouvelables et un ciment pour une vie de qualité ;
- Prendre conscience du fait que les expériences dangereuses actuelles conduisent l'humanité vers un désastre[65] ;
- Mettre en place des chaines de solidarité ou des coopératives à l'échelle mondiale afin que, ceux qui n'ont pas droit au chapitre, puissent avoir une tribune crédible, leur permettant de présenter des propositions alternatives[66], face au bâillonnement dont ils sont victimes de la part des multinationales qui dirigent le monde. Il s'agit d'instaurer une diplomatie non gouvernementale, non pas à la solde des ONG instrumentalisées, mais plutôt à l'échelle des communautés pour asseoir le nouveau principe de responsabilité.

Ces préalables le sont à titre purement indicatif, tant l'imbrication des relations, sinon la complicité entre les multinationales et les Etats qui se disent puissants constitue une équation quasi insoluble : ceux qui fixent les règles juridiques les dégageant de toute responsabilité pour toutes les activités dangereuses qu'ils entreprennent, sont ceux-là même qui sont invités à se remettre en cause. Aucune contrainte ne semble envisageable à leur égard. Quel est, dès lors, cet esprit saint qui descendrait du ciel, pour leur parler en langue de feu, afin qu'ils changent radicalement leur agir, pour mieux appréhender le sort commun de l'humanité ? L'imminence des catastrophes[67] ?

3. Le sort commun de l'humanité

Les ravages causés aux hommes et à leurs systèmes de production par la pandémie de Covid-19 ont apporté la preuve que rien n'était acquis ; même l'infiniment petit peut imposer sa loi à l'infini grand. Se calfeutrer chez soi, devient la loi suprême, pour échapper à la force du virus. N'est-ce pas, là, l'évidence de la fragilité[68] de l'espèce humaine ? Même si les destinées

laissant aux générations futures des richesses suffisantes (notion de développement durable) ? ».

[65] M. Nazet, « La géopolitique pour tous », op. cit., p. 137 : « Le monde est en effet menacé de connaître des pénuries en eau, en nourriture, en énergie, alors que l'environnement se dérèglerait en raison de la pollution et du réchauffement climatique ».

[66] P. Aries, « Eradiquer la pauvreté ou valoriser les cultures populaires », Puissances d'hier et de demain. L'état du monde 2014, Paris, La Découverte, 2017, p. 181 : « Cette positivité des modes de vie populaires est également incontestable du point de vue social puisqu'elle met au cœur des alternatives la construction des biens communs et la perspective d'avancer vers la gratuité des services publics essentiels ».

[67] M. Nazet, « La géopolitique pour tous », op. cit., p. 129 ; N. Chomsky, « Qui mène le monde ? », 2d. Lux, 2018, p. 167.

[68] F. Worms, « Les maladies chroniques de la démocratie », Paris, Desclée de Brouwer, 2017, p. 222 : « C'est cette dégradation ou cette destruction qui fait prendre conscience aux humains de leur interdépendance et de leur fragilité commune ».

varient, le destin semble le même sur chaque périmètre habité de la surface de la terre. Ce sont là des signaux qui invitent à marquer un point d'arrêt, pour procéder à l'introspection : les actes d'autodestruction sont légion, et le péril est commun. La Covid-19 a démontré qu'il pouvait toucher, en plein cœur, les économies qui se disent les mieux organisées en les paralysant totalement. Il convient donc de marquer un point d'arrêt. Procéder à l'examen de conscience. Le verdict paraît sans appel : les progrès de l'humanité se sont accompagnés du rétrécissement progressif des valeurs fondamentales, tout en infligeant régulièrement des plaies quasi-incurables à la terre nourricière. Faut-il en rechercher le coupable ? Il est connu ; c'est l'homme et sa volonté de puissance[69]. Ce qui urge, est de réparer collectivement les dommages causés à la terre, pour mieux prévenir les catastrophes futures. Si le sort de l'humanité est commun, cela signifie que les actes dont l'humanité entière sera comptable, ne doivent pas être le fait d'une caste dite classe supérieure, qui n'aurait de compte à rendre à personne comme c'est le cas aujourd'hui.

La pandémie de Covid-19 constitue, dans une certaine mesure, une sonnette d'alarme invitant les habitants de la terre à inventer une nouvelle culture, laquelle interdit de produire, plus qu'il n'est nécessaire, pour ne pas jeter le surplus à la mer, alors que dans d'autres coins de la planète terre, les hommes meurent de faim. Lorsqu'on investit plus dans la production des armes meurtrières que dans la fabrication des médicaments[70] qui peuvent éradiquer les maladies tropicales, on n'a pas encore saisi le sens du sort commun de l'humanité. La frénésie vers la production des armes prouve que l'on prépare des guerres futures. Il faut donc provoquer des guerres pour tester la capacité meurtrière des armes ; ces guerres, on va les provoquer chez les pauvres qu'on va armer pour que les matières premières de leurs pays soient exploitées sans payer des impôts. A qui imputer la responsabilité des milliers des morts qui tombent sous les coups des canons ? Est-ce les fabricants ou les marchands d'armes qui doivent répondre ? Après le diamant de sang interdit à la vente, pourquoi n'a-t-on pas parlé du cobalt de

---

[69] E. Sadin, *La silicolonisation du monde. L'irrésistible expansion du libéralisme numérique,* Paris, L'Echappée, 2016, p. 212 : « Il est probable que ce nouveau malaise ne génère pas que de la frustration, et conduise à la multiplication des troubles mentaux, à des conflits d'un nouveau type dans les sociétés, opposant indéfiniment volonté de puissance et volonté de domination ».

[70] Les laboratoires pharmaceutiques ne peuvent pas investir dans la recherche des médicaments bon marché. Ils doivent faire des gros bénéfices. Or, les maladies tropicales concernent les pauvres démunis. Si le Sida recule, c'est parce que les ONG ont fait pression pour avoir des médicaments bon marché ; c'est aussi parce que le Sida touche aussi l'Occident. S'il ne concernait que l'hémisphère Sud, il serait jeté aux oubliettes comme tant d'autres maladies. En ce qui concerne la fièvre hémorragique Ebola, s'il y a des vaccins aujourd'hui, c'est parce que la probabilité de contaminer le personnel soignant est élevée. Il est donc à craindre que par le phénomène de migration, l'Occident ne s'expose au danger ; d'où les efforts de cantonner cette maladie en Afrique subsaharienne.

sang et du coltan de sang ? Est-ce à cause des intérêts financiers énormes qui seraient menacés ? Le sort commun de l'humanité, c'est la volonté de surmonter ensemble les obstacles que créent les comportements inconséquents de l'homme. Lorsque ce sont les bourreaux qui rendent justice, le principe de responsabilité prend une autre coloration. Ceux qui ont tort imposent au reste du monde, loin de reconnaître l'échec de leur système de gouvernance face au coronavirus, au lieu d'être conciliants, tentent d'incriminer la Chine comme étant la voie par laquelle le malheur est arrivé.

B. L'hystérie mondiale et les tentatives d'incrimination de la Chine

L'hystérie mondiale a connu trois étapes. D'abord, ceux qui ont la prétention de tout maîtriser, ont regardé avec dédain le drame qui se jouait à Wuhan, au motif pris que les maladies virales dénotent certains signes de sous-développement. En conséquence, ils étaient hors d'atteinte : ils ne mangent ni chauves-souris, ni pangolins. Leurs industries alimentaires remplissent les conditions de sécurité qui ne peuvent être mises en doute. Ensuite, la rapidité de réaction des Chinois par la construction des infrastructures pour accueillir les malades semblait étonnante, sans omettre la discipline consentie dans l'application des mesures de confinement. Enfin, la vitesse et l'explosion des cas des personnes atteintes dans les pays qui se croyaient hors d'atteinte, en raison de l'espace où s'était développé le virus, sont là des pièces à conviction au soutènement de l'accusation contre la Chine. C'est comme si les Occidentaux sortaient d'un profond cauchemar. D'où, en vue de se justifier – pour n'avoir pas pris à temps la juste mesure[71] du danger – il faut trouver un bouc-émissaire.

Lorsque l'on ne trouve pas le vrai coupable, la loi est ancienne, il faut immoler la victime expiatoire[72], un bouc-émissaire à qui faire porter le chapeau, pour apaiser la colère de ceux qui pensent qu'il ne peut y avoir un crime sans coupable. Or, s'agissant de la pandémie de Covid-19, les scientifiques, quel que soit leur bord, affirment que le virus ne saurait être fabriqué dans un laboratoire. C'est dire que l'on ne peut, scientifiquement établir que ce virus qui a mis à genoux grands et petits, riches et pauvres, serait dû à la malice d'un Etat, pour réduire en cendres les économies d'autres Etats. Est-ce à dire que dans la procédure de déclaration et de

---

[71] B-H. Lévy, *Ce virus qui rend fou*, Paris, Grasset, 2020, p. 22 : « (Yazdan Yazdanpanah) : il ne vas pas y avoir d'épidémie en France parce qu'on est séparé ; les erreurs de jugement (Jean-François Delfraissy : sans doute n'ai-je pas suffisamment perçu la gravité de l'événement) ou même les délires complotistes (Luc Montagnier annonçant que des séquences du virus du Sida ont été volontairement placées dans la Covid).

[72] R. Draï, « Science administrative, Éthique et gouvernance », op. cit., p. 242 : " *Subroger verbalement la modernité au tragique relève d'une illusion et résulte d'un dangereux jeu d'écritures, si l'on ne prenait acte que le tragique suinte sans cesse dans les consciences et les institutions dites modernes et que, lorsqu'il se manifeste, il prend la modernité tellement au dépourvu qu'elle tente dans la panique de ressusciter les conduites qu'elle avait prétendu abroger, par exemple l'exorcisme et la recherche de victimes expiatoires* ".

communication des épidémies à l'OMS, tout aurait été fait suivant les règles de l'art ? La réponse positive vient de l'OMS qui affirme n'avoir commis aucune négligence[73].

Comment ne pas, dès lors, examiner tour à tour, les revendications des Etats-Unis d'Amérique (1), celles du Royaume-Uni (2), de la France, de l'Allemagne et du Japon (3) et pourquoi pas celles de la RDC ?

1. Les Etats-Unis d'Amérique

L'administration Trump élève trois prétentions pour établir la responsabilité de la Chine, dans la propagation de la pandémie de Covid-19.

D'abord, les conditions de sécurité du laboratoire (livrées par la France), ne répondraient pas aux normes internationales. Etant donné que les chercheurs chinois se sont investis dans l'identification et le traitement éventuel du coronavirus, il n'est pas exclu que, par mégarde et donc accidentellement ou par esprit criminel, l'on ait laissé s'échapper ce virus, pour punir le reste de l'humanité. D'autant plus que par le passé, « il y eut deux épisodes d'infections non naturelles, issues de laboratoires militaires, avec le bacille de charbon[74] ». Le premier cas concerne une erreur de contention du laboratoire militaire d'Ekaterinbourg, en 1979, en Russie ; tandis que le second cas se passe aux Etats-Unis d'Amérique, lorsqu'après le 11 septembre 2001 (deux semaines après), des bacilles de charbon sont envoyés[75] dans des lettres à certains sénateurs et à quelques journalistes américains. Ce qui pousse Colin Power[76], sans preuves, à accuser Saddam Hussein de détenir des stocks de charbon. Et donc, c'est le déclenchement d'une attaque virale sans l'annoncer, pour prendre les autres par surprise. Même si les accusations contre Saddam[77] Hussein - se sont avérées

---

[73] C'est ainsi que le Directeur Général a balayé du revers de la main l'accusation du Président des Etats-Unis d'Amérique, Donald Trump, qui accusait l'OMS d'avoir été complaisante à l'égard de la Chine. Mécontent de n'avoir pas obtenu le soutien de l'OMS, il décide de couper les subsides à l'OMS. Les représailles, toujours les représailles, c'est la loi du plus fort qui rejette toute forme de responsabilité.

[74] D. Raoult, « Epidémies, vrais dangers les fausses alertes », op. cit., p. 12.

[75] Idem, p. 18 : « Cette bactérie qui avait été envoyée aux politiques et aux journalistes américains, était une bactérie issue du laboratoire de l'armée américaine, à Fort Detrick, en dépit du fait que la recherche y avait été stoppée depuis 1972 ».

[76] M. Onfray, *Décadence*, Paris, Flammarion, 2017, p. 561 : « Pour faire suite à ce conflit, en 2003, George Bush Senior décide d'une guerre dite préventive contre l'Irak sous prétexte que ce pays dispose d'armes de destruction massive (ADM) qui mettent en danger la sécurité des Etats-Unis et de l'Occident. Colin Power intervient à l'ONU le 12 septembre 2002 pour dénoncer la chose avec des échantillons de ce produit hautement toxique. On saura plus tard que cette image qui a fait le tour du monde était une fiction destinée à frapper les imaginations par les médias ».

[77] Pour justifier l'attaque contre l'Irak, les Etats-Unis d'Amérique qualifièrent Saddam de commanditaire des terroristes, et donc instigateur des attentats du 11 septembre 2001 ; en outre, à sa charge, il y eut également la détention des armes chimiques, bactériologiques et nucléaires. Rien tout cela n'était vrai.

fausses[78]-d'utiliser les armes bactériologiques, il est établi de nos jours que la volonté de puissance pousse les Etats à développer ce type d'armes.

Ensuite, la Chine aurait tardé à déclarer auprès de l'OMS l'épidémie qui sévissait à Wuhan. Cet argument ne semble pas pertinent, en ce que, pour l'OMS, la Chine a respecté, à temps, la procédure d'usage en cette matière. Le président Trump, pour manifester sa colère, n'a pas hésité à traiter l'OMS de marionnette de la Chine. Pour le président des Etats-Unis d'Amérique, la Chine a manqué de transparence dans la gestion de cette maladie, favorisant ainsi la propagation à l'échelle mondiale, alors que tout pouvait être contenu, sans désastre.

Enfin, en sous-estimant le nombre des morts, la Chine aurait versé dans la propagande idéologique pour montrer qu'elle maitrisait le traitement de ce virus dangereux, au lieu d'informer le reste de l'humanité sur la nécessité des équipements sanitaires afin de faire face à la pandémie qui s'est invitée rapidement là où on ne l'attendait pas.

De tout ce qui précède, eu égard aux coups de massue reçus par l'économie de son pays, l'administration Trump déclare la Chine responsable de ce déluge. Si les Chinois n'acceptent pas de procéder aux compensations financières, les Etats-Unis prendraient des mesures de rétorsion, des sanctions[79] pour entailler l'économie chinoise. De manière méthodique, la Chine balaie les arguments soutenus pour les Etats-Unis d'Amérique.

Si la loi du plus fort doit encore régenter le monde, ceci signifie simplement que la notion du développement durable qui exclut les compétitions sauvages en faveur des réconciliations pour réduire les tensions artificiellement entretenues par les multinationales en vue d'assoir leur hégémonie, n'a pas encore trouvé de territoire afin de réclamer sa souveraineté par le biais de l'indépendance. Ceux qui s'arrangent derrière l'axe du bien pour s'aligner derrière les positions américaines ont pourtant, pendant cette pandémie, bénéficié de l'assistance chinoise en équipements médicaux. Attirés par les avantages comparatifs, ils avaient délocalisé leurs usines pour tirer des gros profits, en oubliant que celui qui produit sur son territoire assure son indépendance.

2. Le Royaume-Uni

Celui-ci accuse la Chine d'avoir caché la vraie information pour ne pas permettre aux autres nations de se prémunir contre la pandémie de Covid-19. Les Chinois, fort de la propagande, se font passer pour des champions en matière d'organisation de lutte contre le virus qui a mis riches et pauvres

---

[78] M. Nazet, « La géopolitique pour tous », op. cit., p. 134 : « La détention supposée d'armes de destruction massive par l'Irak, et qui s'avéra relever du prétexte, est à l'origine de l'invasion américaine de 2003 ».

[79] P. Rousselin, *op. cit.*, p. 360 : « L'arme des sanctions brandie par les Etats-Unis est la fille de la guerre contre le terrorisme. Le Patriotic Act, passé par le Congrès dans la foulée des attentats du 11 septembre, et sa section 331, détaillant son application au secteur bancaire constituent le fondement de l'arsenal économico-juridique… ».

d'accord, sur sa grande capacité de faucher les humains et de détruire les économies qui prétendaient être les plus fortes.

Pour n'avoir pas pris les précautions, à temps, le Royaume-Uni[80] ne peut alléguer sa propre turpitude. Ce sont les gesticulations politiques qui ne peuvent engager la responsabilité d'un autre Etat, si ce n'est se justifier auprès de son opinion publique.

3. L'Allemagne, la France, le Japon et le Brésil

L'Allemagne cumule les pertes subies sur le plan économique et établit une note, à charge de la Chine de payer, au risque, de tomber dans une longue récession aux conséquences imprévisibles. Il importe donc que la Chine, responsable du coronavirus, répare le préjudice subi.

La France, par contre se limite aux menaces : s'il s'avère que la Chine n'a pas dit toute la vérité[81] aux scientifiques occidentaux, sur la contagion et la propagation de ce virus, les sanctions seront prises à son égard.

En revanche, le Japon, par l'entremise de ses chercheurs, pose le problème de la manipulation de ce virus par les chercheurs chinois. Ce qui a déclenché l'explosion de cette épidémie à travers la quasi-totalité des pays. Si les preuves irréfutables confortent cette thèse japonaise, la Chine devra, sans nul doute, réparer les dommages subis du fait de la négligence de ses agents appointés au laboratoire de Wuhan.

Comment ne pas relever la position accusatrice du président brésilien qui, en disciple fidèle de Trump, s'est contenté de rabâcher les critiques du président des Etats-Unis d'Amérique, critiques selon lesquelles les Chinois ont caché aux autres pays, l'information stratégique, pour éviter la contagion et la propagation de la Covid-19. Que dire de ces critiques ? Elles sont plus idéologiques que scientifiques. Bolsonario, en adepte de l'ultra-libéralisme ne peut rien trouver de positif qui viendrait d'un système communiste.

4. La RDC

N'ayant ni les moyens, ni la capacité de porter les accusations contre la Chine, la République Démocratique du Congo – réalisme oblige, ne pouvait cracher sur la main qui donne – avait bénéficié d'un lot important de matériels, don de la Chine, pour lutter contre la Covid-19 ainsi que de la présence des médecins chinois.

---

[80] Il a fallu que le premier ministre britannique, Boris Johnson, qui ne croyait pas à l'existence de ce virus, soit lui-même atteint et mis en quarantaine, pour que la Grande Bretagne se réveille et amorce tardivement la lutte.

[81] B-H. Lévy, *Ce virus qui rend fou*, op. cit., p. 98 : " *Le communisme chinois avait beaucoup à se reprocher? Avait-il, en occultant la chose pendant de longues semaines, en manipulant les chiffres, en intimidant les médecins lanceurs d'alerte et en emprisonnant les citoyens journalistes postant, sur GitHub, des articles dénonçant l'état désastreux des hôpitaux à Wuhan, contribué à ce qu'une infection sur un marché de pangolins se mue en pandémie ?*".

Ce qu'il convient de souligner est que le coronavirus a démontré les limites de l'imagination des autorités de la ville de Kinshasa. Celles-ci ont brillé par un suivisme aveugle : dès lors que Paris décrète le confinement[82], le déconfinement partiel, progressif, port obligatoire du masque : tout cela est repris en chœur à Kinshasa, sans se soucier ni de la tropicalisation ni de la légalité des mesures prises. Comment peut-on, tout transposer, sans tenir compte des conditions historiques, économiques, sociales et climatiques ? Est-ce un complexe ou l'incapacité d'imaginer des mesures efficaces, en raison de la situation particulière ? Paris distribue les masques, la nourriture… ce sont les seules mesures que Kinshasa n'a pas pu transposer. Est-ce parce qu'elles impliquent un impact financier ?

Comment ne pas faire remarquer que la plupart d'actes, pris dans la ville de Kinshasa, pour lutter contre le coronavirus, sont imparfaits du point de vue de la légalité et approximatifs du point de vue technique. Certes, les conséquences néfastes de ce virus a nécessité une réaction rapide par des mesures protectrices, mais est-ce là une raison suffisante pour passer outre le respect des libertés fondamentales ?

Pour faire comme les autres, les autorités de la ville de Kinshasa décrètent le confinement de la Commune de la Gombe qui est d'ailleurs la moins habitée, mais là aussi logent les ambassadeurs et la plupart des expatriés. Est-ce à dire que la vie des étrangers serait plus importante que celle des Congolais ou s'agit-il simplement d'un clin d'œil à l'égard de l'OMS ? Dans les autres Communes de la ville de Kinshasa, la vie continue comme si le virus en question était un véritable mythe pour faire peur seulement. Le droit est mis en sommeil comme si l'état d'urgence signifiait mise en hibernation de tout, et même du droit.

Comment ne pas aller dans le même sens que Nil Symchowiczle qui, parlant de l'urgence sanitaire en France, dit notamment : « pour cette crise, comme pour les autres prochaines, aucun état d'urgence, aucune panique, aucune épidémie, ne justifiait qu'il soit (le droit) mis en sommeil[83]» puisqu'il existe encore. Il est clair que ceux qui recherchent à établir la responsabilité d'autres Etats dans l'apparition et la propagation du coronavirus sont ceux qui pensent imposer leur volonté ou se faire entendre sur le plan international ; tandis que les autres, ceux qui vivent de la mendicité que l'on dénomme pompeusement assistance internationale, ceux-là ne peuvent élever aucune prétention en ce que personne ne peut les écouter. N'est-ce pas

[82] Décréter le confinement pour les gens qui passent tout leur temps non pas à l'intérieur de leurs maisons, mais plutôt totalement en dehors ou ce que l'on appelle en Afrique de l'Ouest cour commune, c'est hypothéquer la réussite de la mesure, et donc c'est en quelque sorte exiger que les poissons vivent en dehors de l'eau. Ne pouvait-on pas imaginer autre chose ?

[83] N. Symchowiczle, « Urgence sanitaire et police administrative : point d'étape ».

là une raison suffisante pour chercher d'autres voies afin de redéfinir la responsabilité dans la perspective du développement durable ?

Ce qui semble certain pourtant est la détresse, la panique et les mesures de confinement passent pour être les seuls remèdes afin de tenter de consoler, tant soit peu, la douleur de la perte des êtres chers, ou la douleur de la peur de les perdre incessamment. N'est-ce pas là déjà l'interstice qui permet d'exploiter des pistes nouvelles pour une responsabilité globale qui engagerait l'ensemble de l'humanité en ce que tous sont des morts en sursis ?

III. L'assurance internationale de solidarité face à la volonté de puissance.

Pierre Charbonnier constate que « la rapidité des mutations provoquées par l'activité humaine (le climat), sur les océans, sur les sols, sur les populations animales, est en train de nous priver de la Terre que l'on avait connue »[84]. N'est-ce pas là une raison suffisante justifiant l'urgence d'agir ?

La volonté de puissance[85], celle qui pousse les hommes à marcher sur la lune, à fabriquer les armes nucléaires et bactériologiques, à s'emparer des métaux précieux sans contrepartie, à classer certains pays dans l'axe du mal[86], à boycotter les règles du droit international, - ne peut pas ne pas être assortie de certaines obligations en vue de sécuriser l'humanité. En effet, alors qu'ils n'en ont pas reçu mandat, les actes et actions que posent ceux dont l'ambition est la volonté de puissance, ont des répercussions négatives sur d'autres pays quoique moins nantis, mais détiennent néanmoins le droit de continuer à vivre sur la planète.

---

[84] P. Charbonnier, "Splendeurs et misères de la collapsalogie", Revue du Crieur, n° 13, 2019, pop. 89-90.

[85] M. Nazet, *op. cit.*, p. 137.

[86] P. Rousselin, *op. cit.*, pp. 362-363 : « George W. Bush a inventé l'axe du mal réunissant dans un même ensemble des tyrans qui n'avaient rien d'autre en commun que de contester la Puissance américaine. L'Amérique, malgré sa puissance, ses cerveaux, ses analystes, s'est alors fourvoyée en pensant qu'il suffisait d'abattre un dictateur arabe pour amener la démocratie au Moyen-Orient et que l'on pouvait transformer un pays moyenâgeux comme l'Afghanistan en une démocratie moderne » ; G. Lhommeau, *Le droit international à l'épreuve de la puissance américaine*, Paris, L'Harmattan, 2005, p. 43 : « En effet, les pays formant l'axe du mal, l'Irak, l'Iran et la Corée du Nord, accusés de mener des programmes d'armes de destruction massive sont considérés comme de mauvais proliférants alors même que deux d'entre eux sont signataires du traité TNP » ; P.S. Golub, *Puissance et leadership américains dans un monde en mutation, Puissances d'hier et de demain, l'état du monde 2014*, sous la direction de B. Badie, D. Vidal, Paris, La Découverte, p. 33 : « la tentation impériale et martiale de l'administration George W. Bush eut des effets contradictoires. Le recours à la force pour discipliner des Etats indociles ou pour affirmer la primauté, a fini par mettre en lumière ce que Bertrand Badie a appelé l'impuissance de la puissance dans des conditions de mondialisation postcoloniale ».

Ceux qui polluent les mers et océans[87], ceux qui font du ciel un cimetière en y larguant des objets dangereux dont la chute, imprévisible, peut infliger d'importants dégâts en affligeant les victimes, ceux qui contribuent à la pollution atmosphérique[88] devraient, en raison de la satisfaction qu'ils tirent de leur position dominante, donner des garanties à ceux qui subissent les conséquences négatives de cette puissance. Il ne s'agit pas de mettre en œuvre des mécanismes classiques, par la technique des assurances, mais plutôt de constituer un fonds – non pas comme le font déjà d'autres pays pour garantir la qualité de la vie aux générations futures, - pour se prémunir contre les catastrophes futures. Il ne s'agit pas d'une assistance comme l'aide au développement qui passe pour l'aumône aux pauvres, mais plutôt de dépasser la formule du pollueur-payeur en amplifiant le fait que la volonté de puissance doit s'entendre comme une responsabilité vis-à-vis d'autres Etats. Ainsi, les superpuissances, les puissances et les puissances moyennes devraient contribuer aux reboisements des forêts décimées,

De quelle manière va-t-on procéder ? Autrement dit, qui va les y obliger, lorsque l'on sait que tous les traités qui tentent de remettre l'équité au centre de tout, n'obtiennent pas l'aval des grandes puissances. Pour mieux illustrer, on refuse de signer le Traité de Rome[89] instituant la Cour Pénale Internationale, mais on réclame à cri et cor que les dirigeants des pays faibles y soient conduits, sans possibilité d'évoquer le fait que l'acte d'accusation viole les droits de la défense et que les auteurs de l'acte d'accusation ne sont pas non plus de modèles en matière de respects des droits et libertés reconnus par les instruments internationaux.

Il va falloir examiner l'irresponsabilité généralisée (A) où les Etats, en raison de leur volonté de puissance, posent des actes qui se répercutent négativement sur la qualité de la vie et la survie de l'espèce humaine. Par ailleurs, la course effrénée vers les trophées de puissance, l'assurance qu'ont les pollueurs que rien ne pourra leur arriver, à la fois, l'irresponsabilité et le déficit de solidarité, sont là des facteurs multiplicateurs de l'angoisse et du désenchantement. Faut-il rester indifférent en attendant que d'autres catastrophes surviennent pour engloutir l'humanité ? Raison pour laquelle, la renaissance de la responsabilité collective (B) autrement appelée le

---

[87] B. Tertrais, *Les vingt prochaines années. L'avenir vu par les services de renseignement américains,* Paris, les Arènes, 2017, p. 71 : « les changements climatiques provoquent des accidents météorologiques extrêmes, imposant des tensions aux hommes et aux systèmes critiques, dont les océans, l'eau douce et la biodiversité ».

[88] Idem, p. 76 : « En 2035, la pollution de l'air devrait être la première cause de mortalité liée à l'environnement dans le monde entier. Faute d'application de nouvelles politiques de qualité de l'air ».

[89] Plus grave encore, le fait pour la CPI d'avoir envisagé la possibilité d'ouvrir une enquête sur les éventuels crimes contre l'humanité qu'auraient commis les militaires américains en Afghanistan devient la cause de la levée des boucliers de l'administration Trump qui estime que la CPI a violé la souveraineté américaine. En définitive, des sanctions sont décrétées contre les membres de la CPI ainsi que leurs familles.

développement durable, plus qu'une simple nécessité, constitue un impératif pour poser les trames d'un tissu de solidarité entre aujourd'hui et demain.

A. L'irresponsabilité généralisée

En dépit des conventions internationales instituant l'usage prudent et rationnel de l'eau, l'air et la terre pour préserver la biodiversité de l'écosystème, le comportement inconséquent des dirigeants des Etats dits puissants dénote une irresponsabilité indicible. Faut-il s'offusquer de la violation du droit international[90] face à l'unilatéralisme qu'imposent les Etats-Unis d'Amérique, eu égard, aux problèmes qui exigent, pourtant, un consensus ? Le mercantilisme de la société internationale ne constitue-t-il pas une raison suffisante tendant à marginaliser le droit international en le reléguant au niveau d'un « ensemble flou de beaux principes qui ne peuvent trouver une application complète[91] » ?

Par ailleurs, qu'il s'agisse de la pollution de l'eau, de l'air ou de la terre, la principale cause n'est-elle pas le déni de l'interdépendance[92] entre les êtres humains ? Personne ne se préoccupe des conséquences des activités dangereuses tant pour l'homme que pour la terre. Le risque n'est-il pas grand d'assister, un jour, à la disparition de la terre ?

Pour mieux ressortir cette irresponsabilité généralisée, trois figures vont mieux l'illustrer. D'abord, il convient d'analyser la nouvelle hégémonie(1) que cherchent les nations les unes contre les autres, non pas pour imposer une harmonie dans les lois qui doivent régir l'espace commun, mais instaurer plutôt la nuisance à l'égard de tous, sans réparer les dommages qui en résultent. Ensuite, dans le cas des ravages causés par le coronavirus, on fait appel aux recettes anciennes - la conférence des donateurs(2) - des promesses arrogantes teintées d'hypocrisie et de cynisme : ceux qui mettent l'humanité en danger démontrent leur « humanisme », par des contributions financières, pour aider les pays pauvres. Enfin, la globalisation des dommages(3) prouve que s'il y a un peu de bon sens, sinon un peu de sens de responsabilité, la plupart des accidents seraient évités, et par voie de conséquence, moins de dommages à réparer.

---

[90] G. Lhommeau, *Le droit international à l'épreuve de la puissance Américaine*, Paris, L'Harmattan, 2005, p. 220.

[91] G. Lhommeau, *op. cit.*, p.220.

[92] F. Worms, *Les maladies chroniques de la démocratie,* Paris, Editions Desclée De Brouwer, 2017, p. 204 : « Or, ce déni de l'interdépendance est bien sûr un fait chronique extrêmement dangereux pour l'humanité, et en particulier un danger chronique dans les démocraties. On en comprend la raison. Les êtres humains ont besoin les uns des autres de la naissance à la mort et en particulier dans tout ce qui entrave la naissance et la mort ».

1. La nouvelle hégémonie

Elle se caractérise par le mépris[93] du droit international ou par son interprétation exclusivement unilatérale[94] en faveur des puissants, le développement des technologies dangereuses pour l'avenir de l'humanité et le rejet d'une quelconque responsabilité en rapport avec les activités qui causent des préjudices à la planète terre. Cette nouvelle hégémonie, appelée aussi nouvel ordre mondial, n'est rien d'autre que l'amplification des inégalités en appauvrissant davantage les plus pauvres. Ils sont détroussés chaque jour, sans la possibilité de déterminer ne fut-ce que les prix des matières premières qu'ils cèdent au prix des cacahuètes. Pour bénéficier de l'aumône, ils doivent déclarer – à l'issue des élections organisées vaille que vaille – devoir adopter le modèle occidental de gouvernance. De la sorte, la loi du marché qui n'est pas à l'avantage des africains doit primer. Pour les Congolais, c'est le recommencement éternel de l'histoire. Pendant la colonisation, il fallait singer les maitres en tout pour obtenir le certificat de mérite, c'est-à-dire : « a quitté son statut de sauvage et est éligible à la civilisation ». A présent, les mérites ne sont plus individuels, il faut que des pays déclarent avoir adopté le système occidental, pour demeurer en sursis de la mort qui ne peut que s'en suivre, par la dangerosité des activités qui condamnent l'humanité à la disparition.

La question est de savoir quel est le rapport des développements ci-dessus avec l'assurance internationale de responsabilité ? Cette assurance semble être la voie obligée pour la survie de l'homme sur la planète terre, puisqu'il s'agit d'une prise de conscience pour aiguiser le sens de responsabilité : les actes posés par les puissants de ce monde engagent l'avenir de toute l'humanité. Toutes les révolutions qui se sont opérées depuis l'antiquité traduisent l'aspiration de l'homme à briser les chaines de la domination, même si celles-ci, de manière insidieuse, reviennent sous d'autres formes. La plus grande défaite serait l'abandon du combat pour le bien de l'humanité, au risque d'être tous parqués dans des réserves comme des amérindiens, afin que les expériences de destruction de l'humanité se

---

[93] S. Santander, « Ordre mondial, hégémonies et puissances émergentes », L'émergence de nouvelles puissances, vers un système multipolaire ?, Paris, Ellipses, 2009, p. 16 : « Richard Perle, un des plus influents conseillers du Pentagone sous George W. Bush, signait au lendemain de l'intervention américaine en Irak, un article désormais célèbre et à l'intitulé fort évocateur (Merci, mon Dieu, pour la mort de l'ONU). Dans ce texte, il affirmait que l'intervention militaire des Etats-Unis mettrait un terme tant au régime de Saddam Hussein qu'au mythe des Nations Unies comme fondation d'un nouvel ordre et au concept libéral d'une sécurité obtenue par un droit international mis en application par des institutions internationales », Voy. R. Perle, « Thank God for the death of UN », The Guardian, 21 mars 2003.

[94] Idem, p. 18 : « L'unilatéralité soulève la question de l'exercice de la puissance publique, et en particulier celle de la puissance arbitraire dans le sens où un Etat mène une action extérieure - susceptible d'amener des répercussions extraterritoriales - sans consultation et aval préalables des organes interétatiques de décision ».

poursuivent, sans témoin gênant. C'est pourquoi, les organisations du système des nations Unies étant totalement gangrenées, il convient que les sans voix s'expriment, non pas par la voix des ONG, totalement inféodées aux multinationales et aux services de renseignements, les ONG totalement financées par les puissants qui dominent le monde, mais par la création des nouvelles solidarités. Aujourd'hui, les ONG du sud, sans moyens, sont des sous-traitants[95] qui rabâchent, à longueur des journées, ce que veulent les dominateurs. Et la presse, elle-même à la solde des multinationales, reprend cela en boucle comme étant la volonté des peuples du sud, au nom de la globalisation. Quel leurre ?

2. La globalisation des dommages

Le séisme de la bourse de New York de 2008 a entrainé l'effondrement de plusieurs banques commerciales, l'écroulement des économies des pays dits pauvres vivant des exportations des matières premières. Tout cela à cause des spéculations maladroites des traders. C'est bien là l'illustration parfaite de la globalisation des dommages. Si les effets de l'onde de choc ont été ressentis partout, il importe cependant, de relever que demeure entier le problème de l'indemnisation des victimes. De même - la pollution que provoqua, le 26 avril 1986, l'explosion d'un des réacteurs de la centrale nucléaire de Tchernobyl, par l'étendue de son nuage sur d'autres pays, - continue à causer des dommages partout où s'était étendu le nuage mortifère : plusieurs enfants, dans cet espace, naissent avec des malformations.

Selon Frédéric Worms, la mondialisation conduit à l'affaiblissement des relations internationales. Ceci nourrit « justement en profondeur le sentiment d'impuissance démocratique devant la mondialisation économique »[96]. Il s'agit de constater l'amenuisement du sens de responsabilité, suite à l'application de la loi du marché dont la maximisation des profits est le seul objectif. Ceux qui déterritorialisent les dangers et délocalisent les dommages se retranchent derrière des contrats léonins, pour ne pas assumer leurs responsabilités. La question ne consiste pas à demander qu'adviendra-t-il si les dommages sont d'une ampleur telle que le surface de la terre devrait disparaître. Il faudrait plutôt s'interroger quand la prise de conscience deviendra-t-elle effective, afin que cessent les expériences qui diminuent drastiquement la qualité de la vie.

---

[95] E. Kodjo, lettre ouverte à l'Afrique cinquantenaire, Paris, Gallimard, 2010, p.41 : « Comment avons-nous manœuvré pour faire nôtres les querelles des autres, nous divisant, nous empoignant, nous étripant sur les idéologies qui nous étaient étrangères, comment avons-nous pu nous dissoudre dans l'indissoluble de la pensée d'autrui, des habitudes d'autrui, des critères et des jugements d'autrui ? ».

[96] F. Worms, Les maladies chroniques de la démocratie, *op. cit,* p. 211

Tout en réduisant le sens de responsabilité, la globalisation des dommages multiplie, on ne peut que déplorer le nombre des victimes avec séquelles incurables, sans la possibilité d'obtenir une quelconque réparation. Alors que ces dommages devraient inciter les puissants à l'introspection, pour ne pas précipiter la mort de la planète terre, ils pensent devoir se sauver seuls. C'est ce que Michel Onfray traduit lorsqu'il écrit : « ce que les hommes auront détruit pour n'avoir pas su le protéger, l'air, la planète, la nature, la vie, ils en proposeront des formules artefactuelles : de l'air chimiquement produit dans les usines, des morceaux de planète artificiellement maintenus en vie dans les zones de viabilité, des écosystèmes hors sols, une nature en pot et en serre, en bac et sans verre, en sachets et sans vide, une vie fabriquée en laboratoire avec ciseaux d'ADN et des calculs d'identité informatisés[97]... ».

Face au danger de la propagation du coronavirus, au lieu d'imaginer des solutions innovantes, qui placeraient l'humanité à l'abri, les puissants qui polluent l'air, la terre et l'eau proposent des formules anciennes qui leur font passer pour des charitables donnant l'aumône aux pauvres. C'est le cas notamment de la conférence des donateurs. Ceci signifie que malgré la globalisation dont l'ambition est la disparition des frontières physiques, cependant les frontières mentales demeurent intactes.

3. La conférence des donateurs

Mettre du vin nouveau dans les outres anciennes. C'est simplement maximiser le risque de contagion qui avarierait le goût du nouveau vin. Le coronavirus a imposé au monde sa loi qu'aucune puissance, fut-elle nucléaire, ne peut imposer : le confinement. Alors que les ravages causés par la pandémie de Covid-19 sont statistiquement plus importants en Occident qu'en Afrique, des larmes de crocodile coulent, égrenant le chapelet de misérabilisme, à flot pour plaindre l'Afrique. Il faut que les donateurs déboursent pour que l'Afrique ait accès au vaccin-magie : alors que ce qu'il faut, c'est plutôt reconnaître la responsabilité, pour mieux gérer les catastrophes futures. La mentalité européenne n'a pas évolué, eu égard, à l'Afrique. D'abord, ce fut l'esclavage avec le commerce triangulaire. Ensuite, la colonisation qui n'était différente de l'esclavage que de nom, car les méthodes et les objectif étaient les mêmes : faire en sorte que le colonisé se sous-estime totalement et puisse avoir peur, dans toutes les circonstances : un sous homme en quelque sorte. Enfin, le néo-colonialisme avec des Etats pantins, des populations avec une conscience traumatisée afin de les manipuler à souhait.

---

[97] M. Onfray, *Décadence*, Paris, Flammarion, 2017, p. 583

La conférence des donateurs, c'est une litanie de promesses sans suite. Lier le sort de l'Afrique au bon vouloir des donateurs, alors qu'il s'agit de s'unir pour s'interdire les expériences dangereuses qui augurent la fin du monde, constitue un dévoiement, une excuse facile pour ne pas aborder les vrais problèmes, une négation de la capacité des africains d'appréhender la tectonique du monde actuel, un refus poli d'assumer la responsabilité.

Forme d'irresponsabilité, la conférence des donateurs se limite aux effets du coronavirus, sans se préoccuper des causes. Or, ce sont ces causes qu'il importe d'éradiquer, pour rétablir le développement durable, une nouvelle forme de prise de conscience où l'autocensure – face aux activités dangereuses qui dénaturent la nature – débouchera sur la renaissance de la notion de responsabilité.

B. La renaissance de la responsabilité collective pour la survie de l'humanité

Est-ce à dire que la responsabilité collective était passée de l'apogée au déclin pour connaitre, en raison des dommages causés par la pandémie de Covid-19, un renouveau ? C'est le sort de tous les ressorts de la société qui finissent par se distendre : il faut toujours lubrifier le moteur pour éviter l'explosion. Certes, au moment où le principe de responsabilité fait son apparition en droit, c'est une grande révolution face aux dommages, de plus en plus, importants et au nombre des victimes qui ne peuvent s'en sortir, sans réparation conséquente des préjudices subis.

Cependant, les progrès technologiques et la course effrénée vers l'exploitation des matières premières non renouvelables combinés à la loi du marché finissent par diluer[98] le sens de responsabilité. Ceux qui ont des économies dominantes détiennent l'arme nucléaire et la qualité de membre permanent du Conseil de sécurité ne se gênent pas des conséquences des activités dangereuses dans lesquelles ils s'engagent. La question de savoir qui réparera les dommages qui en résultent, ils ne se la posent pas. Ils sont tout puissants ; devant quelle juridiction irait-on les assigner ? On se réfère à leur bon vouloir ; la bonne foi à laquelle on fait allusion, n'est d'aucune efficacité, en ce qu'il n'y a aucune obligation et aucune juridiction ne pourra se saisir d'office. Quand bien-même tel serait le cas, qui reconnaitrait la compétence de pareille juridiction ? Les puissants peuvent décider de la juridiction qui jugerait les pauvres et non le contraire. Ils peuvent dénoncer, sans conséquence, les traités et accords internationaux considérés comme indispensables aux équilibres vitaux sur la planète terre, et en même temps

[98] K. Martin-Chenut, C. Devaux, « Quels remèdes à l'irresponsabilité des Etats et des entreprises transnationales (ETN) en matière environnementale, sociale, financière ?, Présentation des propositions », Prendre la responsabilité au sérieux, sous la direction de A. Soupiot, M. Delmas-Marty, Paris, PUF, 2015, p. 361 : « La multiplication des acteurs de la mondialisation, qui devrait impliquer une redistribution des responsabilités, aboutit plutôt à leur dilution ».

prononcer des sanctions[99], au mépris des droits de la défense, à l'égard des personnes et des pays qui refusent se soumettre à la loi du plus fort.

Si la Covid-19 a démontré la fragilité de la vie et la nécessité de s'unir pour mieux gérer d'autres catastrophes qui pourraient davantage endeuiller l'humanité, il n'empêche que l'implacable loi du marché, si elle subit des mutations pour avoir un visage humain, la planète terre, sans adhérer au catastrophisme, ne serait qu'en sursis.

Pour mieux exposer les menaces qui risquent d'engloutir toute l'humanité si les hommes, riches ou pauvres, ne saisissent pas le fait que le monde est un village – fonctionnant comme deux vases communicants – où chacun doit apporter sa contribution pour préserver les écosystèmes et accorder un peu plus de chance à l'avenir. Il va falloir analyser, tour à tour, les risques nucléaires(1) qui sont non seulement potentiels, mais réels ; de même les risques environnementaux ou écologiques(2) : le réchauffement climatique n'est plus une utopie[100], tout doit être entrepris pour sauver la terre ; et enfin, les risques des manipulations bactériologiques et virales : Saddam Hussein, quoique accusé de détenir les armes bactériologiques(3) et nucléaires – devenait ainsi un grand danger pour l'humanité – n'en disposait cependant pas[101]. Toutefois le déni de l'interdépendance[102] de la race humaine et des Etats laisse aux puissants la latitude de décider de qui doit être pendu pour crimes qu'il n'a pas commis, afin d'avoir faussement la conscience tranquille.

Certains pays, comme pour conjurer ces menaces, ont posé les bases d'un développement durable dans leurs Constitutions, en épinglant les risques qui amenuisent le sens de responsabilité, puisque les auteurs, tapis dans l'ombre de la globalisation, n'acceptent ni le caractère dangereux de leurs activités ni d'indemniser les victimes.

---

[99] Pour un oui ou pour un non, le rouleau compresseur de l'administration Trump distribue des sanctions de manière unilatérale. C'est la loi du plus fort qui en brèches tout le droit international, patiemment construit.

[100] B. Tertrais, *Les vingt prochaines années. L'avenir vu par les services de renseignement américains*, Paris, Les Arènes, 2017, pp. 188-189.

[101] S. Santander, *« Ordre mondial, hégémonies et puissances émergentes »,* L'émergence de nouvelles puissances, vers un système multipolaire ?, Paris, Ellipses, 2009, p. 16 : « L'un des objectifs de l'incursion irakienne, baptisée (opération de libération de l'Irak)-conformément à la vision internationale des faucons de la Maison Blanche-visait à affecter structurellement les fondements de l'architecture juridique mondiale, laborieusement édifiée depuis une cinquantaine d'années, la raison d'Etat et, au besoin, le recours unilatéral à la force dans la résolution des différends mondiaux ». L'Irak n'aura été qu'un simple prétexte.

[102] F. Worms, *Les maladies chroniques de la démocratie*, Paris, Desclée Brouwer, 2017, p. 204.

1. Les risques nucléaires

Deux dispositions de la Constitution congolaise attirent l'attention, à la fois, sur les risques nucléaires et écologiques. Ce sont les articles 54 et 55 de la Constitution. L'analyse se limitera uniquement autour de l'article 54 de la Constitution en ses alinéas 1er et 3ème.

« Les conditions de construction d'usines, de stockage, de manipulation, d'incinération et d'évacuation des déchets toxiques, polluant ou radioactifs provenant des unités industrielles ou artisanales installées sur le territoire national sont fixées par la loi[103] »

Ces genres d'usines présentant des dangers certains pour la population ne peuvent être construits qu'à certaines conditions strictes fixées par le législateur, en prenant toutes les précautions en vue de protéger la population. Fort malheureusement, il faut le déplorer, depuis la promulgation de la Constitution du 18 février 2006, aucune loi n'a été prise pour rencontrer la volonté du constituant. C'est peut-être, la paresse du législateur congolais. En effet, légion sont les dispositions constitutionnelles qui annoncent les lois d'application qui sont restées lettre morte.

L'alinéa 3 de l'article 55 renchérit : « la loi détermine la nature des mesures compensatoires, réparations ainsi que leur exécution[104] ».

L'Etat ne peut exercer sa souveraineté qu'à l'intérieur de son territoire, même si la fiction des lieux hébergeant les ambassades est conventionnellement acceptée comme étant le territoire de l'Etat dont l'étendard est hissé. Instituant le principe de responsabilité s'agissant de la manipulation des déchets toxiques, polluants ou radioactifs, le constituant a également prévu des mesures compensatoires ou de réparation, pour ne pas abandonner les victimes des dommages causés par les activités dangereuses. On doit cependant le relever, même si la Constitution congolaise innove en ce domaine, les dommages dépassant les frontières de l'Etat auteur du préjudice seront difficilement réparés. Or, c'est souvent le cas. Il importe donc d'imaginer une solution qui impliquerait tous les Etats pour, à la fois, réduire l'ampleur des dommages et cultiver une autre relation entre l'homme et la nature.

Même s'il est vrai que s'agissant des déchets toxiques, polluants ou radioactifs, l'inexistence d'une loi malgré la détermination du constituant est une brèche en ce qui concerne la responsabilité, il n'empêche que la fonction d'anticipation est parfaitement assurée puisqu'il s'agit, aussi, de sensibiliser la population sur une nouvelle culture tendant à protéger les humains ainsi que toutes les autres créatures qui font l'équilibre des écosystèmes. C'est une alliance qu'il convient de conclure entre l'homme et la nature[105]. Pour Bruno

---

103 JORDC, Constitution de la RDC, numéro spécial, 5 février 2011, p. 20.

104 Idem, p. 20.

105 N. Rouland, *Aux confins du droit,* Paris, Odile Jacob, 1991, p. 263 : « Dans un livre récent, le philosophe M. Serres invite l'humanité à passer un contrat avec la nature. Une nouvelle

Tertrais, « La santé humaine et la santé animale s'interconnecteront. L'accroissement de la connectivité mondiale et les changements de l'environnement affecteront la distribution géographique des pathogènes et de leurs hôtes, et, à leur tour, l'émergence, la transmission et la diffusion de nombreuses maladies infectieuses humaines et animales[106] ». Il importe donc, dans tous les calculs de probabilité, en énumérant les grands dangers qui menacent la race humaine, d'intégrer les risques écologiques.

2. Les risques écologiques

Le commandant J.Y. Cousteau avait lancé, en 1991, « une campagne en faveur de la reconnaissance, au profit des générations futures, d'un droit à une Terre indemne et non contaminée, impliquant le contrôle des conséquences du progrès technique susceptibles de nuire à la vie sur la Terre, aux équilibres naturels, et à l'évolution de l'humanité[107] ». Combien de pays ont pu intégrer cette préoccupation dans leurs Constitutions ? A part la Papouasie-Nouvelle-Guinée[108], fort peu de pays y font cas. Heureusement, les normes constitutionnelles congolaises organisent à travers plusieurs dispositions, la précaution, la prévention et la sanction des risques des activités humaines qui affectent durement les écosystèmes. Il importe cependant de le souligner, l'interdépendance des conditions de vie sur terre milite en faveur d'une action globale. C'est-à-dire, des normes internationales qui lieraient tous les habitants de la terre. Les jalons posés par le constituant congolais doivent être considérés comme une avancée sur le chemin tortueux de la protection de la planète terre. Quels sont ces jalons ?

Il y a d'abord l'article 53 de la Constitution qui dispose : « toute personne a droit à un environnement sain et propice à son épanouissement. ».

« Elle a le devoir de le défendre ».

« L'Etat veille à la protection de l'environnement et à la santé des populations[109] ». Cet article traduit la nouvelle culture écologique qui implique tout citoyen, pour protéger l'humanité en préservant l'écosystème des atteintes dangereuses des activités humaines. Le constituant congolais

---

alliance, jusqu'ici, le contrat social, conclu seulement entre les hommes, fondateurs de la modernité, avait suffi, à ériger, tant bien que mal, des garde-fous contre les entreprises d'autodestruction du genre humain(…) l'homme doit élaborer des procédures d'alliance avec la nature, et, plutôt que de s'y affronter, réinventer le sacré, considérer que les êtres vivants ont des droits, et l'homme des devoirs envers eux. La nouvelle alliance inclut les droits de l'homme, elle ne s'y réduit pas ».

[106] B. Tertrais, L*es vingt prochaines années, l'avenir vu les services de renseignement américains*, Paris, Les Arènes, 2017, pp. 78-79 : « Des déficiences ignorées des systèmes sanitaires nationaux et mondiaux de contrôle des maladies rendront les poussées de maladies infectieuses plus difficiles à détecter et à gérer, augmentant le potentiel des épidémies qui se répandront loin de leur point d'origine ».

[107] N. Rouland, *Aux confins du droit*, Paris, Odile Jacob, 1991, P. 266.

[108] Idem, p. 267.

[109] JORDC, Constitution de la RDC, numéro spécial, 5 février 2011, p. 19.

perçoit bien la problématique, en affirmant le droit de toute personne à un environnement sain. Alors que dans d'autres dispositions, le constituant utilise le pluriel : « Tous les congolais ont droit à… ». Conscient du fait que la protection de l'environnement dépasse les frontières des Etats, le constituant l'érige au niveau d'un droit humain, c'est-à-dire inhérent à la nature humaine. Il s'agit d'une prise de conscience élevée. C'est un problème qui dépasse les frontières des Etats. Raison pour laquelle il est inscrit : « Toute personne a droit à… ».

L'alinéa 2 de l'article 53 précité dispose que toute personne a le devoir de défendre l'environnement, afin qu'il soit toujours sain. Ceci signifie que le combat pour l'environnement sain dépasse les relations bilatérales ou multilatérales entre les Etats, c'est l'engagement de tous, des mouvements citoyens et associations comme la Croix verte internationale pour sauver la terre de l'abîme.

Le troisième alinéa démontre la corrélation entre la santé des populations et l'environnement sain. De fait, l'Etat doit veiller à la protection de l'environnement pour prévenir des maladies incurables et les catastrophes prévisibles. D'où le sens profond de l'ouvrage collectif « Prendre la responsabilité au sérieux[110] ».

Ensuite, l'alinéa 2 de l'article 54 de la Constitution dispose : « toute pollution ou destruction résultant d'une activité économique donne lieu à compensation et/ou réparation[111] ». En affirmant ainsi la responsabilité des auteurs des activités économiques qui portent atteinte à l'environnement, le constituant congolais réaffirme l'importance de la culture écologique qui invite chacun à devenir protecteur de la nature.

Enfin l'article 55 de la Constitution : « le transit, l'importation, le stockage, l'enfouissement, le déversement dans les eaux continentales et les espaces maritimes sous juridiction nationale, l'épandage dans l'espace aérien des déchets toxiques, polluants, radioactifs ou tout autre produits dangereux, en provenance ou non de l'étranger, constitue un crime puni par la loi [112]». De lege ferenda, le constituant congolais, pour être conséquent, devrait ériger les faits répréhensibles énumérés à l'article 55 en crime contre l'humanité. Ce serait logique en ce que les effets nuisibles de ces faits infractionnels dépassent le territoire national. En l'érigeant en crime contre l'humanité[113] et donc imprescriptible, ce serait également démonter la gravité de ces infractions dont la nature exige l'interdiction de tout oubli à

---

[110] In : sous la direction de Alain Soupiot, Mireille Delmas-Marty, *Prendre la responsabilité au sérieux*, Paris, PUF, 2015, PP. 430.

[111] Idem, p. 20.

[112] JORDC, Constitution de la RDC, numéro spécial, 5 février 2011, p. 20.

[113] L. Neyret, « Construire la responsabilité écologique », In : *Prendre la responsabilité au sérieux*, op. cit., p. 134 : « La société civile se mobilise pour que soit reconnu à l'échelle internationale un crime d'écocide. Au même moment, des chercheurs proposent de définir ce crime en prenant appui sur les crimes contre l'humanité ».

leur égard. Ainsi donc, l'écocide[114], en matière des poursuites et sanctions, serait élevé au même niveau que le génocide.

Si les risques écologiques incitent, de plus en plus, à la prise de conscience, on ne peut passer sous silence les risques bactériologiques et viraux couverts par la loi du silence, en raison des intérêts du marché.

3. Les risques des manipulations bactériologiques et virales

La collusion entre les centres de recherche et les industries pharmaceutiques passe parmi les pandémies les plus redoutables qui menacent l'humanité : c'est dans des laboratoires que l'on fabrique des maladies incurables et des virus d'une virulence mortelle pour la simple raison que le marché doit fonctionner, même au préjudice des citoyens. Il convient de mentionner qu'en 1980, « la Cour Suprême des Etats-Unis fut saisie d'un litige portant sur la brevetabilité d'une bactérie (décision Diamond V. Chakrabarty). Des chercheurs avaient mis au point une nouvelle bactérie capable de contrôler les pouvoirs de dégradation du pétrole en introduisant dans une bactérie simple (existant à l'état naturel) certains plasmides, unités héréditaires physiquement séparées des chromosomes de la cellule. Le procédé avait d'importantes conséquences commerciales... la Cour leur donna satisfaction, en décidant que la nouvelle bactérie n'était pas une œuvre de la nature, mais de l'homme...en avril 1987, le département américain du commerce annonce que l'on pourra déposer des brevets protégeant de nouvelles formes de vie animale obtenues par manipulations génétiques[115] ». Où est, dès lors, le sens de responsabilité ?

Sans financement conséquent, les laboratoires scientifiques sont condamnés à mourir[116]. De ce fait, ils concluent des contrats avec les industries pharmaceutiques, non pas pour apporter un peu plus de lumière face à certains phénomènes, mais plutôt, mettre sur le marché, chaque année, beaucoup de médicaments en vue de soigner des maladies imaginaires. Il s'agit simplement de faire entretenir le marché, sous l'illusion des progrès

---

[114] Il est intéressant de constater que le mouvement citoyen qui, en France, a remis son rapport au président Emmanuel Macron le 21 juin 2020 a demandé l'organisation d'un référendum afin que l'écocide puisse figurer dans la Constitution.

[115] N. Rouland, *Aux confins du droit*, Paris, Odile Jacob, 1991, pp. 252-253 : « Quelques mois plus tard, une compagnie privée, Génome corporation, est créé, dont l'objet social sera de séquencer des parties du génome humain pour vendre les informations mises en ordinateur à qui voudra les acheter, ce qui implique leur appropriation par l'entreprise. En 1988, l'office américain des brevets a accepté de breveter Myc-Mouse, une souris dont les chromosomes ont été manipulés de façon à faire apparaître un gène favorisant le déclenchement de certains cancers, pour pouvoir tester les traitements contre cette maladie ».

[116] Ceci est valable non seulement en RDC où la recherche scientifique est l'enfant pauvre qui ne reçoit presque rien pour survivre, mais c'est le cas dans la plupart des pays en Afrique au sud du Sahara où les laboratoires dépourvus de financement ne peuvent, aucunement, participer à la découverte de l'inconnu pour sortir l'humanité de l'ignorance.

scientifiques et technologiques. On nous dira, certes, c'est une caricature, mais peut-on affirmer qu'elle est loin de la réalité ?

Les manipulations génomiques, le clonage, l'euthanasie.... Les mères porteuses posent, on ne peut que le déplorer, certains problèmes devant lesquels la bioéthique reste impuissante[117], en raison d'énormes intérêts du marché qui prennent les chercheurs et la science en otage. Comment libérer la recherche scientifique des griffes des lobbies dont les méthodes et les finalités sont difficilement conciliables avec le principe de l'interdépendance entre êtres humains et la nature, en vue d'un développement durable.

Faut-il, pour autant, ne rien entreprendre, puisque la messe serait déjà dite ? Les initiatives ? Il n'en manque pas. Ce qui fait défaut, c'est la détermination pour transformer plusieurs vœux en actions en rupture avec la logique du marché. On peut noter, à titre purement illustratif, que l'idée d'une taxe mondiale sur le carbone a déjà été avancée en vue de procéder « à la réduction des émissions de carbone et limiter ainsi l'augmentation de la température mondiale à moins de 2 °C au cours de ce siècle[118] ». Il y a eu également l'idée d'une taxe pérenne sur toutes les transactions financières effectuées sur le marché financier. C'est ce que l'on a appelé les « obligations catastrophes » (CAT bonds), parfait « exemple de produit financier axé sur le climat. Elles sont liées à la survenance d'événements de faible fréquence, mais à fort impact, qui ne sont pas facilement assurables[119] ». Ces initiatives n'ont pas fait long feu, à cause de la domination de la loi du marché qui exonère, de toute responsabilité des multinationales plus puissantes que la plupart des Etats du Sud. C'est pourquoi, la recherche - consistant à savoir de quelle manière l'homme doit répondre des conséquences néfastes de ses actions nocives sur la nature - doit déboucher sur la redéfinition de la responsabilité : « Elle conduit à entendre le principe de responsabilité dans un sens large, comme obligation de prévenir ou de réparer les conséquences dommageables de ses agissements, sans préjudice du point de savoir s'il s'agit de responsabilité civile ou pénale, délictuelle ou contractuelle, pour faute ou pour risque[120] ».

---

[117] P. Rousselin, Les démocraties en danger, comment sera le monde de demain, *op. cit.*, p. 373 : « L'homme a achevé la conquête de son environnement. Il a commencé par sa propre transformation. Les débats sur les OGM, les manipulations génétiques, le clonage et la bioéthique montrent qu'il existe une diversité d'approches à l'égard de ces sujets majeurs qui peuvent modifier profondément l'avenir de l'humanité ».

[118] J. Sarra, « Assumer notre responsabilité financière en matière de changement climatique », Prendre la responsabilité au sérieux, sous la direction de A. Soupiot, M. Delmas-Marty, Paris, PUF, 2015, p. 228 : « Il est urgent que les gouvernements négocient un accord international immédiat sur la mise en œuvre d'une taxe mondiale rigoureuse sur le carbone aussi bien au niveau national qu'au niveau international ».

[119] J. Sarra, *op. cit.,* p. 233.

[120] A. Soupiot, « Face à l'insoutenable : les ressources du droit de la responsabilité », Prendre la responsabilité au sérieux, sous la direction de A. Soupiot, M. Delmas-Marty, Paris, PUF, 2015, p. 14.

Selon Achille Mbembe, « La question qui se pose désormais est donc de savoir s'il est encore possible d'empêcher les modes d'exploitation de la planète de basculer vers la destruction absolue[121] ». On peut répondre par l'affirmative si l'homme s'interdit de dépasser les limites qui fondent et font les équilibres de la communauté humaine, en harmonie avec la nature.

Conclusion

D'aucuns se demanderont quel est le lien de causalité entre la pandémie de Covid-19 et les activités dangereuses des puissants de ce monde, alors qu'il s'agissait de clarifier le principe de responsabilité selon lequel tout fait quelconque de l'homme qui cause préjudice à autrui, nécessite et mérite réparation. Le lien ? Il a été établi : ceux qui polluent l'air, les eaux et la terre par l'enfouissement ou l'épandage des déchets toxiques ou radioactifs doivent –malgré leur hégémonie réduisant le reste de l'humanité au silence– suivant les principes de l'équilibre de la vie, en raison des blessures mortelles qu'ils infligent, chaque jour, à l'écosystème, reconnaitre leur responsabilité, en renonçant à toutes les activités qui mettent l'humanité en péril.

La pandémie de Covid-19, c'est l'illustration parfaite de l'interdépendance du monde où un virus apparu à Wuhan, en Chine, a mis toutes les nations grandes ou petites à genoux, en paralysant les transports et les commerces et anéantissant les économies. Or, les dégâts causés par le coronavirus sont moindres par rapport aux dangers que représentent les accidents nucléaires et le réchauffement climatique. Faut-il se résigner au suicide collectif, alors qu'il est encore possible de sauver l'espèce humaine ainsi que toute l'humanité ? Eric Sadin répond que « nous devons œuvrer, contre le fatalisme, les égoïsmes et le cynisme, à l'avènement d'un humanisme. Un humanisme de notre temps, qui s'efforce de remplacer le programme ininterrompu et à terme mortifère du monde et de la vie, par la célébration de notre puissance d'inventivité, sous toutes les formes possibles, condition première de notre épanouissement individuel et collectif[122] ».

De la sorte, on peut affirmer que la responsabilité ne consiste pas seulement à réparer les dommages survenus du fait de ses actes, mais c'est aussi adopter un comportement qui éviterait d'être la cause des préjudices incommodant les autres. Il s'agit d'opter pour le développement durable de l'humanité, en devenant protecteur de la biodiversité.

---

[121] A. Mbembe, *Politiques de l'inimitié,* Paris, La Découverte, 2016, p. 25.

[122] E. Sadin, *La silicolonisation du monde. L'irrésistible expansion du libéralisme numérique*, Paris, L'Echappée, 2016, p. 271 : « Nous devons œuvrer à un nouvel humanisme fondé sur la disposition singulière de chacun à enrichir le bien commun, qui fasse du respect de l'intégrité et de la dignité humaines, mais aussi de la diversité de notre environnement, sa charte fondamentale ».

On doit le reconnaître, il est des moments où les accidents de l'histoire créent des opportunités – et la pandémie de Covid-19 en est une – incitent l'homme à sortir de l'ornière des préjugés en vue de redimensionner les faits et gestes, s'interroger sur l'avenir et le devenir collectif, se préparer à la rencontre de l'autre pour donner plus de souffle à la vie. Ces moments sont des opportunités de création où l'homme assume son rôle naturel de conduire l'humanité vers un destin meilleur. Ces instants sublimes, il faut savoir les saisir, les transformer en force pour franchir les frontières artificielles, dépasser l'égoïsme humain, construire ensemble pour plus d'égalité, de justice et de paix. Comment ne pas inférer, qu'après la pandémie de Covid-19, le mode de vie[123] ne serait plus, comme avant ce virus à couronnes. Les bouleversements intervenus dans la manière d'être vont, sans nul doute, précipiter l'avènement du développement durable pour éviter les futures catastrophes, à même d'emporter toute l'humanité. Telle semble être la nouvelle responsabilité : adopter un comportement qui ne conduise pas vers la disparition de la planète terre.

[123] A titre purement illustratif, il serait inconvenant, à Kinshasa, après cette pandémie, que l'on continue à organiser les veillées mortuaires, dans des salles bondées de monde, avant l'enterrement. Conduire le défunt à sa dernière demeure en quittant la morgue semble être la mesure logique qui s'impose. Même les éminentes personnalités de la République décédées recevraient les honneurs à des lieux indiqués, et delà, seraient directement conduites au Cimetière. Cette règle logique qui s'applique depuis toujours dans la ville de Lubumbashi aurait l'avantage, à la fois, de rencontrer les préoccupations de l'hygiène publique et de ne dépouiller les familles éprouvées. Les embrassades, les accolades et les poignées viriles des mains feront aussi partie des reliques conservées au musée de l'histoire.

Partie 4 :
Justice et reparation du prejudice

Les suites civiles de l'infraction en procédure pénale congolaise : lecture technique et critique

■ ***Emmanuel Janvier Luzolo Bambi Lessa***
Professeur Ordinaire à la Faculté de Droit/Université de Kinshasa
Chef de Département de Droit pénal et criminologie

Introduction

Lorsqu'une infraction cause préjudice à autrui, elle investit la victime du droit d'en réclamer réparation. En même temps, l'auteur du dommage est, quant à lui, soumis à l'obligation d'assurer cette réparation[1]. Dans la mise en œuvre de ce droit pour l'une et de cette obligation pour l'autre, le procès peut être différent selon que le règlement du litige passe par la voie pénale ou la voie civile. De toute évidence, la quête de réparation ouvre à la victime un droit d'option lui permettant de saisir, à sa discrétion, le juge pénal ou le juge civil, lorsque la faute civile peut constituer une infraction pénale, la victime peut agir devant soit le tribunal civil soit le tribunal pénal : on dit alors qu'elle se constitue partie civile devant le juge pénal[2]. De toute façon, lorsqu'elle a choisi une voie, elle est censée en avoir abandonné l'autre, de sorte que deux voies ne sauraient être menées de front en même temps, même si, par la suite, l'autre s'avérait plus judicieuse *a posteriori*. C'est la conséquence de l'adage « *electa una via non datur recursus ad alteram* ». Exprimant ainsi, l'irrévocabilité du droit d'option des victimes des infractions.

Quelle que soit la voie choisie en vue d'obtenir réparation, le fondement de l'action entreprise en justice a vocation à déboucher sur la détermination des modes de réparation ainsi que des prestations spécifiques devant mettre fin au préjudice subi par la victime. Selon la nature des faits, l'identité de l'auteur, la nature juridique du débiteur de la réparation, la nature et de l'ampleur du dommage, etc., ces prestations peuvent être de plusieurs sortes.

---

[1] Plus génériquement, en vertu de la responsabilité civile telle que commandée par le Code civil livre III.

[2] Lire : M.T Kenge Ngomba Tshilombayi, *Droit civil. Les obligations*, Paris, L'Harmattan, 2017, p.164.

Cependant, il importe d'indiquer que l'assiette de la réparation demeure le patrimoine de l'auteur lui-même ou celui du civilement responsable. Et pourtant, dans certains cas, il arrive que le patrimoine devant assurer la réparation soit passif. Dans ce cas, la préoccupation de l'effectivité et de l'efficacité de la réparation se pose avec acuité. En vue de rencontrer cette préoccupation, le doyen Kalongo Mbikayi[3] évoque l'idée de la socialisation des risques, alors d'autres auteurs[4] penchent plus sur la solidarité nationale pour fonder la suppléance de l'Etat en cas d'insolvabilité de l'auteur, du civilement responsable et même celle de la famille de l'auteur (dans l'hypothèse de l'extension de cette responsabilité à la famille entière)[5].

Par ailleurs, le choix de la voie pénale met en évidence la problématique de la prééminence de l'action publique sur l'action en justice. C'est la vertu du principe porté par l'adage « le pénal tient le civil en l'état ».

L'existence de l'infraction conduit inéluctablement à un dommage[6]. Le droit congolais articule le droit à réparation autour des conditions liées à l'existence de la personne qui invoque le préjudice ainsi qu'à une action ou inaction marquant la faute de laquelle est né ledit préjudice. C'est sur cette base que se conçoit le régime de réparation, encore dominé par les principes du Code Napoléon que le droit comparé a largement réformé à ce jour consécutivement à l'évolution de la société.

On s'aperçoit alors l'emploi justifié par la doctrine[7], du mot « aporie » du droit congolais pour exprimer l'idée des « ratés » d'un droit de la réparation qui, après plus de 100 ans d'existence, démontre son essoufflement face à une société où les moyens des commissions des infractions deviennent plus performant, engageant aussi les préjudices à s'avérer plus profonds et plus complexes.

Une étude autour de cette thématique commande une réflexion sur deux axes. Axe fondamental ou droit de fond et axe formel ou voies de droit pour la mise en œuvre du droit à la réparation pour les victimes des infractions.

Ainsi, cette étude s'articule autour de deux points suivants :

- Etat des lieux de la mise en œuvre du droit à réparation en droit congolais ;
- Lecture technique, critiques et perspectives.

---

[3] Kalongo Mbikayi, *Responsabilité civile et socialisation des risques en droit zaïrois, étude comparative du droit zaïrois, belge et français*, Presses Universitaires du Zaïre, 1974.

[4] S. Makaya Kiela, *Droit à réparation des victimes des crimes internationaux en droit positif congolais, Esquisse d'une approche holistique*, Kinshasa, P.U.C, 2019.

[5] D'après le doyen Kalongo Mbikayi, dans la conception traditionnelle, le dommage causé par un individu ne reste jamais l'affaire d'une seule personne. Le rapport juridique qui en résulte concerne également un groupe familial dans lequel vit l'agent du dommage et lequel contribue à la réparation du dommage. (Kalongo Mbikayi, *op. cit.*, p. 30).

[6] Lire E.-J. Luzolo Bambi Lessa, Préface de l'ouvrage de S. Makaya Kiela, *Droit à réparation des victimes des crimes internationaux en droit positif congolais. Esquisse d'une approche holistique*, CRJT – PUC, Kinshasa, 2019.

[7] S. Makaya Kiela, *op. cit.*, p. 341.

I. Etat des lieux de la mise en œuvre du droit à réparation en droit congolais

L'atteinte portée aux droits légitimes de la victime engage le débat autour de sa recevabilité en justice et, partant, son droit d'accès à celle-ci. Toutefois, la recherche des réponses à la question de savoir comment la victime procède pour se faire entendre en justice, il convient de cerner son statut avant de comprendre la place qui est la sienne dans le procès pénal.

1. Statut de la victime sur la scène pénale

En principe, le statut de la victime relève des faits. Il est différent de celui du délinquant qui, lui, ne peut mériter cette qualité qu'après l'ébranlement de sa présomption d'innocence. Sur la scène pénale, cependant, les implications procédurales attachées à ce statut permettent de présenter la victime sous une double acception pouvant faire d'elle une personne lésée ou une partie civile.

- ***Victime, partie lésée***

Ordinairement, c'est sous le vocable de partie lésée que le droit congolais présente la victime de l'infraction. On retrouve cette expression notamment dans les articles 9 et 69 du décret du 6 août 1959 portant Code de procédure pénale ainsi que 112 de l'ordonnance n°78/289 du 3 juillet 1978 relative aux attributions des officiers et agents de police judiciaire près les juridictions de droit commun. Le choix du législateur semble motivé par le besoin d'assurer une plus large extension possible à ce concept. Alors que la victime renvoie à la seule personne qui a subi personnellement l'infraction, le concept de partie lésée accorde de la place au sein du procès pénal à toute personne qui justifie d'un intérêt à ce que la cause aboutisse à une condamnation de l'accusé.

Aussi bien au parquet que devant le tribunal, le concept de partie lésée trouve son sens, bien qu'il garde une acception assez limitée. Devant le ministère public, la partie lésée par l'infraction peut formuler une plainte. Cependant, le droit congolais ne lui accorde pas encore le droit de prétendre à une réparation. La prérogative d'accorder réparation relève du fond de l'affaire, qui est du domaine du seul juge. C'est en effet celui-ci qui peut dire le droit.

Cette situation soumet la victime à l'obligation d'attendre la fin de l'instruction préjuridictionnelle pour adresser au tribunal ses prétentions au sujet du préjudice qu'elle a subi. Toutefois, il lui est loisible de saisir immédiatement le tribunal par citation directe pour soutenir les mérites de ses prétentions. C'est dans ce cas qu'on dit qu'elle force la main du ministère public. Le langage du palais veut qu'on l'appelle dans ce cas « partie citante », pour la différencier de la partie civile qui, elle, est censée s'être constituée à la suite d'une citation à prévenu.

- ***Victime, partie civile***

Pour pouvoir soutenir son action civile devant le tribunal, la victime doit se constituer partie civile. La constitution de partie civile tire son fondement dans le droit naturel qu'a toute personne d'assurer le recouvrement de ses droits en s'adressant à un juge qui, au départ, est saisi en matière répressive.

La posture qu'occupe la partie civile invoque la place que doit occuper le formalisme du contrat judiciaire devant lier cette partie au tribunal ainsi qu'au prévenu. Ce formalisme se résume essentiellement dans l'obligation de la consignation des frais.

Le paiement de cette consignation marque la différence entre la victime, qui jouit d'un statut nominal pour avoir subi l'infraction et la partie civile qui, elle, est investie du droit de bénéficier de l'allocation d'une réparation postulée en justice.

Pour de nombreuses victimes, cette obligation de payer pour obtenir ce qui leur est pourtant naturellement dû est prestation péremptoire de leur droit. Elles sont nombreuses à avoir été déboutées en justice l'occasion de recevoir réparation de leur préjudice pour avoir manqué à cette obligation. Même dans les procès où les violations des droits de l'homme ont été étayées par une documentation claire, des victimes ont été renvoyées en masse pour n'avoir pas consigné les frais en vue de la constitution de partie civile. Il en est ainsi, par exemple, des actions publiques instruites à la suite des crimes internationaux.

2. Place de la victime dans le procès

En recherchant la position qu'occupe la victime dans un procès pénal, il convient de s'intéresser au rôle qu'elle est appelée à jouer aux différentes étapes de ce procès. Au cours de l'instruction préjuridictionnelle et de l'instruction juridictionnelle, le traitement que lui réservent la loi et la pratique judiciaire renseigne amplement sur le sort qui est le sien dans le cheminement vers l'affirmation de son droit à réparation.

- ***Au cours de l'instruction préjuridictionnelle***

Bien que la police judiciaire y joue un rôle remarquable, l'instruction préjuridictionnelle reste dominée par le parquet. Il ne saurait en être autrement du moment que l'on sait que c'est au ministère public que revient la plénitude de l'exercice de l'action publique[8]. Dans le traitement de la victime au parquet, il est important de s'intéresser aux pouvoirs du ministère public, qui régente toute l'instruction préparatoire au procès pénal proprement dit.

[8] Article 77 de la loi organique n°13/011-B du 11 avril 2013 portant organisation, fonctionnement et compétences des juridictions de l'ordre judiciaire.

En droit congolais, les prérogatives du ministère public sont cumulatives dans la mise en mouvement de l'action publique. On dit que ces prérogatives sont exorbitantes. Au cours de l'instruction préparatoire, ces pouvoirs exorbitants sont perceptibles à travers divers aspects de la procédure qui démontrent la toute-puissance de l'organe de la loi.

En premier lieu, il faut considérer qu'en droit congolais, le ministère public est à la fois autorité de poursuite et d'instruction. En l'absence d'un juge d'instruction, cette fonction laissée à l'organe chargé de requérir la condamnation de l'accusé pose de nombreux problèmes quant à l'équité du procès[9].

Cette organisation judiciaire basée sur les pouvoirs exorbitants du ministère public peut s'avérer dangereuse pour les droits de la victime. En effet, en l'absence d'un juge d'instruction, le droit congolais, ne saurait concevoir la constitution de partie civile à l'occasion de la plainte. Cette impossibilité défie le bon sens dans la mesure où il est assez aisé de considérer qu'une personne qui s'adresse à l'autorité judiciaire pour en accuser une autre d'une infraction est forcément à la recherche des voies devant lui permettre d'obtenir réparation du préjudice subi.

Toutefois, on ne saurait méconnaître le mérite du législateur congolais qui, bien que n'ayant pas consacré de constitution de partie civile au parquet, a néanmoins permis de prendre en compte les intérêts de la partie lésée dans la phase préjuridictionnelle du procès pénal. Les articles 9 du Code de procédure pénale et 112 de l'ordonnance relative aux attributions des officiers et agents de police judiciaire près les juridictions de droit commun.

En soumettant l'officier de police judiciaire et, partant, l'officier du ministère public à l'obligation de s'intéresser au sort de la personne lésée par l'infraction, le législateur a marqué son intention de veiller à ce que certains dénouements de la réparation soient obtenus avant le procès proprement dit.

Néanmoins, on ne peut pas manquer de mentionner la limite de cette possibilité dans la mesure où cette prise en compte des intérêts de la victime n'est en réalité possible que dans le cas où le paiement d'une amende transactionnelle est envisagé. On regrettera qu'en dehors de ce cas, la victime doive attendre l'issue d'un procès qui peut s'avérer longue voire coûteuse.

Le fait est que le rôle de la victime au parquet est drastiquement limité à la confrontation avec l'inculpé. D'ordinaire, il ne contrôle pas son sort. Dans le secret de l'instruction, le ministère public peut le surprendre à tout moment par une note de classement ou par un élargissement, une relaxe ou une mise en liberté provisoire, qui ne fait que compliquer la perspective de la réparation qu'elle attend. Il en va d'autant plus ainsi que la victime est

[9] Voir S. Makaya Kiela, *op. cit.*,

exclue même de la procédure en chambre du conseil, où seul est attendu l'inculpé[10].

- ***Au cours de l'instruction juridictionnelle***

C'est devant le juge que la victime, préalablement constituée partie civile peut enfin s'exprimer sur les prétentions qui sont les siennes en vue du recouvrement de ses droits. Cependant, le déroulement de l'instruction renseigne, encore une fois, sur la place secondaire que la loi accorde à la victime.

Aux termes de l'article 74 du Code de procédure pénale, l'instruction à l'audience se fera dans l'ordre suivant :

« - Les procès-verbaux de constat, s'il y en a, sont lus par le greffier ;
- Les témoins à charge et à décharge sont entendus s'il y a lieu et les reproches, proposés et jugés ;
- Le prévenu est interrogé ;
- La partie civile, s'il en est une, prend ses conclusions ;
- Le tribunal ordonne toute mesure d'instruction complémentaire qu'il estime nécessaire à la manifestation de la vérité ;
- Le Ministère public résume l'affaire et fait ses réquisitions ;
- Le prévenu et la personne civilement responsable, s'il y en a, proposent leur défense ;
- Les débats sont déclarés clos ».

L'intervention de la partie civile arrive avant celle du ministère public. Cela démontre l'importance accordée à l'accusation de la partie civile. Si le ministère public pend la parole juste avant le prévenu, c'est parce que, d'après le législateur, il lui appartient de proposer la qualification pénale pour laquelle il attrait le prévenu devant le juge.

Même quand le tribunal est saisi par citation directe, cet ordre dans les interventions des parties ne change pas en faveur de la victime. Elle prend la parole en premier pour exposer les faits et est souvent même obligée de se débrouiller toute seule pour démontrer la matérialité des faits. Dans de nombreux cas, le ministère public s'en désolidarise et en vient même à requérir l'acquittement.

3. Le fondement et « le temps » de la réparation en droit congolais

Un préjudice mal réparé est un dommage non réparé[11]. La notion de réparation renvoie inéluctablement à celle d'une détérioration, d'une avarie, d'un dégât qui porte atteinte à l'intégrité d'une chose ou en altère l'essence qu'il faut rétablir au prestin état.

---

[10] Articles 28 à 42 du Code de procédure pénale.

[11] Lire : S. Makaya Kiela, *op. cit.*, p.54.

Le système de réparation classique consacré en droit congolais est basé sur la responsabilité civile, tributaire de la faute et même parfois sans faute, du préjudice et du lien de causalité.

Le triptyque indemnisation, restitution et réhabilitation est souvent mis en épreuve et démontre régulièrement ses limites. Notamment dans la fixation de la valeur des préjudices réparables.

Par ailleurs, il importe d'indiquer que le système de réparation consacré en droit congolais tel ci-haut peint, révèle une grande difficulté que rencontrent les victimes dans la mise en œuvre de ce droit. Cette grande difficulté est liée au « temps de la réparation ». En effet, entre le moment où le fait infractionnel est commis et celui où la réparation intervient, il s'écoule un laps de temps dont la gestion revêt un intérêt particulier pour la victime. Le temps peut être un facteur de découragement voire des frustrations lorsque sous l'effet de l'exaspération et du dépit généré par la routine, la victime peut y renoncer psychologiquement[12].

II. Lecture technique et critique

Devant ce régime de réparation caractérisé par les difficultés de sa mise en œuvre, il convient de formuler les critiques qui s'imposent avant d'envisager de proposer des réformes en guise de perspectives.

Les faiblesses à relever au sujet du régime de la réparation en droit congolais peuvent s'articuler autour des aspects législatifs et des aspects prétoriens.

1. Aspects législatifs

Au plan normatif, l'on peut noter des stagnations qu'accuse le législateur qui, depuis l'avènement du décret du 30 juillet 1888 relatif aux contrats et obligations conventionnelles, n'a pas véritablement enregistré d'avancée. On note ainsi un faible recours à l'approche victimologique du procès pénal, la prééminence du triptyque faute-préjudice-lien de causalité, le poids financier de la procédure et la gêne de la procédure écrite.

➢ ***Un faible recours à l'approche victimocentrique***

En RDC, de nombreuses études se sont déjà intéressées aux idées victimologiques, sans jamais influencer la législation en vigueur. Comme on l'a ci-haut indiqué le concept « victime » est caractérisé par la rareté des définitions officielles, à telle enseigne que, selon les lieux, les époques, les cultures et les disciplines, elle se soit assortie d'une définition emportant une certaine particularité d'approche[13].

---

[12] Lire : S. Makaya Kiela, *op. cit.*, p.54.

[13] R. Cario, *Victiùologie, de l'effraction du lien inter subjectif à la restauration sociale*, Paris, Larmatthan, 2006, pp. 26-35.

Grâce à la victimologie, l'on est parvenu à une analyse de la victime dans une approche pluridisciplinaire. Mais, en l'absence d'une définition de la victime, les idées avancées par les victimologues demeurent de simples préceptes d'école, qui n'influencent pas la situation de la victime. Le débat doctrinal autour de la victime ne rencontre pas, en droit congolais, un effort législatif destiné à consolider la place et le rôle de la victime dans le procès pénal. Pourtant, il a été démontré[14] qu'en technologie sociale congolaise, la victime d'une infraction demeure le maillon très important de l'œuvre judiciaire.

➢ ***Du triptyque faute-préjudice-lien de causalité***

La problématique que suscite la subordination de la réparation du préjudice à la réunion de la faute, du préjudice et du lien de causalité entre les deux se situe dans l'approche individualiste de la responsabilité. La faute ne pouvant être commise que par le délinquant, malgré le tempérament ouvrant la possibilité de retenir la responsabilité de celui qui doit répondre de lui, le régime de la réparation laisse de côté les préjudices dont le lien n'a pas été établi à l'égard d'une personne au moins identifiable.

Certes, les méthodes d'investigation sont nombreuses et assez avancées pour retrouver les traces des infractions et de leurs auteurs. Mais cette preuve indiciaire n'est pas infaillible. Pourtant, tout aussi impossible que puisse être l'identification de l'auteur d'une infraction, le préjudice demeure patent et évident.

L'autre difficulté qui ressort de cette analyse met en évidence l'inadéquation d'un régime basé sur la responsabilité individuelle dans le contexte où les préjudices seraient immenses comme il en va dans le cas des crimes internationaux.

➢ ***Du poids financier de la procédure***

Pour la victime, l'exercice de son droit d'accès à la justice est souvent confronté aux impératifs pécuniaires qu'exige sa recevabilité au tribunal. La justice demeure certes gratuite. Mais, la doctrine est unanime sur le fait que cette gratuité n'est pas absolue, dans la mesure où la soumission d'une demande au juge est onéreuse.

De la consignation jusqu'aux honoraires de l'avocat en passant par les frais qu'exigent certaines mesures d'instruction, la victime peut se retrouver dépassé par les obligations financières qui lui incombent, au point d'abandonner la procédure. Certes, les plus pauvres peuvent toujours compter sur l'assistance judiciaire gratuite.

---

[14] Lire à ce sujet, Fofe Djofia Malewa, *Contribution à la recherche d'un système de justice pénal efficient au Zaïre. Un remède aux déficiences de la justice pénale, la mise en œuvre d'une politique criminelle victimocentrique*, thèse de doctorat en droit, Université de Droit, d'Economie et de Sciences d'Aix-Marseille, 1990.

L'assistance judiciaire, posée en principe par notamment l'article 6 §3 de la Convention européenne des droits de l'homme, s'affirme également parmi les garanties reconnues aux victimes en tant que justiciables. Son application est cependant faible en RDC. L'absence de structures d'aide aux victimes des infractions (structures d'accueil au sein des juridictions, de structures d'accompagnement et de suivi matériel et psychologique, structures d'aide aux victimes, etc.), fait que devant les juridictions répressives congolaises , en partant des frais à débourser et des écueils psychologiques qui alourdissent la conscience et la volonté des victimes qui songent à ester en justice, celles-ci balbutient entre les difficultés à trouver un système de défense en justice basée sur la garantie qu'aurait chaque individu à se pourvoir en justice assisté par un défenseur de son choix.

Le principe sur lequel se construit l'assistance judiciaire permet d'envisager qu'en cas de besoin et selon les circonstances, cette assistance est garantie et gratuite. Cependant, la gratuité est difficile à obtenir auprès de personnes, non financées, qui doivent se battre seules pour garantir leur quotidien.

L'assistance à accorder aux victimes qui cherchent à avoir accès à la justice demeure à bien des égards un simple vœu, qui ne rencontre en rien les réalités quotidiennes du monde judiciaire en RDC.

2. Aspects prétoriens

Au prétoire, il existe une pratique qui, pour rendre l'administration de la justice aisée, se transmet indéfiniment au point d'acquérir une certaine forme normative. En ce qui concerne la réparation des dommages causés par l'infraction, les juges comme les parties s'illustrent par des pratiques qui ont un impact considérable sur la qualité de la justice rendue aux victimes.

➢ ***La part des juges***

Dans le chef des juges, les habitudes à analyser concernent la prééminence de l'indemnisation et le faible recours aux considérations victimologiques.

- ***De la prééminence de l'indemnisation***

L'indemnisation est guidée par le principe de la réparation intégrale du préjudice et est commun à la plupart des pays occidentaux avec l'exception notable de la Nouvelle-Zélande. Certains autres pays utilisent les termes *restitutio in integrum* pour rendre compte du principe. Mais l'emploi de ces termes latins, comme cela est souvent le cas en matière de responsabilité civile, sert à désigner un principe dont le contenu exact est à circonscrire. Elle procède en effet, de la logique de l'interchangeabilité. Elle est plus ou moins la conséquence d'une évaluation basée sur les critères et notions du juste et de l'équitable. Elle a une nature numéraire car elle s'ordonne en argent. Ainsi que la définissent certains auteurs[15], il s'agit du versement d'une somme d'argent destinée à réparer, par équivalent, le préjudice directement éprouvé par la victime sous la forme de dommages-intérêts. Le but de l'indemnisation est de mettre la personne dans la position financière qui aurait été la sienne si elle n'avait pas été victime[16]. On ne se situe pas seulement dans la position qui était la sienne avant l'infraction, mais dans celle qu'elle aurait eue si l'infraction n'avait pas eu lieu et c'est là que le calcul devient difficile, puisqu'il implique de la contre factualité. Une blessure corporelle, par exemple, peut réduire la capacité non seulement de travailler, donc de gagner de l'argent, mais aussi d'apprécier ce que l'on pourrait faire de cet argent. L'évaluation du dommage est souvent délicate-il y a de nombreux paramètres à prendre en compte-et elle est déterminante car c'est elle qui va conditionner le montant de l'indemnité, qu'il est important de ne pas sous-évaluer ou surévaluer, afin de ne pas donner à la réparation un caractère incertain et arbitraire. Le paragraphe 20 des principes de 2005 indique que l'indemnisation doit être « proportionnée à la gravité des violations et aux circonstances de chaque cas ». Il existe quelques critères d'évaluation. Il s'agit notamment du préjudice physique ou psychologique ; des occasions perdues, y compris en ce qui concerne l'emploi, l'éducation et les prestations sociales ; des dommages matériels et la perte de revenus, y compris la perte du potentiel de gains ; du dommage moral ; des frais encourus pour l'assistance en justice ou les expertises, pour les médicaments et les services médicaux et pour les services psychologiques et sociaux ».

Ainsi, on doit appuyer l'hypothèse qui indique que « une indemnisation devrait être accordée pour tout dommage (...) qui se prête à une évaluation économique ». Comme cela est affirmé par l'article 4 de la convention européenne relative au dédommagement des victimes d'infractions violentes, qui indique que l'indemnisation couvre au moins « perte de revenus, frais médicaux et d'hospitalisation, frais funéraires, et, en ce qui concerne les personnes à charge, perte d'aliments. Les juridictions régionales des droits de l'Homme distinguent généralement trois catégories[17]. Les pertes financières, les pertes non financières et les coûts et dépenses.

Jouant essentiellement le rôle de compensation, elle est plus restrictive que la réparation qui se veut toujours intégrale, sans grande commune mesure avec l'indemnisation qui pourrait ne pas l'être. C'est donc à raison que la doctrine considère que l'on utilise abusivement le terme réparation en lieu et place de l'indemnisation. « Alors que l'une ou l'autre peut être partielle et surtout que, si on ne le spécifie pas, l'indemnisation est par

---

[15] P. Malaurie, L. Aynes, L. Stoffel-Munck, *Droit civil : les obligations*, Paris, Ejadefrois, Coll. Droit civil, 3ème éd., 2007, pp. 147-150.

[16] J.B. Jeangene Vilmer, *Réparer l'irréparable, les réparations aux victimes devant la Cour pénale internationale*, Paris, PUF, 2009, p. 61.

[17] Arrêts Castillo Páez, *op. cit.* ; Arrêts Villagran Morales, §80 ; Arrêt Sawhoyamaxa, §217.

définition, l'élimination de tout le dommage, l'on parle presque toujours de réparation intégrale pour bien marquer que tel est le cas »[18].

L'indemnisation n'est pas la réparation, mais plutôt un des mécanismes de la réparation[19]. Elle ne peut pas répondre à toutes les attentes de la victime aussi poussé que soit son système et d'autant moins que la demande d'indemnisation au sens strict n'est pas une constante chez les victimes et surtout chez celles, victimes elles-mêmes ou proches de la victime, qui sont en grande souffrance personnelle du fait de l'infraction[20]. De la même manière que tout n'est pas restituable, il faut également souligner que tout n'est pas compensable financièrement, pour au moins deux raisons. D'une part, parce qu'il y a des infractions tellement graves qu'ils sont à l'avance qualifiées d'irréparables. D'autre part, parce que le préjudice n'est pas que matériel, il est souvent moral et, dans ce cas, il est impossible de lui attribuer un équivalent monétaire juste[21].

- *L'indemnisation des préjudices matériels*

En tant que mécanisme de réparation, l'indemnisation participe de l'effort tendant à assurer la disparition du préjudice. Lorsque le préjudice est matériel, l'indemnisation est orientée vers le souci de couvrir la corporalité du dommage. Elle doit donc correspondre à l'ampleur de la perte subie, ainsi qu'à toutes les fluctuations des préjudices. Il est fréquent que le juge fonde sa conviction aux dires des experts qui en évaluent l'ampleur et la hauteur. Le montant à payer est fixé en fonction de tous les éléments dégagés de l'expertise. Il s'agit notamment de la valeur de la perte principale (le préjudice proprement dit) et la valeur de la perte accessoire (perte consécutive à la perte principale qui consiste, par exemple aux soins médicaux, frais de déplacement, etc.). Ce qui suppose la quantification des préjudices subis. Le payement peut être subi par le patrimoine de l'auteur ou de l'institution dont il est préposé pour autant que l'infraction dont est issue le dommage ait été commise dans le cadre de ses fonctions ou être garanti par un fonds spécial, mais avec possibilité d'action récursoire[22] au patrimoine de l'auteur du préjudice. Ce payement est fait soit directement, soit de manière échelonnée sous forme « d'une rente »[23]. La victime

---

[18] G. Cornu, *Vocabulaire juridique*, Paris, P.U.F, 2009, p. 481.

[19] S. Makaya Kiela, *op. cit.*

[20] C. Lazerges, « L'indemnisation n'est pas la réparation », in C. Lazerges et G. Delage (Dir.), *La victime sur la scène pénale en Europe*, p. 236.

[21] J. Jeangene Vilmer, *Réparer l'irréparable, les réparations aux victimes devant la Cour Pénale Internationale*, Paris, P.U.F, 2009. p. 62.

[22] Recours en justice de la personne qui a du exécuter une obligation dont une autre était tenue contre le véritable débiteur de l'obligation pour obtenir sa condamnation (G. Cornu, *op. cit*, p. 23.).

[23] S. Guinchard, et T. Debard (dir.), *Lexique des termes juridiques*, 19ème éd., Paris, Dalloz, 2011, p. 746.

indemnisée devient en effet propriétaire de ce qui lui est payé. Il en acquiert l'*usus*, le *fructus* et l'*abusus*. L'inquiétude pourrait concerner la capacité de ce maître du patrimoine à garantir une gestion saine de ses nouveaux revenus.

Dans son ouvrage intitulé « le préjudice corporel »[24], Gardner fait état de la façon dont sont gérées des indemnités accordées aux victimes des dommages corporels. Se rapportant aux études américaines, australiennes et anglaises. Il affirme que toutes ces études ont sensiblement abouti au même constat : « de 25 à 30 % des victimes dépensent leur indemnité forfaitaire en deux mois…, alors que 90 % d'entre elles ont tout dilapidé dans les cinq ans suivant la réception de l'indemnité. Il s'agit d'un phénomène mondial »[25]. Face à ce constat, la rente devrait constituer un outil privilégié d'indemnisation, du moins dans les hypothèses de victimes gravement blessés ou de chefs de famille laissant dans le deuil des personnes à charge.

En fait, le risque bien réel de dilapidation de l'indemnité pèse de plus en plus lourd dans la balance des avantages et des inconvénients liés à l'octroi de rentes aux victimes de dommages corporels. L'expérience vécue à l'étranger, en ce qui concerne le mode de versement de l'indemnité, montre qu'il ne faut faire confiance à personne. La victime est généralement atteinte du syndrome de la société-casino et l'attrait de la réception d'une somme forfaitaire importante l'empêche de prendre une décision éclairée. Le défendeur - généralement un assureur de dommages – veut fermer les livres et n'apprécie pas le suivi administratif que suppose l'octroi d'une rente. Le juge, enfin, que ce soit par tradition ou par recherche d'une solution de facilité, sera peu enclin à accorder une rente, à moins que le mécanisme ne lui soit imposé par législation. Il est à espérer, pour le sort à long terme des victimes, que le vent du changement, en provenance de l'ouest, finira par atteindre le continent européen »[26].

- *L'indemnisation des préjudices moraux*

Le contact entre la victime et l'infraction est un choc qui laisse des traces. Parfois, cette empreinte négative qui s'installe dans son psychisme s'y affirme comme un traumatisme qui continuera longtemps à influencer le cours de sa vie. De temps en temps et même souvent, la victime sera secouée par ses mauvais souvenirs qui l'enfermeront dans l'isolement et la méfiance. La problématique de l'indemnisation des préjudices moraux semble se résoudre dans certains pays par la technique de barème. En France, affirment des auteurs[27], l'indemnisation du préjudice moral n'a pas été admise sans

---

[24] D. Gardner, *Le préjudice corporel*, 3ème éd., Cowansville, éd. Yvon Blais Inc., 2009.

[25] Idem.

[26] D. Gardinier, « La réparation : le point de vue nord- américain », *op. cit.*

[27] Voir : F. Givord, *La réparation du préjudice moral*, Thèse Grenoble, 1942 ; L. JOSSERAND, « La personne humaine dans le commerce juridique », D.1932, Ch.p.1 ; G.

difficulté. On a souligné l'inaptitude de l'argent à réparer une peine ou une souffrance. L'intérêt lésé étant par définition extrapatrimonial, l'allocation d'une somme d'argent serait insusceptible de le réparer. L'indemnisation supposant une « équivalence qualitative » entre le préjudice et la compensation, le préjudice moral ne pourrait être compensé par une réparation en argent[28]. A cela s'ajouterait l'indécence de la victime à vouloir monnayer ses larmes. Sans s'arrêter à ces considérations, la jurisprudence[29] a très tôt estimé réparable le préjudice moral. Désormais, le préjudice moral est indemnisable au même titre que le dommage matériel. Cependant, quelques subtilités quant aux modalités d'évaluation et d'exécution les différencient. « Le déficit fonctionnel temporaire ou permanent »[30], le préjudice d'agrément, le préjudice d'esthétique, le préjudice sexuel, le préjudice d'établissement, etc., en sont des illustrations.

En RDC, il n'existe ni dans la loi, ni dans la jurisprudence, encore moins en doctrine un débat sur les différentes considérations liées à l'indemnisation des préjudices moraux. L'analyse de la jurisprudence fait état d'indemnisation forfaitaire en fonction de l'intime conviction du juge. Il n'existe pas des repères servant de référence.

- ***Du faible recours aux dommages-intérêts d'office***

L'article 108 de la loi portant organisation, fonctionnement et compétences des juridictions de l'ordre judiciaire accorde la possibilité au juge d'allouer des dommages-intérêts à une victime qui n'a pas été partie au procès.

Dans la pratique, l'enquête préliminaire et l'instruction préparatoire étant limitée à la manifestation de la vérité autour de la culpabilité ou non de l'inculpé, l'indication des victimes s'avère souvent difficile à établir par le tribunal. Pour celui-ci, l'instruction juridictionnelle donne rarement lieu à des mesures complémentaires d'instruction dans le seul but de cerner les questions liées aux victimes.

A la limite, la loi ayant précisé que les dommages-intérêts d'office sont ceux qui seraient liés en vertu de la loi, les juges auraient tendance à exclure

---

RIPPERT, « Le prix d'une douleur », D. 1948, ch.p.1 ; P. Esmein, « La commercialisation du dommage moral », D.1954, ch.p.113 ; P. Kayser, « Remarque sur l'indemnisation du dommage moral dans le droit contemporain », *in Mélanges* Macqueron, 1974, p. 411 ; P-G. JOBIN, « L'indemnisation du préjudice moral : rôle du droit comparé », *in RTD civ.*1991, p. 1996 ; M. Fabre-Magnan, « Le dommage existentiel », *in D.*2010, 2376.

[28] M.E. Roujou de Boubee, *Essai sur la notion de réparation*, Paris, LGDJ, 1974, pp. 124 et s.

[29] Civ. 13 février 1923, DP 1923,1, p52, note, H. Lalou, S.1926, 1, p. 325, GAJC, n°179, note F. Terre et Y. lequette, « L'article1382... s'applique par la généralité de ses termes aussi bien au dommage matériel qu'au dommage moral ».

[30] M. Bacache-Gibeili, *Traité de droit civil, t V, les obligations, la responsabilité civile extracontractuelle*, 2è éd., Paris, Economica, 2012, p. 467.

de leur champ la victime qui, pour une raison ou une autre, ne se serait pas constituée partie civile.

- ***De la subordination de l'action civile à l'action pénale***[31]

Il s'est toujours posé la problématique du rôle réparateur du procès pénal et consécutivement celle de la subordination de l'action en réparation à l'action publique[32] ou pénale. Ne faut-il pas dissocier les deux actions ou autonomiser[33] l'action en réparation comme le suggère la déduction de l'analyse heuristique de certaines dispositions des traités internationaux et régionaux relatifs aux droits des victimes[34]. Dans cette hypothèse, la répression doit être considérée comme l'un des mécanismes de la réparation[35], sa dimension symbolique s'établissant dans un réconfort psychologique pour les victimes[36].

---

[31] Lire à ce sujet : S. Makaya Kiela, *op. cit.*

[32] Il s'agit d'une action en justice d'intérêt général exercée, au nom de la société par le Ministère public, devant les juridictions en cas d'infraction à la loi pénale. Elle permet de réprimer l'atteinte à l'ordre social par le prononcé d'une sanction au délinquant. L'action publique ne peut être exercée qu'en l'encontre de l'auteur, le coauteur ou le complice de l'infraction, personne physique ou représentant de la personne morale : c'est l'application du principe de la personnalité des peines (Lire : A. Beziz-Ayache, *Dictionnaire de droit pénal général et procédure*, 3ème éd., Paris, Ellipses, p.10 ; B. Bouloc, *Procédure pénale*, 20ème éd., Paris, Dalloz, p.131 ; G. LOPEZ et S. Tzitzis [dir.], *Dictionnaire des sciences criminelles*, Paris, Dalloz, 2004, p.20).

[33] Cette expression est empruntée à J.B. Jeangene Vilmer, qui plaide pour l'autonomisation du fonds d'indemnisation des victimes de la Cour pénale internationale. (J.B. Jeangene Vilmer, *op. cit.*, p XI).

[34] Ces dispositions indiquent que les victimes ont droit à réparation peu importe que les auteurs des faits ne soient pas identifiés, arrêtés ou trouvés. Ceci sous-entend que les crimes, même internationaux, dont les auteurs ne peuvent être ni identifiés, ni arrêtés, ni trouvés, ne réduisent en rien les droits qu'ont les victimes d'être réparées (Principe V de la Résolution portant Principes fondamentaux et directives concernant le droit à un recours et à réparation des victimes de violations flagrantes du droit international des droits de l'homme et de violations graves du droit international humanitaire A/RES/60/147, décembre 2005) ; il s'agit aussi des pratiques des commissions d'indemnisation des victimes Des Nations Unies [par ex : les résolutions 687(1991) et 706(1991) du Conseil de sécurité du 03 avril et du 15 août 1991, une commission d'indemnisation des victimes de la guerre du Golfe].

[35] Du dommage subi à la guérison, réparer, c'est aussi régénérer un ordre par la désignation publique du coupable. D'une certaine manière cette reconnaissance est aussi renaissance pour une victime qui aura précisément tendance à s'attribuer cette culpabilité d'autant plus sûrement que la transgression aura été ressentie comme plus grave et plus intime. Sur ce point, le viol et les agressions sexuelles sur les enfants et les adolescents semblent être des exemples constamment vérifiés (Y. Clapoty, *L'indemnisation des victimes : Les infractions pénales*, Paris, éd. Eska, 2000).

[36] Un procès, même symbolique est l'occasion de faire ressortir pleinement et publiquement la vérité. Il permet aux victimes d'être reconnues entant que telles et de rendre inacceptable le sentiment et la volonté d'impunité des bourreaux. De nombreux auteurs pensent que la sanction est moins importante en soi que le rituel et la symbolique du procès (P. Bouretz, C.

Cependant, ce qui est plus urgent pour les victimes, sans négliger la punition, c'est la restauration des droits perdus.

➢ ***La part des parties***

En ce qui est des parties au procès, leurs intérêts sont souvent tributaires de la pratique de leurs avocats. Il se trouve que, représentant ou assistant leurs clients en justice, les avocats ont eux-mêmes tendance à avoir une vue assez restrictive de la mise en œuvre de la réparation.

C'est eux qui, dans leurs postulations, s'illustrent par la recherche d'une réparation essentiellement exprimée en argent. A cause de cette tendance, d'autres aspects de la réparation sont laissés pour compte.

III. Les perspectives

Au regard des critiques ainsi formulées, il importe que le droit positif organise un régime de réparation des dommages causés par l'infraction dans un format plus compatible avec le recouvrement de la situation antérieure de la victime. Pour cela, quelques réformes s'avèrent nécessaires.

1. De la nécessité d'une approche victimocentrique du procès pénal

L'absence d'une politique criminelle victimocentrique condamne les victimes de ces crimes à une existence ardue, à l'amertume de l'érosion du temps et à la loi du silence du fait des hésitations que la justice[37] s'impose souvent dans la mise en œuvre et dans la détermination du contenu et de l'extension de ce droit des victimes. La loi du silence est affirmée par l'absence d'un système d'indemnisation publique pouvant remblayer l'insolvabilité des auteurs condamnés ou le vide créé lorsque les auteurs des crimes ne sont ni connus ni arrêtés ou jugés[38].

Fofe Djofia Malewa fait observer que la justice étatique (importée et imposée en RDC) ne rencontre pas les trois traits ci-dessous constitutifs des caractéristiques les plus significatives de la vision juridique congolaise authentique : Une mentalité « photosynthétique », « a formaliste » et rejetant la prescription (caractéristique d'émotivité et de l'immédiateté dans

---

Leben, A. Finkielkraut, L. Joignet, L. Lochak et J.M VRAU, « La prescription », *Table ronde du vendredi 22 janvier 1999*, n°31, Paris, PUF, p.112). Grace à « un rituel du procès », l'acte criminel publiquement jugé, offre l'occasion de « réaffirmer la supériorité de l'ordre sur le désordre » et permet à la société de recréer l'ordre social et juridique (X. LAMEYRE, *Actualité et acte de juger, éthique d'une politique du procès*, Paris, L.P.A, 2005, p.17).

[37] Les juridictions appelées à connaître des infractions et des demandes de réparation des victimes, éprouvent d'énormes difficultés à faire œuvre utile aux souffrances des victimes à cause de l'imprécision et l'inadéquation de la législation congolaise.

[38] Le constat révèle une mise en œuvre déficitaire des principes de la résolution des NU qui recommande aux Etats d'assurer la mise en œuvre du droit à réparation des violations massives du droit international des droits de l'homme et du droit international humanitaire, lorsque les auteurs de ces violations sont insolvables, non connus, ni arrêtés.

l'action). Il ajoute à cela un esprit profond de dialogue (caractéristique de réaction négative à l'excessive importance accordée aux formalités judiciaires) et une vision monolithique des affaires judiciaires (caractéristique d'absence de discrimination entre les contestations civiles et les controverses pénales). Ces traits caractéristiques de la vision juridique congolaise authentique heurtent fondamentalement la vision trop formaliste de la justice étatique.

2. De la nécessité de l'instauration de la solidarité nationale

Considérant les limites de la responsabilité civile à fonder le droit à réparation des victimes pour certaines infractions et l'inexécution des décisions judiciaires en matière de réparation pour ces victimes, compte tenu de la recommandation des Nations Unies[39] invitant les Etats à prendre des mesures internes pour assurer l'effectivité et l'efficacité du droit à réparation des victimes des violations massives du droit international de droit de l'homme et du droit international humanitaire, il importe que le droit congolais institue la solidarité nationale comme l'un des fondements du droit à réparation des victimes des infractions. C'est de ce fondement que pourra se profiler l'institution d'un système d'indemnisation publique avec la création d'un fonds d'indemnisation des victimes des infractions suivant l'expérience des plusieurs pays (plus particulièrement, en matière de réparation des victimes des infractions graves) ainsi que celle de la CPI.

C'est là que se situe la nécessité de création d'un fonds de garantie de réparation des victimes des infractions. Le fonds de garantie doit être perçu comme un instrument au service de la réparation. Si de nombreuses victimes éprouvent d'énormes besoins de prise en charge, il faut tout aussi reconnaître que les responsables des préjudices qu'elles subissent ne disposent pas toujours des moyens suffisants pour répondre aux exigences d'une réparation holistique.

La réparation prend dans de nombreux contextes l'allure d'une certaine fantaisie lorsque notamment le prononcé de la décision du juge porte que soit versées à une victime des sommes qui sont largement supérieures aux capacités financières du condamné. La doctrine considère cette question comme étant due à la conception occidentale de la réparation du préjudice causé, qui proclame que si la punition doit être proportionnée à la culpabilité, la réparation, elle, doit être l'équivalent du préjudice, à telle enseigne que l'on ne s'occupe nullement de la situation sociale du délinquant, un pauvre père pouvant être condamné à réparer un préjudice estimé à des millions de francs congolais, ce qui est non seulement injuste

---

[39] La Résolution 40/34 de l'Assemblée générale des Nations Unies du 29 novembre 1985 exhorte les Etats membres à prendre en considération la situation d'insolvabilité du délinquant et à se substituer à lui dans la prise en charge de la réparation du préjudice subi par les victimes.

car, à son tour, le délinquant devient une victime de la victime originaire, mais, en sus, le pouvoir juridictionnel court le risque d'être discrédité aux yeux de la victime originaire à cause de l'inexécution qui pourrait s'ensuivre du fait de l'insolvabilité manifeste et notoire du condamné, dont il était d'ailleurs au courant[40].

Le droit congolais paraît suivre aveuglément cette logique qui, dans les pays où elle s'applique, est complétée et mise en œuvre par une institution étatique chargée de garantir le paiement intégral des condamnations civiles éventuelles. En France, l'application de la logique de l'équivalence de l'indemnisation à la hauteur du dommage s'effectue dans le cadre d'un Fonds permettant aux victimes avant ou en dehors même des poursuites ou dans l'hypothèse d'une allocation insuffisante ou non entièrement satisfaisante, d'obtenir, à la suite de certaines infractions ou calamités, l'exercice d'un recours en indemnité devant une commission juridictionnelle[41].

Le fonds de garantie de la réparation[42] doit donc être créé en RDC au titre d'obligation internationale. Sur ce point précis, il importe de signaler qu'une résolution des Concertations nationales tenues à Kinshasa propose la création d'un fonds d'indemnisation des victimes des violences sexuelles. Cependant, de l'analyse de cette proposition, des considérations ci-après peuvent être relevées[43] :

D'abord, la problématique du fondement philosophique et juridique laisse à désirer d'autant plus que la résolution n'intègre pas la création de ce fonds dans le cadre d'un système d'indemnisation publique qui résulterait de la solidarité nationale avec possibilité de régler au préalable la question de son financement et de son fonctionnement.

Ensuite, il faut déplorer le caractère discriminatoire et sélectif de la proposition. La RDC abrite à ce jour nombre de victimes peinant à obtenir réparation de leurs préjudices et privées même de tout mécanisme de prise en charge par l'Etat. La création d'un tel fonds devrait étendre ses bienfaits à toutes ces victimes sans exception.

La richesse d'un Etat est, au-delà de sa volonté de témoigner de la solidarité en faveur des victimes, le facteur primordial en vue de la mise en place effective d'un fonds de garantie de la réparation. Les pays riches tels que la Nouvelle Zélande, la France, le Canada en ce qui concerne le Québec,

---

[40] E.J. Luzolo Bambi Lessa et N.A. Bayona ba Meya, *Manuel de procédure pénale*, Kinshasa, PUC, 2011, p. 22.

[41] E.J. Luzolo Bambi Lessa et N.A. Bayona ba Meya, *op. cit.*, p.22.

[42] Lire aussi à ce propos : Voir Hemedi Christian, « Plaidoyer pour la création d'un fonds au profit des victimes en RDC », in *Les 10 ans de la Cour pénale internationale, bilan et perspectives.* Recueil des actes des journées scientifiques tenues à Kinshasa, RDC du 32 au 25 octobre 2012, pp.183-193.

[43] Lire : S. Makaya Kiela, *op. cit.*

etc. s'illustrent donc tout naturellement par un régime bien organisé de solidarité nationale en faveur des victimes. Cependant, même dans ces Etats, les fonds existants le sont pour les victimes des infractions graves, ce qui exclut un certain nombre d'entre elles. La France, par exemple ne garantit que la réparation des victimes d'attentats terroristes, rien n'est prévu pour celles des crimes contre la paix et la sécurité de l'humanité.

La Nouvelle Zélande est néanmoins même présentée comme le premier Etat moderne à mettre en place, en 1964, un régime collectif d'indemnisation, toutes les victimes d'accidents – peu importe la cause – étant prises en charge[44]. La richesse collective et la cohésion sociale ont poussé le Québec à emboîter le pas à la Nouvelle Zélande en adoptant, à la suite de la crise de 1970, la loi sur l'indemnisation des victimes d'actes criminels, qui est entrée en vigueur le 1er mars 1971[45].

Qu'en sera-t-il par la R.D.C ?

Conclusion

L'infraction brise, aux dépens de la victime, un équilibre, que la justice se doit de rétablir. Mais, la justice ne peut lui assurer le recouvrement de cet équilibre qu'en vertu de la loi. Lorsque celle-ci est lacunaire ou désuète, cet espoir devient illusoire. Pourtant, il faut bien que le dommage causé par l'infraction soit réparé pour que le conflit social engendré par l'infraction cesse.

Le droit congolais est encore loin de garantir cette performance à la justice pénale. Tributaire de dispositions surannées de l'époque précoloniale, le droit congolais reste globalement en marge d'une marche de l'humanité qui, dans d'autres pays, a déjà permis de résoudre un grand nombre de difficultés qui se dressaient jadis contre la réparation intégrale du préjudice.

Dans bien des cas, la victime est obligée de vivre indéfiniment dans le désarroi, vouée à ses traumatismes. Sans garanties de non-répétition, elle est exposée au risque de multivictimisation que le droit positif tarde à enrayer.

Il est temps que des réformes ciblent cette problématique afin que la procédure de réparation du préjudice subi par la victime d'une infraction trouve l'effectivité et efficacité à la hauteur des attentes de la société en général et de la victime en particulier. C'est à cette fin que l'approche victimologique du procès pénal, l'approche holistique de la réparation et la solidarité nationale doivent être considérées comme des options primordiales à mettre en valeur dans la dynamique de la réparation intégrale.

---

[44] D. Gardner, « L'indemnisation des victimes d'actes criminels au Québec : pour le meilleur et pour le pire », in *Les cahiers de PV*, février 2010, p. 40.

[45] *Idem.*

L'accès à la justice aux personnes déplacées des conflits armés dans la région de Grands Lacs

■ ***Serge Makaya Kiela***
Professeur de la Faculté de Droit de l'Université de Kinshasa

Introduction

Le droit d'accès à la justice reconnu au plan aussi bien international[1] que national, est un droit fondamental au sens que lui reconnait la CEDH, faisant partie du droit à un procès équitable. Ce droit à un recours juridictionnel doit être affectif et efficient susceptible de produire des résultats efficaces. Il doit s'agir d'un droit concret et non cosmétique. Il ne suffit donc pas qu'il existe formellement un droit au juge, il faut aussi qu'il soit effectivement possible d'accéder au juge[2]. Mais, de quel juge parle-t-on ?

Un juge indépendant et impartial ; un juge qui apparaît (et non décrété) comme garant des libertés individuelles et des droits fondamentaux des citoyens. Cela suppose non seulement l'existence des structures judicaires matérielles et humaines disponibles c'est-à-dire un essaimage des juridictions équilibrées (justice de proximité), mais aussi, la foi en l'appareil judicaire (de la confiance décrétée, à la confiance méritée). L'assistance

---

[1] Deux principaux instruments ont particulièrement été consacrés aux droits des victimes et ont réservé une bonne place au droit d'accès à la justice. Il s'agit de la Déclaration 40/34 des principes fondamentaux de justice relatifs aux victimes de la criminalité et aux victimes d'abus de pouvoir, adoptée par l'Assemblée générale des Nations Unies le 29 novembre 1985 et les Principes fondamentaux et directives 60/147 concernant le droit à un recours et à réparation des victimes de violations flagrantes du droit international des droits de l'homme et de victimes de violations graves du droit international des droits de l'homme et de violations graves du droit humanitaire adoptée par l'Assemblée générale des Nations Unie le 16 décembre 2005. On peut y ajouter les Lignes directrices 2005/20 en matière de justice dans les affaires impliquant les enfants victimes et témoins d'actes criminels adoptées par le Conseil économique et social des Nations Unies à sa 36ème session plénière du 22 juillet 2005.

[2] E. Jeuland, *Droit processuel, une science de la reconstruction des liens de droit*, Paris, LGDJ, L'Herne, 2006, p. 190.

judicaire aux plus démunis doit être garantie ; le délai raisonnable[3] dans la tenue des procès ; l'exécution effective des décisions judicaires, etc. Autrement, le droit d'accès à la justice pourrait ne constituer qu'un leurre.

En théorie, chaque Etat moderne met à la disposition de ses citoyens, des organes dont la mission est de permettre à l'Etat de remplir sa mission régalienne, notamment, l'organisation de la justice. Pour faire régner l'ordre public en vue de la coexistence pacifique des membres de la société et l'harmonie sociale[4]. Parfois, le besoin de justice peut impliquer la prise en compte d'un ordre juridique étranger, supranational voire international. Cette hypothèse peut se vérifier dans les cadres des coopérations bilatérales et multilatérales qu'entretiennent les Etats dans divers domaines notamment dans celui de la justice. La coopération judiciaire peut se faire soit dans une logique bilatérale, multilatérale, sous régionale, régionale et même « internationale à vocation universelle » pour le cas de la C.P.I.

Dans la région des Grands-Lacs, les différents conflits armés et même des guerres non déclarées entre différents Etats, qui ont ravagé ou qui ravagent encore dans certains cas, cette partie du continent africain, sont à la base d'un taux de migration élevé de la population. Plusieurs travaux à ce sujet renseignent sur le flux et reflux des populations dans l'espace des Grands-Lacs. On y retrouve des réfugiés, des déplacés internes et externes, etc…

De l'état de cette situation, tout observateur intéressé a le droit de s'interroger sur non seulement le qualificatif étiqueté à ces citoyens dans leur propre pays ou aux pays voisins. Faut-il les appeler « les déplacés des conflits armés » ou ne faut-il pas les qualifier « des victimes des conflits armés » ?

La dernière acception attire l'attention de cette étude, car s'il faut retenir la qualité de victime, il faut donc conclure qu'elles ont le droit à la justice et donc, bénéficiaire du droit d'accès à la justice tel que ci-haut évoqué.

Dans ce contexte, la préoccupation principale de cette réflexion réside dans l'analyse de la mise en œuvre du droit d'accès à la justice au profit des personnes « déplacées des conflits armés » dans la région des Grands Lacs. Existe-t-il des mécanismes de mise en œuvre de ce droit dans cette région ? Ces mécanismes sont-ils effectifs, efficients et efficaces ?

---

[3] Lire : S. Makaya Kiela, « le temps de justice : Problématique du délai raisonnable en droit congolais », in, Annales Faculté de droit, université catholique du Congo, 2018.

[4] L'enjeu et le jeu du procès pénal se métamorphosent. L'Etat pénal est en crise, le tout répressif ne fonctionne pas (R. Cario, « le débat sur la justice restaurative », in les Travaux de chercheurs intervenus au cours des sessions de formation continue de l'ENM, 2003) ; on peut lire dans la doctrine, Il n'est pas possible de mentionner le rôle du procès comme rupture avec le passé sans envisager réciproquement une fonction en apparence inverse : Faire lieu entre le passé, le présent et l'avenir et aussi retrouver la promesse politique qui anime de telles ruptures. (A. Carapon, Des crimes qu'on ne peut ni punir, ni pardonner pour une justice internationale, Paris, Odile Jacob, 2002).

De toute évidence, de telles préoccupations susciterait une réflexion sur les cadres juridiques de la mise en œuvre du droit d'accès à la justice au profit des « déplacés » des conflits armés dans les Grands-Lacs, tant sur le plan régional que sur le plan interne des Etat de la région. Un état de lieu s'impose pour identifier les défis à relever en vue de rendre l'effectivité et l'efficacité dans la mise en œuvre de ce droit dans la région de Grands-Lacs.

Ainsi, cette réflexion s'articule autour de deux principaux points à savoir :

- L'accès à la justice aux déplacés des conflits armés : cadre juridique pour la région de Grands Lacs ;
- Défis à relever dans la mise en œuvre du droit d'accès à la justice aux déplacés des conflits armés dans la région de Grands-Lacs.

I. L'accès à la justice aux déplacés des conflits armes : cadres juridiques pour la région de grands lacs

Dans la région des Grands-Lacs, devenue le ventre mou de l'Afrique, s'observent d'incessants mouvements de populations à la recherche tantôt de sécurité, tantôt de bien-être loin des lieux où elles sont habituellement établies.

Passant ainsi de ville en ville, de village en village, ces populations, collectivement ou individuellement subissent des atteintes à leurs droits fondamentaux, auxquelles seule la justice est compétente de mettre fin ou de rétablir[5]. Mettre fin à ces atteintes suppose la compréhension des mécanismes et des facilités qui, dans chaque pays de cette région, permettent de s'adresser à un juge légalement établi. En outre, les solutions qu'apporte le droit positif au sein de cet ensemble géographique peuvent présenter des différences irréductibles au point de constituer des éléments d'anéantissement de droits pourtant garantis. Ainsi, convient-il de s'intéresser aux mécanismes juridiques, politiques et humanitaires sur lesquels les déplacés et les réfugiés peuvent s'appuyer ou compter en vue d'obtenir justice face aux désastres qu'elles vivent à cause de conflits armés dans la région de Grands-Lacs.

1. Mécanismes judiciaires pour l'accès à la justice aux déplacés des conflits armés dans la région de grands lacs

Un déplacé est avant tout un être humain. Sa transhumance ne le soustrait donc pas des droits civils auxquels il doit la protection dont il est créancier auprès de l'Etat sur le territoire duquel il se trouve. Il a par conséquent, comme tout citoyen de cet Etat, droit à une protection judiciaire qui peut lui être rendue par des mécanismes répressifs et non répressifs.

[5] Le pouvoir judiciaire est le garant des libertés individuelles et des Droits fondamentaux des citoyens. (cfr. Art. 150, 1 de la constitution de la R.D.C).

Lorsqu'ils sont victimes d'une infraction, les déplacés ont le droit de saisir le juge compétent désigné par la loi. Où qu'ils se trouvent, ils doivent avoir le droit de soumettre leurs litiges aux agences pénales selon les modes de saisine prévus.

Mais, pour ces personnes, même si le droit d'accès à la justice reste admis sans conteste, il convient de relever que leur situation matérielle et financière en fait des démunis qui auraient du mal à s'assurer une défense efficace en justice. Ainsi donc, l'affirmation du droit d'accès à la justice des déplacés rencontre plutôt un problème du point de vue de la représentation et de l'assistance en justice.

Les mécanismes juridiques[6] qui garantissent l'accès à la justice des personnes déplacées sont donc les mêmes que ceux qui protègent les droits de l'homme de manière générale ainsi que ceux qui leur sont dédiées à titre spécifique.

On peut ainsi compter à titre illustratif :

- La Déclaration universelle des droits de l'homme ;
- Le Pacte international relatif aux droits civils et politiques ;
- La convention sur l'élimination de toutes les formes de discrimination ;
- Les conventions de Genève relatives au droit international humanitaire ;
- Les différentes résolutions du Haut-commissariat des Nations Unies pour les Réfugiés ;
- Les différentes résolutions de l'OIM ;
- La Charte africaine des droits de l'homme et des peuples ;
- La Convention de Kampala sur la protection et l'assistance des déplacés internes de 2009.

C'est sur la base de tous ces instruments qui proclament, entre autres, la non-discrimination des personnes déplacées que celles-ci trouvent le cadre au sein duquel s'exerce leur droit d'accès à la justice, en particulier lorsqu'elles sont victimes d'infractions.

Il n'y a pas de doute que, sur le plan pénal, un effort reste à fournir dans différents Etats de la région, plus particulièrement pour la RDC, afin de doter les déplacés d'un cadre de protection pénale qui constituerait leur propre régime de protection. C'est ce qu'encourage la Convention de 2009 sur la protection et l'assistance des déplacés internes, dite convention de Kampala. Il faut en effet que les Etats adoptent des lois et des politiques nationales claires et efficaces pour la protection effective des déplacés. Ce sont ces lois et politiques qui sont appelées à clarifier les responsabilités du gouvernement et des particuliers en définissant les rôles de chaque intervenant dans le traitement des déplacés. Il importe de relever ici qu'une

---

[6] Lire : Convention de Kampala sur la protection et l'assistance des déplacés internes de 2009 : « il faut que les Etats adoptent des lois et des politiques nationales claires et efficaces pour la protection effective des déplacés »

telle acception n'est vérifiable que dans la mesure des systèmes de justice qui soient effectifs et efficaces sur le plan interne de ces Etats. Bref, que la justice pénale nationale, par exemple, soit dissuasive et bien organisée.

Même sur le plan civil, la mise en œuvre du droit d'accès à la justice intéresse à la lumière du régime de la réparation des préjudices subis par les victimes des infractions en général. En droit congolais par exemple, les déplacés (nationaux et étrangers) ne peuvent articuler leurs prétentions en vue de la réparation, quant au fond, qu'autour de l'article 258 et consorts du décret du 30 juillet 1888 relatif aux contrats et obligations conventionnelles, dit Code civil livre III.

Le triptyque[7] restitution, compensation (indemnisation) et réhabilitation comme mécanismes substantiels classiques de la réparation, est complété par la cicatrisation, la restauration sociale, l'indemnisation de nouvelles formes des préjudices (rupture du « projet de vie[8] », perte de chance, dommages punitifs, etc.), la garantie de non répétition, les excuses, la satisfaction, etc.

Par ailleurs, les déplacés buteront certainement aux règles qui guident la coexistence de l'action publique avec les intérêts civils. C'est la problématique du rôle réparateur du procès pénal et consécutivement celle de la subordination de l'action en réparation à l'action publique[9] ou pénale. Pour un déplacé, qui est déjà dans la tourmente de sa délocalisation et forcément aussi de son dépaysement, il convient de se demander s'il n'est pas nécessaire de dissocier les deux actions ou autonomiser[10] l'action en réparation. Cela pourrait mieux convenir à l'esprit de certaines dispositions des traités internationaux et régionaux relatifs aux droits des victimes[11].

---

[7] X. Philippe, « Réparation et responsabilité dans les périodes post-conflictuelles : le cas de l'apartheid en Afrique du sud », *in La réparation du préjudice né de l'Histoire*, Actes du colloque auprès de la Cour de Cassation, Paris, 2007, p. 9. http://halshs.archives-ouvertes.fr.

[8] *Proyecto de vida,* c'est-à-dire les objectifs personnels, familiaux et professionnels que l'individu se fixe et qui sont rompu par le crime (Arrêt Castillo Páez, Réparation, §76).

[9] Il s'agit d'une action en justice d'intérêt général exercée, au nom de la société par le Ministère public, devant les juridictions en cas d'infraction à la loi pénale. Elle permet de réprimer l'atteinte à l'ordre social par le prononcé d'une sanction au délinquant. L'action publique ne peut être exercée qu'en l'encontre de l'auteur, le coauteur ou le complice de l'infraction, personne physique ou représentant de la personne morale : c'est l'application du principe de la personnalité des peines [Lire : A. Beziz-Ayache, *Dictionnaire de droit pénal général et procédure*, 3ème éd., Paris, Ellipses, p.10 ; B. Bouloc, *Procédure pénale*, 20ème éd., Paris, Dalloz, p.131 ; G. Lopez et S. Tzitzis (dir.), *Dictionnaire des sciences criminelles*, Paris, Dalloz, 2004, p.20].

[10] Cette expression est empruntée à JB Jeangene Vilmer, qui plaide pour l'autonomisation du fonds d'indemnisation des victimes de la Cour pénale internationale. (J.B. Jeangene Vilmer, *Réparer l'irréparable, les réparations aux victimes devant la Cour pénale internationale*, Paris, PUF, 2009, p.XI).

[11] Ces dispositions indiquent que les victimes ont droit à réparation peu importe que les auteurs des faits ne soient pas identifiés, arrêtés ou trouvés. Ceci sous-entend que les crimes, même internationaux, dont les auteurs ne peuvent être ni identifiés, ni arrêtés, ni

Connaissant la situation de vulnérabilité des déplacés, la réparation doit inclure tout ce qui leur permet de retrouver l'équilibre à tous les plans. Dans cette optique, même la répression doit être considérée comme l'un des mécanismes de la réparation[12]. Sa dimension symbolique s'établissant dans un réconfort psychologique pour les victimes[13]. Ainsi, « pour un individu dévasté par des violations graves de ses droits fondamentaux, un procès revêt une double valeur : symbolique et réparatrice »[14].

Ainsi, ce qui est plus urgent pour les victimes, en particulier lorsqu'il s'agit des déplacés, sans négliger la punition, c'est la restauration des droits perdus. S'associe aussi à ce raisonnement, la réflexion sur la pertinence des alternatives à la procédure pénale classique telles que les mécanismes de justice transitionnelle et de justice réparatrice ou restaurative.

Il faut parvenir à mettre cette victime sur le devant de la scène[15]. Il faut envisager la protection du droit d'accès des déplacés à la justice dans une dynamique où sont perçus à leur juste valeur l'enjeu et le jeu du procès pénal qui, actuellement, se métamorphosent[16]. Cet enjeu du procès, pour le déplacé

---

trouvés, ne réduisent en rien les droits qu'ont les victimes d'être réparées (Principe V de la Résolution portant Principes fondamentaux et directives concernant le droit à un recours et à réparation des victimes de violations flagrantes du droit international des droits de l'homme et de violations graves du droit international humanitaire A/RES/60/147, décembre 2005) ; il s'agit aussi des pratiques des commissions d'indemnisation des victimes des Nations Unies [par ex : les résolutions 687(1991) et 706(1991) du Conseil de sécurité du 03 avril et du 15 août 1991, une commission d'indemnisation des victimes de la guerre du Golfe].

[12] Du dommage subi à la guérison, réparer, c'est aussi régénérer un ordre par la désignation publique du coupable. D'une certaine manière cette reconnaissance est aussi renaissance pour une victime qui aura précisément tendance à s'attribuer cette culpabilité d'autant plus sûrement que la transgression aura été ressentie comme plus grave et plus intime. Sur ce point, le viol et les agressions sexuelles sur les enfants et les adolescents semblent être des exemples constamment vérifiés (Y. CLAPOT, *L'indemnisation des victimes : Les infractions pénales*)

[13] Un procès, même symbolique est l'occasion de faire ressortir pleinement et publiquement la vérité. Il permet aux victimes d'être reconnues entant que telles et de rendre inacceptable le sentiment et la volonté d'impunité des bourreaux. De nombreux auteurs pensent que la sanction est moins importante en soi que le rituel et la symbolique du procès (P. Bouretz, C. Leben, A. Finkielkraut, L. Joignet, L. Lochak et J.M Vrau, *« La prescription », Table ronde du vendredi 22 janvier 1999*, n°31, Paris, PUF, p112). Grace à « un rituel du procès », l'acte criminel publiquement jugé, offre l'occasion de « réaffirmer la supériorité de l'ordre sur le désordre » et permet à la société de recréer l'ordre social et juridique (X. LAMEYRE, *Actualité et acte de juger, éthique d'une politique du procès*, Paris, L.P.A, 2005, p.17).

[14] L. Scomparin, « La victime du crime et la juridiction pénale internationale », *in* M. Chiavario (dir.), *La justice pénale internationale entre passé et avenir*, Milano, Dalloz, 2003, p.375.

[15] J-B. Jeangene Vilmer, *op. cit.*

[16] Les cercles de sentence et les cercles de guérison au Canada, la médiation pénale en France et en RDC en sont des illustrations. *Le cercle de sentence, appelé aussi cercle de détermination de la peine, est un processus de judiciarisation. Il consiste à réunir dans un même cercle le juge, le personnel du tribunal, l'accusé, la victime et des membres significatifs de la communauté en vue de parvenir, de manière consensuelle, à une série de*

peut rendre intéressante la préoccupation de savoir ce que doit être sa finalité véritable. Il semble que la véritable réparation, pour le déplacé ne saurait se concevoir sans l'aider à être rétabli dans son milieu de vie. Pourtant, cette justice qui se conceptualise autour de sa victimisation n'est pas saisie des faits infractionnels que constituerait sa fuite. C'est pourtant là qu'apparaît l'un des soucis majeur de l'utilitarisme du droit pénal. La doctrine reconnaît en effet qu'« il n'est pas possible de mentionner le rôle du procès comme rupture avec le passé sans envisager réciproquement une fonction en apparence inverse : faire lien entre le passé, le présent et l'avenir, et aussi retrouver la promesse politique qui anime de telles ruptures »[17]. Elle considère en outre que « la diversité et l'ampleur des traumatismes subis par les victimes d'infractions pénales rendent impérieuse leur prise en charge globale (indemnitaire, psychologique et sociale) par des professionnels spécialement qualifiés, en harmonieuse transdisciplinarité et en total partenariat »[18]. L'on voit là l'idéal d'une réparation effective, la traduction d'une approche holistique[19] ou globaliste de la réparation.

Ces préoccupations renvoient à une approche plus élargie de la protection du droit d'accès à la justice des déplacés des conflits armés dans la région de Grands-Lacs. Cette approche rappelle la vision des rédacteurs de la Convention de Kampala à travers l'allusion à laquelle ils font lorsqu'ils parlent des lois et politiques nationales dans la protection des droits fondamentaux des déplacés internes.

En effet, sur le plan étiologique, le déplacé ne saurait concevoir le préjudice qu'il subit en dehors de son milieu de vie sans le rattacher directement ou indirectement à son déplacement. Il est perpétuellement conscient que rien de ce qui lui arrive n'aurait certainement pas eu lieu s'il était resté dans son milieu de vie. Dans cette optique, sa première victimisation est située dans la cause de son déplacement. Tant qu'il n'est pas mis fin à son statut de déplacé, une partie de sa victimisation perdure. C'est pour cette raison que l'approche de la réparation des préjudices subis par les déplacés doit laisser une part importante à une donne administrative, politique voire humanitaire.

Cependant, s'agissant d'une action qui se déroule en justice, l'on pourrait se demander à qui devrait s'adresser cette forme de réparation, lorsque l'accusé n'est qu'un particulier. Cette question révèle l'une des apories de la justice classique dans la prise en charge des problématiques sociales et sociétales auxquelles sont actuellement confrontés les membres de la société. Il conviendra sans doute d'envisager la présence d'une part de l'Etat dans un

---

recommandations dont le juge tiendra compte lors du prononcé de la sentence. (M. Jaccoud, « Les cercles de sentence au Canada », in *Les cahiers de la justice, op. cit.*, p.83).

17 A. Garapon, *op. cit.*, p. 261.

18 R. Cario, *op. cit.*, dos de l'ouvrage.

19 Lire : S. Makaya Kiela, Droit à réparation des victimes des crimes internationaux en droit positif congolais, Esquisse d'une approche holistique, Kinshasa, P.U.C, 2019.

tel procès, où il serait à la fois poursuivant à travers le ministère public et civilement responsable en tant que débiteur structurel de la sécurité publique, et d'autre part, de l'organisation sous régionale dénommée « C.I.R.G.L. » qui doit réfléchir sur la création d'une instance judiciaire sous régionale capable de suppléer les déficits des systèmes judiciaires des Etats-membres.

2. Mécanismes politiques

Sur le plan politique, la prise en charge judiciaire est très influencée par le fléchissement de la rigueur du droit. Presque d'ordinaire, les victimes des affres de la guerre et des situations d'insécurité sont laissées pour compte lorsqu'arrive l'heure des négociations politiques. Les lois d'amnistie, les ordonnances de grâce et tant d'autres mesures attribuées aux politiques de décrispation ont tendance à porter ombrage à l'action judiciaire.

C'est au contact des victimes des crimes liés à la guerre ou à l'insécurité que l'on mesure le plus souvent le mal que constituent ces politiques tendant à utiliser le pardon comme un attribut du pouvoir politique.

Certes, le pardon accordé pour des raisons politiques n'a en théorie aucune incidence sur les droits des victimes. Mais, en réalité, ce pardon implique toujours un positionnement institutionnel, qui rend toute poursuite, même pour les crimes internationaux, impossible. C'est ce qui explique même la précaution « Incapacité » et « manque de volonté » prise par le Statut de Rome pour la C.P.I.[20]

En tenant compte du lien qui s'établit entre l'action publique et l'action en réparation des préjudices, on se rend alors compte que les mesures de décrispation sur fond de pardon et de réconciliation nationale conduisent à un déni de justice.

A ce jour, on peut compter que nulle part, dans la Région des Grands-Lacs, les victimes dans les camps de déplacés ou de réfugiés n'ont bénéficié de réparation en dépit de ces mesures de décrispation. Les solutions qu'adoptent les différents gouvernements se limitent à des allocations de vivres et de non-vivres, souvent en quantité insuffisante et apportées de manière irrégulière.

En outre, les mesures de réparation ainsi adoptées par les instances politiques sont rarement intéressées aux questions de sexospécificité, de sorte que les produits apportés ne s'embarrassent pas des distinctions nécessaires liées à la prise en charge des personnes suivant leurs particularités physiologiques. Cette approche devra donc être adaptée aux réalités des besoins des déplacés ou victimes des conflits armés dans les régions de grands lacs.

---

[20] Référence faite au principe de complémentarité de la C.P.I consacré d'abord au préambule du S.R, ensuite à l'art. 17 du même S.R, enfin comme déduction de la lecture de l'art. 20 du même texte.

3. Mécanismes humanitaires

Les difficultés de mobiliser efficacement la justice étatique pour faire aboutir les procédures visant la réhabilitation, la restauration des victimes des affres de la guerre ont souvent conduit à un recours quasiment systématique aux mécanismes de la solidarité et de la philanthropie. L'aspect humanitaire semble ainsi prédominer le secteur du traitement des déplacés et des réfugiés. C'est une hypocrisie nationale et internationale. Une victime a plus droit à la réparation que besoins d'assistance humanitaire, aussi utile soit-elle.

Ainsi, par exemple, le fonds de contributions volontaires des NU pour les victimes de la torture a reçu mandat, entre autres, d'apporter une aide financière à des ONG qui offrent une assistance humanitaire, psychologique, médicale, sociale, juridique et économique aux victimes d'actes de torture et aux membres de leurs familles. Comme le soulignent les lignes directrices élaborées par le fonds, seules les demandes de subventions émanant des ONG sont recevables (Lignes directrices à l'usage des organisations, chapitre I, §1).

Les Etats étrangers peuvent parfois s'émouvoir devant le désastre que traversent les populations, on les voit alors se mobiliser sous le label de la Communauté internationale pour aider à réduire les souffrances. L'on note donc que la Communauté internationale préfère intervenir par le biais des agences des NU, en assistance humanitaire en lieu et place d'organiser efficacement la mise en œuvre du droit à réparation.

Les mesures de réhabilitation humanitaires sont encore moins efficaces à produire l'effet escompté pour leurs destinataires. Il s'agit d'abord d'actes de bienfaisance. Les donateurs ne s'obligent donc pas de manière rigoureuse sur les quantités et les qualités des biens apportés. On pourrait affirmer que leurs prestations sont souvent minimalistes. Dans ce contexte, il n'est pas étonnant que les questions de sexospécificité ne soient pas forcément leur préoccupation essentielle.

II. Les défis à relever pour l'effectivité et l'efficacité du droit d'accès à la justice aux déplacés des conflits armes dans la région des grands lacs

Qu'il s'agisse de s'intéresser aux faiblesses ou aux perspectives en vue des correctifs nécessaires à l'amélioration du cadre de prise en charge des victimes des guerres et d'autres troubles à la paix, il est important de relever que l'enjeu de la réflexion doit consister à rechercher les éléments qui, globalement, caractérisent le champ dans lequel naissent les préjudices dont pourraient se réclamer les déplacés et les réfugiés.

1. Faiblesses

Aux mécanismes ci-haut analysés, qui relèvent du fond, les faiblesses du droit d'accès à la justice dans la région des Grands-Lacs s'observent à la lumière des questions de forme, qu'il convient d'étudier sur le plan régional et sur le plan interne.

➢ ***Sur le plan régional***

Dans la région des Grands-Lacs, sans doute du fait de la diversité des systèmes juridiques, les moyens visant à soumettre efficacement une prétention au juge diffèrent et font apparaître des préoccupations significatives au regard du principe du juge naturel. Il est de principe universellement acceptée que nul ne peut être soustrait, ni distrait du juge que la loi lui a assigné.

Si, pour les déplacés, le juge national demeure le même, il se trouve que, dans ses incessants déplacements, les besoins de justice qu'il présente peuvent engendrer des préoccupations liées à la recherche du juge territorialement compétent.

Mais, lorsque la mission du juge ne peut s'accomplir qu'avec l'aide de certains éléments à retrouver dans un pays autre que celui où la demande en justice a été présentée, l'on est confronté à des difficultés majeures liées notamment à la territorialité pénale.

Sur le plan pénal, la région des Grands-Lacs ne dispose d'aucun mécanisme juridictionnel susceptible de prendre en charge les prétentions que peuvent présenter les victimes des affres de la guerre et des troubles à la paix.

La CEPGL, qui paraît bien en hibernation, la CIRGL, de plus en plus active, n'ont pas réussi à mettre en place un tel mécanisme. C'est à la fois le manque de moyens pour faire fonctionner une juridiction de ce type et le manque de volonté des dirigeants qui ne seraient pas assurés de ne pas demeurer longtemps sans être inquiétés par elle qui expliquent l'abandon des idées qui avaient été suggérées il y a quelques années sur sa mise en place.

Pourtant, la porosité des frontières et les limites du droit interne auraient dû justifier l'importance d'appuyer une telle initiative.

➢ ***Sur le plan interne, l'expérience congolaise***

Chaque Etat dispose, dans son droit positif, des dispositions appelées à régler les questions comprenant un élément d'extranéité sur le plan pénal. C'est le droit pénal international. En RDC, par exemple, le siège de la matière se trouve à l'article 3 du décret du 30 janvier 1940 portant Code pénal. Aux termes de cet article, le juge congolais est compétent pour juger une espèce lorsque les faits infractionnels sont commis à l'étranger à condition que les faits soient pourvus d'une qualification pénale dans le pays où ils ont été commis, qu'ils soient punis d'une peine de servitude pénale de trois mois au moins et qu'ils soient portés à la connaissance de la justice pénale congolaise par l'autorité judiciaire de ce pays et la victime. Ces conditions rendent difficile l'accès à la justice congolaise par les réfugiés.

De toute évidence, l'accès à la justice ne peut pas se passer des exigences du juge naturel. Le droit d'accès au juge est de l'essence même du principe du procès équitable dans la mesure où c'est devant le juge que sont présentées les prétentions liées à la violation des droits juridiquement protégés. Ce juge, garant des droits fondamentaux des particuliers[21], doit dire le droit dans le cadre d'une juridiction légalement établie, doit être impartial et indépendant. Ainsi, la problématique du juge naturel des victimes des crimes internationaux appelle une réflexion sur le procès équitable dans la pratique judiciaire congolaise.

Si la loi est la mesure de l'intérêt général, il est normal que la justice ne doive être administrée que par les voies prévues et mises en place en vertu de la loi. Celle-ci dicte les institutions judiciaires et juridictionnelles ainsi que leurs ressorts de sorte que seules les décisions rendues par ces institutions sont admissibles à l'exécution en tant qu'expression de la force de la chose jugée. Il doit donc y avoir les juridictions au nombre de celles que la loi crée afin de donner un sens et un contenu à la règle du juge naturel et d'affirmer l'autorité de l'Etat dans tous les coins du pays. L'institution des juridictions est un gage important de la sécurité des citoyens et un obstacle à la tendance de se rendre justice à soi-même. Le législateur, en créant les juridictions au nombre de celles qui sont réellement rendues nécessaires, repousse l'intérêt à la justice privée ou justice informelle dans la mesure où c'est le vide judiciaire qui encourage cette forme de justice comme un moyen d'autodéfense. Il fait également droit aux exigences de la règle du juge naturel en permettant à chacun d'être jugé par l'autorité du ressort auquel il appartient ou auquel les faits de la cause se réfèrent.

L'adéquation ainsi recherchée entre la demande et l'offre de la justice impose un essaimage raisonnable des juridictions ainsi qu'une accessibilité doublée d'une certaine cohérence au niveau des institutions existantes. Il n'est pas en effet bon que les personnes qui désirent se faire entendre en justice parcourent de très longues distances avant de s'adresser à leur juge naturel. Il n'est pas non plus normal qu'elles se retrouvent dans une sorte de carte illisible ou indéchiffrable où elles ne savent pas identifier avec précision les règles de compétence matérielle, territoriale et personnelle.

Les juridictions congolaises ne sont pas toujours installées aux endroits où le législateur les a destinées. Dans de nombreux cas, si la loi a déjà décidé la création de certaines juridictions, ce sont les actes réglementaires d'application de cette loi qui manquent. Les autorités chargées de l'application desdites lois recourent alors aux mécanismes de fusion

---

[21] L'article 150, alinéa1 de la Constitution du 18 février 2006 telle que modifiée à ce jour dispose : « Le pouvoir judiciaire est le garant des libertés individuelles et des droits fondamentaux des citoyens ».

proposant deux ou plusieurs ressorts de tribunal à un seul au point d'obliger les justiciables à de longs déplacements pour atteindre le siège de ces juridictions afin d'y faire recevoir leurs demandes. Le recours aux chambres foraines s'avère souvent fantaisiste tant le territoire reste grand et la démographie si importante que, statistiquement, il faut compter des milliers de justiciables pour un nombre très réduit de magistrats[22], le plus gros d'entre eux s'arrangeant pour demeurer en exercice dans les grandes villes où les conditions de travail sont humainement acceptables à leur sens[23]. Les mutations vers l'intérieur du pays sont davantage vécues comme une punition que comme un acte ordinaire de gestion du service à telle enseigne que l'intérieur du pays est présenté comme une zone où la justice étatique n'est pas possible, ce qui favorise la persistance des juridictions coutumières et l'apogée de la justice parallèle.

Il faut ajouter à cette problématique, celle du pari de l'unification des juridictions modernes et des juridictions coutumières à cause notamment de l'incapacité de faire parvenir vers les zones de l'intérieur du pays le personnel ainsi que les structures indiquées en vue de dire le droit ou d'y contribuer. On assiste ainsi à la persistance des juridictions coutumières que les tribunaux de paix étaient pourtant censées remplacer[24]. En de nombreux coins du pays, ce sont les autorités traditionnelles qui se chargent de connaître des infractions et d'en réprimer les auteurs. Le tableau de l'offre et la demande judiciaires ainsi peint en R.D.C. ne peut pas favoriser l'accès à la justice aux déplacés des conflits armés. Il faut donc envisager des réformes susceptibles de résorber cette préoccupation.

Il importe d'indiquer que la RDC a ratifié plusieurs instruments internationaux qui consacrent l'interdiction de la violation massive du droit international des droits de l'homme et du droit international humanitaire dont certaines constituent les crimes internationaux.

---

[22] A ce jour, le nombre total des magistrats que compte la RDC oscille entre 3200 et 3250 toutes catégories confondues, sur une population évaluée entre 75 et 80 millions d'habitants. Voir : CSM. Lire dans le même sens : Luzolo Bambi Lessa, *Traité de droit judiciaire, la justice congolaise et ses institutions*, Kinshasa, P.U.C, 2019.

[23] Il ne s'agit pas des conditions décentes mais plutôt des conditions humainement acceptables. C'est pour insister.

[24] La création du tribunal de paix remonte à 1978. Au cours de cette année, d'importantes réformes ont été opérées se rapportant à l'organisation et au fonctionnement de la justice congolaise de manière à permettre un maillage plus serré du pays par des juridictions modernes. A la suite de la réforme de 1982, le Code portant organisation et compétence judiciaires a, de nouveau subi de modifications, tenant notamment à la substitution des tribunaux coutumiers par les tribunaux de paix. A ce jour il s'observe la persistance des juridictions coutumières faute de l'installation effective des tribunaux de paix sur toute l'étendue de territoire national.

2. Perspectives en vue du Renforcement des mécanismes de coopération judiciaire

Le droit d'un Etat n'est jamais auto-suffisant. Il doit, en certains cas, s'appuyer sur la coopération avec d'autres Etats pour parvenir à résoudre certains litiges ainsi que sur un système de représentation en justice adapté aux réalités auxquelles sont confrontés les réfugiés et les déplacés des conflits armés.

➢ ***De l'amélioration des mécanismes de coopération judiciaire***

Dans le cadre de la région des Grands-Lacs, il convient donc de redynamiser les mécanismes de commission rogatoire, d'extradition et d'exequatur, avant de rebondir sur la proposition de la création d'une juridiction sous régionale dans la région.

- **La commission rogatoire**

Si, pour cause de guerre, d'insécurité ou de catastrophe naturelle, l'autorité judiciaire dans un ressort déterminé se trouve dans l'impossibilité de réunir les éléments nécessaires à l'instruction d'un dossier, il lui est loisible de solliciter d'une autre autorité de poursuite ou d'instruction de même rang afin qu'elle procède au recueil des éléments désirés afin de les lui transmettre.

La commission rogatoire[25] peut être nationale ou internationale. Dans le cadre de la coopération judiciaire entre les Etats, suite à des accords ou simplement dans le cadre d'Organisations internationales, l'autorité judiciaire d'un pays peut en référer à celle d'un autre pays afin que des actes d'instruction soient posés dans le cadre d'une affaire. En Afrique, cela peut en particulier être rendu facile par l'Association des Procureurs Africains.

- **L'extradition**

Le régime de l'extradition[26] est, à bien des égards, trop lourd. Dans tous les pays de la région des Grands-Lacs, elle est confrontée aux pesanteurs de

---

[25] En Droit, on parle de la commission rogatoire lorsqu'un juge charge un autre juge ou, dans certaines législations, une autorité de police d'instruire, de rechercher des preuves dans une affaire déterminée. Quand la délégation vise une autorité judiciaire ou de police étrangère, il s'agit alors d'une commission rogatoire particulière : la commission rogatoire internationale. (Terminologie Juridique Offline. Version 1.0.8).

[26] L'extradition est une procédure juridique par laquelle un Etat livre l'auteur d'une infraction à un Etat Etranger qui le réclame, pour qu'il puisse y être jugé ou exécuter sa peine. L'extradition est souvent permise par l'existence d'un accord préalable entre deux Etats mais pas nécessairement telles que l'existence de l'incrimination dans l'Etat au sein duquel se trouve la personne concernée par la procédure, la réciprocité de la procédure d'extradition dans le Droit du pays émetteur de la requête, l'absence de motifs politiques ou encore l'impossibilité pour l'Etat requérant de condamner la personne pour d'autres incriminations que celle pour laquelle est demandée l'extradition. (Terminologie Juridique Offline. Version 1.0.8).

la politique et de la diplomatie. Bien qu'il ait été établi des accords de coopération judiciaire et d'extradition entre certains pays comme la RDC et le Rwanda, les différentes demandes d'extradition ayant été opérées entre les deux pays sont demeurées sans succès ces dernières années.

Certes, l'on ne saurait pas dire que les Etats se laissent uniquement influencer par leurs intérêts politiques ou économiques. Parfois, c'est en vertu des dispositions du droit international même que l'extradition est refusée à l'Etat requérant. Ainsi, on peut comprendre que le Rwanda ait refusé d'extrader Jules Mutebusi et Laurent Nkundabatware en excipant du fait que les faits pour lesquels ils étaient poursuivis étaient constitutifs d'infractions politiques et en outre, ces infractions sont punies de peine capitale ou peine de mort.

Il s'agit d'un principe admis par tous les Etats et qu'ils tiennent à faire figurer dans leurs constitutions. C'est ainsi que, même la RDC a prévu, à l'article 33 de la constitution, que nul ne peut être renvoyé vers un Etat où il risque de subir la torture ou des peines ou traitements cruels, inhumains ou dégradants.

Il faut cependant regretter que le caractère générique des termes ainsi employés ait tendance à fonder une lecture trop extensive des causes d'empêchement de l'extradition. Ainsi, le concept « traitements » peut être défini de plusieurs manières lorsqu'un Etat n'entend pas faire suite à une demande d'extradition. Il est de la responsabilité des Etats de procéder à la clarification des concepts usités en ce domaine afin de renforcer le droit d'accès à la justice.

- **L'exequatur**

Même lorsqu'une décision judiciaire serait obtenue d'un juge, son véritable intérêt se retrouve dans la certitude qu'elle pourra être exécutée. Lorsque cette décision a été obtenue à l'étranger, celui qui en est le bénéficiaire doit œuvrer en vue de son exécution dans un autre Etat. C'est dans ce cas qu'est envisagée la procédure de l'exequatur[27].

Dans la région des Grands-Lacs, chaque Etat organise cette procédure en des termes propres, qui se résument toutefois au respect par cette décision de l'ordre public de l'Etat où l'exécution est recherchée.

Il y a là aussi une certaine préoccupation qui fait suite à la généralité des termes usités dès lors que le concept « *ordre public* » pourrait s'avérer d'une extension dangereuse pour les personnes qui sont en quête de justice.

---

[27] L'exequatur est une procédure visant à donner, dans un Etat, force exécutoire à un jugement rendu à l'Etranger ou à une sentence arbitrale. En effet, un jugement rendu dans un Etat n'est pas forcément reconnu dans un autre Etat. Quand bien même un jugement serait reconnu dans un autre Etat que celui où il a été prononcé, cette reconnaissance n'implique pas qu'il ait une force exécutoire. (Terminologie Juridique Offline. Version 1.0.8).

➢ ***De l'amélioration des mécanismes de représentation en justice***

La représentation en justice est reconnue comme un élément important en vue de l'accès à la justice. La représentation en justice demeure, dans bien des cas, l'apanage des professionnels du barreau. Selon les Etats, il peut s'agir des avocats, des défenseurs judiciaires, des avoués, etc.

L'organisation de la profession d'avocat, dans chaque pays, tient compte de la nationalité des membres du barreau. Les étrangers n'y sont admis qu'à des conditions assez contraignantes incluant notamment des accords entre les Etats concernés et la réciprocité.

Les réfugiés et les déplacés des conflits armés pourraient pâtir de cette situation lorsque, des pays où ils ont migré, ils recherchent le moyen de soumettre leurs demandes en justice au juge du pays qu'ils ont dû fuir. Il faut en effet considérer que la consultation d'un avocat dans ce pays étant physiquement impossible, il faut s'en tenir soit aux moyens technologiques, soit aux voies de coopération entre les barreaux.

Ces deux moyens sont illusoires pour les réfugiés et déplacés des conflits armés au regard des conditions qu'ils traversent dans la région des Grands-Lacs. L'accès aux moyens technologiques de communication est trop coûteux et la coopération entre barreaux n'est pas adaptée au défi si le droit positif des Etats concerné ne le permet pas.

Dans le cadre régional, les Grands-Lacs devraient donc rechercher un cadre dans lequel des avocats pourraient avoir à représenter leurs clients sans être stoppés par les considérations liées aux frontières nationales ou à la nationalité. Cela permettrait aux réfugiés et déplacés des conflits armés de conserver leur droit d'ester en justice même s'ils résident en pays étranger.

Dans ce cas, les questions d'élection de domicile devraient être réglées par des modes de collaboration entre avocats afin de couvrir les besoins de signification et notification des actes de procédure.

Conclusion

Il ne saurait y avoir de raison substantielle à l'exclusion des déplacés des conflits armés et réfugiés du droit d'accès à la justice. Lorsque leur statut est dû simplement à leur éloignement des localités où ils sont d'ordinaire installés, ils demeurent des citoyens à part entière, créanciers de la pleine protection de l'Etat ainsi que des pouvoirs publics. En revanche, lorsqu'ils sont des réfugiés avant d'être des déplacés, la question pourrait se poser autrement dès lors que s'invitent à la résolution d'une telle espèce des questions incluant au moins un élément d'extranéité.

De toute façon, le droit pénal comme le droit privé, qu'il soit interne ou international, n'abandonne pas ces personnes. Sous la bannière du HCR, les réfugiés doivent obtenir toute l'assistance dont ils ont besoin en vue de préserver leur dignité et leur humanité. Mais il faut dans certains contextes rendre plus lisible la mise en œuvre du droit d'accès à la justice à leur profit.

Lorsqu'ils ont besoin de s'adresser à un juge, celui-ci doit exister et doit leur tendre une oreille attentive. Au-delà des impératifs de la détermination de la compétence du juge en vue de se conformer à la règle du juge naturel, des solutions pourraient provenir des correctifs prévus notamment en matière de coopération judiciaire. Une coopération judiciaire, dans le contexte de la région de Grands-Lacs, qui doit être encadrée par la CIRGL, ce qui peut paraitre de ressusciter la réflexion sur la création d'une juridiction sous régionale pour rencontrer le besoin d'accès à la justice des déplacés des conflits armés dans la région.

Vers la requalification conceptuelle du préjudice en droit congolais des obligations

■ ***Carlos Kalombo Lukusa***
Professeur à la faculté de Droit/Université de Kinshasa

Introduction

L'écriture scientifique se veut dynamique dans un monde en pleine évolution technologique dans ses différentes variantes. Un concept employé aujourd'hui dans le cadre d'une circonstance donnée ne peut forcement garder la même signification sinon la même sémantique demain. Dans le domaine juridique, l'usage d'un terme peut connaitre de transformations significatives par l'évolution législative, jurisprudentielle et doctrinale d'un système, d'où l'intérêt de faire le point.

La préoccupation de la catégorisation ou qualification du préjudice dans le droit congolais des obligations civile justifie, à notre avis une telle démarche. Le droit congolais des obligations habitué à une catégorisation « bipartite » du préjudice si bien que ce concept « préjudice » en soi pose d'énorme problème de compréhension mais aussi de confusion dans la plupart des praticiens et théoriciens du Droit sur sa vraie portée ou sa vraie signification d'avec le concept« dommage ».

En effet, d'entrée de jeu, il importe de préciser ce qu'il faut entendre exactement par ces concepts clés. **Le dommage relève de fait**, c'est-à-dire de l'évènement qui est objectivement constatable, et qui demeure au-delà du droit dont certaines atteintes soit corporelle, matérielle ou immatérielle, peuvent rester hors de la sphère juridique, notamment pour le dommage causé à soi-même ; il peut y avoir « dommage » sans « préjudice ». En revanche, tout « préjudice » a sa source dans un « dommage » d'une part et d'autre. **Le préjudice relève du droit**, il exprime l'atteinte aux droits subjectifs patrimoniaux ou extrapatrimoniaux qui appellent une réparation dès lors qu'un tiers en est responsable. Cette précision étant apportée, notre démarche développe un plaidoyer vers un mouvement graduel de la qualification « tripartite » des préjudices laquelle rend nombreux juristes témoins de son ascension dans la jurisprudence et la doctrine[1]. Le souhait serait de la formaliser dans la législation congolaise à travers la reforme de certaines dispositions du Code civil des obligations dans son volet responsabilité civile (art. 44, 45, 258 et 259 CCL III).

Il sera question dans la présente étude, de construire une théorie rationnelle de la qualification tripartite du préjudice dans une perspective nouvelle du Code civil des obligations.

I. Fondement et importance de l'étude

I.1. Fondement de l'étude

La nécessité particulière pour le juge de rétablir aussi exactement que possible l'équilibre au sein de la société détruit par le dommage, passe par l'appréhension et la compréhension de certaines notions et concept du cas sous examen.

Le législateur congolais des obligations est resté peu explicite sur la question du préjudice ou dommage, l'une des conditions de mise en œuvre de la responsabilité civile. Cette dernière implique pour sa mise en mouvement, trois conditions nécessaires : la faute, le dommage et le lien de causalité. On l'aura compris que notre étude porte sur la deuxième condition de la responsabilité civile. Le Droit positif congolais des obligations parle plus de *dommage* dans plusieurs de ses dispositions. Cette notion n'a pas connu une évolution profonde. Une grande évolution a été notée dans la doctrine et la jurisprudence dans la prise en compte des dommages réparables et non réparables.

Dans cet exercice judiciaire de qualification de dommage, le juge congolais, dans sa faculté de mettre en état ce qui a été endommagé, s'est inspiré de la doctrine qui a longtemps abordé la question du préjudice dans son approche « bipartite » : le préjudice indemnisable était soit matériel, soit moral.

Ces deux notions distinctives du point de vue de leur origine, relève soit d'une atteinte à un droit patrimonial pour le préjudice matériel soit d'une atteinte à un droit extrapatrimonial lors qu'il s'agit du préjudice moral. L'attitude du juge dans sa mission de dire le droit avec comme premier Reppert la loi, il nous a paru important de montrer que les réformes du droit civil des obligations sont plus que jamais indiquées, en République Démocratique du Congo surtout au moment où le constituant a trouvé opportun de rendre fonctionnel les trois ordres des juridictions[2]. L'intérêt

[1] Plusieurs ouvrages des obligations abordent la question du préjudice dans sa classification tripartite (préjudice corporel, préjudice matériel et préjudice moral) pendant que le Code civil congolais livre trois n'est pas explicite et évoque la question de la réparation en des termes généraux alors que d'autres législations étrangères ont marquées un pas vers l'inclusion de trois types de préjudice mais aussi de leur fonctionnalité.

[2] Art. 149 et s de la Constitution du 18 février 2006 telle que modifiée à ce jour.

d'étudier cette question de la qualification du préjudice se situe aussi dans l'angle de la protection des victimes mais aussi dans la perspective d'efficacité de ses droits.

Kalongo Mbikayi[3], parlant de la réforme du droit civil des obligations, envisageait l'hypothèse d'introduire les acquis du droit comparé. Cette catégorisation bipartite du préjudice correspond à la grande division des droits patrimoniaux et extrapatrimoniaux. Cette catégorisation dans la pratique ne pose pas assez de problème dans sa compréhension mais le risque de confusion d'approche demeure dans la source de l'atteinte trainant ainsi la mauvaise qualification du préjudice par celui qui est appelé à trancher. Ainsi, on peut être tenté d'assimiler préjudice matériel et atteinte aux biens[4].

En effet, il semble y avoir là une certaine confusion conceptuelle entre l'évènement à l'origine du préjudice et le préjudice lui-même. Or une telle assimilation s'avère erronée dans certaines hypothèses. Le cas d'une atteinte à la personne peut entrainer un préjudice matériel, c'est-à-dire qu'elle peut amener des conséquences proprement pécuniaires. (Une atteinte à la réputation ou à la vie privée peut être à l'origine des pertes financières pour la personne qui en est victime). Inversement, une atteinte aux biens pourrait occasionner, outre un préjudice à caractère patrimonial, un préjudice extrapatrimonial.

I.2. L'importance de cette classification du préjudice dans une vision nouvelle du droit congolais des obligations

La pratique judiciaire aujourd'hui nous offre un phénomène anodin sur cette problématique de la qualification du préjudice où le juge se trouve être saisi d'un fait de même nature mais dont les solutions à l'endroit des victimes se trouvent être différemment appliquées par le même juge. Cette différence des solutions trouve forcement sa réponse dans la qualification qu'aura retenue le juge.

Dans l'hypothèse de la victime directe, le problème se pose surtout en présence des préjudices moral et matériel, d'autant plus que le préjudice corporel étant défini de la même façon par les deux théories, mais dans le cas de la victime indirecte, le problème se pose pour les trois types de préjudice.

Une autre importance à étudier cette question relève de la confusion ou de l'ignorance pour la majorité des juristes d'admettre qu'il existe deux méthodes de qualification des préjudices concurrentes, et il peut arriver que les deux se confondent avec un effet d'entrainement sur l'indemnisation.

---

[3] Kalongo Mbikayi, *Droit civil des obligations*, t.1, Kinshasa, Editions Universitaires Africaines, 2002, p.15

[4] La finalité de cette institution responsabilité civile est la réparation, or le juge doit être doté des éléments lui permettant une analyse très objective de la situation.

Pour éviter une conclusion active sur la qualification du préjudice, il y lieu au préalable de développer une théorie de la qualification selon sa source.

La compréhension de cette théorie passe avant tout par la distinction des deux temps de la responsabilité civile. À cette étape d'analyse, la portée des concepts doit être saisie pour éviter tout amalgame.

Cependant, à la lumière du Droit positif congolais des obligations, il est clair que la qualification par source soit la seule qui est confortée par plusieurs thèses. Toutes fois, la méthode de qualification est parfois source de confusion ci-haut indiqué chez les juristes puisque la finalité de la responsabilité civile est de réparer le préjudice subi, c'est ça le discours dominant en ce vingtième siècle en perdant de vue que la réparation nécessite, au préalable, l'établissement d'une responsabilité.

Or le Droit positif congolais des obligations consacre la qualification bipartite (le créancier a droit à des dommages-intérêts en réparation du préjudice matériel ou moral, que lui cause le défaut du débiteur et qui en est une suite immédiate et directe)[5]. Cette qualification bipartite est abandonnée par la majorité des doctrinaires aujourd'hui au profil de la qualification tripartite. Cette dernière doit se faire selon l'objet de l'atteinte. Le préjudice correspond ainsi à l'étape de l'engagement de la responsabilité civile et est qualifié en fonction de la source de l'atteinte. Il peut être *corporel, moral, ou matériel*. Alors que la deuxième phase, la réparation, correspond à la notion de perte et est qualifiée selon la nature pécuniaire ou non pécuniaire des conséquences emportées par l'atteinte. Ne pas différencier ces deux étapes, rend impossible la compréhension de la qualification tripartite du préjudice.

La distinction des deux temps de la responsabilité civile est essentielle à la compréhension d'une théorie rationnelle de la qualification tripartite du préjudice.

Nous devons l'admettre que la distinction des deux temps de la responsabilité civile ne pas abondamment abordée par notre Droit positif congolais des obligations à l'instar de la loi sur le code des assurances[6] qui a marqué une évolution sur la question de la qualification tripartite du préjudice mais par contre abordé suffisamment par la doctrine en guise de pistes de réflexion. Il ne faut pas s'en étonner, puisque le préjudice est un sujet très peu étudié tant par la doctrine belge que française dont notre droit de la responsabilité civile s'est inspiré.

L'idée de faire le distinguo entre ces deux temps de la responsabilité civile ne nous parait pas nouvelle, elle était déjà connue du droit romain.

---

[5] Ici le préjudice est qualifié en fonction de la nature des conséquences entrainées par la faute du débiteur c'est-à-dire lorsque l'atteinte cause des conséquences pécuniaires, l'hypothèse d'un préjudice matériel sera de mise, alors que lorsque l'atteinte entraine des conséquences non pécuniaires, il sera question d'un préjudice moral.

[6] Loi n° 15/005 du 17 mars 2015 portant Code des assurances, in *J.O.RDC*, n° spécial, 56ème année, Kinshasa, 2015.

Il semble en effet que le droit romain différenciait le *Damnum* du préjudice .le premier temps de la responsabilité désignait l'atteinte à l'intégrité d'une chose et était évalué objectivement : l'atteinte était sanctionnée sans considération du « préjudice » effectivement subi par le propriétaire. Le deuxième temps, le préjudice, fut adopté plus tard en raison de l'introduction progressive de la subjectivité dans le droit. Il visait à indemniser les conséquences de l'atteinte subies par le propriétaire. Ainsi, il est alloué à la victime une somme équivalente au *Damnum* à laquelle s'ajoutait un montant pour compenser l'intérêt qu'elle pouvait avoir à ce que l'atteinte à son bien ne soit pas réalisée[7].

II. La spécificité du droit congolais

Le droit positif congolais des obligations jusqu'à l'heure actuelle entretient la confusion sur le concept « dommage » et ou « préjudice » pour illustrer la source de l'atteinte. Nous pensons qu'une option devrait être levée sur l'employabilité de concept à utiliser pour éviter toute confusion entourant le mot qui illustre l'une de trois conditions de la mise en œuvre de la responsabilité civile. Il faut donc employer, de façon exclusive, la notion de préjudice lorsque l'on se réfère à la condition d'engagement de la responsabilité. Si bien que le « dommage » représentait l'atteinte et le « préjudice » les conséquences. Ainsi, le préjudice pourra être corporel, moral ou matériel, il devra être qualifié selon la source de l'atteinte. Le terme « dommage » doit être proscrit. Par le fait même, nous préférons aller à l'encontre du vocabulaire utilisé par le Droit positif congolais des obligations, suivant les articles 45, 258 du CCL III pour opter le vocabulaire « préjudice » à la place du « dommage ». Le législateur en prenant l'option sur ce vocabulaire « préjudice » éviterait la confusion qui entoure le mot « dommage » qui, au singulier, représente l'une des trois conditions de la mise en œuvre de la responsabilité civile, alors qu'au pluriel -les dommages, ils correspondaient à l'indemnité, les dommages-intérêts, à laquelle la victime a droit lorsque les conditions de la responsabilité civile sont réunies[8]. Finalement, il nous semble que la notion de perte va de pair avec l'idée de réparation. Celle-ci correspond à la notion de la perte c'est-à-dire les conséquences juridiques pécuniaires et non pécuniaires découlant du préjudice.

II.1. Signification et compréhension

La qualification du préjudice selon les conséquences est inadéquate en présence d'une qualification tripartite, puisqu'elle réduit le préjudice corporel à un « hybride » des deux autres, ne lui accordant aucune existence

---

[7] Sophie Morin, *Le dommage moral et le préjudice extrapatrimonial*, Cowansville, Editions Yvon Blais, 2011, p. 150.

[8] Les articles 45, 46, 47 du CCL III.

propre. En présence d'une division tripartite du préjudice, la distinction entre l'engagement et la réparation de la responsabilité est essentielle, puisqu'aucune qualification n'est pleinement satisfaisante lorsque *cause* et *conséquences* sont confondues[9].

En effet, la seule façon de donner une existence propre à chacun des préjudices est de les définir en fonction de la source de l'atteinte.

Différencier le préjudice et la perte permet, d'une part, de construire une théorie de qualification du préjudice d'une manière rationnelle et d'autre part, de bien manier le jeu de l'indemnisation des victimes.

Par ailleurs, la doctrine française, pense que la distinction entre le préjudice et la perte, permet aux tribunaux d'enrayer la dérive actuelle en matière de réparation et de restreindre l'envolée des indemnisations en introduisant du droit dans ce qui est a priori une simple question de fait, en faisant du « préjudice » une notion juridique, on lui fait justice de sa vraie nature en même temps qu'on réhabilite une exigence de raison qui permet de fixer les bornes du « préjudice » réparable[10].

Cette distinction permet alors de clarifier le régime de la réparation, et est ainsi essentielle à la recherche d'une méthodologie cohérente de l'indemnisation[11]. Plus généralement, une nomenclature bien établie « contribuerait à une plus grande égalité entre victimes, une clarification et une harmonisation des pratiques, notamment entre transaction et indemnisation judiciaire[12].

Une méthode rationnelle de qualification du préjudice passe maintenant par la distinction des deux temps de la responsabilité civile. Alors que le

---

9 Les tenants de la thèse de la classification tripartite du préjudice aboutissent tous à la conclusion que cette classification passe forcément par la distinction des deux temps de la responsabilité civile : Philippe BRUN, « Personnes et préjudice », (2003) 33 *R.G.D.* 187, 196 ; Laurence Clerc-Renaud, *Du droit commun et des régimes spéciaux en droit extracontractuel de la réparation*, thèse de doctorat, Annecy, Faculté de Droit et d'Economie, Université de Savoie, 2006, n° 175 et 179 ; Christine CORMIER, *Le préjudice en droit administratif français. Etude sur la responsabilité extracontractuelle des personnes publiques*, coll. « Bibliothèque de droit », t. 228, Paris, L.G.D.J., 2002, p. 41, 42, 59 et 74 ; Sophie Morin, *op. cit.*, p. 138 et s.

10 Philippe Brun, *Responsabilité civile extracontractuelle*, 2e éd., coll. « Manuel », Paris, Lexis Nexis Litec, 2009, n° 174, p. 114. Voir également : Romain Ollard, « La distinction du dommage et du préjudice en droit pénal », (2011) *Revue de science criminelle* 561, p. 1-2 ; Philippe le Tourneau (dir), *Droit de la responsabilité et des contrats*, 8e éd., Dalloz Action, Paris, 2010, n° 1309, p. 451-452.

11 Yvonne Lambert-Faivre et Stéphanie PORCHY-SIMON, *Droit du dommage corporel. Systèmes d'indemnisation*, 7e éd., Paris, Dalloz, 2011, n° 25, p. 22. Voir aussi : Conseil National de l'aide aux victimes et Yvonne Lambert-Faivre (dir.), *Rapport sur l'indemnisation du dommage corporel*, juin 2003, France, en ligne : http://www.ladocumentationfrancaise.fr/var/storage/rapports-publics/034000490/000.pdf, p.6.

12 Dispersion au sein d'une même cour et entre différentes cours de décisions de justice : chaque type de préjudice correspond une méthode particulière d'évaluation et que le premier rôle du juge en matière de réparation est de correctement qualifier le préjudice. Mieux il qualifiera le préjudice mieux il déterminera la méthode appropriée pour le chiffrer.

premier, l'engagement, correspond à la notion de préjudice, s'entend de la lésion subie et se constate objectivement. Le deuxième, la réparation, se traduit par la notion de perte qui doit rencontrer certaines conditions juridiques et se constate subjectivement. Non seulement cette distinction est-elle essentielle à la qualification du préjudice, mais elle comporte de nombreux avantages tant sur le plan théorique que sur le plan pratique[13].

II.2. Les différentes formes de préjudice en droit congolais

Avant d'analyser les différentes formes des préjudices, il est impérieux de fixer l'opinion sur la portée des concepts préjudice et dommage. En droit congolais de la responsabilité civile, la tendance des doctrinaires énonce comme synonymes les termes de « dommage » et de « préjudice ». Certains auteurs utilisent un terme pour un autre.

Abordant dans le sens de la synonymie, Nathalie Martial affirme que les deux acceptions relèvent de la même notion, la seule distinction est à trouver entre des préjudices réparables et d'autres qui ne le sont pas. Le préjudice et le dommage traduisent l'un comme l'autre les faits subis par la victime avec pour finalité la réparation. Celle-ci ne se repose pas sur la distinction préjudice/dommage mais sur celle du préjudice ou dommage réparable et préjudice ou dommage non réparable[14].

D'autres auteurs considèrent qu'il y a lieu de distinguer le dommage qui relève de fait et se définit par l'atteinte à l'intégrité physique et/ou psychique, du préjudice qui lui relève du droit à l'indemnisation de la victime du fait de l'atteinte à un droit subjectif patrimonial ou extrapatrimonial dès lors qu'un tiers en est responsable[15].

Nous nous rallions à cette deuxième thèse qui parait logique et cohérent du point de vue de la sémantique du terme et de sa portée juridique.

D'ores et déjà, notons en effet que l'appréhension et la compréhension des différentes facettes du préjudice par le juge constituent la garantie d'une bonne réparation.

Les préjudices subis par les victimes soit en droit international, soit en droit interne peuvent être de deux ordres : Les préjudices patrimoniaux et les préjudices extrapatrimoniaux.

II.2.1. Les préjudices patrimoniaux

Les préjudices patrimoniaux sont ceux relatifs à la protection du patrimoine de la personne juridique ; ils se manifestent dès lors que le patrimoine est amoindri soit par des pertes subies, soit par des manques à

---

[13] Cela évite au juge de recourir non seulement et aussi facilement à l'équité mais aussi à sous évaluer les préjudices ou à surévaluer.

[14] N. Martial, *La légitimité du préjudice*, disponible sur « www.droit.univ-paris 5.fr ».

[15] Y. Lambert Faivre et S. Porchy-Simon, *Le Droit du dommage corporel : système d'indemnisation*, Paris, Dalloz, 4ème éd., 2009, n° 67.

gagner. Dans sa première compréhension, il est d'abord comme le préjudice matériel porté à une personne.

II.2.1.1. Préjudice matériel

Perçue comme toute atteinte à un bien existant et qui conduit à une perte, à une destruction. Ces pertes s'analysent en pertes subies (« *damnum emergens* ») du fait des dépenses et frais exposés pour la circonstance, mais également en gains manqués (« *lucrum cessans* »). Le créancier peut sur pied de l'article 47 du CCLIII, réclamer réparation de la perte éprouvée et du gain manqué[16]. Ce préjudice est celui qui pose le moins des difficultés. Tout préjudice dont la source est une atteinte à un bien, mobilier ou immobilier, corporel ou incorporel, constituera un préjudice matériel.

Le préjudice matériel peut tant résulter d'une atteinte à un bien corporel, par exemple un meuble, que d'une atteinte à un bien incorporel par exemple un droit de créance. Il peut également être défini comme l'ensemble des biens et obligations d'une même personne (ses droits et charges appréciables en argent), de l'actif et du passif, envisagé comme formant une universalité de droit, un tout comprenant non seulement ses biens présents mais aussi ses biens à venir[17].

La difficulté du préjudice matériel n'a pas trait à sa définition, mais plutôt à la réticence des praticiens à admettre que celui-ci peut comprendre des pertes non pécuniaires[18]. Quoique le préjudice matériel s'accompagne souvent seulement d'une perte pécuniaire, il faut mettre ces réticences de côté.

Tout comme le préjudice moral ou le préjudice corporel, le préjudice matériel peut entrainer des conséquences pécuniaires et non pécuniaires, et celles-ci doivent être qualifiées de préjudice matériel. Par exemple, la souffrance subie par un maitre suite au décès de son animal de compagnie constitue une perte non pécuniaire découlant du préjudice matériel, l'animal étant un bien selon le Code civil Québécois, et elle doit être indemnisé comme telle lorsque la preuve en est faite[19].

Le droit français va jusqu'à qualifier ce préjudice de corporel, puisque l'animal est assimilé à une « prothèse vivante »[20].

---

[16] M-T Kenge Ngomba Tshilombayi, *Droit civil les obligations*, L'Harmattan, Paris, 2017, p. 133.

[17] Kalongo Mbikayi, *Droit civil : Les obligations*, t. 1. Kinshasa, Editions Universitaires Africaines, 2002. p. 214.

[18] Sophie Morin, *Le dommage moral et le préjudice extrapatrimonial*, Cowansville, Editions Yvon Blais, 2011, p. 238 et s.

[19] Alain ROY, « Papa, maman, bébé et... Fido ! L'animal de compagnie en droit civil ou l'émergence d'un nouveau sujet de droit », (2003) 82 *R. du B. can.* 791, 804 et suiv.

[20] TGI Lille, 7 juin 2000, D. 2000, 750, note X. Labbée, rapporté par : Philippe le Tourneau (dir), *Droit de la responsabilité et des contrats*, 8e éd., Dalloz Action, Paris, 2010, n° 1565, p. 521.

Si certains ont encore quelques difficultés à admettre la perte non pécuniaire en cas de décès d'un animal, comment pourrait-on nier pareille perte à un non voyant perdant son chien guide ? Il faut admettre que la doctrine congolaise admet que le préjudice matériel peut entrainer des pertes non pécuniaires.

II.2.1.2. Préjudice économique

Il s'agit de remboursement des frais de procédure occasionnés par l'exercice de l'action civile[21].

II.2.2. Les préjudices extrapatrimoniaux

II.2.2.1. Préjudice corporel

Le préjudice corporel, fait dommageable, défini comme une atteinte initiale à l'intégrité physique et psychique de la personne humaine, est à l'origine d'un faisceau de « préjudices » et est d'une profonde unité de nature, avec son cortège de souffrances physiques et morales et d'incidences économiques et financières[22].

Il y a donc préjudice corporel dès que l'intégrité physique d'une personne est touchée, aucune marque ou blessure n'est exigée[23]. Toutefois, la difficulté ne s'arrête pas là, puisque, le préjudice doit se qualifier en fonction de la source de l'atteinte. Ce n'est donc pas parce que l'on constate chez une personne des conséquences psychologiques qu'elle sera nécessairement victime d'un préjudice corporel.

Il faudra déterminer qu'elle est la source de l'atteinte, qu'est-ce qui ont causée les conséquences psychologiques ? Si oui, le préjudice pourra être qualifié de corporel. Si non, on devra qualifier le préjudice selon l'objet de l'atteinte. Par exemple, la personne qui subit un choc post-traumatique après avoir appris qu'elle avait été victime d'une fraude financière subit un préjudice matériel, et non un préjudice corporel.

En effet, ici, l'atteinte première est un bien : l'argent de la victime. Le fait qu'elle ait subi des conséquences psychologiques n'en fait pas un préjudice

---

21 Gérard Cornu (dir.), *Vocabulaire juridique,* 9e éd., Paris, Association Henri Capitant, Quadrige/P.U.F., 2011, p. 738. Voir également : Paul-André Crepeau (dir.), *Dictionnaire de droit privé et lexiques bilingues. Les obligations*, Cowansville, Editions Yvon Blais, 2003, p. 250.

22 Y. Lambert Faivre et S. Porchy-Simon, *op. cit.*, n° 19-2.

23 Même si cette affirmation peut sembler lourde de conséquence, il ne faut pas oublier que le préjudice est seulement l'une des trois conditions d'engagement de la responsabilité : il devra également y avoir faute et lien de causalité. Le simple fait de se faire toucher, bien que théoriquement un préjudice corporel, n'engagera pas la responsabilité civile s'il n'y a pas de faute. De plus, rappelons que le préjudice n'entraine pas réparation : il faudra également prouver la perte afin de recevoir une quelconque indemnisation. On croit difficilement comment le simple toucher entrainerait une perte. Il nous semble donc que cette affirmation, replacée dans son contexte général, soit tout à fait justifiable et raisonnable.

corporel. Par contre, la personne qui fait une dépression après avoir été victime d'harcèlement sexuel sera, à notre avis, victime d'un préjudice corporel, puisque l'atteinte prend sa source dans son intégrité psychique[24].

Le droit congolais de réparation n'établit pas une distinction entre le dommage et le préjudice et pourtant il classe les dommages réparables en trois catégories :

- Les dommages matériels : toutes atteintes aux droits et intérêts d'ordre économique et patrimonial ;
- Les dommages corporels : une catégorie des dommages matériels qui visent essentiellement les atteintes à la personne physique de l'homme ;
- Les dommages moraux : sont nombreux et divers. on peut les ramener à trois catégories : atteinte aux droits de la personnalité ; atteinte à l'intégrité corporelle ou à la vie et atteinte à l'affection ou au préjudice d'affection.

En effet pour les dommages matériels, la question reste accessoire dans la mesure où la réparation, très généralement assise sur des bases économiques, laisse en théorie peu de place à une réelle incertitude.

En revanche, la discussion reste ouverte en matière du préjudice corporel à caractère personnel, dont l'indemnisation est, par nature, subjective, dans la mesure où elle tend à compenser des préjudices qui, pour la plupart, sont dépourvus de toute valeur patrimoniale.

Notre démarche consistant à classifier les préjudices, permet justement d'avoir des modalités d'indemnisation de la victime plus justes et plus transparentes dans une perspective d'écarter de plus en plus l'indemnisation globale pour une indemnisation « poste par poste » des chefs de préjudice. En effet, en faisant du « préjudice » une notion juridique, on lui fait justice de sa vraie nature en même temps qu'on réhabilite une exigence de raison qui permet de fixer les bornes du « préjudice » réparable[25]. Cette distinction permet alors de clarifier le régime de la réparation, et est ainsi essentielle à la recherche d'une méthodologie cohérente de l'indemnisation[26].

---

[24] Geneviève Cotnam, « L'indemnisation du préjudice psychologique : l'évaluation de la subjectivité… », dans Service de la formation permanente, Barreau du Québec, Vol. 210, *L'évaluation du préjudice corporel* (2004), Cowansville, Editions Yvon Blais, 2004. p. 109, aux pages 111 à 122.

[25] Philippe BRUN, *Responsabilité civile extracontractuelle*, 2è éd., coll. « Manuel », Paris, Lexis Litec, 2009, n° 174, p. 114. Voir également : Romain Ollard, « La distinction du dommage et du préjudice en droit pénal », (2011) *Revue de science criminelle* 561, pp. 1-2 ; Philippe le Tourneau (dir.), *Droit de la responsabilité et des contrats,* 8e éd., Dalloz Action, Paris, 2010, n° 1309, pp. 451-452.

[26] Yvonne Lambert-Faivre et Stéphanie Porchy-Simon, *op. cit.*, n° 25, p. 22.

II.2.2.2. Préjudice moral

Il s'agit de l'atteinte à l'honneur ou aux sentiments de la victime[27]. Il peut sembler que la définition classique du préjudice moral en droit congolais soit envisagée selon la source. Il s'entend en effet de toute atteinte aux droits extrapatrimoniaux, comme le droit à la liberté, à l'honneur, au nom, à la liberté de conscience ou de parole.

Les « droits » font ici référence aux droits et libertés de la personne protégés par la législation congolaise. Ainsi, il est bien établi qu'une atteinte au droit à la réputation entraine un préjudice moral. Pour ce qui est des « intérêts », nous faisons références aux sentiments et valeurs qui, bien que protégés par la société, ne sont pas inclus dans la loi[28].

Il revient alors aux tribunaux de décider quelles sont les valeurs qui sont ou non protégées par la société et dont l'atteinte peut ainsi résulter en un préjudice moral. C'est donc dire, d'une part, que tous les intérêts ne sont pas nécessairement protégés par la société, et d'autre part, que les intérêts protégés peuvent varier d'une époque à l'autre[29].

L'inclusion du concept « d'intérêt » nous a semblé opportune, puisqu'il confère une certaine discrétion aux tribunaux afin de définir ce qui constitue ou non un préjudice moral. Bien qu'il aurait été possible de voir cette discrétion dans la notion de « droit »,il nous a semblé qu'il avait un danger qu'elle soit interprété comme n'incluant que les droits expressément protégés par les lois telles la charte ou le Code civil.

I faut comprendre que le préjudice moral consiste en une atteinte aux droits ou aux intérêts, il n'est pas ces droits ou intérêts. Comme l'explique Sophie Morin :

« Si le préjudice moral consiste en une atteinte à un sentiment ou à une valeur, c'est l'atteinte aux sentiments qui est constatée, et ce, in abstracto, le préjudice étant un fait brut et objectif. Le constat ne porte pas sur l'atteinte aux sentiments, qui renvoient plutôt à la perte, répercussion du préjudice. Cette nuance subtile est celle qui n'est habituellement pas faite par les juristes, les conduisant ainsi à affirmer que le préjudice moral est subjectif. Ce qui brouille les esprits est probablement la substance même de ce que recouvre le préjudice moral : les sentiments et les valeurs, éléments hautement subjectifs s'il en est. »[30]

---

[27] M-T. Kenge Ngomba Tshilombayi, *op. cit.*, p. 113.

[28] Mariève Lacroix, « Le dommage en matière de responsabilité civile extracontractuelle : *continuum* de la lésion d'un intérêt à la lésion d'un droit », (2012) 46 *R.J.T.* 293.

[29] Sous d'autres cieux par exemple au Québec, les tribunaux arrivent à reconnaitre que le « droit » de circuler librement en automobile constituait un intérêt extrapatrimonial protégé. Une atteinte à ce droit ne constitue donc pas un préjudice moral : Syndicat des cols bleus regroupés de Montréal, (SCFP, section locale 301) c. Coll, 2009 QCCA 708, par. 89 et suiv.

[30] Sophie Morin, *op. cit.*, p. 159.

III. Les conséquences réparables du préjudice et la qualification selon la source

III.1. Les conséquences réparables du préjudice

La notion de perte correspond à la deuxième étape de la responsabilité civile. Elle concerne donc la réparation et se définit comme les conséquences indemnisables du préjudice.

Jugé que la défenderesse est tenue à réparer intégralement le préjudice causé en tenant compte de la perte subie et du gain dont a été privé la demanderesse[31]. Rappelons que pour être indemnisable, la perte doit être directe, certaine et prévisible[32].

En effet, La perte est qualifiée en fonction de la nature pécuniaire ou non pécuniaire des conséquences que le préjudice a entrainées sur la victime. On qualifiera de pécuniaire ce dont la valeur peut s'apprécier en argent[33], alors que ce qui est non pécuniaire est généralement défini par la négative : tout ce qui n'est pas évaluable en argent.

A titre d'exemple, les frais médicaux et la perte de salaire encourus suite à une blessure au visage constituent des pertes pécuniaires d'un préjudice corporel, alors que la souffrance et la perte esthétique découlant de la même blessure constituent des pertes non pécuniaires du préjudice corporel. Notons cependant que la nature des pertes n'aura aucune incidence sur la qualification du préjudice. Ce dernier sera qualifié en fonction de l'objet de l'atteinte et peut entrainer tant des pertes pécuniaires que non pécuniaires.

Une fois la distinction des deux temps de la responsabilité civile et les concepts propres à chacun d'eux (préjudice et perte) établis, il est possible de construire une théorie de la qualification du préjudice générale, rationnelle et fonctionnelle.

III.2. La qualification du préjudice selon la source

Afin d'établir une méthode de qualification rationnel du préjudice, il est nécessaire de distinguer les deux temps de la responsabilité civile, soit l'engagement et la réparation, et de définir les paramètres applicables aux notions qui leurs sont propres.

Premièrement, le préjudice, auquel correspond la première étape de la responsabilité civile. Celui-ci doit être qualifié selon l'objet de l'atteinte.

Le préjudice sera corporel lorsque l'atteinte aura pour objet l'intégrité physique ou psychique d'une personne ; il sera moral lorsque l'atteinte aura pour objet les droits ou les intérêts extrapatrimoniaux d'une personne ; et il est matériel lorsque l'atteinte aura pour objet un bien.

---

[31] Tricom-Gombe, RTCE, 1370, 21 décembre 2010, inédit cité par M-T. Kenge Ngomba Tshilombayi, *op. cit.*, p. 133.

[32] M-T. Kenge Ngomba Tshilombayi, *op. cit.*, p. 133.

[33] Gérard Cornu (dir.), *op. cit.*, p. 743.

Le préjudice correspond ainsi à l'atteinte, à la lésion. Il s'agit d'un simple fait qui se constate. Il faut tirer deux conclusions de ces affirmations.

D'abord, la nature des conséquences emportées par l'atteinte n'a aucune importance sur la qualification du préjudice. Le préjudice, qu'il soit corporel, moral ou matériel, peut entrainer tant des conséquences pécuniaires que non pécuniaires et celles-ci ne changent en rien le qualificatif qui doit être donné au préjudice.

Ensuite, c'est l'objet de l'atteinte qui doit qualifier le préjudice et ce, peu importe qu'on soit en présence d'une « victime directe » ou d'une « victime indirecte ». Il n'est pas important que la victime ait, dans les faits, elle-même subi la lésion ou non. Les seules exigences pour obtenir réparation sont que les pertes dont on demande la réparation découlent directement du préjudice et qu'elles soient certaines et légitimes. Ici, il y lieu de souligner que les tribunaux ne reconnaissent qu'aux proches de la « victime directe » le statut de « victime par ricochet » et ainsi, le droit de recevoir une indemnisation[34]. Bref, c'est l'objet de l'atteinte qui doit qualifier le préjudice, peu importe la personne qui la subit et la nature des pertes qui en découlent.

Deuxièmement, les pertes, notion qui correspond à l'étape de la réparation. Chacun des types de préjudice peut emporter des conséquences tant pécuniaires que non pécuniaires. Ces pertes doivent découler directement d'un préjudice, être certaines et être légitimes. La qualification du préjudice englobera tant les pertes pécuniaires que les pertes non pécuniaires qui en découlent.

Le préjudice est donc qualifié en vertu du siège de l'atteinte et peut entrainer des pertes pécuniaires et non pécuniaires sans que cela ne change quoi que ce soit à sa qualification. Force est d'admettre que deux atteintes pourront parfois coïncider et qu'ainsi, deux préjudices pourront se « côtoyer ».Il est également concevable qu'une seule atteinte ou, plutôt, qu'un seul fait dommageable emporte plus d'un type de préjudice. Relevons cependant dans la pratique que certains problèmes posent d'énormes difficultés d'application. Imaginons ces cas de figure :

- **Cas de blessure**

Lorsqu'il y a blessure, on s'imagine incontestablement un préjudice corporel. En effet, pour qu'il y ait blessure, il y a nécessairement atteinte à l'intégrité physique de la personne. Ainsi, il y a perte pécuniaire (salaire, frais médicaux, etc.) et non pécuniaire (souffrances, douleurs, perte de jouissance de la vie, etc.) devront être qualifiés de préjudice corporel. Le risque de tentation est perceptible de croire que ce dernier type de perte (perte de jouissance de la vie) soit qualifié de « préjudice moral ». Il s'agit bel et bien de pertes non pécuniaires découlant du préjudice corporel.

---

[34] Daniel Gardner, *Le préjudice corporel*, 3e éd., Cowansville, Editions Yvon Blais, 2009, n° 572.

- **Décès**

Le décès est également un préjudice corporel. Pour la victime décédée, le décès constitue l'atteinte ultime à l'intégrité corporelle[35]. Alors que pour la « victime par ricochet », le préjudice peut soit être qualifié de corporel, puisque le siège de l'atteinte reste l'intégrité corporel. Soit le préjudice peut être qualifié de moral, puisque la perte d'un être cher est une valeur protégée.

- **Diffamation**

Il s'agit d'une atteinte au droit à la réputation, et celui-ci étant un droit extrapatrimonial, il s'agit sans contredit d'un cas de préjudice moral. Les complications liées à la diffamation se présentent plutôt dans les cas où la victime développe des problèmes de santé à la suite de celle-ci.

Par exemple, le dentiste qui voit sa réputation anéantie par le rapport d'expertise d'un confrère et qui fait une dépression nerveuse suite à cette diffamation a-t-il subi un préjudice moral, un préjudice corporel, ou encore les deux ? Il s'agit toujours d'un préjudice. En effet, l'atteinte subie par le dentiste reste une atteinte à son droit à la réputation. Son collègue n'a pas porté atteinte à son intégrité corporelle. Ce n'est pas parce que qu'une atteinte entraine des conséquences physiques qu'il s'agit forcement d'un préjudice corporel. Un préjudice moral ne peut devenir un préjudice corporel avec le temps[36].

- **Arrestation arbitraire et détention illégale**

L'arrestation arbitraire et la détention illégale constituent toujours un préjudice moral puisqu'il y a clairement atteinte aux droits à la liberté et à l'intégrité, au sens large, de sa personne. Mais certaines circonstances peuvent entrainer le préjudice corporel. Le cas d'une force excessive utilisée dans le cadre de cette arrestation où une mère témoin de la violence physique exercée contre sa fille, impuissante à intervenir et repoussée par les policiers. Elle subit un préjudice corporel.

- **Problèmes psychologiques**

Il y a lieu devant un choc nerveux, un choc post-traumatique, d'examiner le siège de l'atteinte de laquelle découle le problème psychologique. Sophie Morin souligne, le désir des juristes de lier le choc nerveux au corporel ou au moral leur fait oublier qu'il s'agit d'un chef de perte, et non d'un préjudice[37]. Plusieurs exemples illustrent cette complexité :

---

[35] *Id.*, n° 21-22.
[36] Daniel Gardner, *op. cit.*, n° 24.
[37] Sophie Morin, *op. cit.*, p. 228.

Suite à une arrestation illégale, un homme subit un important choc nerveux. Il faut se demander si le choc nerveux est une conséquence de l'atteinte à l'intégrité corporelle ou une conséquence de l'atteinte aux droits extrapatrimoniaux. Si le choc survient suite à la vue d'une arrestation violente, il s'agira d'un préjudice corporel. Par contre, si le choc nerveux découle plutôt du fait d'avoir été arrêté sans qu'il y ait eu de violence, il nous parait difficile d'y voir un préjudice corporel. Il faut préférablement conclure à un préjudice moral, le choc nerveux découlant vraisemblablement de l'atteinte à la liberté[38].

- **Agression sexuelle**

L'agression sexuelle constitue un préjudice corporel. En effet, l'atteinte à l'intégrité physique ou psychique est patente[39].

- **Harcèlement psychologique**

Cette hypothèse est tout aussi incertaine. Alors que le professeur Gardner préfère le qualifier de préjudice moral[40], la professeure Morin nuance : il constituerait un préjudice corporel lorsque qu'il a pour cible l'intégrité psychique, mais il constituerait un préjudice moral dans les autres cas[41]. A notre avis la première thèse tient d'autant plus que le siège de l'atteinte joue sur l'état psychologique de la personne si bien que le juge a la possibilité d'apprécier chaque situation[42].

IV. Relecture de certaines dispositions du droit congolais de la responsabilité civile

Apres avoir posé le fondement nécessaire à la théorie de qualification rationnelle du préjudice à travers la distinction des deux temps de la responsabilité civile. Cette partie fera l'objet d'une reforme de certaines dispositions relatives à la responsabilité civile comme c'est le cas des lois particulières notamment la loi sur les assurances qui consacre la qualification tripartite de préjudice. Une analyse approfondie des articles 45, 258 et 259 du code civil livre trois permettra toutefois de les réconcilier avec la tendance doctrinale actuelle.

---

[38] Cette tache de choix est laissée au juge d'apprécier la complexité de l'atteinte. Mais aussi à l'auteur de préciser l'objet de l'atteinte.

[39] Daniel Gardner, *op. cit.*, n° 24.

[40] *Id.*

[41] Sophie Morin, *op. cit.*, p. 234.

[42] C'est une conduite vexatoire qui se manifeste soit par des comportements, des paroles, des actes ou des gestes répétés, qui sont hostiles ou non désirés, laquelle portent atteinte à la dignité ou à l'intégrité psychologique de la personne.

IV.1. Le Droit positif congolais des obligations : suggestion d'une qualification du préjudice selon sa source

Le décret du 30 juillet 1888 intitulé[43] « des contrats et des obligations conventionnelles » n'a pas subi une modification directe depuis plusieurs siècles. Cependant devant l'impératif de l'évolution de la technologie, certaines matières dans ce décret, ont fait l'objet des lois particulières. Dans ce contexte, la lecture de certaines dispositions, rend malaisé la compréhension.

Cette analyse, nous démontrera surtout que le législateur n'avait pas envisagé la qualification tripartite du préjudice. C'est plutôt, hormis la doctrine, le législateur des assurances qui a apporté cette clarification de la qualification tripartite du préjudice à savoir le préjudice matériel, le préjudice corporel et le préjudice moral[44].

Notons que le Code civil des obligations n'a pas admis la qualification tripartite du préjudice. Il est plutôt édicté, aux articles 45, 258 et 259 du livre trois du Code civil, que « Le débiteur est condamné, s'il y a lieu au paiement des dommages-intérêts, … », « Tout fait quelconque de l'homme, qui cause à autrui un dommage, oblige celui par la faute duquel il est arrivé à le réparer. », « Chacun est responsable du dommage qu'il cause… ». La notion de la nature de dommage n'y est cependant étrangère, puisqu'on ne fait pas allusion au type d'atteinte donnant lieu à cette réparation.

On notera également une confusion nait de l'utilisation des concepts, tantôt l'on parle de dommage à la lumière du code des obligations, tantôt l'on parle de préjudice dans le code des assurances sans faire la distinction. Ce qui fait qu'à l'heure actuelle, les auteurs vont jusqu'à utiliser les deux termes comme synonyme. Une auteure explique que le « développement des règles spécifiques à l'indemnisation du préjudice corporel a certainement contribué à la qualification tripartite. »[45]Il importe ainsi de savoir que les motifs qui ont poussé le législateur a adopté cette notion de responsabilité, c'est bien les valeurs, la primauté de la personne que l'on veut protéger et avec l'avancée de la science et les différentes atteintes qui sont commises, il y a lieu d'uniformiser le vocabulaire à cette étape, de n'utiliser plus le dommage pour référer au préjudice.

Dans ce domaine de la réparation des préjudices, les modifications législatives se sont montrées plutôt rares. C'est pourquoi certaines dispositions laissent beaucoup de place à des interprétations diverses. La modernisation du droit devait forcement prendre la forme d'une

---

[43] *B.O.*, 1888.

[44] Loi n° 15/005 du 17 mars 2015 portant code des assurances, in *J.O.*, n° spécial, 56ème année, Kinshasa, 2015.

[45] Nathalie Vezina, « Préjudice matériel, corporel et moral : variations sur la classification tripartite du préjudice dans le nouveau droit de la responsabilité », (1993) 24 *R.D.U.S.* 161, 170.

modernisation du vocabulaire. Dans le domaine de la responsabilité civile, « les changement sociaux et les développements jurisprudentiels ont conduit à affermir et à renforcer parfois l'intensité des devoirs de manière à assurer aux victimes une meilleure indemnisation ».

Comme notre étude ne porte pas sur les obligations en général, mais bien sur le préjudice, nous ne ferons pas ici un portrait complet de la réforme du droit des obligations. Nous nous concentrerons plutôt sur les aspects de la réforme qui touchent le préjudice et sa qualification.

Quoique le législateur n'ait pas indiqué un choix quant à la méthode de qualification du préjudice dans le code des obligations, il appert que la qualification selon la source de l'atteinte doit être retenue.

Tout d'abord, comme nous l'avons mentionné plus haut, le Droit civil des obligations n'utilise pas de manière claire la notion de préjudice matériel, corporel et moral. Or cette approche introduira trois concepts nouveaux au Droit positif congolais à la matière dans une perspective d'une amélioration ou au moins à un changement quelconque du traitement de la personne physique en responsabilité civile. Les règles d'interprétation s'opposent à l'interprétation qui ne fait de la réforme de la division du préjudice qu'une question de vocabulaire, un simple changement d'étiquette.

Dans la même lignée d'idées, rappelons que le préjudice corporel a connu son ascension dans la doctrine pour répondre à une question importante notamment l'affirmation de la primauté de la personne et la protection de l'intégrité corporelle. Or, « le concept de préjudice corporel n'existe pas en lui-même (...) »[46]Il ne peut se matérialiser que par un « préjudice moral et/ou matériel ». Ainsi, malgré qu'elle reconnaisse le préjudice corporel, le fait d'en faire une coquille vide nous semble difficilement acceptable lorsqu'on sait que l'adoption du préjudice corporel vise la primauté de la personne.

Un auteur français note que « Cette présentation bipartite classique se révèle enfin embarrassante quand il s'agit de traiter du dommage corporel, dont on dit qu'il présente à la fois des aspects du dommage matériel et d'autres du dommage moral. »[47]De même, l'un des objectifs de l'insertion du préjudice corporel était que la personne humaine ne soit plus réduite à ses simples composantes pécuniaires et non pécuniaires.

---

[46] Patrice Deslauries, « Le préjudice », dans Collection de droit 2011-2012, Ecole du Barreau du Québec, vol. 4, Responsabilité, Cowansville, Editions Yvon Blais, 2011, p. 149, à la page 151.

[47] Philippe Brun, *Responsabilité civile extracontractuelle,* 2e éd., coll. « Manuel », Paris, LexisNexis Litec, 2009, n° 208, p. 135.

De son côté, la qualification selon la source de l'atteinte consacre une existence réelle à chacun des trois types de préjudice[48]. Ce faisant, le préjudice corporel devient un concept autonome auquel sont rattachées diverse conséquences.

La qualification selon la source accorde une plus grande protection et assure une meilleure indemnisation à la victime qui subit un préjudice corporel.

Finalement, notre propos sur la responsabilité civile quant aux articles 45,258 et 259 du code civil livre trois, se révèle utile. Celui-ci indique qu'on y précise à la suite de ses articles, par contre, la nature du préjudice qui donne ouverture à réparation, en distinguant, suivant une classification reconnue, le préjudice matériel, le préjudice corporel et le préjudice moral.

Ensuite, qu'on envisage référence faite à la loi sur le code des assurances. En effet, cette loi fait allusion à la classification tripartite du préjudice, les trois types de préjudice faisant partie de son champ d'application.[49]

IV.2. La conformité de la qualification et les dispositions sur la responsabilité civile du code civil livre trois

Nous allons analyser ici chacun des articles du code civil sur la responsabilité civile qualifiant le préjudice afin de déterminer laquelle des méthodes de qualification leur convient le mieux.

IV.2.1. Des dommages et intérêts résultant de l'inexécution de l'obligation (art. 44,45 et s)

Ces articles utilisent l'expression « dommages et intérêts pour illustrer le montant alloué de suite d'une inexécution des engagements contractuels. Ces articles parlent des indemnités reçues en réparation sans préciser laquelle de réparation : **matérielle, corporelle** ou **morale**. En effet, ces dispositions rattachent le préjudice ainsi réalisé à une atteinte aux droits et intérêts patrimoniaux.

L'analyse de la définition du préjudice matériel démontre que c'est la source de l'atteinte qui qualifie le préjudice c'est-à-dire d'origine contractuelle. Ainsi, toutes les pertes subies suite à l'atteinte d'un droit patrimonial seront qualifiées de préjudice matériel et ce, peu importe leur nature pécuniaire et non pécuniaire. Par exemple le vendeur ne livre rien, ou livre la moitié des marchandises, ou encore livre une marchandise détériorée[50]. Donc ces articles posent les conditions générales de la responsabilité civile lorsqu'elle résulte de l'inexécution d'une obligation contractuelle. La recommandation textuelle serait de prévoir que la personne

---

[48] Les diverses formes du préjudice et leurs délimitations dans le code congolais des assurances de 2015.

[49] Du paragraphe 5 : « Des modalités d'indemnisation des préjudices subis par la victime directe » de la loi n° 15/005 du 17 mars 2015 portant code des assurances.

[50] M-T. Kenge Ngomba Tshilombayi, *op. cit.*, pp. 128 et 129.

qui manque à son devoir est « **responsable du préjudice, matériel, corporel et moral**, qu'elle cause à son cocontractant et tenue de réparer ce préjudice ».

IV.2.2. De la responsabilité civile (art. 258 et 259)

L'article 258 du Code civil livre trois pose les conditions de base de la responsabilité délictuelle(civile) : « tout fait quelconque de l'homme qui cause dommage à autrui, oblige celui par la faute duquel il est arrivé de le réparer » cette disposition n'indique pas la nature du préjudice qui donne ouverture à réparation, en distinguant, suivant une classification tripartite, le préjudice matériel, corporel, et moral. La recommandation serait de faire référence à la loi sur le code des assurances qui a adopté cette classification tripartite du préjudice selon la source. Il est à noter que la qualification selon la source, tient compte de l'existence propre aux trois types de préjudice.

Il est alors logique et cohérent de tous les inclure dans une même règle. Nous sommes convaincus qu'il s'agit d'un argument de texte et que le Code des obligations ne doit pas être « prisonnier » de sa lettre, les méthodes d'interprétation devant généralement être préférées à la méthode littérale. La prise en compte de cette classification tripartite du préjudice valorise la prise en compte de la primauté de l'homme dans toutes ces dimensions. Comme le notent Baudouin et Des lauriers, « pour ce qui est du préjudice moral, il s'agit là d'une extension de la règle, motivée également par le fait que la préservation de l'intégrité de la personne et le respect qui lui est dû ne s'appliquent pas seulement à son corps, mais également à son esprit, à sa personnalité et à ses droits fondamentaux »[51].

Il faut y voir un argument en faveur de la qualification selon la source. D'abord parce que le préjudice moral, selon celle-ci, vise justement « l'esprit » et les droits extrapatrimoniaux de la personne. Ensuite, parce que tant le préjudice moral que le préjudice corporel sont rattachés à la notion de personne selon cette théorie.

Par ailleurs, l'utilisation de la méthode de qualification a, de façon générale, pour résultat d'étendre la protection des différentes dispositions aux « victimes par ricochet » et non seulement aux « victimes directes ». De plus, elle assure la protection la plus complète possible en englobant toutes les conséquences d'une même atteinte, peu importe leur nature pécuniaire ou non pécuniaire.

Cela fait en sorte que lorsqu'une règle vise un type de préjudice en particulier, toutes les pertes qui en découlent se voient assurer la même protection et le même traitement. La qualification selon la source permet ainsi l'accomplissement de l'objet et de l'esprit de ces dispositions et plus généralement du Code, de préserver la primauté et la dignité de la personne

---

[51] Jean-Louis Baudouin et Patrice Deslauiers, *La responsabilité civile*, 7e éd., vol. 1 « Principes généraux », Cowansville, Editions Yvon Blais, 2007, n° 1-1377, p. 1159.

et de fournir la meilleure protection possible aux victimes d'atteinte à leur intégrité.

Le Code se doit d'être un ensemble de règles qui se caractérise par une volonté d'unité[52]. Ainsi, celui-ci est réputé refléter une pensée cohérente et logique. Comme le souligne le professeur Pierre André Côte :

« La personne qui construit le sens des règles juridiques fondées sur la loi doit favoriser un sens qui tend à promouvoir ou à rétablir la cohérence du système juridique. La cohérence est une valeur fondamentale des systèmes juridiques, dont elle contribue à assurer l'autorité, l'accessibilité et l'équité »[53].

De ce fait, la qualification selon la source répond mieux au principe de cohérence devant régner sur le Code. En effet, celle-ci qualifie les trois types de préjudice de la même façon en fonction de l'objet de l'atteinte, tandis que la qualification selon les conséquences emprunte deux méthodes différentes pour qualifier le préjudice corporel et les préjudices matériel et moral.

Conclusion

La qualification tripartite du préjudice, afin d'être rationnelle, passe nécessairement par la distinction des deux temps de la responsabilité civile : l'engagement, et la réparation. Non seulement, cette distinction permet une meilleure compréhension de la qualification du préjudice et une simplification des diverses notions qui lui sont afférentes. Elle permet, notamment, un allègement du fardeau de preuve pour la victime d'une atteinte à un droit reconnu. L'engagement qui est le premier temps de la responsabilité coïncide avec la notion du préjudice. Celui-ci correspond à l'atteinte, à la lésion, et peut être qualifié de trois façons : corporel, moral et matériel. Cette division tripartite du préjudice nécessite la qualification de celui-ci en fonction de la source de l'atteinte. Faire autrement, serait de considérer le préjudice corporel d'hybride des préjudices moral et matériel qui n'a pas d'existence réelle et autonome. Le Code civil des obligations en maintenant cette qualification bipartite du préjudice, semble irréconciliable avec la qualification tripartite du préjudice et crée ainsi un fossé entre la tendance doctrinale, jurisprudentielle actuelle. La qualification tripartite selon la source est conforme aux valeurs défendues par la majorité des tribunaux et facilite la mise en marche des recours qui y sont prévus en cas d'atteinte à un droit ou liberté. Par ailleurs l'examen de certains articles du Code civil livre trois, nous a montré que le législateur de 1888 n'a pas

---

[52] Jean-Louis Bergel, « Spécificités des codes et autonomie de leur interprétation », Le nouveau Code civil. Interprétation et application, *Les journées Maximilien-Caron 1992*, Montréal, Editions Thémis, 1993, p. 3. A la page 15.

[53] Pierre-André Côte avec la collaboration de Stéphane Beaulac et Mathieu Devinât, *Interprétation des lois*, 4e éd., Montréal, Editions Thémis, 2009, n° 1151, p. 351.

évolué par rapport à l'avancée des droits des victimes. La qualification selon la source accorde une protection plus large aux « victimes par ricochet » et au préjudice moral et en privilégiant une méthode de qualification, se trouve plus conforme à l'esprit de l'évolution de la question sur le plan de la doctrine et de la jurisprudence. Cette omission historique de trois types des préjudices, l'œuvre de la copie collée de la législation belge, doit être dépassée en faveur de l'inclusion dans la réforme du droit des obligations de la qualification tripartite du préjudice. Chaque type de préjudices -corporel, moral et matériel- peut entrainer des pertes pécuniaires et non pécuniaires, et la nature de perte n'influent en rien sur la qualification du préjudice. De la même manière, le préjudice se qualifiant objectivement et en fonction de l'objet de l'atteinte, il importe peu de savoir si la personne qui demande réparation a subi elle-même l'atteinte (victime directe) ou non (victime indirecte), puisque le préjudice sera qualifié de la même façon. C'est donc clair que le code civil livre trois abandonne la qualification bipartite selon les conséquences du préjudice et n'utilise dans une aire nouvelle la qualification tripartite basée sur la source de l'atteinte.

Fonds de garantie automobile en droit congolais

■ ***Mbuyi Betukumesu***
Professeur Associé à la Faculté de Droit de l'Université de Kinshasa
Avocat près la Cour d'Appel de Kinshasa/Gombe

Introduction

L'indemnisation des victimes d'accident de circulation routière pose d'énormes difficultés, du fait qu'elle ne se réalise pas de façon satisfaisante.

D'un côté, les victimes demandent une indemnisation rapide et suffisante pour soulager leur infortune, mais leur demande n'est pas souvent satisfaisante. Beaucoup d'entre elles se plaignent de ne pas être indemnisées, de ne l'être que partiellement ou après plusieurs années[1].

De l'autre, l'assureur, soucieux de la rentabilité de son entreprise souhaite que l'indemnisation ne soit pas onéreuse.

En sus, malgré qu'il s'est engagé à réparer les préjudices causés aux tiers par la circulation automobile, se lamente sans cesse à cause de déficits chroniques enregistrés dans la branche, il est parfois dans l'impossibilité d'exécuter les obligations suite aux difficultés financières occasionnées par le contexte économique et social qui n'est pas du tout rassurant en République démocratique du Congo. L'indemnisation des victimes d'accidents de la circulation routière dont le véhicule n'est pas assuré ou le conducteur est en fuite peut aussi être réalisée grâce à la responsabilité civile. Mais cette responsabilité qu'elle soit civile ou pénale présente de nombreux inconvénients à une indemnisation efficace et suffisante de la victime :

- Le premier inconvénient réside dans la durée d'un procès. Cette durée peut être assez longue en raison de l'encombrement des Cours et Tribunaux et des expertises pouvant être requises. Une victime peut attendre des années avant que le procès ne soit enfin terminé, entre

[1] Mbuyi Betukumesu, *De l'opérationnalisation du Fonds de Garantie Automobile en droit comparé : congolais, français, belge et sénégalais*, Thèse de doctorat en droit, Unikin, 2019, p.8.

l'attente d'une audience, l'attente des rapports d'expertises et la fin des différents recours après chacune des décisions de justice ;
- Le second inconvénient réside dans le coût du procès. Les frais de procédure et d'honoraires des avocats sont souvent importants.

Il arrive parfois que la victime se trouve devant une situation où il n'y a pas d'assureur, parce que le responsable de l'accident est inconnu ou qu'étant connu, il n'est pas assuré, soit parce qu'apparemment assuré, l'assureur peut lui opposer des exceptions de garantie découlant soit du contrat d'assurance soit de la loi[2]. Nous pouvons citer à titre exemplatif :
- Exception tirée de l'existence ou de la validité du contrat d'assurance ;
- Exception tirée des déchéances postérieures au sinistre encouru par l'assuré ;
- Exception tirées de la non détention du permis de conduire[3].

C'est pour répondre à ces défaillances et mieux indemniser ces nombreuses victimes d'accident de circulation routière délaissées, soit parce que le conducteur n'est pas connu ou soit parce qu'il n'est pas assuré, qu'il a été institué le Fonds de Garantie Automobile depuis la loi n°73-013 du 5 janvier 1973 portant obligation de l'assurance de responsabilité civile en matière d'utilisation des véhicules automobiles et repris dans la loi n°15/005 du 17 mars 2015 portant Code des assurances.

C'est pourquoi cette réflexion se préoccupe d'abord de parler de la présentation du fonds de garantie automobile (I), de son rôle (II), de la prise en charge des victimes par le Fonds de Garantie (III), des bénéficiaires du Fonds de Garantie et leur indemnisation (IV).

I. Présentation du fonds de garantie automobile

Le Fonds de Garantie Automobile existe aux côtés des assurances et des mutuelles, et toutes ces techniques permettent de couvrir des risques que des personnes juridiques sont susceptibles d'encourir, aussi bien sur le plan patrimonial, qu'extrapatrimonial. Cependant, ces techniques sont très différentes et chacune occupe dans le domaine du droit des assurances une place précise. Chacune d'elle devient ainsi indispensable dans son domaine voire son champ d'action. Il y a lieu de parler sur l'historique avant d'en donner la notion.

A. Historique

Dans ce point, nous étudierons successivement l'origine du Fonds de Garantie (1) et son impact dans la vie sociale des victimes (2).

---

[2] Mbuyi Betukumesu, *op. cit.*, p.124.

[3] Art. 114, de la loi n°15/005 du 17 mars 2015 portant du Code des assurances in *JORDC*, numéro spécial, 56ème année, 30 avril 2015.

1. Origine du Fonds de Garantie Automobile

Il sera question dans ce point de parler de l'origine de ce Fonds sous le régime de la loi n°73-013 du 05 janvier 1973 (a) et sous le régime de la loi n°15/005 du 17 mars 2015 (b).

a. Origine du Fonds de Garantie sous le régime de la loi n°73-013 du 05 janvier 1973 portant obligation de l'assurance de responsabilité civile automobile[4]

Cette loi prévoyant qu'une ordonnance du Président de la République instituera un Fonds, dénommé Fonds National de Garantie pour les victimes des accidents de la route, dont la mission consistera à couvrir la réparation des dommages corporels résultant de l'utilisation d'un véhicule, qui ne serait pas couvert par une police d'assurance de responsabilité civile automobile.

Le Fonds National de Garantie pour les victimes des accidents de route interviendra notamment :

1. En cas de sinistre dont l'auteur n'est pas connu ;
2. Quand bien même celui-ci est connu, s'il est insolvable ou/et qu'il n'est pas assuré en responsabilité civile ;
3. En cas d'utilisation du véhicule contre le gré de son propriétaire, notamment par vol, violence, etc. ;
4. Toutefois qu'un véhicule immatriculé au nom de l'Etat et non couvert par une police d'assurance de responsabilité civile cause des dommages corporels ou/et matériels à des personnes autres que les agents de l'Etat, dans la mesure où ceux-ci bénéficient de la législation sociale en matière d'accident de travail, et pour autant que les victimes ou leur ayants-droit n'aient pas été indemnisés par l'organisme ou l'institution publique concernée ;
5. Dans tous les autres cas que précisera l'ordonnance présidentielle, en outre, les modalités de l'organisation du fonctionnement et de l'alimentation du Fonds, ainsi que les limites de son intervention et la procédure selon laquelle il sera saisi.

Il faut relever que le Fonds National de Garantie sous le régime de l'ancienne loi est resté lettre morte, en ce sens que l'ordonnance du Président de la République qui devrait l'instituer n'ayant jamais intervenu.

b. Origine du Fonds de Garantie sous le régime de la loi n°15/005 du 17 mars 2015 portant Code des assurances[5]

Il faut souligner que cette loi a effectivement institué le Fonds de Garantie Automobile qui est chargé, lorsque le responsable des dommages demeure inconnu ou n'est pas assuré, sauf par dérogation légale à l'obligation d'assurance, de supporter dans la limite des plafonds fixés par

---

[4] *J.O.*, 14ème année, numéro spécial, 1er mars 1975, p.302.

[5] Article 501 du Code des assurances.

les textes réglementaires pris par le ministre ayant le secteur des assurances dans ses attributions. Les frais médicaux et d'indemniser les victimes des dommages résultant d'atteinte à leurs personnes nés d'un accident causé par un véhicule terrestre à moteur en circulation ainsi que ses remorques ou semi-remorques.

Dans l'espoir que ce mécanisme sera rendu opérationnel, le Code des assurances prévoit que l'organisation et le fonctionnement seront fixés par un décret du premier ministre délibéré en Conseil des ministres, sur proposition du ministre ayant le secteur des assurances dans ses attributions.

B. Notion

L'on examinera la définition légale et la définition doctrinale.

1. Définition légale

Le Code des assurances définit en son article 501, le Fonds de Garantie Automobile comme un mécanisme chargé, lorsque le responsable des dommages demeure inconnu ou n'est pas assuré, sauf par dérogation légale a l'obligation d'assurances, de supporter dans la limite des plafonds fixés par les textes règlementaires pris par le ministre ayant le secteur des assurances dans ses attributions, sur proposition de l'autorité de régulation et de contrôle des assurances, les frais médicaux et d'indemniser les victimes des dommages résultant d'atteintes à leurs personnes nés d'un accident causé par un véhicule terrestre à moteur en circulation ainsi que ses remorques ou semi-remorques[6].

Cet article limite le champ d'intervention du Fonds de Garantie qu'aux seuls cas où les responsables du préjudice ne sont pas connus ou non assurés. Mais ne dit pas précisément le sort réservé aux victimes d'un accident de la circulation dont le responsable ne détient pas le permis de conduire en état de validité[7].

Nous constatons tout de suite que cette définition est limitée et cela nous conduit à interroger la doctrine qui a fait de ce Fonds de Garantie l'objet de plusieurs définitions.

2. Définition doctrinale

Selon le Lexique des termes juridiques, le Fonds de Garantie Automobile est défini comme, un organisme institué en vue de garantir aux victimes d'accidents d'automobiles des indemnités, qui leurs sont dues, lorsque l'auteur de l'accident n'est pas assuré et est insolvable, lorsqu'il est inconnu ou lorsque la société d'assurance est mise, en liquidation après retrait d'agrément[8].

---

[6] *J.O.,* 56ème année, numéro spécial du 30 avril 2015, p.185.
[7] Art. 114.1, Code des assurances.
[8] G. Cornu, *Vocabulaire juridique,* 4ème éd., PUF, Quadrige, p.404.

De même, le dictionnaire de Droit privé de Serge Braudo[9] nous propose une définition du Fonds de Garantie ayant une sphère plus longue que la première. Pour ce dictionnaire, il s'agit d'organisme créé pour des personnes victimes de dommages corporels lorsque l'auteur est insolvable ou n'a pu être identifié. Il s'agit d'un Fonds spécialisé et financé par les compagnies d'assurances avec le soutien du gouvernement, ayant pour but de protéger les tiers contre l'insolvabilité de l'auteur du préjudice.

II. Rôle et fondement du fonds de garantie

A. Responsabiliser l'auteur du dommage

Dans le domaine de la circulation, le recours subrogatoire est un moyen de lutter contre la non-assurance et la délinquance de fuite devant l'obligation de s'assurer, mais aussi de responsabiliser les conducteurs et par là de participer à l'amélioration de la sécurité routière.

C'est aussi un moyen de responsabiliser le délinquant face aux conséquences financières de son acte et pour lui d'avoir le sentiment d'être quitte à l'égard de la société, ce qui fait partie du processus de réintégration sociale.

B. Ne pas laisser une impression d'impunité vis-à-vis de la victime

Le recours subrogatoire du Fonds de Garantie contre l'auteur représente pour les victimes un signal fort que la justice a été rendu.

C. Indemniser les victimes

Le Fonds de Garantie Automobile intervient pour ne pas laisser les victimes sans indemnités.

III. Prise en charge des victimes par le fonds de garantie

Pour une atteinte à la personne, le Fonds de Garantie proposera une offre d'indemnisation :

A. En cas des blessures

1. Guérison sans séquelles

Le Fonds de Garantie Automobile adressera comme dans d'autres pays une offre d'indemnisation sur base des certificats médicaux transmis, des justifications des frais restés à charge et des pertes de revenus sous déduction de la créance des organismes sociaux[10].

---

9 Voir le site www.dictionaire_juridique.com

10 Y. Lambert-Faivre et L. Laveneur, *Droit des assurances,* 12ème éd., Paris, Dalloz, p.680.

2. Blessures avec séquelles

Le Fonds de Garantie Automobile versera une ou plusieurs indemnités provisionnelles.

Le Fonds de Garantie Automobile demande à son médecin-conseil d'examiner la victime qui peut se faire assister par le médecin de son choix.

Le Fonds de Garantie Automobile, lorsque l'état de santé de la victime est stabilisé, doit adresser à la victime (ou à son assureur, ou à son avocat si elle en a un) un décompte détaillé de l'indemnité proposée sur base du rapport médical sous déduction de la créance des organismes sociaux[11].

B. En cas de décès

L'offre d'indemnisation sera adressée aux ayants-droit. Elle comprendra l'indemnisation des préjudices moraux, des frais d'obsèques, des frais restés à charge et du préjudice économique sous déduction, bien sûr de la créance des organismes sociaux.

C. Options pour la victime

Lorsque la victime recevra l'offre d'indemnisation, elle pourra, soit l'accepter et bien le règlement intervient, soit la discuter, ou encore la refuser.

Le montant de l'indemnisation sera alors déterminé judiciairement par les tribunaux compétents et à ce niveau, le Fonds de Garantie Automobile procédera au règlement sur base de la décision rendue. Cependant, l'indemnisation n'est possible que sur base de la production d'un certain nombre des pièces.

IV. Bénéficiaires du fonds de garantie et leur indemnisation

Les bénéficiaires de l'intervention du Fonds de Garantie sont les personnes lésées, c'est-à-dire les personnes qui ont subi un dommage réparable suivant les règles de la responsabilité civile. Le Fonds de Garantie Automobile prend en charge les dommages corporels subis par une personne non réparés par ailleurs. La personne peut être une victime directe ou une victime indirecte. Le Fonds paie directement aux victimes ou à leurs ayants-droit les indemnités qui ne peuvent être prises en charge à aucun titre.

A. Victimes directes : des modalités d'indemnisation des préjudices subis par les victimes directes

1. Définition de victime directe

Les victimes directes sont les personnes qui, du fait du sinistre sont atteintes dans leurs biens ou dans leur intégrité physique ou psychologique[12].

---

[11] Y. Lambert-Faivre et L. Laveneur, *op. cit.,* p.680.

[12] Anne-Marie Assi-Esso, Joseph ISSA-SAYEGH et Jacqueline Lohoues-Oble, *Droit des assurances,* Bruylant, Bruxelles, 2002, p.389.

2. Des préjudices indemnisables et leur indemnisation

Les seuls préjudices susceptibles d'être indemnisés en réparation des dommages corporels subis lors d'un accident impliquant un véhicule terrestre à moteur, sont ceux mentionnés aux articles 161 à 168 du Code des assurances[13].

a) Des frais de traitement médical consécutif à l'accident

1° Détermination des frais

Les frais de toute nature nécessaire pour le traitement de la victime peuvent être, soit remboursés à la victime sur présentation des pièces justificatives, soit être pris en charge directement par l'assureur du véhicule impliqué dans l'accident. Les frais futurs raisonnables et indispensables au maintien de l'Etat de santé de la victime postérieurement à la consolidation font l'objet d'une évaluation forfaitaire après avis d'un expert médical indépendant[14].

2° Montant

Toutefois, les frais remboursés ou pris en charge par l'assureur sont limités aux montants qui seront fixés par Arrêté du Ministre ayant les assurances dans ses attributions sur proposition de l'autorité de régulation et de contrôle des assurances.

b) De l'incapacité temporaire

1° Détermination de l'incapacité

La durée de l'incapacité temporaire est fixée par expertise médicale. L'indemnisation n'est due que si l'incapacité se prolonge au-delà de huit jours. En cas de perte de revenus, l'évaluation du préjudice est basée.

a. Pour les personnes salariées, sur le revenu net (salaire, avantages ou primes en nature statuaires) perçu au cours des six mois précédent l'accident ;
b. Pour les personnes non salariées disposant de revenus, sur les déclarations fiscales des deux dernières années précédant l'accident ;
c. Pour les personnes majeures ne pouvant justifier de revenus, sur le salaire minimum interprofessionnel garanti.

2° Montant

Dans les deux premiers cas, le montant plafond de l'indemnité mensuelle à verser est fixé par le Ministre ayant en charge le secteur des assurances sur proposition de l'Autorité de Régulation et de Contrôle des assurances[15].

---

[13] Article 160 du Code des assurances.
[14] Article 161 du Code des assurances.
[15] Article 162 du Code des assurances.

c) De l'incapacité permanente

1° Détermination du taux de l'incapacité permanente

En cas d'incapacité permanente, seuls, les préjudices physiologiques et économiques sont indemnisables. Pour le préjudice physiologique, le taux d'incapacité est fixé par expertise médicale en tenant compte de la réduction de capacité physique. Le taux de 0 à 100% par référence au barème fonctionnel indicatif des incapacités fixé sur proposition de l'autorité de régulation et de contrôle des assurances.

2° Calcul de l'indemnité

L'indemnité à payer à la victime est calculée suivant l'échelle de valeur de points d'incapacité dont le taux de base est fixé par le Ministre ayant les assurances dans ses attributions sur proposition de l'autorité de régulation et de contrôle des assurances. Le préjudice économique n'est indemnisé que si la victime conserve, après consolidation, un taux d'incapacité permanente d'au moins 50%.

L'indemnité est calculée :

1. Pour les salariés, en fonction de la perte réelle et justifiée de revenus futurs ;
2. Pour les actifs non-salariés, en fonction de la perte de revenus établie et justifiée.

3° Montant

Dans tous les cas, l'indemnité est plafonnée à un montant fixé par le Ministre ayant les assurances dans ses attributions sur proposition de l'autorité de régulation et de contrôle des assurances[16].

d) De l'assistance d'une tierce personne

1° Détermination de l'assistance

La victime a droit à une indemnité pour assistance d'une tierce personne à la condition que le taux d'incapacité permanente soit au moins égal à 80% selon le barème repris à l'article 163, et que l'assistance fasse l'objet d'une prescription médicale expresse confirmée par expertise.

2° Montant

L'indemnité allouée à ce titre est plafonnée à 25% de l'indemnité fixée pour incapacité permanente[17].

---

[16] Article 163 du Code des assurances.

[17] Article 164 du Code des assurances.

e) De la souffrance physique et du préjudice esthétique

1° Détermination

La souffrance physique ou pretium doloris et le préjudice esthétique sont indemnisés séparément. Ils sont qualifiés par expertise médicale.

2° Montant

Ils sont indemnisés selon le barème fixé par le Ministre ayant le secteur des assurances dans ses attributions, sur proposition de l'autorité de régulation et de contrôle des assurances[18].

f) Du préjudice de carrière

1° Détermination

Le préjudice de carrière s'entend soit de la perte :

a. D'une chance certaine de carrière à laquelle peut raisonnablement espérer un élève ou un étudiant en cours d'étudier ;
b. De carrière subie par une personne déjà engagée dans la vie active.

2° Montant

Dans les deux cas, le taux d'indemnité à allouer est fixé par barème arrêté par le Ministre ayant les assurances dans ses attributions sur proposition de l'autorité de régulation et de contrôle des assurances. Les indemnités prévues dans les deux cas ci-dessus ne peuvent être cumulées[19].

B. Victimes indirectes : des modalités d'indemnisation des préjudices subis par les ayants-droit de la victime décédée

Le Fonds de Garantie Automobile paie aux ayants-droit des victimes décédées les indemnités qui ne peuvent être prises en charge à aucun autre titre, lorsque l'accident ouvre droit à réparation[20].

1. Définition de victime indirecte

Les victimes indirectes sont des tiers qui ont subi le préjudice du fait des dommages causés à la victime directe de l'accident de la circulation routière[21].

---

[18] Article 165 du Code des assurances.

[19] Article 166 du Code des assurances.

[20] Art. 501, alinéa 2 du Nouveau code des assurances, p.185.

[21] Alain Benabent, *Droit civil, les obligations,* 11ème édition, Paris, Montchrestien, 2007, p.465.

2. Des préjudices indemnisables et leur indemnisation

a) Des frais funéraires

1° Détermination

Les frais funéraires nécessaires sont remboursés sur présentation des pièces justificatives.

2° Montant

Dans la limite fixée par voie réglementaire par le Ministre ayant en charge le secteur des assurances sur proposition de l'autorité de régulation et de contrôle des assurances[22].

b) Du préjudice économique des ayants-droit de la victime décédée

1° Détermination

Les ayants-droit du de cujus reçoivent un capital égal au produit d'un pourcentage des revenus, dûment prouvés de la victime décédée par la valeur du prix de un francs de rente correspondant à l'âge de chaque ayant-droit selon la table de conversion qui sera déterminée par Arrêté du Ministre ayant les assurances dans ses attributions sur proposition de l'autorité e régulation et de contrôle des assurances.

La capitalisation est limitée à vingt et un ans pour les enfants, sauf s'ils justifient de la poursuite d'études supérieures, auquel cas la limite est reportée à vingt-huit ans. La répartition des revenus du décédé se fait conformément au Code de la famille.

2° Montant

L'indemnité globale revenant aux ayants-droit au titre du préjudice économique est fixée par le Ministre ayant en charge le secteur des assurances sur proposition de l'autorité e régulation et de contrôle des assurances[23].

c) Du préjudice moral des ayants-droit de la victime décédée

1° Détermination

Seul le préjudice moral du conjoint, des enfants mineurs ou majeurs, des ascendants et des frères et sœurs de la victime est indemnisée.

2° Montant

Le taux de base des indemnisés est fixée par le Ministre ayant en charge le secteur des assurances sur proposition de l'autorité de régulation et de contrôle des assurances. Les indemnités de l'ensemble des bénéficiaires ci-dessus donnent lieu à réduction proportionnelle conformément à l'Arrêté du

---

[22] Article 167 du Code des assurances.

[23] Article 168 du Code des assurances.

ministre ayant en charge le secteur des assurances pris sur proposition de l'autorité de régulation et de contrôle des assurances[24].

3. Preuve

La victime doit prouver que ses dommages ont été causés par un véhicule terrestre à moteur impliqué dont le conducteur a pris fuite et n'a pu être identifié[25].

Si l'auteur d'un accident corporel est inconnu, le procès-verbal ou le rapport établi par les agents de la force publique doit mentionner expressément cette circonstance, et il doit être adressé dans les 10 jours au Fonds de Garantie[26].

Le Fonds de Garantie est aussi informé que l'auteur de l'accident n'était pas assuré par le procès-verbal de gendarmerie qui doit lui être transmis dans les dix jours. Désormais la victime n'a plus à prouver l'insolvabilité de l'auteur des dommages, mais elle doit cependant établir sa responsabilité, et l'action de la victime contre le Fonds de Garantie suppose, comme l'action de la victime contre l'assurance de responsabilité, la mise en cause préalable du responsable[27].

Conclusion

Le but principal du législateur a toujours été de protéger les victimes des accidents de la circulation. Mais il arrive de cas où la victime est susceptible de ne pas être indemnisée en dépit de la loi, soit que l'auteur de dommage est non assuré, insolvable ou inconnu, soit que l'assurance est limité, soit que le véhicule qui a causé l'accident a été volé etc.

Pour sauvegarder sa mission de protection de victimes, le législateur a été amené à créer un organisme auxiliaire « en vue de venir tant soit peu en aide aux victimes des accidents de la circulation des véhicules automoteurs, toutefois que celles-ci se trouveraient sans aucune garantie d'indemnisation[28].

Il découle de sa nature que ce régime spécial de garantie n'est pas institué pour faire concurrence aux mécanismes principaux de réparation, mais bel et bien pour apporter à la victime une réparation que nous pourrions qualifier de secours, lorsque ni la responsabilité civile, ni les techniques spéciales d'indemnisation ne permettent d'aboutir à cet objectif. L'étude que nous avons entreprise s'inscrit dans ce cadre.

---

[24] Article 169 du Code des assurances.

[25] Art. R.421-3 Code des assurances français.

[26] Y. Lambert-Faivre et L. Laveneur, *op. cit.*, p.689.

[27] Art. 421-12 Code des assurances français.

[28] Exposé de motifs de la loi du 05 janvier 1973.

Ainsi, le Fonds ne peut intervenir pour indemniser la victime que lorsque celle-ci n'a pu être indemnisée soit par l'auteur de l'accident, soit par l'assureur de celle-ci.

Cette subsidiarité implique que le Fonds n'a pas à intervenir lorsque l'assurance a vocation à le faire. La victime ne peut donc invoquer le bénéfice du Fonds si ses dommages sont susceptibles d'être totalement indemnisés par son propre assureur ou par la sécurité sociale. Lorsque l'accident implique plusieurs véhicules, il suffit que l'un des véhicules impliqués soit assuré pour que le Fonds soit mis hors de cause. En plus, pour obtenir la réparation de son préjudice, la victime doit prouver qu'elle n'a pu obtenir réparation par autres moyens.

Protection judiciaire de l'enfant en droit congolais : mythe ou réalité

■ ***Ntumba Kabeya***
Chef de Travaux à la Faculté de droit/Université de Kinshasa
Chargée de cours de droit de la protection de l'enfant à l'Institut National du Travail Social et à l'Université Chrétienne de Kinshasa
Avocate au Barreau de Kinshasa/Gombe
Chercheure au Centre de Recherche en droit Social

Introduction

Le monde de la justice pour enfant est un monde étonnant et complexe[1]. Celui qui n'a pas l'occasion de le côtoyer n'imagine pas ce qui se passe chaque jour dans certaines familles et le travail abattu par les institutions qui y interviennent.

Même pour les intervenants dans ce secteur, c'est un monde où les situations sont chargées d'émotions souvent fortes, où les problématiques sont difficiles à analyser, les interventions sont délicates, où il faut concilier des pratiques sociales à celles juridiques, éducatives ou psychologiques, qui n'utilisent pas les mêmes schémas de pensée[2].

Bref, c'est un monde différent de la justice des adultes[3] car cette justice poursuit le rôle de la réintégration, resocialisation et de rééducation de l'enfant qui a, à faire à la justice dans la société.

Depuis le 10 janvier 2009, la République démocratique du Congo a une loi spéciale de protection de l'enfant (LPE). Cette loi a dans ses articles 84 à 142 organisé la protection judiciaire de l'enfant. Et depuis 2011, les tribunaux pour enfants ont été créés et fonctionnent presque sur toute l'étendue du territoire national.

---

[1] Huyette Michel et Desloges Philippe, *Guide de la protection de l'enfant,* 4ème édition, Dunod, Paris, 2009, p.150 et Bastard Benoît, Mouhanna Christian, *L'avenir du juge des enfants, éduquer ou punir ?,* Eres, coll. Trajets, Toulouse, 2010, p. 18.

[2] Ntumba Kabeya, *Effectivité et Efficacité de la protection judiciaire de l'enfant de droit Congolais,* mémoire de DES, Université de Kinshasa, 2015, p. 103.

[3] Huyette Michel et Desloges Philippe, *op. cit.*

Bien qu'étant opérationnels dans certains coins de la RDC, il sied de noter que dans la grande partie du territoire, cette institution n'existe que sur papiers et les enfants qui sont en conflit avec la loi (ECL) continuent à comparaitre devant les chambres d'enfants organisées au sein des Tribunaux de paix voire même aux Tribunaux de grande instance[4].

Parler de la protection judiciaire de l'enfant, c'est parler de comment est organisée et fonctionne l'institution chargée d'assurer cette protection à l'enfant congolais.

Pour bien appréhender cette problématique, nous avons subdivisé notre étude en deux grandes parties :

I. Protection judiciaire de l'enfant devant le tribunal pour enfants ;
II. Protection judiciaire de l'enfant devant le comité de médiation.

La constitution de la République démocratique du Congo du 18 février 2006 telle que modifiée par la loi n°011/002 du 20 janvier 2011 en son article 149 alinéa 5 a prévu la création des juridictions spécialisées par une loi[5].

C'est en respectant les prescrits de cet article que les tribunaux pour enfants ont été créés dans chaque ville, par la loi n°009/001 du 10 janvier 2009 portant protection de l'enfant en son article 84.

Ce tribunal peut avoir un siège ordinaire et plusieurs autres sièges secondaires[6].

A ce jour, il a été créé au moins cent vingt tribunaux pour enfants mais il faut noter que seuls vingt-deux tribunaux fonctionnent[7].

Partant de cela, il est donc important de connaitre comment le tribunal pour enfants est organisé et quelle est sa compétence ?

Mais avant d'aborder ces notions, il sied de rappeler certains points :

➢ **Les intervenants dans la protection judiciaire de l'enfant**

Plusieurs personnes et structures interviennent dans la protection judiciaire de l'enfant, notamment :

- Les magistrats (siège et parquet)[8] ;
- Les assistants sociaux[9] ;
- Les greffiers[10] ;

---

[4] Loi n° o9 /00l du 10 janvier 2009 portant protection de l'enfant, article 200 et Mwanza Katuala Tony, *Code Congolais annoté de la protection de l'enfant,* Batena Ntambua, Kinshasa, 2010, p.257

[5] D'après l'alinéa 5 de l'article 149 de la constitution de la RDC : » il ne peut être créé des tribunaux extraordinaires ou d'exception sous quelque dénomination que ce soit ».

[6] Article 86 de la loi n° o9 /00l du 10 janvier 2009 portant protection de l'enfant.

[7] Décret n°11/ 01 du 05 janvier 2011 fixant les sièges ordinaires et ressorts des tribunaux pour enfants.

[8] Article 88 de la loi portant protection de l'enfant.

[9] *Idem*, article 2 point 8, 92, 63, 76 et 104 point 7.

- Les avocats[11] ;
- Les défenseurs judiciaires[12] ;
- Les médecins[13] ;
- Les psychologues [14];
- Les familles[15] ;
- Les familles d'accueil[16] ;
- Les couples de bonne moralité[17] ;
- Les institutions privées agréées à caractère social[18] ;
- Les institutions publiques agréées à caractère social[19] ;
- Les centres médico-éducatifs[20] ;
- Les établissements de garde et d'éducation de l'Etat[21] ;
- Le comité de médiation[22].

---

[10] *Ibidem*, article 93 ; Ngoie Mutunda wa Kyulu, Kalusemesoko Kuzoma et Fundu Yalala ne Mpundi, *Guide pratique du greffier en République démocratique du Congo,* volume1, CEDI, Kinshasa, 2011, p.10 et suivants.

[11] Article 19 de la constitution de la République démocratique du Congo du 18 février 2006 telle que modifiée par la Loi n°11/002 du 20 janvier 2011, Ordonnance loi n° 79/028 du 28 septembre 1979 portant organisation du barreau, corps des défenseurs judiciaires et du corps des mandataires de l'Etat, 104 de la loi portant protection de l'enfant, Luzolo Bambi Lessa, *Traité de droit judiciaire,* PUC, Centre de recherche sur la justice transitionnelle, Kinshasa, 2018, p. 505 et Benech'- Le Roux Patricia, *A quoi sert l'avocat du mineur délinquant ?,* Ministère de la justice, CESDIP, juin 2004.

[12] Article 131 de l'Ordonnance loi n° 79/028 du 28 septembre 1979 portant organisation du barreau, corps des défenseurs judiciaires et du corps des mandataires de l'Etat. Les défenseurs judiciaires jouissent à ce jour de toutes les prérogatives reconnues aux avocats. Il sied de noter que dans certains coins reculés de la République, il y a plus de défenseurs judiciaires qui assistent les enfants en conflit avec la loi par carence d'avocat.

[13] Article 21 de la loi portant protection de l'enfant, il est un expert pour la justice pour enfants. Le médecin vient en aide au juge pour répondre à un devoir précis comme l'écrit Belloir-Caux Brigitte dans son ouvrage intitulé *La justice en clair,* publié aux éditions ellipses, à Paris, en 2008, à la page 99.

[14] *Idem.*

[15] Article 334 de la loi n⁰ 87/10 du 1er aout 1987 portant code de la famille telle que modifiée à ce jour. La loi portant protection de l'enfant fait intervenir la famille de l'enfant en conflit avec la loi, victime ou témoin dans plusieurs étapes de la procédure. L'article 104 fait obligation de ne pas entendre l'enfant à l'absence de ses parents ou tuteur et l'article 106 énonçant les mesures provisoires à prendre à prendre, il faut privilégier le placement en famille. Masilya Lumesa Godefroid, *La protection de l'enfant et la problématique des relations sexuelles entre mineurs,* Okapi Congo, Kinshasa, p. 25.

[16] Article 106 point 3 de la loi portant protection de l'enfant.

[17] Articles 106 et 113 point 2

[18] Articles 106 et 113 point 2. Par couple de bonne moralité, il faut entendre deux personnes de sexes opposés légalement mariées. Idzumbuir Assop, *La loi portant protection de l'enfant en RD Congo, Analyse critique et perspectives,* Cedesurk, Kinshasa, 2013, pp. 124 et 125

[19] Article 113 point 3 de la loi portant protection de l'enfant

[20] Article 113 point 4 de la loi portant protection de l'enfant

[21] Article 113 point 5 de la loi portant protection de l'enfant

[22] Article 135 de la loi portant protection de l'enfant.

➢ **Les bénéficiaires de la protection judiciaire de l'enfant :**

Les enfants mineurs (en conflit avec la loi, victime et témoin et aussi ceux en situation difficile) ;

Conformément à l'article 3 de la loi portant protection de l'enfant, le tribunal pour enfants est compétent à l'égard de tout enfant vivant sur le territoire national, sans distinction de race, de sexe, de nationalité, de religion ou autres considérations.

- Les parents ou la personne qui exerce sur l'enfant l'autorité parentale ;
- L'Etat.

Il est à savoir que la justice pour enfants s'exerce par l'institution dénommée Tribunal pour enfants comme nous l'avons souligné ci haut. Cette dernière a été instituée pour assurer, à l'enfant en conflit avec la loi, à celui victime et/ ou témoin, une procédure respectant les garanties procédurales.

Elle organise en son sein une procédure différente de celle des autres institutions judiciaires[23].

I. Protection judiciaire de l'enfant devant le tribunal pour enfants

1. Organisation du tribunal pour enfants

Base légale :

- Loi n° 09/001 du 10 janvier 2009 portant protection de l'enfant en ses articles 87 à 94 ;
- La loi organique n°13/011-B du 11 avril 2013 portant organisation, fonctionnement et compétence des juridictions de l'ordre judiciaire dans ses dispositions qui ne sont pas contraires à la loi portant protection de l'enfant.

** Le siège et le ressort du Tribunal pour enfants*

a) Le siège du TPE : Le siège est le lieu où le tribunal est établi et tient régulièrement ses audiences ordinaires. Il peut être ordinaire ou secondaire.

   ➢ Siège ordinaire du TPE : C'est le siège principal du tribunal pour enfants. Il ressort de l'article 84 alinéa 2 de la loi portant protection de l'enfant que le siège ordinaire et le ressort du tribunal pour enfants sont fixés par le décret du premier ministre (décret n°11/01 du 05/01/2011 fixant les sièges ordinaires et les ressorts des TPE).

---

[23] Articles 87 à 106 de la loi portant protection de l'enfant. Le tribunal pour enfants organise en son sein le double degré de juridiction contrairement aux autres juridictions où l'appel par exemple est interjeté devant une juridiction supérieure. En outre, le tribunal pour enfants lorsqu'il siège en matière d'enfant en conflit avec la loi, il le fait sans toge.

- Siège secondaire : Outre le siège ordinaire ou principal, il peut être créé un ou plusieurs sièges secondaires à l'intérieur du ressort du TPE. C'est le cas à Kinshasa où l'on avait un TPE siège ordinaire avec 4 sièges secondaires (Arrêté ministériel n° 001/CAB/MIN/J§DH/2011 du 05/01/2011 portant création des sièges secondaires des tribunaux pour enfants et fixation de leurs ressorts).

b) Le ressort du TPE : C'est l'étendue administrative sur laquelle le TPE exerce sa compétence territoriale. c'est soit l'étendue territoriale d'une ville, soit celle d'un territoire. Exemple : Le TPE/Mbandaka a pour ressort l'étendue administrative de la ville de Mbandaka.

Cependant, aux termes de l'article 1er du Décret d'organisation judiciaire n°14/013 du 08 mai 2014 modifiant et complétant le Décret n°11/01 du 05 juin 2011 fixant les sièges ordinaires et les ressorts des Tribunaux pour enfants, il est créé 5 sièges ordinaires pour la ville Kinshasa dont :

N°	Dénomination	Siège ordinaire	Ressort territorial	Emplacement
1.	Tribunal pour enfants de Kinshasa/Gombe	Gombe	Communes de Gombe, Kinshasa, Lingwala, Ngiringiri, Makala et Barumbu	Maison communale de Kinshasa
2.	Tribunal pour enfants de Kinshasa/Kalamu	Kalamu	Communes de Kalamu, Bandalungwa, Bumbu, Kasa-Vubu et Selembao	Maison communale de Kalamu
3.	Tribunal pour enfants de Kinshasa/Kinkole	N'djili	Communes de Kimbanseke, Maluku, Masina, N'djili et N'sele	Enceinte du TGI/ Ndjili
4.	Tribunal pour enfants de Kinshasa/Matete	Matete	Communes de Kisenso, Lemba, Limete, Matete et Ngaba	2, avenue de la pleine, 12e Rue/ Poste, quartier Masiala, Commune de Limite
5.	Tribunal pour enfants de Kinshasa/ Ngaliema	Ngaliema	Ngaliema, Mont-Ngafula et Kintambo	Maison communale de Ngaliema

2. Fonctionnement du Tribunal pour enfants

A) Personnel du tribunal pour enfants

Aux termes de l'article 88 de la LPE, le tribunal pour enfants est composé d'un président et des juges ; tous affectés par le conseil supérieur de la magistrature parmi les magistrats de carrière spécialisés et manifestant de l'intérêt dans le domaine de l'enfance.

a) **Le Président** : C'est le chef de juridiction.

Il est à part entière un magistrat de carrière spécialisé ; c'est à dire formé dans le domaine de la justice pour enfants.

Il a la charge de répartir les tâches aux juges de sa juridiction et veille sur le bon fonctionnement du tribunal[24].

Il exerce son autorité sur les juges, les greffiers et les assistants sociaux affectés par les services provinciaux des affaires sociales, ainsi que sur les membres du comité de médiation dont il propose la désignation auprès de l'autorité administrative.

Il a également la charge de faire régner la paix, favoriser l'harmonie et l'entente au sein de la juridiction entre les différents personnels.

b) **Les juges**

Ils sont aussi magistrats de carrière affectés au TPE par le conseil supérieur de la magistrature parmi les magistrats ayant choisi le domaine de l'enfance.

Les juges ont pour mission de dire le droit dans le cadre des dossiers judiciaires.

Ils ont l'obligation entre autre de mettre l'enfant en conflit avec la loi en confiance et de motiver[25] les décisions à prendre en ce qui le concerne au risque de voir celles-ci cassées faute de motivation[26].

Nous constatons que dans un certain nombre des cas analysés[27], l'absence, voire l'insuffisance de motivation de la décision judiciaire

---

[24] Article 89 de la loi portant protection de l'enfant

[25]Matadi Nenga Gamanda écrit dans son ouvrage intitulé : *La question du pouvoir judiciaire en République démocratique du Congo* au sujet de la motivation des jugements ou décisions de juges : « La motivation d'un jugement ou d'un arrêt n'est rien d'autre que la justification que le juge donne de sa décision. Dans la motivation, le juge explique pourquoi il prend une telle position, pourquoi il s'est prononcé comme l'a fait », p. 414

[26] Matadi Nenga Gamanda , *op. cit*, p. 416.

[27] TPE/Matete, RECL 766/III, du 19/05/2015, Didaki Kazayi Chadrack vs Ngamukole Mietina, viol, inédit ; TPE/Matete, RECL 770/V, du 04/03/2015, Mungu Ndasi vs Mulumba Kabitanshi Patrick, vol simple, inédit ;TPE/Kalamu, RECL 1619/I du 28/11/2016, Nzita Ntinu Chadrack C/Mayamba Kange Esther, viol, inédit ; TPE/Ngaliema, RECL 2116 du 08/2017, Kimpembe Kamalanda C/ Dembo Ngongo Elysée, viol d'enfant, inédit. TPE/Mbandaka, RECL 043 du 13 février 2012, Igole Wangi vs Ikelemba, inédit ; TPE/Mbandaka, RECL 030 du 03 novembre 2011, Kabwe ISA vs Kashindi, inédit ;

(provisoire ou définitive) est directement un obstacle à un travail social de qualité.

En pratique, le juge pour enfants à qui, est confié le dossier d'un enfant doit prendre toutes les mesures possibles pour que ce dernier, bénéficiant de la présomption d'innocence puisse voir sa cause jugé dans le meilleur délai et être rétabli dans ses droits. Cela n'est pas le cas et mérite d'être remédié.

c) **Les greffiers**

Suivant l'article 91 LPE, le tribunal pour enfants compte un greffier assisté d'un ou plusieurs adjoints.

Le TPE siège avec l'assistance du greffier dont les principales attributions sont[28] :

- Tenir les registres et assurer l'administration des greffes ;
- Assister le juges dans ses actes, notamment à l'audience ;
- Instrumenter les exploits ;
- Signifier les décisions et les jugements ;
- Recouvrer les frais de justice et les droits proportionnels pour le compte du trésor.

S'agissant de la tenue des registres, signalons qu'il est tenu aux greffes du TPE les registres ci-après :

- Le registre d'enfants en conflit avec la loi (RCEL) ;
- Le registre de protection sociale des enfants (RPSE) ;
- Le registre d'exécution (RH) ;
- Le registre des mesures provisoires (RMP) ;
- Le registre ordonnancier ;
- Le registre d'enfants en conflit avec la loi en appel (RECLA) ;
- Le registre de prise en délibéré et prononcé (RPDP) ;
- Le registre civil de l'enfant (RCE) ;
- Le registre civil de l'enfant en appel (RCEA) ;
- Le registre des causes déférées devant le comité de médiation (RCM).

A l'absence de rémunération, cette catégorie d'acteurs de la protection judiciaire de l'enfant, pour la plupart nouvelle unité dans la fonction publique, travaille dans des conditions extrêmement difficiles. Elle est souvent astreinte à commettre des fautes qui n'assurent pas la protection judiciaire de l'enfant telle que souhaitée par le législateur.

TPE/Matete, RECL 1041/I, du 28/07/2015, Luki Movele Naomie vs Kampasa Suedi, injures publiques, inédit.

[28] L'arrêté d'organisation judiciaire n° 299/79 du 20108/1979 portant règlement intérieur des cours, tribunaux et parquets.

d) Les assistants sociaux

L'assistant social est un agent de l'Etat ou d'un organisme agréé, spécialisé dans la résolution des problèmes liés aux relations humaines afin d'améliorer le bien-être général. [29]

Selon l'article 92 de la LPE, le TPE est doté au moins d'un assistant social affecté par les services provinciaux des affaires sociales[30] avons-nous dit.

Les assistants sociaux ont en général pour rôle de :

- Mener des enquêtes sociales ;
- Faire la guidance psychosociale ;
- Assurer la réinsertion sociale et économique ;
- Assurer l'accompagnement psycho-social et faciliter l'accès des groupes vulnérables aux services sociaux de base[31] ;
- Veiller à l'application des mesures du juge pour enfants[32].

Au Tribunal pour enfants, l'assistant social intervient avant, pendant et après l'audience.

➢ ***Rôle de l'assistant social avant l'audience***

1. Lorsque l'enfant en conflit avec la loi est déféré devant son juge naturel, le juge président dudit tribunal, le confie à un assistant social pour un entretien de quelques minutes.
2. Au bout de cet entretien, le juge tient une audience dans laquelle comparait ledit enfant en conflit avec la loi, en présence de l'assistant social du ressort ; celui –là même qui a été le premier à entrer en contact et à s'entretenir avec lui.
3. Au niveau de chaque tribunal pour enfant, il existe une organisation interne des assistants sociaux pour faciliter l'écoute des enfants déférés au tribunal de leur ressort.
4. La loi portant protection de l'enfant donne à l'assistant social le pouvoir de saisir le tribunal pour enfants au même titre que l'officier du Ministère Public, l'officier de police judiciaire, la victime, les parents ou le tuteur de l'enfant et l'enfant lui-même[33]. Cette saisine se fait par voie de requête qui peut être écrite ou verbale.

---

[29] Article 3 de l'arrêté ministériel n° 063/CAB.Min.Aff.SAH.SN/2012 du 12 septembre 2012 portant création, organisation et fonctionnement du corps des assistants sociaux en RDC.

[30] Les assistants sociaux de la RDC sont organisés en un corps qui est placé sous la tutelle du Ministre ayant les affaires sociales dans ses attributions.

[31] Article 5 de l'Arrêté ministériel n°063/CAB.MIN.AFF.SAH.SN/ 2012 du 12 septembre 2012 portant création, organisation et fonctionnement du corps des assistants sociaux en République démocratique du Congo.

[32] Article 129 de la loi portant protection de l'enfant.

[33] Article 102 de la loi portant protection de l'enfant.

➢ ***Rôle de l'assistant social pendant l'audience***

1. Mener l'enquête sociale sur les enfants en conflit avec la loi concernés par une procédure, en vue d'aider le juge des enfants à statuer en connaissance de cause[34]; ce, conformément à l'article 7.1 des règles de Tokyo et de l'article 109 de la loi portant protection de l'enfant.
2. L'enquête doit porter sur l'identité de l'enfant, l'histoire de sa vie, sa conduite ainsi que sa situation familiale et professionnelle le cas échéant.
3. Assister en cas de besoin à l'interrogatoire de l'enfant[35].

➢ ***Rôle de l'assistant social après l'audience***

1. assurer le placement social de l'enfant[36] ;
2. aider le juge à exécuter les mesures prises pour le replacement de l'enfant et émettre des avis sur la révision éventuelle de ces mesures[37] ;
3. Suivre l'évolution de l'enfant dans son lieu de placement ainsi que son comportement s'il a été remis à parent ou sur la personne qui exerce sur lui l'autorité parentale et demander la révision de la mesure au juge.

Comme souligné ci -haut, les assistants sociaux travaillent dans des conditions difficiles sans rémunération ni même frais de fonctionnement pour effectuer des descentes et entrer en contact avec les familles, la communauté ou l'entourage de l'enfant en conflit avec la loi. Il faut préciser que ce sont pour la plus part des nouvelles unités.

B) Composition du siège

La composition du siège au sein du TPE varie en fonction des chambres au sein desquelles le juge siège obligatoirement avec le concours du ministère public du ressort.

***a)* Les chambres**

Il existe deux différentes chambres au TPE : il y a la chambre de première instance et la chambre d'appel. Les deux chambres constituent le double degré de juridiction devant la même juridiction.

La chambre de première instance siège à juge unique, tandis que la chambre d'appel siège à trois juges.

La tâche de repartir les juges dans les chambres revient au président qui est le chef de juridiction comme nous l'avons relevé ci-haut.

Il est également à signaler que les deux chambres sont indépendantes l'une de l'autre quant à leur fonctionnement.

Les juges de chaque chambre siègent avec le concours du ministère public et l'assistance du greffier.

---

[34] Les règles de Tokyo sont les Règles minima des Nations Unies pour l'élaboration de mesures non privatives de liberté.

[35] Article 104.8, de la loi portant protection de l'enfant.

[36] Article 63, alinéa 2 de la loi portant protection de l'enfant.

[37] Articles 125 alinéa 2 et 129 alinéa 2 de la loi portant protection de l'enfant.

b) Le Ministère public

C'est le magistrat du parquet autrement appelé organe de la loi qui doit être obligatoirement présent à l'audience.

Dans le cadre de la protection judiciaire de l'enfant, il joue un rôle important, car il saisit le TPE pour les dossiers dont il a eu connaissance sur les manquements constatés à charge des enfants.

A l'audience, il donne son avis sur le banc chaque fois que la parole lui est accordée par le juge.

3. Procédure applicable devant le TPE en matière d'enfants en conflit avec la loi

Avant toute chose, le juge doit vérifier si l'enfant concerné a déjà dépassé le seuil minimum de responsabilité pénale[38].

Par seuil minimum de responsabilité pénale, on sous -entend l'âge au-dessous duquel les enfants seront présumés n'avoir pas la capacité d'enfreindre la loi pénale.

Aux termes de l'article 95 de la loi portant protection de l'enfant, l'enfant âgé de moins de 14 ans bénéficie en matière pénale d'une présomption légale irréfragable d'irresponsabilité.

En conséquence et conformément à l'article 96 alinéas 1 à 3 de la loi susvisée, si un enfant de moins de 14 ans est déféré devant le juge pour enfants, celui-ci doit le relaxer comme ayant agi sans discernement. Mais cela ne signifie pas qu'aucune mesure ne doit être prise.

Bien au contraire, dans l'intérêt supérieur de l'enfant, le même article prescrit en son alinéa 2 que dans ce cas, le juge doit confier l'enfant à un assistant social et/ou à un psychologue qui prendra des mesures d'accompagnement psycho-social.

Il pourra également placer l'enfant dans une famille d'accueil ou une institution privée agréée à caractère social autre que celle accueillant des enfants en situation difficile.

Tout en relaxant l'enfant, le juge veillera à ce que le dommage éventuellement causé par l'acte de l'enfant soit réparé.

Les mesures d'accompagnement psychosocial ainsi que la réparation du préjudice visent aussi bien la sauvegarde de l'intérêt de l'enfant que de l'ordre public.

En effet, même si juridiquement, il est irresponsable sur le plan pénal, il est évident que le fait pour un enfant même âgé de moins de 14 ans d'adopter un comportement déviant, pose tout de même problème au plan psychologique et social. D'où la nécessité de recourir à l'encadrement psychosocial en vue de la récupération de l'enfant et de sa resocialisation.

---

[38] Article 94 de la loi portant protection de l'enfant.

Par ailleurs, si le préjudice causé par le comportement de l'enfant n'est pas réparé, l'on se trouvera dans une situation d'injustice et cela n'est pas de nature à sauvegarder la paix sociale ainsi que l'ordre public. En plus, l'enfant court le risque d'être victime de la vengeance privée qui peut sérieusement troubler sa sécurité[39]. L'Etat congolais a alors l'obligation de veiller à ce que chacun soit remis dans ces droits.

Cette matière est consacrée par les articles 102 à 130 de la LPE lesquels traitent les différents points consacrés à la procédure en matière d'enfants en conflit avec la loi.

En outre, il sied de préciser que 'en matière d'enfants en conflit avec la loi, la compétence territoriale a quelques principes de base qu'il faut nécessairement respectés.

Il ressort de l'article 101 de la loi portant protection de l'enfant que sur le plan territorial, est territorialement compétent:

- le tribunal pour enfants de la résidence habituelle de l'enfant ;
- le tribunal pour enfants de la résidence habituelle de ses parents ou de son tuteur ;
- le tribunal pour enfants du lieu où les faits ont été commis ;
- le tribunal pour enfants du lieu où l'enfant a été trouvé après la commission des faits;
- le tribunal pour enfants du lieu où l'enfant a été placé à titre provisoire ou définitif. Ce lieu pouvant être une famille d'accueil ou une institution privée et agréée à caractère social ou encore un établissement de garde.

A l'absence de l'installation des certains tribunaux pour enfants jusqu'à ce jour, les enfants en conflit avec la loi dans certains coins de la République, continuent à être jugés par les chambres spéciales des tribunaux de paix et même des tribunaux de grande instance. Cette situation n'assure pas une garantie de la bonne administration de la justice pour enfants. En effet, pour avoir accès effectif à un tribunal, l'Etat doit mettre en place des véritables tribunaux, organes établis par la loi[40].

Nous estimons, pour notre part, qu'un effort supplémentaire doit être fourni pour arriver à l'installation effective, sur toute l'étendue de la République, des tribunaux pour enfants qui ont été créés.

Notons aussi qu'en matière civile, la compétence territoriale du tribunal pour enfants est déterminée conformément au droit commun. L'article 130 de la loi organique du 11 avril 2013 dispose : « Le juge du domicile ou de la résidence du défendeur est seul compétent pour connaitre de la cause ».

---

[39] Service de documentation, Recueil de jurisprudence annotée, justice pour enfants, Unicef, Kinshasa, 2011.

[40] Natalie Fricero, *L'essentiel des Institutions judicaires,* 7ème édition, Lextenso, 2014-2015, Paris, p.28.

S'il y a plusieurs défendeurs, la cause est portée au choix du demandeur devant le juge du domicile ou de la résidence de l'un d'eux ».

a) La saisine du tribunal pour enfants

La saisine est une formalité par laquelle le tribunal est appelé à connaître d'un litige ou d'une affaire qui concerne un enfant.

Au tribunal pour enfant, c'est la chambre de première instance qui est saisie en premier.

➢ ***Qui peut saisir le TPE ?***

Signalons d'abord que le TPE est saisi par voie de requête. L'article 102 LPE dispose que le TPE est saisi par :

- L'Officier de police judiciaire ;
- L'Officier du ministère public ;
- La victime de l'infraction ;
- Les parents ou le tuteur de l'enfant ;
- L'assistant social ;
- La déclaration spontanée de l'enfant (ECL) ;
- La saisine d'office du juge.

Notons que lorsque le TPE est saisi par l'OPJ, celui-ci en informe immédiatement l'officier du ministère public du ressort.

➢ ***Pourquoi saisir le TPE ?***

Le TPE ne peut être saisi que lorsqu'il est constaté par les personnes ci-dessus, la commission d'un manquement qualifié d'infraction à la loi pénale à charge d'un enfant c'est-à-dire de toute personne âgée de moins de 18 ans.

➢ ***A quoi s'attend la partie lésée ou victime ?***

Dans la mentalité congolaise, en saisissant la justice, la victime s'attend d'abord non pas à la réparation du préjudice, mais plutôt à l'arrestation de l'auteur des faits et à la sanction qui lui est réservée.

b) Les mesures provisoires

Ce sont les décisions provisoires du juge prises à égard des enfants en conflit avec la loi, avant l'examen au fond de la cause. Elles consistent notamment à :

- Placer l'enfant sous l'autorité de ses père et mère ou de ceux qui en ont la garde ;
- Assigner l'enfant en conflit avec la loi à résidence sous la surveillance des parents ou de ceux qui en ont la garde ;
- Soustraire l'enfant en conflit avec la loi de son milieu et le confier provisoirement à un couple de bonne moralité ou à une institution publique ou privée agréée à caractère social.

Il faut noter que lors de la prise de ces mesures, le juge doit favoriser le maintien de l'enfant dans un environnement familial, car le placement en institution doit être envisagé comme une mesure de dernier recours.

c) L'instruction des causes

L'instruction de la cause se déroule selon les prescrits des articles 110 à 112 de la loi portant de l'enfant.

➢ *Huis clos*

Tout enfant accusé ou déclaré avoir commis un manquement à la loi pénale a droit à un traitement spécial compatible avec le sens qu'à l'enfant de sa dignité et de sa valeur, et propre à renforcer le respect de ce dernier pour les droits de l'homme et des libertés fondamentales des autres[41].

Les audiences du tribunal pour enfants se déroulent à huis clos.

La LPE dispose en son article 110 alinéa 1 que le juge saisi d'une affaire à charge d'un ECL peut à tout moment convoquer l'ECL concerné et les personnes qui exercent sur lui l'autorité parentale.

A l'audience, le juge doit prendre soin d'identifier l'enfant en conflit avec la loi dans le respect des garanties procédurales ; c'est-à-dire, vérifier son nom, le lieu et date de naissance, sa nationalité, les noms des parents, ses origines, son occupation et son adresse. Il doit par la même occasion vérifier s'il est au courant des faits lui reprochés.

Dans la pratique, il se pose des sérieux problèmes d'identification des ECL notamment avec le problème lié à l'âge dont la plus part cache la vérité ou se couvre sur la minorité pour échapper aux poursuites devant les juridictions ordinaires[42].

Nous proposons, pour pallier à cette difficulté, qu'à défaut d'acte de naissance et du rapport médical pouvant déterminer l'âge de l'enfant, le juge peut recourir à d'autres moyens de preuve en vertu du principe de la liberté de preuve en droit pénal[43]. Il peut requérir, par exemple, du chef d'établissement scolaire de l'enfant aux fins de produire son dossier pour vérification de son âge.

---

[41] Article 40 Convention des nations unies relative aux droits de l'enfant, ratifiée par O.L n°90/ 48 du 22 août 1990 et 17 de la Charte africaine des droits et du bien- être de l'enfant (1990) ratifiée par le décret- loi n° 008 /001 du 28 mars 2001.

[42] TPE/Matete, RECL 1088/III, du 04/08/2015, MOMI MBOYO Esther vs Efoloko Bongwalanga, vol simple, inédit ; TPE/Matete, RECL 869/V, du 08/04/2015, Makunza Jean louis vs L'Etat Congolais, chambre à fumer, inédit ; TPE/Matete, RECL 680, du 19/01/2015, Matondo Lukalu Exaucé et Consort vs KIBAI DIAKA Junior, Coups et blessures volontaires et Association des malfaiteurs, inédit.

[43] Katuala Kaba Kashala, *La preuve en droit congolais,* Batena Ntambua, Kinshasa, 1998, p. 17 et Kabasele Kabasele, *Cours d'administration de la preuve,* manuel d'enseignement à l'usage des étudiants de troisième graduat, CRDS, 2012, p. 38.

A ce sujet, le chef d'établissement requis doit obtempérer à la réquisition du juge ou de l'OMP, faute pour lui de le faire, il se verra appliquer l'article 52 du code de procédure pénale qui prévoit la peine d'un mois de servitude pénale et d'amende contre toute personne requise qui ne prête pas son ministère au juge ou à l'OMP.

➢ ***Déroulement de l'audience***

L'audience se déroule conformément à la loi et constitue un jeu des questions et réponses.

Les questions sont posées par le juge et les parties peuvent aussi les faire poser par le biais du juge audiencier.

La loi exige la présence de l'ECL à l'audience.

En effet, en matière d'enfants en conflit avec la loi, la procédure par défaut n'est pas autorisée à l'égard de l'ECL. Celui-ci comparait en présence des parents, du tuteur ou de l'assistant social si ces derniers font défaut c.à.d. n'accompagnent pas leur enfant.

L'instruction doit viser la recherche de la vérité ou encore la preuve des faits allégués par le plaignant pour permettre au juge de bien dire le droit.

Pendant l'audience, le port de la toge est défendu à tous les membres de la composition à savoir : le juge, le greffier et le ministère public. L'ECL est entendu dans la langue qu'il comprend. Il est assisté d'un conseil de son choix ou celui lui désigné d'office par le juge.

Tout au long de la procédure, c.à.d. de la saisine jusqu'à la clôture des débats, la partie lésée peut se constituer partie civile en consignant les frais au greffe ou à l'audience en vue de solliciter du juge, la réparation du préjudice lui causé par l'enfant.

Lorsque le juge s'estime éclairé par rapport à l'instruction de la cause, il invite les parties à la plaidoirie, à l'issue de laquelle les débats sont déclarés clos et la cause prise en délibéré.

***d)* La décision du juge**

La décision du juge intervient dans les huit jours qui suivent la prise en délibéré de la cause.

Elle doit porter sur l'une des décisions prévues à l'article 113 LPE. Lorsque les faits sont établis, le juge prend l'une des mesures suivantes :

- Réprimander l'enfant et le rendre à ses parents ou aux personnes qui exercent sur lui l'autorité parentale en leur enjoignant de mieux le surveiller à l'avenir ;
- Confier l'enfant à un couple de bonne moralité ou à une institution privée agréée à caractère sociale pour une période ne dépassant pas sa dix-huitième année d'âge ;
- Placer l'enfant dans une institution public à caractère social pour une période ne dépassant pas sa dix-huitième année d'âge. Il s'agit ici des enfants en conflit avec la loi dont l'âge varie entre 14 et 16 ans révolus ;

- Placer l'enfant dans un centre médical ou médico-éducatif approprié ;
- Mettre l'enfant dans un établissement de garde et d'éducation de l'Etat (EGEE) pour une période ne dépassant pas sa dix-huitième année d'âge.

Il y a lieu de préciser enfin que lorsque le manquement qualifié d'infraction mis à charge de l'enfant est établi, les frais de l'instance, les dommages et intérêts et la restitution des biens si possible sont à charge des personnes civilement responsables, à savoir les père et mère, le tuteur ou la personne ayant la garde de l'enfant c'est à dire celle exerçant sur lui l'autorité parentale au moment de la commission des faits.

Les décisions du juge sont susceptibles de voies de recours.

e) Les voies de recours

La décision rendue par le juge pour enfant peut être frappée des voies de recours. Aux termes de l'art.123 de la LPE, les décisions du juge pour enfant sont susceptibles d'opposition ou d'appel.

- L'opposition est ouverte à toutes les autres parties dans les dix jours qui suivent la signification de la décision.

Cette opposition est formée par la déclaration actée au greffe du Tribunal qui a rendu la décision. Une fois l'opposition actée, la chambre de première instance dispose de quinze jours pour statuer à dater de sa saisine.

- L'appel est ouvert au ministère public et à toutes les autres parties impliquées dans la cause.

Il est formé par la déclaration faite et actée, soit au greffe du tribunal qui a rendu la décision attaquée, soit encore au greffe de la chambre d'appel de ce tribunal dans les dix jours à dater du jour où l'opposition n'est plus recevable, ou dans les dix jours de la décision rendue contradictoirement.

La chambre d'appel statue dans les trente jours à dater de sa saisine et siège à trois juges.

- S'agissant de la cassation, il sied de noter que les décisions du tribunal pour enfants peuvent être cassées car elles sont rendues en dernier ressort par ledit tribunal. La procédure est la même comme dans les procédures des tribunaux ordinaires[44].

f) La révision de la décision du juge

L'article 125 de la LPE dispose que le juge peut, en tout temps, soit spontanément, soit à la demande du Ministère public, de l'enfant, des parents ou représentants légaux, ou de toute personne intéressée, soit sur rapport de l'assistant social, rapporter ou modifier les mesures prises à l'égard de l'enfant.

---

[44] Article 95 de la loi portant organisation, fonctionnement et compétences des juridictions de l'ordre judiciaire.

Le juge prendra soin de visiter le lieu de placement de l'enfant avant de procéder à ce devoir, ceci pour l'intérêt supérieur de l'enfant.

Il est demandé au juge saisi de la révision de la décision de statuer dans les huit jours qui suivent sa saisine. Les mesures prises à l'égard de l'enfant font d'office l'objet de révision tous les trois ans[45].

Dans la pratique, les prescrits de cet article ne sont toujours pas respectés par les juges et cela fait que les pavillons 9 et 10 de la prison centrale de Makala, à Kinshasa, sont toujours pleins, et les enfants qui y sont placés, provisoirement, vivent dans des conditions déplorables.

Nous interpellons les autorités de la magistrature à veiller à l'application de cette exigence légale dans l'intérêt supérieur des enfants en conflit avec la loi.

g) L'exécution de la décision du juge

A moins que le juge n'en décide autrement, la décision est exécutoire sur minute dès le prononcé, en ce qui concerne la mesure prise à l'endroit de l'enfant. Le juge veille à l'exécution de toutes les mesures qu'il a prises à l'égard de l'enfant.

A cet effet, il est aidé par l'Assistant social territorialement compétent[46].

L'enfant placé dans un établissement de garde et d'éducation de l'Etat (EGEE)[47] qui atteint l'âge de dix-huit ans en placement peut, pour des raisons de perversité, être transféré dans un établissement de rééducation de l'Etat pour une durée qui ne peut dépasser sa vingt-deuxième année d'âge.

Le juge doit veiller à ce que l'enfant soit préalablement entendu et la décision est prise par le juge qui doit la motiver d'office ou à la demande, soit de l'OMP, soit des parents de l'enfant, soit du tuteur, ou de la personne ayant sa garde, soit encore de l'assistant social du ressort.

L'exécution de la décision du juge porte aussi sur le recouvrement des frais de justice et droits proportionnels au profit du trésor, ainsi que des dommages et intérêts au profit de la partie civile.

En matière civile, le tribunal pour enfants est compétent à l'égard des enfants. Mais, il est à noter que le défendeur dans toutes les matières civiles de la compétence du tribunal pour enfants telles que prévues par l'article 99 alinéa 2 est toujours une personne majeure.

Nous pouvons citer, à titre d'exemples, quelques actions qui peuvent être intentées devant le tribunal pour enfants en matière civile. Il s'agit notamment de demande :

- de modification ou de changement du nom d'un mineur[48] ;

---

[45] Article 130 de la loi portant protection de l'enfant.

[46] Article 129 de la loi portant protection de l'enfant.

[47] Les établissements de garde et d'éducation de l'Etat ne sont pas opérationnels à ce jour, ce sont les organisations non gouvernementales internationales et nationales qui se chargent du placement.

[48] Article 64 du code de la famille de la République démocratique du Congo.

- de radiation du nom de l'enfant[49] ;
- d'adoption nationale ou internationale[50] ;
- d'octroi de la garde d'un enfant[51] etc.

II. Protection judiciaire devant le comité de médiation

Le législateur congolais, précise aux termes des dispositions de l'article 132 de la loi portant protection de l'enfant, que la médiation « est un mécanisme qui vise à trouver un compromis entre l'enfant en conflit avec la loi ou son représentant légal ou ses ayants droits, sous réserve de l'opinion de l'enfant intéressé dûment entendu ».

Il importe de relever le caractère extrajudiciaire de cette médiation prévue dans la loi portant protection de l'enfant[52].

Le rôle du médiateur est attribué au Comité de médiation conformément à l'article 135 de la loi portant protection de l'enfant qui dispose : « la médiation est conduite par un organe dénommé « Comité de médiation ».

La médiation ne concerne que les enfants en conflit avec la loi ; à savoir les enfants âgés de 14 à 18 ans.

Deux catégories des faits sont éligibles devant le comité de médiation : les faits bénins et les faits punissables de moins de 10 ans par la loi pénale.

a) Les faits bénins : aux termes de l'article 136, lorsque les faits en cause sont bénins, et que l'enfant en conflit avec la loi n'est pas récidiviste, le président du tribunal pour enfants, défère d'office la cause au comité de médiation dans les quarante-huit heures de sa saisine.
Un fait est qualifié de bénin lorsqu'il est punissable d'une peine légère et dont les conséquences sont sans dommages à la victime ou à la société.
b) Les faits punissables de moins de 10 ans : l'article 137 dispose qu'en cas de manquement qualifié d'infraction à la loi pénale punissable de moins de dix ans de servitude pénale, le président du tribunal pour enfants peut transmettre l'affaire au comité de médiation ou engager la procédure judiciaire. Dans ce second cas, le Président du Tribunal a le choix à opérer.
c) Les critères d'éligibilité :
   - Le fait doit être punissable de 12 mois maximum (une année). C'est le critère légal ou objectif ;
   - L'enfant en conflit avec la loi ne doit pas être un récidiviste ou réitérant ;
   - Il doit y avoir un dommage causé à une victime.

---

[49] Article 65 du code de la famille de la République démocratique du Congo.
[50] Articles 18 à 20 de la loi portant protection de l'enfant.
[51] Article 99 de la loi portant protection de l'enfant.
[52] Idzumbuir Assop, *op. cit,* p. 210.

d) L'objectif de la médiation :
- d'épargner l'enfant des inconvénients d'une procédure judiciaire souvent longue et coûteuse ;
- d'assurer la réparation du dommage causé à la victime ;
- de mettre fin au trouble résultant du manquement commis[53] ;
- de contribuer à la réinsertion de l'enfant en conflit avec la loi.

1. Composition du comité de médiation

Le comité de médiation est composé de trois membres :

- Un représentant du Conseil National de l'Enfant qui en est le président ;
- Un assistant social qui en est le secrétaire rapporteur ;
- Un délégué des organismes non gouvernementaux du secteur de protection de l'enfant.

2. La saisine du comité de médiation

Le délai de déferrement d'une cause devant le comité de gestion est de 48 heures dès la saisine du Président du Tribunal[54].

Dans le souci de la célérité qui doit caractériser le traitement des affaires des enfants, le président dispose de ce délai pour atteindre le comité de médiation.

Bien qu'il n'y ait pas de sanction précise en cas de transmission tardive, le non-respect répété du délai légal, peut néanmoins apparaitre comme une violation d'un devoir professionnel et exposer ainsi son auteur à des poursuites disciplinaires.

La loi précise que la médiation est ouverte à toutes les étapes de la procédure judiciaire, avec comme effet de suspendre la procédure devant le juge qui a été saisi de l'affaire, sauf en ce qui concerne les mesures provisoires.

Le comité de médiation ne peut pas se saisir d'office. Il bénéficie, pour son fonctionnement, des subventions de l'Etat prélevées sur le budget du Ministère ayant l'enfant dans ses attributions.

3. Aboutissement de la procédure devant le comité de médiation

a) Le compromis

Pour un seul conflit, un ou plusieurs compromis peuvent être trouvés. Il s'agit en fait des mesures que les parties peuvent prendre pour résoudre leur différend. L'article 134 énumère les sortes de compromis ou mesures possibles :

---

[53] Mulumba Nkelenda, *De la médiation en matière de justice pour mineurs,* document produit pour la formation des juges pour enfants, UNICEF, 2012, p. 12.

[54] Mukadi Bonyi JR, *La responsabilité des magistrats, étude comparative des droits congolais et français,* CRDS, Bruxelles, 2010, p. 37.

- l'indemnisation de la victime ;
- la réparation matérielle du dommage ;
- la restitution des biens à la victime ;
- la compensation ;
- les excuses expresses présentées de façon verbale ou écrite à la victime ;
- la réconciliation ;
- l'assistance à la victime ;
- le travail d'intérêt général ou prestation communautaire.

***b)* La fin de la médiation**

La médiation prend fin dans 3 cas :

1. Lorsque la médiation a abouti et un compris est trouvé ;
2. Lorsque le compromis n'est pas possible ;
3. L'expiration du délai de 30 jours.

Cette protection extrajudiciaire a été instituée pour éviter à l'enfant les inconvénients de la procédure judiciaire comme signalé ci haut mais, malgré son existence, dans la pratique rien de se déroule normalement.

En effet, plusieurs difficultés sont éprouvés par les membres du comité de médiation qui ne fonctionne presque plus.

Nous pouvons énumérer comme difficultés entre autres :

- L'absence de siège ;
- L'absence des frais de fonctionnement ;
- Insuffisance des animateurs ;
- Non collaboration des membres de comité de médiation avec les juges pour enfants ;
- La stigmatisation de la victime ;
- Lenteur dans le déroulement de la procédure devant ce comité ;
- Monnayage des décisions…

La charge revient à l'Etat Congolais à travers le ministère susvisé de redynamiser cette institution qui a longtemps sombré en leur octroyant le budget nécessaire pour leur fonctionnement. Nous pensons qu'en faisant cela, dans beaucoup de cas, les inconvénients de la procédure judiciaire pourront être évités, et les enfants qui sont en contact avec la justice mieux protégés.

Conclusion

La protection judiciaire de l'enfant en République démocratique du Congo est régie par les textes internationaux ainsi que nationaux.

Cette protection s'est cristallisée par l'institution d'une juridiction spécialisée pour enfants dénommée « Tribunal pour enfants».

Celui-ci a organisé, en son sein, une procédure spéciale en ce qui concerne les enfants en conflit avec la loi.

Outre, la procédure prévue au tribunal pour enfants, une procédure extrajudiciaire a été même organisée pour éviter à l'enfant les inconvénients de la procédure judiciaire.

Mais, il est curieux de remarquer que malgré cette dense législation en matière de protection judiciaire de l'enfant, la pratique démontre souvent une autre face des réalités. En effet, l'enfant subit souvent des sévices comme un être qui n'est pas protégé par les textes juridiques. Dans le même ordre d'idée, la juridiction spécialisée créée par le législateur, pour juger les enfants, n'est pas totalement installée dans l'ensemble du pays.

Il en découle, à notre avis, la violation même de la *ratio legis* de cette loi. Car, dans plusieurs ressorts juridictionnels, nous constatons que l'enfant continue à être traîné devant le juge ordinaire dont la transition, selon la loi, a déjà pris fin.

Nous pouvons donc affirmer que la protection judiciaire de l'enfant telle qu'entreprise par le législateur congolais, n'est pas un mythe à ce jour. Elle est une réalité qui souffre encore de beaucoup d'insuffisances qu'il sied de corriger en réajustant certains points qui sont encore inachevés.

Au niveau de la procédure pré-juridictionnelle, l'enfant relève encore de la juridiction des magistrats et officiers de police judiciaire. Mais la crainte à ce niveau, est celle de voir le Parquet et la police judiciaire appliquer à l'enfant la procédure ordinaire, qu'il s'agisse de l'interrogatoire, des mesures à prendre ou de la détention, voire de l'enquête.

De ce qui précède, nous préconisons la création, au sein de la Cour de cassation, de la chambre spécialisée pour enfants afin de s'occuper de cassation de ceux des jugements rendus par le juge pour enfant qui violent la loi ou la coutume. Au niveau de parquet et de la police judiciaires, nous suggérons la création d'un corps des magistrats et officiers de police judiciaire spécialisés et régis par des dispositions particulières pour s'occuper des enfants en conflits avec la loi.

Bibliographie

I. Textes légaux

- Constitution de la République démocratique du Congo telle que modifiée par la Loi n°11/002 du 20 janvier 2011 portant révision de certains articles de la Constitution de la République Démocratique du Congo du 18 février 2006, in *J.O.R.D.C*, 52ème année, numéro spécial, 5 février 2011.
- Loi n⁰ 87/10 du 1er aout 1987 portant code de la famille, in *J.O.R.Z,* 28ème année, numéro spécial, aout 1987.
- Décret du 07 mars 1960 portant code de procédure civile, in *M.C.,* 1960.
- Loi organique n°13/011-B du 11 avril 2013 portant organisation, fonctionnement et compétence des juridictions de l'ordre judiciaire.
- Arrête d'organisation judiciaire n°299/79 du 20108/1979 portant règlement intérieur des cours, tribunaux et parquets.
- Déclaration universelle des droits de l'homme et du 10 décembre 1948.
- Décret du 6 décembre 1950 sur l'enfance délinquante.
- Convention des nations unies relative aux droits de l'enfant, ratifiée par l'ordonnance-loi n°90/ 48 du 22 août 1990.
- Charte africaine des droits et du bien-être de l'enfant (1990) ratifiée par le décret- loi n° 008 /001 du 28 mars 2001.
- Charte africaine des droits de 1'homme et des peuples du 26 juin 1981.
- Décret du 30 janvier 1940, portant code pénal tel que modifié à ce jour, in *J.O.RDC*, n° spécial du 5 octobre 2006.
- Décret du 6 décembre 1950 portant code de procédure pénale
- Loi n° 09/001 du 10 janvier 2009 portant protection de l'enfant, *J.O.RDC*, n° spéciale 50ème année, 25 mai 2009.
- Arrêté ministériel n°063/CAB.MIN.AFF.SAH.SN/ 2012 du 12 septembre 2012 portant création, organisation et fonctionnement du corps des assistants sociaux en République démocratique du Congo.
- Règles minima des Nations Unies concernant l'administration de la justice pour mineurs adoptées par l'assemblée des Nations Unies dans sa résolution n°40/33 du 29 novembre 1985.
- Règles minima des Nations Unies concernant l'élaboration de mesures non privatives de liberté adoptées par l'assemblée des Nations Unies dans sa résolution n°45/110 du 14 décembre 1990.

II. Doctrine

1. Baranger Thierry et Nicolau Gildan, *L'enfant et son juge, La justice des mineurs au quotidien,* Paris, Hachette, 2008.
2. Bastard Benoit et Mouhanna Christian, *L'avenir du juge des enfants, éduquer ou punir ?,* Trajets Erès, Toulouse, 2015.

3. Bastard Benoît, Mouhanna Christian, *L'avenir du juge des enfants, éduquer ou punir ?,* Eres, coll. Trajets, Toulouse, 2010.
4. Baudouin Jean-Marie, *Le juge des enfants, punir ou protéger,* ESF éditeur, Paris, 1990.
5. Beauvallet Olivier, Lazare Sun Yung (Dir), *Justice des mineurs*, Sofiac, 2012.
6. Belloir-Caux Brigitte, *La justice en clair,* ellipses, Paris, 2008.
7. Benech'- le Roux Patricia, *A quoi sert l'avocat du mineur délinquant ?,* Ministère de la justice, CESDIP, juin 2004.
8. Bigot Jean, *Des enfants sans voix ni lois, un juge des enfants parle*, Pygmalion, 2000.
9. Bonfils Philippe, Gouttenoire Adeline, *Droit des mineurs*, Dalloz, 2008.
10. Cario Robert, *Jeunes délinquants, à la recherche de la socialisation perdue*, L'Harmattan, 2000.
11. Castro Josefin A, *La justice pénale des mineurs, la criminalisation des mineurs et le jeu de sanction,* Genève Ed. Médecine et Hygiène, 2009.
12. Chaillou Philippe, *Le juge et l'enfant*, Privat, 2003.
13. Chazal Jean, *L'enfance délinquante*, PUF, coll. « Que sais-je ? », 1953.
14. Donnedieu de Vabres Henri, Marc Ancel (Dir.), *L'enfant devant la Loi et la justice pénale,* Sirey, 1947.
15. Garapo Antoine, *La justice des mineurs, évolution d'un modèle,* Bruxelles, Ed. Bruylant, L.G.D.J., 1993.
16. Garapon Antoine, Denis Salas (Dir.), *La justice des mineurs, évolution d'un modèle,* Bruylant, LGDJ, 1995.
17. Gebler Laurent, Guitz Ivan, *Le traitement judiciaire de la délinquance des mineurs,* éd. ASH, 2004.
18. Guinchard Serge, Montagnier Gabriel, Varinard André et Dehard Thierry, *Institutions juridictionnelles*, 11ème édition, Dalloz, Paris, 2011.
19. Huyette Michel et Desloges Philippe, *Guide de la protection de l'enfant,* 4ème édition, Dunod, Paris, 2009.
20. Huyette Michel, *Guide de la protection judiciaire de l'enfant*, Dunod, 2009.
21. Idzumbuir Assop, *La loi portant protection de l'enfant en RD Congo, Analyse critique et perspectives*, Cedesurk, Kinshasa, 2013.
22. Ivorel Jean Jacques, *La protection de l'enfance. Ecrits protégés, écrits ignorés. Les dossiers individuels de mineurs et de jeunes majeurs sous-mains de justice*, La documentation française, Paris, 2010
23. Jerez Christophe, *Le juge des enfants, entre assistance, répression et rééducation,* Sofiac, 2001.
24. Joxe Pierre, *Pas de quartier, délinquance juvénile et justice des mineurs,* Fayard, 2012.
25. Kabasele Kabasele, *cours d'administration de la preuve*, manuel d'enseignement à l'usage des étudiants de troisième graduat, CRDS, Kinshasa, 2012.

26. Katuala Kaba Kashala, *La preuve en droit congolais*, Batena Ntambua, Kinshasa, 1998.
27. Luzolo Bambi Lessa, *Traité de droit judiciaire*, PUC, Centre de recherche sur la justice transitionnelle, Kinshasa, 2018.
28. Masilya Lumesa Godefroid, *La protection de l'enfant et la problématique des relations sexuelles entre mineurs*, Okapi Congo, Kinshasa.
29. Matadi Nenga Gamanda, *La question du pouvoir judiciaire en République démocratique du Congo*, Droit et idées nouvelles, Kinshasa, 2001.
30. Mauger Gérard, *La sociologie de la délinquance juvénile*, La découverte, coll. « Repères », 2009.
31. Milburn Philip, *Quelle justice pour les mineurs ? Entre enfance menacée et adolescence menaçante*, Erès, 2009.
32. Mukadi Bonyi et Katuala Kaba Kashala, *Procédure civile,* Batena Ntambua, Kinshasa, 1999.
33. Mukadi Bonyi JR, *La responsabilité des magistrats, étude comparative des droits congolais et français*, CRDS, Bruxelles, 2010.
34. Mukadi Bonyi, Kabasele Kabasele, Manatshitu Bile Mputu, Mukadi Bonyi Junior et Ntumba Kabeya, *Cinquante ans de législation post colonial au Congo-Zaïre, quel bilan ?,* CRDS, Bruxelles, 2010.
35. Mulumba Nkelenda, *De la médiation en matière de justice pour mineurs,* document produit pour la formation des juges pour enfants, UNICEF, 2012.
36. Mwanza Katuala Tony, *Code Congolais annoté de la protection de l'enfant,* Batena Ntambua, Kinshasa, 2010.
37. Natalie Fricero, *L'essentiel des Institutions judicaires,* 7ème édition, lextenso, Paris, 2014-2015.
38. Nerac-Croisier (N) et Castaignede (J.), *La protection judiciaire du mineur en danger,* Paris, Harmattan, 2000.
39. Ngoie Mutunda wa Kyulu, Kalusemesoko Kuzoma et Fundu Yalala ne Mpundi, *Guide pratique du greffier en République démocratique du Congo,* volume1, CEDI, Kinshasa, 2011.
40. Pedron Pierre, *Droit et pratiques éducatives de la protection judiciaire de la jeunesse,* Gualino éditeur, 2012.
41. Renucci Jean-François, Courtin Christiane, *Le droit pénal des mineurs,* PUF, coll. Que sais-je ?, 2001.
42. Renucci Jean-François, *Enfance délinquante et enfance en danger*, CNRS, Lyon, 1990.
43. Robert Philippe, *Traité de droit des mineurs*, Cujas, 1969.
44. Sultan Catherine, *Je ne parlerai qu'à ma juge, voyage au cœur de la justice des enfants,* éd. Seuil, 2013.
45. Truche Pierre, J*uger, être juger, le magistrat face aux autres et à lui-même,* Fayard, Paris, 2001.

46. Tulkens Françoise et Moreau Thierry, *Droit de la jeunesse, Aide, Assistance et Protection* .Bruxelles, Larcier, 2000.
47. Van Keirsbilck Benoit, *Normes internationales sur la justice pour mineurs,* Kinshasa, octobre 2014.
48. Walgrave Lode, *Délinquance systématisée des jeunes et vulnérabilité sociétale,* Klincksieck, 1992.
49. Weil (A.), *Droit Civil : Les personnes, La Famille, Les Incapables*, 4ème édition, Dalloz, Paris, 1978.
50. Yabili Marcel, *Les juridictions judiciaires, organisation-fonctionnement-compétences en RDC*, Médiaspaul, Kinshasa, 2013.
51. Youf Dominique, Juger et éduquer les mineurs délinquants, Dunod, 2009.

III. Jurisprudence

1. TPE/Mbandaka, RECL 043 du 13 février 2012, Igole Wangi vs Ikelemba, inédit.
2. TPE/Mbandaka, RECL 030 du 03 novembre 2011, Kabwe Isa vs Kashindi, inédit.
3. TPE/Matete, RECL 1041/I, du 28/07/2015, Luki Movele Naomie vs Kampasa Suedi, injures publiques, inédit.
4. TPE/Matete, RECL 1088/III, du 04/08/2015, Momi Mboyo Esther vs Efoloko Bongwalanga, vol simple, inédit.
5. TPE/Matete, RECL 869/V, du 08/04/2015, Makunza Jean louis vs L'état Congolais, chambre à fumer, inédit.
6. TPE/Matete, RECL 680, du 19/01/2015, Matondo Lukalu Exaucé et Consort vs Kibai Diaka Junior, coups et blessures volontaires et Association des malfaiteurs, inédit.
7. TPE/Matete, RECL 766/III, du 19/05/2015, Didaki Kazayi Chadrack vs Ngamukole Mietina, viol, inédit.
8. TPE/Matete, RECL 770/V, du 04/03/2015, Mungu Ndasi vs Mulumba Kabitanshi Patrick, vol simple, inédit.
9. TPE/Kalamu, RECL 1619/I du 28/11/2016, Nzita Ntinu Chadrack C/Mayamba Kange Esther, viol, inédit.
10. TPE/Ngaliema, RECL 2116 du 08/2017, Kimpembe Kamalanda C/Dembo Ngongo Elysée, Viol d'enfant, inédit.

Partie 5 :
La transmission des obligations

Réflexion sur la succession aux actions en justice en droit congolais et en droit comparé

- ***Eddy Mwanzo idin' Aminye***
Docteur en droit de l'Université Catholique de Louvain
Professeur à l'Université de Kinshasa et dans plusieurs universités du pays
Secrétaire Général Académique de l'Institut Supérieur de Développement Rural de Mbandaka

- ***Eric Katusele Bayongi***
Chef de travaux à l'Université de Goma
Détenteur d'un Master 2 en droit des droits de l'homme de l'Université Catholique de Louvain
Doctorant en droit à l'Université de Kinshasa

Introduction

D'après la formulation des articles 755 et 756 de la loi n° 87-010 du 1er Août 1987portant Code de la famille[1], la mort d'une personne déclenche l'ouverture de la succession qui, par conséquent, fait passer les droits et obligations de la personne décédée aux héritiers et légataires conformément au Code de la Famille. Mais la question intéressante ici est celle de savoir « si tous les droits et toutes les obligations » passent réellement aux héritiers et légataires. Déjà l'article 756 CF *in fine* donne une réponse à savoir que les droits qui s'éteignent avec le décès de la personne ne passent pas aux héritiers. Encore faut-il donner des clarifications.

[1] Art. 755 du Code de la famille (CF) : Lorsqu'une personne vient à décéder, la succession de cette personne appelée *« de cujus »* est ouverte au lieu où elle avait, lors de son décès, son domicile ou sa principale résidence.
Art. 756 CF : Les droits et obligations du *de cujus* constituant l'hérédité passent à ses héritiers et légataires conformément aux dispositions du présent titre, hormis le cas où ils sont éteints par le décès du *de cujus*.

La deuxième question, non moins importante, et qui doit être analysée est celle des accessoires des droits et obligations. Les termes « droits et obligations » mentionnés par le législateur sont clairs et évoquent sans doute une idée des éléments actifs ainsi que des éléments passifs du patrimoine d'une personne. En effet des droits sont des prérogatives détenues par le *de cujus* de son vivant vis-à-vis d'autres personnes alors que les obligations peuvent être envisagées comme étant des éléments que d'autres personnes pouvaient lui exiger. Ceci nous permet donc de revenir à la question posée précédemment, quel est alors le sort des accessoires de ces droits et de ces obligations ? Les accessoires auxquels nous faisons allusions ne sont autres que les actions en justice. Qu'en sera-t-il si le *de cujus* avait intenté une action en recouvrement d'un droit et meurt avant son achèvement ? Ou quel sera le sort d'une action intentée contre le *de cujus* de son vivant mais qui ne s'est pas achevée avant son décès ? La loi déclare que les droits et obligations passent aux héritiers et si l'on devait faire application de l'adage d'après lequel l'accessoire suit le sort du principal, il est claire que les actions y relatives passeraient également. Mais serait-ce automatique ?

Les réponses à ces questions seront présentées simplement (I & II) et confrontées par la suite au droit comparé (III) et à l'expérience des mécanismes de protection des droits de l'homme (IV) plus ou moins avancée sur la question avant de tirer une conclusion (V).

I. Les droits et obligations qui passent aux heritiers

Le principe est énoncé par le Code de la famille : les droits et obligations de la personne décédée passent aux héritiers et légataires « sauf ceux qui s'éteignent par le décès ». Nous pouvons maintenant chercher quelques exceptions possibles qui constituent des obstacles au passage d'un droit ou d'une obligation dans le patrimoine de l'héritier. Le premier que nous pouvons énoncer est celui concernant les droits attachés à la personne. Les droits de la personnalité, du reste non évaluables en argent et ne faisant pas partie de son patrimoine, ne passent pas « logiquement » aux héritiers. Cela, sous réserves des conséquences patrimoniales que ces droits peuvent avoir engendrées du vivant du *de cujus*.

Le deuxième obstacle est celui des droits et obligations faisant partie du patrimoine mais qui sont nés *intuitu personnae*. Cette catégorie des droits peut être considérée comme ne passant pas aux héritiers puisqu'avec le décès de l'individu, ils s'éteignent aussi. Ici, l'on fera encore la réserve quant aux conséquences pécuniaires que de tels droits ou obligations peuvent avoir engendrées. C'est le cas des contrats passés *intuitu personnae*. Si un tel contrat s'éteint avec le décès, il est moins sûr que les dettes nées de ce contrat s'éteignent également.

Le troisième obstacle peut être recherché dans les déchéances légales ou judiciaires. Si un droit ou une obligation est éteinte par la loi ou le juge, il est logique qu'il ne fasse plus partie du patrimoine et ne peut donc passer aux héritiers. Nous pouvons citer le cas d'une licence d'exploitation expirée.

Le quatrième obstacle est lié au droit de l'héritier à renoncer à l'hérédité ou au refus du légataire de donner effet à un legs. Techniquement, si un héritier renonce à son droit d'hériter,[2] ce droit ou cette obligation ne passera pas dans le patrimoine de cet héritier, mais peut passer dans celui d'un autre. Il en est de même du légataire qui refuse d'accepter un legs. Cet obstacle n'éteint pas le droit ou l'obligation mais pourrait conduire, dans des cas vraiment extrêmes, à déclarer une succession en déshérence. A notre avis, il pourrait s'agir d'une exception mineure aux dispositions sus-évoquées. On peut y ajouter l'effet d'un rapport ou d'une réduction. Ces procédées empêchent le passage d'un droit ou plutôt d'une portion de droit dans un patrimoine mais pas de manière définitive puisque la répartition se fait immédiatement entre cohéritiers réservataires de sorte que la portion est partagée et non éteinte ou laissée en suspens. Donc, il ne s'agit pas vraiment d'un obstacle à mettre en parallèle avec l'article 756 du Code de la famille.

II. La question des actions en justice

Si un droit ou une obligation (attachée à la personne ou faisant partie de son patrimoine) est objet de réclamation, il y a lieu de se demander dans quelle mesure l'action en justice passera aux héritiers. Cette question est liée aux règles de procédure.

1. L'on sait qu'en procédure civile, le décès d'une partie ralentit le cours normal du procès, au moins jusqu'à la désignation d'un liquidateur[3] et, le cas échéant, l'identification des héritiers. Ici, il faut faire la part des choses entre le moment de la naissance de l'intérêt à agir et celui de la saisine du juge. Le décès qui survient avant la saisine du juge ne posera pas de problème particulier dans la mesure où les héritiers intéressés agiront en cette qualité pour réclamer les droits du *de cujus* (si ce dernier est demandeur). Au vu du fait que la succession est dépourvue de la personnalité juridique, les héritiers du demandeur doivent individuellement introduire une assignation (dans le langage du palais, le terme « succession » pourrait être utilisé surtout lorsque la liste est longue sans toutefois bénéficier d'un quelconque statut). De même, s'il s'agit des héritiers du défendeur, ceux-ci seront également poursuivis individuellement puisque par principe, la dette est divisible *mortis*

[2] Conformément à l'article 800 CF.

[3] Aux termes de l'article 797 CF, le liquidateur a pour fonctions notamment de : *b)* administrer la succession ; *c)* payer les dettes de la succession qui sont exigibles.

causa conformément à l'article 118 du Code des obligations[4] sauf dans les cas indiqués à l'article 119 du même Code.

Lorsqu'une partie décède en cours d'instance, dans la pratique, les parties mettent la cause au Rôle Général en attendant l'issu de la procédure de nomination d'un liquidateur[5] ou en attendant l'identification des héritiers[6]. Si c'est le demandeur qui décède, ses héritiers ou le liquidateur de la succession pourra « reprendre l'instance ». La loi organique n°13/010 du 19 février 2013 relative à la procédure devant la Cour de cassation organise la procédure de reprise d'instance. En effet, en cas de décès d'une partie en cours d'instance, toutes communications et notifications des actes sont faites valablement aux ayants droit, collectivement et sans autre désignation de qualité au domicile élu ou au dernier domicile du défunt[7]. En cas de décès, la Cour peut demander en outre au Procureur général de recueillir des renseignements sur l'identité ou la qualité des parties à l'égard desquelles la reprise d'instance peut avoir lieu[8]. Ce ne sont pas les parties qui s'en chargeront mais plutôt le Procureur général. La loi n'en fait pas une obligation, la Cour peut ou ne pas charger.

La loi organique portant procédure devant la Cour de cassation distingue entre la reprise d'instance volontaire et la reprise d'instance forcée. La reprise d'instance volontaire se fait dans le *délai préfix de six mois* à la suite du décès ou de la perte de qualité ou de capacité d'une partie, par dépôt au greffe d'un mémoire justifiant les qualités de la personne qui reprend l'instance. Le défaut de reprise d'instance du demandeur par les héritiers vaut désistement.[9] Toutefois, il y a lieu de rappeler l'article 13(4) de la même loi qui dispose qu'en cas de décès d'une partie en cours de délai préfix, celui-ci est prorogé de deux mois. Les ayants droit qui ont volontairement repris l'instance dans les délais fixés par la loi peuvent forcer les autres ayants droit à intervenir. Cette reprise d'instance forcée est faite en la forme d'une requête reprenant les mentions de la requête introductive d'instance et indiquant l'état de la procédure en cours[10]. La reprise

---

[4] V. Décret du 30 juillet 1888 portant sur les contrats ou obligations conventionnelles (*B.O.*, 1888, p. 109).

[5] D'après l'article 13(4) de la loi organique n°13/010 du 19 février 2013 relative à la procédure devant la Cour de cassation : En cas de décès d'une partie en cours de délai préfix, celui-ci est prorogé de deux mois.

[6] Il faut faire toutefois attention, puisqu'à la Cour Suprême de Justice les parties doivent tenir compte d'un délai de forclusion. En effet, la forclusion était prévue par application de l'article 20 de l'ordonnance-loi n°82-017 du 31 mars 1982 relative à la procédure devant la Cour Suprême de Justice. Cette dispose est reprise telle quelle par l'actuelle loi organique n°13/010 du 19 février 2013 relative à la procédure devant la Cour de cassation *(Journal officiel de la RDC, n° spécial, 20 février 2013).*

[7] Art. 19 de la loi organique portant procédure devant la Cour de cassation.

[8] Art. 19 de la loi organique portant procédure devant la Cour de cassation.

[9] Art. 20 de la loi organique portant procédure devant la Cour de cassation.

[10] Art. 21 de la loi organique portant procédure devant la Cour de cassation.

d'instance volontaire ou l'acquiescement à la reprise d'instance forcée n'emporte pas acceptation d'hérédité[11]. Ceci semble répondre aux premières exigences de l'article 802 du Code de la famille qui veut à ce que l'acceptation soit expresse. Cependant, l'article 802 du Code de la famille admet une acceptation ou une renonciation tacite quand il prévoit que l'acceptation est tacite lorsque l'héritier accomplit un acte qui manifeste de façon non équivoque son intention d'accepter ou lorsque, après le délai pour renoncer, l'héritier ne l'a pas fait. Et à ce titre, nous pouvons toujours interpréter une reprise d'instance comme étant une acceptation lorsque le délai de trois mois[12] est dépassé !

La procédure sus-évoquée est clairement prévue pour ce qui est de la procédure devant la Cour de la cassation. Mais qu'en est-il devant les juridictions inférieures ? Dans la pratique, comme dit ci-haut, les parties mettent l'affaire au Rôle général en attendant de répertorier les héritiers ou le liquidateur. C'est après cela qu'un exploit d'avenir peut être signifié aux héritiers identifiés ou au liquidateur de la succession en vue de les remettre à l'instance. Cela apparaît comme une forme de reprise d'instance forcée. Tout comme, si c'est le demandeur qui est décédé, il peut procéder à une reprise d'instance volontaire. Il apparait tout à fait conforme au principe du contradictoire et à celui de la loyauté des débats judiciaires que l'acte de désignation du liquidateur (Procès-verbal de conseil de famille homologué ou pas d'après les circonstances déterminées aux articles 795 CF et ss.) soit mentionné dans l'exploit « d'Avenir » ou tout au moins soit communiqué. Dans le cas d'un héritier qui « reprend l'instance », il est censé signifier ou notifier la « reprise d'instance » à la partie adverse. Il y a lieu de faire observer qu'en cas de décès du défendeur, l'affaire devra être ralentie dans les mêmes formes. Mais, mise au Rôle Général, les héritiers du défendeur n'ont pas généralement intérêt à revenir dans une instance (sauf pour certaines raisons telle que sauvegarder le droit du *de cujus*, faire valoir une compensation ou tout autre cause d'extinction[13] de l'obligation pour laquelle le *de cujus* était poursuivi et pourquoi pas pour défendre son honneur). Il appartiendra au demandeur d'être diligent en assignant en reprise d'instance les héritiers du défendeur. A notre avis, il n'y a pas d'intérêt d'ouvrir une autre action mais plutôt le faire en même temps que l'Avenir simple ou avec sommation censé tirer l'affaire du Rôle Général.

---

[11] Art. 22 de la loi organique portant procédure devant la Cour de cassation.

[12] En effet, aux termes de l'article 801 du Code de la famille, la faculté d'accepter ou de renoncer à une succession est strictement personnelle. L'héritier a, pour renoncer à la succession, un délai de trois mois à partir du jour où le liquidateur lui a signalé sa vocation successorale ou même à partir du moment où il s'est manifesté personnellement en qualité d'héritier.

[13] Sur les causes d'extinction des obligations, v. art. 132 du Code des obligations.

2. S'agissant des questions de procédure pénale, le principe est tel que le décès de l'inculpé ou du prévenu éteint l'action publique et celle du condamné éteint l'exécution de la peine. L'élément important concerne les intérêts civils tant il est vrai que l'action civile peut être exercée au même moment que l'action publique. L'action civile passe-t-elle aux héritiers du prévenu ? Il y a lieu ici également de faire la part des choses entre le décès de la victime et celle du prévenu. Si c'est la victime qui décède, son action passe théoriquement à ses héritiers. Mais, une importante remarque doit être faite quant au moment du décès. La victime qui décède après la saisine du juge lègue à ses héritiers *son* action puisque ceux-ci peuvent reprendre l'instance laissée par le *de cujus* contre le prévenu. Par contre, si la victime est décédée avant la saisine du juge, il est généralement admis que *ses* héritiers ne peuvent pas introduire l'action du *de cujus* mais plutôt leur *propre* action en tant que victime par ricochet.[14]

Cette position peut être, à notre avis, nuancée. En effet, s'il s'agit de la conséquence patrimoniale dégagée par l'atteinte à un droit subjectif extrapatrimonial, l'assertion précédente est valable. Puisque le droit extrapatrimonial étant attaché à la personne s'étant éteint avec son décès, l'action non intentée par le concerné ne peut passer aux héritiers puisque éteinte aussi par voie de conséquence étant l'accessoire du droit subjectif. A titre illustratif, en cas d'atteinte à l'intégrité physique, nous estimons que seule la victime peut réclamer en justice la réparation pour violation d'un tel droit.[15] Mais, s'il s'agissait d'une atteinte à un droit patrimonial (exemple en cas de vol), il nous semble équitable que même si la victime décédait sans avoir introduit une action en justice, les héritiers peuvent introduire l'action puisqu'il s'agira d'une reconstitution du patrimoine du *de cujus* et, de surcroit, un tel droit n'étant pas attaché à la personne, il ne peut s'éteindre par le décès.

Lorsque le prévenu décède – cas simple au départ – l'action publique s'éteint.[16] Le juge saisi et qui se déclare compétent à statuer sur l'action publique constatera son extinction mais reste compétent à statuer sur l'action

[14] Dans tous ces cas, le prévenu doit être informé de la présence d'autres personnes au procès par voie de constitution d'une partie civile dans le cas de victime par ricochet. Mais en cas de décès de la partie civile déjà constituée, il nous semble qu'une notification suffira (?)

[15] Et si l'on peut s'inspirer de la philosophie se cachant derrière l'article 533 CF, à titre purement illustratif, puisque le législateur est appelé à rester logique, l'on constate que même dans un régime de communauté universelle et d'après cette disposition, « *Resteront cependant propres aux époux*, (…), *les indemnités compensatoires d'un préjudice physique ou moral*, les rentes alimentaires, pension de retraite et d'invalidité ». Toutefois, l'on verra *infra* que la jurisprudence française a avancé largement sur la question.

[16] CSJ, Arrêt R.P.A. 44, *En cause Le Ministère public contre Muteba,* 25 Juillet 1979, *Bull. 1984*, p. 84 cité par Prudent Namwisi Kasemvula, *Recueil pratique de jurisprudence de la Cour Suprême de Justice de 1970 à 2010*, Collection-NAK 2, Kinshasa, sd., p. 166, n°1027, V° Décès.

civile. Donc l'action publique s'éteint mais l'action civile demeure.[17] Ceci voudrait dire que les conséquences patrimoniales de l'infraction passent aux héritiers du prévenu puisqu'ils sont tenus au passif. Cela est théorique puisqu'en pratique l'on ne verra pas ceux-là répondre à une invitation à reprise d'instance si facilement[18]. Par ailleurs, le juge ne peut condamner aux dommages-intérêts un mort lorsque ses héritiers n'ont pu être identifiés. Toute autre est la question des héritiers identifiés, cités régulièrement mais qui ne comparaissent pas. Il semble que la victime sera bloquée. Peut-elle introduire une action devant les juridictions civiles ? Cette solution est recommandée en pratique mais elle suppose l'identification des héritiers du prévenu.

Une question qui pourrait être posée est celle de l'efficacité de la fin de non-recevoir *electa una via*[19] ou encore du « criminel tient le civil en état ». Puisque la première action ayant seulement été éteinte sur les aspects de l'action publique, l'on ne sait dire avec raison que la cause pénale est toujours pendante pour entraîner la surséance d'une nouvelle action civile ou encore si elle est clôturée dans le sens d'avoir vidé le fond pour qu'on oppose efficacement à la victime la fin de non-recevoir *electa una via*. Bref, le décès du prévenu en cours d'instance pose le problème du passage de l'action contre ce dernier sur la tête de ses héritiers.

3. La question de la saisine du juge joue aussi un rôle intéressant. Si c'est plutôt l'inculpé qui décède, la victime peut se pourvoir devant le juge civil en tirant profit des éléments de l'enquête pré-juridictionnelle. A ce propos, Antoinne Rubbens écrit que lorsque l'action publique est éteinte, notamment par le décès de l'inculpé, l'action civile n'est plus recevable.[20] Si le prévenu décède alors avant que le fond ne soit abordé, quelle sera la situation de l'action civile ? Nous pensons que les solutions *supra* s'appliquent dès lors que le juge ne se déclare pas non saisi ou incompétent sur l'action publique pour tout autre motif que le seul décès.

---

[17] 1ère Inst. Stan. 5.7.1949, RJ, 1950, p.183 ; Léo. 7.12.1950, RJ, p.63 ; 1ère Inst. Kasaï, 3.6.1953, RJ, p.305 ; Elis. 99.1.1954 (sic), RJ, p.85 cités par Rubbens, A., *Le droit judiciaire congolais, Tome I*, n°228, p.262 (V. Katuala Kaba Kashala, *Code judiciaire Zaïrois annoté*, Edition Asyst s.p.r.l., Kinshasa, 1995 ; Sub article 108 de l'OL n°82-020 du 31 mars 1982 portant Code de l'organisation et de la compétence judiciaires dont le contenu n'a pas changé conformément à l'article 108 de la Loi organique n° 13/011-B du 11 avril 2013 portant organisation, fonctionnement et compétences des juridictions de l'ordre judiciaire et donc toujours applicables).

[18] Le cas illustré par le dossier inscrit sous RP 23913, Ministère Public et Partie civile contre Kakule Lutundo Faustin qui continue à être appelé devant le TGI/Goma alors que le prévenu est décédé (Audience publique du 14 mars 2016).

[19] Sur le principe général de droit *Electa una via, non datur recursus ad alteram*, lire avec intérêt Kavundja Maneno, T., *Droit judiciaire congolais. Tome II. Procédure pénale*, Cours dispensé en deuxième année de Graduat, Université de Goma, 2015-2016, pp. 386-389.

[20] Antoinne Rubbens, *Le droit judiciaire congolais, Tome III, L'instruction criminelle et la procédure pénale*, Presses Universitaires du Zaïre, Kinshasa, 1978, p. 109, n°109, 123.

III. Solutions en droit compare[21]

Il s'agira, dans les lignes qui suivent, de démontrer dans quelles proportions, le droit étranger est avance par rapport au droit congolais. Trois pays ont été choisis, il s'agit de la Belgique (1), de la France (2) et du Rwanda (3).

1. En droit belge

a) Les conséquences du décès de la personne physique sur la poursuite de l'action publique

Le décès de la personne physique, inculpée ou prévenue, éteint l'action publique, que celle-ci ait ou non été intentée. Il s'agit d'une conséquence du principe de la personnalité des peines qui interdit de poursuivre un délinquant décédé ou d'intenter un procès pénal à ses héritiers. Si le décès de l'inculpé ou du prévenu devait survenir après l'exercice d'une voie de recours, la solution n'en serait pas moins identique.

Le décès emporte également certaines conséquences au niveau de l'exécution de la peine puisque l'article 86 du Code pénal (Belge) dispose que les peines prononcées par des arrêts et des jugements devenus irrévocables s'éteignent par la mort du condamné. Précisons toutefois que cette extinction ne s'étend pas à la confiscation prononcée par une décision coulée en force de chose jugée. En revanche, si la confiscation prononcée à titre de peine s'attache à une décision qui, au moment du décès du condamné, n'est pas définitive, l'exécution en devient impossible.

Quel sort faut-il, enfin, réserver au jugement rendu dans l'ignorance du décès du prévenu ? D'aucuns soutiennent que, dans cette hypothèse, la décision doit être rapportée par le tribunal qui l'a prononcée sur la demande des héritiers ou du ministère public. D'autres avancent que la solution doit être recherchée dans l'article 441 du Code d'instruction criminelle (belge) qui donne pouvoir au ministre de la Justice de donner ordre au procureur général près la Cour de cassation de dénoncer à cette juridiction un acte ou une décision judiciaire contraire à la loi. Cette seconde solution, qui peut s'appuyer sur un texte, a notre préférence.

b) Les conséquences du décès sur l'action civile

L'article 20, alinéa 3 du Titre préliminaire du Code de procédure pénale (en Belgique) dispose que l'action civile peut être exercée contre l'inculpé et contre ses ayants droit. Étant transmissible activement comme passivement, l'action civile peut être diligentée contre les héritiers du prévenu défunt.

---

[21] Essentiellement tiré de Michiels Olivier, « Culpabilité post-mortem et réparation civile au pénal : un mariage impossible ? », in *Revue de la Faculté de droit de l'Université de Liège* – 2013/2.

Le juge compétent pour connaître des réclamations des préjudiciés varie selon que le décès est survenu avant ou après la saisine du juge pénal. Partant, si le décès est intervenu avant que le juge du fond ait été saisi de l'action publique et de l'action civile, seul le juge civil sera compétent pour statuer sur celle-ci. Il s'ensuit que la seule constitution de partie civile entre les mains du juge d'instruction ne suffit pas pour permettre à la juridiction répressive de statuer sur les intérêts civils dès lors que le décès de l'inculpé est intervenu avant l'ordonnance de renvoi. En revanche, si le décès est survenu après que le juge du fond ait été saisi de l'action publique et de l'action civile, celui-ci reste compétent pour statuer sur l'action civile dirigée contre les héritiers.

2. En droit français

a) En matière pénale, le droit français reprend le principe de l'extinction de l'action publique par la mort à l'article 6 du Code de procédure pénale.[22] Et la jurisprudence garde compétentes les juridictions répressives pour ce qui est de l'examen des suites de la demande civile. En appel, la partie civile peut toujours réclamer des dommages et intérêt. Cela est d'autant plus vrai même lorsque le prévenu a été définitivement relaxé par le premier juge.

b) En droit civil, la jurisprudence française a tôt retenu que le droit à réparation est un droit patrimonial, né dans le patrimoine de la victime à la date du fait dommageable et transmis à l'ayant cause universel, héritier ou légataire, qui continue la personne de son auteur.[23] Ainsi est acquis dans ce pays, la transmissibilité à l'héritier du droit de réparation des différents chefs de préjudice matériel, physique ou moral, lorsque le de cujus avait engagé l'action en réparation de son vivant. Ainsi, en matière civile ou pénale, l'héritier était toujours fondé à reprendre l'action engagée par son auteur, décédé en cours d'instance. La condamnation demandée par la victime est prononcée au profit de ses héritiers. En matière civile, il n'était pas contesté que l'héritier pouvait engager l'action en réparation des préjudices matériels subis par son auteur. La jurisprudence s'est fixée par un arrêt du 10 avril 1922 et n'a jamais été démentie.[24]

Après des tergiversations en jurisprudence et en doctrine[25] sur la transmissibilité de l'action en réparation du préjudice moral, la chambre

---

[22] Disponible sur www.legifrance.gouv.fr, consulté le 12 décembre 2015.

[23] Terrier, M., *Rapport sur l'Arrêt n°566*, disponible sur www.courdecassation.fr/jurisprudence_2/assemblée_pleniere_2 , consulté le 14 mars 2016.

[24] Idem.

[25] V. la position de H et L. Mazeaud estimant que les héritiers succèdent en cette qualité au droit à réparation puisque continuateurs de la personne du défunt et écartent l'application de l'article 1166 du Code civil (correspondant à notre article 64 du Code des obligations) qui ne s'applique qu'aux créanciers lorsqu'il n'autorise pas l'exercice des droits et actions qui sont « exclusivement attachés à la personne ». Dans un autre sens Esmein estime que : « Allouer une indemnité en compensation d'une souffrance à quelqu'un qui n'a pas souffert est complètement dénué de sens » (tels que cités par Terrier, M., *loc cit.*).

mixte de la Cour de cassation[26] a décidé, au visa de l'article 1382 du code civil (le correspondant de notre article 258 du Code des obligations), ensemble des articles 2, 3 et 10 du code de procédure pénale et 731 et 732 du code civil. Se fondant sur le principe que toute personne victime d'un dommage, qu'elle qu'en soit la nature, a le droit d'en obtenir réparation de celui qui l'a causé par sa faute, elle a retenu :

- que le droit à réparation du dommage résultant de la souffrance morale éprouvée par la victime avant son décès, étant né dans son patrimoine, se transmet à leurs héritiers ;
- et ajouté, dans la première affaire, qu'était indifférente la circonstance que la victime n'avait introduit aucune action à cette fin avant son décès.

Dans un arrêt du 29 mars 2000,[27] le Conseil d'Etat a dit à son tour que le droit à réparation d'un dommage, quelle que soit sa nature, s'ouvre à la date à laquelle se produit le fait qui en est directement la cause. Si la victime décède avant d'avoir introduit elle-même l'action en réparation, son droit entré dans son patrimoine avant son décès, est transmis à ses héritiers. Et, malgré ces positions jurisprudentielles, le débat persiste en droit français. Philippe Malaurie et Laurent Aynes ont écrit : "Bien que la question paraisse tranchée après un aussi long débat et qu'il soit vain d'escompter un revirement de jurisprudence, la solution n'est pas bonne. D'abord parce qu'elle aboutit parfois à des résultats paradoxaux ; si la victime était morte sur le coup de l'accident, sans avoir repris connaissance, elle n'aurait pas souffert ; les héritiers, à cet égard, ne peuvent demander réparation du préjudice moral que n'a pas éprouvé la victime ; il est singulier que l'auteur du dommage ait intérêt à faire immédiatement périr la victime, sans la faire souffrir. Surtout, d'une manière générale, il est immoral de donner une indemnité en compensation d'une souffrance à quelqu'un qui ne l'a pas subie ; l'argent de l'agonie versé aux héritiers apaiserait-il donc la souffrance morale de l'agonisant ?"[28]

3. En droit rwandais

Le Rwanda est plus proche de nous. Le principe de l'extinction de l'action publique par le décès de l'auteur de l'infraction[29] est affirmé d'après les termes de l'article 4 de la loi n°30/2013 du 24 Mai 2013 portant Code de procédure pénale (du Rwanda).[30] L'action civile est exercée en vue de la réparation du dommage causé par une infraction. Elle vise seulement à

---

[26] V. Arrêt de la Cour de cassation rendu en chambre mixte le 30 avril 1976, B n° 2 et 3 cité par Terrier, M.

[27] Rec. p.147 - Assistance publique-Hôpitaux de Paris.

[28] Terrier, M., *dans le rapport en ligne précité.*

[29] Nous aurions préféré « auteur, même présumé, de l'infraction »

[30] *Official Gazette n° 27 of 08/07/2013*

réclamer les dommages-intérêts.[31] L'action civile peut également être exercée contre les héritiers de l'auteur de l'infraction[32]. Lorsque la juridiction pénale est aussi saisie de l'action civile, elle *peut* continuer à statuer sur l'action civile, nonobstant la prescription de l'action publique, la mort du prévenu ou l'amnistie.[33] Ainsi donc, la loi laisse une marge de manœuvre à la juridiction saisie à la fois de l'action publique et de l'action civile au regard du verbe utilisé (la juridiction pénale « peut »).

Nous pouvons constater, d'abord, qu'en droit comparé, le principe d'extinction de l'action publique par le décès est écrit alors qu'en RDC, il reste un principe général de droit pénal non repris par la loi (sous réserve des modifications du Code de procédure pénale). Ensuite, dans certains textes il est clair que les héritiers peuvent être poursuivis pour la réparation d'un dommage causé par leur auteur bien que l'action publique ait été éteinte. Il se dégage que dans ces droits étrangers, il est clairement admis que les conséquences pécuniaires d'un acte infractionnel peuvent être transmises sur la tête des héritiers. Ceux-ci peuvent se retrouver répondre, au civil, des faits reprochés à leur auteur. La question qui se pose à cet égard est celle de savoir si cette transmissibilité, appliquée de la sorte en RDC, ne risque pas de porter atteinte au principe de présomption d'innocence posé par l'article 17 *in fine* de la Constitution du 18 février 2006 en RDC[34], à l'article 14(2) du Pacte international relatif aux droits civils et politiques et à l'article 7(1)(b) de la Charte Africaine des droits de l'homme et des peuples.

La problématique se pose de la manière suivante, si un juge répressif déclare que l'action publique s'éteint au vu de l'acte de décès du prévenu, le juge répressif ou même civil peut-il se prononcer sur le sort de l'action civile sans revenir sur la culpabilité du prévenu décédé ? Son appréciation des dommages causés par le fait infractionnel ne risque-t-il pas de porter atteinte à la présomption d'innocence ?

La Cour européenne des droits de l'homme a eu à se prononcer sur la question à l'occasion de l'affaire Lagardère contre la France.[35] Nous tenterons de tirer quelques leçons de cet Arrêt en relation avec l'objet de la présente réflexion. Toutefois, avant d'en arriver à l'expérience de la Cour Européenne, il nous paraît judicieux de tirer des éléments de l'activité des mécanismes internationaux de protection des droits de l'homme.

---

[31] Art. 9(2) du Code de procédure pénale Rwandais.

[32] Art. 11(2) du Code de procédure pénale Rwandais.

[33] Art. 16(2) du Code de procédure pénale Rwandais.

[34] Toute personne accusée d'une infraction est présumée innocente jusqu'à ce que sa culpabilité ait été établie par un jugement définitif.

[35] V. *CEDH, 5ème sect., 12 avr. 2012, n° 18851/07, Lagardère c/ France* disponible sur www.economie.gouv.fr/files.

IV. La réclamation portant sur une allégation de violation des droits de l'homme et son exercice par les héritiers en droit international des droits de l'homme

L'objectif n'étant pas de faire une étude complète de la transmissibilité des actions portant sur les violations des droits de l'homme mais plutôt de proposer une illustration, les lignes qui suivent parcourent l'activité du Comité des droits de l'homme, au niveau universel (1), l'activité des mécanismes africains (2) et celle de la Cour Européenne des droits de l'homme (3).

1. Le Comité des droits de l'homme

Le choix porté à cet organe chargé du suivi du Pacte sur les droits civils et politiques est justifié par le fait qu'il est considéré comme l'organe premier de protection des droits de l'homme de l'Organisation des Nations Unies étant donné son expérience, sa productivité, la qualité de son travail en plus du fait qu'il reçoit le plus grand nombre de communications comparativement aux autres organes des traités.[36] Pour avoir une idée claire sur la question, il nous convient d'indiquer la personne ayant qualité pour introduire une plainte devant le Comité des droits de l'homme (a) et ensuite, essayer d'analyser la documentation disponible portant sur les décisions dudit Comité (b).

a) Les conditions de recevabilité

La personne qui peut introduire une plainte devant le Comité de droits de l'homme c'est celle qui a souffert directement d'une violation des droits de l'homme. C'est celle-là qui est appelée « victime »[37]. Cependant, il est admis qu'une personne introduise une plainte pour le compte d'une autre personne à condition de démontrer que la victime a donné son consentement. L'exigence du consentement n'est pas nécessaire pour le cas d'une personne qui se trouve en impossibilité de saisir le Comité puisqu'il est, par exemple, en détention. Le Comité des droits de l'homme admet aussi la saisine par une victime « indirecte » actuelle (le cas des membres de famille[38]) ou victime potentielle[39] en prévention d'une violation imminente à venir.

---

[36] Viljoen, F., *International human rights law in Africa*, Oxford University Press, s.l., 2ème éd., 2012, 102.

[37] Article 2 du Protocole facultatif I au Pacte sur les droits civils et politiques.

[38] V. Communications n° R. 1/5, Massera c/Uruguay, A/34/40, p. 138 *également* n° 16/1977, D. Monguya Mbenge c/Zaïre, déc. 25/3/1983, p. 80 citées par SEGIHOBE, JP, *Cours des droits humains*, Université de Goma, Deuxième licence, 2015-2016, p. 98.

[39] V. Communication n° 488/1992, Toonen c/Australie, déc. 31/3/1994, A/49/40, vol II, p. 241

b) Les décisions du Comité des droits de l'homme

Il ressort des décisions du Comité que sa saisine peut être le fait d'un membre de famille au nom et pour le compte d'une personne, même décédée. Et c'est la question particulière qui nous intéresse. Deux décisions, parmi le tas d'autres qui sont disponibles, nous permettent de donner un exemple.

Dans l'affaire Darmon Sultanova[40], le Comité des droits de l'homme se prononce sur la violation des droits de deux individus décédés en décidant que compensation soit donnée à la mère pour les souffrances vécues (préjudice moral) et que lui soit montré le lieu où ses fils étaient enterrés. Dans cette affaire, les deux enfants avaient été condamnés à mort, la mère a introduit sa communication au Comité des droits de l'homme après l'échec des voies de recours internes. Une mesure provisoire avait été décidée par le Comité en vue de la suspension de l'exécution de la peine des morts étant donné son caractère irréversible. L'Etat concerné informera que les deux enfants étaient déjà exécutés. Leur mère considère que l'information a été antidatée à l'époque où la communication n'avait pas été déposée. Le Comité des droits de l'homme constate le décès mais maintient que la mère a qualité pour agir. Et aboutit à la condamnation de l'Etat pour avoir violé les droits des enfants déjà exécutés (l'un avait 29 ans et l'autre 34 ans au moment de l'exécution).

> *The Human Rights Committee, acting under article 5, paragraph 4, of the Optional Protocol to the International Covenant on Civil and Political Rights, is of the view that the facts before it disclose violations of:*
>
> *(a) The rights of Uigun and Oibek Ruzmetov, under articles 6; 7; 9, paragraph 3; 14, paragraphs 1, 2, 3 (b), (d), (e) and (g);*
>
> *(b) The author's rights under articles 7, 9, paragraph 1; and 17.*
>
> *9. In accordance with article 2, paragraph 3 (a), of the Covenant, the State party is under an obligation to provide the author with an effective remedy, including information on the location where her sons are buried, and compensation for the anguish she has suffered. The State party is also under an obligation to prevent similar violations in the future.*

Il apparait que la compensation est accordée pour dommages subis par la mère! L'élément important est que l'action a été dite recevable pour traiter du cas de deux individus décédés alors que l'action que Dame Darmon a introduite pour le compte de son époux a été déclarée irrecevable en l'absence de la preuve du consentement de son mari.

---

[40] Communication n° 915/2000, *Mrs. Darmon Sultanova c/ Uzbekistan* in Ohchr, *Selected decisions of the Human Rights Committee under the Optional Protocol*, Vol. 9, Genève, 2008, pp. 53-58.

Dans l'affaire Manuela Sanlés Sanlés[41], la requérante demande au Comité des droits de l'homme de constater la violation, par l'Espagne, des droits de Monsieur Roman Sampedro relatifs à la vie, à la non-discrimination, au traitement égal devant la loi, à l'opinion, à la vie, etc. pour avoir refusé d'accorder à son docteur le droit de lui administrer, sans poursuites pénales, des substances lui permettant de mourir avec dignité. La requérante a introduit l'action en tant qu'héritière testamentaire de Mr Roman Sampedro. Dans sa décision, le Comité des droits de l'homme note qu'au moment de l'introduction de la communication, Mr Roman Sampedro ne pouvait plus être considéré comme « victime » étant donné qu'il avait décidé de se donner la mort sans attendre la fin de la procédure d'*amparo* engagée devant la Cour Constitutionnelle de son pays[42]. L'un des éléments qui attire l'attention est le fait que la Cour Constitutionnelle Espagnole a refusé de faire droit à la demande de Dame Manuela de « reprendre l'instance » de son auteur. Pour se faire, la requérante demande au Comité des droits de l'homme de constater la violation de son droit à un procès équitable. Le Comité des droits de l'homme répond en ces termes :

> *As to the author's claim that her rights under article 14 of the Covenant were violated by the denial of her right to continue the procedures initiated by Mr. Ramón Sampedro Cameán before the Constitutional Court, the Committee considers that the author not having been a party to the original amparo proceedings before the Constitutional Court, has not sufficiently substantiated for the purposes of admissibility the existing of a violation of article 14, paragraph 1 of the Covenant. Consequently, this part of the communication is inadmissible under article 2 of the Optional Protocol.*[43]

Cette décision est quand même surprenante d'autant plus qu'en droit interne Espagnole il est permis aux héritiers de poursuivre l'instance d'une partie décédée, telle que l'a soutenu Manuela en donnant des références des textes le permettant.[44]

Il résulte de ces deux exemples que la compensation est accordée au requérant plus en tant que « victime indirecte » ayant souffert de la perte d'un être cher et non pas pratiquement de la transmission d'un droit qui aurait appartenu au de cujus résultant de la violation d'un droit de l'homme.

---

[41] Communication n° 1024/2001, *Manuela Sanlés Sanlés c/ Espasgne* in Ohchr, *Selected decisions of the Human Rights Committee under the Optional Protocol*, Vol. 8, Genève, 2007, pp. 35-38

[42] V. Communication susvisée au paragraphe 6.2.

[43] V. Communication susvisée au paragraphe 6.3

[44] Idem, paragraphe 5.4 et 5.5

2. Le système africain de protection des droits de l'homme

Le système africain de protection des droits de l'homme s'est développé au sein de l'Union Africaine au niveau continental et au sein de différentes Communautés économiques régionales existant sur le continent Africain. Dans le cadre de cette étude, nous nous intéressons aux deux grands mécanismes existant au niveau continental, à savoir la Commission Africaine des droits de l'homme et des peuples et la Cour Africaine des droits de l'homme et des peuples.[45]

a) La Commission Africaine des droits de l'homme et des peuples

Il sied déjà de mentionner que la conception de victime, au niveau africain, est plus large que celle vue au niveau Onusien. En effet, la Commission Africaine des droits de l'homme et des peuples (Commission Africaine) admet qu'une communication soit déposée par la victime ou par une autre personne au nom de la victime en allant même au-delà, pour un groupe d'individus au risque d'admettre des actions collectives. Il suffit d'indiquer, dans la communication, l'identité de « l'auteur » même si ce dernier demande à la Commission Africaine de garder l'anonymat.[46] La Commission Africaine a ainsi à plusieurs reprises reçu des communications au nom d'autres personnes mais qu'en est-il des morts ?

Une affaire nous permet de faire illustration. Il s'agit de l'affaire *Noah Kazinganchire et consorts contre le Zimbabwe*[47]. Dans cette affaire, les victimes avaient été tués arbitrairement et les requérants sollicitaient entre autres, le paiement des dommages et intérêts de l'ordre de 40.000.000 USD pour la perte étant donné que pour certaines victimes, les héritiers et membres de famille n'étaient pas en mesure d'obtenir la compensation au niveau interne. La Commission Africaine a estimé que la perte de la vie est inestimable et, après avoir déclaré la communication recevable a décidé, entre autres, que l'Etat responsable paye des dommages et intérêts (sans indiquer le montant) aux héritiers et aux proches de quatre personnes décédées.[48] Dans sa motivation, la Commission Africaine conclue que l'Etat défendeur n'a pas assuré la protection de la vie des personnes décédées des

---

[45] Ce ne sont pas les seuls mécanismes existants puisqu'à côté de la Commission Africaine des droits de l'homme et des peuples existe le Comité Africain des Experts pour les Droits et le Bien-être de l'Enfant. Ces deux forment les mécanismes quasi-juridictionnels. La Cour Africaine des droits de l'homme et des peuples est, quant à elle, en mutation puisque le Protocole portant création d'une Cour Africaine de justice et des droits de l'homme n'a pas encore totalisé le nombre des ratifications (15) requises pour son entrée en vigueur, sans compter son opérationnalisation subséquente. (Pour se rendre compte de l'état de ratification, voir www.un.int).

[46] Art. 55(1) de la Charte Africaine des droits de l'homme et des peuples.

[47] V. Communication n° 295/04 disponible sur www.achpr.org

[48] V. Communication susvisée de la Commission Africaine au paragraphe 145 (b).

suites des excès des actes de police[49]. Cette décision laisse entrevoir que la voie est ouverte aux héritiers de faire constater une violation des droits de l'homme lorsque leur auteur n'a pas pu puisque déjà décédé.

b) La Cour Africaine des droits de l'homme et des peuples

La Cour Africaine des droits de l'homme et des peuples (Cour Africaine) peut être saisie par un individu ou une Organisation non-gouvernementale dans le cas où l'Etat défendeur accusé a fait une déclaration d'acceptation de la compétence de la Cour à cet effet[50]. La Cour Africaine apprécie la recevabilité conformément aux dispositions de l'article 56 de la Charte Africaine des droits de l'homme et des peuples.[51] Etant donné la collaboration existant entre les mécanismes africains des droits de l'homme,[52] nous pouvons affirmer que la conception susmentionnée de la notion de victime est similaire. Cependant, dans une affaire récente, la Cour Africaine a eu à donner de plus amples précisions en ce qui nous concerne.

Dans l'affaire des *Ayants droits de Norbert Zongo et consorts contre le Burkinafaso*,[53] les requérants alléguaient la violation de l'article 1er (obligation d'adopter des mesures législatives ou autres pour assurer l'exercice des droits garantis par la Charte), article 3 (égalité de tous devant la loi et égale protection de la loi), article 4 (droit à la vie), article 7 (droit à ce que sa cause soit entendue par les juridictions nationales compétentes) et article 9 (droit d'exprimer et de diffuser ses opinions) de la Charte Africaine des droits de l'homme et des peuples. En effet, le journaliste d'investigation et directeur de l'hebdomadaire *L'Indépendant* Norbert Zongo et ses compagnons, les sieurs Ablassé Nikiema, Ernest Zongo et Blaise Ilboudo ont été retrouvés calcinés le 13 décembre 1998 dans la voiture qui les transportait à 7 Kilomètres au sud de Sapouyn sur la route en direction de Leo, dans le Sud du Burkina Faso. La Cour Africaine s'est déclarée incompétente *ratione temporis* sur la question de la violation du droit à la vie mais a retenu la violation du droit au procès équitable découlant de l'article 7 de la Charte Africaine.

Les requérants, ayants droits de Norbert Zongo et consorts, sollicitent la réparation pour la peine, la souffrance physique et le traumatisme subis étant donné la longue durée qu'a prise la procédure d'investigation et de poursuites au Burkina Faso (8 ans) et pour les changements que cela a

---

[49] Idem, paragraphe 139.

[50] Art. 5(3) et 34(6) du Protocole à la Charte Africaine des droits de l'homme et des peuples portant création de la Cour Africaine des droits de l'homme et des peuples.

[51] Art. 6(2) du Protocole susvisé.

[52] Voir particulièrement les Règlements intérieurs de la Cour Africaine et de la Commission Africaine.

[53] Requête n° 013/2011, *Ayants droit de feus Norbert Zongo, Ablassé Nikiema, Ernest Zongo et Blaise Ilboudo et le Mouvement Burkinabè des droits de l'homme et des peuples c. Burkinafaso* disponible sur www.african-court.org

entraînés dans leur vie et proposent la répartition du montant sollicité entre les familles des victimes (par exemple 149 millions CFA pour les 43 personnes proches de Norbert Zongo)[54]. L'Etat Burkinabé réfute la qualité d'héritiers présentés au motif qu'ils ne présentent pas les pièces qui la démontrent. En droit interne, il ne suffit pas de présenter les actes de mariage et la preuve du décès (pour les veuves) et les actes de naissance (pour les enfants), il faut en plus de cela un « acte d'état civil » établissant la qualité d'héritier[55]. Pour la Cour Africaine, la notion de « victime » ne se limite pas nécessairement à la première catégorie d'héritiers que sont les enfants du *de cujus* d'après le droit interne. Cette notion s'étend aux autres « proches » du défunt qui peuvent être considérés comme ayant souffert d'un préjudice moral à la suite d'une violation des droits de l'homme[56]. La Cour Africaine estime que l'expression « proche parent » doit être analysée au cas par cas[57]. Et dans l'espèce, elle retient les épouses, les enfants, les pères et mères des défunts[58]. Sur la preuve de cette qualité, la Cour Africaine, se fondant sur 26(2) du Protocole qui la crée, estime qu'elle ne peut être limitée par les règles restrictives du droit interne. Etant donné que la question ne consiste pas à savoir si les personnes ont qualité d'héritier mais plutôt si elles ont qualité de victime, la Cour Africaine se limitera à considérer les actes d'état civil disponibles et tout autre élément équivalent prouvant la filiation ; pour les pères et mères, il y a lieu de produire l'attestation de paternité ou de maternité ou tout autre titre équivalent[59].

L'arrêt sus-présenté nous montre que les héritiers ont une action en réclamation à la suite de la violation des droits de l'homme sur la personne de leur auteur. Mais il faut faire observer que les réparations leur sont accordées à titre personnel et non pas en tant qu'un droit transmis par le *de cujus*. Si la Cour avait pu être compétente sur la question du droit à la vie, d'autres leçons auraient pu certainement être tirées. L'on note cependant que le système africain est plus ouvert que celui Onusien sur la question de victime indirecte, bien que la Cour Africaine se soit fortement inspiré, dans cet arrêt, de l'expérience au niveau Onusien et Interaméricain. Dans les lignes qui suivent, nous tirons des leçons du système européen également.

3. Cour européenne de droits de l'homme

Un actionnaire des sociétés Matra et Hachette avait déposé en 1992 une plainte avec constitution de partie civile pour abus de biens sociaux au préjudice de ces sociétés à l'encontre de leur dirigeant, Jean-Luc

[54] V. Requête susvisée, paragraphes 32 à 36.
[55] Idem, paragraphes 37 à 43.
[56] Idem, paragraphe 46.
[57] Idem, paragraphes 48 et 49.
[58] Idem, paragraphe 50. Elle écarte les frères et sœurs !
[59] Idem, paragraphe 54.

Lagardère.[60] Ce dernier mourut alors qu'un pourvoi en cassation était pendant. La Cour de cassation ne put que constater l'extinction de l'action publique, mais cassa l'arrêt d'appel ayant déclaré l'action prescrite[61]. La cour d'appel de renvoi se considéra compétente pour statuer sur les demandes de dommages-intérêts dirigées contre les héritiers du défunt, affirmant que le décès du prévenu était intervenu après une décision portant sur l'action publique. Afin de pouvoir statuer sur les demandes de dommages-intérêts à l'encontre des héritiers, elle souhaita déterminer si l'infraction d'abus de biens sociaux était constituée à l'égard du défunt. Jugeant les éléments de l'infraction pénale réunis, elle condamna ses héritiers à plus de 14 millions d'euros de dommages-intérêts.[62] La Cour de cassation, rejetant le pourvoi des héritiers, constata que la Cour de renvoi avait « retenu la culpabilité de J.-L. Lagardère » mais affirma que « les juridictions de jugement régulièrement saisies des poursuites avant l'extinction de l'action publique, demeurent compétentes pour statuer sur l'action civile »[63]. La Cour européenne de droits de l'homme a été saisie alors par Mr Arnaud Lagardère.

L'examen de l'arrêt Lagardère pose un problème de la présomption d'innocence[64]. Tout part de la question de savoir si une juridiction peut se prononcer sur l'action civile alors que l'action publique est éteinte sans porter atteinte au principe de présomption d'innocence[65]. Ce principe veut que seule une décision de condamnation démontre la culpabilité de l'auteur. Dès lors qu'il n'y a pas une telle décision, l'allusion faite à une quelconque culpabilité s'inscrit à contre-courant du principe sus-évoqué.

La première barrière à franchir par la Cour européenne était de déterminer si ce principe est un droit transmissible de sorte que l'héritier du prévenu décédé puisse avoir la qualité de s'en prévaloir. Il est vrai que la Cour européenne a décidé que la requête de Mr Lagardère était recevable, c'est-à-dire qu'il peut faire valoir la présomption d'innocence de son père décédé. La juge Power-Forde, dans son opinion partiellement dissidente, rappelle ainsi le débat dans la jurisprudence de la Cour européenne. Dans l'affaire *Nölkenbockhoff c. Allemagne* (27 août 1987), la Cour européenne

---

[60] Résumé proposé par Arthur Dethomas, « Culpabilité post-mortem. Exclusion de la condamnation *post mortem* d'un prévenu par l'article 6 de la Convention européenne des droits de l'homme », *La Semaine Juridique*, Edition générale, N° 24, 11 juin 2012, disponible sur www. *lab.lexisnexis.fr*, consulté le 15 décembre 2015.

[61] V. *Cass. crim., 8 oct. 2003, n° 02-81.471 : JurisData n° 2003-020589 ; Bull. crim. 2003, n° 184.*

[62] *CA Versailles, 9 e ch. corr., 30 juin 2005, n° 04/00748 : JurisData n° 2005-274607D. 2005, p. 1942*

[63] *Cass. crim., 25 oct. 2006, n° 05-85.998 : Bull. crim. 2006, n° 254*

[64] Ce n'est pas le seul problème que relèvent Olivier Michiels et Géraldine Falque puisqu'ils commentent également l'aspect « déni de justice » abordé par la Cour et que nous laissons de côté.

[65] Ce principe est posé à l'article 6(2) de la Convention Européenne des Droits de l'Homme.

soutenait que « le principe de la présomption d'innocence vaut pour « l'accusé » ; il tend à protéger contre un verdict de culpabilité sans que cette dernière soit légalement établie. Il n'en résulte pourtant pas qu'une décision mettant en cause l'innocence d'un « accusé » après son décès ne puisse être contesté, (…), par sa veuve : celle-ci peut avoir un intérêt matériel légitime, à titre d'héritière du défunt, et un intérêt moral, pour elle-même et sa famille, à voir feu son époux déchargé de tout constat de culpabilité ».[66] Cette affaire nous confirme le principe dégagé *supra* selon lequel, les droits attachés à la personne s'éteignent avec son décès. En plus, ces droits ne sauraient se transmettre puisque ne faisant pas partie du patrimoine.

La première exception étant, pour rappel, celle d'un droit extrapatrimonial ayant fait naitre des conséquences pécuniaires avant le décès du *de cujus*. La deuxième nuance que la Cour évoque est celle du caractère contestable d'une décision même après décès du concerné par ses héritiers. Et la Cour européenne distingue entre les éléments qui peuvent fonder une telle contestation comme pouvant dériver soit de la qualité d'héritier pour un intérêt « matériel légitime » soit à titre personnel pour un intérêt « moral ». Quel peut être cet intérêt matériel légitime de l'héritier ? Il s'agirait, à notre avis, du *damnum emergens*, la diminution du patrimoine à la suite d'une condamnation que pouvait combattre le *de cujus* de son vivant ! C'est une manière d'admettre que les conséquences pécuniaires d'un droit extrapatrimonial (même virtuelles ?) passent aux héritiers.

La deuxième barrière que la Cour européenne devait franchir est celle de la question proprement dite de l'atteinte au principe de présomption d'innocence. La Cour européenne estime, d'abord en partant d'un raisonnement en cas d'acquittement, que des décisions judiciaires postérieures ou déclarations émanant des autorités publiques peuvent soulever un problème sous l'angle de l'article 6(2) de la Convention européenne des droits de l'homme[67] si elles équivalent à un constat de culpabilité qui méconnait, délibérément, l'acquittement préalable de l'accusé. Elle rappelle qu'un acquittement prononcé au pénal ne fait pas obstacle à l'introduction d'une demande en indemnisation en vertu de la responsabilité civile quand bien même, pour asseoir cette demande, il serait fait référence à des éléments constitutifs objectifs d'une infraction pénale qui ont été soumis au juge répressif.[68] La Cour européenne, par ce raisonnement enseigne alors que les critères d'établissement de la responsabilité civile peuvent favoriser l'indemnisation de la victime même si l'auteur est innocent au regard des critères utilisés en droit pénal.[69] Ensuite, la Cour européenne, dans son raisonnement, montre qu'il en serait autrement si les

[66] V. Olivier Michiels et Géraldine Falque, *loc. cit.*, p.264, note 22.

[67] Qui pose le principe de la présomption d'innocence.

[68] V. Olivier Michiels et Géraldine Falque, *loc. cit.*, p.266

[69] La Cour de cassation française nous en donne un cas d'illustration tel que démontré *infra*.

deux types de procédure se confondent ou bien si la décision prononcée imputait une responsabilité pénale à la partie défenderesse. Il en est ainsi dès l'instant où les tribunaux internes ont créé, par leur manière d'agir ou par le langage utilisé dans leur raisonnement, une symbiose entre la procédure pénale et la procédure civile en réparation qui en résulte.[70]

En droit congolais, la juridiction répressive se prononce sur l'action civile en conséquence de l'infraction. Généralement, la technique du droit pénal sert à mener vers l'établissement d'un lien de causalité entre l'infraction et le dommage. Comme en droit belge, l'action civile doit s'appuyer sur une infraction qui est en relation causale avec le dommage dont la réparation est recherchée.[71] L'on ne voit pas comment le juge se prononcera sur l'action civile sans se prononcer sur l'établissement des faits pénaux. Et même si la victime opte pour la voie civile plutôt que celle répressive, le juge civil examinera les faits mais ne déclarera pas, bien entendu, s'il y a infraction ou pas. Généralement, il y a rencontre entre le délit civil et l'infraction lorsque le délit est expressément interdit par la loi et sanctionné d'une peine. Un point de rencontre intéressant consistant en ce que dans sa nature, l'infraction est un fait juridique et en cette matière, même au civil, la preuve reste libre (la preuve étant hiérarchisée en matière civile seulement en ce qui concerne les actes juridiques). La différence, dans les deux procédures est qu'en matière pénale, c'est le juge qui est actif dans la recherche des preuves alors qu'en matière civile c'est le principe du dispositif qui s'applique. Un autre point de rencontre consiste en l'utilisation des fruits d'une procédure pénale antérieure dans une procédure civile. En effet, l'on voit souvent les parties produire les procès-verbaux de l'instruction pré-juridictionnelle levés en copie en vue de soutenir leur demande devant le juge civil.

La pratique française semble plutôt s'appuyer sur l'appel de la partie civile de sorte que si l'action publique est éteinte en cours d'instance, le premier juge constate l'extinction de l'action publique. S'il ne se prononce pas sur l'action civile, cette dernière peut faire appel et demander au juge de reconsidérer ses intérêts civils. C'est le cas qui a conduit notamment à l'affaire Lagardère qui a été précédemment présentée. Il arrive également que le prévenu soit acquitté par le premier juge et que le Ministère public ne fasse pas appel. L'appel de la partie civile, ne pouvant avoir pour but que de réclamer la reconsidération des dommages et intérêts, peut alors se diriger contre les héritiers du prévenu si ce dernier était déjà décédé ou contre un prévenu relaxé. La jurisprudence française récente nous donne un cas d'illustration.

---

[70] V. Olivier Michiels et Géraldine Falque, *loc. cit.*, p.266

[71] Ibidem.

En effet, dans une affaire récente, la Cour de cassation française[72] a eu à confirmer l'arrêt d'une Cour d'appel qui évaluait les dommages et intérêts de Monsieur Robert X relaxé pourtant par le premier juge. Monsieur X a été poursuivi devant le Tribunal correctionnel du chef d'abus de confiance pour avoir détourné des fonds destinés à la rémunération des salariés d'un groupement associatif en employant ceux-ci, à des fins personnelles, pendant leur temps de travail ; que les premiers juges, après l'avoir relaxé, ont déclaré irrecevable en ses demandes la partie civile qui a, seule relevé appel. Il découle de l'arrêt de la Cour de cassation, les Attendus intéressants ci-après :

> *Attendu que, si c'est à tort que, pour allouer des dommages-intérêts au groupement associatif, l'arrêt retient que Mr X. pouvait se voir imputer des faits présentant « la matérialité du délit d'abus de confiance », celui-ci ayant été définitivement relaxé de ce chef, l'arrêt n'en court cependant pas la censure dès lorsqu'il résulte de ses constatations que Mr X., en ayant eu recours, pendant leur temps de travail, à des salariés rémunérés par la partie civile qui ne l'y avait pas autorisé, a commis une faute qui a entrainé, pour le groupement associatif, un préjudice direct et personnel ouvrant droit à réparation, pour un montant que les juges ont souverainement évalués, dans les limites des conclusions dont ils étaient saisis ;*
> *Qu'en effet, le dommage dont la partie civile, seule appelante d'un jugement de relaxe, peut obtenir réparation de la part de la personne relaxée résulte de la faute civile démontrée à partir et dans la limite des faits objet de la poursuite.*

Ainsi, la Cour de cassation confirme la décision qui a constaté que les éléments constitutifs de l'infraction n'étaient pas remplis et précisément l'élément moral faisait défaut dans le chef de Mr X. Mais que le préjudice pouvait résulter de la « matérialité des faits » et pouvant entrainer réparation au plan civil alors qu'au plan pénal cet élément empêche la condamnation. Il s'en dégage que le juge d'appel peut valablement re-examiner les aspects civils même lorsque la partie est acquittée. Il en sera ainsi donc lorsque le prévenu décède. Ses héritiers pourront donc être amenés, même en appel, à supporter les conséquences tirées de la matérialité des faits sans toutefois se prononcer sur la culpabilité au sens pénal du terme, du *de cujus*.

La question qui peut se poser est celle de savoir si les héritiers auront l'égalité des armes quant à ce qui concerne la preuve des faits puisqu'ils sont supposés n'avoir pas connaissance de tous les éléments du dossier puisqu'extérieurs à la commission. Les héritiers risquent de se trouver en position de ne pas savoir complètement prouver la non-matérialité des faits. L'on sait qu'en matière de preuve, la charge de la preuve incombe à celui qui « allègue un fait » et non à celui qui nie ! Et, du fait de la présomption

---

[72] V. Cour de Cassation, Chambre criminelle, 5 février 2014, n°12-80.154 disponible sur www.legifrance.gouv.fr/affich.JuriJudi.do? Consulté le 15 décembre 2015.

d'innocence, qui est indispensable à la protection des droits de l'homme, la charge de la preuve incombe à l'accusation, nul ne peut être présumé coupable tant que l'accusation n'a pas été établie au-delà de tout doute raisonnable, l'accusé a le bénéfice du doute et les personnes accusées d'avoir commis une infraction pénale ont le droit d'être traitées selon ce principe.[73]

Conclusion

En droit congolais, il y a lieu de soutenir que les problèmes de succession aux droits et obligations d'un *de cujus* ne se posent pas dans certains cas. En effet, la loi est claire en posant déjà une première limite à savoir « le cas des droits qui s'éteignent pas la mort du *de cujus* ». Nous avons soutenu qu'il doit s'agir principalement des droits patrimoniaux ou des conséquences pécuniaires des droits extra-patrimoniaux.

La situation qui a le plus attiré l'attention est celle des accessoires des droits et obligations à savoir les actions en justice. Tout au long des développements précédents, il a été question d'examiner les contours du contexte dans lequel les actions en justice passeraient aux héritiers. Il sied de rappeler qu'en matière civile, il ne se pose pas de grand problème puisque dans la pratique des cours et tribunaux, lorsqu'une partie décède en cours d'instance, il est tout à fait loisible aux héritiers de reprendre l'instance soit volontairement soit de manière forcée. Mais la situation a été tout à fait différente en droit pénal puisque la succession aux intérêts civils a posé des problèmes d'une autre nature.

D'abord, il y a lieu de rappeler les petites distinctions faites entre le décès de la victime et celle de la partie prévenue. Le décès de la partie victime entraîne pour les héritiers la possibilité de prévaloir d'une action civile déjà introduite. A ce titre, les héritiers succèdent valablement à l'action introduite par leur auteur de son vivant. Il a été fait remarquer que s'il s'agissait d'un droit qui s'éteint avec le décès de la personne les héritiers ne pouvaient pas se prévaloir d'une action que leur auteur n'avait pas introduite de son vivant puisque celle-ci est censée avoir été éteinte par voie de conséquence des droits principaux auxquels elle se rattache. Cette affirmation a été nuancée par le fait que les héritiers peuvent introduire une action de leur auteur même si ce dernier ne l'avait pas introduite seulement dans le cadre des droits patrimoniaux qu'il pouvait faire valoir. En outre, le droit français en particulier pousse le raisonnement très loin en admettant la transmissibilité de l'action sur la réparation du préjudice moral souffert par le défunt.

---

[73] Comité des droits de l'homme, *Observation générale n°32*, CCPR/C/GC/32, 23 août 2007, paragraphe 30.

Ensuite, il a été question de développer la situation du décès du prévenu. En effet, il sied de rappeler que le décès du prévenu éteint l'action publique[74]. Ce principe n'est pas encore repris par un texte de loi en droit congolais contrairement à la situation dans d'autres pays. L'extinction de l'action publique n'emportait pas nécessairement celle de l'action civile. En effet, le décès en cours d'instance mène au constat, par la juridiction saisie, de l'extinction de l'action publique mais la juridiction qui ne s'est pas déclarée incompétente pour statuer sur l'action publique demeure compétente pour statuer sur l'action civile.

Enfin, après avoir constaté que les décisions disponibles des mécanismes internationaux de protection des droits de l'homme ne rendent pas expressément transmissible la réparation d'une violation subie par la victime, nous avons analysé l'atteinte au principe de présomption d'innocence devant la Cour Européenne des droits de l'homme. L'examen par le juge répressif des conséquences civiles d'une infraction non examinée ne pourra nuire au principe de présomption d'innocence que si le raisonnement développé entraîne une référence à la culpabilité du *de cujus*. Ainsi le juge répressif, dans la suite de l'examen de l'action civile se limitera à appliquer les critères de droit civil sans faire référence aux éléments de droit pénal en examinant si les faits en eux-mêmes ont causé le préjudice tel qu'il s'est dégagé.

Ainsi, nous ne soutenons pas la thèse selon laquelle les droits de la victime s'éteignent à jamais lorsque l'action publique s'éteint sous prétexte que le principe de présomption d'innocence sera nécessairement violé par le juge qui examine les aspects liés à l'action civile. Il découle de l'examen des arrêts en droit comparé qu'il demeure tout à fait possible pour un juge de faire pareil exercice sans porter atteinte à ce principe. La situation serait plus facile s'il y avait déjà un jugement de condamnation et que le décès du condamné n'aurait qu'un effet d'éteindre l'exécution de la peine. Et même là, les condamnations civiles demeureraient à exécuter contre les héritiers[75]. La situation serait encore plus facile pour un prévenu qui décède en cours d'instance en appel puisqu'il y a déjà eu un premier jugement en discussion puisqu'il a déjà été jugé à cet effet que lorsque l'action publique s'éteint par le décès du prévenu durant l'instance d'appel, la juridiction d'appel saisie reste compétente pour statuer sur l'action civile, moyennant reprise d'instance par les héritiers du défunt[76]. Mais lorsque le décès survient avant un quelconque jugement ou arrêt de condamnation ou d'acquittement, il serait injuste de soutenir que le préjudice subi et démontrable s'éteint par le

[74] V. C.S.J., R.P.A 44 du 25 Juillet 1979, in *Bulletin des Arrêts,* 1979, p. 149 et Boma, 22 Octobre 1901, *Jur. Etat*, I, p. 164.s

[75] Nyabirungu mwene Songa, *Traité de droit pénal général congolais*, p. 412.

[76] 1ère Inst. R.U., 29 novembre 1951, R.J.C.B., 1952, p.120, in *Code Piron, Tome III*, p.57 cité par Kilala Pene-Amuna, G., *Attributions du Ministère public et procédure pénale*, Tome 2, Editions AMUNA, Kinshasa, 2006, p.747.

même effet. Cela équivaudrait à la violation d'un droit d'accès à un tribunal et constituerait en l'échec pour le système congolais de répondre à l'obligation de *protéger*[77]. Cette obligation dérivant des engagements internationaux en matière de droits de l'homme exigent que l'Etat prévoient des mécanismes empêchant à ce qu'un tiers porte atteinte aux droits de l'individu ou tout au moins la prévision des mécanismes permettant une réparation en cas de pareille atteinte. Pour ces raisons nous estimons qu'outre le fait que le législateur devra tenir compte de la nécessité de réglementer clairement cette question à l'instar même du pays voisin, le Rwanda, la pratique judiciaire devrait admettre l'examen de l'action civile contre les héritiers du *de cujus*.

[77] Pour une illustration, voir notamment l'explication qu'en donne la Commission Africaine des droits de l'homme et des peuples dans *Social and Economic Rights Action Centre (SERAC) et Autre c. Nigeria*, RADH 63, 2001, paragraphe 46.

Bibliographie sélective

I. Textes juridiques internationaux, étrangers et nationaux

1. CEDH, *5ème sect., 12 avril 2012, n° 18851/07, Lagardère c/ France* disponible sur www.economie.gouv.fr/files.
2. Charte Africaine des droits de l'homme et des peuples *in* Heyns, C. & Killander, M. (Ed), *Recueil de documents clés de l'Union Africaine relatifs aux droits de l'homme*, PULP, 2013.
3. Constitution de la République Démocratique du Congo, modifiée par la Loi n° 11/002 du 20 janvier 2011 portant révision de certains articles de la Constitution de la République Démocratique du Congo du 18 février 2006 *(Textes coordonnés),* J.O RDC, 52ème année, Numéro spécial, Kinshasa, 5 février 2011.
4. Décret du 30 juillet 1888 portant sur les contrats ou obligations conventionnelles (*B.O.*, 1888, p. 109).
5. Loi n° 87-010 du 1er Août 1987portant Code de la famille in J.O.Z., n° spécial, 1er Août 1987.
6. Loi n°30/2013 du 24 Mai 2013 portant Code de procédure pénale *Official Gazette n° 27 of 08/07/2013 (Rwanda).*
7. Loi organique n° 13/011-B du 11 avril 2013 portant organisation, fonctionnement et compétences des juridictions de l'ordre judiciaire (*Journal Officiel de la RDC, n° spécial, 4 mai 2013).*
8. Loi organique n°13/010 du 19 février 2013 relative à la procédure devant la Cour de cassation *(Journal officiel de la RDC, n° spécial, 20 février 2013).*
9. Pacte international relatif aux droits civils et politiques in Haut-Commissariat des Nations Unies aux Droits de l'Homme, *Principaux instruments internationaux relatifs aux droits de l'homme*, New York et Genève, 2006.
10. Protocole à la Charte Africaine des droits de l'homme et des peuples portant création de la Cour Africaine des droits de l'homme et des peuples Heyns, C. & Killander, M. (Ed), *Recueil de documents clés de l'Union Africaine relatifs aux droits de l'homme*, PULP, 2013.
11. Protocole facultatif se rapportant au Pacte international relatif aux droits civils et politiques in Haut-Commissariat des Nations Unies aux Droits de l'Homme, *Principaux instruments internationaux relatifs aux droits de l'homme*, New York et Genève, 2006.

II. Jurisprudence

1. CSJ, Arrêt R.P.A. 44, *En cause Le Ministère public contre MUTEBA,* 25 Juillet 1979, *Bull. 1984*.

2. Prudent Namwisi Kasemvula, *Recueil pratique de jurisprudence de la Cour Suprême de Justice de 1970 à 2010*, Collection-NAK 2, Kinshasa, sd., p. 166, n°1027, V° Décès.
3. 1ère Inst. Stan. 5.7.1949, RJ, 1950, p.183 ; Léo. 7.12.1950, RJ, p.63 ; 1ère Inst. Kasaï, 3.6.1953, RJ, p.305 ; Elis. 99.1.1954 (sic), RJ, p.85 cités par Rubbens, A., *Le droit judiciaire congolais, Tome I*, n°228, p.262 (V. Katuala Kaba Kashala, *Code judiciaire Zaïrois annoté*, Edition Asyst s.p.r.l., Kinshasa, 1995 Sub article 108 de l'OL n°82-020 du 31 mars 1982 portant Code de l'organisation et de la compétence judiciaires.
4. C.S.J., R.P.A 44 du 25 Juillet 1979, *in Bulletin des Arrêts,* 1979, p. 149 et Boma, 22 Octobre 1901, *Jur. Etat*, I.
5. 1ère Inst. R.U., 29 novembre 1951, R.J.C.B., 1952, p.120, *in Code Piron, Tome III*, p.57 cité par Kilala Pene-Amuna, G., *Attributions du Ministère public et procédure pénale*, *Tome 2,* Editions AMUNA, Kinshasa, 2006.
6. *Cass. crim., 8 oct. 2003, n° 02-81.471 : JurisData n° 2003-020589 ; Bull. crim. 2003, n° 184.*
7. *CA Versailles, 9 e ch. corr., 30 juin 2005, n° 04/00748 : JurisData n° 2005-274607D. 2005.*
8. *Cass. crim., 25 oct. 2006, n° 05-85.998 : Bull. crim. 2006, n° 254.*
9. Cass. crim, 5 février 2014, n°12-80.154 disponible sur www.legifrance.gouv.fr/affich.JuriJudi.do? Consulté le 15 décembre 2015.

III. Doctrine

1. Dethomas, A. « Culpabilité post-mortem. Exclusion de la condamnation *post mortem* d'un prévenu par l'article 6 de la Convention européenne des droits de l'homme », *La Semaine Juridique*, Edition générale, N° 24, 11 juin 2012, disponible sur www. *lab.lexisnexis.fr*, consulté le 15 décembre 2015.
2. Kavundja Maneno, T., *Droit judiciaire congolais. Tome II. Procédure pénale*, Cours dispensé en deuxième année de Graduat, Université de Goma, 2015-2016.
3. Kilala Pene-Amuna, G., *Attributions du Ministère public et procédure pénale*, *Tome 2,* Editions AMUNA, Kinshasa, 2006.
4. Michiels, O., « Culpabilité post-mortem et réparation civile au pénal : un mariage impossible ? » in *Revue de la Faculté de droit de l'Université de Liège* – 2013/2 disponible sur www.legifrance.gouv.fr, consulté le 12 décembre 2015.
5. Mupila Ndjike Kamwende, H.F., *Les successions en droit congolais,* Editions Pax-Congo, Kinshasa, 2000.
6. Mwanzo I.A., G., *Cours de Régimes matrimoniaux, successions et libéralités,* Deuxième année de Licence, Université de Goma, 2015-2016.

7. Nyabirungu Mwene Songa, *Traité de droit pénal général congolais*, Ed. Droit et Société, Kinshasa, 2007.
8. Rubbens, R., *Le droit judiciaire congolais,* Tome III, *L'instruction criminelle et la procédure pénale*, Presses Universitaires du Zaïre, Kinshasa, 1978.
9. Segihobe, JP, *Cours de droits humains*, Deuxième année de Licence, Université de Goma, 2015-2016.
10. Terrier, M., *Rapport sur l'Arrêt n°566*, disponible sur www.courdecassation.fr/jurisprudence_2/assemblée_pleniere_2 , consulté le 14 mars 2018.
11. Viljoen, F., *International human rights law in Africa*, Oxford University Press, Londres, 2ème éd., 2012.

IV. Autres documents

1. Comité des droits de l'homme, *Observation générale n°32*, CCPR/C/GC/32, 23 août 2007, paragraphe 30.
2. Communication n° 1024/2001, *Manuela Sanlés Sanlés c/ Espasgne* in Ohchr, *Selected decisions of the Human Rights Committee under the Option Protocol*, Vol. 8, Genève, 2007.
3. Communication n° 295/04, Noah Kazingachire, John Chitsenga, Elias Chemvura et Batanai Hadzisi représentés par Zimbabwe Human Rights NGO Forum c. Zimbabwe disponible sur www.achpr.org
4. Communication n° 488/1992, Toonen c/Australie, déc. 31/3/1994, A/49/40, vol II.
5. Communication n° 915/2000, *Mrs. Darmon Sultanova c/ Uzbekistan* in Ohchr, *Selected decisions of the Human Rights Committee under the Optional Protocol*, Vol. 9, Genève, 2008.
6. Communications n° R. 1/5, Massera c/Uruguay, A/34/40, p. 138 *également* n° 16/1977, D. Monguya Mbenge c/Zaïre, déc. 25/3/1983.
7. Requête n° 013/2011, *Ayants droits de feus Norbert Zongo, Ablassé Nikiema, Ernest Zongo et Blaise Ilboudo et le Mouvement Burkinabe des droits de l'homme et des peuples c. Burkinafaso* disponible sur www.african-court.org
8. *Social and Economic Rights Action Centre (SERAC) et Autre c. Nigeria*, RADH 63, 2001.

L'affiliation post mortem face à l'obligation juridique de transmission de la réserve héréditaire par le partage d'ascendant

■ ***José Biaya Mukendi***
Professeur Associé à la Faculté de Droit de l'Université de Mbuji-Mayi
Avocat aux Barreaux de Mbuji-Mayi et de Kinshasa/Matete

Introduction

Les enseignements dispensés par le Doyen Olivier Bonaventure Kalongo Mbikayi[1] dans pratiquement toutes les Facultés de Droit du pays, au moyen de son Ecole de l'Excellence, constituent la base de diverses théories en matière de responsabilité contractuelle et délictuelle. Les faits et actes juridiques sont des véritables sources des obligations en droit ; surtout avec la notion de « *vinculum juris* » (la chaîne juridique) qui s'articule autour du « lien de causalité », quel que soit le domaine juridique en présence : c'est le cas du droit judiciaire, droit civil, droit pénal, droit du travail, droit fiscal, voire le droit administratif.

En droit civil, le « lien de filiation » qui unit un père à sa progéniture, est une source délicate des obligations juridiques, et cadre privilégié de leur exécution ; les unes de droit privé, et les autres de droit public. La transmission de la réserve héréditaire est l'une des obligations auxquelles les parents sont absolument tenus vis-à-vis de leurs enfants ; alors que le lien de filiation s'établit d'abord selon que l'enfant est né dans le mariage ou hors mariage[2] ; et ensuite selon qu'il est adopté ou confié à un père juridique[3], sans oublier la tutelle qui exclut la transmissibilité de l'héritage entre tuteur et pupille.

Il semble que la transmission de la réserve héréditaire à un enfant né hors mariage rencontre une conditionnalité à l'article 758 du Code de la famille qui exige une affiliation à intervenir du vivant du de cujus. Y aura-t-il tardiveté de la vocation héréditaire lorsque l'affiliation s'obtient après le

---

[1] Le droit civil congolais, essentiellement sa partie consacrée aux obligations.
[2] Articles 602 et 614, Code de la famille.
[3] Articles 649 et 650, Code de la famille.

décès du père de l'enfant né hors mariage ? Par une action en recherche de paternité, ou par l'affiliation post mortem initiée par un membre de la famille du défunt, il est tout à fait normal que l'enfant bénéficiaire soit intégré dans sa famille paternelle. Mais, les textes des articles 614 et 616 du Code de la famille qui prévoient ces procédés du regroupement familial impliquent-ils la rétroactivité de la vocation héréditaire de l'enfant affilié après la mort de son père ? L'enfant a-t-il sa vocation héréditaire au moment de son affiliation ou depuis le jour de sa conception ?

Une partie de la doctrine considère que l'article 758, primo, du Code de la famille, établit une différence de traitement entre l'enfant né dans le mariage et celui né hors mariage[4] ; et qu'au sujet des droits successoraux des enfants nés hors mariage, la refonte du Code de la famille s'impose[5]. Les débats sont ouverts selon l'interprétation littérale du libellé de l'article 758 qui mérite d'être confronté aux prescrits des articles 614 et 616, pour une compréhension téléologique.

La recherche de la compréhension du sens profond de ces textes de loi, exige de procéder à l'étude de la succession testamentaire, en analysant le cas du « partage d'ascendant » qui est une illustration du testament profitable aux seuls enfants du de cujus. A cet effet, l'hypothèse la plus extrême, c'est celle qui suppose la distribution de la réserve héréditaire aux seuls enfants nés dans le mariage, à l'exclusion de celui né hors mariage et inconnu ou non affilié au moment de l'acte jusqu'à la liquidation de la succession. Dans ce cas, l'affiliation *post mortem* ou la recherche de paternité victorieuse, peuvent-elles alors avoir une incidence sur le partage d'ascendant dont la succession aura même été déjà liquidée ? Le partage d'ascendant ne profite qu'aux descendants, comme il est aussi susceptible de vider toute la réserve héréditaire.

Selon le libellé de l'article 903 du Code de la famille, « en cas d'omission d'un enfant, le partage d'ascendant est nul ? ». Peut-on parler d'une omission d'enfant lorsqu'il s'agit d'une progéniture hors mariage et inconnue du de cujus ? L'article 758 de la même loi répond par la négative, en exigeant au préalable l'affiliation du vivant du de cujus, contrairement au principe émis à l'article 211 du Code de la famille selon lequel « toute personne jouit des droits civils depuis sa conception », la vocation héréditaire étant l'un de ces droits.

Le Code de la famille a par ailleurs privé de sa vocation héréditaire, l'enfant né hors mariage et attribué à un père juridique ; alors que l'idée de l'intérêt supérieur de l'enfant actuellement renforcée par la loi du 10 janvier

[4] Yav Katshung J, *Les successions en droit congolais (cas des enfants héritiers),* New Voices Publishing, Cap Town, 2008, pp. 137 et 203.

[5] Kifwabala Tekilazaya J-P, « Les droits successoraux des enfants nés hors mariage, la refonte du Code de la famille s'impose », in *Les Analyses Juridiques,* n° 23, Lubumbashi, 2008, pp. 5 et suivants.

2009 portant protection de l'enfant s'en trouve désacralisée. S'agit-il en réalité d'un lien de paternité ou d'une tutelle voilée ?

L'état des lieux sur la validité du partage d'ascendant ayant omis un enfant non-affilié (point 1), permet d'aborder la situation de l'exhérédation fatale de l'enfant lié à un père juridique (point 2) avant d'envisager les perspectives d'avenir (point 3).

1. Les contours du partage d'ascendant

Selon les prescrits de l'article 899 du Code de la famille, « les père et mère et autres ascendants peuvent faire, entre leurs enfants et descendants, le partage et la distribution de leurs biens. Si le partage se réalise par donation entre vifs, on l'appelle donation-partage ; il est le testament-partage s'il se réalise par testament ». Outre le fait que l'ascendant est tenu au respect de l'égalité des lots entre ses descendants sous peine de réduction, le simple oubli d'un de ses descendants, dans cet acte, expose sa dernière volonté à la nullité.

L'examen séparé de la donation-partage et du testament-partage, permet de faire un état des lieux suffisant, en vue de cibler les problèmes qui se posent à l'endroit de l'enfant non reconnu du vivant de son père.

1.1. La donation-partage qui omet un enfant né hors mariage

La donation-partage est un contrat entre vifs par lequel un ascendant fait actuellement et irrévocablement donation de tout ou partie de ses biens présents à tous ses enfants et descendants et en opère le partage entre eux[6]. Elle diffère du testament-partage en ce qu'elle est un véritable contrat synallagmatique que l'ascendant ne peut ni modifier ni révoquer à sa guise, sans le concours des volontés autres parties concernées ; alors que le testament-partage est un contrat unilatéral soumis au régime juridique de testament, modifiable à souhait tant que le disposant vit encore. En dehors de l'institution contractuelle et de la substitution fidéicommissaire, la donation-partage est admise comme troisième cas d'exception aux pactes sur succession future en droit congolais.

Il s'agit d'un mode de transmission de la succession qui s'opère selon les règles relatives aux donations entre vifs ; c'est-à-dire, l'ascendant peut résoudre de gratifier, de son vivant, tous ses enfants ou descendants d'un enfant prédécédé. Dans ce cas, les descendants-donataires consentent librement à l'acte qui engendre un *« vinculum juris »* entre parties, et en vue d'une succession partiellement ou totalement contractuelle. Les enfants mineurs, conformément au droit des libéralités, sont censés avoir donné leur consentement, par le biais de leurs ascendants ; tandis que les enfants

[6] Flour J et Souleau H, *Les successions,* Armand Colin, Paris, 1991, p. 375, n° 550 ; Patarin J, *Jurisclasseur civil,* 2e fasc. n° 13.

simplement conçus en profitent selon les prescrits de l'article 840 du Code de la famille[7].

Il en résulte clairement que l'enfant non conçu au jour de l'acte n'est pas actuellement concerné ; mais en cas de survenance d'enfant, il se pose un vrai problème d'allotissement supplémentaire s'il faut sauver la donation-partage. Pour un enfant non conçu jusqu'au décès de l'ascendant, il ne peut recevoir aucune libéralité, sauf l'hypothèse d'insémination artificielle *post mortem* basée sur le sens large de l'article 609 du Code de la famille.

Toutefois, le droit congolais admet une donation en faveur d'un enfant à naître[8], aux conditions rigoureusement fixées par la loi. La survenance d'enfant peut alors se concevoir de plusieurs manières : d'abord la situation d'un enfant qui naît dans le mariage, mais après l'établissement de la donation-partage ayant vidé la réserve successorale à laquelle il a aussi droit ; ensuite le cas d'un enfant adopté postérieurement à la donation-partage ; et enfin, la situation d'un enfant né hors mariage qui peut être affilié, soit par son père encore vivant, mais après l'acte de donation-partage, soit après la mort de son géniteur, mais par tout autre membre de sa famille paternelle, soit encore à la suite de l'action en recherche de paternité contre les héritiers du de cujus.

Le Code de la famille est resté muet sur l'incidence de la survenance d'enfant après la période de l'établissement du partage d'ascendant. Mais, s'il est vrai et normal que l'enfant non conçu au moment de la donation-partage, est considéré dès le jour de sa conception comme un cas de survenance d'enfant, il n'en demeure pas moins vrai que celui qui est conçu ou né hors mariage, reconnu ou non, du vivant du de cujus, puisse bénéficier de mêmes droits ; sauf à remplir la condition administrative ou judiciaire d'usage pour l'exercice desdits droits.

C'est l'enfant non encore conçu qui est inexistant au moment de l'acte de partage anticipé de la succession. Mais, sa survenance constitue un fait juridique majeur qui devra avoir incontestablement des incidences sur la jouissance de la réserve successorale. Le disposant qui a un nouvel enfant, est alors tenu de lui trouver un avancement d'hoirie, qui puisse favoriser l'égalité des lots ou parts héréditaires entre tous ses réservataires. Si jusqu'au décès de ce disposant, il n'a pas alloti l'enfant survenu après la donation-partage, la situation peut trouver des solutions suivant les procédés ci-après :

- D'abord, il est utile pour le liquidateur de la succession de l'ascendant-donateur de vérifier s'il est possible de trouver dans la masse restante, des biens qui n'ont pas été partagés par le disposant ; à l'affirmative, la

---

[7] Selon cet article 840 du Code de la famille, « la donation ou le testament au profit d'un enfant conçu n'a d'effet qu'autant qu'il est né viable ».

[8] L'article 905 du Code de la famille décide à cet effet que toute institution contractuelle, quoique faite au profit seulement des époux ou de l'un d'eux, est toujours, dans le cas de survie du donateur, présumée faite au profit des enfants à naître du mariage.

composition du « lot spécial approximativement égal en valeur », pourra sauver le partage d'ascendant antérieur ;

- Ensuite, si le lot spécial trouvé après la constitution du partage anticipé des biens du de cujus, n'atteint pas la valeur des lots dévolus à chacun des autres enfants, le recours au paiement de la « soulte » pourrait régler l'incident ;
- Enfin, si en dehors des biens déjà partagés par l'ascendant, il n'existe aucun subside dans la succession, l'enfant qui n'était pas encore conçu lors de la donation-partage a droit l'action en « réduction », ou dans le cas le plus extrême, l'action en nullité.

L'enfant reconnu par un proche parent à son défunt père, après la mort de ce dernier, ou celui qui aura obtenu une décision judiciaire confirmant son lien de paternité vis-à-vis du de cujus, constitue un cas à part entière de la survenance d'enfant, avec incidence sur la donation-partage ayant profité à une partie des descendants seulement. L'article 211 du Code de la famille reconnaît à toute personne la jouissance des droits civils (droits fondamentaux) dès le jour de la conception. Mais, le de cujus, père de l'enfant né hors mariage, peut être au moment de l'établissement de la donation-partage, soit de bonne foi, soit de mauvaise foi.

a) Ignorance de la situation de bonne foi

Un ascendant peut, de bonne foi, oublier son enfant né hors mariage dans un acte de donation-partage. Il peut partager tous ses biens entre les seuls descendants connus ; mais cet acte ne peut nullement fonder l'exhérédation d'un descendant biologique, censé jouir de mêmes droits que les autres descendants réservataires. C'est sur cette base que la donation-partage ainsi établie, ne pourra nullement résister aux revendications plausibles de l'enfant reconnu après la mort de son père.

Il convient de préciser que malgré sa bonne foi, le géniteur de l'enfant né hors mariage qui l'aura omis dans la donation-partage, est aussi censé avoir transmis à ce même enfant, dès sa conception, tous les droits civils inhérents à sa qualité d'enfant, conformément aux prescrits de l'article 211 du Code de la famille. Parmi ces droits fondamentaux, il y a lieu d'épingler les attributs nécessaires à la vocation héréditaire, le droit à la nationalité de son père, à l'appartenance sociale au groupe ethnique de ce dernier, ainsi que celui de figurer sur tout partage destiné aux réservataires, dont la simple omission d'enfant est frappée de nullité.

Ces attributs attachés aux droits fondamentaux de l'enfant ne peuvent que fonder un autre droit, celui de bénéficier d'une affiliation, même tardivement ; ainsi que celui de consolider sa qualité de successible, dès que l'affiliation est établie administrativement ou judiciairement. Il en résulte que la procédure en obtention d'affiliation, même tardive, n'ajoute pas de nouveaux droits à l'enfant ; donc l'officier de l'état civil, comme le juge de paternité, constate l'appartenance de l'enfant né hors mariage à son père avec tous les avantages y afférents.

Si l'adoption postérieure aux actes de disposition régulièrement déjà posés par l'adoptant, oblige celui-ci à les adapter à la survenance de l'adopté, a fortiori lorsqu'il s'agira d'une progéniture ou descendant biologique dont l'affiliation était tout simplement soumise à un procédé qui dure dans le temps. Quel sera le sort de l'enfant né hors mariage, ignoré de mauvaise foi par son père biologique, dans un acte de donation-partage exécutoire ?

b) Ignorance de l'existence de l'enfant par mauvaise foi

Il s'agit de la situation d'un géniteur, au courant de la conception, ou censé connaître les circonstances de la naissance de son enfant hors mariage, évite de procéder à son affiliation, quand bien même il n'aurait aucun doute sur le lien biologique de paternité entre lui et cet être humain. Dans ce cas, le fait pour cet ascendant de partager anticipativement et irrévocablement ses biens au profit de seuls enfants inscrits au livret du ménage, est constitutif d'une faute lourde (*culpa lata aequiparatur dolo*). C'est cette attitude de mauvaise foi qui entraîne l'application de certaines mesures d'ordre pénal telles que prévues à l'article 614, alinéas 2 et suivants, à l'endroit du père récalcitrant, et non contre les membres de sa famille soumis au même devoir.

C'est du fait du mariage monogamique que l'enfant né d'une union de fait ne peut nullement bénéficier de la présomption légale de paternité ; d'où, l'obligation imposée au père d'un tel enfant de régulariser son statut (le lien de filiation), dans les 12 mois de sa naissance, en sa qualité d'être humain et héritier réservataire. En conséquence, l'affiliation tardive avérée, expose le père de l'enfant au paiement d'une amende fixée à l'article 614, alinéa 2 du Code de la famille. A propos de cette amende, elle n'aurait pas dû être laissée à l'appréciation du juge civil. Lors de la prochaine réforme, le législateur du Code de la famille est invité à laisser cette matière pénale au seul juge répressif ; et au juge civil l'appréciation de la condamnation aux seuls frais d'instance et de dommages-intérêts.

L'action en recherche de paternité est une matière qui obéit aux règles de droit judiciaire privé ; si elle aboutit contre l'attitude négative du père défendeur, la loi permet au juge civil d'appliquer l'alinéa 4 de l'article 614 du Code de la famille, à l'encontre du récalcitrant, alors que la peine prévue (emprisonnement), va de 10 à 30 jours, et l'amende de 100.000 à 500.000 francs congolais, ou l'une de ces peines seulement. Donc, il s'agit là d'une procédure pénale.

Il en résulte que le témoignage peut servir de preuve de la filiation paternelle, mais seulement en l'absence de deux titres que sont l'acte de l'état civil et la possession d'état d'enfant, ou si la possession d'état d'enfant est contestée ou si elle ne concorde pas avec les énonciations de l'acte de naissance. Seul l'acte de l'état civil constitue la preuve authentique de filiation ; tous autres actes ne peuvent être regardés que comme le commencement de preuve écrite[9].

Lorsque cette action est initiée après la mort du prétendu père, les défendeurs sont à chercher parmi les membres de la famille paternelle de l'enfant, surtout les autres ascendants auxquels l'article 616 impose le devoir d'affiliation. Mais, à tout moment, surtout lorsque les opérations de liquidation de la succession sont en cours, la recherche de paternité peut être initiée soit contre les autres ascendants, soit contre les autres réservataires du de cujus, soit encore contre le liquidateur de la succession. L'article 616, alinéa 2 dispose que « si le père meurt, ou n'est pas en mesure de manifester sa volonté, un ascendant ou un autre membre de la famille doit agir en son nom ». Le recours à l'usage du verbe « devoir » dans cette partie de la loi, est révélateur de toute la rigueur qui accompagne la protection de l'enfant né hors mariage ; en particulier sa vocation successorale. A cet égard, l'établissement de la donation-partage qui omet l'enfant né hors mariage, ne peut pas être considéré comme acte régulier.

C'est à tort que la doctrine considère le jugement constatant le lien de paternité entre l'enfant né hors mariage et son défunt père, comme ne pouvant pas emporter la vocation héréditaire au profit de l'enfant[10] ; car, le Code de la famille, dès les travaux préparatoires, exclut toute entrave à l'établissement de la filiation et tout maintien des différences de statut en matière de filiation[11] ; cette option apparaît dans les dispositions des articles 645[12] et 646[13].

La jurisprudence, de son côté, semble être divisée sur cette question. Le Tribunal de grande instance de Kipushi n'a-t-il pas débouté les enfants nés hors mariage, au motif qu'ils n'avaient pas de preuve d'affiliation obtenue du vivant du de cujus[14] ! Ce fut dans ce sens qu'avait aussi abondé la Cour d'appel de Lubumbashi, lorsqu'elle débouta plusieurs enfants nés hors mariage[15]. Même s'il s'agit de quelques cas isolés de la jurisprudence des tribunaux de l'espace du grand Katanga, les droits fondamentaux de l'enfant

---

[9] Amisi Herady, *Droit civil : Les personnes, les incapacités, la famille,* Vol. I, 4e édition, Edupuc, Kinshasa, p. 371, n° 346.

[10] Takizala Masoso, cité par YAV TATSHUNG J., *op. cit,* p. 135.

[11] Voir les travaux préparatoires de la Loi n° 87-010 du 1er août 1987.

[12] L'article 645 du Code de la famille dispose que *tous les enfants ont les mêmes droits et les mêmes devoirs dans leurs rapports avec leurs père et mère.*

[13] L'article 646 du Code de la famille ajoute que *quel que soit le mode d'établissement, la filiation produit ses effets dès la conception de l'enfant selon les dispositions de l'article 594.*

[14] Grande inst. Kipushi, RS 031, 20 juin 2000, évoqué par Muzama Matansi, *Droits des héritiers en droit positif congolais,* Ed. Recherches d'une Justice Juste, Lubumbashi, 2004, p. 108.

[15] L'shi, RCA 9959/9960, évoqué par Yav Katshung J., *op. cit.,* pp. 131-133.

né hors mariage sont menacés ; et cette tendance ne peut être distillée dans l'opinion, au risque d'entraîner une généralisation dangereuse.

Selon un avis qui appuie à tort cette tendance, « l'enfant né hors mariage et détenteur d'un jugement qui ordonne l'existence du lien de filiation avec son défunt père, ne peut pas prétendre à l'hérédité, au motif qu'il aurait été simplement reconnu après le décès de son prétendu père »[16]. Il s'agit d'une compréhension tendancieuse de décision de justice, du reste, présentée dans une correspondance privée, non susceptible d'être prise en considération. Mais, c'est aussi une lecture erronée des dispositions des articles 211, 614, 615, 616, 642, 645 et 758 du Code de la famille qui protègent la globalité des droits civils de l'enfant né hors mariage ; que son géniteur soit vivant ou prédécédé. La simple négligence du devoir l'affiliation est même érigée en infraction à charge du père biologique de l'enfant.

Lorsque l'enfant né hors mariage initie la recherche de paternité, il manifeste, à coup sûr, l'option de participer au partage de la succession de son prétendu père, sans même chercher à en connaître préalablement le passif. A fortiori lorsque l'enfant aura fait mentionner dans l'assignation « qu'il y a nécessité d'établir juridiquement sa filiation paternelle pour le faire rentrer dans ses droits comme héritier du *de cujus* »[17]. La négligence d'affiliation, déjà considérée comme un fait infractionnel, est-elle suffisante pour fonder l'exhérédation d'un enfant né hors mariage, au moment de l'ouverture de la succession de son père ? La réponse ne peut être que négative.

Tout enfant vient au monde avec une vocation héréditaire, malgré le temps que peut prendre le processus de son affiliation ; seule la déclaration d'indignité peut lui retirer sa qualité d'héritier réservataire. Le refus d'affiliation, qui implique du reste une exhérédation voilée, est puni de la peine d'emprisonnement si la recherche de paternité initiée contre le père de l'enfant venait à aboutir. Par ailleurs, si la mort emporte le prétendu père avant l'affiliation de son enfant, seule l'action publique est éteinte ; ce qui n'est pas une sanction. Pourquoi une certaine jurisprudence estime que même la vocation héréditaire s'éteindrait ! Ce qui constituerait alors une sanction à l'endroit de l'enfant né hors mariage, et auquel aucune ne pourra être retenue. Pareille hypothèse ne peut relever que de la pure imagination.

Si les sanctions pénales prévues à l'article 614 ne sont pas applicables aux autres membres de la famille du de cujus, qui s'opposeraient à l'affiliation *post mortem*, c'est tout simplement parce que le droit pénal n'admet pas la responsabilité pour autrui. Il en résulte aussi que l'intégration de l'enfant dans la maison conjugale, du fait de l'affiliation post mortem, reste soumise au consentement de l'autre conjoint, malgré le veuvage.

---

[16] Takizala Masolo, cité par Yav Katshung J., *op. cit,* p. 135.

[17] Tripaix Lubumbashi/Kamalondo, RC 0347/III, 2 octobre 1999, in YAV KATSHUNG J., *op. cit,* p. 128.

Le législateur du Code de la famille a pris soin de vider tous les problèmes liés à la parenté, à la filiation, à la validité du mariage et à l'alliance, pour dire que la vocation successorale repose principalement sur la filiation et la parenté, et accessoirement sur le mariage et l'alliance. Séparer le moment de l'établissement des liens de filiation d'avec la vocation successorale, ne peut être qu'une mauvaise lecture de la loi. La constatation de la filiation biologique tardive ne peut nullement fonder l'exhérédation d'un enfant affilié après la mort de son père ; l'enfant qui néglige d'exercer l'action en recherche de paternité, ne peut pas non plus être considéré comme ayant renoncé à la succession. Ce qui est une option expresse.

En effet, la donation-partage qui omet un enfant né hors mariage, est regardée comme un cas type de « refus d'affiliation », et partant susceptible d'annulation devant le tribunal compétent, sans oublier les poursuites pénales prévues à l'article 614, alinéa 4 du Code de la famille. En sera-t-il ainsi, en cas du testament-partage ?

1.2. L'omission d'un enfant non-affilié dans le testament-partage

Contrairement aux conditions qui viennent d'être décrites sur l'établissement de la donation-partage, le testament-partage est un acte unilatéral qui reste soumis à la discrétion du testateur comme seule autorité habilitée à le modifier ou à le révoquer comme il l'entendrait, tant qu'il sera encore en vie. Mais, dès qu'il décède, cette faculté disparaît. C'est dans l'état où le défunt l'aura laissé, au jour du décès, que le testament-partage va s'exécuter, sauf causes légales de non application des testaments. Au chapitre de ces causes, on peut évoquer notamment la violation de la réserve successorale ou le dépassement de la quotité disponible, l'inégalité des parts entre réservataires et l'omission d'un héritier en rang de successibilité privilégié.

Parmi les autres causes de l'annulation du partage, la doctrine cite les causes de nullité de consentement, l'admission d'une personne qui ne devait pas y figurer, l'omission d'un héritier qui y avait droit[18] ; sans oublier que les descendants ne sont pas des légataires de l'ascendant, mais les partagés d'une succession ab intestat ; ils ne bénéficient du testament-partage qu'à condition d'accepter la succession, alors que dans la donation-partage, les copartageants renonçant conservent les biens donnés dans la limite de la quotité disponible[19].

---

[18] Kifwabala Tekilazaya J-P., *Droit congolais : régimes matrimoniaux, successions et libéralités,* Les Analyses Juridiques, Lubumbashi, 2013, pp. 251-252.

[19] Tshibangu Tshiasu Kalala F., *Droit civil : régimes matrimoniaux, successions et libéralités,* 2e édition, CADICEC, Kinshasa, 2006, p. 217, n° 539.

Un testament-partage qui omet un enfant né hors mariage non encore affilié, est un acte apparemment valide au profit des bénéficiaires actuels ; mais il est invalide vis-à-vis de l'ascendant qui aurait dû savoir qu'il avait un enfant à ne pas omettre dans ses expressions de dernière volonté. L'annulabilité de cet acte est possible du vivant du disposant, comme après sa mort ; car il aura transmis irrégulièrement toute la réserve héréditaire à une partie de ses ayant-cause, avec effet d'exhérédation à l'égard de son enfant simplement conçu ou né hors mariage. La liquidation du testament-partage, soit-elle suivie de l'investiture sur les biens immobiliers, n'empêche pas l'action en recherche de paternité avec ses effets rétroactifs sur la réserve héréditaire. Les biens partagés constituent le patrimoine du de cujus qui était tenu, dès la conception de l'enfant hors mariage, à l'obligation de l'affilier (article 615), et de le gratifier au même titre que tous les autres réservataires dans un testament-partage.

Il n'y a que dans l'hypothèse de l'impossibilité de trouver le père de l'enfant né hors mariage, encore moins les membres de sa succession, qu'il sera procédé à la désignation d'un père juridique, membre ou non de la famille maternelle de l'enfant.

2. L'enfant place dans le lien de la paternité juridique

Les rédacteurs du Code de la famille n'ont pas oublié l'hypothèse d'un enfant dont le lien d'affiliation pourrait être difficile établir. L'option levée à ce sujet, est restée dans les limites de l'authenticité congolaise : chaque enfant doit avoir un père.

A titre d'illustration, il y a lieu de citer le cas d'un enfant dont l'action en recherche de paternité se serait soldée par un échec ; même celui d'un enfant conçu dans les circonstances des violences sexuelles pendant la période des conflits armés[20]. La loi indique que « lorsque la filiation paternelle d'un enfant né hors mariage n'a pu être établie, le tribunal, à la demande de l'enfant, de sa mère ou du Ministère public, désigne un *père juridique* parmi les membres de la famille de la mère de l'enfant ou à défaut de ceux-ci, une personne proposée par la mère de l'enfant »[21].

Le dernier alinéa de l'article 649 dispose que la parenté juridique ne crée pas d'autres effets[22] ; et c'est dans le commentaire analytique de la loi que l'exhérédation de cet enfant apparaît clairement, lorsqu'il y est motivé que la parenté juridique ne produit pas plus d'effets que la tutelle ; qu'il n'existe pas de lien juridique entre l'enfant et les ascendants, descendants et collatéraux du père juridique ; et qu'il ne concourt pas à la succession de ce

---

[20] Les cas les plus frappants sont ceux de plusieurs femmes victimes des violences sexuelles dans l'Est de la République Démocratique du Congo depuis les années 90.

[21] Article 649, alinéa 1er, Code de la famille.

[22] Article 649, alinéa 3, Code de la famille.

dernier[23]. Or, il s'avère que cette parenté a toutes les apparences d'une adoption intrafamiliale, en considérant surtout son aspect qui consiste à trouver un père dans la famille maternelle de l'enfant.

Lors de la prochaine réforme du Code de la famille, il devra être tenu compte du sort assez discriminatoire qui frappe cet enfant qui perd définitivement et doublement la vocation héréditaire du côté paternel. Si l'enfant sous tutelle jouit de l'encadrement du tuteur familial, après avoir obtenu parfois des biens de la succession de son défunt père, ou lorsqu'il admis qu'en qualité de pupille de l'Etat, l'enfant sans famille bénéficie de l'attention des autorités administratives locales[24], l'enfant attribué à un père juridique est exposé à l'exhérédation de la succession de ce dernier ; alors que son sort successoral n'attirerait l'attention d'aucune autorité administrative. La mort du père juridique ouvre la voie à l'attribution du même enfant à un autre père juridique, si aucun responsable n'ose l'adopter.

En examinant la situation du partage d'ascendant que peut établir un père juridique, il s'avère nécessaire de prendre en compte l'intérêt supérieur de l'enfant pour cerner la discrimination dont il pourra être victime, dès lors que la personne qui l'aura éduqué n'est tenue à aucune obligation d'ordre successoral à son égard. Pour s'en convaincre, il suffit de comprendre que la situation de l'enfant simplement adopté et placé dans les mêmes circonstances, constitue un cas de devoir successoral vis-à-vis de l'ascendant qui ne peut l'omettre dans un aucun règlement d'hérédité ; d'ailleurs il s'agit d'un enfant qui jouit de la qualité de réservataire auprès de deux pères à la fois : dans sa famille d'origine et dans celle adoptive.

En plus, il s'observe que le partage d'ascendant n'impose aucune obligation successorale au père juridique ; alors qu'en cas d'adoption, il lie le père adoptant, même à l'égard des descendants de l'enfant adopté qui serait prédécédé. L'intégration effective de l'enfant dans la famille de son père juridique au plan de la vocation héréditaire est une nécessité qui aura des effets véritablement verticaux : cette option engendre des obligations successorales au profit de l'enfant et vice versa. Il résulte de l'état actuel de la législation que si c'est la femme qui a un enfant hors mariage, la loi ne semble pas être assez sévère comme elle l'est pour le mari, d'autant moins qu'il est difficile, sinon rare à la femme d'ignorer sa progéniture.

L'établissement du lien de filiation maternelle résulte du seul fait de naissance[25] ; il n'est pas normal que le législateur ait apparemment écarté la mère de l'enfant né hors mariage des poursuites pénales, pour les mêmes causes. L'article 600 du Code de la famille se limite à édicter que « tout enfant peut intenter une action en recherche de maternité. L'enfant qui

---

[23] Commentaire analytique, à l'occasion de l'adoption de l'article 649 de la Loi n° 87-010 du 1er août 1987 portant Code de la famille.

[24] Articles 248 et 262, Code de la famille.

[25] Article 595, Code de la famille.

exerce l'action sera tenu de prouver qu'il est celui dont la mère prétendue a accouché ».

Mais, qu'il soit né hors mariage par son père ou par sa mère, l'enfant peut intégrer le ménage composé par l'un de ses géniteurs avec un autre époux, que moyennant le respect de la procédure exigée à l'article 647 qui dispose que « l'enfant d'un seul des conjoints dont la filiation a été établie pendant le mariage ou dont la filiation, établie avant le mariage n'a pas été révélée à l'autre conjoint, ne peut être introduit dans la maison conjugale qu'avec le consentement de ce dernier »[26]. C'est avec raison que les commentateurs de cette loi ont estimé que l'on ne peut imposer à l'un des conjoints un enfant dont la naissance lui a été cachée, que celle-ci ait eu lieu avant ou pendant le mariage[27]. Ainsi, l'article 758, primo, est incitateur du dialogue entre les deux conjoints autour du statut de l'enfant né hors mariage ; il n'exclut pas cet enfant de la succession de son père, même si les époux sont communs en biens.

Il existe tout de même une brèche favorable à cet enfant : le conjoint non-géniteur peut l'adopter carrément[28] ; auquel cas, l'enfant jouira d'une vocation successorale supplémentaire. Il y a lieu de distinguer, par ailleurs, l'hypothèse d'un enfant totalement né hors mariage (le cas d'un enfant né de la combinaison entre les célibataires, les veufs ou les divorcés qui pourront chacun se marier plus tard à un autre partenaire), de celle d'un enfant simplement né hors mariage (situation d'un enfant dont l'un des parents est marié au moment de sa conception).

Dans tous les cas, loin de considérer l'article 758 du Code de la famille, comme étant exclusif de la vocation héréditaire de l'enfant non affilié du vivant de son géniteur, il paraît utile de brosser quelques voies de recours qui lui sont offertes, dans un règlement successoral relatif au partage d'ascendant, tout comme dans l'hypothèse d'une succession ab intestat.

3. Les voies de recours offertes a l'enfant et perspectives d'avenir

L'affiliation, même tardive, est une voie ouverte au père de l'enfant ; mais, la recherche de paternité du vivant du prétendu père, ou après le décès de celui-ci, n'exclut pas le cumul d'actions judiciaires pour empêcher, à titre des mesures conservatoires, le partage illicite et, partant, préjudiciable à l'enfant. L'intérêt supérieur de l'enfant se prête même aux actions post partage, pourvu que ses droits successoraux soient sauvegardés.

---

[26] Article 647, Code de la famille.

[27] Commentaire analytique, à l'occasion de l'adoption de l'article 647 de la Loi n° 87-010 du 1er août 1987 portant Code de la famille.

[28] Article 668, alinéa 2, Code de la famille.

3.1. La procédure d'affiliation du vivant du père de l'enfant

La loi impose au père qui a eu un enfant hors mariage de le reconnaître dans les douze mois de sa naissance. Pendant cette période, le père peut faire une déclaration de naissance à l'état civil[29]. La loi autorise même une affiliation dès la conception de l'enfant ; voire après le décès de celui-ci[30] ; ce qui va sécuriser éventuellement les descendants de cet enfant. La loi admet même la signature des conventions familiales sous-seing privé valant affiliation[31]. L'enregistrement de cette convention peut constater le versement des indemnités ou des présents selon la coutume applicable[32]. Mais, même sans cette déclaration, la convention produit des effets à l'égard de l'enfant reconnu par son père[33]. L'article 626 interdit la révocation de l'affiliation, sauf lorsqu'il y a contestation valable de paternité devant la justice.

Dans l'intérêt de l'enfant, la loi tolère la déclaration de naissance faite par un géniteur mineur d'âge. Il est souhaitable que le père qui reconnaît un enfant à titre posthume, hors délai légal, soit exempté des sanctions pénales ; sauf s'il y a été contraint.

Toutes ces démarches administratives sont protectrices de l'enfant né hors mariage, dont la vocation héréditaire est inébranlable. La constatation de l'affiliation rend le partage d'ascendant nul ; et elle fonde l'enfant à faire constater cette nullité s'il n'est rectifié.

3.2. La recherche de paternité du vivant du prétendu père de l'enfant

Lorsque le père de l'enfant ignore l'existence de sa progéniture, ou s'il refuse de l'affilier, comme démontré précédemment, l'aboutissement de l'action en recherche de paternité s'accompagne des sanctions pénales, malgré la confusion des compétences entre le juge civil et son collègue répressif. Il s'agit d'une action qui peut être intentée à tout moment.

L'infraction de « refus d'affiliation » mérite une procédure autonome qui pourrait commencer soit au Parquet, soit directement devant le juge répressif compétent. L'aboutissement de l'action pénale vaudra alors affiliation, avec devoir d'inscription des mentions en marge de l'acte de naissance de l'enfant. Les effets du jugement constatant la paternité sont les mêmes que ceux produits par l'affiliation volontaire.

3.3. L'affiliation administrative post mortem

Avant l'écoulement du délai de 12 mois depuis la naissance de l'enfant conçu hors mariage, l'article 616, alinéa 2, institue deux possibilités qui

---

29 Article 614, alinéa 1er, Code de la famille.

30 Article 615, Code de la famille.

31 Article 620, alinéa 1er, Code de la famille.

32 Article 629, Code de la famille.

33 Article 620, alinéa 2, Code de la famille.

peuvent sous-tendre la déclaration de cet enfant à l'état civil par n'importe quel autre proche parent du de cujus. Lorsqu'il s'agit du décès du père ou de l'impossibilité de manifester sa volonté, même au-delà du délai légal, celui qui s'engage à régulariser le statut de l'enfant né hors mariage, est tenu de l'affilier même tardivement sans risque d'engager sa responsabilité pénale.

Le père décédé ou se trouvant dans l'impossibilité de manifester sa volonté en matière d'affiliation, est remplacé par son proche parent pour ce devoir dont les effets sont les mêmes. A cet égard, la vocation successorale ne peut souffrir d'aucune dérogation. C'est ici que le devoir prescrit aux membres de la famille du prétendu père de l'enfant, à l'article 616 de la loi, révèle la quintessence de sa nature complémentaire au libellé de l'article 758 du Code de la famille mettant ainsi fin aux controverses doctrinales et jurisprudentielles.

Comment expliquer que l'affiliation initiée par le proche parent du père se trouvant hors d'état de manifester sa volonté, et qui consolide la vocation héréditaire de l'enfant né hors mariage, pourrait manquer d'effets successoraux lorsqu'il s'agit du prédécès du géniteur ? L'article 616, alinéa 2 du Code n'en a jamais distingué les effets. L'article 758 du Code de la famille, oblige le père à affilier, de son vivant, tout enfant qu'il aura eu hors du foyer dans les 12 mois ; alors que les articles 615 et 616, posent préalablement les principes d'affiliation soit prénatale, soit à titre posthume, soit encore *post mortem,* au sujet du même enfant.

D'ailleurs, la vocation héréditaire est inhérente à la conception de toute personne humaine, dès lors que la loi admet l'affiliation d'un embryon, voire d'un enfant déjà décédé[34]. Donc, il est possible d'attribuer à l'enfant simplement conçu un nom bien avant sa naissance, et cela dans un acte de naissance dûment établi, contrairement à la situation de l'enfant né dans le mariage. De même, l'établissement de cet acte est imposé aux proches parents du père, même déjà décédé ; c'est de cette manière que la loi protège les réservataires et leurs descendants.

3.4. L'affiliation judiciaire post mortem

Quel que soit l'âge de l'enfant, dès qu'il existe des pistes d'identification de son prétendu père, même déjà décédé, la voie judiciaire lui est ouverte lorsque les proches parents ont un quelconque doute sur la situation. D'ailleurs, même s'il était confié à un père juridique, l'article 624, alinéa 3, permet à l'enfant d'obtenir la révision spéciale du jugement qui mettrait fin à sa situation précaire. L'action est dirigée contre les héritiers du de cujus[35], ou les proches parents du père, même ceux qui ne sont pas appelés à l'hérédité. La loi admet même la preuve testimoniale (article 636) ou scientifique (article 637, tertio).

---

[34] Article 615, Code de la famille.

[35] Article 632, Code de la famille.

La décision judiciaire en matière d'affiliation, a des effets sur la validité du partage d'ascendant ou toute modalité de transmission de la succession ; mais, il est important d'initier une action susceptible de suspendre toutes les opérations de liquidation en cours, par la multiplicité des chefs de demande.

3.5. Le cumul des chefs de demande au profit de l'enfant en péril

La vocation héréditaire de l'enfant né hors mariage lui ouvre la possibilité de cumuler des chefs de demande en cas de péril en la demeure. Lorsque l'action en recherche de paternité s'accompagne non seulement de la demande d'annulation d'un partage d'ascendant irrégulier, mais aussi de la licitation assortie de mesures conservatoires portant sur le séquestre de la masse successorale, le demandeur n'aura violé aucune loi de procédure.

C'est cette stratégie qui manque dans plusieurs recours initiés par les réservataires nés hors mariage, dans les espèces qui les opposent à leurs cohéritiers poussés à les empêcher de jouir de leurs droits successoraux qu'ils ont en indivision. La masse des biens, une fois séquestrée, permet au juge saisi de vérifier le fondement de la recherche de paternité pour, le cas échéant, se prononcer à la fois sur la constatation du lien de paternité, l'annulation du partage d'ascendant et le nouveau partage équitable au profit de tous les descendants. Mais, du vivant du disposant, l'héritier omis du partage d'ascendant peut choisir la voie pénale (article 614, alinéa 4) ; et il ne faudrait pas que l'action pénale soit la conséquence de l'action civile.

3.6. Le recadrage de l'action pénale pour refus d'affiliation

Le refus d'affiliation de l'enfant né hors mariage est érigé en infraction. Ainsi, la pénalisation de la négligence du présumé père de l'enfant, vise l'intérêt supérieur de son enfant dont il faudra recadrer la procédure qui conduit à l'application des sanctions pénales. Le processus d'applicabilité des alinéas 2 et 4 de l'article 614 du Code de la famille, n'est pas l'apanage du juge d'affiliation d'enfant qui est alors un juge civil.

Même si la compétence juridictionnelle est d'attribution, il ne serait pas logique d'autoriser le juge siégeant en matière de droit privé de la famille, à appliquer des sanctions pénales. Il serait judicieux d'indiquer que la *simple négligence d'affiliation d'un enfant né hors mariage, expose son auteur aux poursuites pénales devant le juge compétent.* C'est ainsi que l'enfant ou sa famille maternelle pourraient saisir le Procureur de la République compétent pour les enquêtes nécessaires ; ils peuvent saisir également saisir le juge répressif pour ce devoir. L'idée qui se dégage de la formulation de l'article 614, dans ses divers alinéas, opère sans doute la transformation automatique du juge civil en juge répressif ; ce qui n'est pas convenable.

Malgré le décès du prétendu père de l'enfant né hors mariage, la responsabilité pénale est et reste individuelle ; les autres ascendants, membres de la famille paternelle de cet enfant, ne peuvent engager aucune responsabilité en cas de négligence d'affiliation post mortem. *De lege ferenda,* le législateur pourra prévoir que *tout autre membre de la famille paternelle de l'enfant né hors mariage, au courant du fait et qui aura tenté de le contester, sera passible des peines prévues à l'article 614, devant le tribunal compétent.* Mais, en cas d'une succession déjà liquidée, quid des revendications postérieures au partage ?

3.7. Les actions post partage

Le partage successoral peut s'effectuer soit *ab intestat*, soit selon le testament du de cujus. Le cas particulier du partage d'ascendant, peut se liquider avant l'affiliation de l'enfant ignoré.

Mais, quelles sont les chances dont dispose cet enfant pour revendiquer à la fois sa qualité de successible et sa part héréditaire diluée dans les lots attribués aux copartageants ou des copartagés ? Il s'avère que le silence du Code de la famille sur le recours en rescision, n'est pas absolu ; car, l'article 137 de la loi n° 13/011-B du 11 avril 2013 portant organisation, fonctionnement et compétence des juridictions de l'ordre judiciaire, institue les actions en nullité ou en rescision du partage, et en fixe même le délai de prescription à deux ans.

Il n'y a que les libéralités faites aux réservataires sur la quotité disponible, qui peuvent échapper aux revendications de l'enfant survenu tardivement par rapport à la liquidation de la succession de son père. La quotité disponible protège même les bénéficiaires ayant renoncé à la succession.

La Cour de cassation française avait jugé sur cette question que l'enfant, donataire en avancement d'hoirie qui renonce à la succession du donateur, ne peut conserver son don que jusqu'à concurrence de la quotité disponible, et sans pouvoir cumuler cette quotité avec la part à laquelle il aurait eu droit comme héritier[36]. Le droit congolais fixe la quotité disponible au quart de l'hérédité ; et, n'exclut pas les revendications post partage.

L'enfant non-affilié du vivant du de cujus n'est forclos pour revendiquer ses droits successoraux qu'après deux ans depuis la constatation de son lien d'affiliation. Il est utile de relever que les membres de sa famille paternelle peuvent l'affilier après partage de la succession, comme il peut lui-même les assigner en recherche de paternité dès qu'il a des indices sérieux sur l'identification de son géniteur. Il est aussi en droit de faire échec au partage effectué sur base d'un testament qui aurait violé sa vocation héréditaire. C'est la violation de l'article 903 du Code de la famille qui expose tout partage d'ascendant à l'annulation. Même si son intégration dans la famille paternelle est obtenue *post mortem,* l'enfant non-affilié n'est pas moins

---

[36] Ch. Réun. 27 novembre 1863, DP 64 ; Civ. 2 mai 1899, DP 1900, 1, 127 note Planiol ; in Capitant H, Terre F et Lequette T, *Les grands arrêts de la jurisprudence civile,* tome 1, *Introduction, Personnes, Famille, Biens, Régimes matrimoniaux, Successions*, 11e édition, Dalloz, Paris, 2000, pp. 617-619.

réservataire ; a fortiori lorsque sa qualité aura été consolidée. Il a cette vocation au jour de sa conception ; et il ne sera pas dispensé des obligations passives contractées par le de cujus, jusqu'à concurrence de la part qui lui serait dévolue soit judiciairement, soit à l'amiable. Le cas de la succession *ab intestat* n'est pas complexe comme l'est celui du partage d'ascendant établi dans l'ignorance d'un enfant non affilié du vivant de son géniteur.

En définitive, tous les scenarii de solution amiable peuvent l'emporter sur la bataille judiciaire. Dans tous les cas, la succession aura cessé d'être testamentaire pour être liquidée comme si elle était *ab intestat.* Il n'est pas exclu que les copartageants puissent aussi recourir au rapport en nature ou en moins prenant, à la réduction ou au paiement de la soulte, pourvu que tous les réservataires du de cujus soient traités sur un pied d'égalité.

Conclusion

L'affiliation se révèle être le génie de la conciliation entre l'option de la monogamie et la rigueur de l'article 467 sur l'adultère. Sans la prétention de valider l'infidélité du père de l'enfant conçu hors mariage, le législateur impose l'affiliation de cet enfant du vivant de son père, pour ne pas heurter l'adage « *infans conceptus pro nato quotiens de commodo ejus agitur* »[37]. A cet effet, la loi oblige le mari à affilier le produit de ses détours extraconjugaux (art. 758), les poursuites pour adultère étant soumises à la plainte préalable de la victime ; et l'intégration de cet enfant dans la maison conjugale, au consentement de la partie offensée (art. 647). Si l'affiliation a lieu *post mortem* (art. 616, al 2), l'action en adultère n'existe plus.

L'affiliation tardive sans vocation héréditaire n'existe pas juridiquement ; c'est une conception hérétique. L'article 616, alinéa 2 du Code de la famille, n'a jamais exclu la vocation successorale de l'enfant ; et quoi de plus normale comme l'action en recherche de paternité *post mortem,* initiée pour obtenir l'annulation du partage d'ascendant ayant omis une progéniture. Si la conjointe survivante n'eut pu empêcher la conception de cet autre enfant hors mariage, par des moyens sociaux pourtant à sa disposition, les enfants nés dans le mariage ne peuvent pas priver leur consanguin de ses droits successoraux, pourtant tirés à la même source. Si cette privation est malencontreusement approuvée par une décision judiciaire, il appartient à la victime de faire constater par la prise à parti, à charge des interprètes tendancieux de la loi, le dol ou le déni de justice.

Le *vinculum juris,* tel qu'enseigné par le savant Kalongo Mbikayi, ici entendu comme lien biologico- juridique entre un enfant conçu ou né hors mariage et son prétendu père, existe dès le jour de sa conception. Il produit

[37] Cet adage érigé en principe général de droit se traduit comme suit : « l'enfant simplement conçu est considéré comme étant né chaque fois qu'il s'agit de ses intérêts »

des effets même en faveur des descendants de cet enfant s'il est prédécédé. Ses descendants héritent de la vocation héréditaire et de l'action en recherche de paternité contre les autres héritiers de leur grand-père. C'est la conception qui sous-tend ce droit à l'affiliation ; l'acte de l'état civil ou le jugement en recherche de paternité n'ont comme point de repère que la date de la conception et la preuve médicale comme le test d'ADN. L'article 47 de la loi du 10 janvier 2009 est venu renforcer cette évidence en posant que « nul n'a le droit d'ignorer son enfant, qu'il soit né dans ou hors mariage ».

Même si l'enfant avait déjà un père juridique, situation qui le prive d'ailleurs de la vocation héréditaire, la loi prévoit le changement de statut (article 624, alinéa 3), au moyen de l'affiliation même *post mortem.* Les conséquences sont notamment l'annulabilité des actes de partage successoral, le début du cours de la prescription de l'action en nullité du partage (article 137, *tertio,* loi n° 13/11-B du 11 avril 2013 portant organisation, fonctionnement et compétences des juridictions de l'ordre judiciaire), ainsi que la protection de la réserve successorale, même en faveur des descendants de l'enfant né hors mariage, prédécédé.

L'enfant simplement conçu hors mariage, naît avec sa vocation héréditaire obtenue dès sa conception ; et qu'il transmet valablement à ses propres descendants ; ce qui justifie la suspension de l'épée de Damoclès sur la tête de son père biologique pour affiliation tardive, ou refus d'affiliation. D'ailleurs, l'action en recherche de paternité et l'affiliation *post mortem*, sont imprescriptibles avec tous leurs avantages d'ordre successoral.

Bibliographie

- Amisi Herady, *Droit civil : Les personnes, les incapacités, la famille,* vol. I, 4e édition, EDUPC, Kinshasa, 2016.
- Capitant H., Terre F. et Lequette Y, *Les grands arrêts de la jurisprudence civile,* tome 1, *Introduction, Personnes, Famille, Biens, Régimes matrimoniaux, Successions*, 11e édition, Dalloz, Paris, 2000.
- Flour J. et Souleau H., *Les successions,* Armand Colin, Paris, 1991.
- Kalongo Mbikayi, *Droit civil, tome I : Les obligations,* Editions Universitaires Africaines, Kinshasa, 2012.
- Kifwabala Tekilazaya J-P., *Droit congolais : Régimes matrimoniaux, successions et libéralités,* Ed. Les Analyses Juridiques, Lubumbashi, 2008.
- Muzama Matansi, *Droits des héritiers en droit positif congolais,* Ed. Recherches d'une Justice Juste, Lubumbashi, 2004.
- Tshibangu Tshiasu Kalala F., *Droit civil : Régimes matrimoniaux, successions et libéralités,* Ed. Cadicec, Kinshasa, 2006.
- Yav Katshung J, *Les successions en droit congolais (cas des enfants héritiers),* New Voices Publishing, Cap Town, 2008.

La cession ou la transmission du brevet

■ ***Francis Ilunga Lubumbashi***
Chef de Travaux et Doctorant à la Faculté de Droit de l'Université de Kinshasa
Avocat près la Cour d'Appel de Kinshasa/Matete

Introduction

L'article premier de la loi n°73/021 du 20 juillet 1973 portant régime général des biens, régime foncier et immobilier et régime des sûretés telle que modifié à ce jour[1] cite les droits intellectuels parmi les trois sortes des biens ou droits patrimoniaux, à savoir les droits de créance ou d'obligations, les droits réels et enfin, les droits intellectuels.

Les droits intellectuels étant ainsi des droits patrimoniaux, ils méritent d'être protégés comme le veut l'article 34 de la Constitution qui dispose que la propriété privée est sacrée. Les droits de propriété intellectuelle sont garantis et protégés par la loi.

En République Démocratique du Congo, le droit de propriété intellectuelle constitue un droit fondamental prôné dans la Constitution du 18 février 2006 tel que modifié par la loi n°11/002 du 20 janvier 2011 portant révision de certains articles de la Constitution[2].

En effet, aux termes de l'article 46 de la Constitution, il est disposé que : « Le droit à la culture, la liberté de création intellectuelle et artistique, et celle de la recherche scientifique et technologique sont garantis sous réserve du respect de la loi, de l'ordre public et de bonnes mœurs ».

Le terme propriété intellectuelle désigne les créations de l'esprit, à savoir les inventions, les œuvres littéraires et artistiques, les symboles, noms, images et dessins et modèles utilisés dans le commerce[3].

Elle sert à protéger les créations intellectuelles et récompense l'effort des innovateurs en leur accordant des droits leur permettant de diffuser leurs créations dans la société et de les fructifier grâce au monopole d'exploitation leur accordé pour une période déterminée.

---

[1] Modifiée et complétée par la loi n°80/008 du 18 juillet 1980, in *J.O.Z.*, n°15 du 1er août 1980

[2] Journal officiel de la République Démocratique du Congo, 1er février 2011, n°3.

[3] Cinelli B., *Propriété intellectuelle*, éd. Hachette Education, Paris, 2010, p.543.

La propriété intellectuelle comprend deux volets, à savoir la propriété industrielle, d'une part, et la propriété littéraire et artistique, d'autre part.

Ainsi, la loi n°82/001 du 07 janvier 1982 régit la propriété industrielle et assure la protection des idées et de la capacité inventive, tandis que l'ordonnance-loi n°86/033 du 05 avril 1986 porte protection des droits d'auteurs et des droits voisins se rapportant aux œuvres d'esprit.

Nous nous appesantirons dans cette étude sur les brevets d'invention qui constituent une catégorie des droits de propriété industrielle, laquelle comprend, d'un côté, les droits sur les signes distinctifs qui renferment les marques de fabrique ou de commerce, les dessins et modèles industriels, et de l'autre, les droits sur les créations nouvelles dont les découvertes et brevets d'invention.

En effet, aux termes de l'article 2 de la loi n°82/001 du 07 janvier 1982 régissant la propriété industrielle, les activités qui donnent lieu à des titres de propriété industrielle (appelés, selon le cas, brevet ou certificat) susceptibles d'être exploités comme objet d'industrie ou de commerce sont :

- Les inventions ;
- Les dessins et modèles industriels ;
- Les signes distinctifs (marques de fabrique, de commerce, de service et la marque nationale de garantie) ;
- Les dénominations commerciales et appellations d'origine ;
- Les indications géographiques ainsi que
- Les enseignes[4].

L'inventeur, c'est-à-dire le titulaire des créations nouvelles est partout dans le monde reconnu propriétaire de son invention, mais s'engage à partager avec la société, l'utilité de son invention. Cette création nouvelle doit être brevetée.

Le législateur congolais ne donne pas une définition légale du brevet d'invention. La doctrine le définit comme étant le titre délivré par les personnes publiques pour protéger une invention et conférant un monopole d'exploitation temporaire sur l'invention à celui qui la révèle ou en donne une description suffisante et complète ou en revendique un monopole[5].

Pour obtenir un brevet d'invention, l'inventeur ou l'entité pour laquelle il travaille, présente une demande à l'Office national ou régional des brevets[6]. Dans la requête, l'inventeur doit décrire l'invention de façon détaillée et la comparer avec les technologies déjà existantes dans le même domaine afin de démontrer sa nouveauté[7].

---

[4] Jean-Michel Kumbu ki Ngimbi, *Droit de la propriété intellectuelle*, 3ème édition, I.A.D.H.D, Kinshasa, 2020, p.12.

[5] Bruguiere (J.M), Vivant (M), *La propriété intellectuelle entre autres droits*, éd. Dalloz, Paris 2009, p.437.

[6] En République Démocratique du Congo, la demande de brevet est déposée au Service de la Propriété industrielle du Secrétariat Général à l'Industrie

[7] Chavanne (A) et Burst (J.J), *Le droit de la propriété industrielle*, Dalloz, 2ème éd. Paris, 2001, p.583.

L'intérêt de la présente étude est de relever que le brevet qui constitue un capital immatériel pour l'inventeur en ce que le monopole d'exploitation conféré à son invention lui permet de tirer un avantage financier considérable, peut faire l'objet des contrats, mais lesquels sont soumis à un formalisme rigide pour des nécessités d'intérêt général.

Le titulaire du brevet peut de son vivant, céder son brevet en totalité ou en partie. De même que les droits du breveté peuvent être transmissibles pour cause de mort. Aussi, dans le cadre de ses prérogatives, le breveté a le loisir pour des motifs qui lui sont propres, de nantir ses droits attachés au brevet. Mais avant toute chose, il sied de rappeler les différentes catégories des brevets.

I. Enumération des brevets

La législation congolaise relative à la propriété industrielle, sans classifier les inventions, prévoit trois catégories des brevets : les brevets d'invention proprement dits (A), les brevets de perfectionnement (B) et les brevets d'importation (C)[8].

A. Les brevets d'invention

1. Notion et nature juridique

Aux termes de l'article 5 de la loi n°82/001 du 07 janvier 1982 régissant la propriété industrielle, le brevet d'invention couvre, à titre principal, une invention qui, à la date du dépôt ou de priorité de la demande y relative, n'a pas encore été brevetée.

L'invention s'entend d'une idée qui permet dans la pratique la solution d'un problème particulier dans le domaine de la technique.

Les conditions exigées pour la brevetabilité d'une invention sont la nouveauté, l'activité inventive, le caractère industriel, le caractère licite.

Sont exclus de la brevetabilité :

- Les principes et conceptions théoriques ou purement scientifiques ;
- Les créations de caractère exclusivement ornemental ;
- Les méthodes financiers ou comptables, les règles de jeux et tous les autres systèmes de caractère abstrait et notamment les programmes ou séries d'instructions pour le déroulement des opérations d'une machine calculatrice ;
- Les inventions dont la publication ou l'exploitation sont contraires à l'ordre public, à la sureté de l'Etat et aux bonnes mœurs[9].

---

[8] Article 5 de la loi n°82/001 du 07 janvier 1882 régissant la propriété industrielle, in J.O. du 15 janvier 1982, p.9 et suivants.

[9] Article 12 de la loi n°82/001 du 07 janvier 1882 régissant la propriété industrielle, idem

Quant à sa nature juridique, le brevet d'invention est un monopole d'exploitation conféré par la loi à celui qui a trouvé l'invention et l'a révélée à la société[10].

2. Sortes des brevets d'invention

Le législateur congolais n'énumère pas les différentes sortes des brevets d'invention. Il ne se limite qu'à énoncer à l'article 36 de la loi n°82/001 du 07 janvier 1982 régissant la propriété industrielle que les brevets sont accordés pour les termes ci-après :

- Vingt ans pour les brevets d'invention ;
- Quinze ans pour les brevets d'invention portant sur les médicaments.

La nécessité de la coopération internationale en ce qui concerne les droits de la propriété intellectuelle dont le rôle fondamental est de promouvoir le développement social, culturel et la croissance économique mondiale a incité la République Démocratique du Congo à adhérer aux différents instruments internationaux en matière de propriété intellectuelle, notamment :

- La Convention de Paris pour la propriété industrielle du 20 mars 1883[11] ;
- La Convention instituant l'Organisation Mondiale de la Propriété Intellectuelle (OMPI) du 14 juillet 1967[12] ;
- Le Traité de Marrakech du 15 avril 1994 instituant l'Organisation Mondiale de Commerce (OMC), réglementant en son Annexe 1C, l'Accord portant sur les aspects des droits de propriété intellectuelle touchant au Commerce.[13]

Conformément à l'article 215 de la Constitution[14] qui dispose : « Les traités et accords internationaux régulièrement conclus ont, dès leur publication, une autorité supérieure à celle des lois, sous réserve pour chaque traité ou accord, de son application par l'autre partie », les trois textes internationaux sus cités font partie intégrante du droit positif congolais des brevets.

---

[10] Mulumba Katchy, *Droit de la propriété industrielle*, éd. Creja, Kinshasa 2013, p.11;

[11] Convention de Paris telle que révisée le 28 septembre 1979, in *Les Codes Larcier*, Tome I, Droit civil et judiciaire, éd. Larcier, Bruxelles 2003, pp. 253 et suivants (La RDC a adhéré à la Convention de Paris le 31 janvier 1975).

[12] Signée à Stockholm et modifié le 28 septembre 1979, in www.wipo.int/treaties/fr , consulté le 08 avril 2020 (La RDC a signé l'instrument de ratification le 28 octobre 1974 et l'entrée en vigueur est intervenue le 28 janvier 1975).

[13] Accord sur les ADPIC, entré en vigueur le 1er janvier 1975, in http : //www.wto.org/french/docs_f/docs_f.htm, consulté le 08 avril 2020 (La RDC a adhéré au Traité de Marrakech le 1er janvier 1997).

[14] Constitution de République Démocratique du Congo du 18 février 2006 telle que modifiée par la loi n°11/002 du 20 janvier 2011 portant révision de certains articles de la Constitution, in J.O, numéro spécial du 05 février 2011.

Ainsi dit, nous pouvons classifier les brevets d'invention comme suit :

- Les brevets d'invention proprement dits, tels que régis par la loi n°82/001 du 07 janvier 1982 sur la propriété industrielle. Ces brevets ont une durée de protection de 20 ans ;
- Les brevets pharmaceutiques pour une durée de protection de 15 ans[15] ;
- Les certificats d'obtentions végétales prévus par l'article 27 de l'Accord sur les ADPIC. Ces certificats assurent la protection des variétés végétales pour une durée allant de 15 à 25 ans[16] ;
- Les brevets portant sur les schémas de configuration des circuits intégrés (les puces électroniques) prévus par l'article 35 de l'Accord sur les ADPIC. La protection est conférée à ces brevets pour une durée de dix ans ;
- Les certificats d'utilité accordés pour des inventions de durée de vie courte. Les modèles d'utilité sont prévus par la Convention de Paris et accordent la protection à l'inventeur pour une durée de 3 à 10 ans maximum.

B. Les brevets de perfectionnement

Le brevet de perfectionnement, est une annexe ou un complément apporté au brevet principal. Il est autrement appelé « Certificat d'addition », terme consacré par l'Accord de Bangui du 02 mars 1977 instituant l'Organisation Africaine de la Propriété Intellectuelle (OAPI) telle que modifié le 24 février 1999[17].

Il consacre les améliorations, les changements, les perfectionnements ou les additions apportées à l'invention-mère. Il est indifférent que ces améliorations soient l'œuvre du titulaire du brevet principal ou d'un tiers. Sa durée est limitée par celle du brevet principal[18].

Le législateur congolais en l'article 5 de la loi n° 82/001 du 07 janvier 1982 régissant la propriété industrielle le définit comme étant celui qui porte sur toute amélioration d'une invention déjà brevetée.

---

[15] Toutefois, l'Accord sur les ADPIC a rallongé à vingt ans la durée des brevets pharmaceutiques. La RDC, parmi les 49 pays qualifiés de moins avancés, avait l'obligation de conformer sa législation nationale à cette durée au 1e janvier 2016 (Lire à cet effet, la déclaration sur l'accord sur les ADPIC et la santé publique, dite Déclaration de DOHA du 14 novembre 2001, in www.wto.org, consulté le 08 avril 2020

[16] Article 8 de la Convention Internationale pour la protection des obtentions végétales (Convention UPOV) du 2 décembre 1961, révisée à Genève le 23 octobre 1978 in https://www.upov.int pubdocs, consulté le 05 mai 2020.

[17] Articles 26 à 28 de l'Annexe de l'Accord de Bangui portant sur les brevets d'invention (Accord de Bangui instituant l'Organisation Internationale de la Propriété Intellectuelle « OAPI » du 02 mars 1977, telle que révisée le 24 février 1999, in *Moniteur Juridique*, Les Editions SOKEMI, Bangui, 2008. (La RDC n'a pas encore adhéré à ce Traité).

[18] Jean-Michel Kumbu ki Ngimbi, *op. cit*, p.24.

A l'instar du brevet d'invention, le brevet de perfectionnement confère également un monopole d'exploitation à son titulaire. Néanmoins, il convient de faire ici un distinguo selon que le perfectionneur est lui-même l'inventeur, titulaire du brevet principal ou encore, s'il s'agit d'un tiers.

Dans le premier cas, le monopole d'exploitation s'exerce sans obstacle. Par contre, lorsqu'il s'agit d'un tiers, le certificat d'addition sera considéré comme dépendant du brevet originaire.

En conséquence, le tiers perfectionneur ne peut exploiter son invention sans l'autorisation du titulaire du brevet antérieur dont il a perfectionné l'objet. En revanche, le titulaire du brevet originaire ne peut pas aussi exploiter le perfectionnement sans l'autorisation du tiers perfectionneur[19].

Quant aux conditions de brevetabilité de l'invention de perfectionnement, la recevabilité de la demande pour l'obtention du brevet de perfectionnement doit répondre, comme pour le brevet principal, aux exigences du caractère industriel du perfectionnement, de la nouveauté, de l'activité inventive et de la licéité.

Outre, ces conditions d'ordre général, deux conditions spécifiques sont nécessaires à l'obtention du brevet de perfectionnement : premièrement, le titre principal ne doit pas être lui-même un brevet de perfectionnement, et en second lieu, l'objet de l'addition doit se rattacher à l'une des revendications du brevet principal.

C. Les brevets d'importation

Le brevet d'importation ou certificat d'auteur d'invention, terme consacré par la Convention de Washington[20] est le titre qu'un inventeur obtient après avoir obtenu antérieurement un brevet pour le même produit et suivant les mêmes revendications dans un autre pays.

Le législateur congolais en l'article 5 de la loi n° 82/001 du 07 janvier 1982 régissant la propriété industrielle définit le brevet d'importation comme étant celui qui couvre une invention pour laquelle, à la date de dépôt ou de priorité de la demande y relative, son titulaire a déjà obtenu un brevet d'invention dans un pays étranger.

En effet, dans le souci de parer à la complexité des procédures, de la lourdeur administrative, du coût et des questions de la sécurité de l'invention, l'inventeur étant obligé à sillonner divers pays pour protéger son invention, et pour favoriser le développement du commerce international, des mécanismes internationaux ont été mis en place pour permettre à l'inventeur d'obtenir protection de son invention dans plusieurs pays à la fois à travers un dépôt unique. Tel est l'objet de la Convention de la Convention

---

[19] Mulumba Katchy, *op. cit,* p.57.

[20] Article 43 du Traité de Coopération en matière des brevets (Convention de Washington ou Patent Cooperation Treaty) du 19 juin 1970 tel que révisé le 03 octobre 2000, in www.wipo.int/pct/fr, consulté le 08 avril 2020 (La RDC n'a pas encore adhéré à la Convention de Washington).

de Washington de 1970, sur le plan international et en Afrique, l'Accord de Bangui de 1977, sur le plan régional.

Comme le brevet d'invention et le brevet de perfectionnement, le brevet d'importation confère à son titulaire le monopole d'exploitation et constitue un brevet dépendant du brevet antérieur.

Par conséquent, le brevet d'importation prend fin en même temps que le brevet principal et se trouve assujetti à la même procédure d'octroi. Il produit les mêmes effets que les deux précédentes catégories des brevets.

II. Droit de cession entre vifs du brevet

Nous allons examiner dans un premier temps la nature juridique du droit de cession du brevet (A), ensuite la question de l'étendue du droit de la cession du brevet (B), suivie de la procédure de cession du brevet (C). Enfin, une analyse de la jurisprudence (D) va clore ce point.

A. Nature juridique du droit de cession du brevet

Aux termes de l'article 50 de la loi n°82/001 du 07 janvier 1982 régissant la propriété industrielle, les droits du titulaire d'un brevet sont cessibles, concessibles ou transmissibles entre vifs ou pour cause de mort, en totalité ou en partie.

Une opinion doctrinale estime que le terme employé *« cession de brevet »* est impropre et qu'il faille à la place utiliser l'expression *« cession de l'invention brevetée »*[21].

Pour ces auteurs, ce que l'on cède, c'est toute l'invention et non pas le brevet qui n'est qu'un titre juridique auquel on joint un mémoire descriptif et tous les dessins et schémas se rapportant à l'invention afin de permettre à tout technicien moyen de réaliser l'invention en l'absence de l'inventeur.

En effet, pour protéger une invention technique, une amélioration apportée à un produit ou encore un procédé innovant, le créateur dépose une demande de brevet et lorsqu'il est octroyé, ce titre juridique (brevet) lui confère les droits exclusifs à travers le monopole d'exploitation qui lui est reconnu d'exploiter l'invention pendant une période déterminée. Cela dit, c'est bien le brevet qui confère le droit et par conséquent, c'est ce titre juridique qui fait l'objet de la cession. Nous nous rallions ainsi à la position du législateur congolais qui a retenu l'expression « cession de brevet ».

La cession du brevet peut se faire à titre onéreux (la vente) ou encore à titre gratuit (la donation).

1. Vente du brevet

La cession de brevet est définie comme le contrat par lequel le cédant transfère la propriété du brevet au cessionnaire, moyennant un prix fixé par les parties.

---

[21] Chavanne (A) et Burst (J.J.), *Droit de brevets*, P.U.F., Paris 1990, p.413, cités par Mulumba Katchy, *op. cit*, p.43.

Elle est à cet effet, une vente au sens de l'article 263 du Décret du 30 juillet 1888 portant contrats ou des obligations en général, dit Code civil congolais Livre III (CCLIII) qui dispose : « La vente est une convention par laquelle l'un s'oblige à livrer une chose, et l'autre à la payer ».

S'agissant d'un contrat, il doit remplir les conditions requises à l'article 8 du Code civil congolais Livre III à savoir : le consentement de la partie qui s'oblige, sa capacité de contracter, un objet certain qui forme la matière de l'engagement et une cause licite dans l'obligation.

En tant que contrat, cette vente de brevet est soumise au principe de la force obligatoire des contrats énoncé à l'article 33 du Code civil congolais Livre III en ce que les parties doivent respecter le contrat valablement formé et exécuter les obligations qui en découlent « *pacta sunt servanda* »[22].

Si à ce niveau, le problème ne se pose pas pour la vente du brevet d'invention proprement dit et du brevet d'importation qui est l'œuvre de l'auteur de l'invention lui-même, il en est autrement pour ce qui est de la vente du brevet de perfectionnement.

Ici, il faut distinguer deux situations, la première où le titulaire du brevet de perfectionnement est lui-même, auteur de l'invention originaire. Le problème ne se pose pas.

Mais lorsque le titulaire du brevet de perfectionnement est une personne différente du titulaire du brevet originaire, cette vente est assujettie à certaines restrictions légales.

En effet, aux termes de l'article 56 de la loi n°82/001 du 07 janvier 1982 régissant la propriété industrielle, il est posé le principe de dépendance entre le brevet principal (le brevet d'invention) et le brevet de perfectionnement en ces termes : « Le titulaire du brevet de perfectionnement ne peut exploiter ou faire exploiter son invention sans l'autorisation du titulaire du brevet principal. De même, le titulaire du brevet principal ne peut exploiter ni faire exploiter le brevet de perfectionnement sans l'autorisation de son titulaire ».

En conséquence, le perfectionneur ou cessionnaire du brevet de perfectionnement n'a pas la faculté d'exploiter de plein droit l'invention principale rattachée dans ses revendications et mémoire descriptif de l'invention améliorée, et réciproquement, le créateur originaire ne dispose pas aussi du plein droit d'exploiter les perfectionnements, additions et améliorations apportées au brevet principal et ayant donné lieu à l'octroi du brevet de perfectionnement.

Ainsi donc, le contrat de vente d'un brevet de perfectionnement appartenant à un tiers devra être assorti d'une condition suspensive, celle de l'accord du titulaire du brevet principal (le brevet d'invention), la condition

---

[22] Kenge Ngomba Tshilombayi M.T., *Droit civil. Les obligations*, Paris, L'Harmattan, 2017, p. 101 ; Lire aussi dans ce sens : Kalongo Mbikayi, *Droit civil*, Tome 1 : *Les Obligations*, Kinshasa, Editions africaines universitaires, 2012.

suspensive étant celle qui conditionne la naissance de l'obligation à un évènement incertain[23].

Voilà pourquoi, en droit comparé, il est prévu l'octroi d'une licence obligatoire par la juridiction compétente à la demande, soit de l'inventeur originaire, soit du tiers perfectionneur pour bénéficier de l'exploitation, selon le cas, de l'invention antérieure ou du perfectionnement.

L'article 47 de l'Annexe I de l'Accord de Bangui portant sur les brevets d'invention, par exemple, dispose que : « Lorsqu'une invention protégée par un brevet ne peut être exploitée sans qu'il soit porté atteinte aux droits attachés à un brevet antérieur dont le titulaire refuse l'autorisation d'utilisation à des conditions et modalités commerciales raisonnables, le titulaire du brevet ultérieur peut obtenir du tribunal une licence non volontaire pour cette utilisation, à la condition que :

a) L'invention revendiquée dans le brevet ultérieur représente un progrès technique important, d'un intérêt économique considérable, par rapport à l'invention revendiquée dans le brevet antérieur ;
b) Le titulaire du brevet antérieur ait droit à une licence réciproque à des conditions raisonnables pour utiliser l'invention revendiquée dans le brevet ultérieur ; et
c) L'utilisation autorisée en rapport avec le brevet antérieur soit incessible sauf si le brevet ultérieur est également cédé.

La requête est présentée au Tribunal de Grande Instance du domicile du breveté ou si celui-ci est domicilié à l'étranger, auprès du Tribunal du lieu où le breveté avait élu domicile ou avait constitué mandataire aux fins du dépôt ».

En droit congolais, par contre, l'article 70 de la loi n°82/001 régissant la propriété industrielle ne réserve la possibilité d'octroi d'une licence non volontaire qu'à l'hypothèse du défaut ou insuffisance d'exploitation industrielle. Donc, le législateur n'a pas *expressis verbis* réglé ce contentieux pouvant surgir entre le créateur et le perfectionneur.

Cette lacune devra être corrigée de *lege ferenda.* Dans l'entretemps, l'accord du titulaire du brevet principal est requis pour la cession du brevet de perfectionnement d'un tiers.

En outre, le titulaire du brevet cédé en sa qualité de vendeur est tenu conformément à l'article 280 du Code civil congolais Livre III, à deux obligations principales que sont l'obligation de délivrer et celle de garantir la chose qu'elle vend.

Par rapport à l'obligation de délivrance, la tradition se fait par la remise du titre (le brevet). L'inventeur doit livrer effectivement l'invention convenue dont l'objet a été fixé dans le contrat avec tous les accessoires (le mémoire descriptif, les dessins, croquis et schémas). L'inventeur doit livrer

---

[23] Kenge Ngomba Tshilombayi (M.T), *op. cit,* p. 255.

en même temps le know how (le savoir-faire)[24] ainsi que les fruits générés par l'invention.

L'obligation de garantie comporte quant à elle, deux sous-obligations au sens de l'article 302 du Code civil congolais Livre III : la première est la garantie de la possession paisible de la chose vendue et la seconde, la garantie des défauts cachés de la chose ou vices rédhibitoires.

L'inventeur cédant doit éviter et faire éviter de troubler la jouissance paisible du cessionnaire. Il garantit donc son fait personnel et le fait des tiers. L'inventeur doit empêcher le trouble de droit et le trouble de fait dans l'exploitation de l'invention par le cessionnaire.

Les vices rédhibitoires peuvent également affecter le contrat de cession de l'invention brevetée. Il y a vice caché lorsque tout cessionnaire attentif n'a pas su se rendre compte au moment de la délivrance de l'invention de l'imperfection qui affecte l'invention.

Ce vice peut être matériel ou juridique. Il est matériel lorsque l'invention en soi comporte des insuffisances sur le plan de la technique non décelées par exemple au moment de sa brevetabilité ou encore en vertu de l'article 31 de la loi n°82/001 du 07 janvier 1982, l'invention qui a été breveté aux risques et périls de l'inventeur s'est révélée par la suite que son caractère d'antériorité a fait défaut et que le brevet doit être retiré.

Le vice est juridique lorsque la procédure légale d'octroi du brevet a été viciée et que le brevet fait l'objet d'une action en nullité.

2. Donation du brevet

La cession du brevet peut également se faire à titre gratuit. Dans ce cas, il s'agit d'une donation.

L'article 873 de la loi n°87/010 portant Code de la Famille tel que modifié à ce jour[25] dispose que la donation entre vifs est un contrat de bienfaisance par lequel une personne, le donateur, transfère actuellement et irrévocablement un droit patrimonial à une autre, le donataire qui l'accepte.

Cette donation emporte l'obligation de donner (*dare*) qui est celle par laquelle le débiteur, ici le titulaire du brevet, s'engage à transférer au créancier (ici le bénéficiaire du brevet cédé) la propriété d'une chose ou à constituer à son profit un droit réel sur cette chose[26].

En tant que contrat unilatéral, la donation du brevet exige, pour sa formation, l'accord de deux volontés, le contrat unilatéral étant défini comme étant celui par lequel une ou plusieurs personnes sont obligées

[24] Article 87 de la loi n°82/001 du 07 janvier 1982 régissant la propriété industrielle.

[25] Loi n° 87-010 du 1er août 1987 portant code de la famille telle que modifiée et complétée par la loi n° 16/008 du 15 juillet 2016.

[26] Kalongo Mbikayi, Droit civil, Tome 1, *op. cit,* p.25 ; Lire aussi Kenge Ngomba Tshilombayi (MT), Droit civil. Les Obligations, *op. cit,* p.24.

envers une ou plusieurs autres sans que de la part de ces derniers, il y ait un engagement[27].

En tout état de cause, cette donation en tant que contrat, peut être annulée pour violation de l'une des conditions de validité des contrats.

A ce titre, elle peut faire l'objet d'une nullité absolue pour erreur sur la nature même du contrat lorsque l'une des parties croit conclure une vente, tandis que l'autre pense qu'il s'agit effectivement d'une donation. C'est ce que la doctrine appelle « Erreurs obstacles »[28].

Par contre, dans l'hypothèse de cause simulée, lorsque le titulaire du brevet simule la véritable cause de la cession qui est la vente à titre onéreux, par un contrat apparent de donation, le contrat de cession ne subira pas la sanction d'annulation, en vertu de l'article 203 du Code civil des Obligations, Livre III qui admet la légalité de la simulation en disposant : « Les contre-lettres peuvent avoir leur effet qu'entre les parties contractantes. Elles n'ont point d'effet contre les tiers ». La simulation est donc l'opération par laquelle les parties conviennent de cacher leur accord réel derrière un acte apparent[29].

B. Etendue de la cession du brevet

La cession du brevet qu'elle soit à titre onéreux ou à titre gratuit, peut être réalisée totalement ou partiellement.

La cession totale porte sur l'ensemble de l'invention avec tous ses accessoires et fruits générés. Par contre, la cession partielle se fait suivant différentes modalités.

L'une des modalités usuelles de la cession partielle des droits de brevet est la vente à réméré où l'inventeur, titulaire du brevet et auteur de l'œuvre de l'esprit en tant que créateur, souhaite voir lui revenir après un certain temps, le brevet, fruit de ses multiples recherches et sacrifices consentis.

La vente à réméré, autrement dit pacte de rachat ou retrait conventionnel[30] est un pacte par lequel le vendeur se réserve le droit de reprendre la chose vendue, moyennant restitution du prix principal et accessoires[31].

L'inventeur cède donc son droit d'exploitation pour une durée déterminée tout en se réservant le droit de reprendre son brevet à l'échéance du terme convenu.

---

[27] Article 3 du Décret du 30 juillet 1888 portant contrats ou des obligations conventionnelles

[28] Kalongo Mbikayi, Droit civil, Tome 1, *op. cit,* p.69 ; Lire aussi Kenge Ngomba Tshilombayi (MT), Droit civil. Les Obligations, *op. cit,* p.68

[29] Kalongo Mbikayi, Droit civil, Tome 1, *op. cit,* p.141

[30] Mulumba Katchy, *Droit civil : les contrats spéciaux,* 1ère éd. CREFIDA, Kinshasa, 2015, p.69

[31] Article 336 du Décret du 30 juillet 1888 portant contrats ou des obligations conventionnelles.

L'inventeur cédant peut aussi exploiter concurremment ses droits brevetés avec le cessionnaire. En ce cas, les deux parties bénéficieront du monopole d'exploitation avec tout ce qui en résulte, sauf si les clauses du contrat disposent autrement.

Il peut se faire aussi que l'inventeur cède simplement un des droits d'exploitation du brevet par exemple le droit de vente et garde par exemple le droit de fabrication ou vice versa.

L'inventeur peut aussi céder uniquement les applications de son invention et garder le droit exclusif de l'exploitation de son invention.

La cession totale ou partielle donne ainsi le droit au cessionnaire d'exploiter l'invention brevetée et de profiter des brevets de perfectionnement acquis par le breveté ou ses ayants droits dans les conditions d'accord réciproque entre le breveté principal et le perfectionneur comme nous l'avons développé précédemment.

En cas de cession partielle de brevet de perfectionnement, le cessionnaire disposera réciproquement du droit d'exploiter le brevet originaire obtenu par le créateur principal dans les mêmes formes et modalités exposées ci-avant.

C. Procédure de cession de brevet

La conclusion du contrat de cession de brevet repose à la fois sur le principe de la liberté contractuelle et celui du dirigisme contractuel du fait que le titulaire et le cessionnaire du brevet conservent le choix de contracter ou pas, le choix du contractant ainsi que le choix du contenu du contrat. Néanmoins, cette liberté contractuelle est entravée en ce que les contractants ne sont pas libres de choisir la forme de leur contrat, d'une part, et d'autre part, l'Office national congolais de brevet doit donner son avis favorable sur le choix du cessionnaire.

En effet, l'autonomie de la volonté ou la liberté contractuelle se traduit à trois stades :

- La liberté ou le choix de contracter ou de ne pas contracter ;
- La liberté ou le choix des formes du contrat ; et enfin
- La liberté ou le choix du contenu[32]

Le législateur congolais, eu égard au caractère d'intérêt général rattachée à la propriété industrielle, a mis en place des règles rigides pour la validité des contrats de cession des brevets, en exigeant la forme authentique à l'acte de cession et une procédure solennelle pour son opposabilité.

[32] Corinne-Renault Brahinsky, *Droit des Obligations*, éd. Gualino, Collection Mementos, 16ème éd. Paris, 2019, p.39 ; Lire aussi Kenge Ngomba Tshilombayi (MT), *op. cit*, p.39.

Les contrats solennels sont ceux qui nécessitent pour leur validité, une expression de consentement respectant certaines formalités, en principe la rédaction d'un écrit, qu'il s'agisse d'un acte authentique ou d'un simple écrit, en l'absence desquelles formalités, le contrat est nul, sauf possible régularisation[33].

En effet, aux termes de l'article 44 de l'ordonnance n°89/173 du 07 août 1989 portant mesures d'exécution de la loi n°82/001 du 07 janvier 1982 régissant la propriété industrielle, la demande de cession du brevet doit être effectuée sur le formulaire T.C., délivré par le Service de Propriété Industrielle du Secrétariat Général à l'Industrie. Elle est accompagnée d'une copie de l'acte authentique relatif au changement du titulaire du brevet.

La cession de brevet qu'elle soit totale ou partielle est constatée dans un contrat solennel dûment revêtu de la forme authentique.

La cession de brevet fait l'objet du paiement préalable d'une taxe rémunératoire avant son inscription dans le registre des brevets.

Après examen et avis favorable du Ministère de l'Industrie, un exemplaire de la demande de cession de brevet dûment rempli par le service de la propriété industrielle est remis au titulaire du brevet comme attestation de l'inscription de la cession de brevet.

Pour rendre opposable cette cession de brevet aux tiers, l'opération est inscrite dans le registre des brevets et doit être publié au journal officiel.

C'est à ce titre que le législateur congolais a disposé aux articles 59 et 60 de la loi n°82/001 du 07 janvier 1982 régissant la propriété industrielle que :

- Les brevets, certificats et licences d'exploitation sont enregistrés, respectivement dans l'ordre de leur délivrance, dans les registres des brevets, des certificats ou licences d'exploitation ;
- Le Ministère ayant la propriété industrielle dans ses attributions enregistre également le changement du nom et d'adresse des titulaires ainsi que des mandataires ;
- En tout état de cause, tous les actes portant modification des droits et obligations attachés à une demande de brevet ou de certificat, à un brevet ou à un certificat, doivent, pour être opposables aux tiers, être inscrits dans les registres ad hoc ;
- Les brevets, les certificats et les licences d'exploitation ne sont opposables aux tiers qu'après leur publication au journal officiel.

Cette procédure imposée par le législateur congolais, notamment pour la cession des droits attachés au brevet restreint comme on l'a relevé, la liberté contractuelle du titulaire du brevet.

---

[33] Corinne-Renault BRAHINSKY, *op. cit*, p.91.

D. Application jurisprudentielle

Dans une espèce[34], le procès avait opposé la Société Dover Cosmetics au Ministre de l'Industrie et la Société SIVOP devant la Cour Suprême de Justice, statuant en matière administrative.

La Société Dover Cosmetics, partie requérante, avait produit devant la Cour un contrat de cession des droits de propriété intellectuelle lui transférés en 1995 par la Société Sojaco. Cette convention de cession a été enregistrée régulièrement au registre des brevets, ce qui a permis à Dover Cosmetics d'obtenir de nouveaux titres en son nom.

Par contre, son adversaire la Société Sivop qui a prétendu que Sojaco travaillait avec ses droits à elle, n'avait pas pu prouver l'existence d'un acte de cession solennellement établi sous la forme authentique et dûment enregistrée et publiée pour conforter sa validité.

Dans ce contexte, la Cour Suprême de Justice, conformément à la loi sur la propriété industrielle, a annulé la décision du Ministre de l'Industrie portant références n°0555/CAB/MIN/IPME du 1er septembre 2006 qui avait radié les droits de cession conférés à la Société Dover Cosmetics et en exécution de cet arrêt de la Cour Suprême de Justice, Dover Cosmetics fut réhabilité dans ses droits.

III. Droit à la transmission du brevet pour cause de mort

Aux termes de l'article 50 de la loi n°82/001 du 07 janvier 1982 régissant la propriété industrielle, les droits du titulaire d'un brevet sont transmissibles pour cause de mort, en totalité ou en partie.

Il sera examiné ici d'abord la question de la nature juridique de la transmission pour cause de mort (A) et ensuite, la question se rapportant à la procédure de transmission des droits du breveté pour cause de mort (B).

A. Nature juridique

La transmission pour cause de mort se réalise dans le cadre légal de l'ouverture de la succession telle que réglementée par les dispositions du Code de la Famille[35].

L'article 756 du Code de la Famille dispose que les droits et obligations du de cujus constituant l'hérédité passent à ses héritiers et légataires conformément aux dispositions du présent titre.

---

[34] Arrêt de la Cour Suprême de Justice sous RA 930/942 du 26/12/2008, inédit.

[35] Les articles 755 à 818 constituant le titre premier du livre IV de la loi n°87/010 du 1er août 1987 portant Code de la Famille telle que modifiée et complétée par la loi n° 16/008 du 15 juillet 2016.

La succession désigne donc, la transmission des biens d'une personne du fait de sa mort, à des héritiers désignés par la loi ou la coutume ou encore à des légataires institués par testament. C'est d'autre part, dans un sens dérivé, les biens qui font l'objet de cette transmission[36].

Ainsi, les droits intellectuels dont le brevet d'invention étant des droits patrimoniaux au sens de l'article premier de la loi n°73/021 du 20 juillet 1973 portant régime général des biens, régime foncier et immobilier et régime des sûretés telle que modifiée et complétée par la loi n°80/008 du 18 juillet 1980[37], sont transmissibles pour cause de mort et font donc partie de la masse successorale.

Les règles sur la dévolution successorale organisant la manière dont les héritiers recueillent la succession se rapportant aux droits intellectuels conférés du vivant du *de cujus* sont les mêmes pour l'ensemble de l'hérédité.

Néanmoins, les droits intellectuels portant sur le brevet étant régies par une loi spéciale, la procédure de transmission pour cause de mort des droits du breveté fait aussi l'objet des clauses spéciales.

B. La procédure de transmission des droits du breveté

L'article 50, deuxième alinéa de la loi n°82/001 du 07 janvier 1982 régissant la propriété industrielle pose le principe que les actes comportant transmission des droits inhérents aux brevets ou aux certificats d'encouragement, doivent à peine de nullité, être constatés par écrit et être inscrits au registre des brevets ou des certificats d'encouragement.

La demande de transmission du brevet est effectuée sur le formulaire T.C., délivré par le Service de Propriété Industrielle du Secrétariat Général à l'Industrie. Elle est accompagnée d'une copie de l'acte authentique relatif au changement du titulaire du brevet[38].

La succession étant une masse des héritiers, ceux-ci ne seront pas tenus de participer tous, physiquement, à la conclusion de l'écrit exigé sous forme sacramentelle pour attester du changement du nom du titulaire du brevet.

C'est en effet le liquidateur de la succession qui va procéder à ces formalités pour autant qu'il dispose du pouvoir d'administrer la succession au sens de l'article 797 du Code de la Famille.

---

[36] Félicien Tshibangu Tshiasu Kalala, *Droit civil, Régimes matrimoniaux, successions, libéralités,* éd. Cadicec, Kinshasa, 2002, p.116.

[37] Les biens ou droits patrimoniaux sont de trois sortes : les droits de créance ou d'obligation, les droits réels et les droits intellectuels... Les droits intellectuels sont régis par une législation spéciale.

[38] Article 44 de l'Ordonnance n°89/173 du 07 août 1989 portant mesures d'exécution de la loi n°82/001 du 07 janvier 1982 régissant la propriété industrielle, J.O.Z. n° 16 du 15 août 1989

En effet, la doctrine enseigne que sous le contrôle du Conseil de Famille et avec l'accord unanime de tous les héritiers, le liquidateur administre la succession. Il accomplit tous les actes nécessaires à la fructification et à la conservation des biens successoraux[39].

L'acte de transmission des droits du breveté à la masse successorale rentre donc dans cette mission de fructification et de conservation de l'héritage.

A ce titre, le liquidateur remplit le formulaire ad hoc et soumet sa demande de la modification des droits attachés au brevet au service de la propriété industrielle après paiement de la taxe de dépôt.

Le Ministère de l'Industrie, après examen du dossier, transmet au liquidateur un exemplaire de la demande dûment complétée par ses services lequel fait office de l'attestation de l'inscription de la transmission du brevet pour le compte de la succession.

De son vivant également, le titulaire du brevet peut aussi disposer pour cause de mort. C'est l'institution contractuelle.

Le Code de la Famille dispose en son article 904 que toute personne ne peut disposer, à titre gratuit, de tout ou partie des biens qui auront composé sa succession, qu'au profit d'un futur époux ou d'un époux et au profit des enfants à naître de leur mariage.

Cette institution contractuelle doit à peine de nullité, être stipulée par acte authentique et respecter la même procédure ci-avant décrite, et c'est le titulaire du brevet lui-même qui va y procéder personnellement, soit par mandataire auprès du Service de Propriété Industrielle du Ministère de l'Industrie.

Toutefois, cette donation faite à l'un des époux par l'autre, devient caduque si l'instituant, à savoir, le titulaire du brevet survit à l'institué, le bénéficiaire de la donation, ou encore si la durée légale prescrite selon le cas, pour la protection du brevet est expirée dans l'entretemps.

En cas d'institution contractuelle donc, toutes les modalités prévues pour la cession du brevet à titre gratuit telles qu'évoquées supra sont applicables, ajouté à cela la condition suspensive tenant à la survenance effective du décès du titulaire du brevet.

Le service de la propriété industrielle inscrit la modification au registre des brevets et la publie au Journal Officiel.

IV. Cas de nantissement conventionnel du brevet

Il peut advenir que le titulaire du brevet de sa propre volonté puisse convenir de donner en sûreté les droits attachés à son brevet au bénéfice d'un créancier, afin de garantir l'exécution de son obligation. Le nantissement conventionnel relève des droits et privilèges du breveté.

---

[39] Félicien Tshibangu Tshiasu Kalala, *op. cit,* p.242.

Le nantissement des droits de propriété intellectuelle peut aussi être judiciaire lorsqu'il est précédé d'une saisie. Ce cas de figure qui n'est pas consensuel ne sera pas examiné ici.

Ainsi, nous développerons dans un premier temps, la question de la nature juridique du nantissement de propriété intellectuelle (A) et ensuite, la procédure de nantissement conventionnel du brevet (B).

A. Nature juridique

Le nantissement des droits de propriété intellectuelle est la convention par laquelle le constituant affecte en garantie d'une obligation tout ou une partie de ses droits de propriété intellectuelle existants ou futurs, tels que des brevets d'invention, des marques de fabrique et de commerce, des dessins et modèles[40].

Le nantissement est défini par l'Acte uniforme sur les sûretés comme étant l'affectation d'un bien meuble incorporel tandis que le gage est l'affectation d'un bien meuble corporel. Il s'agit donc d'une sûreté réelle[41].

Le brevet, comme tous les autres droits intellectuels, étant un bien meuble incorporel, son titulaire a donc la latitude de le faire nantir pour bénéficier d'une contrepartie en son avantage, suivant la convention passé entre le constituant, qui est le titulaire du brevet, et le créancier nanti.

L'article 160 de l'Acte Uniforme du 15 décembre 2010 portant organisation des sûretés autorise les parties à convenir que le bien nanti pourra être attribué au créancier, faute de paiement. Ainsi, la convention de nantissement du brevet peut prévoit la clause d'attribution conventionnelle en cas de non-exécution de l'obligation principale par le breveté vis-à-vis du créancier nanti.

De la sorte, le nantissement du brevet comme sûreté réelle, confère au créancier nanti un droit de suite, un droit de préférence ainsi qu'un droit de réalisation du bien nanti, qui lorsqu'elle s'effectuera, s'apparentera à un droit de cession du brevet, et la procédure mise en place pour le cas de ce cession de brevet sera d'application pour permettre au créancier nanti de devenir le nouveau titulaire du brevet.

B. Procédure de nantissement

Le nantissement des droits de propriété intellectuelle doit être établi obligatoirement par écrit, comportant à peine de nullité, les mentions relatives à :

- la désignation du créancier, du débiteur et du constituant du nantissement si celui-ci n'est pas le débiteur ;

---

[40] Article 156 de l'Acte uniforme du 15 décembre 2010 portant organisation des sûretés

[41] Lire à ce sujet : Pierre CROCQ et alii, Le nouvel acte uniforme portant organisation des sûretés, Lamy, France, 2012, p.251 et ss ; Kenge Ngomba Tshilombayi M.T. et alii, *Sûretés OHADA*, éd. Mont Sinaï, Kinshasa, 2014.

- les éléments identifiant ou permettant de déterminer les droits apportés en garantie ;
- Les éléments permettant l'individualisation de la créance garantie tels que son montant ou son évaluation, sa durée ou son échéance[42].

Le contrat doit ensuite faire l'objet d'inscription au Registre de Commerce et de Crédit Mobilier pour être opposable aux tiers. En plus, conformément à la législation sur la propriété industrielle, le nantissement du brevet fait l'objet d'inscription dans le registre ad hoc tenu par le Service de propriété intellectuelle du Ministère de l'Industrie et doit être publié au Journal Officiel[43].

Lorsque le débiteur ne paye pas à l'échéance, le créancier réalise le nantissement suivant les termes du contrat de constitution de nantissement dans lequel la clause d'attribution conventionnelle a été prévue, et il sera procédé aux formalités de mutation dans le formulaire T.C, dans la forme établie pour la cession des brevets, tel qu'exposé ci-avant.

Conclusion

Le brevet peut faire l'objet de cession ou de transmission. Ce sont des droits qui sont inhérents au titulaire de l'invention brevetée.

La propriété intellectuelle permet au créateur de tirer une reconnaissance ou un avantage financier de son invention à travers les droits et privilèges attachés au brevet qui lui accorde le monopole d'exploitation pendant une durée déterminée qui est de vingt ans pour les brevets d'invention proprement dites et de 15 ans pour les brevets pharmaceutiques.

Pendant la durée de protection légale, le titulaire de brevet dispose des attributs de la propriété. Il peut donc jouir, exploiter et aliéner son brevet.

C'est ainsi que dans le cadre de ses prérogatives, le titulaire du brevet, jouissant de sa liberté contractuelle peut de son gré, céder à titre onéreux ou à titre gratuit son brevet selon qu'il s'agit d'une vente ou une donation du brevet. Il peut nantir son brevet et conclure un contrat de nantissement avec clause d'attribution conventionnelle selon laquelle, le brevet reviendra au créancier nanti, à défaut de paiement à l'échéance. Aussi, il peut transmettre son droit, en disposant de son vivant pour cause de mort, suivant la procédure d'institution contractuelle.

Néanmoins, ce principe d'autonomie de volonté attachée aux droits de breveté font face à la rigidité de la procédure mise en place par le législateur congolais pour la cession ou la transmission de brevet, lesquelles doivent être accomplies dans un acte authentique, être inscrites dans des registres ad

---

[42] Article 157 de l'Acte uniforme sur les sûretés.

[43] Articles 50, 59 et 60 de la loi n°82/001 du 07 janvier 1982 régissant la propriété industrielle.

hoc tenus au Service de propriété intellectuelle du Ministère de l'Industrie, et publiées au Journal officiel pour leur opposabilité vis-à-vis des tiers. De même, le choix du cessionnaire du brevet est filtré par le Service de la propriété industrielle du Ministère de l'Industrie qui est tenu d'émettre un avis favorable.

C'est dans ce cadre que la présente étude a été menée pour parvenir à la conclusion que le législateur congolais a voulu concilier à la fois la liberté contractuelle du breveté avec le caractère d'intérêt général rattaché à la propriété industrielle.

Car en effet, les pouvoirs publics ont toujours voulu canaliser les résultats des recherches scientifiques et techniques trouvées par les inventeurs ainsi que leur exploitation, pour inciter d'une part, à l'avancée des progrès techniques, et d'autre part, pour éviter que ces recherches constituent un danger pour les populations tant sur le plan de santé, de sécurité ou de l'écosystème.

Bibliographie

I. Textes legaux et reglementaires

A. Conventions internationales

1. Convention de Paris pour la protection de la propriété industrielle du 20 mars 1883 telle que révisée le 28 septembre 1979 in Les Codes Larcier, Tome I, Droit civil et judiciaire, éd. Larcier, Bruxelles 2003.
2. Convention instituant l'Organisation Mondiale de la propriété Intellectuelle (O.M.P.I) signée à Stockholm le 14 juillet 1967 et modifiée le 28 septembre 1979 in www.wipo.int/treaties/fr, consulté le 08 avril 2020.
3. Accord de Bangui instituant l'Organisation Africaine de la Propriété Intellectuelle (O.A.P.I) du 02 mars 1977 telle que révisé le 24 février 1999 in Moniteur Juridique, Les éditions SOKEMI, Bangui, 2008.
4. Traité de Marrakech instituant l'Organisation Mondiale du Commerce du 15 avril 1994, règlementant en son Annexe 1C, l'Accord portant sur les aspects des droits de propriété intellectuelle touchant au commerce (Accord sur les ADPIC) in http://www.wto.org/french/docs_f/docs_f.htm, consulté le 08 avril 2020.
5. Convention Internationale pour la protection des obtentions végétales (Convention UPOV) du 2 décembre 1961, révisée à Genève le 23 octobre 1978 in https://www.upov.int_pubdocs, consulté le 05 mai 2020.
6. Acte uniforme du 15 décembre 2010 portant organisation des sûretés in J.O OHADA, n° 22 du 15 février 2011.

B. Législation nationale

1. Constitution de la République Démocratique du Congo du 18 février 2006 telle que modifiée par la loi n° 11/002 du 20 janvier 2011 portant révision de certains articles de la Constitution, in J.O.RDC n° 3, 1er février 2011.
2. Loi n° 82/001 du 07 janvier 1982 régissant la propriété industrielle in J.O.Z. n° 2 du 15 janvier 1982.
3. Ordonnance-loi n° 86/033 du 05 avril 1986 portant protection des droits d'auteurs et des droits voisins, in J.O.Z. n° spécial, avril 1986.
4. Loi n° 73/021 du 20 juillet 1973 portant régime général des biens, régime foncier et immobilier et régime des sûretés telle que modifiée et complétée par la loi n° 80/008 du 18 juillet 1980, in J.O.Z. n° 15 du 1er août 1980.
5. Loi n°87/010 du 1er août 1987 portant Code de la Famille (in R.J.Z., n° spécial Août 1987) telle que modifiée et complétée par la loi n°16/008 du 15 juillet 2016.
6. Décret du 30 juillet 1888 portant des contrats ou obligations conventionnelles, in Bulletin Officiel, 1888.

7. Ordonnance n° 89/173 du 07 août 1989 portant mesures d'exécution de la loi n° 82/001 du 07 janvier 1982 régissant la propriété industrielle. in J.O.Z. n° 16 du 15 août 1989.

II. Doctrine

1. Brahinsky (Corinne-Renault), *Droit des obligations,* éd. Gualino, collection Mementos, 16ème éd. Paris, 2019.
2. Bruguiere (J.M), Vivant (M*), La propriété intellectuelle entre autres droits,* éd. Dalloz, Paris, 2009.
3. Chavanne (A) et Burst (J.J), *Le droit de la propriété industrielle*, Dalloz, 2ème édition, Paris, 2001.
4. Cinelli B., *Propriété intellectuelle*, éd. Hachette Education, Paris, 2010.
5. Crocq (Pierre) et alii, *Le nouvel acte uniforme portant organisation des sûretés*, Lamy, France, 2012.
6. Kalongo Mbikayi, *Droit civil, Tome I : les obligations*, Kinshasa, Editions africaines universitaires.
7. Kenge Ngomba Tshilombayi (M.T), *Droit civil, les obligations*, Paris, L'Harmattan, 2017.
8. Kenge Ngomba Tshilombayi M.T. et alii, *Sûretés OHADA*, éd. Mont Sinaï, Kinshasa, 2014.
9. Kumbu Ki Ngimbi (Jean Michel), *Droit de la propriété intellectuelle*, 3ème éd. I.A.D.H.D, Kinshasa, 2020.
10. Mulumba Katchy, *Droit civil : les contrats spéciaux*, 1ère édition, CREFIDA, Kinshasa, 2015.
11. Mulumba Katchy, *Droit de la propriété industrielle*, éd. Creja, Kinshasa, 2013.
12. Tshibangu Tshiasu Kalala (Félicien), *Droit civil, régimes matrimoniaux, successions, libéralités,* éd. Cadicec, Kinshasa, 2008.

Partie 6 :
La preuve des obligations

De la preuve électronique, plaidoyer pour son intégration dans le Code civil congolais livre III

■ *Prince Lutumba wa Lutumba*
Professeur à la Faculté de Droit/Université de Kinshasa

Introduction

En droit, on entend par preuve, les éléments que les parties sont autorisées à soumettre au juge pour emporter la conviction de celui-ci et pour établir le fondement de leurs prétentions. Ce qui doit être prouvé en justice ce sont les faits matériels ou juridiques qui servent de base à la prétention dont on veut établir le fondement[1].

Partant, il appert qu'en droit, la preuve demeure l'élément principal qui détermine la décision à prendre par le juge dans le litige lui soumis. Dans ce sens, il est reconnu que le juge ne peut former sa conviction que d'après les procédés de preuve légaux, c'est-à-dire, indiqués par la loi[2].

En tout cas, si en matière pénale, le système dit de la preuve libre subsiste[3], en matière civile au contraire, le législateur institue le système de la preuve légale dans lequel les procédés de preuve sont réglementés par la loi et hiérarchisés. La preuve civile est donc formaliste.

Ainsi, l'article 198 du CCCLIII classe les modes de preuve en cinq catégories. Il s'agit des constatations matérielles, de la preuve par écrit, de la preuve par témoins, la preuve par présomption et le serment.

A la lumière de tous ces modes de preuve, il y a lieu d'indiquer qu'avec l'évolution de la technologie à l'heure actuelle, il se pose avec acuité, la problématique de la preuve électronique, encore qu'avec l'adhésion de la RDC au traité de l'OHADA, dans certaines procédures, la preuve par voie électronique est admise.

En effet, en prévoyant les cinq modes de preuve sus évoqués, le législateur de 1888 n'avait pas du tout pensé à l'existence de l'internet,

---

[1] Lutumba wa Lutumba, *Droit civil des obligations,* Kinshasa, CCDA, 2019, p.357.

[2] *Idem*, p.358.

[3] Voy. E-J. Luzolo Bambi Lessa et N-A. Bayona Ba Meya, *Manuel de procédure pénale*, Kinshasa, PUC, 2011, pp.410-412.

pourtant au jour d'aujourd'hui, cet outil demeure l'un des principaux moyens auxquels les gens recourent pour effectuer certaines transactions ou conclure certains contrats. L'on pense ici par exemple à la vente électronique, au virement bancaire, au paiement électronique ou au transfert et dépôts de monnaies électroniques.

Dans toutes ces opérations, il est peu évident que les parties recourent à l'écrit traditionnel, encore que bien souvent, dans ce genre de transactions, les parties ne sont nullement en contact physique ; il n'y a que l'internet qui les unit ou qui facilite le rapport.

Comment alors faire preuve de telles transactions en l'absence de l'écrit traditionnel ? Ceci conduit à s'interroger sur la valeur de la preuve électronique en droit congolais. C'est pour dire, est ce dans l'état actuel du droit congolais, la preuve électronique peut être admise devant le juge ? Si oui, comment peut-elle être administrée ? Et quelle est sa fiabilité ?

Pour répondre à toutes ces questions qui du reste, dénotent l'intérêt de la présente étude, il s'avère important de faire un regard synoptique sur la preuve électronique (I) ; avant de discuteur sur la signature électronique (II) qui en est un élément substantiel ; dégager la fiabilité de cette preuve (III) ; puis proposer une approche de solution (IV).

I. Regard synoptique sur la preuve électronique

Il est ici question de définir en premier lieu la preuve électronique, démontrer la nécessité de cette preuve avant d'analyser la production du paiement électronique.

A. Définition

Prouver, c'est établir la vérité d'un fait contesté ou à le démontrer carrément. En droit plus spécialement, c'est établir la vérité d'un fait d'où découlent les conséquences juridiques[4].

La preuve apparait comme un moyen par lequel, une personne qui invoque un fait, en démontre la véracité devant le juge afin d'emporter la conviction de ce dernier. Dans ce sens, l'article 197 du CCCLIII dispose que celui qui réclame l'exécution d'une obligation doit la prouver.

Ainsi, en droit civil congolais, la nature de la preuve dépend de son mode d'administration. Dans cette logique, il existe la preuve littérale, celle qui est faite par la production de l'écrit avec signature manuscrite ; la preuve testimoniale, celle qui est faite par témoin ; la preuve par présomption etc. Dans cette suite, apparait aussi la preuve électronique, c'est-à-dire, celle qui est faite par le moyen électronique.

En effet, la preuve électronique s'entend de toute preuve qui est faite en recourant au moyen de l'internet, du numérique ou de l'électronique.

---

[4] M-T. Kenge Ngomba Tshilombayi, *Droit civil des obligations*, deuxième graduat, Droit, UPC, 2015-2016, p.221.

Comme on le verra plus loin, même si cette preuve peut consister en des écrits, elle est tout de même différente de la preuve littérale car, si cette dernière implique généralement l'écrit avec la signature manuscrite, la preuve électronique s'accompagne de la signature électronique.

B. Nécessité de la preuve électronique

Les contrats peuvent se former se former et s'exécuter sur internet. Tel est le cas de la vente des logiciels téléchargeables et de l'achat d'albums musicaux. Tout comme il peut advenir que le contrat se forme sur internet mais que son exécution en soit hors web. Tel est le cas de l'achat d'une voiture en ligne[5].

Il peut advenir aussi que le contrat soit formé hors internet mais que l'internet en soit l'instrument d'exécution. C'est le cas de louage des services d'un web master chargé de procéder à la mise à jour des données ou du graphisme d'un site internet.

A vrai dire, le contrat conclu par voie d'internet présente moult particularités, lesquelles suscitent et soulèvent diverses questions d'ordre juridique. En effet, comment doit-on apprécier l'intégrité du consentement de celui qui s'oblige ? Comment peut-on obtenir l'exécution du contrat : paiement électronique? Comment doit-on prouver l'existence et le contenu du contrat lui-même ? Quelle est la valeur juridique de l'écrit électronique et de la signature électronique ?

Le décret du 30 juillet 1888 portant des contrats ou obligations conventionnelles est quant à lui silencieux sur toutes ces questions, les termes « électronique » ou « numérique » lui étant étrangers. A l'opposé ; le code civil français dont il est l'émanation s'est adapté à cette révolution numérique[6].

Le législateur du CCCLIII doit admettre que la volonté humaine peut s'inscrire sur un support autre que le papier et la nation de l'écrit évolue, s'ouvre à de nouveaux procédés d'enregistrements.

Ainsi, il faut trouver une solution d'adaptation au droit du numérique.

En effet, plusieurs instruments juridiques internationaux[7] que communautaires[8] consacrent le principe d'équivalence ou d'assimilation de l'écrit électronique à l'écrit sur support papier.

A titre illustratif, l'article 82 de de l'Acte uniforme portant sur le droit commercial général (AUDCG) dispose que les formalités accomplies auprès

---

[5] Munguli Mukia, *Bonnes pratiques des recherches scientifiques sur internet, crédibilité et valorisation des données,* Kinshasa, Médiaspaul, 2017, p.9 ; F. Virieux, *Comment marche internet ?*, Paris, Le pommier, 2006, p.15 ; Chartron, *Les chercheurs et la documentation numérique : nouveaux services et usages,* Paris, éd. Cercle de la librairie, 2002, p.5.

[6] Ordonnance n°2016-131 du 10 février 2016 portant réforme du droit des contrats, du régime général et de la preuve des obligations.

[7] Article 8 de la convention des Nations unies sur l'utilisation de communications électroniques dans les contrats internationaux.

[8] Articles 5 et 82 de l'Acte uniforme portant sur le droit commercial général.

des registres du commerce et du crédit mobilier au moyen des documents électroniques et de transmissions électroniques ont les mêmes effets juridiques que celles accomplies avec des documents sur support papier, notamment en ce qui concerne leur validité juridique et leur force probatoire. Les documents sous forme électronique peuvent se substituer aux documents sur support papier et sont reconnus comme équivalents lorsqu'ils sont établis et maintenus selon un procédé technique fiable, qui garantit, à tout moment, l'origine du document sous forme électronique et son intégrité au cours des traitements et des transmissions électroniques.

Il est à cet effet, institué un comité technique de normalisation des procédés électroniques chargé de la normalisation des procédures effectuées au moyen de documents et de transmissions électronique (cfr. article 81 de l'AUDCG). L'article 112 al 2 dispose…..le paiement du loyer peut être fait par correspondance ou par voie électronique.

De toutes ces dispositions, il s'avère que contrairement au législateur interne, le législateur communautaire, assimile l'écrit électronique à l'écrit sur support papier sous réserves de certaines conditions quant à leur validité et leur force probatoire. Il y a là l'établissement d'une égalité entre l'écrit électronique et l'écrit sur support papier.

Ceci implique que la reconnaissance juridique de l'écrit ne dépend donc, ni de sa forme, ni du support utilisé ni encore moins des modalités de transmission. Mais pour que l'écrit soit requis à titre de preuve ou à titre de validité, il devra notamment se conformer à la double exigence fonctionnelle prévue par l'article 82 sus évoqué.

En réalité, l'efficacité de l'écrit électronique entant que preuve littérale parfaite est désormais subordonnée à la réunion respective des conditions d'intégrité et d'identification.

De ce qui précède, il est impérieux pour le législateur congolais de se conformer à l'article 82 de l'AUDCG afin de cristalliser dans le CCCLIII le principe d'équivalence entre l'écrit électronique et celui sur support papier.

Quid de la preuve du paiement fait électroniquement ?

C. Preuve de paiement électronique

Comment apporter la preuve d'un paiement qui a été fait électroniquement ?

Lorsque le paiement est fait électroniquement ou mieux en ligne, celui qui l'effectue doit prendre certaines précautions pour se ménager la preuve, notamment par le moyen de la conservation électronique.

En effet, dans le langage courant, on utilise le terme archivage en lieu et place du mot conservation. Pourtant, ces deux termes revêtent une portée juridique différente.

Dans l'action de conserver, l'idée sous-jacente est de conférer une dimension juridique au simple fait d'archiver. Il s'agit de l'action de maintenir intacts les documents et de les préserver de toute altération, modification ou destruction, à des fins probatoires.

L'action de conserver porte donc sur les droits des parties à l'acte, alors que l'action d'archiver concerne plutôt les modalités de conservation, les deux étant intimement liés[9]. D'où l'archivage électronique est une technique ou un procédé de conservation et de stockage d'informations, qui garantit la traçabilité de l'opération du paiement en ligne.

Ainsi, toute personne qui s'engage à effectuer un paiement électronique doit archiver l'opération dudit paiement afin d'en conserver la preuve car, celui qui réclame l'exécution d'une obligation doit la prouver, et réciproquement celui qui prétend être libéré doit justifier le paiement ou le fait qui a produit l'extinction de son obligation (article 197 du CCCLIII).

La conservation vaut donc pour le cyber acheteur et pour le cyber vendeur, du fait que le premier peut nier n'avoir jamais fait une commande ou le second n'avoir eu le paiement.

Cependant, l'on ne peut reconnaître l'écrit électronique sans s'interroger sur la question de signature électronique qui à mon humble avis, constitue un élément substantiel lié à la preuve électronique.

II. Signature électronique

La signature électronique est un élément important de la preuve électronique d'autant plus que c'est elle qui confère une certaine authenticité à la preuve électronique.

A. Notion

La signature est un acte de foi à l'égard d'un document permettant à son auteur d'être contraint à honorer ses engagements et à assumer la responsabilité de son acte. Elle est traditionnellement un acte social hautement apprécié par lequel, l'individu appose un signe particulier sur un papier.

En effet, sur un papier, la signature achève la manifestation du consentement de certains cas exigés par la loi, notamment lorsque celle-ci exige l'écrit pour la validité ou pour la preuve[10].

Dans un univers informatisé, la signature est assurée par la cryptographie, la biométrie et la protection de la confidentialité dans le mode de transmission.

Ainsi, l'on peut définir la signature électronique comme une marque personnelle apposée sur un document électronique par l'utilisation d'un procédé technologique[11].

---

[9] G. Cornu, *Vocabulaire juridique*, Paris, Presses universitaires de France, 1987, p.30.

[10] Article 208 du CCCLIII.

[11] D. Gobert et E. Montero, « La signature dans le contrat et les paiements électroniques : l'approche traditionnelle », in *Collection des cahiers du CRID*, n°17, SD, p.53.

La signature électronique a fait sa première apparition dans le secteur bancaire pour accompagner le paiement par carte, si tant est qu'on puisse, dans ce cas, l'assimiler à une signature au sens juridique du terme[12].

Aujourd'hui, son utilisation connait un essor fulgurant dans le contexte de la communication par le biais des réseaux, qui permettent la multiplication des échanges des données en vue de conclure, modifier ou anéantir des actes juridiques.

B. Formes de signature électronique

Les spécialistes s'accordent généralement pour considérer que le terme « signature électronique » désigne une notion générique englobant divers mécanismes technique méritant d'être tenus pour des signatures dans la mesure où ils permettent, à eux seuls ou en combinaison, de réaliser certaines fonctions essentielles notamment, l'identification de l'auteur de l'acte, manifestation du consentement au contenu de l'acte.

Ces mécanismes peuvent être regroupés en quatre catégories : la signature manuscrite numérisée, la signature biométrique, l'utilisation combinée d'une carte et d'un code secret et enfin, la signature numérique ou digital.

1. Signature manuscrite numérisée

Le mécanisme de signature électronique le plus sommaire est celui qui consiste à numériser une signature manuscrite.

A cet effet, il suffit de scanner le graphisme de manière à le convertir en fichier électronique. L'image électronique ainsi obtenue peut être enregistrée dans la mémoire d'un ordinateur ou sur un support magnétique mobile. Ainsi, il est loisible au signataire de copier l'image dans un autre fichier et ensuite d'imprimer le document signé. Si l'imprimante et le papier sont de qualité, le résultat final ressemble, de manière confondante à l'original.

Il saute aux yeux que la force du procédé et la simplicité constituent une faiblesse parce que quiconque dispose d'un spécimen papier de signature ou d'accès au système ou support magnétique sur lequel celle-ci est stockée peut, lui aussi, la produire avec le même succès[13] .

2. Signature biométrique

La science biométrique s'intéresse aux caractéristiques physiques des personnes, susceptibles de les identifier dans leur individualité. Parmi d'autres procédés, on peut citer l'examen des empreintes digitales/dactyloscopie ou des vaisseaux sanguins de la rétine de l'œil (rétinoscopie), la reconnaissance vocale ou encore la reconnaissance

---

[12] D. Gobert et E. Montero, *op. cit.*, p.53.

[13] D. Mougenot, « Droit de la preuve et technologie nouvelles, synthèse et perspectives », *in droit de la preuve formation permanente,* CVP XIX, 1997, p.45.

dynamique de la signature (analyse non du graphisme tel, mais de la manière dont il est tracé ; vitesse, mouvements, pression sur la plume…)[14].

Pourvu que la particularité biométrique soit liée à un individu et le lien établi soit sécurité, ces méthodes peuvent remplir une fonction d'indentification pour les applications diverses et notamment, à des fins de signature.

Sauf exceptions, la plupart de ces techniques sus rappelées en sont encore à un stade expérimental. En particulier, leur utilisation courante à des fins de signature se heurte à divers obstacles pratiques : lourdeur et coût élevé de leur implantation, qui du reste, nécessite un lecteur ad hoc permettant la numérisation du paramètre physique concerné.

Parmi d'autres inconvénients, on mentionne également que certains caractères physiques peuvent être sujets à des variations et la réticence du public à l'usage de certains procédés.

Tous ces facteurs expliquent pourquoi les procédés de signatures biométriques sont actuellement très peu utilisés dans les transactions sur les réseaux.

Au demeurant, si les procédés biométriques permettent d'identifier l'auteur de la signature, on estime en général qu'ils ne garantissent pas nécessairement l'expression concrètent de son consentement. La certitude de l'*animus signandi* dépendra largement de la fiabilité du système technique et de la procédure d'ensemble dans laquelle s'intègre l'application.

3. Utilisation combinée d'une carte et d'un code secret

Les cartes, les codes utilisés conjointement à des fins de signature sont bien connus du grand public. Ce mécanisme s'est développé dans le secteur bancaire de manière à permettre l'accès du public aux guichets automatiques de banque et aux terminaux points de vente. Il rend possible de transferts des fonds et paiements accompagnés d'une « signature technique »[15].

Techniquement, le procédé consiste à introduire une carte (à piste magnétique ou pourvue d'un microprocesseur) dans un appareil approprié (guichet) et à composer un code secret (strictement personnel, généralement désigné par le sigle P.I.N.) à l'aide d'un clavier. A vrai dire, l'utilisation combinée d'une carte et d'un code ne peut être tenue pour une signature électronique au sens strict de la notion.

En effet, ces éléments associés constituent bien plus un mécanisme d'autorisation d'accès à un système informatique propriétaire qu'un mécanisme de signature susceptible de permettre non seulement la réalisation de mêmes fonctions de la signature électronique, mais également de réaliser ces fonctions dans la quasi-totalité des situations où se manifeste

---

[14] D. Gobert et E. Montero, *op. cit.*, p.59.

[15] S. Parisien et P. Trudel, *L'identification et la certification dans le commerce électronique*, Québec, éd. Yvon Blais, 1996, p.99.

la signature classique, et surtout dans le cadre de réseaux ouverts que fermés[16] .

Il faut reconnaitre que les fonctions essentielles de la signature ne sont pas idéalement remplies par l'utilisation d'une carte et d'un code secret.

D'une part, sur le terrain de l'identification, on ne peut ignorer les possibilités de fraude. Ni la carte ni le code ne sont pas vraiment liés à la personne ; un tiers peut soustraire une carte et prendre connaissance du code. Mais il demeure aussi vrai que le risque n'est pas infiniment plus élevé que celui découlant de la contrefaçon d'une signature manuscrite.

D'autre part, la fonction d'appropriation du contenu de l'acte est assurée seulement si l'approbation est donnée au terme de l'opération, ce qui n'est pas toujours le cas. Parfois, en effet, l'introduction de la carte et du code intervient avant l'affichage du message.

Plus fondamentalement, l'intérêt de la notion de signature électronique est de pouvoir considérer un document comme un acte sous seing privé de sorte qu'il puisse bénéficier de la force probante attachée à ce type d'acte. A cet effet, il est impérieux qu'à défaut de figurer sur le document, la signature lui soit au moins liée logiquement. Or ce n'est pas le cas, la bande journal produite par le système pour attester l'opération ne contenant aucune trace du code secret[17]. Pour cette raison, la carte et le code ne peuvent eux-mêmes être assimilés à une signature et ne peuvent être pris pour modes de preuve probants, leur combinaison ne pouvant être considérée par les tribunaux comme un écrit, soit-il sous seing privé.

4. Signature numérique ou digitale

La signature dite numérique ou digitale repose sur les procédés de cystographie[18].

Pour éviter toute confusion, il convient de noter que ceux-ci peuvent servir non seulement à des fins de signature, mais aussi dans le but de garantir la confidentialité des échanges. Cette dernière fonction appelée chiffrement, est généralement réalisée à l'aide des produits qui, pour la plupart, sont fondés sur le *Data Encryption Standard* (DES). Il s'agit d'un système cryptographique à clef unique (ou à clé secrète) utilisant un algorithme qui, comme le suggère son nom, chiffre et déchiffre un message à l'aide d'une seule clé.

Un tel système est surtout efficace dans les réseaux fermés, la nécessité de faire connaitre la clé à son destinataire, avec les inévitables risques d'interceptions.

---

[16] B. Amory et Y. Poulet, « Le droit de la preuve face à l'informatique et à la télématique : approche de droit comparé », in *D.I.T.*, 1985, pp.11 et S.

[17] J-P. Buyle, « La carte de paiement électronique », in *La banque dans la vie quotidienne*, Bruxelles, Jeune barreau, 1986, p.471.

[18] Voy. S. Parisien et P. Trudel, *op. cit.*, pp.93-113.

C. Fonctions de la signature

La signature remplit généralement quatre fonctions dont l'identification de l'auteur de l'acte, l'adhésion au contenu de l'acte, la vérification de l'intégrité de l'acte et l'attribution à un document du statut d'original.

1. Identification de l'auteur de l'acte

La fonction première de la signature est de permettre l'identification de l'auteur de l'acte[19].

Bien que la loi ne définisse pas la signature, une partie de la doctrine fait l'apposition du nom une exigence nécessaire de celle-ci[20]. Jugé que la signature…est la marque manuscrite par laquelle le testateur révèle habituellement sa personnalité aux tiers[21] .

Cependant, l'utilisation de la cryptographie asymétrique à des fins de signature permet de remplir efficacement et de manière sûre, cette fonction d'indentification. Pour autant que les clés secrètes soient conservées dans des bonnes conditions de sécurité, le risque de fraude est ici, sinon nul, en tout cas nettement moins élevé que celui relatif à l'utilisation des cartes et codes pour signer. Il est considéré que les crypto systèmes performants, tel que D.E.S. ou le P.G.P., sont pratiquement inviolables et capables de résister à toutes les attaques. En outre, des mécanismes d'opposition et de révocation des clés existent, dans les systèmes, pour parer à toute éventualité[22].

Par l'utilisation de la cryptographie asymétrique, l'identité du signataire est établie et formellement vérifiée préalablement à la conclusion de la transaction.

La signature numérique apparait comme un élément déterminant dans l'identification de l'interlocuteur en ce qu'elle permet de s'assurer de l'expression correcte et sûre de son consentement.

2. Adhésion au contenu de l'acte

La deuxième fonction de la signature électronique, inséparablement liée à la première, est de manifester l'adhésion du signataire au contenu de l'acte.

En apposant sa signature, en principe au bas de l'acte, on fait état de sa volonté d'en approuver, dans son intégralité, la teneur.

Dès l'instant où la clé de chiffrement est appliquée de manière volontaire et personnelle, à l'exclusion de toute opération purement automatique, par l'auteur d'un document électronique, il est permis de considérer qu'il exprime son consentement à l'ensemble du contenu de celui-ci.

Encore, faut-il que la signature soit liée logiquement au document, à défaut d'un lien physique entre le deux. Cette exigence qui renvoie à la

---

[19] D. Gobert et E. Montero, *op. cit.*, p.61.

[20] *Idem.*

[21] Cass. Fr., 7 janvier 1955, Pas, 1955, I, p.456. C

[22] D. Gobert et E. Montero, *op. cit.*, p.63.

question de l'intégrité conduit la doctrine à estimer que la signature électronique suppose nécessairement une transformation de l'écrit.

Concernant le rôle de la signature qui tend à marquer le consentement de l'auteur, il y a une observation d'ordre psychologique qui mérite d'être faite.

En effet, la doctrine fait valoir que la contrainte de l'écrit papier a le mérite d'attirer l'attention du signataire sur la portée juridique de son geste[23]. Celui qui s'apprête à se lier juridiquement prend conscience de son engagement au moment de signer l'acte écrit (*instrumentum*), qui solennise en quelque sorte l'acte intellectuel (*negotium*). Au contraire, dans l'environnement électronique, une partie peut se trouver engager dans des liens contractuels, par un simple « clic », sans aucun formalisme.

En tout cas, de notre avis, cet inconvénient n'a rien de fatalité. Pour y remédier, il est possible de prévoir une procédure de validation, soit l'affichage préalable d'un message d'avertissement (du type par exemple : attention, vous êtes sur le point de signer un document qui vous engage juridiquement).

3. *Vérification de l'intégrité du contenu de l'acte*

Cette troisième fonction de la signature a été mise à jour récemment.

Sous l'empire de la signature manuscrite, cette fonction est assurée, non au moyen de la signature elle-même, mais par le biais du support papier sur lequel elle figure nécessairement. Il s'agit d'un support inaltérable (les fraudes sont difficiles à dissimuler, les ajouts se décèlent facilement) et stable car, le papier se dégrade peu.

Ces qualités fonctionnelles du papier, expliquent à cet égard, qu'il y ait été placé au sommet dans la hiérarchie des modes de preuve. Le contenu étant, pour ainsi dire matériellement indissociable du support, ce dernier permet d'assurer l'intégrité et la non répartition du contenu.

Dans l'environnement électronique, cette fonction se déplace doublement, du support vers le contenu et ce, par le biais de la signature.

A défaut d'une sécurité au niveau de la structure des réseaux, il s'agit d'assurer la sécurisation de chacun des contenus échangés. Cette sécurisation numérique fondée sur la cryptographie asymétrique, permet de vérifier adéquatement et de façon certaine si l'intégrité a été préservée.

Cependant, si la technique de la signature numérique permet sans contester de réaliser simultanément les fonctions d'identification et d'intégrité, tel n'est pas le cas de tous les procédés de la signature électronique.

Ainsi, la signature manuscrite numérisée et la signature biométrique ne permettent pas de garantir l'intégrité du document, sauf à être combinées avec un mécanisme de cryptographie.

---

[23] X. Linant de Bellefond, « L'internet et la preuve des actes juridique », in *Expertises,* 1997, p.226.

4. Attribution au document le statut d'original

Il s'agit là même d'une exigence essentielle de l'acte sous seing privé qui, par définition, doit être un écrit original, c'est-à-dire signé.

Mais avec l'apparition des supports informatiques et la facilité de reproduction des données numériques, la distinction original et copie se trouve quelque peu bousculée. Ainsi, il y a lieu que la formalité des originaux multiples, imposée en matière d'actes sous seing privé constatant des conventions synallagmatiques prévue à l'article 207 du CCLIII, soit écartée dans le domaine de la communication électronique. A vrai dire, cette solution est dominante en doctrine[24].

Au demeurant, il y a lieu de s'interroger sur la fiabilité de cette preuve, c'est-à-dire, analyser la valeur attachée à cette preuve lorsqu'elle est produite.

L'admission de l'écriture électronique exige du juge congolais, la connaissance parfaite de toutes ces techniques qui relèvent des nouvelles technologies de communication et de transaction.

III. Présomption de fiabilité de la preuve électronique

La présomption de fiabilité de la preuve électronique est à analyser d'une part, à l'égard des parties et d'autre part, à l'égard du juge.

A. A l'égard des parties

La présomption de fiabilité est légalement prévue pour limiter le rôle des parties dans l'administration de la preuve au moyen de la signature électronique[25].

En effet, lorsqu'un document électronique est signé et accompagné d'un certificat qualifié délivré par un prestataire de service accrédité, une présomption simple de fiabilité lui sera attachée jusqu'à la preuve du contraire. Et dans ce cas, la charge de la preuve incombe à la partie qui en conteste la fiabilité.

En revanche, si le document est signé mais certifié par un prestataire de certification non accrédité, c'est au signataire de prouver que les conditions de fiabilité et de conservation durable de document sont remplies. S'il réussit à apporter cette preuve, il appartient alors à la partie adverse de prouver le contraire.

B. A l'égard du juge

Le rôle du juge diffère selon l'existence ou non de la présomption de fiabilité.

---

[24] Voy. E. Montero, « Internet et le droit des obligations conventionnelles », in *Internet sous le regard du droit,* Bruxelles, Jeune barreau, 1957, p.54.

[25] Y. Shandy, *op. cit.*, p.317.

Si la fiabilité est présumée comme nous l'avons démontré ci-haut, le rôle du juge parait passif. Il se limite à vérifier si le certificat électronique qualifié a été établi et délivré par un prestataire de certificat accrédité.

Cependant, lorsque l'autre partie conteste la fiabilité de la signature électronique sécurisée, le rôle du juge devient actif. Il apprécie alors souverainement et objectivement si les preuves apportées sont suffisamment fortes et concordantes pour dénier la signature de la présomption de fiabilité.

Le juge tranche alors le litige selon sa propre conviction et en l'espèce, il peut même ordonner une expertise.

IV. Approche de solution

Caractérisé par son ouverture, l'internet facilite l'accès à toute personne désireuse. En réalité, sur internet aujourd'hui comme nous l'avons souligné précédemment, les gens nouent de plus en plus des relations juridiques parfois avec des partenaires qu'ils n'ont jamais rencontrés physiquement.

Dans ces relations juridiques, il devient difficile de se satisfaire du régime probatoire attaché à l'acte sous seing privé, et plus exactement de la conception formaliste de la signature qui a été retenue par le CCCLIII. C'est pour dire que dans la plupart des contrats conclus sur internet, le CCCLIII dans sa forme actuelle n'est plus adapté.

Mais s'il est facile d'affirmer l'inadaptation de la signature manuscrite aux contrats sur internet, il est par contre plus difficile de déterminer les évolutions qui devraient être prônées afin de pouvoir faire preuve au moyen d'un document signé électroniquement.

Ainsi, en consacrant une définition fonctionnelle de la signature, l'on considère que constitue une signature et bénéficie dès lors des effets juridiques liés à celle-ci, non seulement la signature manuscrite, mais également tout mécanisme qui permet de remplir avec une fiabilité raisonnable les fonctions traditionnelles de la signature ci-haut détaillée.

En tout cas la signature numérique, en particulier, nous semble apte à remplir les fonctions traditionnelles assignées à la signature manuscrite et partant, doit bénéficier de mêmes effets que cette dernière du moment que la procédure de fiabilité a été respectée.

Le législateur congolais fera bonne œuvre de consacrer formellement l'équivalence de principe entre la signature électronique et la signature manuscrite. Dans cette logique, il appartient au législateur de favoriser ce phénomène de contrats sur internet en permettant la reconnaissance et la recevabilité des signatures électroniques.

En effet, consacrer la recevabilité de l'écrit signé électroniquement revient à déclarer celui-ci admissible à titre de preuve de sorte que le juge ne soit pas amené à l'écarter juste en considération de sa seule nature informatique.

Il importe dès lors que le législateur prenne nettement position sur les formes de signature électronique auxquelles il confère une même force probante que celle attribuée à la signature manuscrite.

Aussi, le législateur doit déterminer le statut, les missions et les responsabilités des autorités de certification, ainsi que les conditions de leur accréditation. Il est fondamental de définir rigoureusement le cadre juridique dans lequel s'inscrira l'intervention de ces prestataires.

Conclusion

La preuve électronique est d'une importance capitale d'autant plus qu'elle sert au juge d'admettre les transactions passées par voie d'internet, et ce, en l'absence de l'écrit traditionnel. Partant, cette preuve sert à assurer la sécurité judiciaire de ces transactions.

En effet, dans l'état actuel du droit congolais, la preuve électronique, inclus son moyen d'administration, n'est pas encore réglementée contrairement aux modes de preuve traditionnels tels que l'écrit, le serment, la présomption etc.

Pourtant, au regard de l'évolution de la technologie, les transactions électroniques sont monnaies courantes et dans bien des cas, les preuves de ces transactions demeurent électroniques. Ainsi, n'est pas tenir compte de la preuve électronique, même si le CCCLIII ne la règlemente pas, constitue non seulement une insécurité juridique, mais aussi et surtout, une insécurité judiciaire pour les transactions électroniques qui font de plus en plus surface. Ce qui du reste, constitue un frein à l'assainissement du climat des affaires car, sans aucun doute, dans le monde des affaires, l'internet est l'un des moyens les plus usités. L'acte uniforme portant sur le droit commercial général qui du reste, fait partie intégrante du droit congolais avec suprématie sur les dispositions internes de celui-ci, en est la plus belle illustration.

C'est pourquoi, dans une approche comparative, la présente étude a démontré la valeur juridique de la preuve électronique dans la procédure judiciaire tout en indiquant ses divers modes d'administration. Aussi, il est démontré l'attitude que doit avoir le juge en cas d'administration d'une preuve électronique.

Enfin, pour lier l'utile à l'agréable, il est recommandé au législateur congolais de consacrer formellement l'équivalence de principe entre la signature électronique et signature manuscrite ; prendre formellement une nette position sur les formes de signature électronique auxquelles il octroie une forme probante égale à celle accordée à la signature manuscrite ; déterminer le statut, les missions et les responsabilités des autorités de certification. C'est pour dire que le législateur congolais doit consacrer l'admission de la preuve électronique devant le juge tout en prévoyant les conditions de son exercice.

De ce qui précède, la réforme du décret du 30 juillet 1888 s'impose pour l'adapter aux impératifs du développement. L'amélioration du climat des affaires passe par cette réforme. Le Doyen Kalongo Mbikayi, d'heureuse mémoire, alors président de la commission permanente de Réforme du droit congolais a eu à plaider dans ce sens pour un droit congolais réformé qui tient compte de la mentalité de la population à intégrer et des acquits profitables tirés du droit comparé.

Bibliographie

I. Textes juridiques

1. Convention des Nations unies sur l'utilisation de communications électroniques dans les contrats internationaux, consultée sur *www.google.com.*
2. Acte uniforme portant sur le droit commercial général du 15 décembre 2010, in *J.O.OHADA,* n°23, 2011.
3. Décret du 30 juillet 188 portant des contrats ou des obligations conventionnelles, in *B.O.*, Kinshasa, 1888.
4. Ordonnance n°2016-131 du 10 février 2016 portant réforme du droit des contrats, du régime général et de la preuve des obligations (législation française), consultée sur *www.google.com.*

II. doctrine

1. Amory (B.) et Poulet (Y.), « Le droit de la preuve face à l'informatique et à la télématique : approche de droit comparé », in *D.I.T.*, 1985.
2. Buyle (J-P.), « La carte de paiement électronique », in *La banque dans la vie quotidienne,* Bruxelles, Jeune barreau, 1986.
3. Chartron, *Les chercheurs et la documentation numérique : nouveaux services et usages,* Paris, éd., Cercle de la librairie, 2002.
4. Cornu (G.), *Vocabulaire juridique*, Paris, Presses universitaires de France, 1987.
5. Gobert et E. Montero (D.), « La signature dans le contrat et les paiements électroniques : l'approche traditionnelle », in *Collection des cahiers du CRID,* n°17, SD.
6. Kenge Ngomba Tshilombay (M-T.), *Droit civil. Les obligations,* Paris, L'Harmattan, 2017.
7. Kenge Ngomba Tshilombay (M-T.), *Droit civil des obligations*, deuxième graduat, Droit, UPC, 2015-2016.
8. Linant de Bellefond (X.), « L'internet et la preuve des actes juridique », *in expertises,* 1997.
9. Lutumba wa Lutumba, *Droit civil des obligations,* Kinshasa, CCDA, 2019.
10. Luzolo Bambi Lessa (E-J.) et Bayona Ba Meya (N-A.), *Manuel de procédure pénale*, Kinshasa, PUC, 2011.
11. Montero (E.), « Internet et le droit des obligations conventionnelles », in *Internet sous le regard du droit,* Bruxelles, Jeune barreau, 1957.
12. Mougenot (D.), « Droit de la preuve et technologie nouvelles, synthèse et perspectives », in *Droit de la preuve formation permanente,* CVP XIX, 1997.

13. Munguli Mukia, *Bonnes pratiques des recherches scientifiques sur internet, crédibilité et valorisation des données,* Kinshasa, Médiaspaul, 2017.
14. Parisien (S.) et Trudel (P.), *L'identification et la certification dans le commerce électronique*, Québec, éd. Yvon Blais, 1996.
15. Virieux, *Comment marche internet ?*, Paris, Le pommier, 2006.

Problématique de l'administration de la preuve numérique en droit congolais

■ *Nicolas Kabasele Kabasele*
Professeur à l'Université de Kinshasa
Avocat au Barreau de Kinshasa/Gombe

Introduction

La preuve est au centre de tous les débats judiciaires depuis la nuit de temps, que l'on se trouve en droit pénal ou en droit civil. En droit judiciaire, l'administration de la preuve influence largement la position du juge, même si l'on sait, par ailleurs, qu'il existe beaucoup de facteurs, qui interviennent dans la prise de décision par le juge pour dire le droit.

A l'ère du 21ème siècle, les nouvelles technologies de l'information et de la communication se sont suffisamment intégrées dans la vie des hommes. En effet, il suffit de constater aujourd'hui, le nombre impressionnant des données numériques, qui transitent par l'internet pour comprendre l'importance que la société humaine accorde à ces nouvelles technologies, principalement l'informatique.

Dans le domaine judiciaire, en dehors des palais de justice, certaines professions juridiques, tout comme certains systèmes juridiques dont notamment le système OHADA[1] n'ont pas cessé de s'adapter aux technologies numériques pour faciliter les tâches aux justiciables. Il en est ainsi des professions d'Avocat ou de Notaire, qui recourent souvent aux

[1] A titre d'exemple, aux articles 303, 304 et 305 de l'acte uniforme relatif au droit commercial général, il est fait mention du traitement et de la transmission numérique. De même, aux termes de l'article 22 de l'acte uniforme relatif au droit comptable, on parle du traitement informatique de l'organisation comptable. On ne peut oublier les dispositions de l'acte uniforme relative au contrat de transport des marchandises par route qui précisent que l'écrit est une suite de lettre, de caractères, de chiffres ou de tous autres signes ou symboles dotés d'une signification intelligibles et mis sur papier ou sur un support faisant appel aux technologie de l'information. A moins que les personnes concernées n'en disposent autrement, l'exigence d'un écrit est satisfaite quel que soient le support et les modalités de transmission, pour autant que l'intégrité, la stabilité et la pérennité de l'écrit soit assurées.

outils de l'informatique pour élaborer des contrats, des actes de procédures, des preuves de payements, des actes authentiques.

Mais, en République démocratique du Congo, le Code civil date pratiquement de plus d'un siècle sans modification majeure. Cependant, la question de la preuve numérique se pose avec acuité en droit congolais aujourd'hui plus qu'hier au regard de l'évolution sans cesse de la technologie, la preuve numérique étant, de nos jours, très utilisée dans le monde des affaires. Notre propos va porter tour à tour sur les modes de preuve tels qu'organisés en droit congolais avec leurs limites (la *lege lata)* (I) et sur le plaidoyer en faveur des mécanismes de la mise en œuvre des principes de l'administration de la preuve numérique (la *lege ferenda*) (II) en droit congolais.

I. Bref aperçu des modes de preuve réglementés en droit congolais et leurs limites

En droit, la preuve s'entend de la démonstration d'un fait qui est affirmé dans une instance par l'une des parties et qui est nié par l'autre([2]).

Pour Aubry et Rau([3]), prouver, c'est de la part de l'une des parties, de soumettre au juge saisi d'une contestation des éléments de conviction propres à justifier la vérité d'un fait qu'elle allègue et que l'autre partie dénie ; fait que sans cela, le juge ne serait ni obligé, ni même autorisé à tenir pur vrai.

Ripert et Boulanger considèrent qu'un droit demeure sans valeur si l'on ne réussit pas à en établir l'existence d'un droit ([4]).

Pour H. De Page, prouver, c'est établir le fondement d'une prétention. Ceci suppose un double stade : il faut premièrement, démontrer l'existence des faits matériels ou juridiques qui servent de base à cette prétention ; et, deuxièmement, démontrer leur conformité à la règle de droit ([5]).

La preuve est, donc dans son principe, de nécessité absolue. Ce qui n'est pas prouvé n'est pas affecté pour cela dans son existence, mais est privé de toute utilité.

Il importe de souligner que la preuve ne doit être faite que si les prétentions de la partie qui les invoque sont contestées. Il serait inutile de prouver un fait qui n'est pas contesté.

Les définitions de la preuve ci-dessus données par la doctrine sont certes satisfaisantes. Mais, l'on peut mieux appréhender le sens du mot preuve en définissant celle-ci par sa fonction. Dans ce cas, la preuve vise un mécanisme destiné à établir une conviction sur un point incertain. Cette

---

[2] Kabasele Kabasele (N), *Cours d'administration de la preuve*, Faculté de droit, UNIKIN, 2019-2020, p.2.

[3] Aubry et Rau, *Droit civil*, t. 12, § 749 à 758.

[4] Ripert et Boulanger, *Lois civiles dans leur ordre naturel*, livre III, titre VI, Paris, 1735.

[5] De Page (H), *Traité élémentaire de droit civil belge*, t. III, Bruylant, Bruxelles 1967.

définition contient trois mots clefs : mécanisme ([6]), conviction ([7]) et incertitude ([8]).

En définitive, il faut retenir que la preuve est la démonstration de la vérité d'un fait qui est allégué devant le juge par une partie et contesté par une autre([9]).

La théorie des preuves est incorporée dans le Code civil, livre III, spécialement le chapitre VI du titre 1er des articles 197 à 245. Ces dispositions s'appliquent, non seulement à la preuve des obligations, mais également à celle du droit civil dans son ensemble, et même à l'administration de la preuve dans tous les domaines du droit écrit. Le Code civil a omis de réglementer deux procédés de preuve : l'expertise et la descente sur les lieux. Cette lacune est comblée par le Code de procédure civile([10]). Ces deux procédés sont aussi appelés des constatations matérielles. Ainsi, nous avons, dans le code civil : 1) la preuve littérale([11]) ; 2) la preuve testimoniale([12]) ; 3) la preuve par présomptions([13]) ; 4) l'aveu ([14]) et 5) le serment([15]). Et, dans le Code de procédure civile, nous retrouvons : 1) l'expertise([16]) ; 2) la visite des lieux([17]) ; 3) la comparution personnelle des parties et leurs interrogations([18]).

---

[6] Mécanisme, parce le but de la preuve judiciaire est la persuasion du juge. Il est donc normal que la preuve soit étroitement liée au mécanisme mental, aux croyances qui prédominent dans le milieu où elle est administrée. Ceci est contraire à la preuve scientifique qui est universelle et dont les méthodes (procédés) tendent à s'uniformiser à travers le monde. Il faut noter que la preuve judiciaire dépend du milieu ; tandis que la preuve la preuve scientifique est une méthode universelle.

[7] Conviction, parce que la preuve a une fonction sociale qui consiste à faire accepter le fait allégué. Prouver, signifie faire approuver, faire homologuer, rechercher l'assentiment du groupe social auquel on appartient.
La preuve est donc un procédé ou un ensemble de procédés destinés à vérifier si tel fait ou assertion est ou non-conforme aux données qu'à un certain moment, on tient pour certaines.
C'est pourquoi, si audacieuse, si révolutionnaire que soit une allégation, elle sera prouvée si elle rencontre l'adhésion du groupe social restreint ou étendu auquel on appartient.

[8] - Incertitude. - Toute preuve évoque l'idée d'un doute. On ne saurait user de la preuve là où tout est clair et sans ambiguïté. On ne prouve pas un fait qui n'est pas contesté.
Mais en droit judiciaire, même lorsque tout est clair et qu'il existe une présomption légale (*juris et de jure*), la partie qui supporte la charge de la preuve doit exhiber cette présomption légale, c'est-à-dire la soulever matériellement, démontrer qu'elle existe.

[9] Kabasele Kabasele (N), *op. cit.*, p.7.

[10] Décret du 7 mars 1960 portant Code de procédure civile.

[11] Art. 199 à 216 CCLIII

[12] Art. 217 à 224 CCLIII

[13] Art. 225 à 229 CCLIII

[14] Art. 230 à 232 CCLIII

[15] Art. 233 à 245 CCLIII

[16] Art. 39 à 45 CPC

[17] Art. 46 à 48 CPC

[18] Art. 49 à 48 CPC

1. Preuve littérale

La preuve écrite est le mode qui prime tous les autres. La loi l'envisage avec plus de faveur parce qu'elle est plus sûre.

Elle est « préconstituée » en ce sens qu'elle est établie au moment même de la rédaction de l'acte, c'est-à-dire à une époque où aucune des parties n'a intérêt à forcer ou à déformer la preuve en vue de s'assurer le gain d'un procès qui n'est pas né.

La preuve littérale existe sous deux formes principales : l'acte authentique et l'acte sous seing privé.

L'acte authentique est un acte qui a été reçu par un officier public ayant le droit d'instrumenter dans le lieu où l'acte a été rédigé et avec les solennités requises ([19]).

L'acte sous seing privé est tout écrit qui est librement établi par les particuliers ([20]).

Il existe d'autres formes particulières de preuve littérale :

- Les registres des marchands ([21]), i.e. les livres des commerçants dont la tenue est obligatoire en vertu de l'acte uniforme relatif au droit commercial général ([22]). Il s'agit de : livre journal, copie, lettres et livre d'inventaire, facturier.
- Les registres et papiers domestiques. Il s'agit des écritures privées de non commerçants ([23]), livres de compte personnels, agendas, notes, aide mémoires.
- Les écritures mises par le créancier sur le titre ([24]).

La loi accorde une plus grande confiance dans l'acte authentique pour lequel elle requiert l'existence d'un ensemble de formes pour sa validité qu'à l'acte sous seing privé pour lequel aucune formalité particulière n'est exigée.

En réalité, il va falloir distinguer entre l'acte lui-même *(instrumentum)* et son contenu (*negotium).*

La preuve de la convention contenue dans un acte authentique peut être renversée par la preuve littérale contraire, c'est-à-dire par la production par l'autre partie d'une convention écrite contraire ([25]), mais à la condition que cet écrit contraire soit reconnu par la partie à laquelle on l'oppose.

Mais, si le tribunal se voit présenter un acte authentique et un acte sous seing privé dont les clauses sont contradictoires, il doit donner la préférence à l'acte authentique si la partie qui s'en prévaut ne reconnaît pas l'acte sous

---

[19] Art. 199 CCLIII

[20] Art. 24 CCLIII

[21] Art. 211 CCLIII

[22] Art. 19 de l'acte uniforme relatif au droit commercial général parle des livres comptables et autres supports dont la tenue est obligatoire.

[23] Art. 213 CCCLIII

[24] Art. 214 CCCLIII

[25] Art. 201 CCCLIII

seing privé. Ainsi, est reconnue la prééminence du contenu de l'acte authentique.

Il importe de signaler qu'il existe une particularité concernant le certificat d'enregistrement des immeubles dressé par le conservateur des titres immobiliers. Ce certificat fait pleine foi de ce qu'il constate et est, par la volonté du législateur, inattaquable deux ans après son établissement. Cette force probante particulière reconnue au certificat d'enregistrement fait que l'*instrumentum* s'identifie pratiquement au *negotium.*

En revanche, toute partie à laquelle on oppose un acte sous seing privé peut contester, s'il échet, soit l'écriture, soit la signature, soit la date qui y est apposée.

Lorsqu'une partie conteste son écriture ou sa signature et dans le cas où ses héritiers ou ayants droit déclarent ne point les reconnaître, le code civil prévoit que la vérification en est ordonnée en justice ([26]).

Le mode de vérification est facultatif et ne comporte pas nécessairement une expertise. La vérification peut être faite par le tribunal lui-même à l'aide des documents et pièces du procès ou d'une expertise facile au cours d'une instruction répressive ([27]).

Si l'acte sous seing privé n'a pas de date certaine, le fait qu'il constitue une preuve préconstituée pourra être contesté puisque la date ne pourra faire foi qu'il a été rédigé avant le procès. Le tribunal appréciera la valeur qu'il peut attribuer à l'écrit suivant les éléments qui sont fournis par les parties.

Il importe de rappeler que l'acte sous seing privé à la même foi que l'acte authentique lorsqu'il est reconnu par celui auquel on l'oppose([28]).

S'agissant des autres écrits : les livres de commerce constituent des écrits non signés et de plus unilatéraux puisqu'ils sont rédigés par le commerçant lui-même. Il en est de même des registres et papiers domestiques appartenant aux particuliers. Ils pourront donc difficilement être produits comme preuve par le commerçant et le particulier ; car il est de principe que l'on ne peut se forger une preuve à soi-même. En revanche, la loi admet plus facilement qu'ils constituent preuve contre le commerçant ou le particulier ([29]).

2. Preuve testimoniale

La preuve testimoniale est celle qui se réalise par les déclarations des personnes qui relatent les faits dont elles ont eu personnellement connaissance *(ex propriis sensibus),* i.e. pour les avoir vus, entendus ou perçus par leur propre sens.

En droit judiciaire, le témoin est un individu qui s'est trouvé à dessein ou par hasard, à l'accomplissement d'un acte ou d'un fait juridique contesté ou

---

[26] Art. 206 CCLIII

[27] Léo, 13 novembre 1926, Jur. Col. 1929, p. 103

[28] Art. 204 CCLIII

[29] Art. 212-213 CCLIII

à la commission d'une infraction ; et, qui est invité d'office par le juge ou à la demande d'une des parties à déposer devant le juge dans le cadre d'une enquête sur les faits dont il a eu personnellement connaissance, après avoir prêté serment consacré par la loi ou par la coutume.

Le Code civil livre III fixe, en ses articles 217 à 224, les règles relatives à la preuve testimoniale. En revanche, le Code de procédure civile se borne à exposer la manière dont la preuve testimoniale est administrée en justice, c'est-à-dire les règles à respecter pour recueillir le témoignage en justice ([30]).

La procédure au moyen de laquelle s'administre la preuve testimoniale s'appelle l'enquête. Celle-ci peut être demandée ([31]) par toute partie au procès : demanderesse ou défenderesse.

La loi fait obligation à la partie qui désire faire entendre les témoins d'articules les faits qu'elle veut prouver. Les faits articulés (ou cotés) doivent être précis, succincts, pertinents et légalement admissibles ([32]).

La doctrine et la jurisprudence ajoutent que les faits doivent être relevant et susceptibles de preuve contraire.

La partie contre laquelle l'enquête est demandée peut évidemment objecter par voie de conclusions verbales ou écrites que tous ou certains faits articulés ne remplissent pas les conditions voulues pour être admis à la preuve testimoniale ou que la demande d'enquête est inutile. Elle peut aussi elle-même demander la preuve de certains faits qu'elle allègue ou en articuler d'autres à titre de preuve contraire.

En vertu de l'article 29, alinéa 2 du Code de procédure civile, le juge peut ordonner d'office la preuve des faits que lui paraissent concluants si la loi ne le défend pas.

Le juge peut donc rendre un jugement ordonnant l'enquête même si aucune des parties n'a demandé à faire la preuve par témoins. Dans ce cas, le tribunal va articuler lui-même les faits.

La loi autorise ainsi expressément le juge à sortir du rôle passif qui est le sien en matière civile. Cette solution se justifie dans l'intérêt d'une bonne administration de la justice et pour le cas où les parties illettrées se défendent elles-mêmes.

Le jugement qui ordonne l'enquête contient : l'objet du litige tel qu'il est circonscrit par l'assignation et les conclusions du défendeur ; les faits à prouver et les lieux, jour et heure ou les enquêtes seront tenues.

Lorsque le jugement est rendu, il restera à la partie qui a demandé la preuve à convoquer les témoins et à les faire entendre devant le tribunal.

---

[30] Art. 29 à 38 du Code de procédure civile.
[31] Art. 29 du Code de procédure civile.
[32] Art. 29 du Code de procédure civile.

Le Code de procédure civile n'oblige nullement la partie qui requit l'enquête à « dénoncer » le nom des témoins à la partie adverse, i.e. l'identité (nom, qualité, adresse) des témoins qui seront entendu à l'audience fixée par jugement ordonnant la preuve testimoniale.

On admet cependant que l'adversaire est en droit de connaître les noms des témoins cités à l'audience avant celle-ci : cette dénonciation peut se faire par n'importe quelle forme, y compris la simple lettre confidentielle entre avocats.

Les témoins sont entendus séparément en présence des parties si elles comparaissent. Ils doivent décliner leur identité. Ils prêtent serment de dire la vérité. Les témoins sont interrogés par le juge. Ils ne peuvent s'aider d'un mémoire écrit ([33]).

Les parties ne peuvent poser directement des questions aux témoins, elles doivent demander au juge que certaines questions soient posées. Le juge peut confronter un ou plusieurs témoins ou les réentendre ([34]).

Lorsque tout le monde est d'accord, le témoin, le juge et le greffier signent la déposition.

Les témoins qui ne comparaissent pas peuvent être condamnés à des amendes. Si les témoins réassignées sont encore défaillants, ils peuvent être condamnés à une nouvelle amende et le juge peut décerner contre eux un mandat d'amener.

Si le témoin justifie qu'il n'a pu se présenter au jour indiqué, il est déchargé par le juge de l'amende et des frais de réassignation. Et, si le témoin est dans l'impossibilité de se présenter au jour indiqué, le juge peut lui accorder délai ou recevoir sa déposition sur place.

Il existe deux formes particulières de témoignage : preuve par commune renommée et l'acte de notoriété.

- **La preuve par commune renommée** est une forme particulière de témoignage dont l'objet porte, non point sur les faits que le témoin connaît à titre personnel, pour en avoir été spectateur ou auditeur, mais sur ce qu'il a entendu dire sans préciser ou certifier ses sources, indépendamment de toute perception directe. En d'autres termes, le témoin se fait l'écho des bruits incontrôlés qui circulent de bouche à oreille dans l'opinion publique, sans se porter garant de leur exactitude.

- **L'acte de notoriété** est un acte par lequel sur déclaration ou affirmation concordante de deux ou plusieurs témoins, un officier public constate l'existence d'un fait notoirement et publiquement reconnu et dont il est impossible de fournir une preuve écrite.

Très proche de la preuve par commune renommée, l'acte de notoriété s'en différencie par le fait qu'il résulte d'un ensemble de témoignages proprement dite, soutenus par des affirmations concordante de deux ou

---

[33] Art. 34 du Code de procédure civile.

[34] Art. 33 al. 4 et 5 du Code de procédure civile.

plusieurs personnes faisant état de ce qu'elles ont appris personnellement suivant un processus dont l'exactitude est aisément contrôlable et constituable([35]).

3. Preuve par présomptions ([36])

Les présomptions sont des conséquences que la loi ou le magistrat tire d'un fait connu à un fait inconnu.

Il existe deux sortes de présomptions. Il y a les présomptions humaines ou du magistrat et les présomptions légales.

Les présomptions humaines résultent des indices soumis au juge par les parties. Elles sont abandonnées aux lumières et à la prudence du magistrat. Celui-ci ne doit les admettre que si elles sont graves, précises et concordantes. Elles sont quant à leur recevabilité soumises à toutes les règles qui gouvernent la preuve testimoniale.

Les présomptions légales sont les conséquences que la loi tire d'un fait connu à un fait inconnu. Elles diffèrent des présomptions humaines du point de vue de leurs effets. Elles font foi et s'imposent au magistrat alors que les présomptions humaines sont de son domaine d'appréciation souveraine.

Au point de vue de leur force probante, les présomptions légales sont soit irréfragables ou absolues (*juris et de jure),* soit simples ou relatives (*juris tantum*).

Les présomptions irréfragables ne souffrent d'aucune preuve contraire ; les présomptions simples peuvent être renversées. Il y a présomptions irréfragable quand la loi annuelle de certains actes ou dénie l'action en justice ([37]). C'est le cas de l'autorité de la chose jugée([38]).

4. Aveu

L'aveu est la reconnaissance par l'une des parties de l'exactitude d'une allégation dirigée contre elle.

Longtemps considérée comme la reine des preuves, l'aveu est aujourd'hui sujet à méfiance. Il peut être employé dans le but de faire naître un droit ou d'un renoncer et pourrait ainsi favoriser des fraudes.

Il existe deux sortes d'aveu : l'aveu extrajudiciaire et l'aveu judiciaire.

L'aveu extrajudiciaire est celui qui est fait en dehors de la présence du juge ou ce qui revient au même, dans une autre instance. Il peut être écrit ou verbal. Son admissibilité est liée à celle de la preuve testimoniale ([39]) lorsqu'il est verbal et à celle de la preuve littérale lorsqu'il est écrit.

---

[35] Cas d'application : art. 153 et suivants du Code de la famille.

[36] Art. 225 à 229 CCLIII.

[37] Art. 228 CCCLIII

[38] Art. 227 CCCLIII

[39] Art. 231 CCLIII

L'aveu judiciaire est celui qui est fait en justice dans l'instance et en présence du juge. C'est l'aveu proprement dit. Sa force probante est complète. Cet aveu fait foi et le juge doit s'incliner devant lui en tenant pour vrai ce qu'il contient ([40]).

La procédure employée pour se forcer d'obtenir les aveux est la comparution personnelle des parties. Elle est prévue et organisée par le code de procédure civile en ses articles 49 à 58. En fait, la comparution personnelle a pour but de recueillir un aveu judiciaire des parties lorsque le juge s'aperçoit qu'elles sont démunies d'autres preuves. Le juge arrive cependant rarement au résultat escompté. Les déclarations sont actées comme en matière d'enquêtes ([41]). Les articles 56 et 57 du code de procédure civile règlent la comparution des incapables et des personnes morales par l'intermédiaire de leurs représentants.

5. Serment ([42])

Le serment est l'acte à la fois civil et religieux par lequel une personne prend Dieu en témoin de la vérité d'un fait ou de la sincérité d'une promesse et l'invoque comme vengeur du parjure sur elle-même ou sur la famille.

Avec le serment, on sort du domaine de l'expérience pour entrer dans celui de la croyance et du surnaturel. A ce titre, la valeur probante du serment appelle quelque réticence surtout à l'époque et dans une société caractérisée par l'abaissement du sentiment religieux et des valeurs morales.

Il existe deux sortes de serment : le serment décisoire ou litisdécisoire([43]) et le serment déféré d'office ([44]).

Lorsque l'une parties au procès ne dispose d'aucune preuve écrite pour établir les faits qu'elle allègue, qu'elle n'a pas de témoin à faire entendre et que l'autre partie conteste ses dires, elle n'a d'autre ressource que de tenter d'obliger son adversaire à prêter serment que tel fait est vrai ou faux.

Il arrive que le juge défère d'office le serment à l'une des parties voyant qu'elle n'est pas tout à fait démunie de preuves, mais qu'il n'existe aucune certitude quant à la démonstration du fait allégué.

Dans les deux cas, la prestation de serment est organisée par les articles 59 et 60 du Code de procédure civile.

6. Expertise ([45])

L'expertise consiste à charger des personnes compétentes de faire en vue de la solution d'un procès, des constatations qui exigent des connaissances spéciales et de communiquer au tribunal le résultat de leur examen.

---

[40] Art. 232 CCLIII

[41] Art. 54 Code de procédure civile.

[42] Art. 233 à 245 CCLIII.

[43] Art. 233, 1° CCCLIII.

[44] Art. 242 – 245 CCCLIII.

[45] Art. 39-45 Code de procédure civile.

L'expertise est donc l'écrit dans lequel les experts consignent le résultat de leurs investigations et donnent leur avis. On parle également du rapport d'expertise ([46]).

Les experts sont des personnes nommées par les juges dans une affaire déterminée en raison de leurs connaissances spéciales et pour donner leur avis. C'est le cas de médecins, architectes, experts-comptables, traducteurs, linguistes etc.

L'expertise peut être demandée par l'une des parties, les deux parties ou décidée d'office par le tribunal.

Lorsqu'elle est sollicitée par l'une des parties, la mission de l'expert sera bien déterminée dans les conclusions écrites ou verbales.

En vertu de l'article 39 du Code de procédure civile, l'expertise est ordonnée par jugement qui désigne : le nom des experts, la mission précise qui leur est confiée et le délai qui leur est impartie pour le dépôt du rapport.

Dans la quinzaine de l'information que le greffier lui aura donnée de sa désignation, l'expert avisera, par lettre recommandée à la poste, chacune des parties des lieux, jour et heure où il commencera ses opérations. Les parties pourront comparaitre aux opérations d'expertises volontairement et sans formalité.

Les experts ne peuvent dépasser le cadre de la mission qui leur est ainsi tracée ni donner leur avis sur d'autres points.

Le tribunal désignera un seul expert, à moins que le juge estime devoir en nommer trois.

Les parties peuvent se mettre d'accord sur le nom d'un expert ; et c'est généralement ce qui se passe dans la pratique. La loi précise que l'expert ou les experts sont choisis par le juge ([47]).

L'expert peut toujours refuser sa mission, il ne peut se montrer négligent sous peine de dommages et intérêts dus à la partie à qui il a infligé grief ([48]).

7. Visite des lieux ([49])

Il y a des litiges qui pourront être plus facilement tranchés si le juge se rend sur les lieux et constate de visu leur situation. Le tribunal peut décider de se transporter sur les lieux ou commettre un des juges pour l'accomplissement de cette mission ([50]).

En principe, le tribunal décide d'office de se rendre sur les lieux. Mais, n'en n'empêche que l'une des parties, voire les deux, demande par voie de conclusions verbales ou écrites que cette visite ait lieu.

La descente sur les lieux est ordonnée par un jugement avant dire droit. En toute hypothèse, le jugement indique le jour et l'heure de la visite.

---

[46] Kabasele Kabasele (N), *Droit congolais de la procédure civile, op. cit.,* p.45.

[47] Art. 32 Code de procédure civile

[48] Art. 41 al. 2 Code de procédure civile.

[49] Art. 46 – 48 Code de procédure civile.

[50] Art. 46 Code de procédure civile.

Le juge peut se faire accompagner d'un expert. Il sera en tout cas toujours aidé de son greffier ([51]). Un procès-verbal de la visite est dressé par le juge et le greffier et est signé par eux ([52]).

Il est versé au dossier pour être à la disposition des parties. L'instance se poursuit sur simple fixation de remise actée à la feuille d'audience. Ce mode de preuve est rarement appliqué ou pratiqué ([53]).

II. Plaidoyer en faveur des mécanismes de la mise en œuvre des principes de l'administration de la preuve numérique

La question de la mise en œuvre de la preuve numérique part du constat de l'absence de la règlementation de la preuve numérique en droit congolais (1), de l'urgente nécessité de la réglementation de la preuve numérique eu égard à son usage accru dans les échanges commerciaux et professionnels (2), des procédés d'acquisition et de la force probante de la preuve numérique littérale (3), de l'administration des autres preuves numériques substantielles (4).

1. Absence de la règlementation de la preuve du numérique en droit congolais

En République démocratique du Congo, il n'existe pas de règlementation spécifique sur des preuves numériques ou le droit numérique dans son ensemble. Ainsi, par exemple, en cas de la violation de la clause de non divulgation par les parties après rupture du contrat, s'il est établi que l'une des parties a vendu les technologies numériques à un tiers ; l'action en justice introduite par la partie victime devra prouver d'abord le droit de la propriété intellectuelle de la technologie brevetée, pour pouvoir, par la suite imputer la responsabilité à l'auteur. Cette preuve est difficile à faire étant donné qu'aucun texte ne prévoit le mécanisme de son administration.

Devant cette situation, le juge congolais tend à donner des solutions par mimétisme juridique, en faisant souvent recours soit aux principes généraux de droit ou soit, à des cas jugés dans certains droits étrangers, pour accepter les preuves électroniques en l'absence d'un texte de loi les règlementant.

Pour notre part, nous pensons que l'absence d'un texte réglementant l'usage des outils informatiques principalement l'internet fait que ces outils informatiques soient considérés comme des médias, et non comme le droit de l'informatique.

En droit français, il existe une législation liée au numérique qui a même permis de mettre sur pied une jurisprudence très abondante et très riche en la

[51] Art. 47 Code de procédure civile.
[52] Art. 48 Code de procédure civile.
[53] Kabasele Kabasele (N), *op. cit.*, p.95.

matière ; nous pouvons citer la jurisprudence Nikon, très célèbre dans le domaine du respect de la vie privée dans le milieu professionnel[54].

Il faut affirmer que le droit congolais semble être en retard au regard de la preuve numérique ; d'où l'urgente nécessité de légiférer dans ce domaine.

2. Nécessité de la réglementation de la preuve numérique eu égard à son usage accru dans les échanges commerciaux et professionnels

Aujourd'hui, dans les milieux professionnels et commerciaux, il est devenu rare de voir les personnes physiques et morales de droit privé ou public qui ne recourent pas à l'usage de l'informatique, pour poser des actes juridiques.

Il y a lieu de constater que la messagerie électronique ([55]) est au centre des échanges commerciaux et professionnels. Vers les années 2000, l'usage courant de la messagerie SMS rendait encore le juge congolais très sceptique sur la recevabilité des preuves numériques.

Or, il y a peu, c'est-à-dire, moins de cinq ans en arrière, la montée en puissance des réseaux sociaux, des plates-formes d'échanges commerciaux ou encore la messagerie instantanée comme Facebook ou Whatsapp, Instangram, Messenger fait que le même juge, qui, autrefois, était très sceptique a commencé à avoir moins des réserves quant à la recevabilité des preuves numériques.

On peut aussi remarquer que, malgré le changement d'attitude du juge face aux preuves numériques, il reste, néanmoins, lié au code civil, qui n'a guère changé depuis 1888. Il est donc important de règlementer ces preuves numériques en précisant leurs modes d'acquisitions ainsi que leur force probante.

3. Procédés d'acquisition et force probante de la preuve littérale numérique

Bien qu'il existe plusieurs preuves numériques, nous allons mettre l'accent sur la preuve numérique écrite. Ainsi, l'examen des modes d'acquisition de la preuve littérale numérique (a) et sa force probante (b) s'impose.

a) Procédés d'acquisition des preuves littérales numériques

En matière des preuves littérales numériques, il existe trois types des preuves qui peuvent être administrés dans une instance judiciaire[56]. Il y a

---

[54] Selon l'Arrêt Nikon où la Chambre sociale de la Cour de Cassation a jugé, que le respect de l'intimité de la vie du salarié interdit à l'employeur de prendre connaissance des E-mails personnels émis et reçus par lui grâce à un outil informatique mis à sa disposition pour son travail. Voy, Cass.4164 du 2 octobre 2001.

[55] .Il s'agit notamment de : Email, WhatsApp, Messenger.

[56] Stephen Mason et Uwe Rasmussen, « L'utilisation des preuves électroniques dans les procédures civiles et administratives et son impact sur les règles et modes de preuve : étude

d'abord, les preuves en provenance de sites internet accessibles au public ou non (Web, Deepweb, Darkweb), tels que les blogs et les images publiés sur les réseaux sociaux et les sites web ; ensuite, les preuves substantielles, comme l'e-mail et les documents en format numérique, qui ne sont pas rendus publics, mais détenus sur un serveur, et enfin, l'identité présumée d'un utilisateur et les données de trafic («métadonnées»), qui sont utilisées pour identifier une personne en découvrant seulement la source de la communication, et non le contenu[57].

Cependant, même si leurs moyens d'obtention sont connus, l'admissibilité de ces preuves en justice reste néanmoins réglementée de sorte que la violation du droit lié à la vie privé, de l'ordre public ou l'obtention illégale desdites preuves peut entrainer leur irrecevabilité.

b) Force probante de la preuve littérale numérique

Nous avons déjà précisé, ci-dessus, que la preuve littérale est une preuve pré constituée. Il y a lieu de faire remarquer ici, que ces preuves littérales sont matérielles, dans ce sens qu'elles peuvent être palpées avec les mains. Ainsi, elles ne posent généralement pas de problème quant à leurs recevabilité et admissibilité en justice parce qu'elles sont réglementées par le Code civil congolais.

S'agissant des actes écrits posés exclusivement aux moyens informatiques[58], comme par exemple, un contrat de vente effectué par un apporteur d'offre sur le marché boursier, il devient évident de savoir, en cas de contestation, la position que le juge prendra, d'autant plus que cette vente se passe exclusivement sur internet.

Il en est ainsi des actes sous-seing privés électroniques, tels que les statuts sociaux signés numériquement par les associés ou les actionnaires d'une société commerciale se trouvant à des distances considérables, les correspondances électroniques, ou les rapports effectués automatiquement par les algorithmes et faisant foi aux parties. Dans tous ces exemples, il peut arriver que les parties au contrat contestent la validité de ces écrits numériques ; et, refusent d'exécuter ledit contrat prétextant parfois l'absence de signature[59].

---

comparative et analyse », in CDCJ 2015, 14 final, Strasbourg le 27 juillet 2016, p.10. Voy. aussi le rapport du Comité européen de Coopération juridique (CECJ).

[57] Ici, il s'agit principalement des adresses IP (internet protocole), un adresse qui permet d'identifié un terminal individuellement par rapport aux autres. Avec l'usage des VPN (Virtual private Network ou Réseau privé virtuel), il est possible de masquer son propre adresse et de le délocaliser d'un endroit A vers un autre en droit K, en y tenant des autres endroits (passerelles) permettant de déroutant l'adresse

[58] Dans cette catégorie, nous classons les correspondances électroniques (E-mail), les services des messageries en lignes, les contrats existant que de façon électronique comme les contrats de vente ou les contrats commerciaux, etc.

[59] On peut parler du hameçonnage, qui est aussi une technique de la cybercriminalité consistant à séduire une personne avec des publicités ou des offres sur des pages et web et une fois que la personne clique sur le lien ou sur l'image, un vers informatique s'installe sur

En droit français, le législateur a résolu cette difficulté en considérant les actes sous-seing privé numériques comme ayant la force probante au même titre que les actes sous-seing privé « papiers ». En effet, l'article 1316 alinéa 1er du Code civil français dispose que : « l'écrit sous forme électronique est admis en preuve au même titre que l'écrit sur support papier, sous réserve qu'il puisse être dûment identifié à la personne dont il émane et qu'il soit établi et conservé dans des conditions de nature à garantir l'intégrité ».

Il découle de cette disposition, que tout écrit numérique, quelle que soit sa forme, a la même force probante qu'un acte sous-seing privé ou authentique à condition que l'auteur dudit acte soit dûment identifié ; c'est-à-dire de manière physique et, l'écrit électronique doit être conservé en bon père de famille de manière à garantir l'intégrité du document. D'où, nous constations aujourd'hui, la prolifération des espaces de stockage connus sous le nom de Cloud[60] permettant de conserver à long terme les écrits numériques en lieu et place des disques dures externes ou des CD-Rom. Par ailleurs, au regard de la criminalité toujours grandissante sur le web, beaucoup d'individus préfèrent conclure les contrats en recourant à l'apposition d'une signature numérique, qui se différencie de la signature manuscrite qui, elle, peut faire facilement l'objet d'une imitation[61].

Pour sa part, le droit OHADA, à travers les dispositions de l'acte uniforme relatif au contrat de transport des marchandises par route, donne une définition assez atypique de l'écrit en ces termes : « l'écrit est une suite de lettres, de caractères, de chiffres ou de tous autres signes ou symboles dotés d'une signification intelligibles et mis sur papier ou sur un support faisant appel aux technologie de l'information. A moins que les personnes concernées n'en disposent autrement, l'exigence d'un écrit est satisfaite quel que soient le support et les modalités de transmission, pour autant que l'intégrité, la stabilité et la pérennité de l'écrit soit assurées ». Il s'agit bien là, d'un écrit numérique qui doit avoir une signature numérique.

c) Force probante de la signature numérique ou certification numérique

Pour mieux aborder cette question, nous allons préciser la définition de la signature numérique (1) et les conditions et la force probante de cette signature (2).

---

l'ordinateur de la cible et ainsi le hacker peut prendre tout ce qui se trouve sur l'ordinateur sans se faire repérer.

[60] Cloud, nuage en français, est un service offert par divers fournisseurs comme Google® avec son Drive®, Appel® avec I-Cloud® ou encore d'autres comme Dropbox®, etc. Ces services permettent de stocker les données sur leurs serveurs avec la facilité de pouvoir les consulter sur n'importe quel support.

[61] L'imitation d'une signature est une infraction de droit commun en République démocratique du Congo. Elle est prévue par le Code pénal Livre II aux termes des articles 116 à 120.

1) Définition

La signature numérique est un mécanisme permettant de garantir l'intégrité d'un document électronique, et d'en authentifier l'auteur analogiquement avec la signature manuscrite d'un document papier.

La signature numérique est caractérisée par plusieurs traits qui la différencie de la signature manuscrite, à savoir : - le lecteur du document ([62]) ; -la garantie de l'intégrité du document ([63]).

Il y a lieu d'indiquer une autre différence essentielle entre la signature numérique et la signature manuscrite, qui procède du fait que la signature numérique n'est jamais visuelle. Il s'agit, en effet, d'une suite des nombres chiffrés avec la cryptographie asymétrique. Nous pensons, qu'il s'agit là, en fait, d'une garantie devant assurer la sécurité des opérations commerciales. Mais, il peut arriver que les parties souhaitent une signature visuelle susceptible d'être authentifiée.

Ainsi, comme s'en rendre compte, la signature numérique présente plusieurs avantages dont notamment : l'authenticité ([64]), l'infalsifiabilité ([65]), la non réutilisation ([66]), l'inaltérabilité ([67]) et l'irrévocabilité ([68]).

2) Conditions et force probante de la signature numérique

La force probante peut être définie comme étant le degré de foi ou de confiance que la loi attache ou accorde à un écrit en matière de preuve ([69]).

En République démocratique du Congo, dans une espèce ([70]), la question de la force probante de la preuve numérique s'est posée alors qu'il n'existe en la matière aucun texte qui édicte le principe de la force probante de la preuve littérale numérique.

En effet, l'entreprise spécialisée dans les technologies militaires dont le siège social est à Likasi a assigné devant le juge du lieu de ses activités une autre entreprise dont le siège est à Zongo, pour avoir usé de sa technologie

---

[62] Il s'agit de la personne physique, auteur de l'écrit, que l'ordinateur doit identifier de façon précise et appropriée dès la lecture.

[63] C'est-à-dire entre le moment où le document est conçu et le moment où il est lu par le lecteur, il reste tel quel, sans altération.

[64] L'auteur de la signature est bien déterminé, quant à sa personne.

[65] A la différence d'une signature manuscrite, qu'on peut reproduire fidèlement, la signature numérique ne peut, en aucun cas, être falsifiée parce que déjà chiffrée par des moyens de cryptographie très poussés, ex: clé de chiffrement AES, DES, PGP.

[66] La signature ne peut pas être réutilisée sur un autre document que celui sur lequel elle est apposée.

[67] Une fois signée, la signature numérique ne peut plus être modifiée.

[68] En aucun cas, les parties au contrat ne peuvent prétendre n'avoir jamais signé parce que la signature est numérique.

[69] Kabasele Kabasele (N), *Cours de l'administration de la preuve, op. cit.*, p.10.

[70] Il s'agit d'une affaire qui a opposé une entreprise spécialisée dans les technologies militaires dont le siège social est Likasi à une autre entreprise dont le siège social est situé à Zongo.

d'armement dans la fabrication d'un missile sol-air, laquelle technologie a été vendue par un ancien employé, qui, en possédait des copies, a débauché, la moitié des clients de son ancien employeur.

Toutefois, devant le juge, il a été fait remarquer, que les preuves sur lesquelles se fondait la société de Likasi se retrouvaient sur un serveur dématérialisé, se trouvant à Macao. Il n'existe ni de preuves matérielles, ni de brevet parce que les données en question relevaient d'un contrat de vente avec l'armée. Quant à la preuve, il a été soutenu par le demandeur, qu'il était détenteur d'une signature numérique, propre à lui, pouvant prouver aussi bien les droits de propriété sur ladite technologie et la réclamation auprès du juge des dommages et intérêts liés au préjudice subi.

En droit français, par contre, aux termes des prescrits de l'article 1367 du Code civil, la signature nécessaire à la perfection d'un acte juridique identifie celui qui l'appose. Elle manifeste le consentement des parties aux obligations qui découlent de cet acte. Quand elle est apposée par un officier public, elle confère l'authenticité à l'acte.

Cette disposition a le mérite de définir les deux fonctions essentielles de la signature numérique, à savoir : l'identification de l'auteur de l'acte et la manifestation de son adhésion au contenu de cet acte.

Si les conditions nécessaires à la présomption de fiabilité ne sont pas réunies, la fiabilité du procédé devra être démontrée à la charge du signataire.

Par ailleurs, l'article 3 du décret du 30 mars 2001 indique les conditions relatives à la création de la signature électronique pour garantir la sécurité juridique. Il s'agit notamment de: - Garantir que la signature électronique est liée au signataire ; - Permettre de créer la signature électronique par des moyens que le signataire puisse garder sous son contrôle exclusif ; - Garantir que la signature lie les données auxquelles elle se rapporte de telle sorte que toute modification ultérieure de celles-ci soit détectable ; - Garantir par les moyens techniques et les procédures appropriées que les données utilisées pour la création de la signature électronique ne puissent : 1) se rencontrer qu'une seule fois et que leur confidentialité soit assurée ; 2) être retrouvées par déduction et que la signature soit protégée contre toute falsification par les moyens techniques conformes à l'art ; 3) être protégées de manière fiable par la signature légitime contre leur utilisation par des tiers ; 4) modifier les données à signer, ni empêcher que ces données soient soumises au signataire avant le processus de signature.

Aussi, les dispositifs sécurisés de création de la signature électronique devront être certifiés conformes, soit par la DCSSI ([71]) dans les conditions fixées par le décret n° 2002-535 du 18 avril 2002, soit par un organisme européen reconnu équivalent. Pareilles dispositions font malheureusement défaut en droit congolais.

---

[71] Direction centrale de la sécurité des systèmes d'information.

4. Administration des autres preuves numériques substantielles

Il existe, en dehors de la preuve littérale numérique, d'autres preuves numériques substantielles numériques. C'est le cas notamment des mails reçus et émis ainsi que des SMS ou des messageries instantanées comme WhatsApp, Facebook, Twitter sans oublier les enregistrements audio et vidéo.

Cependant, il y a lieu de noter qu'avec l'avènement de la cryptographie, les preuves numériques substantielles peuvent aussi faire l'objet d'un chiffrement très complexe obligeant parfois la commission des infractions numériques comme l'intrusion (Pen-test), pour ainsi accéder au mail ou aux serveurs de l'opérateur mobile afin d'obtenir ces preuves.

Dans une cause répressive[72] instruite au Tribunal militaire de Garnison de Lubumbashi, le ministère public s'est fondé sur des publications faites sur un site web, en l'occurrence Facebook, voulait établir pour établir la culpabilité du prévenu au regard des faits lui reprochés.

Dans l'acquisition des preuves sur le site web, nous pensons, que le juge, avant d'accorder une quelconque force probante, devrait, en principe, recourir à un expert pour qu'il y ait une certification du site web. Le juge peut, le cas échéant, recourir même au site web pour avoir un rapport des activités de la personne reprochée d'un fait civil ou pénal.

Conclusion

A l'issue de notre recherche, il a été constaté que le Code civil livre III reste muet sur les preuves numériques. Il est urgent que le législateur congolais édicte le texte approprié règlementant cette question, à l'instar du droit français.

Le droit OHADA ([73]), pour sa part, a résolu, en partie, la question de la preuve numérique. Mais, notre souhait est de voir le législateur congolais prendre aussi un texte précis dans ce domaine.

En attendant que le législateur congolais ne légifère sur cette question, le juge congolais doit, se basant sur le principe de son intime conviction, considérer les preuves numériques au même titre que celles réglementées par le Code civil.

---

[72] Ministère Public/contre Ali & consorts, Tribunal Militaire de Garnison de Lubumbashi, en 2010.

[73] Il est parfois incommode de parler du droit OHADA indépendamment du droit congolais d'autant plus que le droit OHADA fait, désormais, partie du droit congolais.

Bibliographie

1. Carbonnier (J), *Droit civil*, tome II, Collection Thémis, Paris, PUF, 1969.
2. Colin (A), Capitant (H) et de la Morandiere (J), *Traité de droit civil*, tome II, Dalloz, Paris 1959.
3. De la Morandiere (J), *Précis de droit civil*, 3ème éd., Dalloz, Paris 1964.
4. De PAGE (H), *Traité élémentaire de droit civil belge*, Tome III, Bruylant, Bruxelles 1950.
5. Dekkers (R), *Précis de droit civil belge*, Bruylant, Bruxelles 1954.
6. Flour (J) et Amber (JL), *Droit civil, Les obligations*, Armand Colin, Paris.
7. Kabasele Kabasele, *Droit congolais de la procédure civile*, CRDS, Kinshasa 2015.
8. Kalongo Mbikayi et Tshimanga, « La responsabilité civile du tiers complice de l'exécution d'une obligation contractuelle », in *RJZ*, 1979.
9. Kalongo Mbikayi, (Sous la direction de), *Le droit de l'automobile et de la sécurité routière au Zaïre*, Kinshasa, PUZ, 1982.
10. Kalongo Mbikayi, « Individualisation et collectivisation du rapport juridique de responsabilité civil en droit privé zaïrois », in *RJZ,* 1975, N°1.
11. Kalongo Mbikayi, « Les facteurs socio- économiques actuels de la réparation juridictionnelle du dommage matériel », in *Notes de conjoncture*, 1996.
12. Kalongo Mbikayi, *Responsabilité civile et socialisation des risques,* PUZ, Kinshasa, 1977.
13. Larroumet (Ch), *Droit civil,* tome III, 6ème édit. *Les obligations. Le contrat*, 2ème partie Effets, Economica, Paris, 2007.
14. Marty (G) et Raynaud (P), *Droit civil*, tome II, vol, I, Sirey, Paris 1962.
15. Planiol (M) et Ripert (G), *Traité de droit civil,* 3ème éd., Paris, LGDJ, tome VI, 1952 et tome 7, 1964.
16. RAE (M), « Des engagements qui se forment sans convention », *Société juridique du Katanga*, 2ème éd., Lubumbashi, 1967.
17. Sohier (A), *Droit civil du Congo belge*, tome II, Bruxelles, Bruxelles 1956.
18. Starck (B), *Obligations*, Dalloz, Paris 1975.
19. Vouin (R) et Robino (P), *Droit privé (civil et commercial)*, tome II, *Les biens, Les obligations, les contrats*, 3ème éd., PUF, Paris 1967.
20. Weill (A) et Terre (F), *Droit civil, Les obligations*, Dalloz, 3ème éd. Paris, 1980, Vol. I et II, 1980 et 1981.

Réglementation du contrat électronique : quelques orientations de la réforme du droit contractuel congolais

■ *Adolphe Kumba Shindano*
Avocat
Doctorant en Droit de l'Université de Kinshasa

Introduction

Si le droit des obligations était un immeuble à plusieurs étages, la matière du contrat en occuperait une plus grande superficie comparativement à d'autres. Cette métaphore traduit l'importance, qui ne s'use point au fil des années, du droit des contrats, tant le contrat constitue l'un des rouages essentiels de la vie en société[1]. Autant de besoins de chacun de nous, de plus facultatifs aux plus pressants et vitaux, de moins fréquents aux plus usuels, ne trouvent leur satisfaction que par la voie de contrats : se nourrir, se loger, se vêtir, se mouvoir, se procurer des revenus, se soigner, s'instruire, etc. S'il prenait vie, le contrat serait pour l'homme ce compagnon de tous les temps. Il n'est donc point question d'être juriste pour percevoir sans aucune difficulté l'impératif de sa réglementation.

En droit congolais, la théorie générale de contrats (entendez par là les règles générales et essentielles applicables aux contrats indistinctement, quelles qu'en soient les espèces) et des obligations est étayée par le décret du 30 juillet 1888 (des contrats ou des obligations conventionnelles) considéré comme constituant le livre III du code civil[2]. Ce texte réglemente en même temps certains contrats regardés comme usuels, que le jargon juridique qualifie de contrats nommés.

Aujourd'hui vieux de cent trente et deux ans, ce texte que nous appelons ici code des obligations s'en trouve particulièrement surpris par l'essor d'un type nouveau de contrat au quel ses règles ou tout au moins certaines d'entre elles ne peuvent que difficilement s'appliquer en les forçant. Ce type

[1] Terre F., Simler P., Lequette Y. et Chenede F., *Droit civil : les obligations*, 12e édition, Dalloz, Paris, 2018, p. 19.

[2] Le livre I constitué par le décret du 4 mai 1895, le livre II par le décret du 31 juillet 1912.

nouveau, c'est le contrat électronique, dont l'internet sert de matelas[3]. En effet, l'internet a, aujourd'hui plus qu'hier, bouleversé le monde à la faveur de ses formidables atouts et utilités pour la société toute entière en matière d'information, et ce, dans divers domaines de la vie. C'est ainsi qu'apparurent l'électronique et ses applications, qui renvoient à une technique informatique fondée sur la numérisation des données transformées en chiffres pour faciliter leur reproduction, conservation et transformation[4]. Très vite, la population congolaise s'est rendue compte de l'intérêt de l'électronique notamment dans les transactions contractuelles.

Des hésitations gisent au sujet de l'acception commune du contrat électronique. S'agit-il uniquement du contrat dont l'offre et l'acceptation sont électroniques ou du contrat dans lequel l'acceptation de l'offre a été acheminée électroniquement ? Il y a lieu de s'inspirer de la loi française du 21 juin 2004 pour consacrer la définition suivante du contrat électronique : « contrat par lequel une personne propose ou annonce à distance et par voie électronique la fourniture de biens ou de services ». Il s'agit, en d'autres termes, du contrat conclu par voie électronique et qui alimente le commerce électronique. Celui-ci est défini comme étant l'activité économique par laquelle une personne propose ou assure, à distance et par voie électronique, la fourniture de biens et la prestation de services[5].

A côté des contrats conclus par communication orale ou par télécopie connus du droit actuel[6], les contrats électroniques conclus par internet tourmentent sans nul doute le dispositif juridique actuel de notre pays en matière contractuelle, tant ils suscitent divers problèmes de droit liés notamment à l'immatérialité des contrats passés par le biais des réseaux, à la fugacité des messages échangés, à l'éloignement et voire à l'identification même des parties qui, tous, appellent, pour leurs solutions, une réforme du cadre légal existant dans une approche de modernisation. Il faut ajouter à la liste des problèmes perturbateurs les questions relatives aux conditions de formation, à l'exécution et à la preuve des contrats électroniques.

Loin de pouvoir servir un mets complètement préparé ou livrer un ouvrage clé à mains, nous nous proposons ici juste d'indiquer, comme pour poser des jalons, quelques orientations de la réglementation, dans l'ordre juridique congolais, du contrat électronique, en s'inspirant essentiellement du droit étranger. Ce faisant, nous focalisons notre analyse sur trois aspects

[3] Amblard P, Régulation de l'internet, l'élaboration des règles de conduite par le dialogue inter normatif, Bruxelles, Bruylant, 2004.p.1.

[4] Kumba Shindano A., *Le contrat électronique: plaidoyer pour une règlementation en droit congolais*, Mémoire de D.E.S/D.E.A, Unikin, Faculté de droit, 2015-2017, p.2.

[5] L'article 8 al. 1, de la loi sénégalaise n°2008-08 du 25 janvier 2008 sur les transactions électroniques.

[6] Ndukuma Adjayi Kodjo, *Cyber droit, télécom, internet, contrats de e-commerce, une contribution au droit congolais*, Kinshasa, P.U.C, 2009, p.22.

seulement de la problématique que soulève le contrat électronique : sa formation, son exécution et sa preuve.

I. De la formation du contrat electronique

Les contrats conclus sur internet présentent les caractéristiques communes ci-après : contrats entre personnes éloignées[7], conclus par des simples clics de souris d'ordinateurs dans un environnement dématérialisé. Ils soulèvent dès lors la problématique du processus bipartite de l'expression du consentement, de la temporalité et de la localisation de formation du contrat et enfin de la capacité des parties.

1.1. Les deux étapes du processus de conclusion du contrat : l'offre et l'acceptation

Le contrat électronique se passant entre personnes éloignées, il convient d'y analyser l'offre et l'acceptation. L'offre ou pollicitation est une proposition de contracter à certaines conditions, adressée à une personne déterminée ou à des personnes indéterminées (offre au public par annonce, affiche)[8] . En d'autres termes, il s'agit d'une proposition ferme de conclure à des conditions déterminées un contrat, de telle sorte que son acception suffit à la formation de celui-ci[9]. La publicité électronique diffère de l'offre électronique du fait qu'elle représente un stade moins avancé dans le processus de la formation du contrat[10]. Mais elle peut constituer une offre si elle contient les éléments nécessaires à la conclusion du contrat. Par contre, toute offre électronique est aussi une publicité électronique c'est-à-dire une communication qui a pour but de promouvoir la vente de produits ou de services.[11]

---

[7] Bouchard C. et La Coursiere M., « Les enjeux du contrat de consommation en ligne », in *Revue Générale de Droit*, v° 33, n°3, 2003, pp.373-43.

[8] Kalongo Mbikayi, *Droit civil : les obligations*, Tome 1, Editions Universitaires Africaines, Kinshasa, 2012, p.62.

[9] Moreau N, *La formation du contrat électronique : dispositif de protection du cyber consommateur et modes alternatifs de règlement des conflits (M.A.R.C)*, mémoire de DEA, université de Lille 2, Faculté des sciences juridiques, politiques et sociales, 2002 – 2003, p.39.

[10] L'article 11 de la convention des Nations Unies sur l'utilisation de communications électroniques dans les contrats internationaux adoptée par l'Assemble Générale du 23 novembre 2005 résolution 60 /21 dispose que : « une proposition de conclure un contrat effectuée par l'intermédiaire d'une ou plusieurs communications électroniques qui n'est pas adressée en particulier à une ou plusieurs parties mais qui est généralement accessible à des parties utilisant des systèmes d'informations, y compris à l'aide d'applications interactives permettant de passer des commandes par l'intermédiaire de ces systèmes d'informations, doit être considérée comme une invitation à l'offre, à moins qu'elle n'indique clairement l'intention de la partie effectuant la proposition d'être liée en cas d'acceptation ».

[11] *Idem.*

L'offre électronique comme du reste toute autre offre, doit être, à la différence d'une simple proposition de pourparlers, ferme, non équivoque, précise et complète[12]. Il est généralement admis, en droit commun des contrats, que l'offre peut être librement rétractée tant qu'elle n'est pas parvenue à son destinataire ou n'est pas encore acceptée par celui-ci[13]. Le contrat électronique s'illustre par la complexité relative à l'efficacité de l'offre électronique qui est naturellement localisable dans un univers sans frontière. La situation de l'internaute pollicitant est différente donc selon la législation du pays dont il est tributaire. La force obligatoire de l'offre électronique oblige le pollicitant à la maintenir dès lors qu'elle a été extériorisée[14]. En l'absence de précision quant à la durée de validité de l'offre, l'offrant doit la maintenir pendant un délai raisonnable[15], que les juges doivent apprécier en fonction des circonstances. L'existence de l'offre électronique se constate par deux éléments : son insertion au serveur et son accessibilité au public. Si l'offre a été acceptée avant son retrait, le contrat est considéré comme formé, et par conséquent aucune rétractation n'est plus possible.

L'acceptation est l'agrément pur et simple de l'offre, ou la volonté ferme de conclure le contrat aux conditions déterminées par l'offrant[16]. Pour être efficace, l'acceptation doit, d'une part, intervenir pendant le délai imparti de validité de l'offre et, d'autre part, porter sur tous les éléments essentiels du contrat ou sur ceux qui ont été tenus pour essentiels par l'une des parties. L'acceptation de l'offre électronique prend souvent la forme d'un bon de commande virtuel envoyé à l'adresse de l'offrant.

L'acceptation exprimée par voie électronique est de nature à engendre moult contentieux problématique au regard des règles classiques de droit commun. C'est pourquoi on a inventé un système particulier d'acceptation par un simple « clic » ou « deux clics » selon le cas[17]. La convention des Nations-Unies sur l'utilisation de communications électroniques dans les contrats internationaux pose, à ce sujet, la règle suivante en son article 8-1 :

---

[12] Kalongo Mbikayi, *op. cit.,* p.63 ; Ghestin J., *Les obligations – le contrat : formation*, Paris, L.G.D.J., 1988, p.69

[13] Article 1115 de l'ordonnance n°2016-131 du 10 février 2016 portant réforme du droit des contrats, du régime général et de la preuve des obligations, in *Jorf* n°0035 du 11 février 2016, texte n°26.

[14] Ndukuma Adjayi Kodjo, *op. cit.,* p.191

[15] L'article 1117 du code civil français dispose que : « l'offre est caduque à l'expiration du délai fixé par son auteur ou à défaut, à l'issue d'un délai raisonnable. Elle est également en cas d'incapacité ou de décès de son auteur ».

[16] Benabent A., *Droit civil : les obligations*, 5ème éd., Montchrestien, Paris, 1995, p.41.

[17] Du point de vue technique, le clic est une mise en action du bouton d'acceptation qui entraine la transmission d'informations numériques qui sont reconnues par un logiciel, lequel les convertira en informations intelligibles pour le commerçant destiné à les recevoir. Ce résultat provient de la pression du doigt de l'acheteur en ligne sur le bouton de sa souris ou sur la touche de validation de son clavier.

« La validité ou la force exécutoire d'une communication ou d'un contrat ne peuvent être contestées au seul motif que cette communication ou ce contrat est sous forme de communication électronique »[18].

Mais le cocontractant qui n'a cliqué que par erreur de manipulation sans vouloir manifester une volonté de s'engager peut nier la valeur de son clic. Afin de préserver le consentement de l'acheteur, surtout du cyber consommateur, les entreprises qui proposent des commandes de produits ou services en ligne ont, au regard de cette éventualité, préconisé que le simple clic ne vaut acceptation qu'à condition que son auteur ait été préalablement averti[19]. Dans le même sens, des chambres de commerce et d'industrie recourent à « un système d'acceptation par pages écran successives proposant une série de saisies de données qui amènerait progressivement le client vers un consentement définitif »[20].

Le Conseil d'Etat français a également proposé un système efficace à ce sujet : l'acceptation doit se réaliser soit par l'envoi d'un courrier électronique avec l'obligation de conservation de message soit par deux clics distincts sur deux icônes différents : « j'accepte l'offre » et « confirmez-vous votre demande ? »[21].

Les formulations ci-après des dispositions tirées des droits français et sénégalais[22] peuvent utilement inspirer la réglementation, en droit congolais, du contrat électronique en ce qui concerne les conditions de formation de celui-ci :

> « - Qui conque propose, à titre professionnel, par voie électronique, la fourniture de biens ou la prestation de services, met à la disposition de la clientèle les conditions contractuelles applicables d'une manière qui permette leur conservation et leur reproduction. Sans préjudice des conditions de validité mentionnées dans l'offre, son auteur reste engagé par elle tant qu'elle est accessible par voie électronique de son fait.
>
> - L'offre énonce en outre :
>
> 1. les différentes étapes à suivre pour conclure le contrat par voie électronique ;
> 2. les moyens techniques permettant à l'utilisateur, avant la conclusion du contrat, d'identifier les erreurs commises dans la saisie des données et de les corriger ;
> 3. les langues proposées pour la conclusion du contrat ;
> 4. en cas d'archivage du contrat, les modalités de cet archivage par l'auteur de l'offre et les conditions d'accès au contrat archivé ;

---

[18] La convention des Nations-Unies du 23 novembre 2005 sur l'utilisation de communications électroniques dans les contrats internationaux précitée.

[19] C'est le cas de l'entreprise Congo-Chine expresse en République Démocratique du Congo.

[20] Kumba Shindano A., *op. cit.*, p.22.

[21] Conseil d'Etat, Internet et réseaux numériques, la documentation française, 1998, p.65, disponible sur www.conseild'Etat.fr

[22] Lire les 1127-1, 1127-2 de l'ordonnance n°2016-131 du 10 février 2016 précitée pour le droit français et articles 24, 25 de la loi sénégalaise n°2008-08 précitée.

5. les moyens de consulter par voie électronique les règles professionnelles et commerciales auxquelles l'auteur de l'offre entend, le cas échéant, se soumettre ».

« - Pour que le contrat soit valablement conclu, le destinataire de l'offre doit avoir eu la possibilité de vérifier le détail de sa commande et son prix total, et d'exiger la correction d'éventuelles erreurs, avant de confirmer celle-ci pour exprimer son acceptation.
L'auteur de l'offre doit accuser réception sans délai injustifié et par voie électronique de la commande qui lui a été ainsi adressée.
La commande, la confirmation de l'acceptation de l'offre et l'accusé de réception sont considérés comme reçus lorsque les parties auxquelles ils sont adressés peuvent y avoir accès ».

1.2. La temporalité et la localisation de formation du contrat électronique

Comme pour tout contrat se réalisant en deux temps, trois théories sont envisageables pour la détermination du moment et du lieu de formation du contrat électronique. La première, dite de l'émission, propose que le contrat électronique se forme au moment et au lieu où l'acceptation est émise. Elle est subdivisée en deux variantes. D'une part se trouve la théorie de la déclaration, qui n'exige que la seule expression de l'acceptation pour que le contrat soit formé : le contrat électronique se forme au moment où l'acceptant signe l'offre électronique[23]. D'autre part, il y a la théorie de l'expédition qui préconise que le contrat n'est conclu qu'au moment où l'acceptant se dessaisit du document supportant sa volonté. Ainsi, le contrat électronique se forme au moment où le destinataire de l'offre électronique appuie sur l'icône « envoyer » du logiciel de courrier électronique.

La deuxième théorie dite de l'acceptation, se fonde sur la connaissance réciproque des volontés. La conclusion du contrat est retardée jusqu'au moment de la connaissance de l'acceptation par l'offrant[24]. Elle comporte également deux variantes. Pour la première variante dite de l'information, le contrat électronique se forme au moment et au lieu où l'offrant a personnellement connaissance du contenu de l'acceptation, en lisant par exemple le courrier électronique dans lequel l'acceptant marque son accord. Quant à la seconde variante, le contrat électronique se forme au moment et au lieu où l'offrant est présumé avoir eu la connaissance de la volonté de l'acceptant. L'offrant est ainsi censé être au courant de la volonté de l'acceptant dès le moment où le courrier électronique arrive dans sa boite e-mail.

---

[23] Gautrais V., *Les principes d'Unidroit face au contrat électronique :* [https://s.sl.éditionsthemis.com/uploadéd/revue/article/rytvol36num2/gautrais.pdf], p.508, consulté le lundi 24 avril 2017.

[24] *Idem.*

La troisième théorie quant à elle, considère que la solution ne peut être recherchée que dans l'intention commune des parties au contrat électronique.

Relevons que dans la pratique, la théorie de la réception semble être la solution la plus unanimement utilisée[25]. Il y a lieu cependant de suggérer au législateur congolais de s'inspirer, en cette matière, aussi bien de la convention des Nations-Unies sur l'utilisation de communications électroniques[26] que des dispositions des droits français[27] et québécois[28]. En effet, la convention des Nations-Unies pose à ce sujet les principes ci-après :

« - Le moment de l'expédition d'une communication électronique est le moment où cette communication quitte un système d'information dépendant de l'expédition ou de la partie qui l'a envoyée au nom de l'expéditeur, ou bien, si la communication électronique n'a quitté un système d'information dépendant de l'expéditeur ou de la partie qui l'envoyée au nom de l'expéditeur, le moment où elle est reçue.

- Le moment de la réception d'une communication électronique est le moment où cette communication peut être relevée par le destinataire à une adresse électronique que celle-ci a désignée. Le moment de la réception d'une communication électronique à une autre adresse électronique du destinataire est le moment où cette communication peut être relevée par le destinataire à cette adresse et où celui-ci prend connaissance du fait qu'elle a été envoyée à cette adresse.

- Une communication électronique est présumée pouvoir être relevée par le destinataire lorsqu'elle parvient à l'adresse électronique de celui-ci.

- Une communication électronique est réputée avoir été expédiée du lieu où l'expéditeur a son établissement et avoir été reçue au lieu où le destinataire a son établissement, et une partie est présumée avoir son établissement au lieu qu'elle indiqué, sauf si une autre partie démontre que la partie ayant donné cette indication n'a pas d'établissement dans ce lieu. »

Le droit français applique quant à lui le système de la réception[29] : « le contrat est, aux termes de l'article 1121 du code civil, conclu dès que

---

[25] Gaustrais V., *Le contrat électronique international : encadrement juridique*, Bruxelles, Bruylant-Academia, 2001, p.39.

[26] Article 10 de la Convention des Nations-Unies sur l'utilisation de communications électroniques du 23 novembre 2005 précitée.

[27] Article 1127-2 du code civil français.

[28] Article 1387 du code civil québéquois.

[29] Cette question est confirmée par la disposition de l'article 1127-2 du même code qui dispose que : « Le contrat n'est valablement conclu que si le destinataire de l'offre a eu la possibilité de vérifier le détail de sa commande et son prix total et de corriger d'éventuelles erreurs avant de confirmer celle-ci pour exprimer son acceptation définitive. L'auteur de l'offre doit accuser réception sans délai injustifié, par voie électronique, de la commande qui lui a été adressée. La commande, la confirmation de l'acceptation de l'offre et l'accusé de réception sont considérés comme reçus lorsque les parties auxquelles ils sont adressés peuvent y avoir accès ».

l'acceptation parvient à l'offrant ; il est réputé l'être au lieu où l'acceptation est parvenue ». Le droit Québécois va dans le même sens.

L'article 1387 de son code civil prévoit que : « Le contrat est formé au moment où l'offrant reçoit l'acceptation et au lieu où cette acceptation est reçue, quel qu'ait été le moyen utilisé pour la communiquer et lors même que les parties ont convenu de réserver leur accord sur certains éléments secondaires ».

1.3. La capacité de contracter

Le commerce électronique facilite certes des transactions qui se font à distance sans que les parties ne se rencontrent. Mais comment s'assurer que l'une des parties (généralement l'acheteur) n'est pas un incapable (mineur ou majeur incapable)? Lorsque le contrat électronique comporte un élément d'extranéité, et c'est le cas généralement, la capacité des parties est appréciée conformément à leurs lois nationales respectives.

Le contrat électronique se passant entre personnes éloignées qui ne se connaissent ni ne se voient, le risque de son invalidité est grand pour incapacité de l'une des parties. Pour faire face à cette situation, certains « web masters » s'équipent de systèmes permettant d'identifier l'âge de leurs visiteurs. Ils fonctionnent souvent par le biais d'institutions intermédiaires du genre *Adult check* ou *Adultsign*[30], qui exigent du client la fourniture du numéro de carte de crédit entant que preuve de la majorité. En retour, le client reçoit un numéro d'identification et un mot de passe qu'il pourra utiliser pour accéder au site interdit aux mineurs. Cette solution a été largement critiquée, du fait que la simple délivrance du numéro d'une carte de crédit ne peut être considérée comme un moyen suffisant permettant de s'assurer de la majorité de son utilisateur, pour deux raisons majeurs : 1°. les cas de piratage des numéros de carte de crédit sont de plus en plus nombreux ; 2°. le mineur peut malignement utiliser la carte de crédit de l'un de ses parents.

Par ailleurs, il est également fait recours à la signature électronique et à la certification comme des moyens d'identification du signataire, en sorte que toute personne identifiée par ce biais sera en principe considérée comme celle désignée dans le certificat en qualité de signataire[31]. Ce système n'est pas sans faiblesse, étant donné qu'un mineur peut très bien utiliser le code ou le mot de passe lui transmis par l'un de ses proches.

Aussi suggérons-nous au législateur congolais de poser en cette matière un principe de solution axé sur la théorie de l'apparence : si le mineur ou le majeur incapable contractent, ce sont leurs représentants légaux qui sont supposés avoir contracté en sorte que le contrat demeure valable. Il

---

[30] Ndukuma Adjayi Kodjo, *op. cit*, p.215.

[31] Gautrais V, *op. cit,* p.488 ; Frudel P. et ali, *La preuve et la signature dans les échanges de document informatisés au Québec,* publications du Québec, 1993, p.15.

appartient donc à ces derniers de limiter les risques par la mise en place de certains contrôles logiciels restreignant l'accès aux sites marchands susceptibles d'intéresser leurs incapables.

II. De l'exécution du contrat électronique

Les problèmes qu'engendrent généralement les contrats électroniques dans leur exécution sont liés à l'obligation de délivrance : la conformité du bien et la mise à disposition de la chose vendue, dans le délai convenu par les parties au contrat[32].

Pour exécuter son obligation de délivrer la chose, le vendeur ou mieux le fournisseur des biens fait souvent recours à d'autres professionnels pour transporter la chose vendue en la puissance et possession de l'acheteur, ce qui implique l'intervention des plusieurs personnes dans l'exécution de l'obligation de délivrance. Cette multiplicité de fournisseurs pose le problème de l'établissement de la responsabilité contractuelle en cas d'inexécution ou de la mauvaise exécution du contrat. Tel est le cas lorsque les biens n'ont pas été livrés ou qu'ils l'ont été en mauvais état ou encore livrés tardivement. Dans la pratique les différents intervenants se renvoient tous la responsabilité[33] et le vendeur quant à lui, justifie son irresponsabilité en évoquant que le bien était transporté aux risques et périls de l'acheteur par l'effet immédiat du transfert de propriété pour les biens mobiliers[34].

Comment faire pour protéger le cyberconsommateur ? Plusieurs solutions sont proposées en droit comparé.

2.1 Le principe de responsabilité de plein droit du fournisseur des biens ou des services

La plupart de législations ont adopté une responsabilité de plein droit. L'on peut citer notamment les droits français[35], sénégalais[36], algérien[37], malien[38].

---

[32] Vetter M, *Les conséquences de la livraison tardive d'un bien en exécution d'un contrat de commerce électronique*, Mémoire de Master 2 droit, Etudes Européennes, Université de Strasbourg, 2009, p.6

[33] La conférence des Nations-Unies sur le commerce et le développement abordant la question de la protection du consommateur dans le commerce électronique souligne que les difficultés rencontrées par les consommateurs des pays en voie de développement dans le contexte du commerce électronique sont [...] l'établissement des responsabilités contractuelles en cas de multiplicité de fournisseurs des biens ou services, les problèmes de remboursement des produits non satisfaisants, la livraison tardive ou la non livraison des produits ou la livraison des produits défectueux, du mauvais article ou d'articles de contrefaçon... Voy. Cnuced, Protection du consommateur dans le commerce électronique, deuxième session, du 3 – 4 juillet 2017 à Genève, version Française, Distr. générale du 24 avril 2017, pp.1-20.

[34] L'article 37 du code civil Livre III, dispose « L'obligation de livrer la chose est parfaite par le seul consentement des parties contractes. Elle rend le créancier propriétaire, et met la chose à ses risques dès l'instant où elle a dû être livrée, encore que la tradition n'en ait point été faite, à moins que le débiteur ne soit en demeure de la livrer ; auquel cas, la chose reste aux risques de ce dernier ».

[35] Code Français de la consommation, spécialement à son article L 121-20-3 al. 4 et 5.

En effet, l'article 11 de la loi sénégalaise n°2008-08 du 25 janvier 2008 sur les tractions électroniques dispose que : « Toute personne physique ou morale exerçant l'activité définie au premier alinéa de l'article 8 de la présente loi est responsable de plein droit à l'égard de son cocontractant de la bonne exécution des obligations résultant du contrat, que ces obligations soient à exécuter par elle-même ou par d'autres prestataires de service, sans préjudice de son droit de recours contre ceux-ci. Toutefois, elle peut s'exonérer de tout ou partie de sa responsabilité en apportant la preuve que l'inexécution ou la mauvaise exécution du contrat est imputable, soit au cocontractant, soit à un cas de force majeur ».

Cette solution nous parait intéressante pour qu'elle soit importée en droit congolais. En effet, la responsabilité ainsi prévue donne au cyberconsommateur[39] la certitude qu'il n'a en face de lui qu'un seul partenaire qui est son fournisseur des biens ou prestataire des services quelle que soit l'intervention d'autres prestataires des services lors de l'exécution du contrat électronique. Bien plus, elle offre au cyber consommateur une action directe contre le professionnel en cas d'inexécution du contrat, quitte à ce dernier d'exercer une action récursoire contre d'autres prestataires de services ayant intervenu dans l'exécution du contrat par son fait.

2.2 L'instauration du droit de rétraction au bénéfice du cyber consommateur

L'existence d'un droit de rétraction en matière de contrat électronique est fondée sur la prémisse selon laquelle, comme les parties ne sont pas en présence l'une de l'autre, le consommateur peut difficilement concevoir matériellement le produit offert ou encore apprécier le service malgré la précision de la technologie. Par conséquent, il doit pouvoir se faire rembourser lorsque le bien ne répond pas à ses attentes[40]. Ce droit pour la personne de revenir sur son engagement implique un acte positif puisque « le cocontractant a déjà apposé sa signature sur le contrat et quelques temps plus

---

[36] La loi sénégalaise n°2008-08 du 25 janvier 2008 sur les transactions électroniques, spécialement à son article 11.

[37] La loi algérienne n°18-05 du 24 chaabane 1439 correspondant au 10 mai 2018 relative au commerce électronique, in journal officiel de la République Algérienne n°28 du 30 chaabane correspondant au 16 mai 2018, spécialement à son article 18.

[38] La loi malienne n°2016-012 du 6 mai 2016 relative aux transactions, échanges et services électroniques, spécialement à son article 77.

[39] Le concept cyberconsommateur renvoi à toute personne qui contracte sur internet à des fins privées et non professionnelles dans le cadre du commerce électronique. En effet, le préfixe « cyber », est un néologisme utilisé par les services publicitaires des entreprises et la presse à grand public, pour désigner tout ce qui est lié aux multimédia, à la simulation virtuelle et aux nouvelles technologies de l'information en général. Lire Moreau N, *op. cit,* p.12

[40] Brulart Y., et De Molin P., « A propos de la directive du parlement européen et du conseil concernant la protection des consommateurs en matières de contrat à distance et spécialement à propos du commerce électronique », in *Lex electronica,* vol. 3, n°2, 1997, en ligne sur : http://www.Lex_electronica.org.

tard, il se ravise ou à tout le moins, il manifeste ostensiblement la volonté de ne pas tenir ce qu'il a promis »[41]. Le droit de revenir sur son engagement apparait souvent comme une faveur pour la partie faible au contrat, une mesure de protection pour prémunir le consommateur contre des gestes irréfléchis et des sollicitations agressives.

Les délais de rétraction ont donc pour objectif d'autoriser les consommateurs à se raviser et ce, peu importe la raison, puisque aucune justification n'est nécessaire. De même, pour assurer l'efficience du droit, il doit être porté expressément à l'attention du consommateur et ce dernier ne doit pas pouvoir y renoncer[42]. Il est fort intéressant de constater que ce souci de protection du cyber consommateur est partagé par une majorité des législations de pays africains et européens, dont le Togo[43], le Mali[44] et la France[45]. A titre illustratif, l'article 44 de la loi togolaise n°2017-07 du 22 juin 2017 relative aux transactions électroniques dispose que : « Sans préjudice des dispositions du droit des obligations et des contrats applicables et de toutes autres dispositions en vigueur, le consommateur peut se rétracter dans un délai de dix jours ouvrables, courant :

- A compter de la date de leur réception par le consommateur, pour les produits ;
- A compter de la date de conclusion du contrat, pour les services.

La notification de la rétraction se fait par tout moyen prévu préalablement dans le contrat. Dans ce cas, le vendeur est tenu de rembourser le montant payé par le consommateur dans les dix jours ouvrables à compter de la date de retour du produit ou de la renonciation au service. Le consommateur supporte les frais de retour du produit. Lorsque l'exercice du droit de rétractation intervient postérieurement à la livraison de biens ou de titres représentatifs de service, le destinataire du bien ou du service renvoie lesdits biens ou titres représentatifs en bon état ».

Pour sa part, le code civil français prévoit en son article 1122 que « La loi ou le contrat peuvent prévoir un délai de réflexion, qui est le délai avant l'expiration duquel le destinataire de l'offre ne peut manifester son acceptation ou un délai de rétractation qui est le délai avant l'expiration duquel son bénéficiaire peut rétracter son consentement ».

Il nous parait ainsi souhaitable d'instaurer également dans notre législation le droit de rétractation afin d'adapter les règles de droit commun des contrats au contexte du commerce électronique.

---

[41] Brun P., "Le droit de revenir sur son engagement", in *Droit et patrimoine*, 1998, pp.78-79.

[42] Bouchard C et Lacoursiere M., *op. cit*, pp. 373-438.

[43] Article 44 de la loi togolaise n°2017-07 du 22 juin 2017 relative aux transactions électroniques.

[44] Article 72 de la loi Malienne n°2016-012 du 06 mai 2016 précitée.

[45] Article 1122 du code civil français.

III. De la preuve du contrat électronique

La question de la preuve du contrat électronique comporte deux aspects : la valeur de l'*instrumentum* et la valeur de la signature informatique.

3.1 La valeur de l'*instrumentum* du contrat électronique

Le contrat électronique ne modifie pas le principe de la charge de la preuve en matière contractuelle: celui qui réclame l'exécution ou l'existence du contrat électronique doit prouver. De même, celui qui se prétend libéré doit justifier le payement ou le fait qui a produit l'extinction de son obligation[46].

En effet, pendant fort longtemps, la preuve par écrit s'est opposée à la preuve orale. Mais, la preuve par écrit n'a pas tardé à s'imposer en particulier dès lors que l'écrit a commencé à être consigné sur le support[47].

Cependant, avec l'avènement des technologies de l'information et la dématérialisation des supports, des enjeux nouveaux se sont manifestés obligeants la communauté juridique à se détacher de l'évidence selon laquelle l'écrit est assimilé au papier. Ainsi, la plupart d'auteurs ont défini l'écrit en optant une conception large de celui-ci. Parmi ces auteurs mentionnons Marcel Fontaine et Jacques Larrieu qui ont respectivement défini l'écrit comme « l'expression du langage sous la forme de signes apposés sur un support »[48] ou « l'expression de la parole ou de la pensée par des signes »[49]. Il parait concevable que, face aux changements des réalités pratiques, le contenu de cette notion évolue et s'ouvre à de nouveaux procédés d'enregistrement. D'ailleurs, à ce propos, monsieur Georges RIPERT, soutient que : « ce qui assure la stabilité du droit, c'est la plasticité des règles qui peuvent toujours être étendues à des objets nouveaux »[50]. Quelle que soit sa forme, un écrit est admissible en preuve si son origine est précise et s'il est préconstitué. En effet, il doit avoir pour origine la personne à laquelle on l'oppose et dont on veut prouver la manifestation de volonté. Cependant, pour satisfaire à cette exigence, il n'est pas nécessaire que l'écrit soit l'œuvre matérielle de cette personne puisqu'il sera attribué à l'auteur intellectuel[51].

---

[46] Article 197 du code civil livre III.

[47] Caîdi S., *La preuve et la conservation de l'écrit dans la société de l'information*, mémoire de maîtrise en droit, Université de Montréal, Faculté de droit, décembre 2002, p.81.

[48] Fontaine M., « La preuve des actes juridiques et des techniques nouvelles », in Colloque, UCL, 1987, p.12.

[49] Larrieu, « Les nouveaux moyens de preuve : pour ou contre l'identification des documents requise à des écrits sous seing privé », in *Cahiers Lamy, Droit de l'informatique*, 1988, p.16

[50] Ripert G, Les forces créatrices du droit, 2èmeédition, Paris, LGDJ, 1994, p.39.

[51] Shandi Y., *Formation du contrat à distance par voie électronique*, thèse de doctorat en droit, Université Robert Schuman, Strasbourg III, faculté de droit, sciences politiques et de gestion, 2005, p.288.

Quant à la manifestation de sa volonté, l'idéal est que l'écrit la prouve de manière directe et complète sinon il faudra apporter d'autres moyens de preuve. Lorsque l'origine de l'écrit est assurée, il faut vérifier que la personne avait réellement eu l'intention de ratifier le contenu de l'acte. Autrement dit, elle doit avoir manifesté une volonté claire et certaine d'adhérer au contenu de l'écrit.

Tout contrat implique un échange de consentement. La preuve littérale, peu importe laquelle, atteste ultérieurement de cet échange. Son efficacité et sa crédibilité dépendent du moment de son établissement. La meilleure preuve est donc celle écrite ou préconstituée c'est-à-dire rédigée à un moment où il n'existe aucun litige entre les parties.

A l'ère actuelle du numérique, les auteurs s'interrogent sur l'opportunité ou non de la reconnaissance législative de l'acte authentique sous forme électronique.

Certains auteurs, dont le plus célèbre Gryn Baum[52], sont contre la possibilité d'établir un acte authentique sous forme électronique, car son établissement en l'absence de la présence physique du notaire affaiblit considérablement la force de celui-ci et fait perdre l'essence même de l'authenticité puis qu'il n'y aura techniquement pas de différence entre un acte authentique établi à distance et un acte sous seing privé. D'autres auteurs en revanche, sont pour la possibilité d'établir un acte authentique sous forme électronique. En effet, ils soutiennent que l'authenticité électronique garde bien la notion traditionnelle de l'authenticité, puisque la loi lie l'authenticité à la signature. La présence d'un notaire pour chacune des parties ne remet pas en cause l'acte authentique, mais au contraire, pour des raisons de commodité, il permet à des parties éloignées d'établir des actes authentiques car c'est là l'intérêt de l'électronique[53].

Cependant, pour opiner contre ou pour la possibilité de conférer l'authenticité à un acte par voie électronique impose, au préalable, d'identifier les caractéristiques de l'acte authentique traditionnellement conçu sur support papier et voir ensuite si les conditions de son établissement et de sa conservation peuvent éventuellement être dressées sous forme électronique sans pour autant dénaturer la notion d'authenticité. En effet, lorsque l'authenticité s'opère électroniquement entre des parties éloignées l'une de l'autre, chacune choisit un officier public qui attestera de son identité, remplira son devoir de conseil et témoignera de la manifestation de la volonté de cette partie. Il y aura donc deux officiers publics et deux signatures.

---

[52] Grynbaum, « La loi française du 13 mars 2000 : la consécration de l'écrit et de la preuve au prix de la chute de l'acte authentique », communication – commerce électronique, avril 2000, Chron, p.14.

[53] Raynouard A., *Le droit de l'écrit électronique*, petites affiches, 2 avril 2001, n°65, p.22 ; Catala P., *Le formalisme et les nouvelles technologies*, Rép. Défrénois, 2000, N°22.

Ce système emporte notre adhésion au motif qu'il respecte la notion classique de l'authenticité avec les conséquences juridiques qui s'y attachent tout en permettant l'établissement de l'acte authentique à distance.

S'agissant de l'écrit sous seing privé, sa force réside dans la signature des parties, avons-nous dit. Lorsque l'écrit est électronique, le lien fiable entre lui et la personne à laquelle il s'attache passe par la signature électronique. L'originalité de l'écrit électronique sous seing privé découle donc exclusivement de la notion de signature électronique que nous allons développer dans le point suivant. A défaut d'un écrit authentique ou sous seing privé, la loi autorise à titre exceptionnel d'apporter la preuve de l'acte par d'autres types d'écrit.

En son état actuel, le droit civil congolais ne reconnait aucune force probante à la preuve littérale électronique[54], qui, par conséquent, ne s'impose pas au juge. On ne saura donc pas la qualifier d'un acte authentique, du fait qu'en droit congolais et en particulier en droit civil, l'écrit électronique n'est pas recevable comme mode de preuve.

Dans le cadre de la réforme à venir du droit congolais des obligations, il doit être clairement admis que la volonté humaine puisse se loger sur un support autre que le papier. Déjà ce sujet, plusieurs instruments juridiques internationaux[55] que communautaires[56] consacrent le principe d'équivalence ou d'assimilation de l'écrit électronique à l'écrit sur support papier.

A titre illustratif, l'article 82 al. 1-2 de l'AUDCG dispose que : « Les formalités accomplies auprès des registres du commerce et du crédit mobilier au moyen de documents électroniques et de transmissions électroniques ont les mêmes effets juridiques que celles accomplies avec des documents sur support papier, notamment en ce qui concerne leur validité juridique et leur force probatoire. Les documents sous forme électronique peuvent se substituer aux documents sur support papier et sont reconnus comme équivalents lorsqu'ils sont établis et maintenus selon un procédé technique fiable, qui garantit, à tout moment, l'origine du document sous forme électronique et son intégrité au cours des traitements et des transmissions électroniques ».

Cette disposition vise à établir une égalité parfaite entre l'écrit sous forme électronique et celui sur support papier. En réalité, l'efficacité de l'écrit électronique entant que preuve littérale parfaite est désormais subordonnée à la réunion respective des conditions d'identification et d'intégrité. Ces dernières se présentent alors comme les garanties techniques de l'écrit

[54] Ndukuma Adjayi Kodjo, Droit des télécoms et du numérique, Profil africain et congolais, prospective comparée d'Europe et France, Paris, Harmattan, 2019, p.24.

[55] Convention des Nations Unies sur l'utilisation de communications électroniques dans les contrats internationaux précitée dispose à son article 8-1 que : « La validité ou l'exécution d'une communication ou le contrat ne peuvent être contestées au seul motif que cette communication ou ce contrat est sous forme de communication électronique ».

[56] Voir les articles 5 et 82 de l'AUDCG.

électronique qui doivent rester inchangées tout au long de la vie de ce dernier pour qu'il puisse être reconnu comme tel.

Le législateur congolais ferait œuvre utile en s'inspirant de la formulation de l'article 82 de l'AUDCG, afin de cristalliser dans le code civil le principe d'équivalence entre l'écrit électronique et celui sur support papier, pour des raisons de modernité.

3.2 La valeur de la signature électronique

La signature est un acte de foi à l'égard d'un document permettant à son auteur d'être contraint à honorer ses engagements et à en assumer la responsabilité de son acte. Elle est traditionnellement un acte social hautement apprécié par lequel un individu appose un signe particulier sur un papier. En effet, sur un papier, la signature achève la manifestation du consentement dans certains cas exigés par la loi notamment lorsque celle-ci exige l'écrit pour la validité ou pour la preuve[57]. Dans un univers informatisé, la signature est assurée par la cryptographie, la biométrie et la protection de la confidentialité dans le mode de transmission[58]. Ainsi, on peut définir la signature électronique ou numérique comme « une marque personnelle apposée sur un document électronique par l'utilisation d'un procédé technologique[59].

Les spécialistes s'accordent généralement pour considérer que le terme de signature électronique désigne une notion générique englobant divers mécanismes techniques méritant d'être tenus pour des signatures dans la mesure où ils permettent, à eux seuls ou en combinaison, de réaliser certaines fonctions essentielles notamment l'identification de l'auteur de l'acte, manifestation du consentement au contenu de l'acte à cette institution juridique.

Ces mécanismes peuvent être regroupés en quatre catégories[60] : la signature manuscrite numérisée, la signature biométrique, l'utilisation combinée d'une carte et d'un code secret et enfin la signature numérique ou digitale. Le mécanisme de signature électronique le plus sommaire est celui qui consiste à numériser une signature manuscrite. A cet effet, il suffit de scanner le graphisme de manière à le convertir en un fichier informatique. L'image numérique ainsi obtenue peut-être enregistrée dans la mémoire d'un ordinateur ou sur un support magnétique mobile. Ainsi, il est loisible au signataire de copier l'image dans un autre fichier et ensuite d'imprimer le

---

[57] Article 208 du code civil livre III.

[58] Moriba A.K., *La protection du consommateur dans le commerce international passé par internet, une analyse comparée des systèmes juridiques européen, français, canadien et québécois,* Université de Montréal, faculté de Droit, Mémoire présenté à la Faculté des études supérieures en vue de l'obtention du grade de maîtrise en droit, août, 2007, p.60.

[59] Idem.

[60] Gobert D et Montero E., « La signature dans le contrat et les paiements électroniques: l'approche fonctionnelle », in Collection des cahiers du CRID, n°17, sd., p.57

document signé. Si l'imprimante et le papier sont de qualité, le résultat final ressemble, de manière confondante, à l'original[61].

Par ailleurs, la science biométrique s'intéresse aux caractéristiques physiques des personnes, susceptibles de les identifier dans leur individualité. Parmi d'autres procédés, on peut citer l'examen des empreintes digitales/dactyloscopie) ou des vaisseaux sanguins de la rétine de l'œil (rétinoscopie), la reconnaissance vocale ou encore la reconnaissance dynamique de la signature (analyse non du graphisme comme tel, mais de la manière dont il est tracé ; vitesse, mouvements, pression sur la plume …)[62]. Pourvu que la particularité biométrique soit liée à un individu et le lien établi soit sécurisé, ces méthodes peuvent remplir une fonction d'indentification pour des applications diverses et notamment, à des fins de signature.

Ces divers facteurs expliquent que les procédés de signatures biométriques soient actuellement très peu utilisés dans les transactions sur les réseaux. Au demeurant, si les procédés biométriques permettent d'identifier l'auteur de la signature, on estime en général qu'ils ne garantissent pas nécessairement l'expression correcte de son consentement. La certitude de l'*animus signandi* dépendra largement de la fiabilité du système technique et de la procédure d'ensemble dans laquelle s'intègre l'application.

Les cartes, les codes, utilisés conjointement à des fins de signature sont bien connus du grand public. Ce mécanisme s'est développé dans le secteur bancaire de manière à permettre l'accès du public aux guichets automatiques de banque et aux terminaux points de vente. Il rend possible des transferts des fonds et paiements accompagnés d'une « signature techniques »[63].

Techniquement, le procédé consiste à introduire une carte (à piste magnétique ou pourvue d'un microprocesseur) dans un appareil approprié (guichet) et à composer un code secret (strictement personnel, généralement désigné par le sigle P.I.N) à l'aide d'un clavier. A vrai dire, l'utilisation combinée d'une carte et d'un code ne peut être tenue pour une signature électronique au sens strict de la notion, telle que développée dans la présente étude.

---

[61] Il saute aux yeux que la force du procédé, soit la simplicité, est aussi sa faiblesse ; au fait, qui conque dispose d'un spécimen papier de signature ou d'accès au système ou support magnétique sur lequel celle-ci est stockée peut, lui aussi, la reproduire avec le même succès. C'est dire si le procédé, à lui seul, présente un degré de sécurité technique et, partant, juridique pour le moins aléatoire. Pour ces raisons, il est clair qu'il n'a pas de beaux jours, devant lui.

[62] Gobert D et Montero E., *op. cit.*, p.59

[63] Parisien S et Trudel P., *L'identification et la certification dans le commerce électronique*, Québec, Ed. Yvon Blais Inc, 1996, p.99

Force est de reconnaître que les fonctions essentielles de la signature ne sont pas idéalement remplies[64]. Plus fondamentalement, l'intérêt de la notion de signature électronique est de pouvoir considérer un document comme un acte sous seing privé de sorte qu'il puisse bénéficier de la force probante attachée à ce type d'acte. A cet effet, il est impérieux qu'à défaut de figurer physiquement sur le document, la signature lui soit au moins liée logiquement. Or ce n'est pas le cas, la bande journal produite par le système pour attester l'opération ne contenant aucune ne trace du code secret[65]. Pour cette raison, la carte et le code ne peuvent eux-mêmes, être assimilés à une signature.

La signature dite numérique ou digitale repose sur les procédés de cryptographie[66].

Pour éviter toute confusion, il convient de noter que ceux-ci peuvent servir non seulement à des fins de signature, mais aussi dans le but de garantir la confidentialité des échanges. Cette dernière fonction appelée chiffrement[67], est généralement réalisée à l'aide des produits qui, pour la plupart, sont fondés sur le Data Encryption Standard (D.E.S). Il s'agit d'un système cryptographique à clé unique (ou à clé secrète) utilisant un algorithme qui, comme le suggère son nom, chiffre et déchiffre un message à l'aide d'une seule clé. Un tel procédé est surtout efficace dans les réseaux fermés, la nécessité de faire connaître la clé à son destinataire, avec les inévitables risques d'interceptions.

La signature remplit cinq fonctions les fonctions notamment l'identification de l'auteur de l'acte, l'adhésion au contenu de l'acte, la vérification de l'intégrité de l'acte, l'attribution à un document du statut de l'original et enfin une dimension magique.

La présomption de fiabilité est celle légalement imposée qui limite le rôle des parties dans l'administration de la preuve de fiabilité de la signature électronique[68]. En effet, lorsqu'un document électronique est signé et

---

[64] Amory B et Poulet Y., « Le droit de la preuve force à l'informatique et à la télématique : approche de droit comparé », D.I.T, 1985, pp.11 et S., Thunis et alii, « Aspect juridiques du paiement par carte », in *Cahiers du CRID*, n°1, éd. Story – scientia, 1988, n°33 et S.

- D'une part, sur le terrain de l'identification, on ne peut ignorer les possibilités de fraude. Ni la carte ni le code ne sont vraiment liés à la personne ; un tiers peut soustraire une carte et prendre connaissance du code. Mais il demeure vrai aussi que le risque n'est pas infiniment plus élevé que celui découlent de la contrefaçon d'une signature manuscrite. D'autre part, la fonction d'appropriation du contenu de l'acte est assurée seulement si l'approbation est donnée au terme de l'opération, ce qui n'est pas toujours le cas. Parfois, en effet, l'introduction de la carte et du code intervient avant l'affichage du message.

[65] Buyle J.P., « La carte de paiement électronique », in *La banque dans la vie quotidienne*, Bruxelles, éd. du jeune Barreau, 1986, p.471.

[66] Voir pour explication détaillée, Parisien S et Trude L.P, *op. cit,* pp.93 à 113.

[67] Lequel consiste en la transformation d'un message dit « en clair » en une chaîne de caractères. Alphanumériques qui ne sont compréhensibles que pour la personne autorisée.

[68] Shandi Y., *op. cit.,* 317, Tel est le cas par exemple de l'article 1367 al 2 du code civil français.

accompagné d'un certificat qualifié délivré par un prestataire de service accrédité, une présomption simple de fiabilité lui sera attachée jusqu'à la preuve du contraire. Et dans ce cas, la charge de la preuve incombe à la partie qui en conteste la fiabilité[69]. En revanche, si le document est signé mais certifié par un prestataire de certification non accrédité, c'est au signataire de prouver que les conditions de fiabilité et de conservation durable de document sont remplies. S'il réussit à apporter cette preuve, il appartient alors à la partie adverse de prouver le contraire.

Le rôle du juge diffère selon l'existence ou non de la présomption de fiabilité. En effet, si la fiabilité est présumée, le rôle du juge parait passif. Il se limite à vérifier si le certificat électronique qualifié a été établi, s'il a été délivré par un prestataire de certificat accrédité.

En revanche, lorsque l'autre partie conteste la fiabilité de la signature électronique sécurisée, le rôle du juge devient actif. Il apprécie alors souverainement et objectivement si les preuves apportées par la partie sont suffisamment fortes et concordantes pour dénier la signature de la présomption de fiabilité[70]. Si oui, la fiabilité ne sera plus présumée et il incombe à la partie qui prétend rétablir cette présomption de convaincre le juge en apportant la preuve que les conditions des fiabilités et de conservation durable du document signé sont remplies.

Le juge tranche alors le litige selon sa propre conviction et les circonstances de l'espèce. Il peut même ordonner une expertise.

La solution contractuelle n'étant plus de mise en pareille hypothèse, il devient difficile de se satisfaire du régime probatoire attaché à l'acte sous seing privé, et plus exactement de la conception formaliste de la signature qui a été retenue par le code civil livre trois, bien avant l'avènement d'internet.

A notre sens, la signature numérique, en particulier, est dès à présent jugée apte à remplir les fonctions traditionnelles assignées à la signature manuscrite.

Dans le cadre de la réforme du droit congolais, le législateur ferait œuvre utile de consacrer formellement l'équivalence de principe entre la signature électronique et la signature manuscrite. Mais à cet effet, il évitera d'adopter une définition de la signature qui conduise à l'abolition des développements jurisprudentiels et doctrinaux antérieurs relatifs à la signature manuscrite. De même, il se gardera de freiner les évolutions technologiques en privilégiant des solutions techniques qui pourraient rapidement s'avérer obsolètes. Un principe de neutralité eu égard aux divers procédés de signature électronique devrait guider son intervention. Dans cet ordre d'idées, le législateur sera attentif à la distinction entre recevabilité et force probante, la reconnaissance

---

[69] Caprioli E, Ecrit et prouve électronique, *op. cit.*, n°28.
[70] Caprioli E, Ecrit et prouve électronique, *op. cit.*, n°28.

de la recevabilité des signatures électroniques représente une avancée appréciable.

Enfin, le législateur devra déterminer le statut, les missions et les responsabilités des autorités de certification, ainsi que les conditions de leurs accréditations.

Conclusion

Le développement fulgurant de l'informatique et des réseaux affectent tous les secteurs de la société[71]. Rares sont les opérations, activités et professions qui échappent à leur emprise. Et le droit contractuel ne fait pas exception à cette révolution numérique. Il a été mis en exergue les lacunes des règles actuelles du code civil livre III lorsqu'elles doivent s'appliquer au contrat électronique. En effet, au niveau de la phase précontractuelle, nous avons relevé l'absence notoire des dispositions légales sur le processus de conclusion du contrat en général (les négociations précontractuelles, l'offre et l'acceptation ou encore les contrats préparatoires). Le droit commun applicable à la conclusion du contrat est entièrement prétorien.

Au niveau de la formation et de l'exécution du contrat électronique, nous avons constaté que certaines règles du droit commun de contrat régies par le décret du 30 juillet 1888 sont inadaptées pour régir les contrats conclus par voie électronique et d'autres règles y relatives n'existent pas.

Au regard de ces faiblesses du cadre juridique actuel, nous avons effleuré quelques pistes ou orientations de solutions. Au niveau de la phase précontractuelle, le législateur ferait œuvre utile d'introduire des dispositions relatives au processus de conclusion du contrat notamment les négociations précontractuelles, l'offre et l'acceptation et les contrats préparatoires, tout en tenant compte de la spécificité du contrat conclu par voie électronique.

Au niveau de la phase contractuelle, il introduira des dispositions relatives à la formation et à l'exécution du contrat électronique en s'inspirant des droits étrangers.

Enfin, il devra consacrer le principe de l'équivalence de l'écrit et de la signature électroniques en matière probatoire.

---

[71] Ministère français de la Justice, Association pour le Renouveau et la Promotion des Echanges Juridiques internationaux ARPEJE en sigle, Le droit international de l'internet, Bruxelles, Bruylant, 2003, p.8.

Partie 7 :
La garantie des obligations

Apport innovant du système OHADA en droit congolais des sûretés

■ ***Tony Mwaba Kazadi***
Professeur à la Faculté de Droit/Université de Kinshasa
Avocat

Introduction

C'est depuis l'époque de l'Etat Indépendant du Congo (E.I.C.) (1885-1908) et de l'époque coloniale (1908-1960) que les sûretés ont été organisées dans notre pays. Les législateurs de l'E.I.C. et colonial ont reproduit, sauf quelques exceptions, les textes du droit belge en la matière. En effet, le cautionnement et le gage ont été réglementés par le Décret du 30 juillet 1888 relatif aux contrats ou obligations conventionnelles devenu le livre III du code civil dans ses titres IX et XI[1].

Les articles 552 à 559 sur le cautionnement furent la reproduction des articles 2011 à 2020 du code civil belge sauf des articles 2012 et 2019. Tandis que pour le gage, le législateur colonial s'est largement inspiré du code civil belge en omettant aussi quelques articles. En effet, le titre XVII du code civil belge est intitulé : « Du nantissement » et, après deux articles de définition, comprend deux chapitres consacrés au gage et à l'antichrèse ; trouvant celle-ci sans intérêt pour un pays neuf, le législateur congolais n'a reproduit dans son titre XI que les dispositions relatives au gage, omettant d'ailleurs ainsi la définition qu'en donnent les articles 2071 et 2072. Cet examen des textes montre la source nettement belge de la législation sur le gage, mais dans un but de simplification, le législateur congolais a incorporé au droit civil certaines dispositions de la loi commerciale.

[1] P. Orban, in Sohier, *Droit civil du Congo belge*, T. III, Bruxelles, Larcier, 1956, p. 130.

Les privilèges ont été réglementés par l'ordonnance du 22 janvier 1896 approuvée par le décret du 15 avril 1896[2]. Le législateur colonial belge avait, par divers arrêtés et décrets relatifs à la matière sociale, complété le nombre de créances privilégiées énumérées par l'ordonnance de 1896.

L'hypothèque, quant à elle, est l'œuvre du législateur colonial qui l'introduisit par le décret du 15 mai 1922[3]. Ce texte fut inspiré de la loi hypothécaire belge du 16 décembre 1851 mais amélioré en tenant compte des principes auxquels se rattache l'établissement et la transmission de la propriété immobilière en droit congolais contenus dans le décret du 6 février 1920 dont les dispositions formèrent plus tard le titre III du livre II du code civil congolais.

En 1973, le législateur congolais réussira à réunir toutes ces sûretés en un seul texte, sous la quatrième partie de la loi du 20 juillet 1973 portant régime général des biens, régime foncier et immobilier et, régime des sûretés comprenant les articles 245 à 368. Le cautionnement, le gage et les privilèges ont été repris tels quels. Il n'y a que les hypothèques qui ont subi des modifications suite à la nouvelle philosophie qui domine toute la loi de 1973.

En effet, en droit positif congolais, la propriété foncière appartient uniquement à l'Etat congolais (art. 53). Cette propriété foncière est inaliénable et n'est donc plus susceptible d'hypothèque. C'est ce texte de 1973 qui a organisé et règlementé les suretés jusqu'à l'adhésion de la RDC à l'OHADA en septembre 2012.

Il y a lieu de rappeler d'abord que les règles de droit matériel communes aux États membres de l'OHADA sont contenues dans des actes désignés sous l'appellation d'Actes Uniformes, adoptés par le Conseil des Ministres. L'organisation pour l'Harmonisation en Afrique du Droit des Affaires (OHADA) a pour objet de réaliser les objectifs établis par le Traité relatif à l'harmonisation du droit des affaires[4] en Afrique, adopté, à Port-Louis (Ile Maurice), le 17 octobre 1993.

---

[2] B.O. 1922, p. 485.

[3] P. Orban, *op. cit.*, p. 143 ; G. Kalambay Lumpungu, *Droit civil,* Vol. III, *Régime des sûretés*, Kinshasa, PUC, 1990, p. 64.

[4] Article 2 du Traité OHADA : L'Organisation pour l'Harmonisation en Afrique du Droit des Affaires (OHADA) a pour principal objectif de remédier à l'insécurité juridique et judiciaire existant dans les États Parties. L'insécurité juridique s'explique notamment par la vétusté des textes juridiques en vigueur : la plupart d'entre eux datent en effet de l'époque de la colonisation et ne correspondent manifestement plus à la situation économique et aux rapports internationaux actuels. Très peu de réformes ont été entreprises jusqu'alors, chaque État légiférant sans tenir compte de la législation des États de la zone franc. A cela s'ajoute l'énorme difficulté pour les justiciables comme pour les professionnels de connaître les textes juridiques applicables. L'insécurité judiciaire découle de la dégradation de la façon dont est rendue la justice, tant en droit qu'en matière de déontologie, notamment en raison d'un manque de moyens matériels, d'une formation insuffisante des magistrats et des auxiliaires de justice. Outre la restauration de la sécurité juridique et judiciaire des activités économiques en vue de restaurer la confiance des investisseurs, de faciliter les échanges

Elle constitue une organisation d'intégration qui vise à créer un environnement propice au développement économique des Etats membres, en procédant à leur intégration juridique au moyen de la technique de l'uniformisation ou l'unification du droit. L'unification du droit consiste à doter les Etats parties des règles juridiques communes. Dans le droit OHADA, ces règles sont codifiées à travers des instruments juridiques qualifiés d'« Actes Uniformes ».

Ce faisant, la compétence de l'OHADA se limite à l'unification du droit des affaires.

Entrent dans le domaine du droit des affaires, l'ensemble des règles relatives au droit des sociétés et au statut juridique des commerçants, au recouvrement des créances, aux sûretés et aux voies d'exécution, au régime du redressement des entreprises et de la liquidation judiciaire, au droit de l'arbitrage, au droit comptable, au droit de la vente et des transports, et toute autre matière que le Conseil des Ministres déciderait légalement d'y inclure.[5]

Le processus d'adhésion de la République démocratique du Congo (RDC) à l'OHADA a atteint son objectif final, le 13 juillet 2012, par le dépôt des instruments d'adhésion de la RDC auprès du gouvernement de l'Etat dépositaire du Traité de Port Louis.

Concrètement et conformément au Traité de l'OHADA, soixante jours après le dépôt effectué à Dakar, le Traité, les Règlements d'application et les Actes uniformes sont entrés en vigueur en RDC. C'est donc le 12 septembre 2012 que l'ordre juridique congolais avait changé de visage, avec un droit des affaires harmonisé, moderne, dynamique et sécurisant.

Le conseil des ministres de l'OHADA a adopté le 15 décembre 2010 à Lomé, un nouvel acte uniforme portant organisation des sûretés entré en vigueur au mois de mai 2011, en remplacement de celui adopté en janvier 1997, après 12 ans d'application. L'article 10 du Traité relatif à l'Harmonisation du Droit des Affaires en Afrique contient une règle de supranationalité parce qu'il prévoit l'application directe et obligatoire dans les Etats Parties des Actes Uniformes et institue, par ailleurs, leur suprématie sur les dispositions de droit interne antérieures ou postérieures.

Sauf dérogations prévues par les Actes Uniformes eux-mêmes, l'effet abrogatoire de l'article 10 du Traité relatif à l'Harmonisation du Droit des Affaires en Afrique concerne l'abrogation ou l'interdiction de l'adoption de

---

entre les États parties, le Traité poursuit les objectifs suivants : Mettre à la disposition de chaque Etat des règles communes simples, modernes adaptées à la situation économique ; Promouvoir l'arbitrage comme instrument rapide et discret des litiges commerciaux; Améliorer la formation des magistrats et des auxiliaires de justice ; Préparer l'intégration économique régionale.

[5] A cet égard, l'article 2 précité du Traité OHADA impose trois conditions : la décision ne peut être prise que si les deux tiers au moins des Etats membres sont représentés ; elle doit être prise à l'unanimité des Etats présents et votants ; elle doit respecter l'objet du Traité OHADA.

toute disposition d'un texte législatif ou réglementaire de droit interne présent ou à venir ayant le même objet que les dispositions des Actes Uniformes et étant contraire à celles-ci. Il y a lieu d'ajouter que cette abrogation concerne également les dispositions de droit interne identiques à celles des Actes Uniformes.

Le 15 décembre 2010, le Conseil des Ministres des Etats Parties de l'OHADA a donné son accord à l'adoption d'une nouvelle version de l'Acte Uniforme portant organisation des sûretés, qui apporte des modifications importantes au cadre juridique antérieur mieux de l'acte uniforme du 17 avril 1997, en rendant plus efficace les procédures pour la création, l'opposabilité et la réalisation des sûretés. Le nouvel Acte Uniforme portant organisation des sûretés aligne le cadre juridique OHADA relatif aux sûretés à l'évolution récente.

Dans la présente étude, nous nous proposons de recenser et présenter les grandes innovations introduites en droit congolais par le système OHADA en matière des suretés depuis l'adhésion de la RDC.

Outre l'introduction, cette étude est subdivisée en deux parties. Les innovations relatives aux sûretés personnelles (I), précèderont celles des suretés réelles (II).

I. Innovations relatives aux sûretés personnelles

En matière des suretés personnelles, le droit congolais ne connaissait qu'une seule sureté personnelle à savoir, le cautionnement. Actuellement, avec le droit OHADA, une deuxième sureté personnelle a été instituée et réglementée, c'est la garantie et la contre-garantie autonome. Ces deux suretés personnelles méritent d'être présentées l'une (A) après l'autre (B).

A. Innovations relatives au cautionnement

1. Définition du cautionnement

Le cautionnement est une sureté personnelle déjà connue en droit congolais avant son adhésion à l'OHADA. Cependant, ce système a introduit des innovations au niveau de la constitution, des effets ainsi que de l'extinction du cautionnement, qui méritent d'être soulignées.

La première innovation réside dans la définition même du cautionnement. Avant, on recourait à la définition doctrinale. Ce vide juridique a été comblé par l'Acte uniforme qui fournit une définition légale du cautionnement.

En effet, l'article 13 alinéa 1er AUS définit le cautionnement comme « un contrat par lequel la caution s'engage, envers le créancier qui accepte, à exécuter l'obligation du débiteur si celui-ci n'y satisfait pas lui-même ». Mais l'alinéa 2 du même texte ajoute : « Cet engagement peut être contracté sans ordre du débiteur ». Cette définition fait apparaître la nature du cautionnement, les modalités du cautionnement, les effets du cautionnement ainsi que les modes d'extinction du cautionnement[6].

2. Modalités du cautionnement

La seconde innovation concerne les modalités du cautionnement. Dorénavant, à la différence du droit congolais, le cautionnement solidaire devient le principe et le cautionnement simple l'exception, si les parties en décident ainsi dans la convention. (Art. 20 al. 1 AUS).

Nous avons déjà rappelé que le cautionnement peut être simple ou solidaire. Il est simple lorsque la caution ne paie la dette du débiteur principal que si et seulement si la défaillance de ce dernier est établie par le créancier et que cette caution s'engage seule à payer. Le cautionnement solidaire quant à lui permet au créancier de poursuivre n'importe quel codébiteur de son choix. A cet effet, la caution peut être poursuivie avant même le débiteur principal[7].

3. Conditions de formation

3.1. Conditions de fond

Etant un contrat, le cautionnement doit remplir toutes les conditions de validité et d'efficacité d'un contrat. Mais à ce niveau, la troisième innovation est liée à la capacité de contracter : la caution doit être capable mais aussi solvable[8]. L'AUS met l'accent sur l'interdiction de cautionner pour le mineur non émancipé et l'interdit tandis que peuvent cautionner avec assistance : le faible d'esprit et le prodigue. C'est à la date du cautionnement qu'on apprécie la capacité, et la solvabilité de la caution s'apprécie en fonction des éléments de son patrimoine.

3.2. Conditions de forme

La quatrième innovation est liée aux conditions de forme : le cautionnement exige un écrit signé par les parties, qui peut être notarié ou sous seing privé ; et une mention manuscrite de la caution qui reprend l'étendue de son engagement en lettres et en chiffres. En cas de désaccord c'est l'expression en lettres qui prime[9]. La caution qui ne sait ou ne peut écrire se fera assister par deux témoins certificateurs.

« Mention manuscrite » signifie littéralement mention faite à la main.

Les signatures doivent être apposées après la mention manuscrite « lu et approuvé » et surtout en précisant le nombre de feuilles paraphés.

---

[6] Tony Mwaba Kazadi, *Manuel de droit des sûretés OHADA*, Kinshasa, Médiacteator, 2018, p. 39.

[7] Tony Mwaba Kazadi, *op. cit.*, p. 45.

[8] Article 15 al. 2 AUS.

[9] Article 14 AUS.

En effet, l'article 14 de l'AUS exige qu'en plus de la signature apposée sur l'acte de cautionnement, la caution écrive de sa main, le montant de la somme qu'elle a accepté de garantir. C'est dire que le reste de l'acte peut être rédigé même en caractère d'imprimerie mais s'agissant du montant, celui-ci devra être porté de la main de la caution[10].

Une autre condition de forme qui constitue une innovation, c'est l'élection du domicile. La caution doit élire domicile dans le ressort de la juridiction où elle doit être fournie, pour faciliter les poursuites du créancier[11].

4. Effets du cautionnement

La cinquième innovation se situe au niveau des effets du cautionnement. On se rappellera que la caution n'est tenue de payer qu'en cas de défaillance du débiteur principal. L'acte uniforme a innové, à la différence de la législation antérieure, en instituant des droits au profit de la caution, qui constituent en réalité des obligations à charge du créancier. En effet, le créancier est tenu sous peines de sanctions:

- par une obligation de renseignement envers la caution pour lui fournir toutes les informations nécessaires sur l'évolution de la dette [12] ;
- il doit mettre en demeure le débiteur principal avant de poursuivre la caution[13] ;
- la caution doit aviser le débiteur principal avant de payer le créancier[14].

Pour le reste, le régime du cautionnement est resté le même. La caution peut opposer au créancier les exceptions de discussion et de division, les exceptions inhérentes à la dette, elle est subrogée dans les droits et garanties du créancier pour tout ce qu'elle a payé, elle peut être déchargée dans le cas où le droit de subrogation est compromis par le fait du créancier.

Le cautionnement s'éteint par voie principale ou par voie d'accessoire[15].

B. Garantie et contre garantie autonome[16]

Cette sûreté est une innovation en droit congolais. Elle n'avait pas existé antérieurement à l'adhésion de la RDC à l'OHADA. Elle est née de la pratique internationale bancaire dans les années 1960 et consacrée par le système OHADA qui l'a introduit en droit congolais.

Dans l'esprit de ses géniteurs, cette sûreté personnelle est conçue pour parer aux inconvénients du cautionnement[17].

---

[10] Tony Mwaba Kazadi, *op. cit*, p. 56.
[11] Article 15 al. 1 AUS.
[12] Article 24 al. 1 AUS.
[13] Article 23 al. 2 AUS.
[14] Article 30 al 1. AUS.
[15] Articles 31, 29 AUS.
[16] Article 39 AUS.

1. Définition

L'article 39 de l'AUS définit la garantie autonome comme l'engagement par lequel le garant s'oblige, en considération d'une obligation souscrite par le donneur d'ordre et sur instructions de ce donneur d'ordre, à payer une somme déterminée au bénéficiaire, soit sur première demande de la part de ce dernier, soit selon des modalités convenues.

La contre-garantie autonome quant à elle est l'engagement par lequel le contre-garant s'oblige, en considération d'une obligation souscrite par le donneur d'ordre et sur instructions de ce donneur d'ordre, à payer une somme déterminée au garant, soit sur première demande de la part de ce dernier, soit selon des modalités convenues.

2. Formation

Quant à la formation, selon l'article 40 de l'AUS, les garantie et contre-garantie autonomes ne peuvent être souscrites par les personnes physiques sous peine de nullité. Elles créent des engagements autonomes, distincts des conventions, actes et faits susceptibles d'en constituer la base.

Quant à la condition de forme, selon l'article 41 de l'AUS : «Les garantie et contre-garantie autonomes ne se présument pas. Elles doivent être constatées par un écrit mentionnant, à peine de nullité:

- la dénomination de garantie ou de contre-garantie autonome ;
- le nom du donneur d'ordre ;
- le nom du bénéficiaire ;
- le nom du garant ou du contre-garant ;
- la convention de base, l'acte ou le fait, en considération desquels la garantie ou la contre-garantie autonome est émise ;
- le montant maximum de la garantie ou de la contre-garantie autonome ;
- la date ou le fait entraînant l'expiration de la garantie ;
- les conditions de la demande de paiement, s'il y a lieu ;
- l'impossibilité, pour le garant ou le contre-garant, de bénéficier des exceptions de la caution ».

3. Effets

Quant aux effets, le garant ne peut pas bénéficier des exceptions de la caution. Ainsi, la garantie autonome a les effets ci-après :

- L'autonomie de la garantie (par rapport au cautionnement, c'est son autonomie vis-à-vis du contrat de base. En effet, le cautionnement est un contrat accessoire par rapport au contrat principal, tandis que l'engagement du garant est indépendant du contrat de base.) ;

---

[17] Lire Tony Mwaba Kazadi, « Quelques doutes sur l'efficacité de la garantie et contre garantie autonome en droit OHADA », article publié dans *les Cahiers Africains des Droits de l'Homme et de la Démocratie*, 20ème année n°050 Vol. II, janvier-Mars 2016.

- Incessibilité du droit à la garantie[18] ;
- Irrévocabilité de la garantie (à durée déterminée)[19] ;
- Pour l'appel à la garantie[20], il faut la demande écrite avec des documents qui indiquent le manquement reproché au donneur d'ordre. La demande écrite est adressée à l'adresse du garant ou contre garant (lieu d'émission de la garantie). Le garant ou contre garant a 5 jours pour examiner la demande et notifier au bénéficiaire ou garant de la décision de rejet dûment motivée.

Il est à noter que le garant ou le contre garant qui a fait paiement a un recours contre le donneur d'ordre[21].

4. Extinction

Notez que l'article 49 consacre les causes d'extinction de la garantie et la contre garantie autonomes[22].

L'article 49, traitant de la cessation de la garantie ou de la contre-garantie autonome, prévoit que : « La garantie ou la contre-garantie autonome cesse :

- soit au jour calendaire spécifié ou à l'expiration du délai prévu. Cette cause intervient dans l'hypothèse d'une garantie ç durée déterminée;
- soit à la présentation au garant ou au contre-garant des documents libératoires spécifiés dans la garantie ou la contre-garantie autonome. C'est l'hypothèse où le donneur d'ordre présente au garant ou au contre-garant la preuve de paiement du bénéficiaire et éventuellement du garant, entrainant ainsi l'extinction du contrat de base ;
- soit sur déclaration écrite du bénéficiaire libérant le garant de son obligation au titre de la garantie autonome ou déclaration écrite du garant libérant le contre-garant de son obligation au titre de la contre-garantie autonome. Dans ces cas, il s'agit d'un acte de renonciation du bénéficiaire à l'engagement du garant ou de la renonciation de la garantie du garant vis-à-vis du contre-garant.

II. Innovations relatives aux suretés réelles

Les sûretés réelles se subdivisent en deux parties. D'une part, les sûretés réelles mobilières, et d'autre part, les sûretés réelles immobilières (les hypothèques).

Il convient de retenir que les sûretés réelles mobilières se déclinent à leur tour, en sûretés réelles mobilières entrainant dépossession (droit de rétention, la propriété retenue ou cédée à titre de garantie et enfin le gage). Et les

---

[18] Articles 41 et 42 AUS.

[19] Article 43 AUS.

[20] Article 45 AUS.

[21] Article 48 AUS.

[22] Lire Tony Mwaba Kazadi, « Quelques doutes sur l'efficacité de la garantie et contre garantie autonome en droit OHADA », *op. cit.*.

suretés réelles mobilières n'entrainant pas dépossession (nantissements et les privilèges).

Ainsi, pour saisir les innovations dans les sûretés indiquées, il convient de les examiner les unes après les autres.

Mais déjà à ce niveau, il est bon d'indiquer, que le droit des sûretés antérieur ne connaissait que trois sûretés réelles à savoir le gage, les privilèges et les hypothèques. Avec l'avènement de l'OHADA, on assiste à l'apparition d'autres sûretés réelles, en l'occurrence : le droit de rétention, la réserve de propriété, la cession de créance à titre de garantie, le transfert fiduciaire d'une somme d'argent, les nantissements des meubles incorporels, certains gages particuliers, les nouveaux privilèges et hypothèques. Toutes ces sûretés ont le droit d'être présenté brièvement.

II.1. Sûretés réelles mobilières

A. Sûretés réelles mobilières entrainant dépossession

1. Le droit de rétention

Le droit de rétention est une nouvelle sûreté réelle mobilière introduite en droit congolais par le système OHADA, comme étant une sûreté avec un régime juridique complet. Ce droit existe dans le Code Civil Livre III en matière de vente, non comme sûreté mais comme une sorte d'*exceptio non adimpleti contratctus* c'est-à-dire une exception d'inexécution. Mais l'Acte uniforme l'a élevé au rang de sûreté. C'est une grande innovation.

1.1. Définition

Selon l'article 67 de l'AUS, le créancier qui détient légitimement un bien mobilier de son débiteur peut le retenir jusqu'au complet paiement de ce qui lui est dû, indépendamment de toute autre sûreté, sous réserve de l'application de l'article 107 alinéa 2, du présent Acte uniforme.

1.2. Conditions

Les conditions à remplir sont:

- Les conditions relatives à la créance : elle doit être certaine, liquide et exigible[23]. Le juge apprécie.
- Les conditions relatives à la détention du bien : elle doit être légitime, c'est-à-dire la remise de l'objet par celui à qui le droit de rétention est opposé, elle emporte la faculté de rétention jusqu'au paiement.
- Il faut un lien de connexité entre la créance et le bien retenu. L'AUS institue une présomption de connexité. La connexité est réputée si la détention de la chose et la créance sont la conséquence des relations d'affaires entre le créancier et le débiteur[24] ; ce qui crée une

---

[23] Article 68 al. 2 AUS.

[24] Articles 69 AUS et 68 al. 3 AUS.

« indivisibilité juridique entre les différentes opérations juridiques qui s'y inscrivent »[25].

- Le droit de rétention doit être exercé avant toute saisie[26].

1.3. Exercice de droit de rétention

Tout bien matérialisé par un titre peut faire l'objet de la rétention, et le bien doit appartenir au débiteur.

1.4. Effets

Quant aux effets, le créancier a l'obligation de conservation du bien en bon père de famille[27]. Si les biens sont périssables, il peut sur autorisation de la juridiction compétente statuant à bref délai, les vendre et le droit de rétention se reporte sur le prix de vente qui doit être consigné[28].

En cas de non-paiement de la dette du créancier rétenteur, il a le droit soit, de procéder à la vente forcée du bien (Il faut un titre exécutoire, 8 jours après sommation - La vente se fait comme dans la procédure du gage), soit d'exercer le droit d'attribution du bien retenu à concurrence due d'après estimation à expert sur autorisation du tribunal compétent. Il a le droit de suite et de préférence (Privilège sur le prix, indemnité d'assurance en cas de perte)[29].

2. Propriété retenue ou cédée à titre de garantie

Sous cette appellation se cache d'autres sûretés mobilières. Il s'agit d'une part de la propriété retenue ou clause de réserve de propriété, et d'autre part la propriété cédée à titre de garantie qui renferme la cession de créance et le transfert fiduciaire d'une somme d'argent[30]. Toutes ces sûretés constituent des grandes innovations introduites en droit congolais par le système OHADA, car inexistantes dans notre droit antérieur.

2.1. Propriété retenue (Clause de réserve de propriété) [31]

2.1.1. Notion de la propriété retenue

Il s'agit, en réalité, de la clause de réserve de propriété antérieurement contenue dans les Actes Uniformes portant droit commercial général et portant organisation des procédures collectives d'apurement du passif, qui est ramenée dans le nouveau texte qui organise les suretés. Convention par laquelle les parties à une vente commerciale conviennent de reporter, du

---

[25] Joseph Issa-Sayegh, *Commentaires de l'AUS*, art. 69, OHADA, Traité et Actes Uniformes, 2ème éd. Juriscope, 2002.

[26] Article 68 al. 4 de l'AUS.

[27] Article 69 AUS

[28] Article 70 al. 2 AUS

[29] Article 70 al. 2 AUS

[30] Article 71 AUS

[31] Articles 72 à 78 AUS

vendeur à l'acquéreur, la propriété du bien acquis au jour du paiement complet du prix.

La "réserve de propriété" est une disposition contractuelle destinée à assurer au vendeur qui a consenti à l'acheteur un crédit, qu'il sera payé du prix de la chose vendue, sans avoir à courir le risque d'avoir à subir le concours d'éventuels créanciers de l'acquéreur.

Pour parvenir à un tel résultat acheteur et vendeur conviennent que la chose vendue restera la propriété de ce dernier jusqu'à complet paiement et ce, nonobstant les acomptes versés. La clause qui contient une telle convention porte le nom de "clause de réserve de propriété ".

2.1.2. Régime juridique

L'AUS exige comme condition un écrit à peine de nullité. La clause est opposable aux tiers si elle est publiée au RCCM territorialement compétent[32].

Par ailleurs, lorsque le bien objet de la réserve de propriété a été incorporé à un autre bien, l'incorporation ne fait pas obstacle à la revendication du créancier si le retrait peut être réalisé sans dommage pour les biens en présence. La réalisation de la réserve de propriété, justifiée par le défaut de paiement complet à l'échéance, permet au créancier de demander la restitution du bien pour le vendre et se faire payer sur le prix de vente. Si la valeur de la vente est supérieure, le surplus est remis au débiteur[33]. En cas de vente ou destruction, le droit de propriété du créancier se reporte sur la créance du débiteur à l'égard du sous-acquéreur, ou l'indemnité d'assurance subrogée au bien[34].

2.2. Propriété cédée à titre de garantie

Il y a deux catégories de propriété cédée à titre de garantie : la cession de créance et le transfert fiduciaire d'une somme d'argent.

2.2.1. La cession de créance[35]

2.2.1.1. Définition

Selon l'article 80 de l'AUS, une créance détenue sur un tiers peut être cédée à titre de garantie de tout crédit consenti par une personne morale nationale ou étrangère, faisant à titre de profession habituelle et pour son compte des opérations de banque ou de crédit. L'incessibilité de la créance ne peut être opposée au cessionnaire par le débiteur cédé lorsqu'elle est de source conventionnelle et que la créance est née en raison de l'exercice de la

---

[32] Articles 73 et 74 AUS.
[33] Article 77 AUS
[34] Article 78 AUS
[35] Articles 79 à 86 AUS.

profession du débiteur cédé ou se trouve en rapport direct avec l'une de ses activités professionnelles, même si celle-ci n'est pas principale.

2.2.1.2. Conditions

Les conditions ci-après doivent être remplies : la cession de créance doit être constatée dans un écrit avec des mentions prévues à l'article 81 de l'AUS sous peine de nullité. Le créancier cessionnaire doit être un Etablissement bancaire ou de crédit (personne morale). Le débiteur cédé doit être un débiteur professionnel[36].

2.2.1.3. Effets

Quant aux effets, la cession prend immédiatement effet et doit être inscrite au RCCM pour son opposabilité au tiers[37].

A l'égard du débiteur de la créance cédée, la cession doit lui être notifiée ou ce dernier doit intervenir à l'acte. A défaut, c'est le cédant qui reçoit valablement paiement[38]. La cession s'étend aux accessoires de la créance sauf stipulation contraire[39]. La somme payée au créancier cessionnaire s'impute sur la créance garantie. Le surplus est restitué au cédant[40], c'est le principe de réalisation par compensation de la sûreté.

2.2.2. Transfert fiduciaire d'une somme d'argent [41]

2.2.2.1. Définition

C'est une convention par laquelle un constituant cède des fonds en garantie de l'exécution d'une obligation[42].

2.2.2.2. Conditions

Quant aux conditions : la convention est établie par écrit avec les mentions prévues à l'article 88 de l'AUS à peine de nullité. La propriété des fonds cédés est transférée au créancier de l'obligation. Ces fonds doivent être inscrits sur un compte ouvert au nom du créancier dans les livres d'un Etablissements de crédit habilité à le recevoir. Le compte est bloqué (pour protéger le constituant). La convention détermine : la créance garantie, le montant des fonds cédés à titre de garantie, et identifie le compte bloqué[43]. Le transfert est opposable aux tiers à la date de sa notification à l'Etablissement de crédit qui tient le compte[44]. Si le compte produit des

[36] Article 80 al. 2 et 3 AUS
[37] Article 82 AUS.
[38] Article 84 AUS
[39] Article 83 AUS.
[40] Article 86 AUS
[41] Article 87 à 91 AUS
[42] Article 87 al. 1 AUS
[43] Article 88 AUS
[44] Article 89 AUS

intérêts, ils sont portés au crédit du compte[45]. Il ne fait pas l'objet d'inscription au RCCM.

2.2.2.3. Effets

Quant aux effets : la capitalisation profitera au débiteur à qui les sommes bloquées seront restituées s'il paie. - A défaut, et 8 jours après sommation au constituant, le créancier peut se faire remettre les fonds à concurrence de la créance garantie[46].

3. Le gage des meubles corporels

Le gage des meubles corporels était déjà organisé en droit congolais. Le droit OHADA a apporté des innovations en distinguant le gage de droit commun et certains gages particuliers.

3.1. Gage de droit commun

1. Définition

La gage est défini à l'article 92 de l'AUS comme le contrat par lequel le constituant accorde à un créancier le droit de se faire payer par préférence sur un bien meuble corporel ou un ensemble de biens meubles corporels, présents ou futurs.

2. Constitution du gage

Quant à la constitution, le droit OHADA a innové en indiquant obligatoirement un écrit pour constituer le gage[47] alors que la loi de 1973 prescrit cette exigence. Ensuite, alors que le gage a toujours entrainé dépossession du bien donné en gage qui est remis au créancier, le droit OHADA envisage deux possibilités : soit la dépossession du bien gagé en le remettant au créancier ou à un tiers convenu, soit l'absence de dépossession et le bien est gardé par le débiteur : dans ce cas, le gage doit être inscrit au RCCM[48] pour son opposabilité aux tiers.

3. Effets

Quant aux effets du gage, outre le droit du créancier gagiste de rétention jusqu'au paiement intégral[49], au droit de préférence et au droit de suite[50], le créancier gagiste a le droit d'exécution [51] c'est-à-dire faire vendre la chose en cas de non-paiement par la justice car il n'y a pas de vente volontaire. En

---

[45] Article 90 AUS
[46] Article 91 AUS
[47] Article 96 AUS
[48] Article 97 AUS
[49] Article 99 AUS
[50] Article 92 et 100 AUS
[51] Article 104 al. 1 AUS

cas de dépossession, le créancier gagiste a l'obligation de conservation[52], de ne pas user de la chose [53]et de restitution en cas de paiement de sa créance[54].

Avec le gage, il n'y a pas de vente volontaire. La clause par voie parée est réputée non écrite. La vente est précédée d'une sommation au débiteur qui dispose de 8 jours pour réagir. Le bien est évalué par un expert.

Une autre grande innovation qu'il faut signaler, c'est la possibilité pour le créancier gagiste d'obtenir l'attribution judiciaire ou conventionnelle du gage[55], si le débiteur est un débiteur professionnel alors que dans le droit antérieur, le créancier n'avait qu'une seule possibilité, celle de demander en justice la vente du bien gagé. Actuellement, il peut solliciter soit l'attribution conventionnelle soit l'attribution judiciaire du bien.

3.2. Dispositions particulières à certains gages

Ceci est une innovation. L'AUS a tenu à réglementer quelques gages spécifiques.

1. Gage de véhicules automobiles [56]

a. Champ d'application

Le gage concerne tous les véhicules automobiles immatriculés ou non, neuf ou d'occasions, privés ou professionnels. Tous les véhicules terrestres, excepté les engins aériens et maritimes. Tout créancier peut se faire consentir un gage automobile.

b. Constitution

Quant à sa constitution, il faut un écrit[57], une inscription au RCCM quand il est sans dépossession, l'inscription ne peut dépasser 10 ans[58]. - Le gage doit être mentionné sur le titre portant autorisation de circulation et immatriculation[59]. L'absence de cette formalité ne remet pas en cause la validité ou l'opposabilité, vu l'inscription au RCCM[60].

c. Réalisation du gage

En ce qui concerne la réalisation du gage, faute de paiement, le créancier fait vendre la chose (vente forcée du véhicule)[61]. Il peut aussi demander l'attribution judiciaire ou conventionnelle (en propriété si c'était convenu au

[52] Article 108, 109 AUS
[53] Article 103 AUS
[54] Article 113 AUS
[55] Article 104 al. 2 et 105 AUS
[56] Articles 118 à 119 AUS
[57] Article 96 AUS
[58] Article 97 AUS
[59] Article 119 AUS
[60] Article 119 in fine AUS
[61] Article 104 al. 1 AUS

contrat et si le débiteur est un débiteur professionnel[62]. A noter que les droits du créancier sont reportés sur l'indemnité d'assurance en cas de perte[63].

2. Gage du matériel professionnel [64]

a. Matériels visés

Les matériels visés sont les biens d'équipement professionnel (outillage et matériel) à l'exclusion des marchandises et autres biens de consommation. Le matériel peut être neuf ou d'occasion.- Le matériel doit être utilisé dans l'exercice de la profession. La profession peut être : commerciale, libérale, industrielle, artisanale.

b. Constitution

Quant à la constitution du gage, il doit être établit par écrit à peine de nullité[65] - l'AUS exige l'inscription au RCCM pour être opposable aux tiers[66]. A défaut d'inscription, le matériel doit être remis au créancier gagiste.

c. Réalisation

Quant à la réalisation du gage, le créancier a le droit de suite et de préférence[67], le droit de faire vendre le bien à défaut de paiement[68]. Le créancier peut aussi solliciter l'attribution judiciaire ou conventionnelle du gage[69]. Le bénéficiaire de la réalisation du gage sur les matériels est inscrit au quatrième rang.[70]

3. Gage des stocks [71]

a. Stock visé

L'article 120 AUS ne prévoit que quatre catégories de biens distincts pouvant faire l'objet du gage de stocks. Il s'agit :

- les matières premières (richesses naturelles du sol et sous-sol (minerais, pétrole) ;
- les produits de l'exploitation agricole (récoltes) ;
- les produits de l''exploitation industrielle (fabriqués à partir des matières premières) ainsi que
- les marchandises destinées à la vente.

[62] Articles 104 al. 2 et 105 AUS
[63] Article 106 AUS
[64] Articles 118 à 119 AUS.
[65] Article 96 AUS
[66] Article 97 AUS
[67] Articles 92, 100 et 102 AUS
[68] Article 104 al. 1 AUS
[69] Articles 104 al. 2 et 105 AUS
[70] Article 226 AUS.
[71] Articles 120 à 124 AUS

b. Constitution

Le gage de stock est constitué par un écrit, sous peine de nullité[72] et l'inscription au RCCM pour être opposable, à défaut d'être remis au créancier[73]. Cette inscription donne lieu à l'émission d'un bordereau de stock par le greffier ou le responsable de l'organe compétent de l'Etat partie[74]. Le bordereau est remis au débiteur après inscription au RCCM. Dans ce cas, l'acte du gage doit également comporter à peine de nullité outre les mentions de l'article 96, le nom de l'assureur qui couvre le stock gagé contre le vol, l'incendie et la désignation de l'Etablissement domiciliataire du bordereau de gage de stock[75]. La remise en gage de stock se fait par le bordereau remis au créancier par voie d'endossement daté et signé. (Ceci confère au porteur les droits d'un créancier gagiste[76]. Mais le débiteur conserve le droit de vendre le stock gagé[77]. La livraison du stock se fait après consignation du prix à l'Etablissement domiciliataire). - Le bordereau est valable pour 5 ans à dater de son émission[78].

c. Obligations et prérogatives du constituant

Le constituant (le débiteur) a l'obligation de maintenir la valeur du stock[79] à défaut, c'est la déchéance du terme de la créance garantie ou le complément du gage[80]. Il doit assurer le stock contre le risque de vol, incendie, détérioration partielle ou totale[81]. Il doit assurer l'immeuble[82]. Le constituant a le droit de vendre les stocks nantis.

d. Réalisation

Lorsque le débiteur ne remplit pas ses obligations relativement au paiement de la dette à l'échéance, le créancier gagiste peut faire vendre le stock gagé[83]. Il a le droit de suite et le droit de préférence[84]. Il peut aussi demander l'attribution judiciaire si c'était convenu au contrat et se voir attribuer le stock[85].

---

[72] Article 96 AUS
[73] Article 97 AUS
[74] Article 121 AUS
[75] Article 110 al. 3 AUS
[76] Article 123 AUS
[77] Article 124 AUS
[78] Article 122 AUS
[79] Article 110 al. 1 AUS
[80] Article 109 al. 2 AUS
[81] Article 121 al. 2 AUS
[82] Article 121 al. 2 AUS
[83] Article 104 al. 1 AUS
[84] Articles 92, 100 et 102 AUS
[85] Articles 104 al. 2 et 105 AUS

B. Sûretés réelles mobilières n'entrainant pas dépossession

1. Le nantissement des meubles incorporels [86]

1.1. Définition

C'est une nouvelle sûreté, une innovation introduite par le système OHADA. Le nantissement est défini comme l'affectation d'un bien meuble incorporel ou d'un ensemble de biens meubles incorporels, présents ou futurs, en garantie d'une ou plusieurs créances, présentes ou futures à condition que celles-ci soient déterminées ou déterminables. Il est conventionnel ou judicaire[87]. La différence avec le gage est que le gage concerne les biens meubles corporels tandis que le nantissement concerne les biens meubles incorporels.

1.2. Catégories

Il existe six catégories de nantissements :

a. Nantissement de créance[88]

Pour sa constitution, il faut un écrit à peine de nullité[89]. L'acte de constitution peut être authentique ou sous seing privé. L'écrit doit désigner[90]. Le nantissement peut porter sur une partie de la créance, sauf si elle est indivisible. Le nantissement porte sur les créances : contractuelles, délictuelles, civiles et commerciales[91]. Quant aux effets : entre parties : le nantissement est valable dès la signature de l'écrit[92]. Pour l'opposabilité aux tiers, il faut distinguer - au tiers de la créance nantie, il doit être notifié ou intervenir à l'acte. Aux autres tiers, il faut une inscription au RCCM. Rôle de la notification au débiteur de la créance nantie : seul le créancier nanti reçoit valablement paiement de la créance nantie, (capital, intérêts, accessoires). Il a un droit exclusif au paiement à défaut de notification, c'est le constituant qui reçoit paiement et doit payer le créancier nanti[93]. Quant à la réalisation :- si la créance garantie arrive à l'échéance avant la créance nantie, le créancier nanti a le choix : soit obtenir l'attribution conventionnelle ou judiciaire de la créance nantie ou attendre l'échéance de la créance nantie[94].

---

[86] Articles 125 à 156 AUS
[87] Article 125 AUS
[88] Articles127 à 135 AUS
[89] Article 125 AUS
[90] Article 127 AUS
[91] Articles 128, 129 et 131 AUS
[92] Article 131 AUS
[93] Article 134 AUS
[94] Article 134 et 135 AUS

b. Nantissement de compte bancaire [95]

L'article 136 de l'AUS dispose que c'est un nantissement de créance. Et les règles de ce dernier s'appliquent. Comme conditions, il faut un écrit à peine de nullité [96] - Respect des mentions prévues à l'article 127 AUS -La créance peut être contractuelle, délictuelle, civile ou commercial [97] - Le nantissement peut porter sur une partie de la créance. Quant aux effets, entre parties : il est valable dès la signature de l'écrit[98]. Quant à l'opposabilité aux tiers : il faut distinguer : - au tiers de la créance nantie, il doit être notifié ou intervenir à l'acte. Aux autres tiers, il faut une inscription au RCCM. Rôle de la notification au débiteur de la créance nantie : Seul le créancier nanti reçoit valablement paiement de la créance nantie, (capital, intérêts, accessoires). Il a un droit exclusif au paiement à défaut de notification, c'est le constituant qui reçoit paiement et doit payer le créancier nanti[99]. Quant à la réalisation: Si la créance garantie arrive à l'échéance avant la créance nantie, le créancier nanti a le choix : soit obtenir l'attribution conventionnelle ou judiciaire de la créance nantie ou attendre l'échéance de la créance nantie[100]. A l'égard des tiers, il faut notifier au débiteur de la créance de solde nanti et inscrire au RCCM. [101].Le compte peut être bloqué ou ouvert (au risque et péril du créancier nanti). « Même après réalisation, le nantissement du compte bancaire subsiste [102] tant que le compte n'est pas clôturé et que la créance garantie n'est pas intégralement payée ».

c. Nantissement de droits d'associés et valeurs mobilières[103].

Ce nantissement peut être conventionnel ou judiciaire. Pour le « nantissement conventionnel », sa constitution[104] exige un écrit [105] qui doit contenir à peine de nullité les mentions prévues à l'article 141 AUS. Il faut une Inscription au RCCM pour que le nantissement soit opposable aux tiers [106] - Le nantissement doit être notifié à la société émettrice des droits d'associés [107] - Le nantissement doit porter sur les droits d'associés (parts sociales, actions) et valeurs mobilières (obligations : Les obligations sont des titres de créances, émises généralement par les sociétés et les Etats pour emprunter des fonds sur les marchés. En souscrivant à une obligation, on

---

[95] Articles136 à 139 AUS
[96] Article 125 AUS
[97] Articles 128, 129 et 131 AUS
[98] Article 131 AUS
[99] Article 134 AUS
[100] Articles 134 et 135 AUS
[101] Article 132 AUS
[102] Article 139 AUS
[103] Article140 AUS
[104] Article 140 AUS
[105] Article 141 AUS
[106] Article 143 AUS
[107] Article 143 AUS

prête donc à l'organisme émetteur, on reçoit en contrepartie un intérêt annuel (le coupon) avant d'être remboursé au terme de l'emprunt) des sociétés commerciales. Quant aux effets [108], le créancier a le droit de suite[109], le droit de réalisation de la sûreté[110], le droit de préférence [111] et le droit de percevoir les fruits des droits sociaux et valeurs mobilières nanties si cela a été convenu. Pour le « nantissement judiciaire », une inscription provisoire est prise après l'ordonnance du juge autorisant le nantissement et une inscription définitive est prise après l'instance de validation du nantissement provisoire passée en force de chose jugée.[112]. Il doit être inscrit au RCCM[113].

d. Nantissement de compte de titres financiers [114]

Selon l'article de 146 de l'AUS), c'est une convention par laquelle le constituant affecte en garantie d'une obligation l'ensemble des valeurs mobilières et autres titres financiers figurant dans ce compte. Il a comme assiette les titres financiers[115], titres émis par les sociétés, titres des créances, parts ou actions, les fruits et produits qui sont les coupons d'intérêts ou dividendes. Le nantissement porte sur tous les titres financiers inscrits dans le compte nanti, c'est-à-dire sur l'universalité du compte qui a été créé pour recevoir tous les titres affectés en garantie d'une même créance. Quant à sa constitution, il faut une déclaration écrite, datée et signée, fait par le titulaire du compte pour qu'elle soit opposable aux parties, à la société émettrice et aux tiers. – Il ne requiert pas d'inscription au RCCM.- Il faut respecter les mentions de l'article 147 al. 2 AUS. Il est exigé l'ouverture du compte spécial et attestation de nantissement [116] - (Le compte spécial est tenu par la société émettrice ou l'intermédiaire financier, mais ouvert au nom du titulaire) - Ce compte spécial est constitué de deux parties dont l'une partie pour les titres et l'autre pour recevoir les fruits et produits de ces titres (espèces)[117]. Quant à la réalisation[118], il faut une mise en demeure préalable, et 8 jours après la mise en demeure, il y aura réalisation, la créance doit être certaine, liquide, exigible. D'après l'article 154 AUS, le créancier nanti a la faculté de virer dans son compte les espèces, et vendre les titres ou s'en approprier à concurrence due.

---

[108] Article 144 AUS)
[109] Article 97 al. 2 AUS
[110] Articles 104 et 105 AUS
[111] Article 226 AUS
[112] Articles 140, 142 et 143 AUS
[113] Article 143 AUS
[114] Articles146 à 155 AUS
[115] Article 148 AUS
[116] Article 149 AUS
[117] Article 150 AUS
[118] Article 152 AUS

e. Nantissement de droits de propriété intellectuelle [119]

La propriété intellectuelle comprend : - Propriété industrielle : Brevets d'invention, de perfectionnement et d'importation ; Brevets sur les marques de fabrique ou de commerce ; Les dessins et modèles industriels- littéraire et artistique : Droits d'auteurs (œuvres d'art, littéraires, musicales) ; Droits voisins (interprètes, producteurs de phonogrammes…). Ce nantissement peut être conventionnel ou judiciaire. Quant au « nantissement conventionnel », l'article 156 de l'AUS le définit comme la convention par laquelle le constituant affecte en garantie d'une obligation tout ou partie de ses droits de propriété intellectuelle existants ou futurs, tels que des brevets d'inventions, des marques de fabriques et de commerce, des dessins et modèles. Pour sa constitution, il y a l'exigence d'un écrit [120] qui doit contenir des mentions obligatoires (art. 157). Une inscription au RCCM est exigée pour que le nantissement soit opposable aux tiers)[121]. Quant aux effets : Droit de suite en faveur du créancier nanti [122]- Droit de préférence[123]. Quant à la réalisation : en cas de non-paiement, il y aura la vente forcée à l'échéance[124]. Le créancier peut obtenir l'attribution judiciaire [125] ou l'attribution conventionnelle[126]. Pour le « nantissement judiciaire », il est prévu à l'article 158 de l'AUS et les dispositions relatives à l'APSRVE sur la saisie conservatoire des titres sociaux.

f. Nantissement de fonds de commerce[127]

Il peut être conventionnel ou judiciaire. Pour le « nantissement conventionnel », selon l'article 162 de l'AUS, c'est la convention par laquelle le constituant affecte en garantie d'une obligation, les éléments incorporels constitutifs du fonds de commerce à savoir la clientèle et l'enseigne ou le nom commercial. Le fonds de commerce est une notion juridique utilisée principalement en matière commerciale et faisant référence à un ensemble d'éléments corporels (marchandises, matériel…) et incorporels (clientèle, réputation, droit au bail, achalandage, l'enseigne, le nom commercial) constitués en vue de faire fonctionner une activité professionnelle. Sur le plan juridique, le fonds de commerce est considéré comme un bien meuble incorporel.

---

[119] Articles156 à 161 AUS
[120] Article 157 AUS
[121] Article 160 AUS
[122] Articles 97 al. 2 et 161 AUS
[123] Article 161 et 226 AUS
[124] Article 104 al. 1 AUS
[125] Article 104 al. 2 AUS
[126] Article 104 al. 2 AUS
[127] Articles 162 à 165 AUS et 170 à 178 AUS

Quant à sa constitution, son assiette comprend : la clientèle et l'enseigne ou le nom commercial (obligatoire)[128]. Il comprend aussi le bail commercial, les licences d'exploitation, brevets d'invention, marque de fabrique et de commerce, dessins et modèles industriels, matériel professionnel (Ce sont les éléments non obligatoires, Art. 162 al. 2 AUS) qui doivent être inscrits au RCCM- Notons que les biens immobiliers et droits réels immobiliers ne sont pas concernés, aussi les stocks et les marchandises.

Quant à la créance, elle est soit préexistante ou future à condition d'être déterminable. Le constituant peut être le débiteur ou un tiers. Le fonds nanti porte sur le fonds de commerce et ses succursales[129].

S'agissant des conditions de forme, il faut un écrit[130] avec des mentions obligatoires[131] et une inscription au RCCM[132] du siège de la personne physique ou morale propriétaire du fonds.

Quant aux effets[133], le créancier a le droit de suite[134], le droit de réalisation (exclusion du pacte commissoire)[135] et le droit de préférence (art. 226).

Pour le « nantissement judiciaire » : il est institué aux articles 164 et 165 de l'AUS et par les dispositions relatives à la saisie conservatoire des titres sociaux prévues par l'AUPSRVE. Il doit être inscrit au RCCM.

2. Privilèges[136]

Bien que connu dans notre droit des sûretés antérieur, les privilèges a connu quelques innovations introduites par le système OHADA, que nous ne manquerons pas de signaler tout au long de la présentation de cette sûreté.

L'acte uniforme OHADA organise les privilèges généraux à côté des privilèges spéciaux.

2.1. Privilèges généraux[137]

Selon l'article 179 AUS, les privilèges généraux confèrent un droit de préférence exercé par leurs titulaires sur les immeubles et les meubles selon les articles 225 et 226.

Actuellement, les privilèges généraux sont organisés à la fois par l'AUS et par la loi du 20 juillet 1973 en ce qui concerne les privilèges ignorés par le système OHADA, et qui n'interfèrent pas avec celui-ci[138].

---

[128] Article 162 al. 1 AUS
[129] Article 162 AUS
[130] Article 163 AUS
[131] Article 163 AUS
[132] Article 165 AUS
[133] Article 178 AUS
[134] Article 97 al. 2 AUS
[135] Article 140 al. 1 AUS
[136] Article 179 AUS
[137] Article 179 AUS
[138] Tony Mwaba Kazadi, *Manuel de droit des sûretés*, *op. cit.*, p. 110.

En droit OHADA, les privilèges généraux grèvent tous les biens meubles et immeubles du débiteur alors qu'en droit congolais, ils ne grèvent que la généralité des meubles corporels au regard de l'article 249 de la loi du 20 juillet 1973.

Notez que l'acte uniforme distingue d'une part, les privilèges généraux soumis à publicité au-delà du montant fixé par l'art. 180 5° et 6° dans les six mois de leur exigibilité. L'inscription conserve ces privilèges dans les 3 ans, sauf renouvèlement. Il s'agit de :

a. la créance du fisc ;
b. la créance de la douane ;
c. la créance des organismes de prévoyance et sécurité sociale.

Et d'autre part les privilèges généraux non soumis à publicité ou occultes, en l'occurrence les :

a. Privilèges des frais d'inhumation et de la dernière maladie ;
b. Privilèges des fournisseurs des substances ;
c. Privilèges des travailleurs et apprentis ;
d. Privilèges des auteurs d'œuvres intellectuelles ;
e. Privilèges des créances fiscales, douanières, et des organismes de sécurité.

Le rang des privilèges généraux en droit OHADA est réglé par l'article 180 AUS.

2.2. Privilèges spéciaux [139]

Il y a lieu de distinguer les privilèges spéciaux de droit OHADA et ceux de droit congolais qui demeurent en vigueur parce qu'ils sont ignorés par le droit OHADA, et n'interfèrent pas avec celui-ci[140].

Les innovations introduites par l'acte uniforme sur les privilèges spéciaux de droit OHADA concernent les :

- Privilèges du vendeur de meuble [141]
- Privilèges du bailleur d'immeuble [142]
- Privilèges du transporteur terrestre [143]
- Privilèges du travailleur à domicile [144]
- Privilèges des salariés des entreprises de travaux et fournitures [145]
- Privilèges du commissionnaire [146]

[139] Article 182 AUS
[140] Lire Tony Mwaba Kazadi, *Manuel de droit des sûretés*, op. cit., p. 112.
[141] Article 183 AUS
[142] Article 184 AUS
[143] Article 185 AUS
[144] Article 186 AUS
[145] Article 187 AUS
[146] Article 188 AUS

- Privilèges du conservateur[147]
- Privilèges du vendeur de fonds de commerce[148].

3. Formalités à suivre pour l'inscription des sûretés mobilières au RCCM

Ceci est une grande innovation apportée par le système OHADA, car il n'existait pas dans la législation antérieure, les règles sur le RCCM et l'inscription des suretés mobilières au RCCM.

Au terme de l'article 51 de l'AUS, les demandeurs en inscription sont :

- Le créancier par une requête ;
- L'agent des sûretés[149] : cette institution demeure l'une des principales innovations de l'AUS[150] ;
- Le constituant (débiteur ou un tiers) ;
- Le comptable public pour l'inscription des privilèges généraux du trésor, de la douane et de la sécurité sociale.

Le RCCM territorialement compétent est celui du ressort duquel est immatriculé le constituant, son siège ou son domicile[151]. L'inscription au RCCM exige l'accomplissement des formalités suivantes :

- remplir un formulaire et compléter les mentions exigées ;
- inscription par le greffier[152] et remise d'un certificat d'inscription après vérification des mentions ;
- en cas de refus d'inscription, le demandeur a un droit de recours devant le juge de référé dans les 8 jours après notification[153] ;

L'inscription d'une sûreté au RCCM a pour effet son opposabilité aux tiers[154].

Les privilèges généraux du trésor, de la douane et de la sécurité sociale conservent les droits du créancier pendant une durée de trois ans. Pour les autres sûretés mobilières soumises à publicité, les parties peuvent étendre la durée de l'inscription jusqu'à dix ans. Le renouvellement s'effectue dans les mêmes conditions que l'inscription initiale[155].

---

[147] Article 189 AUS.
[148] Articles 166 à 169 AUS
[149] Articles 5 à 11 AUS.
[150] Tony Mwaba Kazadi, *Manuel de droit des sûretés*, op. cit., p. 124.
[151] Article 52 AUS.
[152] Article 54 AUS
[153] Article 55 AUS.
[154] Article 57 AUS.
[155] Article 59 AUS

L'inscription prend fin par :
- la modification[156] ;
- le cantonnement (réduction de l'assiette de la sûreté ou du montant de la créance) ;
- la radiation conventionnelle (main levée) ou judiciaire [157] ;
- l'inscription frauduleuse ou inexacte[158].

L'AUS donne possibilité à toute personne d'obtenir les informations sur l'inscription eg la réponse du greffier doit intervenir immédiatement sinon au plus tard dans les deux jours.

B. Sûreté réelle immobilière : Les hypothèques

L'hypothèque était déjà connue dans notre droit antérieur à l'OHADA. Mais quelques innovations seront signalées tant au niveau de la constitution, ses effets, mais aussi de sa réalisation.

Selon sa source, l'Acte uniforme distingue l'hypothèque conventionnelle et l'hypothèque forcée.[159]

1. Hypothèque conventionnelle[160] :

1.1. Notion et conditions de constitutions

L'hypothèque conventionnelle est celle qui résulte de conventions conclues entre créancier et débiteur. Elle est régit par les articles 203 à 208 AUS.

Pour sa constitution, elle requiert des conditions de fond et les conditions de forme :

- Conditions de fond :
  - Etre propriétaire
  - Avoir la capacité
  - Respecter les principes de spécialité de la créance et de l'assiette[161].
- Conditions de Forme :
  - il faut un écrit notarié ou non[162].
  - Il faut une Inscription au certificat d'enregistrement (principe de publicité).

---

[156] Article 60 AUS
[157] Article 64 AUS
[158] Article 65 AUS
[159] Lire Tony Mwaba Kazadi, « A propos de l'hypothèque en droit OHADA : Qu'est-ce qui a changé ? » *in* *www.juriafrique.com*, publié le 14 septembre 2016.
[160] Articles 203 à 208 AUS
[161] Article 204 et 192 AUS.
[162] Article 205 AUS

En ce qui concerne le rang, on applique le principe « Priorité d'inscription – priorité de rang ».

a. Effets des hypothèques :

Les hypothèques produisent des effets ci-après à l'égard des parties:

- Droits du constituant (avant la réalisation) :
  1. Droit d'usage ;
  2. Droit de jouissance ;
  3. Droit de disposition ;
- Droits du créancier :
  1. Droit de suite ;
  2. Droit de préférence ;
  3. Droit de réalisation. Non payé, le créancier a le droit de procéder à la procédure de vente amiable ou forcée, de l'immeuble hypothéqué selon les règles de saisie immobilière prévue par l'acte uniforme OHADA portant procédures simplifiées de recouvrement de créances et voies d'exécution adopté le 10 juillet 1998. Il faut déjà signaler que l'OHADA a innové en introduisant la possibilité de la vente à l'amiable qui permet au constituant de vendre seul, discrètement et à bon prix son immeuble et désintéresser le créancier. Une autre grande innovation c'est la suppression de la clause par voie parée prévue autrefois dans notre droit antérieur par l'article 261 de la loi du 20 juillet 1973. Cette clause permettait au créancier de vendre l'immeuble sous la forme d'une vente volontaire avec mandat de son débiteur, propriétaire dudit immeuble. L'article 198 de l'AUS est clair, la convention d'hypothèque ne peut jamais déroger à l'acte uniforme qui ne prévoit que la vente amiable faite par le constituant ou la vente forcée, pour éviter de spolier le constituant.
  4. L'attribution conventionnelle ou judiciaire constitue également une grande innovation introduite dans notre droit. En effet, au lieu de la vente forcée, le créancier peut solliciter que l'immeuble lui soit attribué par la justice si cela n'est pas prévue par la convention d'hypothèque moyennant respect des conditions fixées par les articles 198 et 199 de l'AUS.

b. L'extinction des hypothèques :

Hypothèques s'éteignent par voie de conséquence[163]. Et par la voie principale :

- Renonciation ;
- Perte de l'immeuble ;
- Purge hypothécaire et par ;
- Péremption de l'hypothèque[164].

---

[163] Articles 201 al. 2 AUS et 132 CCLIII.

2. Hypothèques forcées[165]

L'acte uniforme oppose les hypothèques forcées légales aux hypothèques forcées judiciaires, selon qu'elles sont imposées soit par la loi ou une décision de justice.

2.1. Hypothèques forcées légales

- Hypothèque de la masse des créanciers dans les procédures collectives[166]. Cette hypothèque est une Innovation ;
- Hypothèque du vendeur d'immeuble, échangiste et du copartageant[167]. C'est une innovation ;
- Hypothèque du prêteur des derniers pour l'acquisition d'un immeuble vendu, échangé ou partagé[168]. Cette hypothèque a existé antérieurement sur la liste des hypothèques conventionnelles tacites ;
- Hypothèque des architectes et autres personnes employées à la construction ou réparation d'immeuble (entrepreneur)[169]. Cette hypothèque est une innovation;
- Hypothèque du prêteur des deniers pour paiement des architectes et autres personnes employées à la construction d'un immeuble[170]. C'est également une innovation introduite en droit congolais par le système OHADA.

Il convient de rappeler quelques hypothèques légales qui demeurent encore en vigueur en droit congolais :

1. Hypothèque. du sauveteur[171] ;
2. Hypothèque du trésor[172] ; et
3. Hypothèque de la femme mariée prévue pour le régime de la séparation des biens et communauté réduite aux acquêts[173]. Depuis la réforme du code de la famille, de juillet 2016, cette hypothèque a changé de terminologie. Elle est dénommée actuellement « hypothèque du conjoint non gestionnaire »[174].

---

[164] Articles 304 al. 2 CCLIII et 196 AUS

[165] Articles 209 à 221 AUS

[166] Article 210 AUS. Voir aussi articles 74 al. 2 et 54 al. 2 AUPC.

[167] Article 211 AUS

[168] Article 211 al. 3 AUS

[169] Article 212 AUS

[170] Article 212 al. 2

[171] Article 253, 1° CCLII

[172] Articles 253, 2° et 255 Loi du 20/07/1973

[173] Articles 511 et 527 CF ; Article 490 al. 2, 577, 2°

[174] Tony Mwaba Kazadi, *Manuel de droit des sûretés*, op. cit., p. 150.

2.2. Hypothèque judiciaire conservatoire[175]

Elle constitue une innovation du système OHADA, car inexistante dans notre droit antérieur.

On entend par l'hypothèque forcée judiciaire, celle conférée par une décision de justice pour garantir le recouvrement d'une créance mise en péril.

- Elle est conservatoire[176], accordée provisoirement avant une décision de validité de fond) ;
- Spéciale quant à la créance garantie et l'assiette ;
- Elle est destinée à garantir une créance assortie ou non de titre exécutoire et mise en péril.

C. Classement des créanciers dans la distribution du prix de vente des biens du débiteur

A la différence de la législation antérieure, l'AUS a prévu les règles relatives aux classements des créanciers dans la distribution du prix issu de la réalisation des biens du débiteur en matière mobilière et immobilière.

1. En matière immobilière[177]

- Frais de justice ;
- Salaires super privilèges ;
- Créanciers hypothécaires ;
- Le privilège général soumis à publicité ;
- Le privilège général non soumis à publicité ;
- Les créanciers chirographaires ;

2. En matière mobilière[178]

- Le frais de justice ;
- Le conservateur ;
- Salaires super privilégié ;
- Créanciers gagistes ;
- Créanciers inscrit au RCCM ;
- Créanciers titulaires des privilèges mobiliers spéciaux[179] ;
- Privilège général non soumis à publicité ;
- Les créanciers chirographaires.

---

[175] Articles 213 à 221 AUS

[176] Articles 213 AUS et 221 AUS

[177] Article 225 AUS.

[178] Article 226 AUS.

[179] Articles 182 à 189 AUS

Bibliographie indicative

I. Ouvrages

1. Anoukaha F., Aminata Cisse-Niang et alii, OHADA, *Sûretés*, Bruxelles, Bruylant, 2002.
2. Benaben A., *Droit civil. Les obligations*, Paris, Montchrestien, 11ème éd., 2007.
3. Cabrillac M. et Mouly, *Droit des sûretés,* Paris, 7ème éd. Du Juris-classeur, Litec, 2004.
4. Dibunda Kabuinji Mpumbuambunji, *Répertoire général de la jurisprudence de la Cour Suprême de Justice 1969 – 1985*, Kinshasa, éd. CPDZ, 1990.
5. Dupont Delestraint P., *Sûretés. Publicité foncière*, Paris, 9ème éd., Dalloz, 1988.
6. Fontaine M., *Droit des assurances*, Bruxelles, 2ème éd., Larcier, 1996.
7. Fontaine M., *Essai sur la nature juridique de l'assurance-crédit*, Bruxelles, Bruylant, 1966.
8. Kalambay Lumpungu G., *Droit civil,* Vol I, *Régime général des biens*, Kinshasa, PUZ, 1984.
9. Kalambay Lumpungu G., *Droit civil,* Vol II, *Régime foncier et immobilier*, Kinshasa, PUC, 1989.
10. Kalambay Lumpungu G., *Droit civil,* Vol III, *Régime des sûretés*, Kinshasa, PUC, 1990.
11. Kalongo Mbikayi, *Les obligations*, Kinshasa, EUA, collection DES, 2012,
12. Kenge Ngomba Tshilombayi et alii, *Les Suretés en Droit OHADA*, ouvrage collectif sous la direction du Professeur Ordinaire, édition Mont Sinaï, Kinshasa 2014
13. Kenge Ngomba Tshilombayi, *Indemnisation des victimes d'accidents de la circulation, Assurance de responsabilité ou indemnisation directe ?* Thèse, Faculté de Droit de l'Université de Kinshasa, Kinshasa, 1999.
14. Masamba Makela, *Droit des affaires,* Kinshasa, éd. Cadicec, 1996.
15. Mukadi Bonyi et Katuala Kaba Kashala, *Procédure civile*, Kinshasa, éd. Batena Ntambwa, 1999.
16. Mukadi Bonyi, *Droit de la sécurité sociale*, Kinshasa, éd. Ntobo, 1995.
17. Mwaba Kazadi Tony, *Des procédures de recouvrement des créances, voies d'exécution et de suretés* ; Etude comparative en droit congolais et en droit OHADA, mémoire de D.E.S., Unikin, année 2005 - 2007, inédit.
18. Mwaba Kazadi Tony, *Des procédures de recouvrement des créances, voies d'exécution et de suretés* ; Etude comparative en droit congolais et

en droit OHADA, mémoire de D.E.S., Unikin, année 2005 - 2007, inédit.

19. Mwaba Kazadi Tony, *Manuel du cours de droit des Suretés*, destiné aux étudiants de première année licence. Université de Kinshasa, faculté de droit et Université libre de Kinshasa, année 2016-2017.
20. Mwaba Kazadi Tony, *Manuel du cours de législation et pratique des assurances destiné aux étudiants de deuxième année licence.* Option gestion financière. Université de Kinshasa, faculté des sciences économiques et de gestion, année 2015-2016.
21. Mwaba Kazadi Tony, *Plaidoyer en faveur du dirigisme contractuel dans les baux résidentiels en droit congolais*, Thèse de doctorat soutenue le 12 avril 2014, à L'Université de Kinshasa, sous la direction du Professeur Kenge Ngomba Tshilombayi.
22. Mwaba Kazadi Tony, *Plaidoyer en faveur du dirigisme contractuel dans les baux résidentiels en droit congolais*, Thèse de doctorat soutenue le 12 avril 2014, à L'Université de Kinshasa, sous la direction du Professeur Kenge Ngomba Tshilombayi.
23. Sohier A., *Droit civil du Congo-belge*, T. II, Bruxelles, Larcier, 1956.
24. T'kint F., *Sûretés et principes généraux du droit de poursuites des créanciers*, Bruxelles, 4ème éd., Larcier, 2004.

II. Articles

1. Dupont C., « Aperçu du régime hypothécaire congolais », *in Les Novelles, Droit colonial, T. IV,* Bruxelles, Ferdinand Larcier, 1948, pp. 137 à 266.
2. Issa-Sayegh J., « Acte uniforme du 17 avril 1997 portant organisation des sûretés », *in OHADA*, Traités et actes uniformes commentés et annotés, Cedex, Juriscope, 2002.
3. Kahindo Fatuma, Muteba Tshimanga et Tony Mwaba Kazadi, note d'observation sur la loi n°004/2003 du 13/03/2003 portant réforme des procédures fiscales, *in Revue de droit congolais*, Kinshasa, CRDJ, 4ème année, n°007 et 008/2002 et 2003, pp. 120-132.
4. Kenge Ngomba Tshilombayi, « La vente par voie parée des immeubles hypothéqués en droit congolais », *in Revue de droit congolais,* Kinshasa, CRDJ n° 006/2001, 2001, pp. 23 à 38.
5. Kenge Ngomba Tshilombayi, « Les principes régissant les hypothèques en droit congolais », in *Annales de la Faculté de Droit,* UNIKIN, Vol. XI – XXVII, Presses de l'Université de Kinshasa, 2004, pp. 37 – 52.
6. Kenge Ngomba Tshilombayi, « Note sur le cautionnement solidaire sub, TGI/Gombe, 06 juillet 1999, RC 71.314 », in *Revue de droit congolais,* Kinshasa, CRDJ, n° 006/2001, 2001, pp. 82 à 90.
7. Muteba Tshimanga et Mwaba Kazadi Tony, Note d'observation sur l'Organisation et Compétence Judiciaire - Privilège de juridiction - Confirmation décision premier degré - Demandeur bénéficiaire

privilège juridiction - Violation articles 98 et 100 COCJ - Incompétence (CSJ, RP 2265, 23 avril 2003, *in BA 2004*, p. 242, en cause Lukozi Kabwe Juna et Batangu Mpesa c/Ministère Public et Muadi Mubenga), *in Revue de droit congolais*, Kinshasa, CRDJ, 4ème année, n°007 et 008/2002 et 2003, pp. 66-68.

8. Mwaba Kazadi Tony, « A propos de l'hypothèque en droit OHADA : Qu'est-ce qui a changé ? » *in* www.juriafrique.com, publié le 14 septembre 2016.
9. Mwaba Kazadi Tony, « Analyse critique de la loi n°015/025 du 30 décembre 2015, relative aux baux à loyer non professionnels en droit congolais », article publié dans les *Cahiers Africains des Droits de l'Homme et de la Démocratie*, 20ème année n°050 Vol. I, janvier-Mars 2016.
10. Mwaba Kazadi Tony, « Après la SONAS : La nouvelle autorité de régulation et de contrôle des Assurances », article publié dans les *Cahiers Africains des Droits de l'Homme et de la Démocratie*, 20ème année n°052 Vol. III, Juillet-Septembre 2016.
11. Mwaba Kazadi Tony, « Assurance de la responsabilité civile des propriétaires des véhicules : qu'est-ce qui a changé ? », article publié dans les *Cahiers Africains des Droits de l'Homme et de la Démocratie*, 20ème année n°051 Vol. I, Avril-Juin 2016.
12. Mwaba Kazadi Tony, « Des commissaires aux comptes en Droit Congolais », article publié dans les *Cahiers Africains des Droits de l'Homme et de la Démocratie*, 17ème année n°039 Vol. II, Avril-Juin 2013.
13. Mwaba Kazadi Tony, « La problématique du juge du contentieux de l'exécution en droit congolais », *in* www.juriafrique.com, publié le 15 août 2016.
14. Mwaba Kazadi Tony, « La récusation du juge président de la juridiction compétente instituée à l'article 49 de l'AUPSVE », *in* www.juriafrique.com, publié le 28 septembre 2016.
15. Mwaba Kazadi Tony, « Le bail à usage professionnel en droit OHADA », article publié dans les *Cahiers Africains des Droits de l'Homme et de la Démocratie*, 20ème année n°051 Vol. II, Avril-Juin 2016.
16. Mwaba Kazadi Tony, « Le nouveau droit congolais des assurances », article publié dans les *Cahiers Africains des Droits de l'Homme et de la Démocratie*, 20ème année n°050 Vol. II, janvier-Mars 2016.
17. Mwaba Kazadi Tony, « Les sûretés en droit aérien », article publié dans les *Cahiers Africains des Droits de l'Homme et de la Démocratie*, 20ème année n°050 Vol. I, janvier-Mars 2016.
18. Mwaba Kazadi Tony, « Quelques doutes sur l'efficacité de la garantie autonome en droit OHADA », article publié dans les *Cahiers Africains*

des Droits de l'Homme et de la Démocratie, 20ème année n°050 Vol. II, janvier-Mars 2016.

19. Mwaba Kazadi Tony, « Quelques doutes sur l'efficacité de la garantie autonome en droit OHADA », *in* *www.juriafrique.com*, publié le 30 octobre 2016.
20. Mwaba Kazadi Tony, « Réflexion critique sur les amendes transactionnelles en droit congolais », article publié dans les *Cahiers Africains des Droits de l'Homme et de la Démocratie*, 17ème année n°039 Vol. II, Avril-Juin 2013.
21. Mwaba Kazadi, « Les suretés en droit maritime et fluvial », *in Annales de la Faculté de Droit*, Ed. DES, Kin, Décembre 2016, pp. 155-173.
22. Van Damme J., « Des commissaires et des transporteurs », *in Les Novelles*, Droit colonial, T. IV, Bruxelles, Ferdinand Larcier, 1948.
23. Van Damme J., « Lettre de change », *in Les Novelles*, Droit colonial, T. IV, Ferdinand Larcier, Bruxelles, 1948, pp. 265 à 337.

Partie 8 :
Les obligations dans les traites internationaux et le droit diplomatique

Vers une réforme ou une requalification du droit diplomatique congolais : questionnements sur quelques pratiques en République Démocratique du Congo

■ ***Richard Lukunda Vakala-Mfumu***
Professeur associé à la Faculté de Droit de l'Université de Kinshasa

Introduction

A l'instar d'autres disciplines, le droit diplomatique se fraye son chemin dans l'ordonnancement juridique interne, tant il est vrai que la diplomatie caractérise les relations tant nationales qu'internationales.

Le droit diplomatique étant foncièrement universel, la présente étude accordera une place importante au droit comparé. Dans ce sens, Kalongo Mbikayi constate à juste titre que : « S'il est admis que les règles des obligations sont techniques et internationales et partant ne se modifient pas beaucoup, il faut néanmoins admettre qu'il faut dans une réforme introduire les acquis de droit comparé »[1].

Lorsqu'il s'agit notamment d'éviter une confrontation militaire ou lorsqu'une solution judiciaire n'aboutit pas à l'occasion d'un différend entre Etats, le recours à la diplomatie comme palliatif reste de mise. Ainsi le cas du conflit entre la Bolivie et le Chili pour lequel, dans son arrêt du 1er octobre 2018, la Cour Internationale de Justice, n'ayant pu donner raison à la Bolivie qui souhaitait que la Cour puisse attester que le Chili avait une obligation de négocier afin de parvenir à un accord octroyant à la Bolivie un accès pleinement souverain à l'Océan Pacifique, n'a pas manqué de recommander aux deux parties de poursuivre les négociations, le dialogue et des échanges dans un esprit de bon voisinage[2].

---

[1] Kalongo Mbikayi, *Droit civil,* Tome 1, Les obligations, Editions Universitaires Africaines, Kinshasa, 2012, p.15, cité par Marie-Thérèse Kenge Ngomba Tshilombayi, *Droit civil Les obligations*, Editions L'Harmattan, Paris, 2017, p.16.

[2] CIJ, Affaire Bolivie c/Chili, Obligation de négocier un accès à l'Océan Pacifique, arrêt du 1er octobre 2018, Rôle général n°153, paragraphes 175 et 176.

La République Démocratique du Congo a adhéré aux normes universelles dans le domaine diplomatique, lesquelles sont mises en œuvre essentiellement par les acteurs institutionnels de sa politique étrangère, à savoir le Président de la République, le Gouvernement par le biais du Ministre des Affaires Etrangères, ainsi que le Parlement.

Mais que devons-nous entendre concrètement par « droit diplomatique » ?

Le droit diplomatique, ou le droit des relations diplomatiques, est l'ensemble des normes juridiques destinées à régler les rapports qui se forment entre les différents organes des sujets de droit international chargés, de manière permanente ou temporaire, des relations extérieures de ces sujets[3].

Le droit diplomatique, branche du droit international public, définit les rapports juridiques entre les organes d'un sujet du droit international, lesquels sont chargés de la conduite de la politique extérieure de ce sujet par des moyens pacifiques.

Comme toute branche de droit, il s'agit d'un corps de règles déterminées, édictées par des autorités attitrées, et dont la violation est généralement assortie de sanctions.

Les éléments de définition de ce droit ressortent également de l'arrêt du 24 mai 1980 de la Cour Internationale de Justice qui note : « Les règles du droit diplomatique constituent un régime se suffisant à lui-même qui, d'une part énonce les obligations de l'Etat accréditaire en matière de facilités, de privilèges et d'immunités à accorder aux missions diplomatiques et, d'autre part, envisage le mauvais usage que pourraient en faire des membres de la mission et précise les moyens dont dispose l'Etat accréditaire pour parer à de tels abus. Ces moyens sont par nature d'une efficacité totale car, si l'Etat accréditant ne rappelle pas sur le champ le membre de la mission visé, la perspective de la perte presque immédiate de ses privilèges et immunités, du fait que l'Etat accréditaire ne le reconnaitra plus comme membre de la mission, aura en pratique pour résultat de l'obliger, dans son propre intérêt, à partir sans tarder ».[4]

Au-delà des textes nationaux et internationaux en vigueur dans le domaine diplomatique, une pratique se dessine cependant dans l'application desdites normes en République Démocratique du Congo. Devrait-on conclure en un nouveau dynamisme dans la mise en œuvre du droit diplomatique, ou s'agit-il simplement d'une application ou interprétation orthodoxe des dispositions existantes en la matière ?

---

[3] Philippe Cahier, cité par Yoko Yakembe, *Traité de droit diplomatique*, PUZ, Kinshasa, 1983, p.18.

[4] Affaire du personnel diplomatique et consulaire des Etats-Unis à Téhéran, arrêt du 24 mai 1980, §86.

Des questionnements spécifiques autour de certaines pratiques diplomatiques en cours en République Démocratique du Congo vont ainsi guider nos réflexions.

La démarche ci-dessous usitée, tout au moins comparative, voudrait simplement signifier que, dans ce village planétaire, les problèmes des uns sont ceux des autres, et que les solutions acceptées par les uns peuvent, d'une manière ou d'une autre, inspirer les autres. Dans cette optique, Edgar Morin, sociologue et philosophe français, ne s'est empêché d'affirmer : « Aujourd'hui, le thème de terre patrie doit inclure les patries singulières et non pas les détruire. La relation entre le genre humain et l'individu passe par le développement de la citoyenneté terrestre. Le citoyen est celui qui se sent responsable et solidaire ».

Notre analyse comportera deux parties :

- La première rappellera les origines et les principales sources du droit diplomatique congolais ;
- Tandis que la seconde s'appesantira sur le décryptage de certaines pratiques diplomatiques qui élisent domicile en République Démocratique du Congo, ce qui conduit les chercheurs à s'interroger sur le futur du droit diplomatique congolais.

I. Origines et principales sources du droit diplomatique congolais

I.1. Origines du droit diplomatique congolais

L'ambassadeur Jacques Masangu-a-Mwanza fait remonter la tradition de la diplomatie congolaise déjà dans les villages. Il mentionne en effet[5] : « Jadis dans nos villages, dès que deux tribus se trouvaient en présence, il était évident que, dans la mesure où elles n'entraient pas en conflit immédiat, il allait se poser des problèmes de cohabitation qui pouvaient aller du vol d'un bien de la part d'un membre d'une des deux communautés à des problèmes plus complexes tels que le partage de l'eau d'une source, des lacs, des terres ou l'alliance des deux communautés contre une troisième. Les émissaires qu'elles échangeaient pour régler de telles questions étaient les ancêtres des diplomates modernes, et on peut dire que la diplomatie est née lorsque, pour la première fois, un chef de tribu a envoyé auprès d'un autre chef un émissaire dans le but de régler une question ou lorsque deux chefs de tribus différentes se sont rencontrés pour discuter pacifiquement des problèmes communs ».

Aussi, des proverbes ou dictons tirés de Provinces congolaises illustrent-ils ce constat. A titre d'exemple, ces deux proverbes à connotation diplomatique de la région du Kasaï en République Démocratique du Congo qui renvoient respectivement à l'ouverture d'esprit pour le dialogue et à l'amour de la patrie : « *Mwaku nkasa, biawàmbà mukuènù wààwàngata* » *;*

[5] Masangu-a-Mwanza Jacques, *La pratique diplomatique*, La Haye, Pays-Bas, 2002, p.7.

« Waàtàmba mulamba, kutambi ditùnga ; bwalu ditùnga ndidi dikutèke ». Le premier signifie « la parole est comme une balle, si votre frère la jette, il faut la saisir », tandis que la seconde signifie « tu peux enjamber un tronc d'arbre mais pas le pays qui t'abrite ; ne te mets jamais au-dessus des lois du pays qui t'héberge »[6].

Aux origines de la diplomatie africaine à travers le monde, d'aucuns ne s'empêchent par ailleurs de signaler que le premier ambassadeur noir au Vatican serait venu du royaume Kongo[7]. Ce qui reste encore à disséquer plus profondément.

Plusieurs auteurs ont en outre tenté de cerner ce phénomène des temps anciens et modernes qu'est la diplomatie, avec souvent des incursions sur le droit diplomatique. Parmi eux, Encel Frédéric, Sir Ernest Satow, Pradier Fodere, Charles de Martens, Alain Plantey, Cahier Philippe, Jean-Paul Pancracio, Anna Maria Smolinska, Placide Yoko Yakembe, Yezi Piana, Jean Salmon, Labana Lasay'Abar, Jean-Pierre Mavungu, Henri Kokolo, Jean-Lucien Kitima, Sayeman Bula-Bula, Auguste Mampuya, Gervais Kabamba wa Kabamba, Jean-Paul Segihobe Bigira et Faustin Tabala Kitene. Leurs écrits enrichissent, sans nul doute, l'un ou l'autre aspect soulevé dans la présente étude.

I.2. Principales sources du droit diplomatique congolais

Les principales sources du droit diplomatique congolais sont : la coutume, les traités, les lois internes et la jurisprudence.

A. La coutume

La Convention de Vienne sur les relations diplomatiques du 18 avril 1961, en vigueur depuis le 24 avril 1964, a permis la codification de la coutume existante dans le domaine, tout en innovant sur certains points.

Partant du préambule de cette Convention qui affirme que : « les règles du droit international coutumier doivent continuer à régir les questions qui n'ont pas été expressément réglées dans les dispositions de la présente Convention », il se confirme en effet l'existence de la coutume comme l'une

---

[6] Lire Actes du Colloque national sur la diplomatie en République Démocratique du Congo, Kananga, mai 2001, p.104.

[7] Antonio Manuel Nsaku Ne Vunda serait évidemment le premier ambassadeur noir au Vatican ; il venait du Royaume Kongo et représentait le Mani Kongo auprès du Pape. En effet, ainsi que rapporte Bontinck François, le Pape Paul V, dans sa lettre du 10 décembre 1606, se serait réjoui de l'arrivée-transit de Nsaku Ne Vunda à Lisbonne et aurait exprimé le vœu de le recevoir vite en personne à Rome. De Lisbonne il progressa sur Madrid. En octobre 1607, il quitta Madrid, ensemble avec le nonce Mellini qui, créé cardinal le 10 septembre 1606, s'en allait recevoir le chapeau cardinalice des mains du Pape. L'ambassadeur étant tombé malade en route, le Pape lui enverra immédiatement des médecins à Civitavecchia, à 60 km de Rome. Nsaku Ne Vunda serait arrivé à Rome le 3 janvier 1608, fut reçu par le Pape Paul V, mais il mourut trois jours après et fut enterré dans la Basilique Sainte Marie Majeure dont la cour d'Espagne était la protectrice.

des sources du droit diplomatique moderne, bien que d'application subsidiaire.

En dépit de l'entrée en vigueur de cette Convention, la coutume continue d'exister, de régler les rapports entre les Etats qui ont ratifié la Convention et ceux qui ne l'ont pas ratifiée. En outre, la coutume est censée reprendre ses droits à l'égard des Etats qui dénonceraient la Convention.

De plus, les Etats ne seront plus liés par les clauses du traité qui innovent par rapport à la coutume, à moins que, avec le temps, ces clauses ne soient devenues partie intégrante de la coutume.

B. Les traités

Les conventions et traités internationaux sont bilatéraux ou multilatéraux.

Les accords conclus entre deux Etats peuvent avoir des objets diversifiés : soit établir entre eux des relations diplomatiques ; soit modifier le rang d'une mission diplomatique ; soit assurer à la mission diplomatique d'un Etat donné un traitement plus favorable qu'aux autres missions diplomatiques qui se trouvent sur son territoire ; soit obliger un Etat à accorder un certain traitement à des missions diplomatiques étrangères qui se trouvent sur son territoire mais qui sont accréditées auprès d'un autre sujet de droit international. La République Démocratique du Congo a conclu plusieurs traités bilatéraux.

S'agissant des traités multilatéraux, ils sont également multiples.

La Convention de Vienne sur les relations diplomatiques a fixé la coutume qui existait jusque-là et a permis de trancher certains points qui étaient auparavant litigieux ou incertains, et sur d'autres, elle a joué un rôle créateur de nouvelles règles.

Elle s'appuie sur deux Protocoles[8], à savoir :

- Le Protocole de signature facultative à la Convention de Vienne sur les relations diplomatiques concernant l'acquisition de la nationalité ;
- Le Protocole de signature facultative à la Convention de Vienne sur les relations diplomatiques concernant le règlement obligatoire des différends.

La République Démocratique du Congo est partie à cette Convention depuis le 19 juillet 1965, laquelle est entrée en vigueur pour ce pays le 18 août 1965.

Pour ce qui est des deux Protocoles à cette Convention, la République Démocratique du Congo y a adhéré respectivement le 15 juillet 1976 (Protocole concernant l'acquisition de la nationalité) et le 19 juillet 1965 (Protocole concernant le règlement obligatoire des différends).

---

[8] Ces deux Protocoles du 18 avril 1961 sont entrés en vigueur le 24 avril 1964. A la date du 03 mai 2020, le premier Protocole réunissait 51 Etats parties, tandis que le second Protocole totalisait 70 Etats parties.

Les dispositions de cette Convention de Vienne s'appliquent donc aussi bien pour les missions diplomatiques de la République Démocratique du Congo déployées à l'étranger, que pour les missions diplomatiques étrangères déployées en République Démocratique du Congo. Ce pays dispose à ce jour d'une soixantaine de missions diplomatiques (ambassades) à travers le monde, dont une trentaine manque encore d'ambassadeurs à leur tête.

D'autres Conventions multilatérales existent également, notamment la Convention de Vienne du 24 avril 1963 sur les relations consulaires, la Convention des Nations Unies du 8 décembre 1969 sur les missions spéciales, et la Convention de Vienne du 14 mars 1975 sur la représentation des Etats dans leurs relations avec les organisations internationales.

C. Les lois internes

Les lois nationales sont aussi de diverses natures : il peut s'agir des règles internes laissées à la libre disposition des Etats, notamment celles qui indiquent la procédure à suivre pour l'accès à la carrière diplomatique, la nomination des Chefs de mission, et celles qui président au fonctionnement interne des missions diplomatiques de l'Etat. Il peut s'agir aussi des règles juridiques internes qui visent l'adaptation de l'ordre juridique interne à l'ordre juridique international. Le cas ici des textes nationaux qui maintiennent l'harmonie avec le droit international, celles qui accordent aux diplomates plus de faveurs que ne le prévoient les conventions, et celles qui vont en deçà du droit international et qui sont souvent justifiées par le principe de réciprocité.

La liste n'étant qu'indicative, il convient de parcourir ici quelques textes de droit diplomatique congolais :

- La Constitution de la République Démocratique du Congo du 18 février 2006, telle que modifiée par la loi n°11/002 du 20 janvier 2011, dont notamment l'article 81 alinéa 1 renvoie à la nomination des ambassadeurs et des envoyés extraordinaires.
- La loi n°71-001 du 12 juin 1971 portant modification des articles 136 à 138, section II, de l'ordonnance-loi n°299 du 16 décembre 1963 modifiant et complétant le Code Pénal, qui réprime les agressions injurieuses adressées à un corps constitué, notamment le Corps diplomatique.
- La loi n°83/033 du 12 septembre 1983 relative à la Police des Etrangers, telle que modifiée et complétée à ce jour.
- L'ordonnance-loi n°301 du 16 décembre 1963 relative à la répression des offenses envers les Chefs d'Etat étrangers et outrages dirigés contre les agents diplomatiques étrangers.
- L'ordonnance-loi du 24 décembre 1963 sur le statut particulier des agents et cadres des Affaires Etrangères.

- L'ordonnance n°72-234 du 02 mai 1972 portant création du Corps des Diplomates de la République et Intégration dans le cadre organique des Affaires Etrangères.
- L'ordonnance n°78-448 du 16 novembre 1978 portant règlement d'Administration relatif au Corps des Diplomates de la République du Zaïre, telle que modifiée et complétée à ce jour.
- L'ordonnance n°87/281 du 13 août 1987 portant mesures d'exécution de la loi n°83/033 du 12 septembre 1983 relative à la Police des Etrangers, telle que modifiée et complétée à ce jour.
- L'arrêté ministériel n°130/008 du 9 juin 2003 relatif au déroulement de la carrière et aux avantages accordés au personnel des missions diplomatiques et des postes consulaires de la République Démocratique du Congo, avec en annexe la Circulaire n°004 du 9 juin 2003 relative au déroulement de la carrière et aux avantages accordés au personnel diplomatique et consulaire.
- L'arrêté départemental du 2 septembre 1971 portant organisation et fonctionnement des postes diplomatiques Zaïrois à l'étranger.
- L'arrêté ministériel n°082/CAB/MIN/FINANCES/2012 du 2 mars 2012 portant dispositions provisoires d'application de l'exonération de la taxe sur la valeur ajoutée en faveur des missions diplomatiques et consulaires et des représentations des organisations internationales.
- La décision n°06/DGM/DG/064/019 du 16 février 2019 du Directeur Général de Migration, portant octroi d'un visa d'entrée aux Etrangers d'origine congolaise.

D. Du recours à la jurisprudence

Elle est constituée de l'ensemble des décisions juridictionnelles (« judiciaires » dit l'article 38 du Statut de la Cour Internationale de Justice) ou arbitrales, tant nationales qu'internationales.

Considéré isolément, un arrêt ou un avis d'une juridiction internationale constitue un précédent ou un moyen de détermination du droit ; il n'est pas la « jurisprudence ».[9]

En tant que telle, la jurisprudence n'est pas, à proprement parler, une source du droit international.

Une juridiction, fût-ce la Cour Internationale de Justice, « dit le droit existant et ne légifère point. Cela est vrai même si la Cour, en disant et en appliquant le droit, doit nécessairement en préciser la portée et, parfois, en constater l'évolution » (CIJ, avis du 8 juillet 1996, Licéité de la menace ou de l'emploi d'armes nucléaires).[10]

La doctrine semble donc unanime pour admettre que ni la jurisprudence, ni la doctrine ne peuvent créer des règles de droit. Elles ne peuvent qu'en

---

[9] Patrick Daillier, *Droit international public*, 8ème édition, LGDJ, Paris, 2009, p.437.
[10] *Idem,* p.439.

prouver l'existence. La Cour « applique » des règles de droit, en se servant de la jurisprudence et de la doctrine pour les découvrir : ce sont des moyens de détermination des règles coutumières et conventionnelles ou des principes généraux de droit.

Parmi les affaires internationales les plus citées en droit diplomatique, l'on peut retenir à titre indicatif : l'affaire Avena et autres ressortissants mexicains (Mexique contre Etats-Unis), CIJ, arrêt du 31 mars 2004, ordonnance du 16 juillet 2008, arrêt du 19 janvier 2009 ; l'affaire du Transfert de l'ambassade des Etats-Unis d'Amérique en Israël dans la ville sainte de Jérusalem (Etat de Palestine contre Etats-Unis d'Amérique), CIJ, ordonnance du 15 novembre 2018 ; l'affaire des Activités armées sur le territoire du Congo (RDC contre Ouganda), CIJ, arrêt du 19 décembre 2005 ; l'affaire du Personnel diplomatique et consulaire des Etats-Unis à Téhéran, CIJ, ordonnance du 15 décembre 1979, arrêt du 24 mai 1980.

Après avoir rappelé les origines et les principales sources du droit diplomatique congolais, il convient, dans le point suivant, d'identifier quelques pratiques qui mettent en mal le droit diplomatique en République Démocratique du Congo.

II. Analyse de quelques pratiques diplomatiques qui élisent domicile en République Démocratique du Congo

Trois pratiques sont identifiées et analysées dans les lignes qui suivent, à savoir :

- Le non-respect de la procédure des lettres de rappel et le non recours aux lettres de récréance (II.1) ;
- L'existence d'une certaine « politique sud-africaine d'asile diplomatique » vis-à-vis des acteurs politiques congolais (II.2) ;
- La banalisation constante du profil de l'ambassadeur congolais ou chef de mission diplomatique à accréditer (II.3).

II.1. Du non-respect de la procédure des lettres de rappel et du non recours aux lettres de récréance

« Autant la solennité doit caractériser l'entrée en fonction d'un ambassadeur dans l'Etat accréditaire, autant une solennité particulière doit habiller la fin du mandat d'un ambassadeur, excepté le cas prévu à l'article 9 de la Convention sur les relations diplomatiques ; tel est le postulat qui devrait être observé ».

De manière générale, il est admis que les « lettres de créance » sont remises personnellement par l'ambassadeur de l'Etat accréditant au Chef de l'Etat du pays accréditaire au cours d'une cérémonie très solennelle.

Cette cérémonie de présentation des lettres de créance se termine généralement par un verre de vin[11], ou de jus, que le Chef de l'Etat du pays accréditaire offre au nouvel ambassadeur accrédité et à sa suite.

La cérémonie de réception des lettres de créance est présidée par le Président de la République de l'Etat accréditaire, assisté de quelques hautes personnalités de son pays[12].

En République Démocratique du Congo, le Président de la République est entouré généralement de trois personnalités au cours de cette cérémonie, à savoir le Ministre en charge des Affaires Etrangères, le Directeur de Cabinet du Chef de l'Etat ainsi que le Conseiller Principal du Chef de l'Etat en charge des questions diplomatiques[13].

---

[11] Le Maréchal Mobutu ne s'empêchait souvent de convier le nouvel ambassadeur à prendre un verre de vin de palme, dont une petite quantité était versée en libation aux ancêtres, rapporte Ambago Ntutu André-Victor, *La pratique diplomatique au quotidien*, Editions Bertras, Kinshasa, 2008, p. 21.

[12] Au Cameroun, en juillet 2018, le Président de la République était entouré de cinq personnalités lorsqu'il reçut solennellement les lettres de créance du nouvel ambassadeur de Chine, à savoir le Ministre des Relations Extérieures, le Ministre Secrétaire Général à la Présidence, le Directeur de Cabinet, le Chef d'Etat-major ainsi que le Commandant de la Garde Présidentielle. En France, le 6 juillet 2015, lors de la remise des lettres de créance de Monsieur Claude Cottalorda, Ambassadeur extraordinaire et plénipotentiaire de S.A.S le Prince Albert II de Monaco, le Président Français François Hollande était entouré de Madame Annick Girardin, Secrétaire d'Etat au Développement et à la Francophonie auprès du Ministre des Affaires Etrangères et du Développement international, de Monsieur Thierry Lataste, Directeur de Cabinet du Président de la République et d'un Conseiller diplomatique auprès de la Présidence.

[13] A titre illustratif, le 31 octobre 2019, le Président Félix-Antoine Tshisekedi Tshilombo a reçu les lettres de créance de sept ambassadeurs (France, Italie, Belgique, Vatican, Suède, Angola et Union Européenne), en présence de Madame Marie Tumba Nzeza, Ministre d'Etat des Affaires Etrangères, de Monsieur Vital Kamerhe, Directeur de Cabinet du Chef de l'Etat, et de Monsieur Bushiri Ongala, Conseiller Principal du Chef de l'Etat au Collège Diplomatique. En date du 14 janvier 2020, le Président Félix-Antoine Tshisekedi Tshilombo reçut les lettres de réance de trois ambassadeurs (Chine, Iran et Algérie), en présence de la Ministre d'Etat des Affaires Etrangères (Marie Tumba Nzeza) et du Conseiller Principal du Chef de l'Etat au Collège Diplomatique (Bushiri Ongala). Signalons aussi que le 13 juillet 2017, le Président Joseph Kabila reçut les lettres de créance des ambassadeurs du Portugal, de la Tanzanie, de la Zambie et du Burundi, assisté de Messieurs Agée Matembo, Vice-Ministre des Affaires Etrangères, Néhémie Mwilanya, Directeur de Cabinet du Chef de l'Etat, et Barnabé Kikaya Bin Karubi, Conseiller Principal Diplomatique du Chef de l'Etat. En date du 16 novembre 2017, le Président Joseph Kabila reçut les lettres de créance des ambassadeurs du Sénégal, de la Russie, de la Grande Bretagne et du Canada, entouré de Messieurs Léonard She Okitundu, Ministre des Affaires Etrangères et de l'Intégration régionale, Néhémie Mwilanya Wilondja, Directeur de Cabinet du Chef de l'Etat, et Théophile Mbayo Kifuntwe, Conseiller Principal Politique du Chef de l'Etat. Au cours de la deuxième République, le Président Mobutu reçut les lettres de créance de l'ambassadeur de Belgique, en se faisant entourer de son Conseiller spécial en matière de sécurité, de son Directeur de cabinet adjoint, et du Secrétaire Général aux Affaires Etrangères.

Pour son entrée en fonction, il se constate cependant que le nouvel ambassadeur est habituellement porteur, auprès du Chef de l'Etat accréditaire, non seulement des lettres de créance mais aussi des « lettres de rappel » de son prédécesseur.

Et pourtant ce dernier, à savoir le chef de mission diplomatique sortant, est appelé à prendre congé du pays d'accueil de manière plus solennelle que ses subordonnés.

Ainsi, en principe, il devrait prendre officiellement congé du Chef d'Etat auprès duquel il était accrédité[14] lors d'une « audience de congé » au cours de laquelle l'ambassadeur rappelé remettrait ses « lettres de rappel » et où lui seraient remises ses « lettres de récréance ».

Mais, dans la pratique, l'on se rend compte que les ambassadeurs qui arrivent au terme de leur mission ne sont généralement plus reçus par le Chef d'Etat ni par le Chef du Gouvernement. C'est le successeur qui remet, à son arrivée dans le pays, les lettres de rappel de son prédécesseur qu'il a apportées avec lui.

L'on constate cependant, de manière exceptionnelle, qu'un ambassadeur étranger est souvent reçu en fin mandat lorsque les hautes autorités de l'Etat accréditaire tiennent à lui manifester une marque spéciale de reconnaissance personnelle, ambassadeur avec qui il a existé des amitiés particulières.

Une autre pratique s'observe et est tolérée en République Démocratique du Congo lors de la fin du mandat d'un ambassadeur : tantôt ce dernier réunit les siens (compatriotes de son pays, amis du pays d'accueil, voire les professionnels de la presse) autour d'un cocktail circonstancié au cours duquel il prononce un « discours d'adieu » qui est sensiblement vulgarisé, tantôt ce diplomate rédige purement et simplement une « lettre d'adieu » qu'il fait circuler tant dans la presse que dans les réseaux sociaux, lettre dans laquelle il ne s'empêche de fustiger ce qu'il aurait trouvé d'anormal dans l'Etat accréditaire. Reste à savoir si cet exhibitionnisme de fin mandat honore l'image de l'Etat d'origine du diplomate et rencontre la déontologie du droit de réserve à laquelle un ambassadeur devrait se conformer.

Arrivé à la fin de son mandat en République Démocratique du Congo, Monsieur Graham Zébédée, ambassadeur britannique, et avant de céder sa place à John Murton, s'est exprimé en septembre 2017, dans une lettre ad hoc relayée par les médias. Ci-après quelques extraits de cette lettre :

« Aujourd'hui, c'est mon dernier jour en tant qu'ambassadeur du Royaume-Uni en République démocratique du Congo. C'était pour moi un grand honneur de représenter la Reine Elizabeth II ici, de vivre la beauté de ce grand pays et de travailler avec tant de congolais talentueux et dévoués, y compris mon équipe à l'ambassade. J'ai particulièrement apprécié le fait que

---

[14] Le 8 juin 2018, à l'occasion de la fin de sa carrière d'ambassadeur de la République Démocratique du Congo en Angola, Monsieur Gustave Beya Siku a été reçu en audience au Palais Présidentiel, le City Palace, par le Président angolais João Lourenço. Lire à cet effet kinshasatimes.cd du 10 juin 2018.

le Royaume-Uni est en mesure de mettre en œuvre son important programme de développement en République Démocratique du Congo. Ce programme fournit, par exemple, des soins de santé primaires à 9 millions de congolais.
Le Royaume-Uni lui-même s'est enrichi par les apports culturels de tant de congolais, et chaque année j'ai été fier d'appuyer les meilleurs et les plus brillants étudiants du Congo par le canal du programme de Bourses d'études Chevening. Nous avons aussi une coopération mutuellement avantageuse dans d'autres domaines, telles que la migration et les affaires consulaires. Je remercie toutes les personnes concernées.
Je doute que toute personne vivant dans la partie la plus riche de la Gombe, où je réside, a une bonne compréhension de la vie des congolais ordinaires. Mais j'ai une réflexion sur le temps que j'ai passé ici. C'est que tout le monde, de tous les partis politiques, me dit que « le système » doit changer pour que la République Démocratique du Congo décolle vraiment.
« Le système », dit-on, est tel que l'Etat prend énormément d'argent au peuple congolais et aux entreprises. Mais seulement une petite quantité de cet argent va dans le Trésor public/les caisses de l'Etat ; le reste est perdu dans la corruption. L'Etat dépense environ 10% du PIB, comparé avec au moins 20% dans la plupart des pays africains, dont une grande partie sur la sécurité, et peu d'argent sur les dépenses sociales. Les importations de produits alimentaires et autres sont préférables à la production nationale, ce qui aggrave davantage la dépréciation du Franc Congolais. L'on dit que le système judiciaire sert à s'approprier des biens d'autrui et à exécuter des appels de fonds aussi bien illégaux que légaux(...) ».

Somme toute, il y a lieu de fustiger la pratique tolérée de privation de solennité à l'occasion du départ d'un ambassadeur arrivé fin mandat. Lorsque ce dernier, à la limite, est reçu par le Ministre des Affaires Etrangères avant de quitter le territoire de l'Etat accréditaire, cela ne rivalise pas la solennité dont il a bénéficié auprès du Chef de l'Etat à qui il avait personnellement remis ses lettres de créance et à qui il devrait remettre aussi en principe ses lettres de rappel.

Reçu au « grand jour » lors de son entrée en fonction, il ne serait pas indiqué qu'un ambassadeur puisse quitter le territoire de l'Etat accréditaire « en catimini », incognito.

II.2. De l'existence d'une certaine « politique sud-africaine d'asile diplomatique » vis-à-vis des acteurs politiques congolais

L'article 41 alinéa 3 de la Convention de Vienne sur les relations diplomatiques stipule que : « Les locaux de la mission ne seront pas utilisés d'une manière incompatible avec les fonctions de la mission telles qu'elles sont énoncées dans la présente Convention, ou dans d'autres règles du droit international général, ou dans les accords particuliers en vigueur entre l'Etat accréditant et l'Etat accréditaire ».

L'asile territorial se distingue de l'asile diplomatique. Le premier est accordé souverainement par un Etat sur son propre territoire, tandis que le second est octroyé par une mission diplomatique sur le territoire d'un autre Etat (l'Etat accréditaire).

L'inviolabilité des locaux de la mission a donné lieu à la pratique de l'asile diplomatique accordé par la mission diplomatique à des personnes poursuivies pour des délits politiques.

La Convention de Vienne de 1961 sur les relations diplomatiques a évité de se pencher sur la question de l'asile diplomatique, ce qui amène à considérer que cette Convention exclut le droit d'asile diplomatique comme institution de droit international public.

Cette conclusion découle du fait que les locaux diplomatiques ne jouissent d'aucune extraterritorialité, mais seulement d'une inviolabilité qui n'est reconnue que pour assurer l'accomplissement efficace des fonctions de la mission. L'asile n'est pas au nombre de ces fonctions[15].

L'octroi de l'asile soulève des difficultés politiques évidentes pour une mission dont le but est de défendre ses propres ressortissants et de maintenir les meilleurs contacts possibles avec l'Etat accréditaire.

Si l'asile est accordé et qu'un sauf-conduit est refusé, la mission est confrontée à un dilemme : ou bien conserver la personne dans l'hôtel pour une période indéfinie – ce qui est d'une illégalité locale certaine si la personne fait l'objet d'un mandat d'arrêt émanant des autorités judiciaires de l'Etat accréditaire – ou bien la livrer aux autorités locales – ce qui, dans certaines circonstances, peut être attentatoire aux droits de l'homme.

Le maintien de l'asile dans les locaux diplomatiques peut mettre en danger la paix de la mission s'il n'y a pas d'acquiescement de la part de l'Etat accréditaire. Enfin, chaque hôtel diplomatique risque d'être un refuge pour criminels se prétendant réfugiés politiques, mettant le chef de mission devant de considérables difficultés de qualification[16].

Les débats oscillent sur l'existence, d'une part, d'une pratique panaméricaine (Amérique latine) du « droit d'asile » et, d'autre part, d'une pratique occidentale du « droit de refuge humanitaire ».

Quelle que soit la licéité ultime de l'octroi d'un asile ou d'un refuge par l'Etat accréditant, il convient de souligner qu'en aucun cas l'Etat accréditaire ne peut porter atteinte à l'inviolabilité des locaux pour s'emparer du fugitif.

C'est cette inviolabilité des locaux qui fait que l'asile apparaît en définitive comme un fait accompli pour l'Etat accréditaire. Théoriquement, il peut refuser un sauf-conduit, encercler les locaux diplomatiques, déclarer le chef de mission persona non grata ou même rompre les relations diplomatiques ; mais comme l'Etat accréditant peut souvent exciper de

---

[15] Salmon Jean, *Manuel de droit diplomatique*, Bruylant-Delta, Bruxelles-Beyrouth, 1994, p.230.

[16] Salmon Jean, *op. cit.*, p.231.

motifs humanitaires et que ces mesures ne feront que donner plus de publicité à l'affaire, l'Etat accréditaire considérera le plus souvent qu'il est préférable de céder[17].

En République Démocratique du Congo, l'examen de trois affaires ci-après permet, à variables près, de déceler une certaine constance dans l'attitude de l'Afrique du Sud chaque fois qu'un acteur politique congolais estimerait avoir des « problèmes de sécurité », de lui accorder l'asile dans les locaux de sa mission diplomatique.

Cette pratique sud-africaine, tolérée en République Démocratique du Congo, allie les pratiques panaméricaine et occidentale ci-haut signalées.

L'interrogation ici soulevée vise à s'assurer de l'existence d'une véritable politique d'asile diplomatique de la part de l'Afrique du Sud, ou d'une simple attitude ponctuelle calquée sur l'estime due à la personne demanderesse de la protection internationale. Au point de se demander si l'ambassade de l'Afrique du Sud serait disposée à accueillir et héberger tout autre Congolais, s'estimant victime de ses opinions, qui viendrait frapper à sa porte.

A. Affaire Théodore Ngoy Ilunga wa Nsenga et Ambassade de l'Afrique du Sud en RDC

Monsieur Théodore Ngoy Ilunga wa Nsenga, juriste, homme d'église et acteur politique en République Démocratique du Congo, aurait été plusieurs fois arrêté, s'estimant être victime d'un harcèlement politico-sécuritaire notamment à Kinshasa et au Katanga.

Incarcéré au Centre Pénitentiaire et de Rééducation de Makala à Kinshasa du 31 décembre 2005 au 1er mars 2006, Théodore Ngoy saisira la Cour suprême de Justice afin de statuer sur sa détention qu'il qualifia d'illégale et d'irrégulière.

Cependant, le jour de sa comparution, il cherchera à se réfugier dans « les locaux de l'ambassade de l'Afrique du Sud », pays qui lui accorda immédiatement sa protection internationale à la suite de la requête du fugitif qui déclara « craindre pour sa vie »[18].

L'ambassade de l'Afrique du Sud l'aurait hébergé pendant plus d'un mois, soit du 1er mars 2006 au 7 avril 2006, date à laquelle il regagna son domicile.

B. Affaire Jean-Pierre Bemba Gombo et Ambassade de l'Afrique du Sud en RDC

Acteur politique, Monsieur Jean-Pierre Bemba fut Vice-Président de la République au cours de la période de transition en République Démocratique du Congo de 2003 à 2006 ; il devint sénateur après la compétition électorale de 2006.

---

[17] *Idem*, pp. 234-239.

[18] Voir interview accordé à l'AFP le 1er mars 2006 par Mr Kenneth Pedro, Ministre conseiller à l'ambassade sud-africaine à Kinshasa.

Le 22 mars 2007 dans la soirée, il trouva refuge à l'ambassade d'Afrique du Sud à Kinshasa. Selon un diplomate sud-africain, l'ancien vice-président « est hébergé de manière temporaire » et « n'a fait absolument aucune demande d'asile »[19].

« Il ne se sentait pas en sécurité dans sa résidence », a précisé Kenneth Pedro, numéro 2 de cette ambassade. Le Ministère des Affaires étrangères sud-africain a par ailleurs confirmé la présence de Jean-Pierre Bemba dans les locaux de l'ambassade sud-africaine à Kinshasa. A la suite des affrontements armés des 22 et 23 mars 2007 à Kinshasa qui ont opposé d'une part les partisans armés de Jean-Pierre Bemba, perdant des présidentielles de 2006 en République Démocratique du Congo, et d'autre part les troupes loyalistes, « Bemba a trouvé un asile temporaire à l'ambassade d'Afrique du Sud[20] ».

Quelques jours plus tard, accompagné de sa famille, Monsieur Jean-Pierre Bemba quittera la résidence de l'ambassadeur de l'Afrique du Sud à Kinshasa dans la nuit du 10 au 11 avril 2007, pour Lisbonne au Portugal.

C. Affaire Roger Lumbala et Ambassade de l'Afrique du Sud au Burundi

Acteur politique en République Démocratique du Congo, ancien Ministre du Commerce Extérieur en 2003, et Président du Rassemblement Congolais pour la Démocratie-National (RCD-N), Monsieur Roger Lumbala a vu son nom plus tard cité dans l'affaire du mouvement rebelle dit M23 qui cherchait à déstabiliser le régime en place à Kinshasa. Se sentant insécurisé là où il se trouvait, Monsieur Roger Lumbala se serait réfugié le 3 septembre 2012 à l'Ambassade d'Afrique du Sud à Bujumbura, au Burundi.

Auparavant, il aurait été interpellé le 1er septembre 2012 puis interrogé par les services secrets burundais, ensuite assigné à domicile, avant de demander à l'ambassade d'Afrique du Sud de faciliter son départ vers la France parce que « craignant pour sa vie ».

En date du 15 janvier 2017, il regagna la République Démocratique du Congo, à la faveur des mesures de décrispation politique.

En définitive, il convient de considérer, jusqu'à ce jour, que l'asile diplomatique ou l'asile politique dans une ambassade n'est pas encore clairement réglementée. Chaque pays s'y prononce à sa façon, au cas par cas.

Au vu des exemples constants ci-dessus, il apparaît que l'Afrique du Sud semble avoir légitimé, au profit des acteurs ou ressortissants congolais, l'asile diplomatique en ses locaux diplomatiques, pratique tolérée par la République Démocratique du Congo.

---

[19] Propos recueillis sur Radio Okapi.

[20] Propos rapportés à Reuters par Ronnie Mamoepa, porte-parole du Ministère des Affaires Etrangères à Pretoria.

Dans le même ordre d'idées, Raoul Delcorde note que l'inviolabilité des bâtiments diplomatiques permet parfois d'offrir un asile politique à des nationaux du pays de résidence faisant l'objet d'une persécution religieuse ou politique.

Il évoque trois cas particuliers :

Le cas le plus célèbre est celui du cardinal hongrois Mindszenty, qui trouva refuge dans les locaux de l'ambassade des Etats-Unis à Budapest, après les événements de 1956. Il y resta jusqu'en 1971, soit quinze années !

On a vu en 2004, poursuit l'auteur, deux jeunes filles belgo-iraniennes chercher refuge à l'ambassade de Belgique à Téhéran, pour échapper à la garde de leur père, qui refusait de les rendre à leur mère.

Le cas enfin de Julian Assange, fondateur de wikileaks, qui a trouvé refuge à l'ambassade de l'Equateur à Londres, en 2012. Assange fait l'objet d'un mandat d'arrêt suédois dans le cadre d'une affaire d'harcèlement sexuel et de viol. La police britannique surveille nuit et jour l'ambassade de l'Equateur, guettant la moindre sortie de Julian afin de procéder à son arrestation[21].

II.3. De la banalisation constante du profil de l'ambassadeur congolais ou chef de mission diplomatique à accréditer

« Même si la Convention de Vienne sur les relations diplomatiques n'a pas défini le profil d'un ambassadeur[22] ou d'un chef de mission diplomatique, l'examen attentif des fonctions dévolues à une mission diplomatique permet de dégager le profil voulu par le législateur pour cette haute personnalité ».

Aux termes de l'article 3 de cette Convention, les fonctions d'une mission diplomatique consistent notamment à représenter l'Etat accréditant auprès de l'Etat accréditaire ; à protéger dans l'Etat accréditaire les intérêts de l'Etat accréditant et de ses ressortissants, dans les limites admises par le droit international ; à négocier avec le gouvernement de l'Etat accréditaire ; à s'informer par tous les moyens licites des conditions et de l'évolution des événements dans l'Etat accréditaire et faire rapport à ce sujet au gouvernement de l'Etat accréditant ; à promouvoir des relations amicales et développer les relations économiques, culturelles et scientifiques entre l'Etat accréditant et l'Etat accréditaire.

Tout compte fait, l'ambassadeur ou le chef de mission qu'un Etat accréditant voudrait désigner devrait absolument incarner le profil d'une personnalité capable de mettre en application les attributions ci-haut mentionnées.

---

[21] Raoul Delcorde, *Les mots de la diplomatie*, L'Harmattan, Paris, 2015, pp.78-79.

[22] En effet, l'article 1er point a de cette Convention se limite simplement à dire d'un « chef de mission diplomatique », qu'elle est « la personne chargée par l'Etat accréditant d'agir en cette qualité ».

Mais, est-ce le cas pour les ambassadeurs désignés ou accrédités par la République Démocratique du Congo ? Les alliances politiques fréquentes et incessantes ainsi que les considérations ethniques ne prévalent-elles pas sur la réunion objective des atouts nécessités ou exigés par le droit diplomatique pour occuper ces postes ?

A. Du profil idéal d'un ambassadeur

L'ambassadeur doit être polyvalent et capable de s'adapter au pays d'accueil où son autorité morale et la loyauté qu'il inspire sont sans faille. Il est une personne sociable qui doit savoir mener une discussion avec esprit et intelligence. Il fait preuve de probité, de dextérité et de patience dans l'accomplissement de son œuvre.

Il doit en outre avoir deux qualités, à savoir la clairvoyance et le réalisme : la première doit permettre au diplomate de prévoir les événements pour mieux anticiper leurs conséquences. Un bon agent voit loin et c'est ce critère qui l'élève au rang de grand ambassadeur.

En revanche, lorsque les événements sont là, il faut les traiter avec réalisme car la diplomatie n'a rien de commun avec l'idéologie ou la théorie. Elle est en prise directe avec le monde et c'est avec le concret qu'elle doit composer pour agir efficacement, car finalement, seuls l'action et son résultat ont d'importance.

C'est à l'aune de l'action que les qualités traditionnellement attribuées au diplomate doivent être envisagées. Si on exige de lui la discrétion dans la négociation, c'est parce qu'il n'y a « de victoire durable qu'acceptée par les deux parties ». S'il doit savoir être patient, c'est pour que sa détermination trouve le temps de s'accomplir[23].

D'aucuns estiment cependant que l'ambassadeur n'est qu'un malhonnête homme. Cette vision ancienne et péjorative de la diplomatie existe encore aujourd'hui parmi ceux qui pensent que les diplomates poursuivent les objectifs de leurs gouvernements par des stratagèmes subtils et avec une dissimulation raffinée en trompant leurs interlocuteurs (Chefs d'Etat, Ministres et Ambassadeurs). On qualifie ainsi les diplomates d'agents de promotion de la ruse ou de l'espionnage, d'honnêtes hommes qui mentent pour le service de leurs pays, et même de « menteurs de profession »[24].

On reproche également aux diplomates d'être têtus devant certaines évidences, de s'en tenir encore à une conception étroite des intérêts de l'Etat dont ils croient être les seuls à sécuriser les acquis. Et qu'ils auraient du mal à accepter que d'autres, surtout lorsqu'ils n'appartiennent pas à l'appareil de

---

[23] Bazouni Yvan, *Le métier de diplomate,* L'Harmattan, Paris, 2005, pp. 62-64.

[24] Lire Balanda Mikuin Leliel, *Le droit des organisations internationales, théories générales*, Ed. CEDI, Kinshasa, 2006, p.95.

l'Etat et ne partagent pas leur culture politico-administrative (ONG, chercheurs), puissent s'arroger le droit de définir l' « intérêt national »[25].

L'ambassadeur moderne est avant tout un gestionnaire et un *meneur d'hommes* qui n'hésite pas à s'impliquer avec « son équipe » afin de la rassembler autour d'un projet qu'il dirige. Ses moyens d'action sont renforcés, de même que les contrôles dont il fait l'objet[26].

« La mission de la diplomatie, dit Scheller-Steinwarte, consiste à réaliser les exigences de la politique extérieure d'un pays. Le diplomate doit être habile à se rendre un compte exact de l'opinion publique, il doit s'attacher à choisir avec prudence et circonspection les moyens de l'influencer. Plus, dans ses moyens, la diplomatie sera honnête, plus les effets seront durables. Le but du véritable diplomate doit être d'amener tout naturellement le pays étranger à accomplir les actions qu'il désire provoquer ; pour y parvenir, il ne doit jamais recourir à la violence ni à la ruse. La confiance est la clef de la réussite dans ce domaine. Vouloir inspirer la crainte par la ruse ou par la violence est une très mauvaise tactique. Il en est de même de la corruption »[27].

Un bon diplomate doit surtout et enfin « travailler d'une façon inlassable à faire connaître son peuple, à le faire aimer et respecter par le peuple étranger. Pour atteindre semblable but, il va de soi que le diplomate doit être lui-même un digne représentant de la civilisation de son pays. Si l'on envoie à l'étranger des gens mal éduqués, remplis de préjugés ou incapables de s'adapter à une civilisation étrangère, l'estime pour leur pays n'en sera pas accru, car l'étranger jugera d'après les modèles qu'il a devant les yeux et, involontairement, il généralisera »[28].

B. Inquiétudes au sujet du profil de l'ambassadeur congolais

Le constat en République Démocratique du Congo, loin de découler d'actes isolés, révèle plutôt une pratique assez constante consistant en une certaine « banalisation du profil des ambassadeurs et des agents diplomatiques ainsi que le non-respect des dispositions en matière d'affectation et de rotation diplomatique ».

D'aucuns considèrent même, ce qui n'est pas formellement prouvé ni désapprouvé, que la plupart des ambassadeurs congolais accrédités à l'étranger, à cause de leur profil mitigé, se confondraient à de simples

---

[25] Commentaires tirés de Kabamba Wa Kabamba (G) et Tshilumbayi Musawu (I), *Traité de droit diplomatique. Avec esquisse de la pratique contemporaine*, Edition Medose, Kinshasa, 2014, pp.43-44.

[26] Bazouni Yvan, *op. cit.*, p.132.

[27] Lukoki Mavoka Joseph, Nature, nécessité et finalités de la diplomatie dans le monde d'aujourd'hui et de demain, in *Une diplomatie repensée pour la République Démocratique du Congo, urgence et pertinence*, Editions universitaires du Kasayi, Kanaga, RDC, 2001, Actes du colloque national sur la diplomatie en RDC organisé par l'Association des Moralistes Congolais (AMOCO), p. 18.

[28] Lukoki Mavoka Joseph, *op. cit.*, p.18.

délivreurs de visas, excellant par un manque de proactivité en initiatives concrètes devant concourir au développement national dans divers secteurs de la vie du pays.

Yoko Yakembe stigmatise une certaine absence d'homogénéité et d'esprit de corps dans le personnel des Affaires étrangères en République Démocratique du Congo compte tenu du non-respect des règles qui président à son recrutement.

Au Zaïre[29], note-t-il, le recrutement sur concours prévu par le statut général des agents de carrière des services publics de l'Etat n'est pas encore appliqué en ce qui concerne les Affaires étrangères. Le personnel actuel provient, en grande partie, des affectations faites par la Fonction Publique et assez récemment, par le recrutement direct réalisé par le Département des Affaires étrangères lui-même.

En général, ce sont les stagiaires de la Faculté de Droit ou ceux de la Faculté des sciences économiques ou politiques qui finissent par se faire engager. D'autres candidats y parviennent sur *recommandation* ![30]

Le manque de compétence de quelque personnel des Affaires Etrangères résulte, en grande partie, du recours abusif à cette dernière voie. Cette réalité évoquée dans les années 1980 reste toujours d'actualité.

De plus, bien que la nomination des ambassadeurs relève du pouvoir discrétionnaire du Président de la République[31], il serait d'un grand intérêt pour le pays que les candidats proposés par le Ministre des Affaires Etrangères à la sanction du Chef de l'Etat puissent avoir un profil requis, apte à sauvegarder l'image du pays à l'extérieur et à défendre valablement ses droits ainsi que ceux de ses ressortissants.

Les articles 23 à 27 de l'Ordonnance n°78-448 du 16 novembre 1978 portant règlement d'Administration relatif au Corps des diplomates de la République du Zaïre donnent des éclaircissements sur le titre d'ambassadeur en République Démocratique du Congo. Ces dispositions mentionnent :

- « Le Président de la République peut, conformément aux dispositions de l'article 1er ci-dessus, nommer ambassadeur, tout Zaïrois majeur possédant des compétences internationales ou ayant rendu à la République des services signalés » (article 23).

---

[29] Actuelle République Démocratique du Congo.

[30] Yoko Yakembe, *op. cit*, p.85

[31] L'article 81 point 1 de la Constitution de la République Démocratique du Congo dispose : « Sans préjudice des autres dispositions de la Constitution, le Président de la République nomme, relève de leurs fonctions et, le cas échéant, révoque, sur proposition du Gouvernement délibérée en Conseil des Ministres, les Ambassadeurs et Envoyés extraordinaires.... ».

- « L'appellation ambassadeur n'est pas un grade. Elle constitue un titre de dignité » (article 24)[32].
- « L'ambassadeur est appelé pour une période temporaire à accomplir une mission à l'extérieur ou à diriger l'une des missions diplomatiques de la République » (article 25).
- « Les ambassadeurs sont, suivant l'acte de leur nomination, appelés « ambassadeurs du Zaïre », « ambassadeurs Extraordinaires et Plénipotentiaires de la République du Zaïre », « ambassadeurs itinérants ». (article 26).

  Sous réserve des dispositions de l'alinéa ci-dessous, le titre d'ambassadeur du Zaïre est réservé aux diplomates de carrière qui ont atteint le sommet de la hiérarchie diplomatique, et qui se seront particulièrement distingués dans l'exercice de leur fonction.

  En tout état de cause, le Commissaire d'Etat et le Secrétaire d'Etat du Département des Affaires Etrangères et de la Coopération Internationale jouissent du privilège de porter le titre d'ambassadeur, s'ils sont diplomates de carrière ».
- « Sauf dispositions particulières, les diplomates hors carrière jouissent des mêmes avantages que les diplomates de carrière » (article 27).

Ileka Atoki, Secrétaire Général au Ministère des Affaires Etrangères, s'adressant aux Agents et Cadres de ce Ministère, nota ce qui suit : « En toute objectivité, nous, diplomates congolais, sommes à la base du chaos qui règne au sein de notre propre institution. Le Rapport du Comité des affectations, créé à cet effet, me conforte dans mon appréhension que les récents recrutements opérés sont une bombe sociale que nous avons-nous-mêmes créé et qui explosera si nous ne n'y prenons garde et ne gérons pas de manière responsable ».

Il poursuivit : « L'ambassadeur a intérêt à voir le plus de gens possible, à se montrer en tous lieux et dans tous les milieux. Il doit absolument entretenir des contacts réguliers avec les oppositions. Là où elles sont réduites à la clandestinité, il ne peut méconnaître des opposants susceptibles de devenir demain des gouvernants. Il ne doit pas non plus pouvoir être accusé par les autorités en place d'aider la subversion, en infraction avec son statut diplomatique. Il faut trouver des solutions au cas par cas. La règle d'or est que le diplomate agit au grand jour. Un diplomate est en effet un espion, mais un espion accepté par le pays d'accueil pourvu qu'il n'enfreigne pas trop ouvertement les lois du pays d'accueil.

[32] A la veille des élections combinées présidentielle et législatives nationales en RDC du 30 décembre 2018, une ordonnance datée du 27 décembre 2018 fut prise, élevant à titre exceptionnel vingt-six personnalités et cadres de l'Etat au rang d'ambassadeurs.

Dans le même ordre d'idées, il sied de savoir que l'Etat fonctionne avec ses commis, c'est-à-dire ses fonctionnaires. Ceux qui ont choisi cette carrière, pourtant grande et digne, qui s'y sont sacrifiés, devraient avoir la possibilité de s'y retrouver. Il est de mon humble avis, que la majorité des postes disponibles devraient leur revenir, ce, afin de permettre le déroulement normal de leur carrière. En conséquence, je me répète, la nomination des Ambassadeurs qui conviennent en remplacement des Chargés d'Affaires est une nécessité.

Ce bref rappel est important. Il l'est utile pour souligner toute l'importance que dans les nominations des fonctionnaires et agents qui devront animer le Ministère de demain, il soit fait attention de nommer des hommes et/ou des femmes de valeur.

Aujourd'hui, les échanges économiques, le développement, le partenariat, le commerce, les prix, les volumes et les statistiques sont Loi et font Loi. En conséquence, l'ère du diplomate qui jacasse doctement sur tout et rien est révolue. L'action de la République Démocratique du Congo doit à l'avenir s'impliquer de manière plus efficace pour renforcer le potentiel économique du pays, en tirant profit des opportunités offertes par la coopération et le partenariat internationaux »[33].

Au sujet du même débat relatif au profil et à l'affectation du personnel diplomatique congolais, la 10ème Conférence diplomatique en RDC tenue en décembre 2002 avait recommandé entre autres « l'élévation au rang d'ambassadeur, des hauts fonctionnaires internationaux titulaires d'un passeport diplomatique congolais pour leur permettre d'accéder aux Missions Spéciales instituées par les Nations Unies et l'Union Africaine ».

Quant aux Etats Généraux de la Gouvernance, de la Démocratie et des Réformes institutionnelles lors des Concertations Nationales Politiques tenues en République Démocratique du Congo en 2013, ils ont recommandé des pistes de solutions consensuelles, visant notamment à :

- Bannir tout clientélisme, tout népotisme et tout tribalisme dans le recrutement et l'affectation des diplomates ;
- Recourir autant que possible aux diplomates de carrière tant dans l'affectation en postes au niveau central que dans les missions diplomatiques ;
- Procéder au recrutement des diplomates sur concours en prenant en compte les critères de compétence, d'intégrité et de représentativité provinciale. Ces mêmes critères valent pour la nomination, la promotion et l'affectation ;
- Renforcer la formation permanente des diplomates.

---

[33] Extraits de l'adresse faite à Kinshasa, le 23 novembre 2018.

Enfin, les participants au Colloque national portant sur le thème « Quelle diplomatie pour la République Démocratique du Congo à l'aube du 21ème siècle », organisé à Kananga du 6 au 9 mai 2001 par l'Association des Moralistes Congolais, la Fondation Konrad Adenauer et l'Université de Kasayi, recommandèrent entre autres l'urgence et la nécessité de :

- Donner une formation adéquate aux diplomates pour mieux aborder leur fonction ;
- Tenir compte de l'expérience et des qualités morales avant d'affecter un fonctionnaire en mission diplomatique ;
- Respecter le quota régional dans les nominations du personnel diplomatique ;
- Limiter au maximum les nominations des diplomates politiques et favoriser celles des diplomates de carrière[34].

C. Profil de l'ambassadeur en droit comparé

En France, la problématique liée au profil de l'ambassadeur alimente également les grands débats.

Un doctorant du Centre de sociologie européenne de l'Ecole des Hautes Etudes en Sciences Sociales (EHESS) a disséqué les origines sociales et les parcours scolaires de deux générations d'ambassadeurs, en comparant les diplomates chefs de poste en 1975 et ceux représentant la France vingt-cinq ans plus tard, en 2001[35].

Pour la génération de *1975, il dessine le profil de 132 ambassadeurs* : près d'un ambassadeur sur cinq est issu de l'aristocratie. Les descendants de hauts fonctionnaires et militaires ainsi que de dirigeants et cadres supérieurs de la banque et de l'industrie, fils des classes sociales les plus favorisées, représentent 59 % de ces diplomates. Quant aux enfants d'employés, d'ouvriers et d'artisans, ils se comptent sur les doigts d'une main : il y en a quatre, soit 3 % des ambassadeurs en ce début de septennat de Valéry Giscard d'Estaing.

Socialement homogène, le corps des ambassadeurs a longtemps su résister à toute tentative d'ouverture, trouvant toujours la parade pour se protéger d'éventuels intrus. Certes la 3ème République a institutionnalisé le procédé du concours, mais le corps diplomatique a poussé loin le système cooptatif. En 1894 fut institué un stage préliminaire destiné à apprécier le caractère, l'éducation, les aptitudes des candidats avant leur admission au concours.

De fait, c'est surtout la création de l'Ecole Nationale d'Administration (ENA) en 1945 qui fera souffler un courant d'air frais sur l' « endogamie » ambiante. Parmi la génération d'ambassadeurs en poste en 1975, le poids des

---

[34] Lire « Une diplomatie repensée pour la RDC », *op. cit,* pp. 106-109.

[35] Lire dans Franck Renaud, *Les diplomates : derrière la façade des Ambassades de France,* Nouveau Monde Edition, Paris, 2011, pp. 61-90.

anciens de l'ENA, trente ans après la création de cette école, reste réduit. 16 chefs de poste sont passés par celle qui sera plus tard montrée du doigt comme « l'école du pouvoir ».

Vingt-cinq ans après cette première photographie, l'ENA a pris le pouvoir chez les ambassadeurs et s'est imposée, formant une nouvelle caste au sein de ce corps d'élite. Sur les *164 chefs de mission recensés en 2001*, plus de la moitié (52%), soit 86, sont passés par la fabrique à hauts fonctionnaires qu'est l'ENA. Toutefois, la technocratisation de la fonction n'a pas vraiment modifié les origines sociales des ambassadeurs : en 2001, les fils d'officiers militaires représentent 14% des ambassadeurs (contre 12% en 1975), suivis des enfants d'intellectuels et des professeurs d'université. Les enfants d'employés, artisans et ouvriers ne se comptent qu'à cinq en 2001.

Plus tard, la rivalité a changé d'optique, en se déroulant entre ceux provenant de la filière ENA et ceux de l'Ecole d'Orient. Et ce, à travers deux grands regroupements : l'Association syndicale des agents diplomatiques et consulaires issus de l'Ecole Nationale d'Administration (ADIENA) et l'Association syndicale des agents diplomatiques et consulaires d'Orient (ASAO).

Il va sans dire que cette gymnastique scientifique comparative menée en France pourrait, dans l'avenir, de manière poussée, susciter une réflexion similaire sur le profil de différentes générations d'ambassadeurs de la République Démocratique du Congo.

Conclusion

Il ressort des analyses ci-dessus le constat, selon le cas, d'une évolution ou d'une remise en question progressive dans l'application des normes universelles de droit diplomatique, aussi bien pour les missions diplomatiques accréditées en République Démocratique du Congo que pour celles congolaises accréditées à l'étranger.

Quelques pratiques diplomatiques, non exhaustivement ici épinglées mais tolérées en République Démocratique du Congo, induisent la nécessité de repenser la mise en pratique sereine du droit diplomatique congolais.

Dès lors, il est plus que temps de remettre sur la table de discussion les nombreuses recommandations issues de forums diplomatiques nationaux mais malheureusement gardées dans des tiroirs fermés. Cela permettra, vraisemblablement, de lever des options définitives idoines, lesquelles induiront soit une réforme du droit diplomatique congolais, traduite en une mise à jour de certaines de ses dispositions, soit une requalification en profondeur de ce droit qui touche sensiblement à l'image et à la crédibilité du pays.

Partie 9 :
Temoignages

Le 10 décembre 1998 : lancement des activités formelles (académiques et scientifiques) des droits de l'homme à la Faculté de droit de l'Université de Kinshasa, une initiative du Doyen Kalongo Mbikayi

■ ***Dr Dieudonné Kalindye Byanjira***
Professeur Ordinaire
Chef de Département des Droits de l'Homme et Directeur du Centre de Recherche Interdisciplinaire pour la promotion et la protection des droits de l'Homme en Afrique Centrale (CRIDHAC)/Faculté de Droit
Université de Kinshasa

En prévision de la publication des mélanges en l'honneur du Doyen Nyabirungu mwene Songa, Professeur Emérite à la Faculté de Droit de l'Université de Kinshasa, j'avais écrit à la page 2, précisément à la note 3 ceci : « Cette revue trimestrielle a été baptisée le 10 décembre 1997. Elle a 22 ans d'existence et parait régulièrement. Elle a avait été baptisée par le feu Professeur Etienne-Richard Mbaya, Ministre de la Reconstruction Nationale (sous Mzee Laurent-Désiré Kabila, 3ème Président de la République Démocratique du Congo) ayant aussi dans ses attributions, les droits humains. Le parrain fut le feu Doyen Kalongo Mbikayi Bonaventure. La revue a, à son actif, 62 numéros en plusieurs volumes et se trouve dans les rayons de la Bibliothèque du Congrès des Etats-Unis d'Amérique à Nairobi (République du Kenya) ».

En effet, dans les préparatifs de la journée du 10 décembre 1997, le Professeur Bonaventure Bibombe Muamba, d'heureuse mémoire et moi-même, avons contacté le Doyen Bonaventure Kalongo Mbikayi, d'heureuse mémoire aussi, pour lui faire part de la publication du numéro un de la Revue du **Cridhac** ***« Cahiers Africains des Droits de l'Homme et de la Démocratie »***. La dénomination du titre de la revue avait été proposée par le Professeur Bibombe Muamba, Directeur du Cridhac, à cette époque.

Le Doyen Kalongo avait encouragé l'initiative. C'est ainsi que nous avions adressé au Ministre de la Reconstruction Nationale, ayant dans ses attributions les droits de l'homme, un courrier afin qu'il puisse présider la cérémonie du baptême de la Revue.

Cette activité a eu lieu à la grande satisfaction du corps académique, scientifique et des étudiants. Lors du cocktail, le Doyen Kalongo estimait qu'une réflexion s'avérait nécessaire pour vulgariser les droits de l'homme au sein de la Faculté. Pour lui, il y avait un déficit criant dans ce domaine.

Ainsi, ce papier en l'honneur du Professeur Kalongo va s'articuler autour de quatre points à savoir :

- Activité du 10 décembre 1998 ;
- Réflexions à l'Institut Africain des Droits de l'homme et de la Démocratie (IADHD) ;
- Discours inaugural prononcé par le professeur Kalongo Mbikayi, Doyen de la Faculté de droit de l'Université de Kinshasa ;
- Plan de l'ouvrage « Droits de l'homme et droit international humanitaire » reprenant l'activité le 10 décembre 1998.

I. Activité du 10 décembre 1998

Cette activité de grande envergure a son histoire. Nous sommes en période du conflit armé non international[1] avec plusieurs groupes organisés (le RCD, le MLC et autres mouvements insurrectionnels). C'est dire « une deuxième guerre de libération » ou « d'occupation », selon les arguments des uns et des autres. Le Professeur Bibombe est bloqué dans la province du Nord-Kivu après ses enseignements à l'Université Catholique de Graben à Butembo. Il est à signaler que nous étions ensemble dans cette mission d'enseignement depuis le mois de juillet 1998. Ce conflit armé[2] nous avait surpris à Butembo. En ce qui me concerne, après mes enseignements, j'avais été évacué avec le Prof Dr Binda de la Faculté de Médecine,

---

[1] Concernant la notion même de conflit armé, l'article 2 commun aux Conventions de Genève de 1949 et l'article 1er du Protocole additionnel II, apportent quelques éléments de définition du conflit armé. Mais ce n'est qu'à partir de 1995 qu'une véritable définition a vu le jour. C'est en effet une décision du Tribunal pénal international pour l'ex-Yougoslavie (TPIY) qui a apporté la première définition claire d'un conflit armé, lors de l'affaire Tadic. Le TPIY estimait alors qu'un *"conflit armé existe chaque fois qu'il y a recours à la force armée entre États ou un conflit armé prolongé entre les autorités gouvernementales et des groupes armés organisés ou entre de tels groupes au sein d'un État"*. Voir Tribunal pénal international pour l'ex-Yougoslavie, Le Procureur c/ Dusko Tadic, 2 octobre 1995, §70.

[2] Les conflits armés internationaux, ou CAI, sont définis à l'article 2 commun aux Conventions de Genève de 1949. L'article 2 précise alors que la Convention s'appliquera en cas de *"guerre déclarée ou de tout autre conflit armé surgissant entre deux ou plusieurs États, même si l'état de guerre n'est pas reconnu par l'une ou l'autre des parties"*. L'emploi des termes *ou de tout autre conflit* sous-entend qu'une déclaration de guerre n'est pas nécessaire pour la qualification d'un conflit en CAI. L'article 1§4 du Protocole I est venu rajouter qu'un conflit armé sera qualifié d'international si les peuples parties au conflit *"luttent contre la domination coloniale et l'occupation étrangère et contre les régimes racistes dans l'exercice du droit des peuples à disposer d'eux-mêmes"*. Les personnes participant alors à un CAI pourront bénéficier du statut de combattant et, en cas d'arrestation, de prisonnier de guerre. Telle est la teneur de la 3ème Convention de Genève et le Protocole I.

d'heureuse mémoire, le Prof Dr Banzulu et la Chef de Travaux Marie Kapepula, spécialiste en pédiatrie à la Faculté de Médecine, nous tous de l'Université de Kinshasa.

Dès mon retour à Kinshasa, j'avais pris l'initiative d'écrire au Directeur du Bureau du Haut-Commissariat des Nations Unies aux Droits de l'Homme en République Démocratique du Congo pour l'organisation d'une activité le 10 décembre 1998. Ce dernier était venu me rencontrer pour l'opérationnalisation de l'activité... Hélas, j'étais absent de la Faculté et a pu rencontrer le Prof Ntumba Luaba Lumu, Vice-Doyen en charge de la Recherche et Chef de Département de droit international public et relations internationales.

C'est alors que je décide de rencontrer le Doyen Kalongo après avoir eu un entretien -moins fructueux- avec le Vice Doyen en charge de la recherche pour avoir les éléments de l'entretien avec le Directeur du Bureau, qui m'avait prié de rencontrer les autorités de la Faculté car, « le Cridhac faisant partie de la Faculté, l'activité sera organisée sous l'Autorité du Doyen de la Faculté et les réflexions étaient en cours sur le format ». Ainsi, j'avais compris que j'avais été exclu dans l'organisation. Je proteste chez Doyen Kalongo, il me calme en me disant ceci : « tu es encore jeune et tu as de l'avenir. D'ailleurs, en absence du Prof Bibombe, le Cridhac est sous votre gouvernance ». Il convient d'indiquer qu'à cette époque, le Cridhac était dépourvu du Comité Directeur. En fait, le Professeur Bibombe était le seul membre du Comité. Donc, j'exerçais de facto les fonctions du Directeur Adjoint et Directeur ad intérim pendant l'absence du Directeur.

C'était ainsi que l'activité du 10 décembre 1998 a été organisée sans ma participation malgré ma spécialité. Toutefois, quelques jours avant, le Doyen Kalongo m'avait demandé de lui préparer les axes de son discours et j'étais heureux d'entendre plusieurs de mes paragraphes dans son discours inaugural[3]. Cette activité[4] avait été focalisée sur le « séminaire de formation en droits de l'homme[5] et du droit international humanitaire »[6]. C'était la

---

[3] Université de Kinshasa (Faculté de Droit) et Nations Unies (Haut-Commissariat aux Droits de l'Homme-Bureau sur terrain en RDC), « Discours inaugural prononcé par le Professeur Kalongo Mbikayi », in *Droits de l'Homme et Droit International Humanitaire, séminaire de formation cinquantenaire de la Déclaration Universelle des Droits de l'Homme (18 novembre – 10 décembre 1998)*, Presses de l'Université de Kinshasa, Kinshasa, pp. 13-16. Voir et Lire l'intégralité de son speech en annexe de la présente contribution.

[4] En marge du cinquantième anniversaire de la Déclaration Universelle des Droits de l'Homme (10 décembre 1948 – 10 décembre 1998).

[5] On en parle aujourd'hui comme s'il s'agissait d'une évidence intellectuelle établie : tout le monde les défend, du moins en paroles et tant que cela n'engage pas grand-chose. Et pourtant en ce début du XXIème Siècle, ils sont violés dans la plupart des pays, alors même que de belles et ambitieuses Constitutions les proclament un peu partout comme le fondement des sociétés civilisées. Le concept « droits de l'homme » a deux approches : l'approche objective et l'approche subjective. De manière objective, c'est l'ensemble des normes, des règles, des principes qui concourent à la protection de la dignité humaine. Il peut s'agir des normes internes ou internationales. De façon subjective, « les droits de

deuxième tentative des activités des droits de l'homme[7] à la Faculté de Droit après le lancement de la Revue sous l'Autorité du Doyen Kalongo Mbikayi.

II. Réflexions à l'Institut Africain des Droits de l'Homme et de la Démocratie (IADHD)

L'Institut Africain des Droits de l'Homme et de Démocratie est une organisation non-gouvernementale de droit congolais fondée en 1992 dont l'initiateur est le feu Professeur Bibombe Muamba. Autorisé à fonctionner comme Association Sans But Lucratif (ASBL), sous F92/5995 selon la note n° 450780 du 24 mai 2001, cette association a organisé des activités de promotion et de protection des droits de l'homme depuis sa création, à Kinshasa et à l'intérieur du pays. En outre, cette organisation cherche les fonds pour pérenniser la revue du Cridhac « Les Cahiers Africains des Droits de l'Homme et de la Démocratie ainsi que du Développement durable »[8]. En effet, cette revue est publiée en partenariat avec l'Institut Africain des Droits de l'Homme et de la Démocratie (IADHD).

En effet, du vivant du Professeur Bibombe, les réflexions avaient déjà commencé sur un cursus à l'Institut Africain des Droits de l'Homme et de la Démocratie. Après plusieurs échanges -pendant le mandat du Doyen Kalongo, l'idée fut abandonnée car le Comité Directeur de l'Institut et

---

l'homme » sont des prérogatives reconnues à l'être humain afin qu'il puisse vivre décemment. A ce sujet, l'homme ne peut pas s'épanouir avec un seul «droit de l'homme ». Voir aussi la définition des droits de l'homme par la Loi portant création de la Commission Nationale des Droits de l'Homme en RD Congo. Dans son exposé des motifs, la Loi organique n°13/011 du 21 mars 2013 portant institution, organisation et fonctionnement de la Commission Nationale des Droits de l'Homme, il est clairement consacré que « le respect de la dignité et de la valeur humaine constitue la substance des droits de l'homme, ces derniers jouissent, sur le plan international, d'une légitimité qui leur confère un poids moral incontestable ». A son article 2, cette loi définit les droits de l'homme comme « des droits inaliénables et inhérents aux êtres humains ... dont le respect et l'exercice, garantis par l'Etat, permettent l'épanouissement intégral de l'homme ».

[6] Le droit international humanitaire (DIH) est un ensemble de règles qui, pour des raisons humanitaires, cherchent à limiter les effets des conflits armés. Il protège les personnes qui ne participent pas ou plus aux combats et restreint les moyens et méthodes de guerre. Le DIH est également appelé « droit de la guerre » ou « droit des conflits armés ». Le DIH fait partie du droit international des droits de l'homme qui régit les relations entre États. Il est formé par un ensemble de règles internationales d'origine conventionnelle ou coutumière. Les quatre Conventions de Genève de 1949 et leur premier Protocole additionnel de 1977 constituent les principaux traités applicables aux conflits armés internationaux. Les conflits armés non-internationaux dépendent quant à eux de l'article 3 commun aux Conventions de Genève et du deuxième Protocole additionnel de 1977. Le DIH ne s'applique que dans les situations de conflit armé. Il ne détermine pas si un État a ou non le droit de recourir à la force. Cette question est régie par une partie importante mais distincte du droit international, contenue dans la Charte des Nations Unies.

[7] Voir le plan de l'ouvrage qui avait été publié en 1999. Il est en annexe du présent article.

[8] Revue trimestrielle du CRIDHAC qui est à son 66ème numéro et qui totalise 23 ans d'existence.

certains membres avaient estimé que le projet n'aurait pas du succès dans un Etablissement d'enseignement supérieur privé.

Après la mort du Professeur Bibombe[9], ses disciples qui évoluaient au Centre de Recherche Interdisciplinaire pour la promotion et la protection des Droits de l'Homme en Afrique Centrale (CRIDHAC) de la Faculté de Droit de l'Université de Kinshasa avaient relancé l'idée. Cette fois-ci, le cursus devrait être créé au sein du CRIDHAC comme au Centre de Recherche en Droit Public de l'Université de Montréal (au Canada) ou au Centre des Droits de l'Homme de l'Université de Pretoria (en Afrique du Sud) ou au Centre des Droits de l'Homme de l'Université Catholique de Bukavu (République Démocratique du Congo). C'était le début du parcours de combattant avec des humiliations du genre : Les études des droits de l'homme n'existent pas, c'est du n'importe quoi et *« patati patata »*. C'était des discours pour décourager le projet. En effet, nous étions réconforté par une minorité qui estimait qu'un projet commence par une idée et si l'idée est forte, elle résistera et se concrétisera tôt ou tard. Il faut dire que certains Professeurs qui avaient obtenu le Diplôme d'Etudes Supérieures en droits de l'homme étaient engagés dans ce projet. Leur soutien était sans précédent[10].

En conclusion, le Professeur Bonaventure Kalongo Mbikayi m'avait accueilli à bras ouvert comme Professeur Associé à la Faculté de Droit de l'Université de Kinshasa (transféré du CIDEP à l'Université de Kinshasa au cours du premier trimestre de 1997).

C'est sous mandat que j'étais affecté au CRIDHAC. Enfin, ces pages d'honneur restituent la vérité de mon intégration à la Faculté de Droit pour contribuer au développement de la formation et de la recherche en droit international des droits de l'homme. A sa mort, le 14 janvier 2008, je me retrouvais à Goma -comme expert- dans le cadre de la Conférence sur la Paix et le Développement dans la Région des Grands-Lacs aux fins de mettre un terme au conflit armé non international entre les forces armées du Congrès National pour la Défense du Peuple (CNDP) et les forces armées de la République Démocratique du Congo.

Enfin, l'activité phare et annuelle de la Faculté de Droit de l'Université de Kinshasa demeure « la célébration de la journée internationale des droits de l'homme du 10 décembre ». C'est à l'actif du Doyen Kalongo Mbikayi. Ainsi, pérennisons cette journée de « la commémoration de la Déclaration Universelle des Droits de l'Homme »[11] en sa mémoire pour le triomphe des

---

[9] Premier Directeur du CRIDHAC, décédé le 18 mai 2010, à l'âge de 74 ans.

[10] On peut citer de manière particulière, les Professeurs Elie-Léon Ndomba Kabeya, Eddy Mwanzo Idin'Aminye et Paul-Gaspard Ngondankoy Nkoy ea-Loongya.

[11] Dès l'adoption de la Déclaration Universelle des Droits de l'Homme, le 10 décembre 1948, l'Assemblée Générale demandait à la Commission des Droits de l'Homme (remplacée par le Conseil des Droits de l'Homme en 2006) de préparer un projet de pacte. L'objectif était d'élaborer un texte juridiquement contraignant venant compléter et renforcer la Déclaration qui n'avait qu'une simple valeur déclarative. Ce texte devait consacrer l'ensemble des droits

de l'homme (économiques, civils, politiques, sociaux et culturels), ainsi que l'égalité des femmes et des hommes quant à la jouissance de l'ensemble de ces droits. L'élaboration de ce projet sera marquée par de profonds désaccords entre les Etats, reflétant les débats idéologiques de l'époque. Alors que les Etats capitalistes mettaient en avant les droits libertés, les Etats communistes insistaient sur les droits économiques, sociaux et culturels. Cette scission entre les Etats contraint l'Assemblée Générale à demander, en 1951, la rédaction de deux pactes distincts. La Commission va alors élaborer un pacte sur les droits civils et politiques, et un second sur les droits économiques, sociaux et culturels. Malgré la persistance de profonds désaccords entre les États, les deux pactes sont adoptés le 16 décembre 1966. Après plus de 10 ans d'attente, les pactes entrent en vigueur en 1976, le 3 janvier pour le Pacte international sur les droits économiques, sociaux et culturels, et le 23 mars pour le Pacte international sur les droits civils et politiques. Il y a lieu de retenir que le 10 décembre 1948, les 58 États Membres qui constituaient alors l'Assemblée générale ont adopté la Déclaration universelle des droits de l'homme à Paris au Palais de Chaillot (Résolution 217 A (III)). Pour commémorer son adoption, la journée des droits de l'homme est célébrée chaque année le 10 décembre. Ce document fondateur - traduit dans plus de 500 langues différentes - continue d'être, pour chacun d'entre nous, une source d'inspiration pour promouvoir l'exercice universel des droits de l'homme. Elle précise les droits fondamentaux de l'homme. Sans véritable portée juridique en tant que tel, ce texte est une proclamation des droits, par conséquent il n'a qu'une valeur déclarative. En fait, 50 États sur les 58 participants devaient adopter cette charte universelle. Aucun État ne s'est prononcé contre et seuls huit se sont abstenus. Parmi eux, l'Afrique du Sud de l'apartheid refuse l'affirmation au droit à l'égalité devant la loi sans distinction de naissance ou de race ; l'Arabie saoudite conteste l'égalité homme-femme. La Pologne, la Tchécoslovaquie, la Yougoslavie et l'Union soviétique (Russie, Ukraine, Biélorussie), s'abstiennent, quant à eux, en raison d'un différend concernant la définition du principe fondamental d'universalité tel qu'il est énoncé dans l'article 2 alinéa 1. Enfin, les deux derniers États n'ayant pas pris part au vote sont le Yémen et le Honduras. Ce texte énonce les droits fondamentaux de l'individu, leur reconnaissance, et leur respect par la loi. Il comprend aussi un préambule avec huit considérations reconnaissant la nécessité du respect inaliénable de droits fondamentaux de l'homme par tous les pays, nations et régimes politiques, et qui se conclut par l'annonce de son approbation et sa proclamation par l'Assemblée générale des Nations unies. Le texte du préambule et de la Déclaration est inamovible. Sa version en français, composée de 30 articles, est un original officiel, signé et approuvé par les membres fondateurs de l'Organisation des Nations unies, et non une traduction approuvée. Voir https://www.un.org/fr/universal-declaration-human-rights/ et https://fr.wikipedia.org/wiki/D%C3%A9claration_universelle_des_droits_de_l%27homme (Consulté le 28 avril 2020). En définitive, il est impérieux de noter que la doctrine majoritaire en droit des droits de l'homme s'est déjà prononcée sur la valeur juridique de la Déclaration Universelle des Droits de l'Homme. Elle a valeur contraignante pour deux raisons. D'abord, c'est une interprétation authentique de la Charte des Nations Unies dans ses dispositions relatives aux droits de l'homme et enfin, elle fait partie désormais du droit international coutumier (lire le Professeur SOHN dans Thomas Buergenthal/Alexandre Kiss, *la protection internationale des droits de l'homme (Précis)*, Editions N.P. Engel, Kehl, Strasbourg, Arlington, 1991. « Un éminent auteur, le Professeur SOHN, a tenté de combiner deux conceptions en affirmant qu'à l'heure actuelle, la Déclaration est considérée comme constituant l'interprétation authentique de la Charte des Nations Unies, en explicitant dans le détail le sens des termes « droits de l'homme et libertés fondamentales » que les Etats membres de l'ONU ont accepté de favoriser et de respecter lorsqu'ils ont adhéré à la Charte…en tant qu'un des éléments de la structure institutionnelle de la communauté universelle. En tant qu'énumération des droits de l'homme émanant d'une autorité, la Déclaration est devenue une des composantes essentielles du droit international droits de l'homme et des libertés fondamentales en République Démocratique du Congo[12].

III. Discours inaugural prononcé par le professeur Kalongo Mbikayi, Doyen de la faculté de droit

« Excellence Monsieur le Ministre des Droits Humains ;
Excellences Messieurs les Ministres et Membres du Gouvernement ;

---

coutumier, obligatoire pour tous les Etats et non seulement pour ceux qui font partie des Nations Unies ». Ainsi, KISS et Buergenthal concluent que « l'avenir dira si cette façon d'envisager la nature juridique de la Déclaration universelle sera généralement acceptée et, en particulier, s'il sera unanimement admis que cet instrument impose à tous les Etats une obligation directe de se conformer à chacune de ses dispositions. Bien que l'on ne puisse être certain que la Déclaration ait déjà acquis le statut décrit par le Professeur Sohn, on doit admettre qu'une évolution se dessine dans cette direction (Voir par exemple un document de l'ONU, *Activités des Nations Unies dans le domaine des droits de l'homme*, ST/HR/7/Rev. 2, 1983, p. 14-15). Pour plus d'informations, lire SOHN, *The New International Law : Protection of the Rights of Individuals Rather than States*, American University Law Review, vol. 32, 1982, p. 16-17.

[12] Les libertés fondamentales ou droits fondamentaux représentent juridiquement l'ensemble des droits essentiels ou primordiaux pour l'individu, assurés dans un État de droit et une démocratie. Elles recouvrent en partie les droits de l'homme au sens large. Dans la doctrine juridique, le concept est relativement récent et il existe plusieurs façons d'appréhender la « fondamentalité » d'un droit ou d'une liberté. L'idée même de fondamentalité revient à prioriser et hiérarchiser les droits ou les libertés en fonction de leur *essentialité*. En effet, Il existe plusieurs façons d'appréhender la fondamentalité d'un droit ou d'une liberté. Une première lecture, *normativiste*, consiste à considérer que sont fondamentaux les droits et libertés qui ont reçu une consécration normative à un niveau juridique supra-légal. Ceux qui, dans la pyramide des normes, sont supérieurs aux simples lois. Il s'agit par exemple, au rang constitutionnel, de ceux qui sont contenus en France dans la Déclaration des droits de l'Homme et du Citoyen de 1789, dans le Préambule de la Constitution de 1946, dans la Constitution de 1958 ou, finalement, dans la Charte de l'environnement de 2004, c'est-à-dire, le bloc de constitutionnalité français ; en RDC dans la Constitution du 18 février 2006. Ensuite, au rang conventionnel, ceux qui sont affirmés dans des conventions internationales contraignantes telles que la Convention européenne des droits de l'homme et des libertés fondamentales de 1950 et la Charte africaine des Droits de l'Homme et des Peuples de 1981. Et finalement, les droits proclamés par les simples déclarations internationales comme la Déclaration universelle de 1948 et les pactes de 1966 : celui relatif aux droits civils et politiques et celui relatif aux droits économiques sociaux et culturels. Une seconde, *réaliste*, revient, en partie, à rechercher la fondamentalité non seulement dans les textes et la jurisprudence (comme le fait la précédente) mais également de la déduire de la protection effective dont jouit la valeur qui est objet de protection (la vie pour le droit à la vie par exemple). On se rend alors vite compte de la relativité tant spatiale que temporelle de la fondamentalité, puisque les libertés et droits fondamentaux ne seront pas les mêmes (tant du point de vu des droits et libertés eux-mêmes que de leurs contenus) selon les juridictions, législateurs ou constituants. Une troisième reviendrait à rechercher un agencement *logique* en considérant comme fondamental un droit ou liberté qui permet la réalisation des autres. Ainsi, serait par exemple fondamental le droit à la vie puisque sans vie, pas de droits. Une dernière, *jusnaturaliste*, revient à rechercher la fondamentalité dans la philosophie de l'être, rattachant les droits et libertés fondamentales aux droits de l'homme et les faisant dépendre de leur consubstantialité avec la dignité humaine.

Messieurs le Recteur et Membres du Comité de Gestion de l'Université de Kinshasa ;
Monsieur le Directeur et Représentant du Haut-Commissariat des Nations Unies aux Droits de l'Homme ;
Chers Collègues Professeurs ;
Mesdames, Mesdemoiselles, Messieurs ;
Distingués Invités ;
Chers Etudiants et Etudiantes ;

C'est pour moi un grand honneur de prendre la parole devant vous en ce jour d'inauguration du séminaire de formation sur les droits de l'homme organisé par le Haut-Commissariat des Nations aux Droits de l'Homme en collaboration avec la Faculté de Droit de l'Université de Kinshasa à l'occasion du 50ème anniversaire de la Déclaration Universelle des Droits de l'Homme.

L'occasion m'est ainsi offerte, ici et maintenant de souligner l'importance que revêt le droit des droits humains au Monde, en Afrique, en République Démocratique du Congo et particulièrement à la Faculté de Droit de l'Université de Kinshasa.

Je me réjouis particulièrement de ce que les présentes assises qui ont eu lieu à la « colline inspirée » constituent les premières du genre en pays et rassemblent les professeurs de la Faculté de Droit de l'Université de Kinshasa et de hautes personnalités tant nationales qu'internationales pour dispenser, du 18 novembre au 10 décembre 1998, des cours de formation portant sur des thèmes aussi diversifiés que :

1. « Le système onusien de protection des droits de l'homme » ;
2. « Les systèmes régionaux de protection des droits de l'homme » ;
3. « Le droit international humanitaire » ;
4. « Les droits de l'homme et l'administration de la justice » ;
5. « Les droits des réfugiés, les droits de la femme et de l'enfant » ;
6. « Le rôle des Organisations Non-Gouvernementales (ONG) dans la protection des droits de l'homme » ;
7. « Les engagements de l'Etat en matière de promotion et de protection des droits de l'homme ».

L'importance que revêtent les présentes assises réside singulièrement dans la prise de conscience qu'elles vont susciter et dans la connaissance par le citoyen congolais de ses droits et devoirs en vue du développement global de la société congolaise en général et de l'Université de Kinshasa en particulier.

Car, n'enseigne-t-on pas que le développement politique, économique et socio-culturel de toute société est aussi largement fonction du degré de promotion et de promotion des droits de l'homme individuels et collectifs par ladite société !

Il n'y a donc pas de doute que c'est ce souci qui a inspiré les organisateurs du présent séminaire de formation et c'est celui-là même qui a été à la base de l'adoption par la communauté internationale des multiples instruments nationaux, régionaux et internationaux relatifs aux droits de l'homme dont la consécration juridique et la codification internationales favoriseraient la mise en œuvre du droit des droits de l'homme, du droit des peuples d'Afrique et de la République

Démocratique du Congo à la démocratie et nécessairement du droit de la paix et de la sécurité internationales.

Au nombre de ces différents instruments, il y a lieu de mentionner notamment la Déclaration anglaise des droits de 1689 ; la Déclaration d'indépendance américaine de 1776 ; la Déclaration française des droits de l'homme et du citoyen de 1789 ; la convention relative à l'esclavage du 25 septembre 1926 ; la convention pour la prévention et la répression du crime de génocide du 9 décembre 1948 ; la Déclaration Universelle des Droits de l'Homme du 10 décembre 1948 ; la convention pour la répression de la traite des êtres humains et de l'exploitation de la prostitution d'autrui du 2 décembre 1949 ; les conventions de Genève relatives au droit international humanitaire et leurs protocoles additionnels ; la convention relative au statut des réfugiés du 28 juillet 1951 ; la convention supplémentaire relative à l'abolition de l'esclavage, de la traite des esclaves et des institutions analogues à l'esclavage du 7 septembre 1956 ; la Déclaration des droits de l'enfant du 20 novembre 1959 ; la convention concernant la lutte contre la discrimination dans le domaine de l'enseignement du14 décembre 1960 ; la Déclaration sur l'octroi de l'indépendance aux pays et aux peuples coloniaux ; la résolution 1803 (XVII) de l'Assemblée Générale des Nations Unies du 14 décembre 1962 sur la « souveraineté permanente sur les ressources naturelles » ; la Déclaration des Nations Unies sur l'élimination de toute sorte de discrimination raciale du 20 novembre 1964 ; les deux Pactes Internationaux relatifs aux droits économiques, sociaux et culturels ainsi qu'aux droits civils et politiques y compris les protocoles facultatifs s'y rapportant, du 16 décembre 1966 ; la convention sur l'imprescriptibilité des crimes de guerre et des crimes contre l'humanité du 26 novembre 1968 ; la Déclaration sur le progrès et le développement dans le domaine social du 11 décembre 1969 ; les principes de la coopération internationale en ce qui concerne le dépistage, l'arrestation, l'extradition et le châtiment des individus coupables des crimes de guerre et des crimes contre l'humanité du 3 décembre 1973 ; la Déclaration universelle pour l'élimination définitive de la faim et de la malnutrition du 16 novembre 1974 ; la Déclaration sur l'utilisation du progrès de la science et de la technique dans l'intérêt de la paix et du profit de l'humanité du 10 novembre 1974 ; les conventions américaine et européenne relatives aux droits de l'homme ; la Charte africaine des droits de l'homme et des peuples adoptée à Nairobi en juin 1981 et entrée en vigueur le 21 octobre 1986 ; la convention relative aux droits de l'enfant du 20 novembre 1989 entrée en vigueur le 02 février 1990, et tout récemment le Statut de la cour criminelle internationale adoptée à Rome en juillet 1998.

Distingués invités,
Mesdames et Messieurs ;

Comme vous pouvez le constater, l'Humanité en général, l'Africain en particulier et Congolais singulièrement ne souffrent pas de l'insuffisance des textes devant favoriser notamment la pacification des relations entre les nations et leur plein épanouissement, mais plutôt de l'hypocrisie des « faiseurs » desdits textes. Car la richesse des différents textes énumérés ci-haut couvre l'ensemble des trois générations des droits de l'homme à savoir les droits civils et politiques, les droits économiques, sociaux et culturels ainsi que les droits collectifs ou communautaires dont les droits au développement, à la paix et à un environnement sain.

Toutefois, les efforts qui sont déployés çà et là en vue de la promotion et de la protection des droits de l'homme permettent d'affirmer que l'hypocrisie n'est pas seulement un vice, elle est surtout un hommage que le vice rend à la vertu en tant que telle.

C'est dans cette optique qu'il importe de saluer notamment les initiatives prises tant au niveau de l'Organisation des Nations Unies, de la République Démocratique du Congo (RDC) qu'au niveau de la Faculté de Droit de l'Université de Kinshasa.

En effet, au niveau de l'ONU, la création du Haut-Commissariat aux Droits de l'Homme ainsi que les différents séminaires de formation organisés chaque année à travers le monde ont permis de susciter une prise de conscience générale et une attention particulière par toutes les Nations, aux questions des droits de l'homme.

Au niveau national, la République Démocratique du Congo s'efforce, dans une conjoncture particulièrement difficile, de concilier les exigences de la reconstruction nationale avec le respect des droits de chaque citoyen congolais. C'est à ce juste titre qu'il faut signaler la création du Ministère des Droits Humains dont nous saluons la présence du titulaire dans cette salle et dont la contribution a été significative pour la tenue des présentes assises.

Au sein de la Faculté de Droit de l'Université de Kinshasa, l'attention particulière accordée aux questions touchant au droit des droits de l'homme a permis notamment la création du Centre de Recherche Interdisciplinaire pour la promotion et la protection des Droits de l'Homme en Afrique Centrale, en sigle CRIDHAC, dont les objectifs visent essentiellement le développement de la recherche en matière des droits de l'homme en République Démocratique du Congo et en Afrique Centrale. Dans le cadre de cette mission, le CRIDHAC a organisé ou parrainé diverses manifestations scientifiques destinées à sensibiliser la communauté nationale et internationale sur le respect dû à l'homme et à ses droits fondamentaux. Il contribue en outre à la diffusion et à la vulgarisation des études et travaux divers relatifs aux droits humains par la publication trimestrielle des « Cahiers Africains des Droits de l'Homme et de la Démocratie ».

La réalisation de cette noble mission se trouve cependant entravée aujourd'hui par d'énormes difficultés financières.

Il convient également de souligner, au niveau de la Faculté de Droit, le récent projet de réforme du programme qui vient de proposer l'insertion du cours des Droits Humains parmi les enseignements obligatoires.

La réussite de cette réforme du programme des enseignements, comme celle du CRIDHAC, suppose néanmoins la réalisation des conditions juridiques, financières et logistiques.

En effet, au plan juridique, il importe que le projet de réforme soumis à l'autorité compétente soit sanctionné, dans les meilleurs délais, par un texte juridique la consacrant.

Au plan logistique et financier, par contre, cette réforme n'est possible que lorsque la Faculté de Droit, par l'intermédiaire de l'Université de Kinshasa, sera dotée de moyens nécessaires et suffisants.

C'est ainsi que nous saisissons cette occasion pour lancer un appel à la communauté tant nationale qu'internationale pour aider à la concrétisation de cette réforme comme au succès des activités du CRIDHAC.

Excellences Messieurs les Ministres et Membres du Gouvernement ;
Messieurs le Recteur et Membres du Comité de Gestion de l'Université de Kinshasa ;
Chers Collègues Professeurs ;
Camarades Etudiants ;
Mesdames, Mesdemoiselles, Messieurs ;
Distingués Invités ;

En dépit de la relative diversité des conceptions en matière des droits de l'homme, la multiplicité des instruments juridiques et moraux de dimension internationale prouve l'existence du compromis obtenu par toutes les nations du monde sur la particulière importance que revêtent la promotion et le respect des droits de l'homme dans le développement harmonieux des relations internationales ainsi que dans le développement politique, économique et socio-culturel des Nations.

Néanmoins, l'effectivité du droit des droits de l'homme et du droit des peuples d'Afrique à la Démocratie ainsi que l'efficacité des mécanismes tant universels, régionaux que nationaux de promotion et de protection des droits de l'homme dépendent de l'implication et de la participation de tous : professeurs et étudiants, dirigeants politiques ; hommes et femmes d'affaires ; investisseurs privés étrangers et nationaux ; partenaires extérieurs.

Cette participation tant matérielle, financière que morale, doit s'accomplir dans un esprit de solidarité et de respect mutuel.

Ce n'est qu'à ce prix que le droit des droits de l'homme et le droit des peuples d'Afrique à la démocratie cesseront d'être un vœu pieux. C'est ainsi que nous pensons que ce cycle de cours de formation sur les Droits de l'Homme et le Droit International Humanitaire rencontrera l'idéal ci-haut annoncé et éveillera la conscience de chacun à la promotion et à la protection des droits humains.

Que vive le 50ème anniversaire de la Déclaration Universelle des Droits de l'Homme !

Je vous remercie ».

IV. Plan de l'ouvrage « Droits de l'homme et Droit international humanitaire » reprenant l'activité le 10 décembre 1998

Avant-Propos
Préface

Allocutions d'accueil et d'ouverture

- Professeur Tsakala Munikengi, Recteur de l'Université de Kinshasa ;
- Professeur Kalongo Mbikayi, Doyen de la Faculté de Droit ;
- Monsieur Frej Fenniche, Directeur du Bureau du Haut-Commissariat des Nations Unies aux Droits de l'Homme ;
- Professeur Augustin Kamara Rwakaikara, Ministre de l'Education Nationale ;
- Monsieur Léonard She Okitundu, Ministre des Droits Humains.

Titre I : Le système universel de promotion et de protection des droits de l'homme

- Le système onusien de protection des droits de l'homme (Introduction générale), Professeur Auguste Mampuya Kanunk'a-Tshiabo ;
- Les mécanismes conventionnels, Professeur Mazyambo Makengo Kisala ;
- Le système onusien de protection des droits de l'homme (mécanismes fondés sur la Charte des Nations Unies), Professeur Ntirumenyerwa Muchoko Kimonyo.

Titre II : Les systèmes régionaux de promotion et de protection des droits de l'homme

- Les systèmes interaméricain et européen de protection des droits de l'homme, Professeur Lwamba Katansi ;
- Le système africain de promotion et de protection des droits de l'homme, Professeur Ntumba Luaba Lumu.

Titre III : Droits de l'homme et droit international humanitaire

- Le Droit International Humanitaire, Professeur Sayeman Bula-Bula ;
- Les rapports entre les droits de l'homme et le droit international humanitaire, Professeur Jean-Pierre Mavungu Mvumbi.

Titre IV : Les droits des groupes nécessitant une protection spéciale

- Le système onusien de protection des droits de l'homme : les groupes nécessitant une protection spéciale (cas des femmes et des enfants), Professeure Madame Idzumbuir ASSOP ;
- Les droits de l'homme et les droits des réfugiés, Michèle Manca di Nissa.

Titre V : L'Etat, la justice, les ONG et les droits de l'homme

- Les engagements de l'Etat en matière de promotion et de protection des droits de l'homme, Maître Christophe Lutundula Apala ;
- Droits de l'Homme et administration de la justice, Professeur Balanda Mikuin Leliel ;
- Le rôle des ONG dans la protection des droits de l'homme, Chargé de Recherche Dr Joseph Mvioki Babutana.

Rapport-synthèse

Chaque génération a ses juristes

■ ***Jean Mpiana Musumbu***
Professeur associé à la Faculté de droit de l'Université de Kinshasa
Avocat au Barreau de Kinshasa/Gombe

Introduction

« L'homme n'est ni un ange ni un animal, aimait nous répéter le pénaliste Victor Kalombo Mbanga Wa Manshimba[1], mais de par ses aspirations il peut s'élever vers la nature angélique ou déchoir vers des bestialités. »

Le Doyen Bonaventure Olivier Kalongo Mbikayi a certes eu à payer son tribut à la nature humaine, mais la trajectoire décrite par son inclinaison de fond, les aspirations profondes de tout son être et les efforts constants de sa vie monte avec une netteté absolue vers l'excellence et le détache du fond de plusieurs générations de juristes congolais.

L'examen de différentes catégories de juristes congolais révèle que leurs profils varient d'une époque à une autre. Il est par conséquent loisible de conclure que chaque génération a ses juristes. Certes, ils sont tous passés par le même creuset. Et les éléments modulateurs de ce creuset demeurent les mêmes, à savoir la formation en droit, le système des valeurs morales et civiques véhiculées par cette formation, l'impact du contexte socio-politique du pays[2] et économique ainsi que l'influence de l'environnement

[1] Le professeur Kalombo Mbanga wa Manshimba a enseigné le droit pénal général à la faculté de droit, université de Kinshasa pendant plusieurs années. Le professeur Kalombo était le condisciple du Doyen Kalongo Mbikayi (1966-1967). Voy. Palmarès de Lovanium édité en 1970, p.7.

[2] L'interminable crise du Congo, émaillée de régimes dictatoriaux dévastateurs tant du pays que des esprits du peuple durant un demi-siècle de guerres chroniques, a sans doute servi de creuset de formation de nombreuses générations de juristes congolais. Cette instabilité semble avoir été la constante depuis l'Etat Indépendant du Congo (1885 à 1908), en passant par le Congo Belge (1908 à 1960), République du Congo (1960 à 1964), la République Démocratique du Congo (1964 à 1971), la République du Zaïre (1971 à 1997) et la République Démocratique du Congo (1997 à ce jour). Durant ces 135 d'existence, soit de 1885 à 2020, le pays des régimes politiques privatifs de liberté d'expression et aux effets érosifs sur les esprits des juristes congolais.

international. Mais c'est la réaction à ces éléments qui constitue un facteur de différenciation d'une génération à l'autre.

L'objectif de cet article est de commémorer la mémoire inspiratrice du Doyen Kalongo Mbikayi au travers un aperçu des différents portraits de générations de juristes congolais (I), en circonscrivant sa catégorie (II) et en relevant les leçons apprises au contact avec lui (III)

I. Les portraits des générations de juristes congolais

C'est en 1958 que la faculté de droit a ouvert ses portes au Congo. La même année, au niveau national, une réforme de la justice fut décidée. L'ouverture tardive de la faculté de droit au Congo, par rapport aux autres facultés, tenait au fait qu'au moment de la fondation de l'université Lovanium en 1954[3], l'administration coloniale belge s'y était opposée, sous prétexte[4] que les étudiants en droit devaient connaître le grec. Or, les écoles secondaires de l'époque n'avaient pas au programme l'étude du grec.

En sus, le langage des armes a constamment été plus fort que les arguments juridiques : il y a eu un demi-siècle de guerres chroniques menées par procuration. De 1960 à 1963, la guerre séparatiste de Katanga ; de 1960 à 1962, la guerre de l'autonomie du sud Kasaï ; de 1963 à 1965, la guerre de la province orientale pour la constitution de la République populaire du Congo avec pour capitale Stanley Ville (Kisangani) ; en 1977, les deux guerres de Shaba, Shaba I et Shaba II ; en 1984-1985, les deux guerres de Moba, Moba I et Moba II sous la conduite de L.D. Kabila; en 1996-1997, la guerre de l'AFDL (Ouganda, Rwanda, Burundi et Erythrée soutenus par les Etats-Unis d'Amérique, le Canada et Israël ; en 1998, la grande guerre africaine du Congo RDC, la plus grande guerre entre Etats dans l'histoire de l'Afrique contemporaine : Zimbabwe, Angola, Namibie, Tchad, Libye et la République Démocratique du Congo d'un côté contre Rwanda, Ouganda, Burundi, de l'autre côté ; de 1996 à 2004, la guerre d'Ituri ; de 2007 à 2013, la deuxième guerre du Kivu, respectivement sous Laurent Nkundabatware, Jean Bosco Ntaganda et les M23.

[3] L'université Lovanium a été fondée en 1954 par Mgr Luc Gillon de l'université catholique de Louvain (UCLouvain), située en Belgique. Elle est restée rattachée à l'UCL jusqu'à son intégration dans l'Université nationale du Zaïre en 1971-1972 à la suite de la décision de regroupement des trois universités (université protestante de Kisangani, l''université officielle Lubumbashi et l'université Lovanium en une seule université dénommée Université nationale du Zaïre. L'ordonnance-loi n° 71/075 du 6 août 1971 a décrété ce regroupement et l'ordonnance-loi n° 72/002 du 12 janvier 1972 a reconnu l'UNAZA. Ce regroupement a existé de 1971 à 1981 et il y a été mis fin par la décision d'État n° 09/CC/81 du 3 juin et l'ordonnance-loi n° 25/81 du 3 octobre, portant sur la création d'établissements publics autonomes d'enseignement. Les universités sont redevenues autonomes.

[4] Les Belges craignaient que l'évolution intellectuelle des Africains ne favorise la création d'une élite révolutionnaire, ils avaient à diverses occasions empêché les Congolais d'accéder aux grades universitaires. Ainsi avaient-ils refusé à Moïse Tchombé de suivre les études dans une université méthodiste des Etats-Unis et dans une université sud-africaine. Il se résolut à suivre des cours de commerce par correspondance de 1936 à 1938 et il étudia, en autodidacte, les cours de droit civil, de droit pénal et d'économie politique, entre 1938 et 1940. Voy. Jacques de LAUNY, *Les grandes controverses politiques 1945 1973*, Paris, éditions Alain Moreau, 1973, p.435.

En 1959, le Congo comptait 168 magistrats[5], mais des étrangers. En 1960, ils quittèrent le pays à cause de l'insécurité consécutive à la proclamation de l'indépendance. En 1961, le Congo obtint son premier docteur en droit. Et en 1964 fut créée l'Ecole nationale de droit et d'administration (E.N.D.A.) qui acquit par la suite la capacité de fournir soixante juristes par année[6]. Enfin, au cours de l'année académique 1966-1967, le Doyen Kalongo Mbikayi décrocha son diplôme de licence en droit. Et en 1970, il obtint son doctorat en droit à Louvain.[7] Il est de la troisième génération des juristes congolais, la première allant de 1958 à 1961 suivant l'ancien programme[8]. Bien sûr, le nombre d'années pour terminer les études en droit a varié au Congo d'une époque à l'autre, de sorte que la détermination des années constitutives d'une génération ne peut se faire de façon uniforme. En effet, au départ, il y eut un cycle de trois ans, puis de quatre ans et enfin, de cinq ans.

Qu'à cela ne tienne, prenons pour postulat que sur le plan académique, les générations se comptent par cycle de formation ; autrement dit, par groupe d'étudiants ayant fréquenté un établissement d'enseignement supérieur au cours d'un ou deux cycles de formation et ayant en partage un ensemble de connaissances, d'attitudes, de comportements, d'ambitions et d'aspirations. Pareille délimitation a le mérite de permettre de dégager des traits communs d'un groupe à une époque donnée. Et si l'on prend l'hypothèse d'un redoublant qui totalise dix ans, en raison de deux ans par promotion ou des étudiants qui ont connu plusieurs fermetures ou le service militaire, on peut à partir d'une certaine année déterminer la génération par tranche de dix ans. Ainsi, de 1968 à 1978, une quatrième génération. De 1978 à 1988, une cinquième ; de 1988 à 1998, une sixième ; de 1998 à 2008, une septième ; de 2008 à 2018, une neuvième, et nous sommes dans dixième qui va de 2018 à 2028.

Le mot "juriste" tire son origine du mot latin, *juris*, qui signifie droit. Il désigne une personne qui étudie, développe, pratique ou applique le droit. Il est indistinctement utilisé pour désigner un étudiant en droit, un professeur de droit, un jurisconsulte, un avocat ou encore un juriste d'entreprise.[9] Un juriste a généralement une formation de niveau supérieur ou universitaire.

---

[5] André Kabanda Kana, *L'interminable crise du Congo-Kinshasa Origines & Conséquences,* Paris, L'Harmattan, 2005, pp.96-97.

[6] Idem.

[7] Voy. Palmarès de l'université Lovanium édité en 1970, à la page 7. Suivant ce Palmarès, la progression aurait été la suivante : 1966-1967, dernière année, 1966-1965, troisième année, 1965-1964, deuxième année, 1964-1963, première année.

[8] Palmarès de l'université Lovanium, édition 1970, Arrêté royal du 5 juin 1959 fixant le programme universitaire, p.7.

[9] https://www.google.fr/search?source=hp&ei=ALFSXcvhCdD4aNavp8gM&q=juristes&oq=juristes&gs_l=psy-ab.12...0.0..14877...0.0..0.0.0.......0......gws-wiz.&ved=0ahUKEwjL4cKq8P_jAhVQPBoKHdbXCckQ4dUDCAk consulté le 13 août 2019.

La mission fondamentale de l'université et des établissements d'enseignement supérieur est d'élaborer et transmettre les connaissances, de plus haut niveau et au meilleur rythme de progrès, à ceux qui en ont la vocation et la capacité afin de répondre aux besoins de la société dans tous les domaines et participer ainsi à son développement social et économique.[10] C'est donc une mission de libération des hommes de la pire de servitude qui permet toutes les autres servitudes : l'ignorance[11]. L'enseignement ne se limite donc pas à la transmission des connaissances, il est surtout une transmission d'une certaine culture ayant son propre système de valeurs et la formation du caractère. C'est là l'importance de la socialisation de l'université.[12] L'enseignement doit servir les besoins de l'économie et du social. Il y a donc un lien direct entre les besoins de la communauté et l'offre universitaire.

Le Doyen Kalongo Mbikayi résumait cette mission en deux mots « être au service de la communauté », chaque fois qu'il percevait en un étudiant des potentialités exploitables au bénéfice de la société.

Trois visages peuvent être dessinés pour représenter les différentes générations de juristes congolais. D'abord, la génération de l'ordre (A), puis la génération contestataire de l'ordre établi (B) et enfin, la génération de la force ontologique (C).

Il est vrai que les traits caractéristiques d'une génération peuvent se retrouver, dans une faible teneur, dans une autre génération. En sus, quand les membres d'une génération, grâce au vieillissement actif, parcourent plusieurs générations, ils s'écartent tant soit peu de la ligne force de traits caractéristiques initiaux de leur génération. Néanmoins, il existe un dénominateur commun à chaque génération des juristes.

A. Génération de l'ordre

Par l'ordre, il convient d'entendre l'ordonnancement de la société.[13] Le droit est un mécanisme, parmi tant d'autres, qui aspire à établir l'ordre dans une société, à conserver l'ordre établi et à sanctionner les atteintes à cet ordre. Sous cet angle, il est permis de retenir qu'il existe l'ordre absolu auquel tous doivent obéir et qui doit faire l'objet du consensus de tous. De par une conception abstraite, cet ordre parfait est permanent et universel. Il serait perceptible par le bon sens commun à toute l'humanité. Mais en réalité, il évolue en spirale, dans une dialectique entre les partisans de la conservation des acquis qui préconisent la stabilité et ceux qui font pression

---

[10] Jacques Chevallier, *L'enseignement supérieur*, 1ère édition, Paris, PUF, 1971, p.31.

[11] Pol Dupont et Marcelo Ossandon, *La pédagogie universitaire*, Paris, éditions PUF, 1994, p.3.

[12] Irène HILL, *L'université d'Oxford,* Paris, L'Harmattan, 2003, p.11.

[13] *La détermination de la règle de droit* Hommage à Sayeman Bula-Bula, Bruxelles, éditions Bruylant, 2017, pp.33-34.

pour des mutations ou des révolutions en fonction des nouvelles réalités sociales.[14]

Aussi, il y eut un temps le droit était considéré comme le corps systématique des règles fondé sur des principes rationnels.[15] Il y eut un temps les gens croyaient à la science de droit. Et il y a toujours des gens qui croient à l'ordre idéal, parfait, abstrait qui peut être mis en œuvre pour obtenir que la société fonctionne comme il se doit.

A titre d'exemple, quand les quatre rédacteurs du Code Civil français - Portalis, Tronchet, Bigot de Préameneu et Malleville - le rédigèrent, ils ne se mirent pas en peine de créer un droit, mais plutôt de découvrir le droit.[16] De même, quand les cinq rédacteurs de la Déclaration d'Indépendance de l'Amérique – Thomas Jefferson[17], Benjamin Franklin, John Adams, Robert R. Livingston et Roger Sherman – la rédigèrent, ils n'envisageaient pas de consacrer le fruit de leurs raisonnements, mais de proclamer les lois de la nature et du Dieu de la nature.

Les règles de droit ainsi élaborées étaient simples, naturelles, évidentes et énonciatrices des principes intangibles, si pas de façon absolue, du moins ils étaient rarement sujets aux modifications tumultueuses. Cette stabilité se répercutait sur le caractère des juristes formés à cette école. Et les règles de droit étaient considérées comme les vecteurs de l'*ethos* commun.

Sous cet angle, le droit n'est pas l'expression de la volonté humaine, du pouvoir public, mais plutôt une découverte des valeurs transcendantes auxquelles aspire toute la communauté. Et, dans cette perspective, la coutume et la jurisprudence sont des sources par excellence de production des règles révélées par l'observation de l'ordre des choses ou par l'inspiration de l'équité. C'est le système du monisme normatif. Il trouve son fondement dans la révélation ou dans la nature et qui énonce des lois universelles de conduite.[18] La conscience morale y est considérée comme

---

[14] Idem.

[15] Richard Ouellet, « C'est une révolte. Non, sire, C'est une révolution. Tentative de métaphore sur la transition paradigmatique du droit », (1999) 30 *R.D.U.S.* 205, p.214/215. Le « dogme » de la solution unique pourrait avoir pris forme dans une variété de traditions juridiques où l'émergence d'une conception « scientifique » du droit a coïncidé avec le double objectif d'augmenter la prédictibilité de la solution juridique, et d'en favoriser l'imperméabilité aux pressions du pouvoir politique. Nancy COOK, « Law As Science : Revisiting Langdell's Paradigm in the 21rst Century », (2012) 1-1 *North Dakota Law Review* 88, p. 21. Voir également P. AMSELEK, « La part de la science dans l'activité des juristes », dans Pierre NOREAU (dir.), *Dans le regard de l'autre/In the Eye of the Beholder*, Montréal, Éditions Thémis, 2007 cités par Léger-RIOPEL, N. & VIAUD, A. (2013). *La structure conceptuelle des controverses juridiques : petite anatomie des cas dits « difficiles »*. *Lex Electronica, 18*, (2), https://doi.org/10.7202/1021111ar

[16] Patrick SIMON, *La main invisible et le droit*, Paris, société des belles lettres, 1992, pp.59-60.

[17] C'est en fait Thomas Jefferson qui rédigea l'ébauche.

[18] Bala-Bala Kasongo Michel, « Ethique et politique », in *USAWA*, revue africaine de morale, nouvelle série n°1, Kinshasa, 2012, p.15.

étant à la fois singulière et universelle, sacrée et absolue. Et la loi morale est universelle, quand bien même elle connaît une diversité d'applications.[19]

Mais avec la déliquescence de la perception, il y eut une diversité des conceptions de l'ordre[20], aboutissant ainsi à une diversité des ordres. Les termes tels que « lois de la nature » et « lois de Dieu » devinrent des notions à contenu variable. Même Hitler croyait aux lois de la nature, mais à sa manière.[21] Et l'entendement des lois de Dieu est fort diversifié.[22]

Les premières générations de juristes congolais aspiraient à l'ordre absolu qui régirait de façon idéale la société. Elles font donc partie de cette catégorie. Elles vont de 1958 à 1968. Elles ont bénéficié de l'inter culturation au moment où l'université recevait les étudiants de plusieurs nations et de diverses cultures.

Et cette diversité culturelle née de la multiplicité des échanges[23] produisit une qualité hautement supérieure de juristes congolais. Elle n'affecta pas moins pour autant l'originalité de la culture des Congolais. En effet, c'est au prix de leur aliénation que beaucoup intériorisèrent les valeurs véhiculées par les connaissances techniques qu'ils acquièrent. D'autres, très rares, conservèrent leur originalité. La politique coloniale belge cherchait à créer une classe des évolués, il en résulta un groupe des gens « entre les deux eaux »[24], détachés de leurs souches ethniques et non identifiés parfaitement aux colons. C'est là un vieux préjugé européen, pratiqué ici et là sous diverses formes, qui veut à tout prix rendre les autres semblables aux Européens avant de les accepter.

L'Amérique semble être le seul Etat où la fusion dans la masse n'est pas indispensable pour devenir Américain.[25] En effet, deux courants s'y entrechoquent. Le creuset (*melting pot*) et le saladier (*ethnics)*. Le creuset ou le *melting pot* est un idéal américain tendant à uniformiser, dans un moule identique, les immigrants de toutes les ethnies du monde, les

---

[19] N'kwa Ndikuna Anicet, *La morale face à la montée de la civilisation technologique*, in *USAWA*, revue africaine de morale, nouvelle série n°1, Kinshasa, 2012, p.136.

[20] La détermination de la règle de droit, *op. cit.* p.33.

[21] Traudl Jungle, *Dans la tanière du loup Confessions de la secrétaire d'Hitler*, Paris, éditions de Noyelles, 2005, p.151.

[22] Les trois religions monothéistes parlent de paix : Shalom (chez les Juifs) ; Salem (chez les musulmans) et repos (chrétiens), mais les moyens d'y accéder sont la base des conflits. Pourtant, la chrétienté et l'Islam puisent aux mêmes sources, la révélation et la prophétie juives d'un côté et la science et la philosophie grecques de l'autre. Voy. Bernard Lewis, *L'islam en crise*, Saint-Amand, 2003, p.31. Aussi, *Terrorisme et attentats suicides*, Clifton, éditions du Nil, 2010, pp.61-76.

[23] Jean-François Revel, *L'obsession anti-américaine, son fonctionnement ses causes ses inconséquences*, Saint- Amand-Montrond, édition Plon, 2002, p.187.

[24] C'est un titre du roman de Valentin Yves Mudimbe, *Entre les deux eaux*, Paris, Présence africaine, 1973. L'auteur y présente un conflit des valeurs, des tensions culturelles et spirituelles des Africains convertis au christianisme.

[25] Guy Sorman, *La révolution conservatrice américaine*, Paris, éditions Fayard, 1983, pp.78-79.

américaniser en leur faisant perdre leur originalité et adopter le style en fait des Américains d'origine européenne. Ils se mettraient alors à parler de pères pèlerins comme de leurs aïeux, de George Washington comme leur ancêtre, etc.

Le saladier, ou l'*ethnics*, consiste à conserver l'originalité de chaque ethnie. Les immigrants demeurent fidèles à leurs origines, même après plusieurs générations. Tel est le cas , en particulier, des Polonais, Italiens, Grecs, Baltes, Scandinaves, Allemands, etc.[26] Ils conservent leurs origines, leurs valeurs traditionnelles tout en adoptant *the american way of life*.[27]

Entre ces deux courants, le Doyen Kalongo Mbikayi faisait la symbiose. Certains parmi ses collègues considéraient qu'il faisait le petit blanc tandis que lui-même tenait tant à voir nos valeurs coutumières transpercer au travers la réforme du droit congolais. Il envisageait une remise en question du droit occidental sans force contestation, une réforme dans le système plutôt qu'un changement de système, ce qui serait une contestation du système.

B. Génération contestataire de l'ordre établi

Le vent de la contestation s'est mis à souffler vers les années '60 depuis les universités aux Etats-Unis d'Amérique, il est passé par l'Europe en 1968 et a atteint l'université congolaise en 1969. La contestation était au chapitre. Elle porta sur divers objets : l'autorité étatique, l'autorité morale, familiale, les mœurs, le sexe, la liberté de la parole, les droits des femmes, l'abus de la majorité ; l'opposition entre la régularité procédurale et l'illégitimité substantielle ; la perte du caractère général et objectif des règles de droit désormais considérées comme un moyen de communication d'un groupe d'intérêts, d'une certaine génération ou d'une classe sociale.

En conséquence, la vision classique du droit en tant que source des solutions uniques grâce à sa complétude, céda alors place à la conception du droit partisan. Du droit à la différence dans la représentation on en aboutit à la remise en cause d'une représentation commune de l'ordre. Et de la contestation à la rébellion, il n'y a pas beaucoup de pas.

Cet esprit de contestation se révèle de diverses manières. Les professeurs de l'université ne veulent pas respecter le règlement universitaire. Les étudiants remettent en cause les critères de délibération des épreuves. Et pour passer de classe, les étudiants recourent à la violence et aux troubles qui exposent le mandat des autorités académiques.

Et pour préserver « la paix sociale », ces dernières adoptent des critères sociaux de délibération.

---

[26] Guy Sorman, *op. cit.*, pp.78-79.

[27] André Kaspi, *Les Etats-Unis d'aujourd'hui mal connus, mal compris*, Paris, édition Perrin, 2004, pp.41-74.

La qualité déterminante d'un juriste, c'est la foi due à l'acte, la reconnaissance objective du contenu d'un acte législatif, réglementaire ou conventionnel, qu'il l'approuve ou pas. Le juriste sait qu'il a des voies de recours en illégalité ou inconstitutionnalité contre un acte dont il désapprouve le contenu.

Une génération des juristes est apparue qui constamment conteste tout, à tort ou à raison, sans aucune autre proposition de solution incontestable. Que la contestation se mue en « myopie intellectuelle » qui empêche de voir l'existant et d'y croire, cela relève d'un dysfonctionnement pathologique.

Que le juriste se comporte comme un bateau sans voile qui erre sans ancre au gré de vagues, c'est l'évidence de l'absence de repères.

Le Doyen Kalongo Mbikayi taxe cette catégorie de « juridiques. »

A défaut de consensus sur le droit applicable, on recourt à l'équilibre ponctuel des forces.

C. Génération de la force ontologique

L'application du droit est une résultante des rapports des forces. En effet, la loi est un instrument. Et l'utilisation de tout instrument est tributaire de la force qui le manipule. Pour éviter que la loi du plus fort ne soit la meilleure, la communauté institue une force légitime. Car la force seule ne fait pas toujours un bon droit.[28] Ainsi, le droit et la force sont des alliés. Richard Nixon disait : « Si la force ne prime certainement pas le droit, le droit seul ne fait pas la force ».[29] Il doit y avoir une force derrière le droit. La mise en balance des forces est si déterminante que certains Etats américains exigent des candidats avocats le diplôme de détective. En effet, connaître et présenter le droit est nécessaire, mais pas suffisant. Il faut connaître le jeu des forces qui concourent à l'application du droit.

Il y a une spirale de rupture de l'ordre établi par des forces irrégulières et de son rétablissement par des forces légitimes.

La force se manifeste sous différents aspects. Aussi parle-t-on de la force économique, de la puissance militaire, de l'influence politique, de l'ascendant religieux, de la force ethnique, raciale, la force de volonté, la force de l'intelligence, sagesse, la puissance des idées force, irrégulières et injustes.

Une génération des juristes est apparue pour qui les solutions juridiques paraissaient insuffisantes et il leur faut recourir aux forces ontologiques. Ce recours à la force ontologique cohabite facilement avec le manque d'intransigeance. L'esprit de ces juristes présente une large zone d'inhibition qui favorise la soumission à diverses forces irrégulières. Quelques exemples suffiront à illustrer les traits de cette génération.

---

[28] Gideon Hausner, Justice à Jérusalem Eichmann devant ses juges, Evreux, 1966, p.31.

[29] Richard Nixon, *La vraie guerre*, Paris, éditions Albin Michel, 1980, p.22.

Le vote par procuration est légal. Mais un secrétaire général académique, dans le souci calculé de faire élire Doyen un professeur de sa sensibilité, annule par une note de service le vote par procuration. La première réaction normale des professeurs fut de relever l'illégalité de cette mesure administrative. Puis, par le manque habituel d'intransigeance, il fut décidé de soumettre la loi au vote des professeurs en droit. Et le résultat fut la suppression du vote par procuration.

Le règlement universitaire recommande de préparer les travaux de fin de cycle de graduat ou de licence une année avant et, à cet effet, il prévoit le libre choix du directeur par l'étudiant. Mais par la force des choses, un procès-verbal du conseil d'un département remplace le libre choix du directeur par l'affectation d'office par le chef du département et institue une sanction à l'encontre de tous ceux qui auront, dans le respect du règlement, entamé la réflexion une année avant ; et au titre de sanction, il renvoie à la session spéciale soit le dépôt du travail de fin de cycle de graduat soit la défense du mémoire.

Loin d'appuyer le droit, la force ontologique est utilisée comme une autre source de régulation. La force du droit se retrouve à la remorque des forces factuelles.

La force financière est considérée comme une panacée à tous les problèmes de l'enseignement : « Que le gouvernement paie aux professeurs le même salaire que les ministres, l'enseignement et la recherche iront de plus belle. » La question est moins un problème financier qu'un problème d'utilisation des ressources intellectuelles, d'organisation et d'imagination, de recherche des solutions innovantes.

La force politique avait imposé à une époque le *numerus clausus,* une espèce de discrimination positive mise en place pour permettre aux provinces et ethnies défavorisées de progresser au détriment de celles qui avaient déjà un grand nombre d'étudiants à l'université. Ce favoritisme élimina le mérite[30] et contribua à précipiter la chute de l'enseignement supérieur et universitaire. Dans le sillage de cette pratique de triste mémoire subsiste « l'appropriation ethnographique de la science ».

La force dont le droit a besoin pour sa mise en œuvre, c'est la force de conviction sur les valeurs morales véhiculées par la connaissance des techniques juridiques. Mais le manque de foi dans ces valeurs amène inéluctablement à recourir à d'autres forces qui ne subsistent que l'espace d'un matin.

---

[30] Voy. en ce qui concerne les méfaits de la discrimination positive en Amérique, James Hepburn, *L'Amérique brûle*, Paris, éditions Nouvelles frontières, 1968, p.78.

Les forces qui dominent aujourd'hui sont la capacité d'innovation, la faculté d'adaptation des individus, la souplesse des structures et la puissance créatrice des équipes[31]. Elles reposent sur le quotient intellectuel, le quotient émotif et le quotient social. Et elles sont mobilisées par une constante aspiration à l'excellence.

II. Catégorie du Doyen Kalongo Mbikayi

De par la réunion de diverses qualités en son chef, le Doyen Kalongo Mbikayi est sans doute dans la première catégorie des juristes. Rares sont les hommes qui réunissent autant de qualités au point d'être présentés comme du matériel didactique. L'excellence était son leitmotiv. « Nous savons tous reconnaître l'excellence, en matière d'enseignement, mais nous ne pouvons pas pour autant en énumérer précisément les ingrédients ».[32] L'excellence est constituée d'éléments objectifs tels que la connaissance technique et l'expertise pédagogique et d'éléments subjectifs, comme les qualités personnelles humaines, spirituelles et intellectuelles ainsi que d'éléments qui, émanant de l'âme, animent l'acte de l'enseignement, le savoir et le rendent sensible aux apprenants, en leur ouvrant l'esprit et en enrichissant leur personnalité. Les premiers éléments sont livresques tandis que les derniers, subjectifs, sont les composantes d'un moule unique. Le moule du Doyen Kalongo Mbikayi, à moins que le futur nous contredise, semble avoir été jeté aussitôt fait.

Dans leur ouvrage *L'art d'enseigner*, traduit de l'anglais, *The elements of teaching*[33], les professeurs James M. Banner Jr. et Harold C. Cannon citent neuf qualités caractéristiques d'un grand professeur. Ce sont le savoir, l'autorité, l'éthique, l'ordre, l'imagination, la compassion, la patience, le caractère et le plaisir. Ces éléments peuvent être regroupés en éléments professionnels (savoir, autorité, imagination ordre, savoir et éthique), éléments personnels (autorité, éthique, patience, compassion, caractère et plaisir) Il est frappant de constater combien ils furent réunis dans la personne du Doyen Kalongo Mbikayi.

Il était un bon enseignant, associant la recherche à l'enseignement. Il a développé une grande capacité d'apprendre et une compétence d'enseigner. Le métier d'enseigner est en effet un apprentissage de toute la vie, un enrichissement constant de ses connaissances et un perfectionnement continu de ses méthodes pédagogiques. Il était informé de l'état le plus récent des connaissances dans son domaine. En effet, le savoir n'est pas statique. Il se modifie et change du jour au lendemain. Il augmente en volume. Et il n'est

---

[31] Jean-Jacques Servan-Schreiber, Le défi américain, op. cit.269.

[32] James M. Banner, Jr et Harold C. Cannon, *L'art d'enseigner*, Paris, Nouveaux horizons, 2011, p.XV.

[33] James M. Banner, Jr et Harold C. Cannon, The elements of teaching, Yale University press, 1997, traduit par Marie-France Pavillet, sous le titre de *L'art d'enseigner*, op.cit. 99 pages.

jamais possédé entièrement. Aussi faut-il se livrer à cet exercice avec dévouement, concentration, discipline et efforts continus et de cœur joie.

Le Doyen Kalongo Mbikayi comparait cet exercice privé, individuel et solidaire à l'apostolat qui s'exerce sans incitation financière.

La maîtrise de la matière à enseigner connaît une certaine progression. Premièrement, la maîtrise de la connaissance technique : des faits, découvertes, explications, hypothèses, théories acceptées en raison de leur exactitude, de leur portée, de leur beauté, de leur utilité et de leur puissance.[34] Ensuite, vient la formation de la conviction sur les valeurs ou la philosophie qui sous-tendent les connaissances techniques. Enfin, la formulation ou la conception d'une pensée nouvelle personnelle, propre. Là alors, on est un nouveau professeur, pas un répétiteur. Résumant ce parcours, le Doyen Kalongo Mbikayi disait qu'il avait fini par comprendre les techniques du droit des obligations après dix ans, invitant ainsi les étudiants à un apprentissage continu. Le professeur doit en savoir assez pour être non seulement celui qui délivre l'instruction, mais celui qui conduit la réflexion.[35] Il doit incarner l'acte d'apprendre au point de transmettre la soif d'apprendre ; il doit se tenir au courant. Il y a une différence entre les connaissances et les informations. Le savoir est organisé et connu officiellement. Les informations sont des nouvelles, un compte rendu sur les événements récents. L'actualisation de ses connaissances diffère de l'information. Il transmettait le feu ; se montrait ouvert aux connaissances des autres ; se donnait les moyens d'une pensée personnelle et indépendante. Une telle maîtrise produisait une aisance et le cours se donnait avec convivialité et plaisir.

Il témoignait de la compassion, c'est-à-dire une réaction émotionnelle de tolérance face à l'ignorance des apprenants. Cette compassion suscitait chez lui un désir de lutter, de substituer à l'ignorance la connaissance et d'y établir l'ordre et la certitude dans l'esprit des apprenants.

III. Au contact avec le Doyen Kalongo Mbikayi

Le Doyen Kalongo Mbikayi nous a enseigné le droit civil des obligations en troisième graduat droit au cours de l'année académique 1980-1981. En 1985, il nous a accueillis en tant qu'assistants nouvellement nommés. En 2007, il a été désigné notre directeur de mémoire de DES par suppléance, en remplacement du directeur officiellement nommé, professeur Mukadi Bonyi, alors en exil. Il avait exprimé la volonté de diriger notre thèse, mais le sort en décida autrement.

[34] James M. Banner, Jr et Harold C. Cannon, *op. cit*, p.2.

[35] *Idem*, p.4.

Quand il nous accueillit en 1985 comme assistants nommés, il nous présenta naturellement la charte excellence. Au chapitre de la gestion du temps, il nous fit comprendre que le règlement universitaire autorisait uniquement le professeur à faire des *extra muros*. Mais compte tenu de la modicité du traitement, il était toléré que les assistants le fassent, mais alors il faut choisir les jours pendant lesquels une permanence devait être assurée à la faculté. Les rubriques telles que tenue vestimentaire, langage, attitude, exceller dans son travail constituaient des points sur lesquels il prêchait par l'exemple.

En 2007, il dit publiquement qu'il avait accepté sa désignation comme directeur par suppléance de mon mémoire de DES pour plusieurs raisons.[36] L'intitulé du mémoire était *la transaction en droit du travail*. Quand il prit la parole, le dernier, il me demanda si j'avais effectivement lu son article sur la transaction[37] que je mentionnai dans la bibliographie. Et je répondis par l'affirmative. Puis, il demanda pourquoi je n'avais pas appuyé les pensées énoncées tout au long de mon étude avec des renvois à son article.

Je le rassurai que j'avais lu son article. Et, à titre de preuve, je me mis à commenter, à sa satisfaction, son article en dégageant ses principales structures. Puis, je lui avouai que son article m'avait été remis par un étudiant vers la fin de la rédaction du mémoire. Mais j'avais trouvé qu'il allait dans le même sens que moi. Alors, il me demanda : « Qui va dans le même que l'autre ? Est-ce toi qui vas dans le même que moi ou moi qui vais dans le même sens que toi ? » Je réalisais la portée de sa remarque et rectifiais ma réponse en disant : « C'est moi qui vais dans le même sens que vous. »[38]

Puis, nous nous engageâmes dans une discussion sur les dispositions impératives d'intérêts privés et les dispositions impératives d'ordre public.[39] Je soutenais que les premières pouvaient faire l'objet de confirmation en cas de violation. Lui trouvait grotesque de m'entendre dire qu'on pouvait, avec l'autorisation du titulaire des droits, violer les dispositions impératives quand bien même elles protégeraient les intérêts des particuliers. Comme chacun de nous restait campé sur ses positions, il me lança : « Continue à lire tu comprendras. » Il avait certes de la compassion pour les apprenants.

---

[36] L'une me fut révélée par un de ses collaborateurs. L'autre je la devinai quand il me demanda de diriger l'élaboration. Et comme il avait été l'encadreur de mon directeur de mémoire, je me demandais si là ne résidait pas une autre raison. Mais enfin, ce sont que des supputations en dehors de celle explicitement énoncée dans son cabinet avant de monter sur le site universitaire.

[37] Kalongo Mbikayi, *De la transaction en matière de travail à travers la jurisprudence de la cour suprême de justice*, in Revue de Droit congolais, Kinshasa, CRDJ, n°004&005/2000.

[38] Après défense, je découvris cependant que je l'avais pourtant. Voy. Jean Mpiana Musumbu, La transaction en droit du travail, mémoire de DES, faculté de droit, université de Kinshasa, année académique 2004-2006, p.77. Mais comme il avait fait des remarques sur les défauts d'impression, il est fort possible que sa copie ait manqué cette page.

[39] Cette distinction est effectuée par la cour suprême de justice du Congo, CSJ, RC 2019 du 30 avril 1999, Sorgeri c/ Pataule, avec note in *RCDTSS*, n°08/1999, p.8.

Au fait, dans son article sur la transaction en droit du travail, le Doyen Kalongo Mbikayi n'envisageait point la dérogation aux règles impératives. Voici ce qu'il avait écrit :

« Par ailleurs, les relations entre l'employeur et le travailleur sont, en principe, « constatées dans un contrat qui doit obligatoirement se conformer aux dispositions du code du « travail qui déterminent les droits et les devoirs des employés et auxquelles ne peuvent déroger « les parties. »[40]

De mon côté, je me référais à la distinction opérée par la cour suprême de Justice, dans son arrêt sous RC 2019 du 30 avril 1999, en cause Sorgeri c/ Pataule, entre les dispositions impératives d'ordre public et dispositions impératives d'intérêt privé. Nous nous sommes séparés sur un bon ton, mais en queue de poisson. Transcendant nos divergences, il me recommanda à une université de l'intérieur du pays, en quête des enseignants qualifiés, pour aller enseigner (certes pas notre controverse) le droit du travail et de la sécurité sociale.

Le Doyen Kalongo Mbikayi était exigeant sur le plan scientifique. Il aimait associer la connaissance théorique du droit et la pratique du droit. Et, il trouvait dans la pratique du droit un atout de la communication facile des enseignements. Il aimait des bonnes manières. A ceux qui voulaient l'amener dans le sous-chapitre, il recommandait le travail, la rigueur, le sérieux et le dépassement de soi, tel, cette mère juive qui, en Allemagne, rappelait à sa fille qui avait ramené à la maison de mauvais résultats de l'école : « Sache que tu es Juive. Et l'on ne t'acceptera que si tu t'imposes. Alors, tu dois sérieusement travailler pour te faire respecter de ceux qui auront tendance à te ridiculiser du seul fait d'être Juive ». Il maintenait le standard haut. Voici ces propres écrits en ce sens :

« Avoir de solides connaissances juridiques paraît ainsi être un devoir pour chaque « Avocat en dépit de sa bonne moralité.

« Il a été même recommandé à ce sujet que les « pouvoirs publics, les associations « professionnelles d'avocats et les établissements d'enseignements veillent à ce que les « Avocats reçoivent un enseignement et une formation appropriés ».

« Nous espérons que l'organisation de test de connaissance du droit avant toute « admission à la profession d'Avocat aidera à relever le niveau de notre barreau, mais en tant « que formateur, nous demeurons convaincu que ce travail de formation doit plus se faire en « amont, plutôt qu'en aval. Donnez aux universités les moyens conséquents, elles vous « donneront des juristes souhaités. »[41]

---

[40] Kalongo Mbikayi, De la transaction en matière du travail à travers la jurisprudence de la cour suprême de Justice, in *Revue de droit congolais,* n°004 et 005, Mai-Juin-Juillet-Août-Septembre-Octobre-Novembre-Décembre 2000, C.R.D.J., Kinshasa, 2000, p.9.

[41] Kalongo Mbikayi, « Contribution de l'Avocat au procès équitable », in *Revue de droit congolais,* n°006, Janvier à décembre 2001, C.R.D.J., Kinshasa, 2001, p.17.

La présence du Doyen Kalongo Mbikayi était une invite vers le haut. Il avait de l'ascendance. Il était toujours professionnel ou, disons, officiel. Et son éthique était du genre royal. Il aspirait à l'objectivité même dans l'évaluation des connaissances. L'ordre régnait autant dans son enseignement que dans la correction des examens. Et la confiance qu'il inspirait excluait généralement de mettre en doute son évaluation comme c'est le cas généralement de nos jours.

Il a été demandé à un groupe de 243 étudiants des universités de Montréal et de Sherbrooke d'établir un critérium du profil d'un professeur d'université idéal et existant. Les choix exprimés le plus souvent par les 243 étudiants se sont classés dans l'ordre suivant: connaissance de la matière (75.8%) ; faire le lien entre la théorie et la pratique (59.2%) ; goût d'enseigner (45.1%) ; présentation intéressante de la matière (40.3%); ainsi que l'exposé méthodique et structuré (35.8%).

Le Doyen Kalongo Mbikayi était l'incarnation de ces critères tant est qu'il réunissait la connaissance de la matière, l'association entre la théorie et la pratique, le goût d'enseigner, la présentation intéressante de la matière et la présentation méthodique et structurée. Il était un formateur.

Conclusion

En conclusion, nous avons essayé de décrire les trois visages des juristes congolais. La génération de l'ordre correspond à celle des juristes au ciel. Elle croit et recherche l'ordre commun. La deuxième génération, les contestataires de l'ordre établi regroupe les juristes en enfer si leur contestation n'a pour finalité que l'établissement d'un désordre qui leur est profitable. Elle rejoint les juristes sur terre, si la contestation vise à établir un autre ordre légitime. La force ontologique est en soi bonne, si elle est une force de l'ordre.

Ces générations sont passées entre les mains de formateurs. Ce sont ces derniers qui, par leur évaluation, sanctionnent leur connaissance. La complaisance des formateurs se répercutent sur leurs produits.

N'allez pas cependant vous tromper.

Se référant aux performances accomplies par les étudiants congolais à l'étranger, le président du conseil d'administration des universités a déclaré à l'ouverture de la cérémonie des commémorations du jubilé de diamant de l'université de Lubumbashi, d'où venait le Doyen Kalongo Mbikayi, que « le système UNAZA était le meilleur du monde ».

C'est là le paradoxe des universités congolaises. Elles évoluent dans un dysfonctionnement administratif et, il faut l'avouer, académique aussi, mais tout en produisant des étudiants qui se distinguent ailleurs. Dans le même sens, la doyenne de la faculté de droit, à l'université de Kinshasa[42], disait que souvent nous avons tendance à nous auto-flageller par des propos dénigrants, mais à quatre fois successives, les étudiants de cette faculté avaient été des lauréats dans des concours internationaux, où la correction se faisait de façon anonyme par des professeurs venus du Canada, France et Belgique. Autant reconnaître que c'est un tableau clair-obscur avec une prédominance d'un ton. Lequel ?

[42] Doyenne Marie-Thérèse Kenge Ngomba Tshilombayi.

Indication bibliographique

I. Ouvrages

1. Albertini, P, L*a crise de la loi Déclin ou mutation ?*, Paris, édition LexisNexis, 2015.
2. Banner, J.M. Jr et Harold C. Cannon, *L'art d'enseigner*, Paris, Nouveaux horizons, 2011, 99 pages
3. Braeckman, C, *'enjeu congolais L'Afrique centrale après Mobutu*, Paris, édition Fayard, 1999.
4. Hepburn, J, *L'Amérique brûle*, Paris, éditions Nouvelles frontières, 1968, 412 pages.
5. Huybrechts, A., Mdimbe, V.Y., Peeters, L., Vanderlinden, J., Van Deer Steen D., et Verhaegen, B., *Du Congo au Zaïre 1960 – 1980 Essai de bilan* (sous- direction de J. Venderlinden), Bruxelles, CRISP, 420 pages.
6. Jean-Jacques Arthur Malu-Malu, *Le Congo Kinshasa*, Paris, éditions Karthala, 2002, 390 pages.
7. Kabanda Kana, A., *L'interminable crise du Congo-Kinshasa Origines & Conséquences,* Paris, L'Harmattan, 2005, 262 pages
8. Kwame Anthony Appiah, *Le code d'honneur Comment adviennent les révolutions morales*, Paris, éditions Gallimard, 2012, p.48.
9. Malengrau, G., *L'université Lovanium des origines lointaines à 1960*, Editions universitaires Africaines, Kinshasa, 2008.
10. MOVA Sakanyi, H., *Congophonie Polémique globale et explosive*, théâtre, Kinshasa, éditions Safari, 2005, 125 pages.
11. Muamba Tshishimbi, F., *Le Zaïre peut-il s'en sortir ?*, Editions Uhuru, Paris, 1991.
12. Ngub'usim Mpey-Nka, R., *Pour la refondation de l'université de Kinshasa et du Congo Faut-il recréer Lovanium ?* L'Harmattan, Paris, 2010.
13. Ockrent, C., *La double vie de Hillary Clinton*, Paris, éditions Robert Laffont, 2001, 214 pages.
14. Yakemtchouk, R., *L'université Lovanium et sa faculté de théologie l'action éducative de l'université catholique de Louvain en Afrique centrale*, Bureau d'études en relations internationales, Bruxelles, 1983.

II. Articles

1. Caulas, A., « Les jury d'examen de plus en plus remis en question », in *Le Monde*, tirage du 13 mai 2016.

2. Kalulu J. Bisa Nswa, « L'arrimage de l'université congolaise au système de Bologne (LMD) brève réflexion », in *Congo-Afrique,* n°517, septembre 2017, Kinshasa, CEPAS.
3. Leblanc, H., « Profil du professeur d'université ''idéal'' et ''existant'' tel que perçu par les étudiants de premier cycle en éducation physique à l'Université de Sherbrooke », *Revue des sciences de l'éducation*, vol. 10, n°1, 1984.
4. Mapanze Mangole, F., « Un demi-siècle de guerres chroniques en République Démocratique du Congo : une histoire politique désastreuse (1960-2013) », in *Cahiers africains des droits de l'homme et de la démocratie ainsi que du développement durable*, n°062 vol.1, janvier-mars 2019.
5. Sévigny, R., « Les contestations étudiantes à l'université : quelques éléments d'analyse », in *Sociologie et sociétés*, Montréal, éditions PUM, vol. 12, n°2, 1980.
6. Supiot, A., « Grandeur et petitesses des professeurs de droit », in *Les cahiers de droit*, volume 42, n°3, septembre 2001, pp. 595-614, atelier, Faculté de droit de l'Université Laval.

Partie 10 :
Oraison funebre en hommage au Doyen B.O. Kalongo Mbikayi

Oraison funèbre du Recteur de l'Université de Kinshasa, le professeur Bernard Lututala Mumpasi à la cérémonie académique en hommage au professeur Kalongo Mbikayi Bonaventure Olivier en 2008[1]

L'année 2008, dont nous venions tous de fêter la venue, en formulant des vœux de bonne santé et de bonheur pour tous les membres de notre communauté, s'ouvre malheureusement à l'Université de Kinshasa par cette triste disparition d'un de nos illustres Professeurs, j'ai cité le Professeur Kalongo Mbikayi Bonaventure Olivier, que nous pleurons aujourd'hui. Nos vœux et nos prières n'auront pas suffi pour arrêter, voire éloigner, l'hécatombe qui frappe notre université. Me voilà donc obligé de prononcer, une fois de plus et avec un cœur fort meurtri, cette oraison funèbre pour rendre un dernier hommage à cet éminent membre de notre communauté universitaire. Une oraison funèbre au cours de laquelle je voudrais nous inviter à davantage de méditation sur ce sort commun qui nous attend.

Ce sort commun est bien sûr cette fatalité, celle de quitter un jour cette terre des hommes. Et ce, qui que nous soyons, qui que nous aurons été, et quel que soit notre acharnement à nous accrocher à la vie. Il s'agit d'une évidence que nous connaissons tout en la redoutant. Et il me paraît superflu d'en dire plus. Je voudrais plutôt m'attarder sur cet autre sort commun qui nous frappe, en tant que membre du corps professoral de cette université congolaise, à savoir la faible longévité et le manque de reconnaissance de la communauté que nous servons jusqu'au sacrifice suprême.

Le Professeur Kalongo Mbikayi nous quitte à l'âge de 64 ans, à peine. L'hypothèse se vérifie de plus en plus : les professeurs de l'université congolaise et de l'Université de Kinshasa en particulier atteignent et dépassent difficilement le cap de 70 ans. Ainsi, au-delà de la douleur immense que nous ressentons à chaque disparition d'un Professeur, parce que toute mort attriste et est irréparable, c'est la perte relativement précoce de cet investissement scientifique important qu'il était que nous regrettons et déplorons. Une perte qui contribue à la disparition progressive de notre université tant la relève est loin d'être assurée, en nombre mais surtout en qualité. Tout Professeur d'université est en effet un être en qui la nation congolaise, je dirai même la communauté scientifique internationale, auront

[1] https://bmlututala.blog4ever.com, consulté le 21 juin 2020

investi pendant plusieurs années. Des années d'acquisition et de maîtrise du savoir, des années de préparation pour participer à l'avancement de la science, à la mise à la disposition de cette science au service de la nation, pour l'édification d'une société meilleure pour tous.

Le Professeur Kalongo Mbikayi aura été une véritable architecture du droit civil. En 1967, il est licencié en droit de l'Université Lovanium avec la mention distinction. Une année plus tard, soit en 1968, il obtint, avec distinction, son Diplôme d'Etudes Supérieures (DES) de Droit privé à l'Université Lovanium. Deux ans plus tard, il fut proclamé Docteur à thèse en Droit de l'Université Catholique de Louvain après avoir soutenu sa thèse sur « *La Responsabilité Civile et la Socialisation des Risques en Droit comparé zaïrois, belge et français* ». Ce fut le couronnement d'une formation qui commença en 1951 à Lubumbashi, soit au total 19 ans de formation. Aujourd'hui, tout cet investissement s'écroule ; et l'Université de Kinshasa et la nation congolaise doivent investir en un autre fils ou fille de ce pays.

La précocité de l'espérance de vie des Professeurs de l'Université de Kinshasa doit interpeller tous ceux qui croient en cette université et en cette nation. A chacun de spéculer sur les raisons qui l'expliquent, mais il est évident que la pluriactivité professionnelle y contribue. On le sait, faute d'une rémunération conséquente, jusque-là en tout cas, les Professeurs d'université doivent, pour se maintenir et maintenir leur statut social, mais aussi pour rendre service, se couper en quatre. Le Professeur Kalongo Mbikayi qui nous quitte n'y a pas échappé. Il enseignait le Droit civil des obligations, le Droit des contrats, la Responsabilité Civile approfondie à notre Faculté de Droit et à celle de l'Université Protestante au Congo (UPC). Il a enseigné le Droit civil à l'Université de Mbuji-Mayi, à l'Université Catholique de Bukavu, à l'Université Grands Lacs à Goma, et à l'Institut Supérieur de Commerce (ISC). En même temps, il était le Président de la Commission Permanente de Réforme du Droit Congolais depuis le 28 octobre 2004, Avocat au Barreau près la Cours Suprême de Justice depuis 2003, Membre du Conseil de l'Ordre du Barreau près la Cour d'Appel Kinshasa/Matete, Conseiller émérite et honoraire à la Cour Suprême de Justice depuis 1992. Signalons par ailleurs que le Professeur Kalongo Mbikayi a été Directeur du Cabinet du Président de la République de 1986 à 1988 et Ministre des Transports et Communications en 1988, Doyen de la Faculté de Droit de l'Université de Kinshasa de 1984 à 1986 puis de 1996 à 1999.

Nous rendons donc hommage à un homme qui a tout donné à l'université et à la nation congolaise. Nos pleurs, nos prières, nos méditations ne suffiront jamais pour l'en remercier. Au moins pourrions-nous prendre l'engagement, devant lui inerte en ce moment, de poursuivre son idéal, son combat, ce à quoi il croyait. Nous devrions pour ce faire nous interroger sur notre pluriactivité professionnelle, afin d'être utile le plus longtemps possible à cette Université de Kinshasa, d'abord, et à l'université congolaise en général ensuite.

Honorables, Excellences, Mesdames et Messieurs,

Le Professeur Kalongo Mbikayi est mort dans une clinique privée de la cité, alors qu'en tant que Professeur de cette université, c'est auprès de nos Cliniques Universitaires qu'il devrait chercher les soins appropriés. Il est temps que nos Cliniques Universitaires se ressaisissent quant à leur mission première par rapport aux membres de notre communauté universitaire. Ceux-ci doivent être les premiers bénéficiaires des services rendus aux Cliniques Universitaires ; et par conséquent se préoccuper, où qu'ils se trouvent, de la qualité des services rendus par nos cliniques et des moyens conséquents à leur allouer.

Cher Professeur Kalongo Mbikayi,

Au moment où je prononce cette oraison funèbre, j'ai présent à l'esprit nos dernières discussions, au Rectorat où vous étiez venu me rencontrer, sur l'organisation et le déroulement des études de DES à la Faculté de Droit. Lors de ces discussions, j'ai découvert en vous un Professeur fortement préoccupé par la qualité et la solidité de la formation que nous devons dispenser à nos étudiants et nos apprenants. Vous m'aviez promis de mettre tout en œuvre pour que ce programme, que vous coordonniez, soit très solide. J'en suis resté marqué !

Marqué par votre souci de vous mettre au service de notre université, malgré vos multiples occupations ailleurs, parce que, me disiez-vous, c'est d'abord l'Université de Kinshasa qui est notre Alma Mater. Marqué aussi par votre forte production scientifique que vous nous léguez : 5 ouvrages et 42 articles scientifiques. Marqué par la joie et l'amour que vous aviez en dispensant vos enseignements. Marqué par la simplicité qui vous caractérisait en dépit des titres honorifiques et pas des moindres que vous déteniez : Grand Officier de l'Ordre National des Léopards depuis 1987, Médaille de mérite civique pour services rendus à la magistrature, médaille de mérite civique pour services rendus à l'université.

J'étais aussi marqué par la splendeur et la joie de vivre qui rejaillissait de votre visage, votre sourire, votre belle diction. J'étais loin d'imaginer, face à tous ces atouts, que vous alliez tirer votre révérence sitôt. Dieu l'a ainsi voulu. Reposes donc en paix. L'Université de Kinshasa que vous avez si bien servi ne vous oubliera jamais, à travers vos enseignements, vos publications, vos Assistants dont un bon nombre est aujourd'hui parvenus au grade de Docteur. Vous avez accompli votre mission, reposes donc en paix, même si nous aurions voulu bénéficier encore plus longtemps de vos services. Votre Université prendra soin, dans la mesure de ses moyens, de la veuve et des enfants que vous laissez, et à qui nous présentons toutes nos condoléances, nos encouragements, et que nous portons dans nos prières pour que Dieu les console comme il sait seul le faire.

Professeur Bernard Lututala Mumpasi
Recteur de l'Université de Kinshasa

Structures éditoriales du groupe L'Harmattan

L'Harmattan Italie
Via degli Artisti, 15
10124 Torino
harmattan.italia@gmail.com

L'Harmattan Hongrie
Kossuth l. u. 14-16.
1053 Budapest
harmattan@harmattan.hu

L'Harmattan Sénégal
10 VDN en face Mermoz
BP 45034 Dakar-Fann
senharmattan@gmail.com

L'Harmattan Cameroun
TSINGA/FECAFOOT
BP 11486 Yaoundé
inkoukam@gmail.com

L'Harmattan Burkina Faso
Achille Somé – tengnule@hotmail.fr

L'Harmattan Guinée
Almamya, rue KA 028 OKB Agency
BP 3470 Conakry
harmattanguinee@yahoo.fr

L'Harmattan RDC
185, avenue Nyangwe
Commune de Lingwala – Kinshasa
matangilamusadila@yahoo.fr

L'Harmattan Congo
67, boulevard Denis-Sassou-N'Guesso
BP 2874 Brazzaville
harmattan.congo@yahoo.fr

L'Harmattan Mali
Sirakoro-Meguetana V31
Bamako
syllaka@yahoo.fr

L'Harmattan Togo
Djidjole – Lomé
Maison Amela
face EPP BATOME
ddamela@aol.com

L'Harmattan Côte d'Ivoire
Résidence Karl – Cité des Arts
Abidjan-Cocody
03 BP 1588 Abidjan
espace_harmattan.ci@hotmail.fr

L'Harmattan Algérie
22, rue Moulay-Mohamed
31000 Oran
info2@harmattan-algerie.com

L'Harmattan Maroc
5, rue Ferrane-Kouicha, Talaâ-Elkbira
Chrableyine, Fès-Médine
30000 Fès
harmattan.maroc@gmail.com

Nos librairies en France

Librairie internationale
16, rue des Écoles – 75005 Paris
librairie.internationale@harmattan.fr
01 40 46 79 11
www.librairieharmattan.com

Librairie l'Espace Harmattan
21 bis, rue des Écoles – 75005 paris
librairie.espace@harmattan.fr
01 43 29 49 42

Lib. sciences humaines & histoire
21, rue des Écoles – 75005 paris
librairie.sh@harmattan.fr
01 46 34 13 71
www.librairieharmattansh.com

Lib. Méditerranée & Moyen-Orient
7, rue des Carmes – 75005 Paris
librairie.mediterranee@harmattan.fr
01 43 29 71 15

Librairie Le Lucernaire
53, rue Notre-Dame-des-Champs – 75006 Paris
librairie@lucernaire.fr
01 42 22 67 13

www.ingramcontent.com/pod-product-compliance
Lightning Source LLC
LaVergne TN
LVHW011217061026
849535LV00001BA/73
* 9 7 8 2 3 4 3 2 0 8 9 9 2 *